U0127601

中国现象学文库
现象学研究丛书

质料先天与人格生成

——对舍勒现象学的质料价值伦理学的重构

（修订版）

张任之 著

创于1897　商务印书馆
The Commercial Press

图书在版编目(CIP)数据

质料先天与人格生成:对舍勒现象学的质料价值伦理学的重构/张任之著.—修订版.—北京:商务印书馆,2023

(中国现象学文库.现象学研究丛书)

ISBN 978 - 7 - 100 - 22815 - 2

Ⅰ.①质… Ⅱ.①张… Ⅲ.①舍累尔(Scheler,Max 1874 - 1928)—质料(哲学)—伦理学—研究 Ⅳ.①B516.59②B502.233

中国国家版本馆 CIP 数据核字(2023)第 156265 号

本书得到"中山大学禾田哲学发展基金"资助

中国现象学文库

现象学研究丛书

质料先天与人格生成

——对舍勒现象学的质料价值伦理学的重构

(修订版)

张任之 著

商 务 印 书 馆 出 版

(北京王府井大街 36 号 邮政编码 100710)

商 务 印 书 馆 发 行

北 京 冠 中 印 刷 厂 印 刷

ISBN 978 - 7 - 100 - 22815 - 2

2023 年 11 月第 1 版　　　开本 880×1230　1/32

2023 年 11 月北京第 1 次印刷　印张 19½

定价:98.00 元

《中国现象学文库》总序

自 20 世纪 80 年代以来,现象学在汉语学术界引发了广泛的兴趣,渐成一门显学。1994 年 10 月在南京成立中国现象学专业委员会,此后基本上保持着每年一会一刊的运作节奏。稍后香港的现象学学者们在香港独立成立学会,与设在大陆的中国现象学专业委员会常有友好合作,共同推进汉语现象学哲学事业的发展。

中国现象学学者这些年来对域外现象学著作的翻译、对现象学哲学的介绍和研究著述,无论在数量还是在质量上均值得称道,在我国当代西学研究中占据着重要地位。然而,我们也不能不看到,中国的现象学事业才刚刚起步,即便与东亚邻国日本和韩国相比,我们的译介和研究也还差了一大截。又由于缺乏统筹规划,此间出版的翻译和著述成果散见于多家出版社,选题杂乱,不成系统,致使我国现象学翻译和研究事业未显示整体推进的全部效应和影响。

有鉴于此,中国现象学专业委员会与香港中文大学现象学与当代哲学资料中心合作,编辑出版《中国现象学文库》丛书。《文库》分为"现象学原典译丛"与"现象学研究丛书"两个系列,前者收译作,包括现象学经典与国外现象学研究著作的汉译;后者收中国学者的现象学著述。《文库》初期以整理旧译和旧作为主,逐步过渡到出版首版作品,希望汉语学术界现象学方面的主要成果能以《文库》统一格式集中推出。

我们期待着学界同仁和广大读者的关心和支持,借《文库》这个园地,共同促进中国的现象学哲学事业的发展。

《中国现象学文库》编委会

2007 年 1 月 26 日

序　言

李　明　辉

张伟教授的《质料先天与人格生成——对舍勒现象学的质料价值伦理学的重构》一书是他于 2010 年 12 月向广州中山大学哲学系提出的博士论文。当时我正好以该校长江学者讲座教授的身份在该系访问，因缘际会，成为他的博士论文答辩委员会主席。事前我仔细阅读了这部长达五十万字篇幅的博士论文，并且提出一些修改意见。这部论文于次年获得台湾政治大学"思源人文社会科学博士论文奖"哲学学门的首奖。我正好也是评审委员会的委员。由于这双重机缘，当张教授请我为本书写序言时，我便欣然应命。然而，在这双重机缘的背后，还有我在学思历程中的一项夙愿，容我借此机会从头道来。

1977 至 1981 年我在台湾大学哲学研究所攻读硕士学位。当时的所长（兼系主任）是长期在西德攻读康德哲学而甫从波恩（Bonn）大学取得哲学博士学位的黄振华先生。他特地从香港请牟宗三先生来系里任教。修完了应修的课程后，我就决定以康德的"道德情感"（moralisches Gefühl）理论作为硕士论文的题目。我的问题意识来自牟先生。牟先生在《心体与性体》中分析朱熹（字元晦，1130－1200）的义理架构时，判定它是一套理/气二分、心/性/情三分的义理架构。这其中的关键在于：朱熹将孟子的"四端之心"视为"情"，而将所有的"情"都视为形而下的。但牟先生认为：孟子的"四端之心"固可说是"情"，但并非所有的"情"都是形而下的。他认为：只有在陆象山(名九渊,1139-1193)、王阳明(名守仁,1472-1529)"心即理"的义理架构中,"四端之心"才能得到恰当的说明。牟先生将"四端之心"理解为康德所说的"道德情感",但是他又指出:康德如同朱熹一样,将一切情感(包括道德情感)都归入感性的(形而下的)层面。牟先生认为:道德情感可以上提到精神层面上去说,而不必然属于感性层面。然而他只是原则性地作此提示,并据此分判宋明儒学内部的义理型态。而他讨论康德的"道德情感"理论时,主要是根据康德晚期的伦理学著作,即《道德底形上学之基础》(*Grundlegung zur Metaphysik der Sitten*)、《实践理性批判》与《道德底形上学》(*Metaphysik der Sitten*)三书。他的说法引起了我的兴趣,而想深入探讨康德的"道德情感"理论。

既然我的问题意识来自牟先生,我自然想请牟先生担任我的指导老师。但是当我向牟先生表明此意时,他却以他不懂德文为由,建议我请黄先生指导。我心里忐忑不安,深恐黄老师不能接受我的观点。不料我向黄老师表明此意之后,他竟然爽快地答应担任我的指导老师。

我按照计划撰写论文,完成了硕士论文"康德哲学中道德情感问题之研究"。初稿有二十多万字,前半部诠释《道德底形上学之基础》一书的论证,后半部才讨论"道德情感"的问题。在撰写论文的过程中,我发现康德早期受到英国"道德感"(moral sense)学派——尤其是赫其森(Francis Hutcheson,1694-1746)——的影响,他当时的伦理学观点与牟先生所诠释的孟子思想极为接近,即肯定道德情感与理性原则间的本质关联。由于牟先生并未特别留意康德早期的思想,他自然不会想到这点。就这点而言,我的论文无疑有原创性。在讨论康德的"道德情感"理论时,我很自然地将结论导向牟先生的看法。黄老师仔细读过我的论文后,大笔一挥,将论文的前半部完全删掉，对后半部则基本上不加以修改，而保留了牟先生的观点。这样一来，我的论文只剩十几万字，可是结构却严谨多了。总而言之，这篇论文是在黄老师的指导下根据牟先生的基本观点而写的。

1982 年我获得"德国学术交流服务处"（DAAD）的奖学金，赴西德波恩大学攻读哲学博士学位。我的博士论文指导老师是许密特（Gelhart Schmidt）教授。他是现象学家芬克（Eugen Fink，1905－1975）的学生，但是他的兴趣极广，对古希腊哲学、黑格尔、笛卡尔及形上学问题都有专著。

我考虑博士论文的题目时，在大学图书馆浏览过相关数据之后，发现我在撰写硕士论文时并未参考许多重要一手及二手资料。由于台湾大学的数据有限，这倒不令我感到意外。除此之外，波恩大学还有一项有利的条件。康德写作的习惯是先作大量的札记，准备到一个阶段后，再着手撰写书稿。但他先前所作的札记却未必都被他纳入书稿中。因此，他留下大量从未在书中使用过的札记，成为了解其思想发展的重要文献材料。以其伦理学思想的发展来说，直到他于 1785 年出版《道德底形上学之基础》一书为止，他从未写过一部讨论伦理学问题的专著。此时他已进入其思想的后期（所谓"批判期"）。若要了解其前期（所谓"前批判期"）伦理学思想的发展，除了其正式出版的著作中的零散片段之外，便只能凭借其学生所作的笔记、他与别人往还的书信，以及这大量的札记。藉由对这些零散资料的辛苦爬梳，我们才可能重建其早期伦理学思想的发展。德国学者许慕克（Josef Schmucker）在其《康德伦理学在其前批判期的著作与随笔中的根源》①一书中已经做过这项工作。但此书出版得较早，当时有许

---

① Josef Schmucker，*Die Ursprünge der Ethik Kants in seinen vorkritischen Schriften und Reflexionen*，Meisenheim/Glan：Hain 1961.

多重要的相关文献尚未面世。幸运的是：当时的波恩大学拥有全世界唯一一套《康德全集》的计算机资料库，可以对庞大的康德资料进行词汇检索。这项工作是由当时已故去的马丁（Gottfried Martin，1901－1972）教授（即黄振华老师的第一位论文指导老师）开其端。当时计算机科技才开始发展，不但机器笨重，速度又慢，与现在的计算机科技不可同日而语。但无论如何，这个计算机资料库为我的研究工作提供了极大的便利。因此，我便考虑重写我的硕士论文。

　　在德国的大学，一个博士生在决定论文题目时，指导老师通常会要求他到图书馆查阅索引，确定过去没有人写过这个题目。若已有人写过同样的题目，他便没有理由再炒冷饭——除非他有新的资料或观点，足以支持他重写这个题目。在我研究康德的过程中，不时听到一种善意的警告：在康德研究领域里很难找到一个稍具重要性又没有人讨论过的题目。换言之，如果你存心找一个冷僻的题目，固然有可能找到没有人写过的题目，但这种研究也不会有太大的学术价值。在康德伦理学中，"道德情感"无疑是一个值得讨论的重要问题。它在康德伦理学的发展中所占有之地位，与因果律问题在其理论哲学的发展中所占有之地位可以相提并论。这种警告有一定的道理。在现代学术的分工体制当中，像康德这样重要的哲学家吸引了无数学者的研究兴趣，所累积的研究成果极为惊人，其数量以"汗牛充栋"犹不足以形容。即使一个康德专家也不可能完全掌握这些数量庞大的二手资料。我在波恩大学便听到这样的说法：当你找到了一个适当的论文题目时，你的论文便等于完成了一半。

　　经过查阅之后，我意外地发现：在康德研究的德文文献当中，固然有四篇博士论文涉及这个问题的某个面向，但竟然还没有一部专著对这个问题作过完整的讨论。这证明我所选择的论文题目具有原创性，可是我的问题意识却是来自宋明儒学研究。一个起源于德国哲学,但在德国学术界未引起充分注意的课题,在另一个文化的视角下,却显示出独特的意义。这个例子充分证明了跨文化研究的意义。在不同文化的交流过程中,这种例子并非罕见。近年来,我和台湾学界的一些同道一起推动"东亚儒学研究",便在东亚文化内部发现一些类似的例子。举例而言,在宋明儒学的发展过程中,尽管有关心性论的讨论连篇累牍,其讨论的深度与密度也达到空前的水平,但奇怪的是,有关"四端与七情"(即道德情感与自然情感)的讨论却从未成为重要的议题。反之,在朝鲜儒学的发展中,这个问题却成为性理学的核心问题,且一再成为辩论的焦点,持续五百年之久。

与许密特教授讨论之后,我将论文题目定为"康德伦理学发展中的道德情感问题"(Das Problem des moralischen Gefühls in der Entwicklung der Kantischen Ethik)。我于 1986 年 3 月提出论文,于 7 月通过口试,顺利取得了博士学位。我的博士论文分为两个部分:第一部分是发展史的探讨,分析"道德情感"概念在早期康德伦理学的各个发展阶段中之不同涵义。康德在 18 世纪 60 年代因不满沃尔夫(Christian Wolff,1679－1754)学派的理性主义伦理学,转而同情苏格兰学派的"道德感"伦理学与卢梭(Jean-Jacques Rousseau,1712－1778)的情感伦理学,这形成其后期的道德哲学思考之起点。在第二部分,我系统性地探讨康德后期伦理学中的"道德情感"理论,以及由此而凸显出的"形式主义伦理学"之特性。康德早期的伦理学观点与他后期的伦理学观点有显著的不同:在 60 年代,由于受到苏格兰学派与卢梭的影响,他修正了沃尔夫学派的伦理学观点,而承认:无论在道德的判断还是发动方面,理性与道德情感之间都有本质的关联。但在其后期的伦理学系统中,康德将道德主体仅理解为"实践理性",而剥落一切情感因素(包括道德情感)。于是道德情感不再具有道德判断之机能,而仅成为道德法则在感性上产生的结果;但在另一方面,它又成为"纯粹实践理性的动机",也就是说,道德法则必须通过它,才能引发道德行为。这套理论固然精巧,但通过对它的内在批判,我却发现其中隐含严重的理论难题。简言之,它将道德的"判断原则"(principium dijudicationis)与"践履原则"(principium executionis)分属于理性主体与道德情感,势必使"道德责任"的概念落空。①

康德的"道德情感"理论其实牵涉到伦理学中的一个基本问题:道德主体究竟是理性主体? 还是情感主体? 抑或是将理性与情感统合为一的主体? 沃尔夫的理性主义伦理学采取第一项观点,苏格兰学派的"道德感"伦理学与卢梭的情感伦理学采取第二项观点,18世纪60年代的康德则采取第三项观点。但藉由批判哲学之建立,他又辩证地回到了第一项观点(但已与沃尔夫的理性主义伦理学有异)。正是在这个问题上,席勒对康德伦理学提出批判,并且展开了关于"义务与爱好"(Pflicht und Neigung)的辩论。席勒看出了康德将情感因素排除于道德主体之外所可能产生的理论困难,而要将道德情感纳入道德主体中,这无异回到了康德早期的伦理学观点。换言之,席勒是根据康德早期的伦理学观点来批判其晚期的伦理学观点。

关于席勒与康德的辩论,绝大多数德国的康德专家或者是站在康德这一边,或者是试图调停双方的立场;总之,他们都认为席勒多少误解了康德的观点。但有一位现象学伦理学家莱内尔(Hans Reiner,1896–1991)却独具只眼,看出席勒的批评确有所见,而非无的放矢。② 在这个意义下,席勒的伦理学观点可视为德国现象学伦理

---

① 关于康德的这种理论难题,我在许多论文中都讨论过,特别请参阅拙作:"再论牟宗三先生对孟子心性论的诠释",收入拙著《孟子重探》(台北:联经出版公司,2001年)。

② 莱内尔于1951年出版的伦理学著作便以《义务与爱好》(Pflicht und Neigung)为名,其1974年的扩充版始易名为《伦理之基础》(Die Grundlagen der Sittlichkeit),可见他如何重视席勒对康德伦理学的批判。

学的先驱。德国现象学伦理学（或称"价值伦理学"）的代表人物，除了莱内尔之外，还包括其开创者布伦塔诺（Franz Brentano，1838－1917）、胡塞尔（Edmund Husserl，1859－1938）、舍勒（Max Scheler，1874－1928）①、尼可莱·哈特曼（Nicolai Hartmann，1882－1950）、希尔德布朗特（Dietrich von Hildebrand，1889－1977）等人。其中，舍勒的名著《伦理学中的形式主义与质料的价值伦理学》（*Der Formalismus in der Ethik und die materiale Wertethik*）尤为集大成之作。综而言之，康德以后的德国伦理学在经过辩证的发展过程之后，又回到了他早期的伦理学观点所代表的方向。

我的博士论文纯粹讨论康德伦理学，而完全未涉及宋明儒学的问题。但是我在论文中点出现象学伦理学的发展，却部分决定了我日后的研究方向。从 2000 年开始，在台湾大学黄俊杰教授的主导下，我与若干学界同道共同推动一项题为"东亚近世儒学中的经典诠释传统"的四年期大型研究计划。它属于台湾"教育部"所推动的"大学学术追求卓越发展计划"。这个研究计划包括八个分项计划，我与台湾"中央大学"的杨祖汉教授共同主持其中一个分项计划"近世中韩儒者关于孟子心性论的辩论与诠释：比较哲学的探讨"。这个分项计划是一个跨越三个文化脉络（中国、韩国、德国）的比较研究计划，聚焦于我过去长期思考的"道德情感"问题。我们若将孟子的"四端之心"理解为一种"道德情感"，康德伦理学与东亚儒学中的孟子学便可以产生理论上的关联。上文提过，康德的"道德情感"概念之发展决定了其伦理学的基本架构，即理性与情感二分的架构，此一架构在康德生前已引起席勒的批判，其后更引发了长期的争论，直到 20 世

---

① 我通常依台湾学界的习惯将 Scheler 译为"谢勒"，但此处为了配合全书的习惯，改用"舍勒"的译名。

纪的现象学伦理学。在中国的南宋，由于对孟子"四端之心"的不同理解，朱熹与以张南轩（名栻，1133－1180）为首的湖湘学者之间发生了类似的争论。朱熹根据其情、理二分的义理架构，批评杨龟山（名时，1053－1135）的"万物与我为一为心之体"之说、谢上蔡（名良佐，1050－1120）的"心有知觉之谓仁"之说，以及湖湘学者对"仁"的诠释。朱熹的观点近乎晚期康德的观点，杨龟山、谢上蔡及湖湘学者的观点近乎席勒与现象学伦理学的观点。针对同样的问题，朝鲜儒者李退溪（名滉，1501－1571）提出四端、七情之辨，将四端与七情分属理、气，其观点也近乎席勒与现象学伦理学的观点。与他同时的奇高峰（名大升，1527－1572）则根据朱熹的观点一再与他辩难，反对将四端与七情视为异质的。其后的李栗谷（名珥，1536－1584）继续发挥奇高峰的观点，批评李退溪的四端、七情之辨，成牛溪（名浑，字浩原，1535－1598）则为李退溪辩护。在这三个不同的文化脉络中所产生的争辩均聚焦于一个共同的问题：道德情感是否为一种与自然情感异质的"情感"？或者以中国传统的语言来说，四端之心是否为一种形而上之"情"？

晚期康德的伦理学预设了一个二元性架构，即以"先天的＝形式的＝理性的"对跱于"后天的＝质料的＝感性的"，而所有的情感（包括道德情感）均被归入后一领域。但舍勒对这种二分法提出质疑。他认为应当还存在第三个领域，即"先天而又质料的"领域。在他看来，我们的"价值感"（Wertfühlen）即具有这种"先天而又质料的"特性。在此，他特意使用 Fühlen 一词，来凸显"价值感"的主动性，以与一般的被动的"情感"（Gefühl）加以区别。因此，现象学伦理学对于孟子学研究的意义在于：杨龟山、谢上蔡、湖湘学者及李退溪等人所理解的"四端"应当属于"先天而又质料的"领域，而现象学伦理学为此提出了一套完整的哲学论证。我的研究成果是一部名为《四端与七情——比较哲学的探讨》(台北：台大出版中心，2005 年)的专书。
此书的第二章特别讨论"德国现象学伦理学对康德伦理学的批判及
其理论意涵"。

近年来，现象学研究在汉语学界取得了丰硕的研究成果。对于
现象学研究的推动，张教授的论文指导老师倪梁康教授厥功至伟。
倪教授不但撰写关于现象学的专著与论文，还翻译了不少现象学经
典，并且编辑《胡塞尔现象学概念通释》(北京：三联书店，1999 年初
版，2007 年再版)。此外，他还教出了一批出色的学生，张伟教授便
是其中的佼佼者。然而，根据我上述的学思历程，在现象学中真正能
与东方哲学(特别是儒家哲学)相涉的还是其伦理学，而这却是汉语
学界过去相对忽略的部分。因此，我特别期待中国学者(尤其是研究
现象学的学者)能将部分研究兴趣转向现象学伦理学。倪教授翻译
舍勒的伦理学巨著《伦理学中的形式主义与质料的价值伦理学》(北
京：三联书店，2004 年；北京：商务印书馆，2011 年)及爱德华・封・
哈特曼(Eduard von Hartmann, 1842 - 1906)的《道德意识现象
学——道德情感篇》(北京：商务印书馆，2012 年)[1]，可说是初步响应
了我的期待。张伟教授此书则是这方面的进一步成果。因此，当我
看到张教授的博士论文时，欣悦之情实在难以言喻。

中国人大规模吸收西方哲学，已有百余年的历史。吸收与消化
西方哲学传统决非易事，这需要藉由集体合作，一代一代地累积成
果。对现象学伦理学的研究亦然：它需要更多学者的投入，将研究的
范围延伸到其他的现象学伦理学著作，甚至将研究成果用来会通与
对勘东方的伦理学传统。1903 年王国维在其"哲学辨惑"一文中

---

① 　此书原是爱德华・封・哈特曼的《道德意识现象学》(*Phänomenologie des sittlichen Bewußtseins*)一书之一部分，2006 年由德国的 Felix Meiner 出版社以单行本的形式
出版，题为《情感道德》(*Gefühlsmoral*)。

写道：

> 欲通中国哲学，又非通西洋之哲学不易明也。近世中国哲
> 学之不振，其原因虽繁，然古书之难解，未始非其一端也。苟通
> 西洋之哲学以治吾中国之哲学，则其所得当不止此。异日昌大
> 吾国固有之哲学者，必在深通西洋哲学之人，无疑也。[①]

这也是我对张教授与汉语哲学界的期待。

李 明 辉

2012 年 10 月于广州中山大学哲学系

---

① 姚淦铭、王燕编：《王国维文集》（北京：中国文史出版社，1993 年），第 3 卷，第 5
页。

目 录

缩 略 索 引

I. Immanuel Kant

KrV：*Kritik der reinen Vernunft*（zitiert als „ A Seite/B Seite "
nach：I. Kant，*Theoretische Philosophie*，Bd. 1，Texte und
Kommentar hrsg. von Georg Mohr，Frankfurt am Main：Su-
hrkamp 2004；中译本：《纯粹理性批判》，邓晓芒译，杨祖陶校，
北京：人民出版社，2004 年；李秋零译，北京：中国人民大学出版
社，2004 年）。

KpV：*Kritik der praktischen Vernunft*，in：*Kants Gesammelte
Schriften Akademieausgabe*，Bd. V（zitiert als „AA V，Seite"
nach：*Kritik der praktischen Vernunft*，Mit einer Einleitung，
Sachanmerkungen und einer Bibliographie von Heiner F. Kl-
emme，hrsg. von Horst D. Brandt & Heiner F. Klemme，
Hamburg：Felix Meiner 2003；中译本：《实践理性批判》，韩水
法译，北京：商务印书馆，2000 年；邓晓芒译，杨祖陶校，北京：人
民出版社，2003 年；《康德著作全集》[第五卷]，李秋零译，北京：
中国人民大学出版社，2006 年）。

GMS：*Grundlegung zur Metaphysik der Sitten*，in：*Kants Gesam-
melte Schriften Akademieausgabe*，Bd. IV（zitiert als „AA
IV，Seite" nach：I. Kant，*Grundlegung zur Metaphysik der
Sitten*，Kommentar von Christoph Horn，Corinna Mieth und

Nico Scarano，Frankfurt am Main：Suhrkamp 2007；中译本：
《道德形而上学之基础》，李明辉译，台北：联经出版事业公司，
1990 年；《道德形而上学的奠基》，载《康德著作全集》[第四卷]，
李秋零译，北京：中国人民大学出版社，2005 年；《道德形而上学
原理》，苗力田译，上海：上海人民出版社，1986 年[本书将该书
统一译作《道德形而上学的建基》]）。

MS：*Metaphysik der Sitten*，in：*Kants Gesammelte Schriften Akademieausgabe*，Bd. VI（zitiert als „AA VI，Seite"；中译本：《道德形而上学》，载《康德著作全集》[第六卷]，张荣、李秋零译，北京：中国人民大学出版社，2007 年）。

Prolegomena：*Prolegomena zu einer jeden künftigen Metaphysik，die als Wissenschaft wird auftreten können*，in：*Kants Gesammelte Schriften Akademieausgabe*，Bd. IV（zitiert als „AA IV，Seite" nach：I. Kant，*Theoretische Philosophie*，Bd. 2，Texte und Kommentar hrsg. von Georg Mohr，Frankfurt am Main：Suhrkamp 2004；中译本：《未来形而上学序论》，李明辉译，台北：联经出版事业公司，2008 年；《未来形而上学导论》，载《康德著作全集》（第四卷），李秋零译，北京：中国人民大学出版社，2005 年；庞景仁译，北京：商务印书馆，1978 年）。

Vorlesung zur Moralphilosophie，hrsg. von Werner Stark，Berlin：Walter de Gruyter GmbH & Co. KG 2004.

其他康德著作均按照科学院版的标准页码以如下形式给出：„AA Band-Nr.，Seite"：

AA II：*Vorkritische Schriften II. 1757 – 1777*（中译本：《康德著作全集》[第二卷]，李秋零译，北京：中国人民大学出版社，2003

年)。

AA X: *Briefwechsel 1747 – 1788*.

AA XIX: *Handschriftlicher Nachlaß VI*.

AA XX: *Handschriftlicher Nachlaß VII*.

笔者对各相关译本尽可能进行了综合参考并对照原文进行征引,凡
有改动处,由笔者负责。

II. Edmund Husserl

1) *Husserliana*-Edmund Husserl. *Gesammelte Werke*, Den Haag,
Dordrecht/Boston/London 1950ff..

Hua I: *Cartesianische Meditationen und Pariser Vorträge*. Hrsg.
von Stephan Strasser,1950(中译本:《笛卡尔沉思与巴黎讲
演》,张宪译,北京:人民出版社,2008 年;《笛卡尔式的沉思》,张
廷国译,北京:中国城市出版社,2002 年)。

Hua II: *Die Idee der Phänomenologie. Fünf Vorlesungen*. Hrsg.
von Walter Biemel,1950(中译本:《现象学的观念[五篇讲座
稿]》,倪梁康译,北京:人民出版社,2007 年)。

HuaIII/1: *Ideen zu einer reinen Phänomenologie und phänomeno-
logischen Philosophie. Erstes Buch: Allgemeine Einführung
in die reine Phänomenologie. In zwei Bänder. 1. Halbband:
Text der 1. – 3. Auflage. Neu hrsg. von Karl Schuhmann,
1976(中译本:《纯粹现象学通论》,李幼蒸译,北京:商务印书馆,
1996 年)。

Hua IV: *Ideen zu einer reinen Phänomenologie und phänomenologischen
Philosophie. Zweites Buch: Phänomenologische Untersuchun-*

gen zur Konstitution. Hrsg. von Marly Biemel，1953.

Hua V：*Ideen zu einer reinen Phänomenologie und phänomenologischen Philosophie*. *Drittes Buch*：*Die Phänomenologie und die Fundamente der Wissenschaften*. Hrsg. von Marly Biemel，1971.

Hua VI：*Die Krisis der europäischen Wissenschaften und die transzendentale Phänomenologie*. *Eine Einleitung in die phänomenologische Philosophie*. Hrsg. von Walter Biemel，1954(中译本：《欧洲科学的危机与超越论的现象学》，王炳文译，北京：商务印书馆，2001 年)。

Hua VII：*Erste Philosophie*（*1923/24*）. *Erster Teil*：*Kritische Ideengeschichte*. Hrsg. von Rudolf Boehm，1956(中译本：《第一哲学》[上卷]，王炳文译，北京：商务印书馆，2006 年)。

Hua IX：*Phänomenologische Psychologie*. *Vorlesungen Sommersemester* 1925. Hrsg. von Walter Biemel，1962.

Hua X：*Zur Phänomenologie des inneren Zeitbewusstseins*（*1893 – 1917*）. Hrsg. von Rudolf Boehm，1966(中译本：《内时间意识现象学》，倪梁康译，北京：商务印书馆，2009 年)。

Hua XI：*Analysen zur passiven Synthesis*. *Aus Vorlesungs-und Forschungsmanuskripten*（*1918 – 1926*）. Hrsg. von Margot Fleischer，1966(中译本：《被动综合分析：1918 – 1926 年讲座稿和文稿》，李云飞译，北京：商务印书馆，2017)。

Hua XVII：*Formale und transzendentale Logik*. *Versuch einer Kritik der logischen Vernunft*. *Mit ergänzenden Texten*. Hrsg. von Paul Janssen，1974.

Hua XVIII：*Logische Untersuchungen*. *Erster Band*：*Prolegomena zur reinen Logik*. Text der 1. und 2. Auflage. Hrsg. von Elmar Holenstein，1975（中译本：《逻辑研究》[第一卷][修订译本]，倪梁康译，上海：上海译文出版社，2006 年）。

Hua XIX/1：*Logische Untersuchungen. Zweiter Band：Untersuchungen zur Phänomenologie und Theorie der Erkenntnis. Erster Teil.* Hrsg. von Ursula Panzer，1984（中译本：《逻辑研究》[第二卷・第一部分][修订译本]，倪梁康译，上海：上海译文出版社，2006 年）。

Hua XIX/2：*Logische Untersuchungen. Zweiter Band：Untersuchungen zur Phänomenologie und Theorie der Erkenntnis. Zweiter Teil.* Hrsg. von Ursula Panzer，1984（中译本：《逻辑研究》[第二卷・第二部分][修订译本]，倪梁康译，上海：上海译文出版社，2006 年）。

Hua XX/1：*Logische Untersuchungen. Ergänzungsband. Erster Teil. Entwürfe zur Umarbeitung der VI. Untersuchung und zur Vorrede für die Neuauflage der Logischen Untersuchungen (Sommer 1913).* Hrsg. von Ullrich Melle，2002.

Hua XXII：*Aufsätze und Rezensionen（1890 - 1910）.* Hrsg. von Bernhard Rang，1979.

Hua XXIV：*Einleitung in die Logik und Erkenntnistheorie. Vorlesungen 1906/07.* Hrsg. von Ullrich Melle，1984.

HuaXXV：*Aufsätze und Vorträge（1911 - 1921）.* Hrsg. von Thomas Nenon und Hans Rainer Sepp，1987（中译本：《文章与讲演：1911 - 1921 年》，倪梁康译，北京：人民出版社，2009 年）。

Hua XXVI：*Vorlesungen über Bedeutungslehre. Sommersemester 1908.* Hrsg. von Ursula Panzer，1987.

Hua XXVII：*Aufsätze und Vorträge（1922 - 1937）.* Hrsg. von

Thomas Nenon und Hans Rainer Sepp. 1989.

Hua XXVIII：*Vorlesungen über Ethik und Wertlehre*（*1908 - 1914*）. Hrsg. von Ullrich Melle，1988（中文节译本:《伦理学与价值论的基本问题》,艾四林、安仕侗译,北京:中国城市出版社,2002 年）。

Hua XXXI：*Aktive Synthesen. Aus der Vorlesung „Transzendentale Logik"* 1920/21. *Ergänzungsband zu „Analysen zur passiven Synthesis"*. Hrsg. von Roland Breeur，2000.

Hua XXXVII：*Einleitung in die Ethik. Vorlesungen Sommersemester 1920 und 1924*. Hrsg. von Henning Peucker，2004.

Husserliana-Dokumente Bd. I：*Husserl-Chronik. Denk-und Lebensweg Edmund Husserls*，von K. Schumann，1977.

Husserliana-Dokumente Bd. III，*Briefwechsel*，*Band* 3.1，*Die Brentanoschule*，Hrsg. von Elisabeth Schuhmann & Karl Schuhmann，1994.

2）Andere Schriften Außerhalb *Husserliana*：

Erfahrung und Urteil. Untersuchung zur Genealogie der Logik，redigiert und hrsg. von L. Landgrebe，Hamburg [6]1985（中译本:《经验与判断》,邓晓芒、张廷国译,北京:生活・读书・新知三联书店,1999 年）。

„Husserls Randbemerkungen zu Schelers *Formalismus* "，hrsg. von H. Leonardy，in：*Études phénoménologiques*，N. 13 - 14 (1991)，S. 3 - 57.

3）Unveröffentlichte Manuskripte Husserls：

MS. A VI 7；A VI 8 I；A VI 12 II；A VI 30.

胡塞尔《逻辑研究》的页码按照通例给出"A"、"B"两个版本的页码，
　　其他胡塞尔著作则依照《胡塞尔考证版全集》页码以如下形式给
　　出："Hua Band-Nr.，Seite"。唯有《观念 I》给出的是该书初版
　　的页码，即胡塞尔全集本和中译本（《纯粹现象学通论》）的边码。
　　笔者参考了相关中译本和中译文并对照原文进行征引，凡有改
　　动处，由笔者负责。笔者还要感谢德国科隆大学胡塞尔档案馆
　　（Husserl-Archiv）允许我阅读和引用胡塞尔未出版的手稿。

III. Max Scheler

1）*Max Scheler Gesammelte Werke*（Zuerst im Francke-Verlag，
　　Bern/ München erschienen，ab 1986 im Bouvier-Verlag，
　　Bonn. Hrsg. von Maria Scheler & Manfred S. Frings）.

I(1971)：*Frühe Schriften*.

II(1980)：*Der Formalismus in der Ethik und die materiale Wer-
　　tethik*.

III(1972)：*Vom Umsturz der Werte*.

IV(1982)：*Politisch-pädagogische Schriften*.

V(1968)：*Vom Ewigen im Menschen*.

VI(1986)：*Schriften zur Soziologie und Weltanschauungslehre*.

VII(1973)：*Wesen und Formen der Sympathie / Die deutsche Phi-
　　losophie der Gegenwart*.

VIII（1980）：*Die Wissensformen und die Gesellschaft*.

IX（1976）：*Späte Schriften*.

X（1986）：*Schriften aus dem Nachlaß*，*Bd*. 1：*Zur Ethik und Erkenntnislehre*.

XI（1979）：*Schriften aus dem Nachlaß*，*Bd*. 2：*Erkenntnislehre und Metaphysik*.

XII（1987）：*Schriften aus dem Nachlaß*，*Bd*. 3：*Philosophische Anthropologie*.

XIII（1990）：*Schriften aus dem Nachlaß*，*Bd*. 4：*Philosophie und Geschichte*.

XIV（1993）：*Schriften aus dem Nachlaß*，*Bd*. 5：*Varia I*.

XV（1997）：*Schriften aus dem Nachlaß*，*Bd*. 6：*Varia II*.

2）Andere Schriften Außerhalb *Max Scheler Gesammelte Werke*：

Logik I，hrsg. von Rudolph Berlinger & Wiebke Schrader，Amsterdam 1975.

Zur Phänomenologie und Theorie der Sympathiegefühle und von Liebe und Hass，Halle 1913.

„Über Selbsttäuschung"，in：*Zeitschrift für Phatopsychologie I/1*，Verlag Engelmann，Leipzig 1911.

Philosophische Fragmente aus dem Nachlass，Hrsg. und russische Übers. von Mikhail Khorkov，Mockba（Moskau）2007.

舍勒著作凡引自《舍勒全集》的，均直接在文中以如下形式给出出处：„Band-Nr.，Seite"（卷数，页码）。笔者对倪梁康的《伦理学中的形式主义与质料的价值伦理学》(北京:生活·读书·新知三联书店,2004 年;北京:商务印书馆,²2011 年)译本对照原文做了直接征引,凡有改动处,由笔者负责。其他卷次均为笔者据原文自行译出,但同时也对现有的其他汉译尽可能进行了参考,特此致谢!

相关汉译本如下:

《舍勒选集》,刘小枫选编,上海:上海三联书店,1999 年;

《资本主义的未来》,刘小枫选编,北京:生活·读书·新知三联书店,1997 年;

《情感现象学》,陈仁华译,台北:远流出版公司,1991 年;

《谢勒论文集:位格与自我的价值》,陈仁华译,台北:远流出版公司,1991 年;

《知识社会学问题》,艾彦译,北京:华夏出版社,2000 年;

《人在宇宙中的地位》,李伯杰译,刘小枫校,贵阳:贵州人民出版社,1989 年,²2000 年;陈泽环、沈国庆译,上海:上海文化出版社,1989 年;王维达译,武汉:湖北人民出版社,1989 年;

"论三种可能的社会原理",吴增定译,载《施米特与政治的现代性》,刘小枫选编,上海:华东师范大学出版社,2007 年。

题 解 与 引 言

本书是对德国现象学家马克斯·舍勒(Max Scheler，1874 -
1928)现象学的质料价值伦理学的专题研究。这个意图通过本书的
副标题得到标识。为更清楚地表明作者的基本意图，有必要首先对
副标题中的几个关键词予以专门的说明：

1."现象学的"。这个限定词表达出作者两方面的意图。首先是
方法论层面的，这意味着笔者将尽可能地使本项研究符合一部现象
学的论著所应具有的基本特征；其次是内容方面的，这体现出笔者对
研究对象所自觉做出的必要限制，更明确地说，"现象学的"这个限定
词将成为我们对舍勒文本进行取舍的基本标准。一般而言，舍勒思
想发展的中期会被看作其"现象学时期"，这自有其道理。但是时间
上的划分往往是生硬的，比如我们很难确定某一个具体的日子，在此
之前属于现象学，在此之后就不是。所以，我们的讨论并不会僵硬地
限于舍勒思想的中期，但是会限制在现象学的论题域。按照这个自
觉的限制，比如舍勒晚期形而上学、认识论方面的很多思考会被搁
置，尽管对这些思考的评价在舍勒学界非常不同，但我们这里并不涉
及价值判断，而仅仅是论题所限。这种限制，当然会受制于作者本人
对现象学本身尤其是对舍勒现象学的理解。在本书的框架内，我们
将着力去展示：舍勒的质料价值伦理学在何种意义上是现象学的。
这一方面是通过静态的抽象的本质现象学(质料先天的现象学描述、
价值－感受行为的描述、价值的本质描述等等)，同时也是通过动态
的具体的人格现象学体现出来的。除此以外，本书也将凸显舍勒现

象学的核心原理——相关性原理。

2.“质料”。这个概念不仅是舍勒实践哲学,也是其理论哲学的中心概念。首先,它是与“形式”概念相对的。在舍勒伦理学中最为人所知的无疑还是他对康德伦理学中形式主义的批判,这也曾成为他主要代表作的标题的组成部分。因此,通过“质料”这个概念,我们就可以首先在与康德的对峙中廓出舍勒思想的一个大的背景。不同于康德,伦理学在舍勒这里必定是“质料的”。另一方面,“质料”这个概念也是和“先天”概念紧紧联系在一起的,所以舍勒用以标示他核心立场的一个关键术语就是——质料先天主义。恰恰是通过质料先天主义,一门现象学的“质料”价值伦理学才得以可能。我们将在自休谟、康德、波尔扎诺、胡塞尔以来的传统中讨论质料先天的问题,以便更好地理解舍勒的质料先天学说。最终,本书将把舍勒的质料先天主义归结为三个先天——价值先天、情感先天和相关性先天,这样一种质料先天主义将为舍勒质料价值伦理学的第一层次提供静态现象学的奠基。

3.“价值”。这自然是舍勒的核心概念。这个概念和“质料”概念联系在一起就可以构成舍勒伦理学另一个大的背景,即舍勒的**质料价值伦理学**与古希腊以来的**一般的质料**伦理学的对峙。泛泛地说,舍勒是通过“质料”概念将自身区别于康德的“形式”伦理学的,又是通过(质料的)“价值”概念而与亚里士多德传统的(质料的)“善业”伦理学相互区分开来。因此从一开始,舍勒就要在两个方向上进行斗争:一方面是与形式主义伦理学的斗争,另一方面则是与一般的质料伦理学的斗争。事实上,舍勒不仅发展出了质料的价值伦理学,而且还发展出一门现象学的价值论。或者更确切地说,这门现象学的价值论是价值伦理学的基础。只有通过对作为“原现象”的**价值先天**和作为“行为相对性存在”的**价值存在**这两个方面的现象学－存在论的描述，人们才能够更好地理解"质料先天主义"的内涵，也才能够厘清"质料先天主义"与"人格主义"之间的内在关联。根本上，"人格主义"在舍勒这里始终意味着"价值人格主义"。

4."伦理学"。这个普通的学科概念划定了我们这里的主要论题域，即，本书是对舍勒"伦理学"的研究。同时，这也意味着我们的整个讨论必须要置入伦理学的大背景中，只有如此，我们才能真正理解舍勒伦理学思考的出发点、基本思路以及在伦理思想史上的位置。这个伦理学的大背景，在本书中通过三个基本问题展现出来，即，伦理学的根本问题——"人应该如何生活？"，伦理学的引导性问题——"什么是好（善）？"以及伦理学的建基问题——"回答'什么是善？'这一问题的理据何在？"后两个问题涉及到通常意义上的"元伦理学"或"伦而上学"（Metaethik），前一个问题则与"规范"伦理学相关。我们在舍勒这里使用"元伦理学"或"规范伦理学"这样的标识，主要是基于舍勒的伦理学与通常理解下的这两门伦理学具有着一样或者相类似的问题意识。尽管如此，通过我们加上的这几个限定词（"现象学的"、"质料的"、"价值的"），舍勒伦理学不同于其他伦理学的独特品格将得以彰显，舍勒在伦理思想史上的位置也可以得到确定。

5."重构"。这可以看作前面这几个关键概念的最终归宿，换言之，它体现了作者的根本意图，即，系统性地"重构"舍勒现象学的质料价值伦理学，前面的铺垫都可以看作是服务于这一根本意图的。舍勒思想的系统性或体系性问题历来都是最受诟病的方面，这不仅指其整体思想发展的系统性，也指其某一专门学说的系统性。本书只是对舍勒现象学的质料价值伦理学的系统性"重构"研究。为了更好地展示本项研究，或者说舍勒现象学的质料价值伦理学在其整体思想发展中的位置，我们提供了一个附录——"舍勒思想发展中的'谜'"。而单就舍勒现象学的质料价值伦理学本身而言，就笔者目力所及,在迄今为止的舍勒研究中,还没有看到在伦理学的总体框架内系统性地重构舍勒伦理学的研究,本书可以看作这个方向上的**首次**(当然未必是成熟的)尝试。这里的系统性重构研究更多体现在奠基性的系统重构上,既有静态的、抽象的本质现象学的奠基,也有动态的、具体的人格现象学的奠基。

与系统性相关的,还有舍勒的思想变化及其分期问题。[①] 如前所述,本书将自觉地限制在现象学领域并尽可能地限制在"现象学时期",同时我们也坚持认为,只有将舍勒不同时期的著作尽可能地区别对待才可能更清晰地理解舍勒。换言之,尽管舍勒后期著作可能存在现象学研究的成分,尽管我们可以借助于这些部分来**补充和深化**舍勒现象学的研究,或者是旁证现象学的理解,但本书在根本上不赞成以后期的形而上学和认识论的一些基本和核心观念来**解释**中期的现象学。[②]

服从于"系统重构"的根本意图,本书的主体由四个部分组成:

1)导论:伦理学的引导性问题和伦理学的建基问题;

2)上篇:舍勒现象学的元伦理学的静态奠基——康德、胡塞尔背景下的质料先天主义;

3)下篇:舍勒现象学的规范伦理学的动态奠基——自身意识理论视域中的价值人格主义;

4)总结:舍勒现象学的质料价值伦理学的总体规定。

在"导论"中,我们将致力于为舍勒伦理学的研究廓出一个伦理

---

① 有关这一问题,可以参看本书的附录"舍勒思想发展中的'谜'"。

② 在我们这里的论题上,对舍勒中期和晚期思想的总体评价以及相互关系的讨论,可以参阅著名舍勒研究专家 E. 凯利(E. Kelly)的专题研究,见 Eugene Kelly, "Ethical Personalism and the Unity of the Person", in: Stephen Schneck (ed.), *Max Scheler's Acting Persons. New Perspectives*, Amsterdam/ New York 2002, pp. 93-110。

思想的大背景，在其中伦理学上的三个基本问题被提出，同时围绕这几个基本问题而在伦理思想发展史上一再出现的基本张力也得以呈现。换言之，在"导论"中，我们将既为舍勒伦理学思想的研究画出一个"圆"，也会确定出"圆心"之所在，对舍勒伦理学的系统研究就可以看作从此"圆心"出发的、不断向外的铺展。

这一"铺展"主要体现在"上篇"和"下篇"中。在此，舍勒现象学的两种类型（静态的和动态的）、舍勒现象学伦理学的两个层次（元伦理学和规范伦理学）将得以展现。同样是为了服务于系统性"重构"的根本意图，本书的"上篇"、"下篇"将分别在两个不同的背景视域中展开，即"康德、胡塞尔背景下的质料先天主义"和"自身意识理论视域中的价值人格主义"。这种背景视域对于行文的必要性将在"上篇"、"下篇"各自的"引语"中得到说明。这在一定程度上当然也是由系统性"重构"研究本身的特征所决定的，所谓重构，无非是"还原－筹划－批评性拆解"这样一个共属一体的过程。

在这里，我们也可以回到本书的正标题上去："质料先天与人格生成"。这两个概念都来自于舍勒本人，它们被笔者视为舍勒现象学的质料价值伦理学中最具代表性的概念，分别对应着本书"上篇"和"下篇"的研究。

在"总结"部分，我们将会提供对舍勒现象学的质料价值伦理学的总体规定。在"质料先天主义"、"绝对主义和客观主义"、"价值人格主义－凝聚主义"这几个标签中，舍勒在伦理学发展史上的位置将最终得到说明。笔者最终将表明，舍勒本人对其伦理学的这三个方面的总体定位与我们在导论中引入的伦理学的三个基本问题在很大程度上刚好是相互对应的。笔者试图借助于这样一个大的伦理思想史的背景，更为清楚地勘定舍勒伦理学的出发点、基本思路以及总体倾向。

特别要提到的是,囿于本书的论题,我们在文中并未引述耿宁
(I. Kern)新近出版的王阳明与阳明后学研究的巨著①,但是恰恰是
这一巨著以及耿宁的其他相关研究,对笔者反思人格和自身意识、自
身感受的关系问题提供了极为重要的视角参考。在一定意义上可以
说,耿宁对于王阳明"良知"三个层次的区分实际上同样影响了本书
对于"自身感受"三个哲学含义的梳理,进而也影响了我们对"人格现
象学"三个基本维度的划分。

需要强调的还有,本书的努力首先在于较为系统地展示舍勒伦
理学的总体面貌,因此这里的讨论不能被视为对伦理学本身的讨论。
但是反过来说,如果舍勒的伦理学思想真正具有划时代的穿透力的
话,这里的讨论或许会有助于伦理学本身的展开。作者将最大可能
地克制在舍勒自身的语境之中。所有关于舍勒本人思想的讨论都以
其文本为最终的依据,换言之,这里所提供的首先是对舍勒现象学伦
理学思想的文献性研究,而非现象学伦理学本身的研究,所以文本而
非现象学的直观原则在这里是第一位的,当然二者在更多时候是可
以一致的。本书"下篇"对"自身感受"的引入可能是个例外,因为在
某种意义上,它并不直接属于舍勒自身的语境,而更应该被看作是由
外部推动的内部反省。

在行文中涉及哲学史上其他哲学家的情况也是如此,作者也做
了尽可能的克制。比如在"导论"中,或许探讨整个伦理学中感受/情
感和理性的冲突,以及相对主义和绝对主义的冲突是有意义的,但那
势必会离题太远。本书对于相关思想家的选择也以与上述几个关键
词最为相关、对于舍勒思想的定位最有帮助为基本原则。这也体现

---

① I. Kern, *Das Wichtigste im Leben. Wang Yangming* (1472 – 1529) *und seine Nachfolger über die* » *Verwirklichung des ursprünglichen Wissens* «, Basel 2010.

着作者一个较为自觉的努力,即,尽己可能地在这里提供一项专门的研究,而非系统的概览介绍①,因此本书所最终关注的始终是问题之间的内在逻辑性。

最后还需说明的是,本书对舍勒现象学的质料价值伦理学的层次划分,以及对"人格"本身诸维度的区分等等,只是行文论述以及阅读理解方面的"方便法门",并非"人为地"割裂这些思想的统一性。实际上,借助于这些"方便法门",笔者无意去割裂这些思想的统一性,而恰恰相反,笔者的最终意图还是在于更好地坚持这些思想的统一性。

---

① 有关舍勒整体思想的概览性介绍研究,可以参看拙文:"舍勒",载谢地坤主编:《现代大陆欧洲哲学》(上)(《西方哲学史·学术版》第七卷,叶秀山、王树人总主编),南京:江苏人民出版社,2006年,第388-433页。

1.导论:伦理学的引导性问题和 伦理学的建基问题

"这决不是我们平常讨论的一件小事,而是事关'**人应该如 何生活?**'这一问题的大事"(柏拉图,《理想国》,352D)。

"这些研究的主要目的在于:**为哲学的伦理学**进行严格科学 的和实证的**奠基**,这种奠基涉及所有那些与这门伦理学本质相 关的基本问题"(Ⅱ,9)。

在导论中,我们将从所谓的"苏格拉底问题",即"人应该如何生 活?"的问题出发,并将"什么是好(善)?"这一问题标识为一切伦理学 的引导性问题(1.1)。但究竟伦理学意义上的"好"或者"善"意味着 什么(1.2)?伦理(学)与道德的关系又怎样(1.3)?只有清楚地回答 了这些问题,我们才有可能真正了解伦理学本身的建基问题。

基于普罗塔哥拉与苏格拉底在伦理学开端上的初始论争,以及亚 里士多德对苏格拉底的批评,我们可以继续追问:人们据以回答引导 性问题的根据何在?或者,伦理学的原则究竟是理性还是情感(或感 受)?伦理学究竟建基于理性,还是情感(或感受)之上?(1.4)在康 德伦理学中,伦理学的建基问题成为了主要论题,情感(或感受)与理 性(或知性)之间的张力在康德整个伦理学的发展中清晰地展现出来, 或者也可以说,这一张力最终引导着康德伦理学的变化和发展(1.5)。

我们在导论中所做工作的主要目的,首先在于为舍勒的现象学的质料价值伦理学研究提供最基本的背景视域，以便更好地理解舍勒现象学伦理学的出发点、主要任务和基本思路；进而也在于确定舍勒的现象学伦理学在整个伦理学发展史中的基本位置(1.6)。

1.1 从苏格拉底问题到伦理学的引导性问题

"苏格拉底问题是道德哲学最好的出发点，它要优于'我们应当做什么？'或'我们怎样才能是善的？'甚或'我们如何才能幸福？'这些问题"，因为在威廉姆斯(B. Williams)看来，这些问题中的任何一个都已经预设了太多的东西，而人们又总是很难在这些所预设的东西上达成一致。[①] 这在一定意义上也构成了当代道德哲学或伦理学研究中充满混乱的原因。这里威廉姆斯所说的"苏格拉底问题"是指："人应该如何生活？"在柏拉图的《理想国》中，苏格拉底说道："这决不是我们平常讨论的一件小事，而是事关'人应该如何生活？'这一问题的大事。"[②]因此，"人应该如何生活？"这个问题就是涉及所有人生活方式的头等大事，同时，它也并不直接涉及比如日常生活中某些具体的内容或利益，而是涉及到更为根本性的问题，即，人应该怎样或者以何种方式去与他自身的生活或生命相联系？ 在此意义上，这个问题也并非仅仅是一般道德哲学意义上的问题，而是一个更为一般、更为普遍的问题。这个问题也并非单单涉及某个确定的人，如哲学家

---

① 参阅 Bernard Williams，*Ethics and the Limits of Philosophy*，First published by Fontana Press 1985，With a commentary on the text by A. W. Moore，London/ New York 2006, p. 4.

② 柏拉图:《理想国》，352D(引文参照德译本和中译本给出，下同，不再一一注明)。德文本:*Platon sämtliche Dialoge*，Bd. 5，*Der Staat*，Übers. von Otto Apelt，Hamburg：Felix Meiner ⁶1998. 中译本:柏拉图，《理想国》，郭斌和、张竹明译，北京:商务印书馆，1986 年;"国家篇"，载《柏拉图全集》(第二卷)，王晓朝译，北京:人民出版社，2003 年。

或伦理学家，而是涉及每一个人。这意味着，只要人们一开始反思自己的本己生活，他就会碰上这个问题。①

尽管对此问题的道德方面的回答只是一个角度，但这一问题还是构成了一切道德哲学或伦理学说的"最好的出发点"。那么究竟，人应该如何生活？或者，人应该以何种方式生活？对这一问题，当然有着一个最为确定、最为一般也最为简单的回答，即：人应该"好"地生活，或者，人应该寻求"好的"生活方式。按照威廉姆斯的看法，苏格拉底问题看起来恰恰是在追问"好的生活"(das gute Leben)的条件。② 但这样一个问题并不意味着"人应该'道德'地生活"，这个问题本身已经从任何特定的道德宣称中解放出来，这里的语词"应该"(soll)也并不意味着道德哲学中的义务或律令的"应当"(soll)。③ 苏格拉底问题仅仅事关"好的生活"或者所谓"值得过的生活"，最终它涉及的是人自身最根本的生活态度，而并非某一特定时间地点之情境下的"去做什么"或者"如何评价"，等等。

但是，对苏格拉底问题的最为一般也最为简单的回答（人应该"好"地生活）无疑也将会引出伦理学的引导性问题。"人应该'好'地生活"这一回答实际上涵设了两个更进一步的反思，即："如何去'好'地生活？"以及更为首要的是，"什么是'好的生活'？"人们对于"好的生活"当然也会有各式各样不同的理解，而且其中的核心词"好的"立刻就会浮现在人们的眼前。要说明"什么是'好的生活'？"，人们自然

---

① U. 沃尔夫(Ursula Wolf)还分析过这个问题的日常语义学方面的特征、范围以及层次等等，参阅 Ursula Wolf, *Die Philosophie und die Frage nach dem guten Leben*, Hamburg 1999, S. 70 – 81。

② 参阅 B. Williams, *Ethics and the Limits of Philosophy*, loc. cit., p. 20。

③ 参阅 B. Williams, *Ethics and the Limits of Philosophy*, loc. cit., pp. 5f.；以及 Ursula Wolf, *Die Suche nach dem guten Leben*, *Platons Frühdialoge*, Hamburg 1996, S. 11。

需要首先追问:"什么是'好'?"在这里,伦理学的原初问题就开始展现出来。或者换言之,对苏格拉底问题的反思可以是也应该是我们每一个人都会遭遇到的——只要我们开始反省自己的生活状态,但是只有人们进一步去追问"什么是'好的生活'?"以及更基本的"什么是'好'(das Gute)?"并尝试着给出系统的回答和论证时,伦理学才真正开始。在此意义上,我们可以说,"什么是'好'?"这一问题是伦理学的头等问题,一切道德哲学或伦理学说都涉及到这个问题,不管它愿意或不愿意,也不管它是否清晰地表达出这种联系来①,所以,我们可以把这一问题称作"伦理学的引导性问题"。

亚里士多德的《尼各马可伦理学》是哲学史上第一部直接以"伦理学"命名的著作,它开卷就提到:"每种技艺与研究,同样地,人的每种实践与选择,都以某种好(善)为目的。所以有人就说,所有事物都是追求好(善)的。"②看起来,亚里士多德的伦理学是从思考"好"或"善"(agathon)开始的。对于亚里士多德来说,"好"或者"最好"当然是存在着的,对"好"或者"最好"的认识无疑将对所有人的生活有着重大意义。人们总是要试着去认识:究竟什么是"好"或者"最好"?亚里士多德给我们提供的回答是:一切实践的所能达及的"最高的善"或"最好"就是"eudaimonia"。③在亚里士多德伦理学中,这个概念是如此的广为人知,以至于人们常常将之当作亚里士多德伦理学

---

① 参阅 Konrad Paul Liessmann, *Vom Nutzen und Nachteil des Denkens für das Leben. Vorlesungen zur Einführung in die Philosophie*, Wien 2002, S. 135ff.。

② 亚里士多德:《尼各马可伦理学》,1094a(引文对照了德译本和中译本)。德译本:Aristoteles, *Die Nikomachische Ethik*, *Griechisch-deutsch*, übers. von Olof Gigon, neu hrsg. von Rainer Nickel, Düsseldorf/Zürich 2001. 中译本:《尼各马可伦理学》,廖申白译注,北京:商务印书馆,2003 年;《尼各马科伦理学》,载《亚里士多德全集》(第八卷),苗力田译,北京:中国人民大学出版社,1992 年。

③ 参阅亚里士多德:《尼各马可伦理学》,1095a。

的标签。

这个希腊语词"*eudaimonia*"在现代语言的翻译中，常常被译作"幸福"或"幸福性"，如德文的"Glück"或"Glückseligkeit"等等。但是这个翻译并不能完全令人满意。比如 U. 沃尔夫就认为，一方面，幸福或幸福性这样的概念如今已经是一个被用滥了的概念，在享乐主义中，它被还原为某种实证的感受或情感，而在功利主义中，它又被还原为最大限度的愿望满足，如此等等；另一方面，幸福（Glück）这样的概念如今也更常常被看作一种外在的幸福、外在的福利，乃至某个幸运的（glücklich）偶然事件。① 因此，以"幸福"或"幸福性"这样的概念来翻译亚里士多德的"*eudaimonia*"并不完全切合，她给出的翻译建议是"好的生活"（gutes Leben）或"好的生活方式"（gute Weise des Lebens）。因为从"*eudaimonia*"这个词的结构来看，它包含两个部分，即"*daimon*"和"*eu*"。"*daimon*"大致就是指"生活"或"生活气息"（Lebensgeist），而"*eu*"则是"好"的副词形式，因此，追问"*eudaimonia*"，无非就意味着追问"好的生活"，一切实践所能达及的"最高的善"或"最好"也就意味着"过好的生活"，或者"过值得过的生活"。人们进一步的问题就还是：以好的方式去生活，这意味着什么？②

在亚里士多德看来，无论是那些一般民众，或是出众之人，他们都有着基本一致的看法："*eudaimonia*"首先都会被理解为"好的生活"（*Gut* leben）和"自身－好地－行事"（Sich-gut-Verhalten），或者通俗而言就是，"活得好"和"做得好"③。而这两个方面，都含有着共

---

① 参阅 U. Wolf, *Die Philosophie und die Frage nach dem guten Leben*, a. a. O., S. 15f., 67f.。

② 参阅 U. Wolf, *Die Philosophie und die Frage nach dem guten Leben*, a. a. O., S. 68；以及参阅 U. Wolf, *Aristoteles' » Nikomachische Ethik «*, Darmstadt 2002, S. 30f.。

③ 参阅亚里士多德：《尼各马可伦理学》，1095a。

同的因素:"好"(gut)。因此,人们有理由说,无论亚里士多德最终对"*eudaimonia*"规定如何,他的"*eudaimonia*"概念乃至其整个伦理学都涵设了一种对"好"的追问。在此意义上,尽管亚里士多德伦理学的主要论题并非追问"什么是好?",而是追问"*eudaimonia*",但是他的整个伦理学都由"什么是好?"这一问题引导。据此,人们可以将"什么是好?"这一问题规定为亚里士多德伦理学乃至其后所有的伦理学或道德哲学的"引导性问题"。

1.2　什么是伦理学意义上的好(善)?

但,究竟什么是好? 这始终还是个问题。在日常生活中,我们几乎每天都在说"好"这个语词。当我们在路上碰到别人时,我们会问"你好吗?",在西方语言中差不多都有类似的表达,如英文中的"How are you?"或德文中的"Wie geht es dir (oder Ihnen)?"等等。在通常情况下,面对这类问题,我们不会以"是/否"来回答,而是以"好/坏"来回答,比如"挺好的"、"还不坏"等等。显然,这一语境中的"好"不能与另一些语境中的"好"相等同,比如,我们说一个"好学生"、"好厨师"或者一个"好的行动"等等。所以,我们必须区分"好"的不同含义。

据笔者所知,图根特哈特(E. Tugendhat)为我们提供了迄今为止最为清楚也最为细致的对语词"好"的分析。[①] 我们下面的分析将

---

① 图根特哈特早先在其《伦理学讲座》中讨论了语词"好",近年来又进一步发展了这一主题。参阅 E. Tugendhat, *Vorlesungen über Ethik*, Frankfurt am Main 1993,第三讲;以及 E. Tugendhat, *Egozentrizität und Mystik, Eine anthropologische Studie*, München 2004(中译参见图根特哈特:《自我中心性与神秘主义——一项人类学研究》,郑辟瑞译,上海译文出版社,2007 年),第四章。相关主题的研究还可以参阅 Georg Henrik von Wright, *The varieties of Goodness*, London/ New York 1963。

基本上依据于他的卓越研究。在图根特哈特那里，"好"被区分出三种不同的类型：即"审慎的好"（das prudentiell Gute）[1]、"道德的好"（das moralisch Gute）和"副词的好"（das adverbiell Gute）。

我们上面已经提到的、在日常照面中使用的"好"被图根特哈特称为"审慎的好"，而这种"审慎的好"首先意味着，对我自己而言，什么是好的。因此，当某个迎面而来的人向我提出"你好吗？"这样的问题，我以"挺好的"予以回答的时候，这个"好"并不意味着某个具体的或特定情境的"好"，而是对于我自己所处的整体生活状态的"审慎的"考量，即我自己处在一个还算"好"的总体生活状态中。按照图根特哈特的看法，在古代，当人们谈及"好"时，基本上指的就是这样一种我们如今在日常照面中所使用的"好"，即"审慎的好"。在亚里士多德的伦理学中，这种"审慎的好"最终被规定为最高的和总括性的目标，而古典的伦理道德性本身恰恰就基于这种得到正确理解的"审慎的好"，即，对于某人自己来说什么是好的。

但是，这种在古代不言自明的理解却因为新的"权威的"道德设想——基督教的道德设想的出现而受到质疑。[2] 这意味着，随着宗教权威的出现，"好"不再仅仅意味着对某人自己来说什么是好的，"好"开始从"审慎的好"转向"道德的好"，这在近代道德哲学最为重要的先行者和代表——康德和边沁那里可以看得很清楚。在他们那里，道德与审慎的好完全被对立起来，这在康德那里表现为以"纯粹

---

[1] 图根特哈特所用的这个词"prudentiell"并非一个原本的德文词，而是更多用在口语中，它来自于英文的"prudential"，这个英文词一般译为德文的"überlegt"，意即"审慎的"。从这里我们也可以看出，"审慎的好"更首要地出现在日常语言当中，而后才成为学术的用语，而"道德的好"则纯粹是个哲学性的概念。

[2] 参阅 E. Tugendhat, *Egozentrizität und Mystik*, a. a. O., S. 69f.；图根特哈特，《自我中心性与神秘主义》，第 60 页。

理性"代替了神学的奠基,而在边沁那里则将道德根源的问题予以搁置,但根本上,他们都隐蔽地植根于基督教的传统。[①] 于是,人们可以去谈论一种古典伦理学与近代伦理学或道德哲学的对立,尽管是基于不完全一样的理由,比如在西季威克[②]和罗尔斯[③]那里。图根特哈特同意罗尔斯在《正义论》第 66 节中对"道德的好"的基本定义:即,当某人像我们彼此要求的那样行事,他在道德上就是好的。在此意义上,"道德的好"就基于一种交互主体间的承认。[④]

与"道德的好"一样,"副词的好"也涉及一种交互主体间的标准。事实上,在图根特哈特看来,"道德的好"仅仅只是一种特殊的"副词的好"。不同于"审慎的好"总是意味着"对某人自己来说的好","道德的好"或者更一般的"副词的好"总是代表着一种交互主体间的评价。在所有人类的行为上,人们都可以谈论一种"副词的好",比如,当我们说某人是个"好厨师"时,显然意味着他作为厨师这个社会角色做得很好,尽管在"好厨师"这个表达中,"好"被用作形容词,但它所具有的意义却是"副词的",即做得很好。但是如果他作为一个厨师,做得不够好,他却不必接受"道德的"谴责。因为"道德的好"仅是"副词的好"中特殊的部分,在"道德的好"中"要求是相互的,且无条件的",它并不依赖于人们是否想做这个事,比如做个好厨师,而毋

---

① 康德伦理思想中的基督教思想根源早已被很多哲学家或研究者指出,比如叔本华和吉尔松等人。

② 参阅亨利·西季威克:《伦理学史纲》,熊敏译,陈虎平校,南京:江苏人民出版社,2008 年。

③ 参阅 John Rawls, *Lectures on the History of moral Philosophy*, edited by Barbara Herman, Harvard University Press 2000, "Introduction"。

④ 参阅 E. Tugendhat, *Egozentrizität und Mystik*, a. a. O., S. 70f.; 图根特哈特:《自我中心性与神秘主义》,第 60–61 页。也可参阅 J. Rawls, *Theory of Justice*, Harvard University Press 1971, pp. 433–439。

宁说，共同体的成员都彼此要求，他们通常不去做不道德的事。①

最终，"好"，无论是"道德的好"或者更一般的"副词的好"，或是"审慎的好"，都被图根特哈特规定为"行为目标"（Handlungsziel），我们后面会看到，舍勒已经预先拒绝了一切将"好"或"善"视为行为之目标的理解。当然，我们这里的任务并不在于评判图根特哈特这一区分以及讨论的正确与否，而是试图去发现，这一区分给我们带来什么样的指引。

在我们看来，图根特哈特对"好"的区分恰恰就表明了在伦理学说史上存在着各种不同的对"好"的理解，而这些不同的对"什么是好？"这一问题的回答恰恰发展出了不同的伦理学或道德哲学的形式。在此意义上，我们可以再次看到，"什么是好？"这一问题构成了一切伦理学或道德哲学的引导性问题。

这里我们可以给出一些伦理学史中的例子。康德有关伦理学的第一部系统著作、其"纯粹理性伦理学"的开山之作《道德形而上学的建基》就是从"好"的概念出发的："在世界之内，一般而言甚至在世界之外，除了一个**善（好）的意志**之外，不可能设想任何东西能够被无限制地视为善（好）的。"②无论对这样一种规定是否存在争议，但显然，"好"或者"什么是好？"这个问题构成了康德伦理学的出发点。比较清楚的还有，无论是胡塞尔的形式价值论或是舍勒的价值伦理学，首先需要面对的问题都是"什么是好？"，尽管在他们这里，"好"更多与

---

① 参阅 E. Tugendhat, *Egozentrizität und Mystik*, a. a. O., S. 70；图根特哈特：《自我中心性与神秘主义》，第 61 页。这里当然还涉及到图根特哈特本人对于"道德"的理解，而这一理解在他那里也有过变化，与此相关，可以参阅图根特哈特："论道德的概念与论证"，辛启义译，倪梁康校，载《南京大学学报》（哲学·人文科学·社会科学版），2007年，第 3 期；E. Tugendhat, „Wie sollen wir Moral verstehen？", in: ders., *Aufsätze 1992 - 2000*, Frankfurt am Main 2001，S. 163 - 184。

② I. Kant，GMS，AA IV，393.

价值关联在一起。而在近代以来的所谓的"元伦理学"(Metaethik)中,这一引导性问题甚至被转换成主要的问题,比如在摩尔的《伦理学原理》中。

自从 1903 年摩尔的《伦理学原理》出版以后,在分析哲学的语境中出现了"元伦理学"和"规范伦理学"的区分。在分析性的"元伦理学"中,首先得到关注的问题就是"什么是好?"。当然,现象学的伦理学也应当回答这一问题,换言之,在现象学的伦理学中也应该包含有"元伦理学"的层面,它首先面对"什么是好?"的问题。这恰恰构成了本书上篇的主要问题,即舍勒的现象学的质料价值伦理学是如何回答"什么是好?"这一问题的,而这一回答本身也可以被称作现象学的"元伦理学"。

在伦理学的引导性问题或者"元伦理学"的主导性问题"什么是好?"中的"好"在根本上就不仅仅意味着图根特哈特那里的"审慎的好",也不仅仅意味着他所说的"道德的好",我们可以将之规定为一种"伦理的好"(das ethisch Gute)或者"在伦理学意义上的好"(das Gute im Sinne der Ethik),这种更为宽泛的"伦理的好"既可以包含图根特哈特那里的"审慎的好",也可以包含他说的"道德的好"。[①]人们自然会进一步地问:"伦理的"和"道德的"之间的区分是什么?

1.3 伦理学与道德

如我们前文所提及,在威廉姆斯看来,苏格拉底问题"人应该如何生活?"不能仅仅被理解为一个道德方面的问题。图根特哈特也讨

---

① 可以看出来,无论是图根特哈特所说的"审慎的好"或是"道德的好",还是我们这里的"伦理的好",在根本上都不同于"副词的好",而是具有一种我们如今所说的伦理道德意义上的"善"的含义,我们在下文中,将会在此意义上直接使用"善"的表达。

论了这个问题，在他看来，人们不应该在"道德的"意义上来理解这个问题，而是应该将之视为与"审慎的"或者"伦理的"相关的问题，"这刚好切合于古典哲学的'伦理的'问题，它与人的生活的最高目标相关"，因此就与"好的生活"或"*eudaimonia*"相关。[1] 很显然，图根特哈特这里的阐释是基于"伦理"和"道德"的原初词义。[2]

"伦理学"（Ethik/ethics）这个概念来自于希腊语词"*êthos*"，在前哲学的希腊文中，这一概念最初被理解为生物的长久滞留地。亚里士多德在其《尼各马可伦理学》中已经注意到希腊语词"*êthos*"和"*éthos*"之间的亲缘性，后者更多意味着"习惯"或"习俗"。[3] 按照黑尔德的看法，"行动的人的居留地（*êthos*），就在于作为值得赞誉之习惯（*éthos*）的德性态度"。[4] 因此人们可以将"*êthos*"理解为"性格特征"（Charaktereigenschaften），在此意义上，亚里士多德的伦理学（Ethik）不仅涉及到"*êthos*"（性格特征），也涉及到"*éthos*"（习惯）。

与此相对，"道德"（Moral）这个概念则来自于拉丁语词"*mores*"，亚里士多德的"伦理学"（Ethik）被西塞罗翻译为"*philosophia moralis*"（道德哲学）。"*Moralitas*"是"*moralis*"这个概念的抽象的名词形式，它经德语化后被写为"Moral"、"Moralität"或译为"Sittlichkeit"。但是这里隐含着一个翻译上的差误。"*Mores*"这个词在原初词义上是指"风俗"（Bräuche）或"习惯"（Gewohnheiten），换言之，

---

① 参阅 E. Tugendhat, *Vorlesungen über Ethik*, a. a. O., S. 39。

② 我们下文的论述主要归功于黑尔德（K. Held）的出色的工作，据笔者所知，黑尔德的"对伦理的现象学复原"一文不仅在词源学方面而且在现象学实事分析上，为我们提供了在这一论题上既简明清楚、又极富教益的研究成果。参阅黑尔德："对伦理的现象学复原"，倪梁康译，载《中国现象学与哲学评论》（第七辑·现象学与伦理），上海：上海译文出版社，2005 年，第 1－17 页。与此相关的讨论，也可以参阅海德格尔，"关于人道主义的书信"，载其著：《路标》，孙周兴译，北京：商务印书馆，2000 年，第 417－420 页。

③ 参阅亚里士多德：《尼各马可伦理学》，1103a。

④ 黑尔德："对伦理的现象学复原"，第 4 页。

它主要对应于希腊语词"*éthos*"。这也就意味着,在将亚里士多德的"伦理学"译成拉丁语的"道德哲学"(*philosophia moralis*)的过程中,"*êthos*"(性格特征)的维度缺失了。而按照图根特哈特的说法,在以拉丁语写作的哲学著作中,"*moralis*"这个概念很快变成了一个专门术语,它不再仅仅被思考为"风俗",而是获得了我们今天意义上的"道德"的含义。①

在黑尔德看来,之所以会出现这样一个翻译上的疏忽,或者说,这样一种翻译之所以可能,是因为"当时在**哲学上**已经为把善(das Gute)表象为对象性规范(Norm)的做法开辟了道路,而且是通过斯多亚学派"。② 斯多亚学派的创始人季蒂昂的芝诺将希腊语词"*kathékon*"(拉丁语词"*officia*"、德语词"Pflichten")当作他的伦理思想的主导概念,它主要指的就是我们现代意义上的"要求"或"义务",即它告诉我们应当如何行动。正是由于这个概念的引入,"审慎的好"开始转向"道德的好","好"或者"善"开始具有了"应当"的维度,"道德"(Moral 或 Sitte)也开始接纳了法则、规范或者律令,等等。"好",不再仅仅意味着"对某人自己来说的好",而是开始被理解为对某个法则、规范或律令的服从或与其相一致。

由此,古典的"伦理"(Ethos)和近代以来的"道德"(Moral)之间的对峙就浮现在哲学史上。在此意义上,我们也可以说,相对于"道德的好",一种较窄意义上的"伦理的好"恰恰就与图根特哈特所说的"审慎的好"同义。

但是在对"伦理学"(Ethik)这个术语的确定上,还存在着另外一种可能性。在一种较为宽泛的意义上,相对于"道德"(Moral),人们

---

① 参阅 E. Tugendhat, *Vorlesungen über Ethik*, a. a. O., S. 34。
② 黑尔德:"对伦理的现象学复原",第 7 页。

可以将"伦理学"视为对"道德"的哲学性反思,这样一种对"伦理学"的理解在当代伦理思想的研究中经常可以读到①,在这一意义上,人们也在一种更为宽泛的意义上使用"道德哲学"(Moralphilosophie)这个概念,它也意味着一种对"道德"的哲学性反思。

在本书中,我们将始终在宽泛的意义上使用"伦理学"这个概念,它既包含狭义上的伦理学(古典的伦理学),也包含近代以来的道德哲学。我们可以有所保留地接受威廉姆斯的看法,即,人们无需定义伦理思虑的精确含义,而更应关注在伦理的概念中接纳了哪些含义,这个概念的模糊性对于实事本身的研究并没有什么坏处。② 我们这里首先要思虑的就是,在伦理的概念中究竟接纳了什么? 宽泛意义上的"伦理学"概念,几乎可以囊括伦理道德思想史上各种各样的理论,如亚里士多德的伦理学、康德的道德形而上学③、胡塞尔的作为"工艺论"的伦理学,当然还有舍勒的质料的价值伦理学,以及勒维纳斯的作为第一哲学的伦理学,如此等等。

与此相应,在"什么是好?"这一伦理学的引导性问题中的"好"或"善"也始终是开放性的,它始终意味着"伦理的好"或者"宽泛意义上的伦理学上的好"。但这一引导性问题如何引导着伦理学自身的发展? 我们将首先回转到伦理学的开端处寻找这一问题的可能答案。

---

① 例如可以参阅 E. Tugendhat, *Vorlesungen über Ethik*, a. a. O., S. 39f.; Bernhard Schleißheimer, *Ethik heute*, *Eine Antwort auf die Frage nach dem guten Leben*, Würzburg 2003, S. 19ff.; Hans Krämer, *Integrative Ethik*, Frankfurt am Main 1995, S. 9f.。

② 参阅 B. Williams, *Ethics and the Limits of Philosophy*, loc. cit., p. 7.

③ H. 克莱默(Hans Krämer)曾将近代的道德哲学,尤其是康德那里的道德哲学称为"应当伦理学"(Sollensethik),以区别于古代的"追求伦理学"(Strebensethik),参阅 Hans Krämer, *Integrative Ethik*, a. a. O., S. 9ff.。

1.4　伦理学的开端：
普罗塔哥拉与苏格拉底之争 *

一般认为，一门作为科学的伦理学是从苏格拉底开始发端的。[①]当然，苏格拉底的伦理学并没有展示出完整而系统的形态，而且这一伦理思虑也深深植根于当时的习俗与文化之中，比如所谓的希腊启蒙。这一启蒙的代表们——主要是智者学派和苏格拉底——共同推动了希腊哲学的人类学转向。而伦理学，恰恰是在这种人类学转向中发展起来的，因此，苏格拉底的伦理学一开始就和智者学派的伦理思考处在一个共同的大背景下，同时也体现出与智者学派的某种争执，尤其是与普罗塔哥拉的争执，后者一般被视为智者学派的精神领袖。普罗塔哥拉和苏格拉底之争首先与一个如今非常著名的问题相关，即 *aretē*（卓越、德性、好－性或好－存在）可教吗？[②]这个问题差不多是所有柏拉图早期对话都会涉及的主题。

---

* 我们自然无法确证，普罗塔哥拉和苏格拉底真的说了什么或做了什么。我们这里主要关注的是他们在柏拉图对话中，以及在其他哲学著作中所表达出来的思想，以及这些思想在古希腊伦理学以及整个伦理学史上的作用。这意味着我们这里关心的更多是"效应史"，而非"真实的历史"，无论这种"真实"是否有可能达及。有关所谓"真实的"苏格拉底的"形象"问题，可以参阅 Olof Gigon, *Sokrates, Sein Bild in Dichtung und Geschichte*, Bern：A. Francke AG. Verlag 1947。

① 尽管智者学派可能比苏格拉底更早地将一门伦理科学与其他纯理论的自然哲学相对立，但一门本真的、科学的伦理学的开端通常还是更多地与苏格拉底的名字联系在一起，例如参阅亨利·西季威克：《伦理学史纲》，第 2 章；以及麦金太尔：《伦理学简史》，龚群译，北京：商务印书馆，2003 年，第三章。

② 在现代德语翻译中，"*aretē*"这个希腊语词通常被译作"德性"（Tugend）或者"卓越"（Tüchtigkeit），这个概念原先意思就是"最好"或者"出色"等等，它可用来标识某个事物在它的功能上或自然本性上的一种相对的"好－性"或"好－存在"（Gut-Sein），比如亚里士多德会讲眼睛的"*aretē*"或者马的"*aretē*"（参阅亚里士多德：《尼各马可伦理学》，1106a），因此，"*aretē*"首先就和"好（善）"相关。本书在行文中权且从俗译作"德性"。

　　根据柏拉图的对话，普罗塔哥拉显然主张，"德性"（*aretē*）是可以教授的，智者们的任务恰恰就是去传授各种各样的"德性"。对此，在柏拉图的"普罗塔哥拉篇"①中，普罗塔哥拉为我们提供了两种不同的论证：一种论证是以"神话"（*Mythos*）形式给出的（320c - 324d），另一种则是以"理说"（*Logos*）的形式作出的（324d - 328d）。根据"神话"论证，宙斯派遣赫尔墨斯把"尊敬"（*aidōs*）和"正义"（*dikē*）带给人类，并且把这些"德性"分派给每一个人。这当然不意味着所有人与生俱来或者按照命运的安排就拥有了德性，而是指通过努力、练习和教授可以拥有德性。随后普罗塔哥拉又转向所谓的"理说"论证。按照 G. B. 柯费尔德（G. B. Kerferd）的看法，"神话"论证和"理说"论证是对同一个实事的不同阐释，在这两种论证形式中，普罗塔哥拉想要表明两个主要论点：每个人都可拥有德性，德性是可以传授的。②

　　针对普罗塔哥拉对德性可教的论证，苏格拉底继续提出了一个"小"问题，"究竟是哪一种情况呢？是把德性当作一个整体，并以正义、自制、虔诚等等为其组成部分，还是把我所列举的这些仅仅当作对同一个实事的不同的表达？"（329c - 329d）也就是说，在苏格拉底

---

　　①　有关此篇对话的译文参照了德译本（*Protagoras*, in：*Platon Werke-Übersetzung und Kommentar*, *Band VI* 2, Übersetzung und Kommentar von Bernd Manuwald, Göttingen 1999）和汉译（"普罗泰戈拉篇"，载《柏拉图全集》[第一卷]，王晓朝译，北京：人民出版社，2002 年；"普罗塔歌拉"，载《柏拉图〈对话〉七篇》，戴子钦译，沈阳：辽宁教育出版社，1998 年）。

　　②　参阅 George B. Kerferd, *The Sophistic Movement*, Cambridge University Press 1981, reprint ⁶2001, pp.133 - 135（中译参见，柯费尔德：《智者运动》，刘开会、徐名驹译，兰州：兰州大学出版社，1996 年，第 149 - 151 页）。按照吉恭（Olof Gigon）的研究，"理说"和"神话"的二分在柏拉图对话中扮演着极为重要的角色，一般而言，在柏拉图的对话中，"神话"总是扮演补充和形象化"理说"的角色，但在"普罗塔哥拉篇"中却不同，这里的特别之处在于，"理说"是"神话"的补充，参阅 Olof Gigon, „Studien zu Platons *Protagoras*", in：ders., *Studien zur antiken Philosophie*, Berlin 1972, S. 104。

看来,尽管普罗塔哥拉在这里论证了诸如正义、自制、虔诚等等德性,但是"什么是德性本身呢?"这是一个典型的苏格拉底式的诘问。

这种苏格拉底式的诘问一般都属于那种无法进一步回答的问题。① 事实上,苏格拉底自己也没有提供完全令人满意的、抽象的"德性"定义或描述。尽管如此,他却在伦理学的引导性问题"什么是好(善)?"②的引导下,回答了所谓的苏格拉底问题"人应该如何生活?"

在"高尔吉亚篇"中,苏格拉底宣称:"我们所争执的问题绝非微不足道,而是一个关于知识最高尚、无知最可耻的问题。这就是有知识的人还是无知的人是幸福的这个问题的总和与本质"。③ 因为,为了要"做得好"并进而获得幸福,有这种知识就足够了,所以,在苏格拉底这里,"人应该如何生活"呢? 答曰:人应该"有知识"地生活。实际上,这一回答已经预设了苏格拉底对伦理学引导性问题的回答,什么是好或善?"好－性"或"好－存在"(*aretē*)就是知识(*epistēmē*)④。

---

① 我们这里将"*die Sokratische Frage*"译作"苏格拉底式的诘问",以区别于"苏格拉底问题"(*die Frage des Sokrates*),有关这种"诘问"特征的讨论,可以参阅 Andreas Graeser, *Die Philosophie der Antike* (Hrsg. Wolfgang Röd), *Bd*. 2, *Sophistik und Sokratik*, *Platon und Aristoteles*, München ²1993, S. 89ff.。

② 对于苏格拉底来说,德性或"好－性"、"好－存在"当然是"好"或者"善"。参见 Platon, *Menon*, 87 (德译参见 *Platon sämtliche Dialoge*, *Bd*. 2, Übers. von Otto Apelt, Hamburg ⁶1998;汉译参见柏拉图:"美诺篇",载《柏拉图全集》[第一卷],王晓朝译,北京:人民出版社,2002 年)。

③ Platon, *Gorgias*, 472 C (德译参见 *Platon sämtliche Dialoge*, *Bd*. 1, Übers. von Otto Apelt, Hamburg ⁶1998;汉译参见柏拉图:"高尔吉亚篇",载《柏拉图全集》[第一卷],王晓朝译,北京:人民出版社,2002 年)。

④ 除了在柏拉图的对话中,人们也可以在色诺芬那里读到类似论断,"正义和一切其他德性都是智慧,因为正义的事和一切出于好的秉性而发生的事都是美而好的"(参见 Xenophon, *Erinnerungen an Sokrates*, ins Deutsche übertragen von Johannes Irmscher, Berlin 1955, S. 130;汉译参见色诺芬:《回忆苏格拉底》,吴永泉译,北京:商务印书馆, 1986 年,第 117 页)。

只有知识是可教的,"德性"即知识,因此德性才是可教的。每一类不同的、具体的德性,如正义、自制、虔敬等等都基于德性的统一(361b-361d)。

可以看到,无论是普罗塔哥拉,还是苏格拉底,他们其实都认为,人应该好地去生活、应该带着德性去生活。他们也都相信,德性是可以通过传授而获得的。他们之间争论的焦点只是在于,德性**为什么**是可教的? 最终还是要涉及这个问题:什么是德性(好-性或好-存在)? 进而什么是好?

针对德性可教的问题,普罗塔哥拉和苏格拉底给我们提供了完全不同的论证,而这种不同的论证最终基于他们各自不同的心理学的前提。普罗塔哥拉强调的是感受和意愿的原初性,而在苏格拉底那里,突显出来的则是所谓的"理智主义"。①

在普罗塔哥拉这方面,人们可以在其著名的"人-尺度-命题"中发现这种心理学前提的根源。普罗塔哥拉的这一基本命题为:"人是万物的尺度,存在时万物存在,不存在时万物不存在。"②在柏拉图的"泰阿泰德篇"中,苏格拉底进一步解释说,我们每个人都是存在与不存在的尺度,但这个人和那个人之间是全然有别的,对这个人呈现出来的东西与对另一个人所呈现的东西是不一样的。苏格拉底还提供了一个例子,一阵风吹来,在一群人中,有人感到冷,有人则不感到冷,甚至还有人感到非常冷。因此这意味着,对每个感觉到一个事物

---

① 参阅 Barbara Zehnpfennig, *Platon zur Einführung*, Hamburg 1997, S. 73。

② DK80A1 Diogenes Laertius IX 51 (*Die Fragmente der Vorsokratiker*, *Bd.* 2, Hrsg. von H. Diels & W. Kranz, Zürich ¹⁴1970; 德译见 *Die Sophisten*, *Ausgewählte Texte*, *Griechisch／Deutsch*, Hrsg. und Übers. von Thomas Schirren & Thomas Zinsmaier, Stuttgart: Reclam 2003, S. 37; 汉译参见苗力田主编:《古希腊哲学》,北京:中国人民大学出版社,1989 年,第 176 页)。

或存在者的人来说，这个事物或存在者就是存在。① 所以，我们也就可以理解，为何在研究文献中，普罗塔哥拉的立场常常被称为"感觉主义"(Sensualismus)了。② 按照塞克斯都·恩批里珂的看法，普罗塔哥拉所说的"尺度"也可理解为"标准"，"事物"则是指"对象"，因此这一命题也可说成：人是一切对象的标准。由此，普罗塔哥拉只肯定呈现于每个个体的对象，并因而导向了相对主义。③ 柏拉图的对话也清楚地表明了，普罗塔哥拉在伦理思考中也代表了一种相对主义，④这意味着，德性根本上来自于"约定"(nomos)。

与普罗塔哥拉代表了伦理学中的相对主义不同，苏格拉底则坚持一种伦理学的绝对主义。在苏格拉底这里，一切德性都建基于明察，没有知识就没有德性。意愿某物和将某物视为好的，这根本上是同一的，因此，知识恰恰是一切德性的条件。在此意义上，我们可以赞同文德尔班的看法，"正是通过个体的自主化、通过对个人的激情的解放，事情才变得清楚了：人的卓越(德性)基于他的明察。在这一点上，苏格拉底找到了对人及其行为进行价值评价的肯定的标准"⑤，而这一标准恰恰是以普罗塔哥拉为首的智者们在感受或欲望

① Platon, *Theätet*, 152, 166（德译参见 *Platon sämtliche Dialoge*, Bd. 4, Übers. von Otto Apelt, Hamburg ⁶1998；汉译参见柏拉图："泰阿泰德篇"，载《柏拉图全集》[第二卷]，王晓朝译，北京：人民出版社，2003 年）。

② 例如参阅 George B. Kerferd & Hellmut Flashar, „Die Sophistik", in: *Grundriss der Geschichte der Philosophie*,（begründet von F. Ueberweg），*Die Philosophie der Antike*, Bd. 2/1, hrsg. von Hellmut Flashar, Basel 1998, S. 32 – 38。

③ DK80A14 Sextus Empiricus, *Pyrrhonische Hypotyposen I* 216（德译见 Deutsche Übersetzung, in: *Die Sophisten*, *Ausgewählte Texte*, *Griechisch/Deutsch*, a. a. O., S. 43；汉译参见苗力田主编：《古希腊哲学》，第 186 页）。

④ 参见 Platon, *Protagoras* 333 d ff.；以及 *Theätet* 167 c。

⑤ Wilhelm Windelband, *Lehrbuch der Geschichte der Philosophie*, hrsg. von Heinz Heimsoeth, Tübingen 1935, S. 64；文德尔班：《哲学史教程》(上卷)，罗达仁译，北京：商务印书馆，1997 年，第 109 页。

（*pathos*）的结构中曾努力追寻而不可得的。在此意义上，我们可以简单地说，普罗塔哥拉代表了一种感受/情感道德论①，而苏格拉底则强调理性道德论。因为普罗塔哥拉的伦理相对主义基于他的"感觉主义"，所以，感受/情感道德论一开始便与一种道德相对主义紧紧联系在一起。与此相对，理性道德论则通过苏格拉底的"理智主义"而总是与道德绝对主义相关联。

在伦理学开端上的普罗塔哥拉和苏格拉底之争显示出，在伦理学中，感受/情感和理性之间存在着根本性的区分。这一点也可以在亚里士多德对苏格拉底伦理学的批判中得到证明。根据亚里士多德，苏格拉底将德性看作知识，而一切知识都涉及理性，理性又只存在于灵魂的认知部分之中，这必然导致一个结果，即摒弃灵魂中的非理性部分，进而摒弃了激情和本性的部分，这样对待德性显然是不正确的。② 我们后面会看到，舍勒几乎完全重复了这一批评，苏格拉底"德性即知识"这一命题的"错误之处在于他的理性主义"（II，87）。

事实上，亚里士多德还对苏格拉底的伦理学提出了另一个批评，即，苏格拉底只是追问"什么是德性？"，而不去追问它是如何产生，又是从什么之中产生的。③ 因此，对于亚里士多德来说，苏格拉底忽视

---

① 这里的感受道德论（Gefühlsmoral）通常也被称作"情感道德论"，诸如此类的还有"苏格兰道德情感学派"、"康德道德情感说"等等说法，本书将"Moralisches Gefühl"酌情译作"道德感（受）"，而将"Gefühlsmoral"酌情译作"感受/情感道德论"。有关"感受"和"情感"（Emotion）的区分本书后面还会提及。

② Aristoteles, *Magna Moralia*, 1182a（德译本：*Aristoteles Werke in deutscher Übersetzung*, Bd. 8, Übers. von Franz Dirlmeier, hrsg. von Ernst Grumach, Darmstadt 1958；汉译本：亚里士多德："大伦理学"，载《亚里士多德全集》[第八卷]，徐开来译，北京：中国人民大学出版社，1992年）。

③ Aristoteles, *Eudemische Ethik*, 1216b（德译本：*Aristoteles Werke in deutscher Übersetzung*, Bd. 7, Übers. von Franz Dirlmeier, hrsg. von Ernst Grumach, Darmstadt 1962；汉译本：亚里士多德："优台谟伦理学"，载《亚里士多德全集》[第八卷]，徐开来译，北京：中国人民大学出版社，1992年）。

了伦理学中的经验内容和实践性的维度。这意味着,在伦理学的研究中,苏格拉底式的"什么是善?"(伦理学引导性问题)本身是不充足的,人们还需要为之补充一个原则,即我们据以回答"什么是善?"这一引导性问题的原则——这就是,我们这里所说的亚里士多德式的问题:"善是如何产生以及从何而产生的?"这样的问题,后来被布伦塔诺发展为伦理学的建基问题。①

这一亚里士多德式的问题"善是如何产生以及从何而产生的?"用胡塞尔现象学式的语言来表述就是:"善是如何被给予我们的?"或者"一种对于善的意识是如何可能的?"我们将这类问题称为"伦理学的建基问题",它的根本任务就在于:为回答伦理学的引导性问题而规定一个最终的原则。基于伦理学开端上的普罗塔哥拉和苏格拉底之争,我们可以如同布伦塔诺一样发问,伦理学的原则究竟是理性还是感受/情感? 或者,伦理学究竟建基在理性还是感受/情感之上?

而在这一论争中展现出来的感受/情感与理性之间的根本性区分之后在伦理学的发展史上一再地重现,感受/情感和理性在伦理学建基中的作用也一再地发生转移。② 根本上,在一门将回答"人应该如何生活?"这一问题视为最终任务的伦理学中,人们如何强调这种与生活和生命息息相关的感受/情感的作用,同时又能避免伦理相对主义,而坚持伦理的绝对主义? 可以说,这一张力引导着伦理学的发展并渗透在整个伦理学的历史中。从康德一生伦理思想的发展中,我们可以很清楚地把握这一点。

---

① 参阅 Franz Brentano, *Vom Ursprung sittlicher Erkenntnis*, hrsg. Oskar Kraus, Hamburg ⁴1955, und F. Brentano, *Grundlegung und Aufbau der Ethik*, hrsg. Franziska Mayer-Hillebrand, Hamburg ³1978。

② 受布伦塔诺的影响,胡塞尔 1920/24 年的"伦理学导论"讲座就是以智者学派和苏格拉底之争开场的,他把整个伦理学史看作一部情感与理性之间的斗争史,他的现象学的伦理学恰恰就是要克服斗争双方的片面性和不足(Hua XXXVII)。

1.5　一个个案:康德伦理学中的感受与理性

对于康德伦理学的分期研究,历来有各种各样不同的观点。最一般的看法是将康德伦理学分为两个部分,即前批判的伦理学和批判的伦理学。但是按照 J. 施姆克(J. Schmucker)的看法,这种两分法是成问题的,因为康德伦理学是从"约束性"(Verbindlichkeit)[①]这个基本概念开始的,而这个概念在康德整个伦理学的发展中扮演着最重要的角色。[②]

我们这里当然可以有保留地接受施姆克的这个看法,即,行为的"约束性"概念始终保持为康德伦理学的中心主题。这更多应该理解为康德自 1762 年以后伦理学思想的主题。然而,康德自 18 世纪 50 年代起,就开始了他的伦理学研究,无论他是否形成了自己独立的、成熟的立场。我们这里可以大致根据康德在不同时期所展现出来的伦理学思考的不同形态,在其实践哲学的范围内划分出三个不同的阶段:1)最早期的**理性**伦理学(依赖于莱布尼茨-沃尔夫学派);2)道**德感受**伦理学(依赖于英国道德感学派);3)纯粹**理性**伦理学(所谓的批判伦理学)。[③]

[①]　这个概念在现有的康德著作翻译中有着不同的译法,在韩水法第二批判译本中,它被译作"义务",而它更通常的译名是"责任",如在邓晓芒、李明辉、李秋零那里。在本书中,我们将"Pflicht"译作"义务",将"Verantwortung"译作"责任",为保持译名统一并相互区分,这里统一将"Verbindlichkeit"译作"约束性"。

[②]　参阅 Josef Schmucker, *Die Ursprünge der Ethik Kants in seinen vorkritischen Schriften und Reflektionen*, Meisenheim am Glan 1961, S. 24f. 。

[③]　参阅 Gerd Gerhardt, *Kritik des Moralverständnisses. Entwickelt am Leitfaden einer Rekonstruktion von „Selbstverwirklichung" und „Vollkommenheit"*, Bonn 1989, S. 225ff. 。

1.5.1　康德早期的理性伦理学

在 1756/57 年的冬季学期,康德第一次做了伦理学讲座。[①] 但是在当时,康德实际上还没有完全形成他自己的伦理学立场,他的伦理学的基本概念还完全依赖于莱布尼茨－沃尔夫学派。正如亨利希(Dieter Henrich)所指出的那样,人们可以在康德所谓的前批判时期的伦理学中再次区分出"本己独立立场的产生时期"和"本己独立立场的发展时期"这两个不同的阶段。直到 1762 年康德都处在第一个、正在形成其本己独立立场的阶段。[②]

事实上,在这第一阶段,康德伦理学思考的基本概念并非如上文所提到的"约束性"概念,而是"完善性"(Vollkommenheit)。这个概念在康德这一时期的不同著作中都出现过,比如在"试对乐观主义作若干考察"(1759 年)之中[③],等等。在写于 1762 年的"证明上帝存在唯一可能的证据"一文中,康德清楚地写道:"在我同时或者单独地对完善性的概念进行了长时间的详尽研究之后,我认识到,在对完善性的更精确的认识中,蕴涵着非常多的能够解释一个精神的本性、我们的感受,甚至实践哲学的最初概念的东西。"[④]当然,"完善性"这一基本概念还是要完全归功于莱布尼茨－沃尔夫学派,所以 G. B. 萨拉有理由将沃尔夫的道德学说称作"康德伦理学的发源地(Heima-

---

① 参阅 Max Küenburg, *Der Begriff der Pflicht in Kants vorkritischen Schriften*, Innsbruck 1927, S. 9。

② 参阅 Dieter Henrich, „ Über Kants früheste Ethik ", in: *Kant-Studien* 54 (1963), S. 405ff.。

③ 参阅 Kant, AA II, S. 29－35。

④ Kant, AA II, S. 90.

tort)"。① 在沃尔夫的"完善性"概念中，既有理论性的、也有实践性的含义。就后者而言，完善性的原则在伦理学中总是与好的行动相联系，我们有这样一个"规则，我们在我们自己的所能控制的行动中应当指向它，即：去做那些使你或你和其他人状况更完善的事，而不要做使之不完善的事"。②

后来在《道德形而上学的建基》中，康德也将这种完善性的原则看作"道德的理性根据"，它被康德归于他律的原则。康德对完善性概念的最主要批评在于，它是如此地"空洞"（leer），如此地"不确定"，"因而无法用来在可能的实在性广袤无边的领域中发现适合于我们的最大总和"；"它为了把这里所说的实在性在类上与任何一种别的实在性区别开来"，因而"有一种无法避免的循环论证的癖好，不能避免暗中预设它应当予以说明的道德"。③

但尽管如此，这个概念与后来的"道德感受"相比，还是属于理性的维度，在此意义上，我们可以将康德最初阶段的伦理思考看作一种理性伦理学。而另一方面，早在 1762 年，康德就批评了这种完善性原则，这一批评也将他自己引向其伦理学的第二阶段，即他本己独立立场的发展时期。

1.5.2　康德的道德感受伦理学

在康德 1762 年完成的论著"证明上帝存在唯一可能的证据"中，

---

① 参阅 Giovanni B. Sala, *Kants „Kritik der praktischen Vernunft". Ein Kommentar*, Darmstadt 2004, S. 25f.。

② Chr. Wolff, *Vernünfftige Gedancken Von der Menschen Thun und Lassen, Zu Beförderung ihrer Glückseligkeit*, Frankfurt und Leipzig ⁴1733, § 12（此处引文译自：Heiner F. Klemme, „Sachanmerkungen", in: Kant, *Kritik der praktischen Vernunft*, Mit einer Einleitung, Sachanmerkungen und einer Bibliographie von Heiner F. Klemme, hrsg. von Horst D. Brandt & Heiner F. Klemme, Hamburg 2003, S. 230）。

③ 参阅 Kant, GMS, AA IV, S. 443。

人们可以发现他与莱布尼茨－沃尔夫道德哲学的首次的和明确的疏离。[1] 而他本己独立的伦理学立场首次清晰的展露则是在同样写于1762 年的"关于自然神学与道德的原则之明晰性的研究"一文中[2]，这篇文字是康德在 1785 年出版《道德形而上学的建基》之前第一部也是唯一的一部专题讨论伦理学的早期文章。在这篇文章中，具有中心意义的概念已经不再是沃尔夫的"完善性"概念，而是被康德视作伦理学"最初概念"的"约束性"概念。这一概念来自于克鲁修斯（Chr. A. Crusius）和鲍姆伽登（A. G. Baumgarten）。[3] 自此，约束性概念始终保持为康德伦理学的最初的基本概念。

　　根据康德，约束性意味着一种"应当"，即行为的必然性。他还区分了两种必然性，即手段的必然性（Notwendigkeit der Mittel）和目的的必然性（Notwendigkeit der Zwecke）。所谓手段的必然性是指"在一个问题中作为解决方案的准则，即就我想达到某个目的而言，什么手段是我所必须采用的"，它根本上还没有说明"约束性"；与此相对，目的的必然性也被称作"合法则的必然性"，它指的就是我应当直接地采取某种行动，行动是直接必然的，它就是所要达到的目的本身，行动就是目的的体现，这种必然性属于道德的"约束性"的范围。[4]

---

①　参阅 Kant，AA II，S. 90。

②　康德于 1763 年 1 月 1 日前将该文作为评奖应征论文提交给柏林王家科学院，在它 1764 年被付印时几乎没有什么本质性的改动（参阅 Wilhelm Weischedel，„Nachwort des Herausgebers"，in: Kant，*Vorkritische Schriften bis 1768，I. Kant Werkausgabe in zwölf Bänden*，hrsg. von Wilhelm Weischedel，Bd. II，Frankfurt am Main [8]1996，S. 1006）。

③　参阅 J. Schmucker，*Die Ursprünge der Ethik Kants in seinen vorkritischen Schriften und Reflektionen*，a. a. O.，S. 60；以及参阅张雪珠：《道德原理的探讨：康德伦理学至 1785 年的发展》，台北：哲学与文化月刊杂志社，2005 年，第 15,29－42 页。

④　参阅 Kant，AA II，S. 298f.。

在这里，康德对伦理学的引导性问题"什么是好？"（或者以图根特哈特的术语更明确地说"什么是道德的好？"）的回答显然是与行动联系在一起的，道德的好，就意味着好的行动，意味着根据道德的"约束性"去行动。然而这一道德"约束性"的根据何在？对此，康德做出了双重的拒绝，一方面他拒绝将沃尔夫的"应该促成全部最大的完善性"作为约束性的根据，另一方面他也拒绝以克鲁修斯的"应该遵照上帝的意志行动"来为道德的约束性建基。因此，追寻道德约束性的根据或者原则，也就是追问伦理学的建基问题成为康德伦理学发展的主要任务。

但相比于克鲁修斯的"上帝意志"概念，康德对沃尔夫的"完善性"概念显然抱有更多的同情。尽管它不能成为道德约束性的根据，康德还是把它称作"所有行动的约束性的**形式**根据"，即"做通过你而成为可能的最完善的事"。但是这种形式根据是空洞的，若没有"质料原则"与之相结合，人们无法由此形式根据推出任何确定的约束性。只有约束性的不可证明的质料根据才能规定行动的内容。在哈奇森道德感学说的影响下，康德引入了一种"无法分解的关于善的感受"，这种感受是如此的简单，以至于它就是这样一种判断：这是善的。在这篇文章的结束处，康德也无法完全确定，伦理学究竟是建基于认识能力上，还是建基于感受之上？在我们看来，这一问题恰恰对康德整个伦理学的发展起着决定性的作用。

作为约束性的质料根据，康德对于他在 1762 年确定的"无法分解的、无法证明的关于善的感受"并不完全满意。因为尽管关于善的感受可以规定行动的约束性的内容，但是在这一感受上却缺失普遍性和绝对性，因为"我们肯定有许多关于善的简单的感觉"。[1] 两年

---

[1] Kant, AA II, S. 299.

以后,康德在他的著作《关于美感和崇高感的考察》(1764 年)中将"人性的美感和尊严感"从其他一些特殊的感受,如同情和取悦等中区分开来,而将之视为道德感受,"人性的美感和尊严感"被康德看作普遍的道德根据,前者是普遍仁爱的根据,后者则是普遍敬重的根据。①

在对道德感受的规定上,康德从"无法分解的、无法证明的关于善的感受"(1762 年)到"人性的美感和尊严感"(1764 年)的这一改变也意味着约束性根据的进一步普遍化。但是康德同时也宣称:"一旦这种感受上升到其应有的普遍性,它也就是崇高的,但也更为冷漠。"②这里所谓的"更为冷漠"(kälter)后来也被康德称作"道德的幻想(Wahn)",所谓"道德的幻想"是指,"人们将可能的道德完善性的意见当作现实的"。③ 这意味着,普遍的道德感受拥有着更高的和更高贵的东西,但也更容易成为"道德的幻想",因为它更难被实现。按照施姆克的看法,在卢梭有关"最有力者即是善的"这一基本思想的激发下,康德逐渐远离了苏格兰道德感学派,也放弃了将"人性的美感和尊严感"视作普遍的道德感受的观点。④

在卢梭的影响下,在"一位视灵者的梦"(1765 年)一文中,康德把一种"在我们里面感觉到的使我们的意志与普遍的意志相一致的强制称为**伦常感受**",这种"伦常感受就是私人意志对于普遍意志的**被感觉到的依赖性**"。⑤ 现在,这种伦常感受当然不再像"人性的美

---

① 参阅 Kant, AA II, S. 217f.。

② Kant, AA II, S. 216.

③ Kant, „Bemerkungen zu den Beobachtungen über das Gefühl des Schönen und Erhabenen", AA XX, S. 172;也可参阅张雪珠:《道德原理的探讨:康德伦理学至 1785 年的发展》,第 91 页。

④ 参阅 J. Schmucker, *Die Ursprünge der Ethik Kants in seinen vorkritischen Schriften und Reflektionen*, a. a. O., S. 189ff.;也参阅 Kant, AA XX, S. 4。

⑤ Kant, *Träume eines Geistersehers*, in: Kant, AA II, S. 335.

感和尊严感"那样面临着成为"道德的幻想"的危险,因为在严格的意义上,它已经不再属于约束性的质料根据,而是变成约束性的形式根据了。形式根据本身,在无质料根据对之加以补充的情况下是无法规定行动的内容的,因此也不会成为"幻想"。如康德所言,"由此我们看到自己在最秘密的动因中依赖于**普遍意志的规则**,而且由此在所有思维着的物类的世界里产生出一种**道德的统一**和仅仅依据灵神规律的系统状态"。① 在此意义上,施姆克完全有理由宣称,在这里"形式主义的原则第一次被确定,由此,为了解决在应然的真正形式原则意义上的义务化的最高原则问题,一个全新的开端事实上被获得了"。② 这就意味着,原先属于约束性的质料根据的"道德感受"最终也"普遍化"为了约束性的形式根据,换言之,在康德那里,"道德感受"在逐渐普遍化的过程中也逐渐丧失了其质料性的特征,那么,"道德感受"在伦理学建基中究竟应该扮演一个什么样的角色,这个问题重又变得模糊起来。

1.5.3　康德的纯粹理性伦理学

自引入约束性这一概念起,康德就处在苏格兰道德感学派的影响之下,即从道德感受方面去寻求约束性或道德的根据。在写于1762 年的"关于自然神学与道德的原则之明晰性的研究"一文中,康德明确地说:"**哈奇森**和其他人以道德感受的名义为作出卓越的说明提供了一个开端。"③其后,在"1765/1766 年冬季学期课程安排的通告"中康德也写道:"萨夫茨伯利、哈奇森和休谟的尝试虽然是未完成

---

①　Ebd.

②　J. Schmucker, *Die Ursprünge der Ethik Kants in seinen vorkritischen Schriften und Reflektionen*, a. a. O., S. 168.

③　Kant, AA II, S. 300.

和有缺陷的,但仍然在探索所有伦常性的最初根据方面走得最远。"①我们可以说,差不多在整个 60 年代,康德都处在以哈奇森为代表的英国道德感学派和卢梭的强烈影响之下,尽管他从未不经批判地接受他们的思想,但他还是跟随着他们,并尝试着去追寻作为约束性根据的"道德感受"在伦理学原则中的位置。

"道德感受"在从"无法分解的、无法证明的关于善的感受"(1762年)到"人性的美感和尊严感"(1764 年)的普遍化中也导致了约束性的质料原则的形式化,最终导致了不可实现化。而其后所提出的"私人意志对于普遍意志的依赖感"(1765 年)则进一步地形式化而变得空洞,并事实上演变为约束性的形式根据。这种"依赖感"最终还要经理性来引导,如康德所言,"道德感受并非原初的感受。它基于一个必要的内在规则"。②

康德早在 1762 年就提出的问题——伦理学根本上建基于认识能力,或者感受?——至此仍然没有得到清楚的回答。直到 1770年,在其"教授资格论文"中康德才为此问题找到了一个确定的基本答案。在这篇题为《论可感世界与理知世界的形式及其原则》的论著中,康德十分明确地表示:"就**道德哲学**提供了首要的**判断原则**而言,它只有凭借纯粹的理性才能认识,因而属于纯粹的哲学;而伊壁鸠鲁把它的标准置入快乐和不快的感受之中,受到指责是很有道理的;此外还有远远地在某种程度上追随他的新人,例如萨夫茨伯利及其支持者。"③从这里,我们一方面可以发现康德对"萨夫茨伯利及其支

---

① Kant, AA II, S. 311.

② Kant, *Reflexion Nr*. 6598(被标注的写作时间是:在 1764 - 1770 年),AA XIX, S. 103;也参见 G. Gerhardt, *Kritik des Moralverständnisses*, a. a. O., S. 251。

③ Kant, AA II, S. 396, § 9(德译文参考 Kant, *Schriften zur Metaphysik und Logik*, Ⅰ. *Kant Werkausgabe in zwölf Bänden*, hrsg. von Wilhelm Weischedel, Bd. Ⅴ, Frankfurt am Main ⁸1996, S. 39, 41)。

者"的英国道德感学派的明确拒绝，另一方面也可以很清楚地看到，康德将"纯粹理性"看作道德哲学或伦理学的根本建基原则。这一根本性的转变是如此的重要，以至于康德在 1770 年反复地提及。比如在这同一论著中，康德还提到："道德的概念，它们不是被经验到，而是借助纯粹的理性被认识到"[①]；又比如，在 1770 年 9 月 2 日写给兰贝特(J. H. Lambert)的信中，康德也谈到，在他冬季的关于"纯粹道德哲学"研究中将不会再有"经验性的原则"的位置。[②]

按照亨利希的看法，康德放弃"道德感受"的最重要原因在于：感受只具有"私人的有效性"，而且从强度上说，感受总是易变的且"不停地相互区分着"。[③] 后来在《道德形而上学的建基》中，"道德感受"被康德视为"一种臆想的特殊的感性"而归入他律的经验性的原则，因此"完全不适于作为道德法则的根据"，它完全无法为"善和恶提供一个齐一的标准"。[④]

但是，1770 年康德在道德哲学原则或根据方面的根本性转变，也不能被简单地看作是自 1762 年康德"抛弃"(Abkehr)莱布尼茨－沃尔夫学派对伦理学的理性建基以后的再次"返回(Rückkehr)理性伦理学"。[⑤] 因为在 1762 年被批评的沃尔夫理性伦理学如今同样还是被康德批评，因此 1770 年的这一在道德哲学原则方面的根本性转变事实上意味着向着"纯粹"理性伦理学的转向，这一纯粹理性的伦理学全然不同于沃尔夫的理性伦理学。在 C. 施怀格（Clemens

---

① Kant，AA II，S. 395，§ 7（德译文参考 Kant，*Schriften zur Metaphysik und Logik*，S. 37）。

② Kant，AA X，S.97f.；也可参阅张雪珠：《道德原理的探讨：康德伦理学至 1785 年的发展》，第 189 页。

③ 参阅 D. Henrich，„Hutcheson und Kant"，in：*Kant-Studien* 49 (1957/1958)，S. 52f.。

④ 参阅 Kant，GMS，AA IV，S. 442。

⑤ 参阅 G. Gerhardt，*Kritik des Moralverständnisses*，a. a. O.，S. 251。

Schwaiger)看来,康德在伦理学上的这个新成就也可以在术语上看出来,自这一转向以后,康德一直使用"**纯粹**"(rein/ *purus*),而这一概念在此前康德伦理学中并未扮演特殊的角色,而在这一转向中,道德哲学被康德冠以"纯粹道德哲学"的名字,并且在其中不再有经验性原则的位置。①

但与此同时,一个新的问题向康德展示出来,即,如果在 1762 年被当作约束性的质料根据的道德感受现在不再能够在伦理学建基中发挥作用,那么,感受在伦理学中是否还具有其功能? 或者,感受还可以在伦理学中起到什么样的作用? 回答和解决这一问题,成了康德自 1770 年根本转向以后一直到 1785 年正式发表《道德形而上学的建基》这 15 年间的主要任务。在我们看来,推动这个问题之解决的决定性一步在于,康德对"约束性的判断原则"(*das principium der Diiudication der Verbindlichkeit*)和"约束性的执行原则"(*das principium der Execution oder Leistung der Verbindlichkeit*)的区分。康德曾在这一时期的讲座中清楚地说:"我们这里要在两个部分上来看,即在约束性的判断原则和约束性的执行原则上。在这里,准则(Richtschnur)和动机(Triebfeder)必须得到区分。准则是判断的原则,而动机则是约束性的执行。只要现在人们还混淆这两方面,那么在道德中的一切就都是错误的。"②按照施怀格的考据,在其发表的作品中,康德从未提及过所谓的"执行原则",仅仅只有一次在道德哲学的语境中提到过"判断原则",即在我们前文引用过的"教授资格论文"的第 9 节中,这两个原则的区分基本上只出现在 1770 年以后

---

① 参阅 C. Schwaiger, *Kategorische und andere Imperative*, *Zur Entwicklung von Kants praktischer Philosophie bis 1785*, Stuttgart-Bad Cannstatt 1999, S. 82。

② Kant, *Vorlesung zur Moralphilosophie*, hrsg. von Werner Stark, Berlin 2004, S. 55f. 。

的讲座稿和反思手稿中。① 而这一区分很有可能是受到哈奇森的影响，因为哈奇森曾经区分了所谓的"激发的根据"（exciting reasons）和"证成的根据"（justifying reasons）。②

在判断原则和执行原则之间的区分，对于理解康德成熟的、批判的伦理学以及所谓康德伦理学中的形式主义问题十分重要，我们后面还会一再回到这一区分上来。

迄今为止，有关康德伦理学的发展，学界提供了众多卓越的研究成果（比如由 P. 孟泽、M. 昆布格［Marx Küenburg］、P. 席尔普［Paul Schilpp］、J. 施姆克、D. 亨利希、G. 格尔哈特、李明辉、G. B. 萨拉、C. 施怀格、张雪珠等几代研究者所做出的出色研究），尽管他们在一些细节的诠释上存在着很多的差别。尽管我们这里的出发点和视角与这些研究并不完全相同，但是若没有这些卓越的研究为基础，我们这里如此简要的和基本的展示都是不可能的。通过这一展示，我们可以清晰地看到，恰恰是我们之前提到过的那样一种张力引导着康德伦理学或道德哲学思考的发展，这一张力是指：根本上，在一门将回答"人应该如何生活？"这一问题视为最终任务的伦理学中，人们如何强调这种与生活和生命息息相关的感受/情感的作用，同时又能避免伦理相对主义，而坚持伦理的绝对主义？ 这一张力，在舍勒那里被以一个问题提出来："是否就不存在一门绝对的**并且**情感的伦理学？"（II，260）我们也完全有理由将舍勒的现象学的质料价值伦理学首先视为对这一问题的回答。而本项研究的主要任务恰恰就在于：努力将舍勒对这一问题之回答的系统性结构以及最重要细节展

---

① 参阅 C. Schwaiger, *Kategorische und andere Imperative*, *Zur Entwicklung von Kants praktischer Philosophie bis* 1785, a. a. O., S. 93。

② 参阅 Lee Ming-huei（李明辉）, *Das Problem des moralischen Gefühls in der Entwicklung der Kantischen Ethik*, Taipeh 1994, S. 134f. 。

示出来。

1.6　问题的导入与层次划分

本书的"导论"是从苏格拉底问题,即"人应该如何生活?"的问题开始我们的研究的,并通过对此问题的一个最简单最直接的回答"人应该好地生活"而引出一切伦理学的引导性问题"什么是好?"或者更确切地说,"什么是伦理学意义上的好(善)?"更进一步的,人们要回答这一引导性问题,就需要首先反思,我们据以回答引导性问题的根据何在? 这个有关根据的问题,我们将之标识为"伦理学的建基(Grundlage)问题"。从伦理学的发展史来看,尤其是在康德伦理学思想发展这一个案上,我们可以说,理性和感受/情感构成了伦理学建基问题上的最基本对子,因此,伦理学的建基问题也可以被更为明确地表述为:伦理学究竟建基在理性或者感受/情感之上? 与这一基本对子一直纠缠在一起的,还有一个自古希腊以来就一直占据主流地位的意见(舍勒也会称之为"偏见"),即理性总是与普遍性、绝对性相关,而感受或情感则根本上意味着是个体性的乃至相对性的东西。在此意义上,我们前面一再重复过的那一基本张力才会一再地在伦理学的发展史上产生影响。而这一在伦理学建基问题上一直存在着的张力,在舍勒这里最终以一个问题的形式被表达出来:"是否就不存在一门绝对的**并且**情感的伦理学?"

简言之,在导论中,有三个与伦理学研究密切相关的、不同的问题展现出来:

1)伦理学的最根本问题:苏格拉底问题,即"人应该如何生活?"

2)伦理学的引导性问题:"什么是好(善)?"

3)伦理学的建基问题:伦理学究竟建基在理性或者感受/情感

之上?

　　这三个问题,也将构成本书在对舍勒的现象学的质料价值伦理学的"重构"研究中所需面对的基本问题。或者说,本书将着力去展示舍勒对这三个问题的回答。与我们引出问题的顺序刚好相反,我们的行文将遵循问题展开的顺序,即依次探讨伦理学的建基问题、伦理学的引导性问题和苏格拉底问题。或者也可以这么说,我们在这里是事先"虚拟"了舍勒从大的伦理思想史"圆圈"逐渐深入到"圆心处"以寻求突破点的思想进路,而他自己思想的展开则体现为从"圆心"逐次向外的铺展。

　　据此,我们这里首先要面对的问题就是:舍勒现象学的质料价值伦理学究竟是建基在理性或是感受/情感之上?从上面提到的舍勒所使用的那个反问句"是否就不存在一门绝对的**并且**情感的伦理学?",我们可以预先就指出,舍勒现象学的质料价值伦理学无疑建基在情感之上。因此,舍勒将问题再一次转换成:一门绝对的并且情感的伦理学是如何可能的?对这个问题的回答恰恰基于舍勒对"先天"概念的现象学的重审,由此舍勒提供的回答就是,因为存在着情感先天,所以这样一门绝对的并且情感的伦理学才得以可能。问题便被引向了"情感先天"。但更首要的还是,什么是现象学意义上的先天?这很自然就构成了本书上篇的出发点。

　　所以,本书的上篇就将以舍勒对"先天"概念的现象学重审开始,并在舍勒的质料先天主义的主张内论述"情感先天",借以回答伦理学的建基问题。在此基础上,我们可以过渡到舍勒对伦理学引导性问题的追问与回答。如我们所说,这一引导性问题在当代分析哲学的"元伦理学"语境中甚至转变成了主要的问题,在这一意义上,人们也完全有理由期待一门现象学的"元伦理学"来面对这一问题。我们把这种意义上的现象学的"元伦理学"——即,首先是来回答"什么是好(善)?"这一问题的——看作舍勒质料价值伦理学的第一层次。在康德和胡塞尔的背景下,舍勒所主张的"质料先天主义"恰恰能为这个第一层次提供现象学的奠基(Fundierung)。但如我们后面将会谈到的,这里的这种"奠基",是基于现象学的本质分析,或者如舍勒所说,是基于对"抽象的本质性"的"静态"的现象学描述,就此而言,我们更明确地将本书上篇的基本工作标识为:**舍勒现象学的元伦理学的静态奠基**。

舍勒最终将善视为一种价值,更确切地说,一种伦常价值。这种伦常价值的载体只能是人格,因此"什么是善?"的问题在舍勒这里也就会引出"什么是一个'善'的人格?"这样的问题。在此意义上,我们可以说,舍勒对于苏格拉底问题的可能回答就体现为"人要成为一个'善'的人格"。"人应该如何生活?"人,应该作为"善"的人格而生活。那么,这里需要预先面对的问题又会在于:人如何成为一个"善"的人格? 而更为基本的问题还是在于:什么是现象学意义上的"人格"? 对最后这个问题的反思,构成了本书下篇的起点。

这实际上也可以从对"人应该如何生活?"这一问题的最简回答中引出来,无论这一回答是以第三人称表述为"**人**应该好地生活",或是以第一人称表述为"**我**应该好地生活"。对"人"的反思可以关联到一门哲学人类学,而对"我"的反思,则会涉及"自身意识理论",而无论是舍勒现象学时期的哲学人类学还是舍勒这里的"自身意识理论"最终都可以归结到"人格"问题上。

本书下篇将在"自身意识理论"的总体视域中展开对"人格"的现象学阐释,并进而讨论舍勒发展出来的所谓的"价值人格主义"。与康德的义务伦理学或绝对律令的"应然"伦理学不一样,舍勒发展出一种完全别样的"观念的应然"的伦理学。与通常意义上的规范伦理学相对,我们也可以将这种"观念的应然"伦理学视为现象学的"规范"伦理学，它体现为舍勒现象学的质料价值伦理学的第二层次。无疑，这样一种现象学的规范伦理学要奠基在价值人格主义上，最终则是奠基在人格本身之上。用舍勒的术语来说，这样一种奠基根本上体现为一种动态的"具体本质性"的现象学奠基，基于此，我们将本书下篇的基本工作概括为：**舍勒现象学的规范伦理学的动态奠基**。①

通过本书上、下篇的研究，舍勒对我们在导论中所引出的三个基本问题的回答将得以展示，更为重要的是，舍勒现象学的质料价值伦理学的系统性的整体形态也将得以呈现。在"总结"部分，我们将回顾舍勒现象学的质料价值伦理学的几个总体的规定或"标签"。

---

① 有关舍勒对于"具体本质性"和"抽象本质性"、"动态奠基"和"静态奠基"的相关讨论可以参看第 8.1、4.5、7.5 节。

上篇

舍勒现象学的元伦理学的静态奠基

——康德、胡塞尔背景下的质料先天主义

引　语

　　本书上篇的主要任务在于两方面，一方面在于展现舍勒是如何谈论现象学的质料价值伦理学的建基问题的，另一方面则在于考察在舍勒的现象学的元伦理学中究竟"什么是善？"对这两个问题的回答，将构成本书上篇第 3 章和第 4 章的主要内容。

　　如我们在导论中已经提到过的那样，伦理学发展史上的基本张力，在舍勒这里被以一个问题提出来："是否就不存在一门绝对的**并且情感的伦理学**？"（II，260）事实上，这个问题与舍勒这里的另一个问题紧紧关联在一起，即，"究竟有没有一门**质料的伦理学**，它仍然还是'先天的'？"（II，67）舍勒对此给予了十分明确的回答："规定着这里所提出的伦理学的精神是一种严格的伦理学绝对主义和客观主义的精神。在另一个方向上，笔者［舍勒——引者］的立场可以被称作'情感直觉主义'和'质料先天主义'"（II，14）。换言之，舍勒十分明确地将其现象学的质料伦理学建基在"情感"之上，但同时它又是绝对的和客观的。这是如何可能的？核心的突破点在于"先天"（a priori），一门既是绝对的并且是情感的伦理学必定是一门质料的并且先天的伦理学。因此，我们上篇就将以对"先天"概念的现象学重审开始。

　　尽管对康德伦理思想的批判始终只是舍勒的"附带目的"，但毫无疑问的是，康德的绝对的、形式的伦理学仍然是舍勒的同样是绝对的，但同时又是质料的伦理学的最大的对手。舍勒对这个最大对手的一切批评都基于他对康德"先天"理解的批评，因为在他看来，康德伦理学的基本谬误在于：将"形式"与"先天"等同起来。这个基本谬误"同时也是伦理学'形式主义'的基础，甚至是整个'形式的观念论'——康德本人便是这样称呼他的学说——的基础"（II，73）。①

先天这一概念是康德哲学原则性的主题之一，同时对先天概念的疏解也是其"哥白尼式的革命"的真正起源，以至于 F. A. 特伦德伦堡（F. A. Trendelenburg）会说，"在批判哲学的每一项研究中都要探究这个概念的意义"。② 但胡塞尔却多次宣称，康德缺乏真正的先天概念。③ 同胡塞尔一样，舍勒也批评了康德的先天概念，并且完全拒绝了康德那里的、导致"形式"与"先天"相等同的先验主义。在此意义上，人们有理由说，"现象学对于先天……的理解因此而应被理解为哲学思考的'根本变革'"。④

在第 2 章中，我们将首先讨论康德对先天的理解以及胡塞尔对康德的批评和他本人对先天的现象学理解（2.1）。舍勒一方面跟随胡塞尔，激烈地批评了康德的"形式先天"说（2.2），同时他也无法完全满意胡塞尔的"本质－先天"说，而是对之进行了深入的批判性反思（2.3）。可以说，舍勒本人的"质料先天"说，既是在对胡塞尔之康德批判的补充与深化中，也是在对胡塞尔本人的批判性反思中最终成形的。

对"质料先天"问题的厘清尽管并不直接涉及伦理学问题，但却构成了舍勒伦理学研究的根基，就如哈默（F. Hammer）所说，质料

---

① 参阅 Kant，KrV，B 519，Anm。

② Friedrich Adolf Trendelenburg，„Zur Geschichte des Worts und Begriffs a priori (Quellentext)"，in：*Deutsche Zeitschrift für Philosophie*，40；1/2 (1992)，S. 80.

③ 例如参阅 Hua XIX，2，A 675/B_2 203；Hua VII，S. 402；Hua XXXVII，S. 224。

④ Eiichi Shimomissé，*Die Phänomenologie und das Problem der Grundlegung der Ethik*．*An Hand des Versuchs von Max Scheler*，Den Haag 1971，S. 36.

先天"或许是舍勒在伦理学上最富成果的发现"①。基于此,我们也可以借用西格瓦特(Chr. von Sigwart)的术语而将对"质料先天"问题在理论性方面的根基性研究称为舍勒现象学伦理学的"**前问题**"(Vorfrage)。② 事实上,这一"前问题"的研究不仅构成了现象学的元伦理学研究的前提,也根本上构成了现象学的规范伦理学研究的前提,因此甚至可以说,它是舍勒伦理学乃至整个哲学思想的"前问题"或根基。

通过对这一"前问题"的预先研究或者澄清,我们应该可以较为容易地转向舍勒"情感先天"问题的研究,而舍勒现象学的质料价值伦理学最终就建基在这种"情感先天"上。在第 3 章,我们将首先简要地概述康德的"理性先天"说,而在胡塞尔看来,康德的这一学说在根本上忽视了感受领域的先天的本质法则性。因此,与康德相对,胡塞尔发展出一门感受的意向性理论,或者也可称为意向性感受学说(3.1)。与胡塞尔一样,舍勒也批评了康德的"理性先天"说,并在此基础上发展出他自己的"情感先天"理论(3.2)。而且,在对胡塞尔意向性感受学说的进一步检讨的基础上,舍勒张扬了现象学伦理学相对于理论哲学的第一性地位(3.3)。

舍勒和胡塞尔在如何确定现象学伦理学原初地位问题上的分歧,根本上源于他们对"价值"本身的不同理解,尽管他们的现象学伦理学都可以较为笼统地称作"价值伦理学"。

通过对舍勒价值现象学－存在论的描述,我们可以把握到舍勒对价值所做的两个最基本规定,即作为"原现象"的价值先天和作为

---

①　参阅 Felix Hammer, *Theonome Anthropologie？ Max Schelers Menschenbild und seine Grenzen*, Phaenomenologica 45, Den Haag 1972, S. 4。

②　参阅 Christoph von Sigwart, *Vorfragen der Ethik* (1886);也参阅 II, 136, Anm. 1。

"行为相对性存在"的价值存在(4.1)。当然,"善"或"恶"也被舍勒看作价值,更确切地说是"伦常价值"或"伦理价值"(II,103f.)。为了回答"什么是善?"的问题,舍勒将这种"伦常价值"从其他非伦常价值中区分出来,而他最终就是借助于非伦常价值之间存在着的先天的等级关系来规定"善"和"恶"的(4.2)。与这种先天的价值等级关系相一致,舍勒也对情感领域进行了分层,最终他将"爱和恨的先天论"视为一切先天论的基础(4.3)。通过这里的静态的、抽象的本质现象学的描述,舍勒价值－感受现象学的基本样态得以呈现,他对"什么是善?"这一问题的回答也得到充分说明(4.4)。由此,我们就可以说,一门现象学的元伦理学在根本上就奠基于静态的、现象学的"质料先天主义"。但这种"质料先天主义"已经既不单单意味着"价值先天",也不单单意味着"情感先天",而是既包含着"价值先天",也包含着"情感先天",同时还包含着"价值"与"情感"之间的"相关性"先天(4.5)。这一点与舍勒对现象学三个本质方面的划分(实事现象学、行为现象学以及这二者之间本质联系的现象学)是完全一致的。

2. 舍勒现象学伦理学的前问题：形式先天与质料先天

"现象学是科学性的考察，更确切地说，是纯粹地看的和澄清的对先天之考察，是对所有的先天之考察，不仅是范畴的先天，而且是**质料的先天**"(Hua XXIV，S. 240)。

"存在着质料先天吗？"(M. Schlick，1930/31)。

"先天"(*a priori*)是与"后天"(*a posteriori*)相对的。这对概念的基本意思就是指"来自更为早先的或者更迟晚的东西"(aus dem Früheren/Späteren Stammende)，也由此引申出在通常的拉丁语言使用中"在先的根据"和"在后的结果"这样的意思。如海德格尔所指出的那样，"关于导向先天之发现和对先天进一步深究的科学上的动机"，这一过程在柏拉图那里就有了。① 但真正明确地赋予"先天"以重要的哲学(认识论)涵义的则是康德。在康德的先验哲学中，"先天"和"后天"这对概念有着全新的理解。②

---

① 参阅 M. Heidegger, *Prolegomena zur Geschichte des Zeitbegriffs*, *GA* 20, Frankfurt am Main ³1994, S. 99；海德格尔：《时间概念史导论》，欧东明译，北京：商务印书馆，2009 年，第 96 页。

② 有关"先天"概念史的梳理，可以参看：„[Art.] *a priori/ a posteriori*", in：*Historisches Wörterbuch der Philosophie*, Band 1, Hrsg. von Joachim Ritter, Basel/Stuttgart 1971, S. 462–474；„Art. *a priori / a posteriori*", in：*Kant-Handbuch. Leben und Werk*, Hrsg. von Gerd Irrlitz, Stuttgart/Weimar 2002, S. 156–160；F. A. Trendelenburg, „Zur Geschichte des Worts und Begriffs a priori (Quellentext)", a. a. O.

　　然而,在胡塞尔对"先天"的现象学诠释中出现了一个奇特的倒置。一方面,在休谟的主要著作《人性论》(以及后来的《人类理智研究》)中,"先天"这一概念很少出现,但胡塞尔却认为从《人性论》的字里行间可以读出休谟"拥有惟一真正的认识论上重要的先天概念"①;另一方面,如我们已经提到的,尽管"先天"是康德哲学原则性的主题之一,对先天概念的疏解也是其"哥白尼式的革命"的真正起源,但胡塞尔却多次宣称,康德缺乏真正的先天概念。我们将在第2.1 节去追寻,这个奇特的倒置在现象学上究竟意味着什么?

　　海德格尔曾经将所谓"廓清先天的意义",与"意向性"和"范畴直观"一道视为现象学的三大决定性发现,尽管海德格尔也认为在胡塞尔那里先天的源初意义仅仅是被暗示了,而未被揭示。② 海德格尔后来也更明确地表示:"但先天的东西的开展并不是'先天论'的虚构。通过胡塞尔,我们不仅重新领会了一切真实的哲学'经验'的意义,而且也学会了使用解决这个问题所必须的工具。只要一种哲学是科学的哲学而对其自身有所领会,'先天论'就是它的方法。正因为先天论同虚构毫不相干,所以先天的研究要求我们妥善地准备好

---

　　① Hua VII, S. 352. 需要注意的是,在此书的中译本(《第一哲学》,上卷,王炳文译,北京:商务印书馆,2006 年)中,译者王炳文先生将 a priori 译作"先验",其主要理由是该词在胡塞尔这里并没有生物学或遗传学上"与生俱来"的意思,而"先天"的译名在汉语语境中则容易产生这样的误解(参阅胡塞尔《欧洲科学的危机与超越论的现象学》"译后记",北京:商务印书馆,2001 年,第 662 页)。这确实有其道理,笔者也曾一度想接受这个译名,而且这个译名在老一辈学者(如贺麟、熊伟等)诠释康德时也得到了运用。但笔者最终没有下定决心,仍然维持了更为通行的"先天"译法。

　　② 参阅 M. Heidegger, *Prolegomena zur Geschichte des Zeitbegriffs*, S. 99ff;海德格尔:《时间概念史导论》,第 96 以及以下各页。海德格尔将先天的源初意义与时间相关联,而且尽管他赞同胡塞尔所说的"先天是可以直接被把握到的",但他关注的重点在于先天的直观性和可直观性,而非先天的观念性。

现象地基。"①我们姑且撇开在海德格尔和胡塞尔之间可能存在的分歧不论,清楚的是,"先天"概念的确在胡塞尔现象学以及其他现象学家那里成为核心的论题。比如被胡塞尔称之为"现象学哲学最优秀代表之一"A. 莱纳赫(Adolf Reinach)的教授资格论文就是涉及到"先天"的论著,即《市民权利的先天基础》(*Die apriorischen Grundlagen des bürgerlichen Rechtes*),它也发表在"现象学运动的喉舌"《哲学与现象学研究年刊》1913 年的第一卷上;②再比如,被胡塞尔十分看重的学生 R. 茵伽登(Roman Ingarden)在写于 1919 年的"现象学家的追求"(Bestrebung der Phänomenologen)一文中就花很大的篇幅讨论了有关"直接的先天认识"的问题,这对他后来深入讨论"观念论－实在论"的争论奠定了基础③;即便是以现象学美学家而著称的法国现象学家杜夫海纳所构建的"审美经验现象学",也恰恰建基在他对"先天"概念的专门考察(以及他所接受的现象学的质料－先天概念)之上④,等等。当然还有我们这里的"主角":舍勒。

舍勒将其对康德伦理学以及康德哲学的批判建基在他对康德先天概念的批判之上。因此厘清康德与舍勒对先天概念的不同理解,既成为理解他们各自哲学体系的必要基础,也成为厘清他们思想间相互关系的必要前提。在第 2.2 节,我们将主要着眼于"形式先天"与"质料先天"的区分,集中讨论并初步检讨舍勒对康德先天概念的批评。

---

① M. Heidegger, *Sein und Zeit*, *GA 2*, Frankfurt am Main 1976, S. 67, Anm. 9;海德格尔:《存在与时间》(修订译本),陈嘉映、王庆节译,熊伟校,陈嘉映修订,北京:生活·读书·新知三联书店,2006 年第 3 版,第 59 页,注释 1。

② Hua XXV, S. 298.

③ 参阅 Roman Ingarden, *Schriften zur frühen Phänomenologie*, *Roman Ingarden Gesammelte Werke*, Bd. 3, Hrsg. von Wlodzimierz Galewicz, Tübingen 1999。

④ 参阅 Mikel Dufrenne, *The Notion of the A Priori*, Trans. & Intr. by Edward S. Casey, Preface by Paul Ricoeur, Northwestern University Press 1966。

舍勒对康德"形式先天"的批评,很大程度上受惠于胡塞尔,而且看起来,在对康德的共同反对中,舍勒和胡塞尔在很多方面都有着类似的主张,但是事实上,舍勒在多个方面或批评或深化了胡塞尔的"本质－先天"学说,也恰恰是在对康德和胡塞尔"先天"理论的双重拒绝中,舍勒本己的"质料先天"学说最终得以形成(2.3)。

2.1 从康德的形式先天到
胡塞尔的本质先天

休谟曾经将人类理性或研究的全部对象分为两类:观念的关系(relations of ideas)和实际的事情(matters of fact)。"任何一个命题,只要由直觉而发现其确切性,或者由演证而发现其确切性,就属于前一类。……这类命题,只凭思想的作用就能发现出来,而不以存在于宇宙中某处的任何事物为依据。"①也就是说,有关这前一类对象的认识与**实际的事情**(同样也是**观念**)没有本质的关联,而仅只涉及观念之间的关系,因此具有必然性。几何学、代数、算术等都被休谟归入这一类。而对于第二种对象——实际的事情——的认识的真理性不论有多大,也总不能与前一类的真理性同样明确。我们关于实际的事情的一切推理都是建立在因果关系上的,而"我们关于因果

---

① 休谟:《人类理智研究》,S. 22/23/19/26。据笔者所知,本书迄今有三个中文全译本,分别为《人类理解研究》,关文运译,北京:商务印书馆,1957年;《人类理智研究》,吕大吉译,北京:商务印书馆,1999年;周晓亮译,沈阳:沈阳出版社,2001年。前两个译本所据的原文版本本身较旧且含有较多错误,而周译本并未注明所据原文版本,但从其注释来看应当参照了经典版本(T. H. Green & T. H. Grose版)以及较新的权威版本(L. A. Sel-by-Bigge第三版)。本书凡引自该书的文字,笔者均综合参考了三个中译本并根据 T. H. Green & T. H. Grose 编的 *David Hume: The Philosophical Works*, *vol. II*(London 1882)的1964年的翻印本酌情改动,所标页码依次分别为该英文本/周译本/吕译本/关译本。

关系的知识,在任何情况下都不是从先天的推理获得的,而是当我们发现任何一些特定的对象互相恒常地会合在一起时,完全从我们的经验中来的"①,因此仅具有或然性。

这一分类在休谟本人这里实际上仅仅是一个过渡,或者说是一个划界。在他看来,有关"观念的关系"前人已经谈得很多了,而对"实际的事情"则关注不够,因此休谟在他的主要著作中总是将主要精力放在关于"实际的事情"的经验性推理的研究上。② 然而奇特的是,未被休谟本人过多关注的"观念的关系",后来却被康德和胡塞尔屡屡提及,尽管他们在其中看到了完全不一样的东西,这也构成了他们之间的根本分歧。

2.1.1　康德先验哲学中的形式先天

康德曾真诚地感谢休谟,他"坦率地承认,正是休谟的提醒,在多年以前首先打破了我的独断论的瞌睡(Schlummer),并且给予我在思辨哲学领域的研究以一个完全不同的方向"。③ 首先需要得到考究的是,康德的这段表白究竟意味着什么?

诚如休谟本人所承认的那样,他的学说将导致一种"温和的怀疑论"。"任何实际的事情只能从其原因或结果来证明;除非根据经验我们无法知道任何事情为另一事情的原因;我们不能给出任何理由将我们过去的经验扩展到将来,我们只是完全被我们构想一个结果

---

① 休谟:《人类理智研究》,S.24/25/21/28。

② 有关休谟对"观念的关系"的分析讨论,可以参看拙文:"观念的关系,或先天的形式——论胡塞尔对休谟与康德'先天'概念的反省",载《现代哲学》,2007 年,第 6 期。

③ Kant, *Prolegomena*, AA IV, S. 260. 此处"Schlummer"一词一直被译作"迷梦",但是显然,瞌睡和迷梦的中文意思并不一致,读者可以细心体会其间的区别。李明辉先生在其康德《导论》的新译本中将此词正确地改译为"瞌睡",特别感谢李明辉先生向笔者指出这一点。

随其通常的原因而来时的**习惯**(Custom)所决定的。"①我们不但构想结果随其通常的原因而发生，而且我们还相信它，我们对此还有一种信念(Belief)。这样的一种信念仅仅是以一种特殊的感受或情感构想对象的方式，它在根本上来自于习惯，来自于原因和结果之间的恒常会合(constant conjunction)。因而，"习惯是人生的伟大指南"②，人类的理智是不完善的，其范围是狭窄的。

18 世纪中叶，休谟的怀疑论学说向德国的传播对于当时浸润在独断的、教条主义的沃尔夫体系之中的德国思想家来说，无异于一声惊雷。休谟《人类理智研究》德译本于 1755 年出版，该书编辑舒尔采(J. G. Sulzer)就希望"这部著作的出版将他们（指德国哲学家们——引者注）从小憩(müßige Ruhe)中唤醒并给他们一项新的事业"。③ 我们完全有理由相信，康德在差不多三十年后出版的《未来形而上学导论》中的那段表白便是对这一希望的引述和回应。但另一方面，休谟的怀疑论实际上不仅划定了人类认识的界限，而且也同时质疑了一切科学包括形而上学的可靠性根基。尽管康德完全赞同休谟的原理，即"不要以独断论的方式把理性的应用推进到一切可能经验的领域之外"，但康德也认为休谟忽视了另一条同样重要的原理，即"不要把可能经验的领域视为在我们理性的眼中自划界限的东西"。④

---

① 　D. Hume, "An Abstract of A Book lately Published, Entitled, *A Treatise of Human Nature*", in: D. Hume, *An Enquiry Concerning Human Understanding*, *A Letter from a Gentleman to His Friend in Edinburgh*, *An Abstract of A Treatise of Human Nature*, ed. with intr. by Eric Steinberg, Cambridge 1993, p. 132；中译参见休谟："最近出版的题为《人性论》一书的概要"，周晓亮译，载周晓亮：《休谟哲学研究》，北京：人民出版社，1999 年，第 374 页。

② 　参阅休谟：《人类理智研究》，S. 39/43/37/43。

③ 　转引自 M. 库恩："康德的'休谟难题'概念"，岳长岭译，丁冬红校，载周贵莲、丁冬红编：《国外康德哲学新论》，北京：求实出版社，1990 年，第 63 页；德文引文也参见 Reinhard Brandt & Heiner Klemme, *David Hume in Deutschland*, Marburg 1989, S. 45. 引文据德文有所改动。

④ 　Kant, *Prolegomena*, AA IV, S. 360.

　　康德本人恰恰是通过他的"哥白尼式的革命"，将这两条原理结合起来，发展其批判学说，并在独断论与怀疑论之间找到一条真正的中间道路。而其"哥白尼式的革命"的开展正是从其对"先天综合判断是如何可能的"这一问题的探讨与回答开始的。因此可以说，"先天综合判断是如何可能的"这一问题是康德《纯粹理性批判》的基底性问题，对"先天"的理解成为进入康德哲学体系的入口。但康德却并未对先天这一概念做过详细的主题性讨论，在他对先天概念的理解与使用中包含着一系列相互关联、相互支撑的要素。

　　与经验主义的怀疑论、理性主义的天赋观念论都不一样，康德一方面确信先天认识的存在，并认为恰恰是真正的先天综合认识的可能性保证了科学和道德①的可能性；另一方面，康德坚决拒绝从天赋论的角度论证先天认识的有效性。所谓"先天的"，总是相对于"后天的"而言的，在康德这里，这对概念是一对认识论的概念。先天的认识是一种独立于或完全不依赖于一切经验而发生的认识，它们不同于"那些具有后天的来源，即在经验（Erfahrung）中有其来源的经验性的（empirische）认识"。② 换言之，先天的与后天的认识是就认识的来源而言所做出的区分，尽管我们的一切认识都是开始于经验，但它们却并非都是来源于经验。只有后天的或经验性的认识是通过经验才可能的认识，而先天的认识就其来源而言完全不依赖于一切经验。这一点可以看作是从否定性的角度对先天认识做出的规定。

　　而从肯定性的角度来看先天认识，其可靠标志是"必然性和严格的普遍性"。③ 因此在康德这里，"先天的"总是与"必然性"以及真正

---

　　① 　在康德那里，道德的最高原理及基本概念也同样是先天的认识。参阅 Kant，KrV, A 14/B 28；A 806f./B 834f.。

　　② 　Kant，KrV, B 2.

　　③ 　Kant，KrV, B 4.

的或严格的"普遍性"紧紧关联在一起的,经验性的或后天的认识永远只具有或然性以及通过归纳而来的假定的、相对的普遍性。正因为所有分析判断都是一种解释性的判断,宾词蕴涵在主词之中,所以具有必然性和严格普遍性的特征,因而它们都是先天的认识(无论是否是纯粹的先天认识)。而综合判断则是扩展性的判断,宾词无法以分析的方式从主词中抽取出来。一般说来,经验判断就其本身而言全都是综合的,但这并不意味着综合判断就全都只能是后天的。康德恰恰强调,我们现实地拥有先天综合认识,先天综合判断是可能的,并且在理性的一切理论科学(数学、自然科学以及形而上学等)中都包含着作为原则的先天综合判断。康德的问题并不在于先天综合判断是否可能,而在于先天综合判断是如何可能的。所谓"先验(transzendental)哲学"①正是对这一问题的研究。

康德并未彻底放弃笛卡尔的二元认识模式,在他看来,我们的认识总是由"形式"(Form,主观的认识能力的概念与原则)与"质料"(Materie,经验性的感觉杂多)共同构成的。而他的"先验哲学"所着重要处理的就是"形式"的问题,"先验"这个词"从来不是指我们的认识对物的关系说的,而仅仅是指我们的认识对认识能力的关系说的"②,康德"把一切与其说是关注于对象,不如说是一般地关注于我们有关对象的认识方式——就这种方式应当为先天地可能的而言——的认识,称之为先验的"③。

----

① 有关"transzendental"这个概念的翻译,国内学界近年来已经有许多争论。按照笔者的理解,这个概念在康德和胡塞尔这里有着不完全一样的内涵,因此现有的译名选择实际上很难兼顾到双方,相关思考笔者将另文讨论,笔者拟提出的译名建议是"超然"。但在本书中还是从俗,在康德的语境中一律使用"先验的"的译法,而在胡塞尔的语境中则暂且使用"超越论的"这个译名。

② Kant, *Prolegomena*, AA IV, S. 293.

③ Kant, KrV, A 11–12/B 25.

在康德的"先验哲学"体系下,只有借助于直观(Anschauung)活动或感性(sinnliche)认识,认识主体才能与对象建立起直接的关系。而直观活动的发生,则一方面需要对象对我们心灵的刺激,这种刺激在表象能力上所产生的作用就是感觉(Empfindung);另一方面需要我们的心灵具备主观的接受形式,正是这种形式,才保证了刺激能够发生。换言之,在直观行为及其"未被规定的对象"——即现象(Erscheinung,或译为显现、显象)①——中,我们可以区分直观或现象的质料(直观的杂多或感觉)以及直观或现象的形式(纯直观或先天的直观,即空间和时间)。而直观活动或感性认识所产生的结果或"那种通过感觉与对象相关的直观"被康德称之为"经验性的直观"。② 直观或现象的质料都是后天被给予的,而其形式却是我们心灵所先天地(绝非天生地)具备的。通过直观被给予我们的对象就是感性现象,而非物自身,但这些感性现象仍然是"未被规定的对象",即未被知性(Verstand)所规范 - 确定的对象。我们的认识来自于心灵的两个基本来源:感性与知性。感性是直观的能力,是对印象的接受性(Rezeptivität),而知性则是思维的能力,也就是把感性表象置于法则之下的能力,是概念的自发性(Spontaneität)。没有感性,就没有对象被给予我们;没有知性,就没有对象被思维。所以,"思想无内容则空,直观无概念则盲"。③ 正是在此意义上,知性是与对象没有直

---

① 参阅 Kant, KrV, A 20/B 34.

② 参阅 Kant, KrV, A 19 - 22/B 33 - 36。所以,笔者赞成韩水法先生对康德的直观概念所做出的三重区分:1)作为直观活动或行为的直观,与感性认识基本同义;2)作为直观活动之形式的直观,即纯直观或先天的直观;3)作为直观活动所产生之结果的直观,即经验性的直观(参阅韩水法:《康德传》,石家庄:河北人民出版社,1997 年,第 70 - 73 页)。因此,**经验性的直观**与**纯直观或先天的直观**之间的区分,并不能等同于作为**直观质料**的感觉与作为**直观形式**的纯直观之间的区分。同样需要指出的是,在康德那里,感性认识也具有两个层次的含义:1)作为一种认识行为,与第一层意义上的直观活动同义;2)作为一种认识的状态或结果,与经验性直观或感性显现同义。

③ Kant, KrV, A 51/B 75.

接关系的,知性中并不含有任何后天的因素,与质料无关,而仅仅指先天的形式,如概念或范畴。因此,先天综合认识是由感性质料(感觉)、感性形式(空间和时间)与知性形式(概念或范畴)①等要素组成的,先天综合判断正是以先天的形式与后天的质料相结合的方式才是可能的。

　　需要指出的是,这里所做的只是一种逻辑的结构分析,而非时序性的分析,在康德那里,认识总是一开始就是对某个对象的整体认识,无论是感觉材料被接受进直观形式,还是知性用范畴来规定感性现象,都是同时发生的,因此他会说:"在先验感性论中我们首先要通过**排除**知性在此凭借它自己的概念所思维的一切来**孤立**感性,以便**只留下经验性的直观**。其次,我们将从**经验性的直观中再把一切属于感觉的东西分离开来**,以便只留下纯直观和现象的单纯形式,这就是感性所能先天地提供出来的唯一的东西了。"②这恰恰是他不同于经验论的感觉主义的地方。同时,先天的形式(直观或范畴)在任何现实的认识发生之前都不具有现实性,仅具有先验观念性或逻辑上的可能性,因此形式先天地存在于我们的心灵之中,并非意味着一种时间上的在先,而仅仅意味着逻辑的在先。据此,"先天的"在任何意义上都与"天赋的"或"天生的"无关,这也正是康德不同于理性论的天赋观念论的地方。

　　总的说来,在康德那里,"先天"与"后天"的区分是认识论上的区

----

①　这里涉及的是知性的狭义的用法,在康德那里,知性有广义和狭义两种用法,与感性相对的实际上是广义的知性,即包括狭义的知性与理性,"先验逻辑"处理的就是广义的知性,其中"先验分析论"处理狭义的知性(概念,即范畴)及其**构造原理**(图式化),"先验辩证论"处理理性(概念,即理念)及其**调节性原则**等。理性同样是先天的形式(概念,即理念),与质料无关,但对于认识的**构成**来说,感性与狭义的知性便已足够,限于篇幅,这里不再展开。

②　Kant, KrV, A 22/B 36。着重号为笔者所加。

分,基本被等同于"形式"与"质料"的区分。所谓"先天的",首先意味着一种逻辑的在先,而从否定性角度看就是指不依赖于一切经验或后天质料,从肯定性角度来看则意味着必然的和严格的普遍的。具有先天性(或必然性和严格的普遍性)的只能是形式(感性形式与知性形式),因为"纯直观只包含使某物得以被直观到的形式,而纯概念只包含对象的思维的一般形式"[①];同时,"由于那只有在其中感觉才能得到整理、才能被置于某种形式中的东西本身不可能又是感觉"[②],不可能又是后天的质料,因此形式也必定是先天的。所以,在康德那里,"先天的"总是与"形式"相关联,而与"质料"无关,因此我们可以将康德对于先天这一概念的基本理解归结为"形式－先天"或"先天的形式"。

在康德自己看来,通过对形式－先天与质料－后天的区分,以及通过这二者的结合,先天综合判断才得以可能,进而"知性为自然立法"才得到了论证,科学与形而上学的可靠性根基才得以确立。然而奇特的是,虽然胡塞尔从未掩饰过自己与康德的精神关联,但他也多次毫不避讳地声称:康德缺乏真正的先天概念。而且更为奇特的是,在胡塞尔看来,康德之所以如此,恰恰是因为康德误解甚至是歪曲了休谟的"字里行间"的真正的先天概念。

2.1.2　胡塞尔现象学中的本质先天

康德一方面从认识的来源出发将判断区分为"先天的"与"后天的",另一方面又从判断的内容是否具有扩展性出发将判断区分为"分析的"与"综合的"。而且这后一区分被康德看作是必不可少的,在对人类知性的批判中堪称是"典范的"。[③] 康德认为,在他之前,

----

① Kant, KrV, A 51/B 74f.

② Kant, KrV, A 20/B 34.

③ 参阅 Kant, *Prolegomena*, AA IV, S. 270。

"先天的"与"分析的"总是被结合在一起,而"后天的"又总是与"综合的"结合在一起,因此存在着先天分析判断与后天综合判断的区分。他首先在洛克的《人类理解论》中发现这种区分的迹象①,然后又认为莱布尼茨有关"理性的真理"与"事实的真理"的区分、休谟有关"观念的关系"与"实际的事情"的区分同他本人所做出的这一对区分具有基本相同的内涵。换句话说,正是康德首先十分明确地将休谟本人并未过多关注的"观念的关系"与"先天"联系在一起,或更严格的说是与"先天分析判断"联系在一起。而且重要的还有,康德还一再惋惜,如若休谟不是认为纯粹数学只包含分析命题,他将不可能形成他的怀疑论,他将能正确对待形而上学的命题,那么以他那样"不可模拟的漂亮文笔",必会使康德本人所考虑的问题"受益无穷"。②

实际上,在康德以后,有关数学究竟是综合的,还是分析的,始终有很多争论。比如约翰·斯图加特·穆勒(John Stuart Mill)甚至认为数学是后天的、经验的概括,而弗雷格则坚持尽管几何学依赖于先天直观,但算术却是分析的。虽然这并非无关紧要,但在本书的论题域中与此相比远为重要的是,由于康德本人巨大的影响力,他对休谟学说中数学性质的厘定与确认几乎成了定论。然而更多的理论与事实研究已经表明,这根本就是一个误识!

按照目前的研究,康德在《纯粹理性批判》和《未来形而上学导

---

　　① 康德说在洛克的《人类理解论》第四卷第三章的第 9－10 节中发现了"对这种划分的暗示"。实际上,康德忽视了一个更为明显的这种区分的痕迹。在《人类理解论》第四卷的第七、八章,洛克区分了"实在的真理"(real truth)(它能给人以实在的、能启发人的知识)和"无聊的命题"(trifling Propositions)(它并不增加我们的知识),这一区分更应被康德作为综合判断与分析判断之区分的来源而发现。参阅洛克:《人类理解论》(下卷),关文运译,北京:商务印书馆,1997 年,第 534－535、585－613 页;以及参阅 Lewis White Beck,*Essays on Kant and Hume*, New Haven/ London 1978, p. 82。

　　② 参阅 Kant, *Prolegomena*, AA IV, S. 272f.;以及参阅 Kant, KpV, AA V, S. 13f.。

论》中对休谟认识论方面（如数学的性质、因果关系理论等）的研究与评价主要基于三个文本：一是 1755 年出版的《人类理智研究》德译本；二是 1771 年发表的《人性论》第一卷最后一节的德译文[①]；三是 1772 年复活节出版的毕提（James Beattie）《论真理的本性与不变性》一书的德译本，毕提是休谟哲学的批判者，该书中含有一些对《人性论》原文逐段的摘引。而休谟《人性论》一书的德文全译本则要迟至 1790－1792 年才出版，因此不通英语的康德无从了解休谟在该书中对与"观念的关系"紧紧相关联的"关系"学说[②]以及数学性质等相关问题的讨论，这直接导致了康德将休谟的"观念的关系"等同于他

---

① 在 1771 年 7 月 5 日和 12 日出版的《哥尼斯堡学术报》（*Königsberger gelehrten Zeitung*）上，分两部分发表一篇题为"怀疑主义者的夜思"（Nachtgedanken eines Skeptikers）的未署名文章，但该文风格让人联想到康德的好友、后来有"北方术士"之称的哈曼（Johann Georg Hamann），而且该篇文字甚至还被后来哈曼著作全集的编者当作哈曼本人的作品予以收入。实际上，这篇文字是哈曼对休谟《人性论》第一卷结论的翻译（删去了最后一段文字，因为从中可以看出文字的来源），而且康德应该知道这件事情的真相。参阅 Manfred Kühn, *Kant, eine Biographie*, München 2003, S. 233－234。

② 在休谟看来，知识所涉及的是对各种**关系**的研究。而关系实际上就是复杂的观念，休谟归纳出七种关系，并将它们视为一切哲学关系的根源。这七种关系分别是：相似关系、相反关系、任何性质的程度、数量或数的比例、时间和空间关系、同一关系和因果关系。其中，前四种关系因为完全依赖于被比较的观念本身，所以能够成为知识和确定性的对象。而后三种关系并不由被比较观念所决定，在相关观念保持不变的情况下，这三种关系可以存在也可以不存在，严格说来，这三种关系并不能构成真正意义上的知识。我们对这两大类关系还可以进一步细分。在前四种构成知识的关系中还可以继续分为两类：前三种关系是一看便可以发现出的，因此属于直觉（intuition）的范围；而数量或数的比例则属于演证（demonstration）的范围。在后三种并不属于严格意义上的知识的关系中也可以继续分成两类：在同一关系、时间和空间关系中，心灵都不能超出直接呈现于感官之前的东西，去发现对象的真实实存或关系；而因果关系则能够"推溯到我们感官以外，并把我们看不见、感受不到的实存和对象告知我们"，因此它与演证一样属于推理，但这样一种因果推理是一种或然的推理（参阅休谟：《人性论》，关文运译，北京：商务印书馆，1997 年，第 13－16，69－74 页。引文参照了中国社会科学出版社 1999 年翻印出版的 L. A. Selby-Bigge 版 *A Treatise of Human Nature* 原文，所标注页码也为该版页码，即中文本边码）。这部分有关"关系"的讨论，仅仅在《人性论》中出现，在后来的"最近出版的题为《人性论》一书的概要"以及《人类理智研究》中都没有得到讨论。

自己所理解的"分析判断",并将休谟那里的数学性质界定为"分析的"。

　　然而,如果我们仔细阅读《人性论》的文本,尤其是我们仔细关注那些在《人类理智研究》中未曾得到讨论(而且在康德可以接触到的另两个文本中也未受到很多关注)的与"关系"有关的部分,我们便可以合理地指出,休谟的"观念的关系"主要对应于前四种被休谟称为知识且具有确定性的关系。尽管这些关系是必然的且不变的,但却绝非等同于康德意义上的"分析的"。尽管休谟将数学的关系归为演证推理,并宣称"凡是在使用演证的时候,其反面是不可能的,它意味着一个矛盾"①,而且是不可思议的,但"休谟用'矛盾'并非仅仅意味形式－逻辑上的矛盾,'不可思议'也不仅仅指逻辑上的无意义,也指无法想象,甚至反－直观性。他的观念的关系不是无聊的命题,也不是康德所理解的分析命题,尽管任何像康德一样只读过《人类理解研究》而没有读过《人性论》的人都看不到这一点。如果康德读过休谟的《人性论》,那么他就会发现休谟不言而喻地承认一类在直觉上和演证上必然的观念关系——它们并非逻辑的矛盾律所可以检验的。"②

　　胡塞尔也同样敏锐地指出,康德将休谟的"观念的关系"解释为分析判断,因此解释为同一的判断,完全是误解了休谟。在休谟的"观念的关系"下,实际上包含着两类判断:先天形式判断(纯粹逻辑的判断)与质料判断。"在前一类判断中,矛盾可能是直接或间接地可证明的;在后一类判断中,存在的不是逻辑矛盾,而是与有关的概

　　① D. Hume, "An Abstract of A Book lately Published, Entitled, *A Treatise of Human Nature*", p. 130;休谟:"最近出版的题为《人性论》一书的概要",第371页。

　　② L. W. Beck, *Essays on Kant and Hume*, loc. cit., p. 84.

念之内容或意义的矛盾。"①因此虽然一切同一的判断或分析判断都是"观念的关系"，但反过来"观念的关系"却并不都是同一的判断或分析判断。尽管数学是有关"观念的关系"的，但这并不意味着数学判断是分析。事实上，在休谟那里，尽管"分析的"与"先天的"被偶尔地混淆，但在其本真的意义上，数学判断是综合的，而不是分析的。②

胡塞尔正是将休谟所谓的"观念的关系"看作是一个"真正意义上的先天"③，并认为在休谟《人性论》一书的字里行间已经可以把握到，一种奠基于概念之普遍本质之中的并能在明见性中直观到的普遍关系即属于一种真正意义上的先天。同时，虽然这个真正意义上的先天曾经在休谟眼前浮现过，而他却不能正确地把握这个意义。即便如此，胡塞尔也毫不吝啬对休谟的溢美之词，"休谟到处都选取了指向永久重要东西的方向，而且即使是他的错误，也是富有成果的"，"他是受正确意图支配的，而且尽管眼睛有一半被蒙住，他仍是漫步在正确道路上"。④ 相反，康德却步入了歧途。因此可以说，在先天问题上，胡塞尔完全站在休谟这一边，并通过对休谟先天概念的

---

① Hua VII，S. 352.

② 尽管包括 Lewis White Beck 在内的一些学者认为，在休谟的《人性论》与《人类理智研究》中提出了两种对数学性质的界定，在前书中数学是康德意义上的综合的，而在后书中数学则是分析的（比如参阅 L. W. Beck，*Essays on Kant and Hume*，loc. cit，pp. 7f.；以及参阅索利：《英国哲学史》，段德智译，陈修斋校，济南：山东人民出版社，1996年，第180–182页），但笔者并不能接受这样的看法。无论是在《人性论》中，还是在《人类理智研究》中，休谟都将演证以及因果推理一同看作推理的两种形式，而按照他对推理的界定以及对几何学的分析，笔者更愿意接受胡塞尔的意见，也就是说，尽管在休谟那里偶尔存在着混淆，但在根本上数学是综合的，即扩展性的。参阅休谟：《人性论》，第69–74、95、124、414、448、463–466页，当然这里无法进一步展开。

③ 参阅 Hua XXV，S. 34；Hua XIX/1，B₁ 440。

④ 参阅 Hua VII，S. 352f.。

解释与展开，以克服休谟的怀疑论，从而确立自己的现象学的先天概念。①

胡塞尔认为，休谟之所以会成为怀疑论者，并非如康德所说那样，是因为休谟将数学认定为分析的，也并非因为他没有真正的先天概念，而是因为他没有在"作为任意想象的表象的观念"与"作为普遍概念以及被给予的概念的本质的观念"之间作出区分，即在休谟那里存在着对"本质"和"观念"（作为"印象"的对立面）的实证主义混淆。如果按照休谟对"观念"的理解，我们所有的就是单个的个别事物，所谓"观念的关系"也只能是实际的关系，是基于单个素材上的单个事件。因此在胡塞尔看来，我们必须从感性素材意义上的"观念"转向纯粹的和普遍的意义上的"观念"，即作为在真正的纯粹的普遍意识中被给予之物的"本质"。② 休谟的根本错误仍在于感觉论，他对"观念的关系"与"实际的事情"的区分并不是依据它们的来源，而是依据其确定性和必然性，从来源上看，在他那里的一切知识都来自于感觉经验。因而对他来说，处于其内在性中的意识，超越出自身而直观对象永远是荒谬的。

但无论如何，当休谟将"单纯存在于或奠基于观念之中"仅只正确地理解为普遍的明见性时，他是将先天与"单纯存在于观念中"看作是同一的，这无疑是正确的。因为我们的一切认识都必须从被给予之物开始，都必须以直接的体验或明察为根据。据此，"'先天'的真正意义通过在对一般明见性的纯粹地和完全地看之中而被把握到

---

① 参阅 Hua VII，S. 350-356. 这篇附录文字对于我们这里的考察极为重要，《胡塞尔全集》该卷编者 R. 柏姆（Rudolf Boehm）的编者注指出该篇文字大约写于 1903 年（参阅 Hua VII，S. 350，Anm. 2），而耿宁（Iso Kern）则认为该篇文字产生于 1897/98 年间（参阅 I. Kern, *Husserl und Kant*：*Eine Untersuchung über Husserls Verhältnis zu Kant und zum Neukantianismus*, Den Haag 1964，S. 17f.）。

② 参阅 Hua VII，S. 359f.。

的本质真理（也就是说，真理）之领域而得以标示，这种真理在其普遍的意义上并没有包含对独个个体此在的设定，而是单纯陈述出那些不可分地从属于纯粹普遍性、纯粹观念或本质本身的东西，以及因此对于每一个可能的个体来说都必须绝对有效的东西（它是这样的普遍性的个别部分）"。①

而康德由于不是被《人性论》的休谟而是被《人类理智研究》的休谟从独断论的瞌睡中惊醒，同时由于他仍然被束缚在德国理性主义的轨道上，因此错失了真正的先天意义，而总是走在错误的道路上。概而言之，胡塞尔在"先天"意义问题上对康德的批判主要体现在三个方面：

首先，康德将必然性和严格的普遍性看作是先天性的标志，胡塞尔却认为"康德到处都从根本上混淆了心理学意义上的必然性和普遍性与认识论意义上的必然性和普遍性"②，从而是"根本错误的"。以康德那里作为纯直观或先天直观的空间形式为例，我们的一切感性材料都必须（被强制）要经过空间形式的规整，这被视为人的主观性的固有特征。但即便如此，这也仅只是一个事实，我们至多可以进行一种归纳，因而至多可将之视为一种由人的特性而产生的人的事实的必然性和普遍性（或普遍的强制性）。事实上，我是如何认识到，我必须如此必然而普遍地赋形（formen）呢？我如何获得空间这种纯直观呢？我又是如何获得我的作为"先天综合"的"综合"呢？在胡塞尔看来，不是感性材料必然地在空间方面被赋形，而是感性地被给予的事物之感性性质必然会在空间上被给予。也就是说，认识论意义上的必然性与普遍性是从属于明察的内容的、并且是和一切事实

---

① Hua XXXVII, S. 225.

② Hua VII, S. 381；着重号为笔者所加。

相对的东西。而康德则缺乏这种作为在本质直观中被绝对给予的本质必然性或本质普遍性的概念的真正的先天概念。因此,这种所谓的先天的"标志说",只是一种先验的－心理学的杜撰,是理性主义传统的坏的遗产,康德因此而不得不陷入相对主义和人类学主义的泥潭。①

其次,康德强调,先天就意味着独立于或不依赖于一切经验(Erfahrung),而在胡塞尔看来,所谓先天或本质认识无非意味着一种对一切"经验性的经验"(Empirie,即一种个体此在的"经验")的绝对不依赖或"纯粹化"。② 只要与主体方面有关的此在设定被排除,我们通过使物质事物的本质对我们成为本原的被给予性,那么一种先天或本质明察是可以获得的。③ 现象学哲学作为最普遍的经验主义和理性主义,以一种"得到必然扩展的、原本给予性直观的经验(Erfahrung)概念取代了经验论者的有局限的'经验'",因此在现象学中,先天是可以在作为现象学的本质直观的**经验**中被把握到的。④ 康德的根本问题就在于,他从未弄清纯粹的"观念化"(Ideation)或本质直观,"从未弄清对概念本质、对本质规律之普遍性的相即观视,即是说,他缺乏现象学的真正先天概念"。⑤

第三,在康德那里,先天意味着一种逻辑上的在先,先天总是与形式紧紧相关联的,"质料的先天"是绝然矛盾的。而胡塞尔则宣称,康德恰恰是接受了莱布尼茨关于"智性本身"(*intellectus ipse*)的假

---

① 舍勒也曾指出,"康德至少没有想到在伦理学中对先天做人类学的解释,但却想在理论哲学中做这种解释"(II, 90)。

② Hua XVII, S. 33; Hua XXV, S. 246; 以及参阅 I. Kern, *Husserl und Kant*, a. a. O., S. 56f.。

③ 参阅 Hua III/1, S. 15－17。中译参见胡塞尔:《纯粹现象学通论》,李幼蒸译,北京:商务印书馆,1994年(这里标出的是原始页码,即德文本与中文本的边码)。

④ 参阅 Hua IX, S. 300。

⑤ Hua XIX/2, A 675/B₂ 203.

说,才形成了形式的学说,并因此而未能切中认识批判的基本问题。① 在胡塞尔看来,"现象学是科学性的考察,更确切地说,是纯粹地看的和澄清的对先天之考察,是对所有的先天之考察,不仅是范畴的[形式的]先天,而且是质料的先天。"②而所谓的质料先天,根本上就是一种法则,它规定了含有实事的(sachhaltig)本质之间的关系,并且建基在此被含有之实事(Sachgehalt)的自身之中。③ 换言之,"先天"根本就意味着一种本质法则性,而"质料"则意味着这种本质法则性建基于"含有实事的"内涵之中。在胡塞尔那里,形式与质料的区分和先天与后天的区分并非同一的。形式与质料这对概念基本上沿用了亚里士多德的区分,形式基本上被看作与"范畴"或"分析"相类似,质料则更多意味着"综合"或"含有实事的"。④ 先天与后天的区分主要在于,前者事关观念的对象性,意味着一种独立于此在现实的纯粹性,而后者则事关事实性的实存,因此纯粹的或超越论的现象学将始终作为与事实科学相对的本质科学或先天科学而被确立。

简言之,在康德那里,"先天的"主要被用作为一个限定词或修饰词,因此所谓"先天的直观"本身并不意味着对先天的直观,而仅仅意味着直观的形式,在此意义上,先天被限制在形式方面。而作为这种"先天的直观"的"空间和时间"本身则通过"形而上学的阐明"而被表明:空间和时间都是心灵的主观特性。但在胡塞尔这里,"先天"首先

---

① 参阅 Hua VII, S. 377–381。

② Hua XXIV, S. 240.

③ 参阅 I. Kern, *Husserl und Kant*, a. a. O., S. 57f.。

④ Hua XIX/2, A 609/B₂ 137. 需要注意的是"Materie"(质料)在胡塞尔现象学中还另有着更为特殊的用法,即与"Qualität"(质性)一同构成意向本质,在那个语境下,质料意味着"在含义中对象性被意指为何物,被意指为如何被规定和被把握的东西"。因此,胡塞尔在此特别强调,当在涉及到传统的与范畴形式相对的质料时,他一般使用"材料"(Stoff)这个术语。

被赋予了名词的用法,"先天直观"就意味着对先天的直观,先天是可以通过本质直观的明见性而被把握到的,先天直观或本质直观是把握先天的真正方法,所以先天也就不必然与形式相关联。归根到底,"凡是在我[胡塞尔——引者]的著述中谈到'先天'的地方,我所指的都仅仅是本质"。①

按照惯常的理解,对于康德主义者而言,休谟的怀疑论是对先天认识可能性进行的最具破坏性的责难,人类知识和形而上学的可靠性基础在休谟那里受到最严重的质疑,而康德的"哥白尼式的革命"恰恰就是要捍卫先天的有效性。在休谟那里最终被归之于经验的习惯、联想与信念的因果必然性,最终被康德归为人类知性的范畴,视作先天的形式。然而,胡塞尔却更愿意去重释休谟的"观念的关系",而不愿意采纳康德的"先天的形式"。②

休谟在《人类理智研究》中将探讨"观念的关系"的演证推理视为先天的推理③,因此人们有理由说,"这些关系——它们是这种推理的对象——是先天的,因为它们在直观上被给予,并因此是明见的。"④对"观念的关系"的演证推理是先天的,因为它奠基于纯粹内在的,因此在直观上可被把握的"观念"间的"关系"之上。这样,休谟就将先天与明见性等同起来,接着又将后者等同于纯粹内在的,因此在直观中被给予的东西。

---

① Hua XVII, S. 255.

② 后面我们会看到,之所以这样,很有可能是因为胡塞尔的波尔扎诺转向,换言之,在重审休谟和康德有关"先天"问题的思考时,胡塞尔已经接受了来自波尔扎诺方面的决定性推动。当胡塞尔说休谟拥有认识论上**唯一**真正重要的先天概念的时候,大概也是因为波尔扎诺这里的"概念先天"更多是停留在逻辑学层面,参看后面 2.3.1 和 2.3.3 节的相关讨论。

③ 休谟:《人类理解研究》,S. 20 – 24/23 – 25/19 – 21/26 – 28。

④ Richard T. Murphy, *Hume and Husserl:Towards Radical Subjectivism*, *Phaenomenologica* 79, The Hague/ Boston/ London 1980, p. 37.

胡塞尔肯定了休谟哲学的出发点,一切认识必须从被给予之物开始,必须从直接的体验开始,因为这样可以有效地避免洛克和康德的二元论。而且,胡塞尔也完全肯定了休谟将先天与明见性相等同,具有直观明见性的东西本身是纯粹内在于意识的,因此只能有"一个内在的先天"。[①] 更进一步的,在胡塞尔看来,休谟在观念的关系下区分了两种判断:先天形式判断(纯粹逻辑的判断)与质料判断。这恰恰同胡塞尔本人在形式先天(或分析先天,或范畴先天)与质料先天(或综合先天,或实事先天)之间所做的区分相对应。但是由于休谟的经验论立场使他根本看不到观念直观或本质直观的可能性,所以,虽然真正意义上的先天曾经在他眼前浮现过,但他却不能正确地把握这个意义。[②] 因此,"这种休谟式的心理学是对于有关纯粹意识的被体验物之科学的第一次系统尝试,……休谟的《人性论》是有关纯粹现象学的第一个构想,但却是具有纯粹感觉论的和纯粹经验论的现象学之形态的构想"。[③]

与此相反,胡塞尔不仅拒绝了康德的"先天综合"学说,而且更彻底地拒绝了康德对先天概念的厘定,他甚至不愿意"屈尊去采用康德的'先天'概念"。[④] 胡塞尔始终坚持说,我们拥有着双重的先天,双重的真理。与后天的知识对应于事实性的实存不同,先天的知识对应着观念的对象性。而在先天的知识中,我们还可以区分形式先天与质料先天,因为形式与质料的区分更多关联于分析(范畴的)与综合(含有实事的)的区分,所以"先天-后天"之间的对立无论如何不

---

① 参阅 Hua VII, S. 351。

② 参阅 Hua XIX/1, B_1 440。

③ Hua VII, S. 156f..

④ R. T. Murphy, *Hume and Husserl: Towards Radical Subjectivism*, loc. cit., p. 24.

能如康德那样等同于"形式－质料"之间的对立。[①]

　　先天在真正现象学意义上是在直观中被给予之物,而且是在扩展了的直观——不同于感性直观的范畴直观——中明见地被给予的本质或埃多斯(eidos)。[②] 在此意义上,如泽波姆(T. Seebohm)所指出的那样,先天在胡塞尔这里就具有了"对象性"的特征,而这种对象性的先天又与胡塞尔对观念对象的存在的强调紧紧联系在一起。[③]我们后面还会再回到这个问题上,因为这个问题,构成了舍勒对胡塞尔的一个主要批评。在此之前,我们将先来看看舍勒在胡塞尔的影响下,对康德形式先天理论的批判。

2.2　舍勒对康德形式先天的批评与
质料先天原则

　　在对待康德的先天概念以及提出自己对先天的理解问题上,舍勒倾注了相当多的精力。同时,舍勒的批判又在很大程度上吸收了

---

　　① 参阅 Hua XXXII, S. 33ff.。

　　② 事实上,对于本质是在一次性的直观行为中直接被给予,还是需要通过自由的想象变更即本质变更的方法才能把握到,这代表了胡塞尔前后期不同的思路。还需简要提及的是,先天概念在胡塞尔这里的发展变化是与其现象学的思考紧紧相关联的,按照笔者的考察,胡塞尔在其现象学时期曾对先天做过多重的区分,诸如:综合先天与分析先天,形式先天与质料先天,在体先天与构成先天,存在论的先天与现象学的先天,客观－逻辑的先天与生活世界的先天等等。可以说,先天概念与胡塞尔现象学的各条进路(比如本质现象学、发生现象学、生活世界现象学等)都有着密切的联系,厘清先天概念的发展变化,将有助于我们更好地理解胡塞尔的现象学。这里当然无法进一步展开,相关研究也可参阅 J. N. Mohanty, "» Life-world « and » a priori « in Husserl's later thought", in: ders., *The Possibility of Transzendental Philosophy*, *Phaenomenologica* 98, Dordrecht/ Boston/ Lancaster 1985, pp. 101－119。

　　③ 参阅 Thomas Seebohm, *Die Bedingungen der Möglichkeit der Transzendental-Philosophie. Edmund Husserls Transzendental-Phänomenologischer Ansatz, Dargestellt im Anschluss an seine Kant-Kritik*, Bonn 1962, S. 19。

胡塞尔的洞见，正是胡塞尔《逻辑研究》中的"范畴直观"概念构成了舍勒对康德之批判的关键。因此可以说，舍勒的批判是胡塞尔对康德之批判的补充与深化。

在《逻辑研究》中，胡塞尔对直观概念进行了扩展，直观不必然是感性的、素朴的，而仅仅意味着一种能够把握原本的意识行为，因此我们不仅可以进行感性直观，我们也同样拥有范畴直观的能力。在胡塞尔看来，康德之所以缺乏真正的现象学意义上的先天概念，休谟之所以在眼前浮现过真正意义上的先天却无法正确把握它，追究起来根本原因都在于他们未弄清纯粹的"观念化"或本质直观。而这种观念化（观念化的抽象）或观念直观与综合行为一起被胡塞尔看作是范畴直观的两种类型。[①] 正是在观念直观中，观念或普遍之物或范畴性对象现时地被给予。而后这一行为又被胡塞尔演变为本质直观进而成为被现象学学派广泛接受的、一般的现象学方法。[②]

实际上，舍勒也正是通过对直观概念的扩展而逐渐摆脱了与新康德主义的联系，进而转向现象学的。可以说，恰恰是对直观概念的扩展，给胡塞尔和舍勒带来了真正的先天概念，所以泽波姆会认为，这一点无疑显示了现象学方法相对于康德的先验的－逻辑的方法的优先性（Priorität）。[③] 在舍勒看来，老的"先天"学说有两个基本类

---

① 这一区分后来也被海德格尔所坚持并提出修正，对此可参阅 Heidegger，*Prolegomena zur Geschichte des Zeitbegriffs*，S. 85 - 93；海德格尔：《时间概念史导论》，第 81 - 95 页。

② 胡塞尔曾经明确地将本质直观称作把握先天的本真方法，有关本质直观以及更早的范畴直观与先天的关系，可参阅拙文，„*Gibt es ein materiales Apriori*? Mit Schlicks Kritik an der Phänomenologie über das Verhältnis zwischen Sprache und Vernunft nachzudenken anfangen"，in：A-T. Tymieniecka（ed.），*Logos and Life：Phenomenology/Ontopoiesis Reviving Antiquity：Logos and Life*，*Analecta Husserliana CX*，Springer 2011，S. 123 - 138。

③ 参阅 Th. Seebohm，*Die Bedingungen der Möglichkeit der Transzendental-Philosophie*，a. a. O.，S. 19。

型：“天生的或天赋的观念学说和综合的范畴功能学说”（Ⅴ，196），他首先同康德一道拒绝了所谓的“天生的或天赋的观念学说”，同时他也反对康德的“综合的范畴功能学说”，对于舍勒来说，我们的精神既非原初就拥有天生的或天赋的观念，也并非原初就拥有综合的功能形式和功能法则（Ⅴ，195）。

　　与胡塞尔相比，在先天问题上，舍勒对康德进行了更为彻底而且更为全面细致的批判。但在最为根本的一点上，舍勒保持了与胡塞尔的一致，他明确地指出：“我们将所有那些观念的含义统一和定律称之为‘先天的’，这些含义统一和定律是在不顾及任何一种对其思维的主体及其实在自然属性之设定的情况下以及在不顾及任何一种对一个可为它们所运用对象之设定的情况下，通过直接直观的内涵而成为自身被给予性。……这样一种直观是‘本质直观’，并且也是‘现象学直观’或‘现象学经验’”（Ⅱ，67f.）。也就是说，先天被等同于本质性或何物性（Washeit，一事物之所以为此事物的根据，即该事物的本质），它本身作为观念性的对象（不涉及任何实在的设定）、作为本质直观的质料或内涵而自身被给予。

　　先天并非是由主观加之于经验之上、并对混乱的经验性杂多进行规整、赋形的形式，而是完全属于“被给予之物”，属于事实（Tatsa-chen）领域。[①]“始终先天被给予的东西也与所有那些通过观察和归纳意义上的经验而被给予我们的东西一样建立在‘经验’（Erfahr-

-----

　　① 需要特别加以注意的是，“事实”这个概念在舍勒和胡塞尔那里有着完全不同的含义，我们可以从胡塞尔本人的著作中读到十分清楚的说明：“由于在《观念》中，‘事实’被理解为个体的发生事情（在休谟意义上的实际的事情［matter of fact］），因此必须强调，现象学不是事实科学。如果舍勒和盖格在与此看似的对立中偶尔也说，现象学家需要从事实出发，那么他们是在另一种意义上使用这个词：它是指直接被发现的东西、与仅仅间接地被认识之物、被推断之物、甚或单纯被构想之物相对立的被直观之物。如果将这个意义上的现象学称作事实科学，那么它完全不会因此而被盖上经验科学的印记”（Hua ⅩⅩⅤ，S. 246）。

ung)一般的基础上。因此,任何被给予之物都建立在'经验'的基础上。"在此意义上,舍勒甚至与胡塞尔一样愿意将这样的一门现象学哲学称作"经验主义"(X,381f.)。[①]

因此,尽管在舍勒看来,现象学的先天论完全可以将隐藏在康德的先天论中正确的东西采纳到自身之中,但他还是彻底地拒绝了康德以是否依赖于经验这个标准来区分后天与先天的意图。先天与后天的对立决不在于经验与非经验的对立,而只是在于经验的两种类型——现象学经验(纯粹的和直接的经验)与非现象学经验(依赖于对实在行为载体的自然组织之设定,并因此而是间接的经验)——之间的对立。舍勒赋予"现象学经验"两个赖以区分于所有其他类型经验的特征:其一,直接性。唯有现象学经验才给予事实"本身",它不需要任何类型的象征、符号、指示作为其中介,因此是直接的。舍勒也在此意义上将现象学哲学称为"一种对世界的持续去象征化"(X,384,433f.;II,70)[②];其二,内在性。唯有现象学经验才是纯粹"内在的"经验,它没有"超越于"其直观内涵,在其中"被意指之物"与"被给予之物"完全地相合(Deckung)(II,70f.)。

---

① 参阅 Hua IX,S. 300。

② 尽管现象学认识本质上是非象征性的,但是就如亨克曼(W. Henckmann)所说,这只意味着舍勒对现象学认识之本质的规定,而非意味着舍勒完全排斥象征或符号,事实上,现象学的认识若要被传诉给其他人,就得需要象征或者符号(参阅 Wolfhart Henckmann, „Schelers Lehre vom Apriori", in: *Gewißheit und Gewissen*: *Festschrift für Franz Wiedmann zum 60. Geburtstag*, Hrsg. von W. Baumgartner, Würzburg 1987, S. 135)。以"非象征性"这个表达,舍勒是想强调现象学经验的前语言的被给予性,在舍勒那里,语言相对于现象学经验来说,只具有一个从属的地位,对此可参阅 Paul Good, „Anschauung und Sprache. Vom Anspruch der Phänomenologie auf asymbolische Erkenntnis", in: ders. (Hg.), *Max Scheler im Gegenwartsgeschehen der Philosophie*, Bern/ München 1975, S. 111 – 126;P. Good, *Max Scheler. Eine Einführung*, Düsseldorf / Bonn 1998, S. 63 – 79;以及拙文, „ *Gibt es ein materiales Apriori? Mit Schlicks Kritik an der Phänomenologie über das Verhältnis zwischen Sprache und Vernunft nachzudenken anfangen*", a. a. O。

　　与此相应,舍勒也在现象学的事实与非现象学的事实之间做出了区分。所谓非现象学的事实还可以进一步被区分为:1)自然的事实,它是由我们在日常经验中自然的世界观态度所引致的,比如在托勒密"地心说"中所指称的那些事实,像太阳的东升西落等等;2)科学的事实(即具体科学、实证科学的事实),它是由科学的态度所引致的,比如哥白尼的"日心说"便是一种科学的事实。而现象学的事实或纯粹的事实则是一种与这两种非现象学的事实相对的事实,它作为**意义－内容**(Bedeutungsinhalt)总是在现象学经验中"直接地"如其所是地自身被给予,而无须依赖归纳知识或因果知识(X, 433 - 474)。事实上,这种现象学事实永远不会在非现象学经验中被给予,但是非现象学经验(自然的经验与科学的经验)却必须根据这些事实进行。也就是说,现象学事实为非现象学事实奠基,对于非现象学经验以及在其中被给予的非现象学事实来说,现象学事实是"在先"被给予的。

　　这里涉及到舍勒本人对"奠基"(Fundierung)的理解。在舍勒看来,奠基关系首先与被给予性的次序相关,如果现象 A 不在先被给予,现象 B 也不能被给予,那现象 B 就奠基在现象 A 上。[①]"先天"在其原初的意义上就意味着一种奠基的次序,"即现象作为直接体验的内涵在其中成为被给予性的那个奠基次序"(X, 383)。所以,舍勒坚决反对康德将先天等同于和一切经验无涉的"直观或知性的形式"。但需要指出的是,舍勒并不否认康德称之为"直观或知性的形

---

　　①　舍勒讲的"奠基",仅只存在于行为构造的秩序之中,而不存在于行为的时间实在顺序中,即不在"演替"中(参阅 II, 91, Anm. 1; II, 112; V, 209; X, 416)。也可参阅 Eugene Kelly, *Structure and Diversity. Studies in the Phenomenological Philosophy of Max Scheler*, *Phaenomenologica* 141, Dordrecht/ Boston/London 1997, pp. 37 - 52。这里讲的与"先天"相关的奠基关系当然不会意味着一种实在的时间演替的"在先",而是意味着一种在"被给予性"次序上的"逻辑意义上"的"在先"。

式"的那些东西(比如空间、时间、概念或范畴等等)具有先天性,而且舍勒事实上也不否认康德将这些东西从经验性的－实证性的经验(Empirie)中剥离出来,舍勒反对的只是康德过分扩大了经验性的－实证性的经验的范围,并将其扩展为经验一般(Erfahrung),从而忽略了现象学经验的存在。尽管康德所谓的"直观或知性的形式"永远无法在自然经验或科学经验这些经验性的－实证性的经验或非现象学经验中被给予,但却可以在现象学经验中成为被给予性,并进而在自然经验或科学经验中发挥作用。事实上,这些东西之所以具有先天性(或者由这些因素而去保证某个认识是"先天的"),并不是因为这些东西如康德所认为的那样独立于或不依赖于一切经验,而仅仅是因为它们作为在现象学经验中被给予的现象学事实或现象在被给予次序上是"在先的",并进而保证了这个认识是"先天的"。而且,如果它们不在先被给予,那么非现象学的经验就无法得以可能,从而非现象学的事实也无法被给予。据此,非现象学的事实奠基在现象学的事实之上,现象学的事实就是一种"先天的"(*a priori*)事实。

更进一步说,舍勒甚至也并不反对康德称之为"直观或知性的形式"的那些东西在一定意义上具有形式性①,"恰恰是所有这些在自然的和科学的经验中作为'形式',更作为经验'方法'而起作用的东西,必须在现象学经验的范围内成为直观的'质料'和'对象'"(II,71)。可以看出,在舍勒这里,先天－后天的对立是绝对的,而形式－质料的对立则是完全相对的或功能性的(I,254)。同一个先天之物,既可以作为形式(在非现象学的经验中)存在,也同样可以作为质料(Materie,或内涵,在现象学的经验中)而存在。换言之,舍勒从来

①　我们后面会看到,在舍勒看来,康德所谈论的这些"形式"之所以会具有"形式性",恰恰是源于这些所谓的"形式先天"预先作为"质料先天"在"现象学直观"中而自身被给予,并经由"本质直观的功能化"而"化"为一种"形式"或"功能"。

没有像康德将形式先天固定化那样，也相对地将"质料先天"固定化甚或"存在论化"、"形而上学化"。亨克曼曾十分清楚地谈论过"形式先天"与"质料先天"的这种相对性的、功能性的关系，"'质料先天'和'形式先天'是在其功能性上被标记的本质性，所以，在相应的前提下，本质性能够一次是作为质料先天，然后又作为形式先天而被把握，这种情况也可以颠倒。先天本质性的功能能够自身改变的那些条件……可以通过奠基秩序在先被给予，本质性恰恰就存在于这些条件之中，所以，一个本质性，当它在它自身上被关注时就显现为质料先天，而当它与一个次一级的本质性相关而被关注时则呈现为形式先天。"[①]

　　另一方面，"形式的－质料的"之间的对立也与概念和命题的普遍性有关，而"先天的－后天的"之间的对立则建基于充实着概念和定律的内涵差异性之上。举例来说，逻辑定律"A 是 B 与 A 不是 B 不能同时为真"是"形式的"，因为 A 与 B 可以为任何对象所替代，因而这条定律具有普遍性，尽管这条定律相对于现象学的实事明察——在直观中，某物的存在与不存在是不相容的——而言又是"质料的"（material），而且这条定律之所以具有先天性，恰恰是因为它以直观的事实或质料为基础。或者说，逻辑定律的先天（形式的先天）总是直观事实或质料之先天（质料的先天，material Apriori）的结果，正是这些直观事实或质料构造出判断和定律的对象（X，383f.）。既存在着形式的先天和质料的先天，同样也存在着形式的后天与质料的后天。

　　概括地说，在舍勒这里，"先天的"在原初意义上，意味着一种奠基次序或被给予性次序上的在先；同时与胡塞尔一样，舍勒也赋予

---

　　①　W. Henckmann, „Schelers Lehre vom Apriori", a. a. O., S. 139.

"先天"以名词的用法，先天（Apriori）无非意味着一种现象学的事实（本质或本质联系）、现象学经验（本质直观）的质料或内涵，它"先于"一切非现象学的经验，同时还作为非现象学经验可能性的条件而在现象学经验中"在先的"被给予。所谓的"质料先天"在根本上是与"本质内容（Wesensgehalt）"同义的。[1]

因此，舍勒坚持认为，"先天的－后天的"的区分在任何意义上都仅与"形式的－质料的"的区分相切，而非相合。据此他指出，将先天与形式相等同是康德学说的基本谬误，而导致康德这个基本谬误的根本原因正是胡塞尔已经指出过的：康德缺乏观念化或本质直观的概念。

事实上，舍勒不仅拒绝了康德对"先天"的否定性规定，而且也同样拒绝了康德对"先天"的肯定性规定，即把必然性和严格的普遍性视为先天认识的标志，把"先天"等同于必然性和严格的普遍性。

在这一点上，康德实际上未加批判地继承了哲学在其古老开端便已做出的区分：真正的认识（episteme）与单纯的意见（doxa）的区分。哲学的任务就是要寻求真正的认识以取代单纯的意见，而真正的认识区别于意见的突出标志就在于：某物不可能是不同于它自身之所是的那样一种必然性，以及"不能容许有任何例外"的真正的或严格的普遍性。康德将是否具有这两点看作是区分纯粹的先天认识与经验性认识的标志。经验性的认识可以告诉我们某物是如此这般的样子，但却没有告诉我们它不能是别的样子，因此经验性的认识归根到底提供给我们的只是一种偶然性的认识；同时，经验性的认识也只能使我们确知，就迄今为止的观察而言，某个判断尚无例外，因此

---

① 参阅 W. Henckmann, „Max Scheler. Phänomenologie der Werte", in: *Philosophen des 20. Jahrhunderts. Eine Einführung*, hrsg. von Margot Fleischer，Darmstadt 1990，S. 104。

经验性的认识只能提供一种依据归纳而来的假定的、相对的普遍性。一旦一个判断或命题与其必然性一同被思维,或一个判断在严格的普遍性上被思维,那它就是绝对先天的认识。

但这种所谓的"标志说"在康德研究者诺曼·康蒲·斯密(Norman Kemp Smith)那里就已经被判为是以一个未经检查的假定为其前提的。这个假定是说,普遍性和必然性不能从经验性质的任何过程而来。斯密甚至分析了康德之所以未经检查而接受这一假定的原因,这是因为康德的主要任务在于调和休谟与莱布尼茨学说中的真理因素,而这条假定是他们二人都能同意的,所以康德就很自然的将其自己的体系建立在这条假定之上。① 于此可见,这一假定是哲学发展史中长久以来便已存在的成见,因此,舍勒对康德所谓先天的"标志说"所提出的明确批评,在一定意义上也构成对此成见的批评。

首先,对于康德的"必然性"概念来说有两点是根本的。一方面,必然性被归属于命题或判断,而非归属于直观的事实;另一方面,必然性是一个消极性的概念,舍勒未加注明地引用了康德对"必然性"的定义,即"某种东西的对立面自身是不可能的,这种东西就是绝对必然的"。② 而在舍勒这里,先天明察首先是事实明察,先天始终是在直观之中被给予的;其次,先天是在一个本质联系之存在中的积极性的明察。因此,先天与"必然性"是绝然不同的。事实上,必然性恰恰要奠基于积极性的先天明察之中。比如,"A 是 B 和 A 不是 B 这两个命题中,必定有一个为假"这样一个命题是必然的,也是先天的。按照康德的解释,这是因为这个命题与经验性的因素无关,其必然性(作为一种范畴,被归属于模态的范畴)植根于我们知性的本性之中,

---

① 参阅诺曼·康蒲·斯密:《康德〈纯粹理性批判〉解义》,韦卓民译,武汉:华中师范大学出版社,2000 年,第 15 - 16 页。

② Kant, AA II, S. 82.

因而是形式的(非质料的)、先天的。而在舍勒看来,这样一个命题之所以为真、之所以是必然的,恰恰是因为它奠基于"在直观中某物的存在与不存在相争执"这样一个明见的先天明察。这个命题之所以先天为"真",恰恰是因为它们在其中得到充实的那些事实是在现象学经验中"先天的"被给予的。逻辑的必然性始终要奠基在直观的明见性之上,逻辑形式的先天始终是直观质料的先天的结果。①

其次,先天性与普遍性也没有必然的关联。因为,作为一种本质或本质联系的先天本身,既不是一个普遍的东西,也不是一个个体的东西。只有涉及到能够直观先天或本质的主体,才具有普遍性与个体性的问题。只有当某一先天或本质能够被那些具有相同明察的主体共同直观到,这个先天或本质才具有了普遍性。但完全有可能存在一种只被、甚至只能被一个人明察到的先天,"只有对于那些能够具有相同明察的主体来说,……一个建立在先天内涵上的命题才也是'普遍有效的'"(II, 94)。② 因此,康德的问题在于,他将先天本身与直观先天的主体联结在一起,进而将先天本身混同于主体借以把握先天的主观能力。③ 进一步的,舍勒也认为"**先天－后天**"的区分与"**天生**(Angeborenen)－习得"的区分毫不相干。在舍勒看来,尽管康德正确地将"先天"和"天生"区分开来,但他却常常不正确地将"先天认识"等同于"自身习得"(II, 97f.)。对于舍勒来说,先天－后

---

① 值得注意的是,胡塞尔也与舍勒一样,清理出康德本人对必然性的界定,并认为,将必然性当作先天的"标志"是根本错误的(参阅 Hua VII, S. 357, Anm. 2)。

另外,尽管与胡塞尔、舍勒的理由都不一样,美国分析哲学家克里普克(Saul Kripke)也反对康德将先天判断与必然判断不加区分。在他那里,存在着先天的偶然判断,也存在着后天的必然判断。参阅克里普克:"同一性与必然性",朱新民译,江天骥校,载涂纪亮主编:《语言哲学名著选辑·英美部分》,北京:生活·读书·新知三联书店,1988 年;以及参阅克里普克:《命名与必然性》,梅文译,涂纪亮、朱水林校,上海:上海译文出版社,2001 年。

② 进一步的,亨克曼还曾深刻地指出,一个本质性或先天的"普遍性"必须要和它的"普遍有效性"区别开来(W. Henckmann, „Schelers Lehre vom Apriori", a. a. O., S. 134)。

③ 参阅 Philip Blosser, *Scheler's Critique of Kant's Ethics*, Athens 1995, p. 39。

天是两种经验、两种事实之间的区分,而天生－习得则主要指一种偶然的、因果发生的关系。因此,它们可以用来谈论主体借以把握先天的主观能力,比如一个先天明察的实现既可能建立在天生的素质上,也完全可能是"习得的"。但它们与先天本身绝然无关。

这样舍勒就完全拒绝了康德为先天所提供的两条标志,而且他认为,导致康德产生这样的误识的根本原因在于,康德对先天的"先验"理解与"主观主义"的理解。按照这种先验理解,经验与认识之对象的规律必须依据于对对象的经验与认识的规律。舍勒认为这样的理解是不合法的,因为这实际上窄化了哲学探究的领域。现象学在它进行研究的所有领域都必须划分三种本质联系:"⑴在行为中被给予的质性和其他实事状态的本质性(及其联系)(实事现象学);⑵行为本身的本质性以及在它们之间存在的联系和奠基(行为现象学或起源现象学);⑶行为本质性和实事本质性之间的本质联系"(II,90)。而康德的先验理解实际上仅仅关注了第三种本质联系,而且还是一种仅将对象的先天规律依据于行为的规律的单向的联系,因此这样的一种先验理解是毫无根据的。[①]

更进一步地,康德不仅将先天解释为行为的规律,而且将之解释为一个"自我"或"主体"的行为规律,因此对先天又采取了一种"主观主义"的理解。但在舍勒看来,"'自我'在任何一种词义上都还是一个对象"(II,386)[②],一个直观的内涵,而非直观行为的出发点甚或本质性的生产者。所以,先天本身是与"自我"或"主体"无关的。[③]

---

① 参阅 Kant, KrV, A 158/B 197。

② 这涉及到舍勒对"自我"与"人格"的区分以及舍勒的人格主义的思想,有关于此,我们在后面第 6 章中还会进一步展开。

③ 后来,海德格尔同样指出了这一点,先天不局限于主体性之中,并且它甚至首先与主体性完全无关(参阅 M. Heidegger, *Prolegomena zur Geschichte des Zeitbegriffs*. S. 101;海德格尔:《时间概念史导论》,第 97－98 页)。

或者可以说，不仅康德的先天标志说是谬误的，而且康德的"哥白尼式的转向"在根本上就是谬误的。

总的说来，一方面，舍勒拒绝了康德对先天的否定式规定，即先天意味着独立于或不依赖于一切经验，而是将先天"名词化"为本质性与何物性，认为先天本身作为一种现象学的事实就是在现象学经验中自身被给予的。先天－后天的对立在任何意义上都不能等同于形式－质料的对立，在舍勒这里不仅存在着形式－先天与质料－先天，而且从根本上说，形式－先天是质料－先天的结果。但这并不能如有些学者所理解的那样，认为舍勒想要消除形式－质料的传统区别。① 实际上，形式－质料的区分与先天－后天的区分在舍勒这里同时存在，但前一对区分是相对的或功能性的，而后一对区分则是绝对的，这两对区分是相切的，而非相合。

另一方面，舍勒也拒绝了康德对先天的肯定性规定，即先天的标志说。但这也不能被理解为，舍勒坚持一种与必然性相对的偶然性，或是一种与普遍性相对的个体性（特殊性），实际上舍勒想表明的只是，先天本身与必然性和普遍性绝然无关，将必然性和普遍性视为先天的标志根源于康德对先天的"先验的"和"主观主义"的理解，而这样一种理解是将先天本身混同于主体把握先天的主观能力了，从而在根本上窄化了"先天"以及先天的领域甚或哲学（现象学哲学）研究的领域。

表面上看起来，舍勒对先天的理解处处构成一种对康德"哥白尼式的革命"的反转，似乎是在进行着一场"托勒密式的反革命"。但正如布罗瑟（Ph. Blosser）曾恰当地指出过的那样，舍勒的目标确实是

---

① Ron Perrin, *Max Scheler's Concept of the Person: an Ethics of Humanism*, New York 1991, pp. 61f..

要质疑康德由其"哥白尼式的革命"所引致的先验－理性的"建构主义",即经验性地给予我们的感性质料是杂乱无章的,而先天的形式归属于主体的知性本性,对这些感性杂多进行着规整－赋形。但舍勒并非是要简单地肯定康德二元区分中那些不被康德所承认的另一面,舍勒的根本目的在于质疑这种二元对立的形而上学的框架本身。舍勒最值得关注的洞见就在于,他揭示出批判哲学的未经批判的预设,而这一预设导源于 18 世纪关于理性自主并自足的启蒙主义教条。①

如前所述,舍勒不仅与康德一道拒绝了天赋的和天生的观念学说,而且拒绝了康德那里的综合的范畴功能学说。因为与康德关心的核心问题——什么**能**是被给予的?——不同,舍勒关心的核心问题是:什么**是**被给予的?或者说舍勒注意力的焦点是"所有'自身'在体验和直观中**在此**(da)的东西"(II,74;X,383f.)。② 所以,恰恰是这样一种现象学的彻底经验原则才会导向对先天论的充分论证以及对先天论的巨大扩展,后面我们还会看到,现象学意义上的质料－先天的发现不仅大大拓展了现象学哲学的研究领域,而且最终将使得一门既不同于亚里士多德质料－德性的伦理学,也不同于康德形式－义务的伦理学,而是一门全新样态的"先天－质料的伦理学"得以成立。

---

① 参阅 Philip Blosser, *Scheler's Critique of Kant's Ethics*, Athens 1995, pp. 42－44。

② M. 弗林斯认为,正是"**在此**"(da)这个用法预示了海德格尔的"**此在**"(Da-sein)的存在论的实际性(参阅 Manfred S. Frings, *The Mind of Max Scheler. The first Comprehensive Guide based on the Complete Works*, Marquette University Press 1997, p. 36;弗林斯:《舍勒的心灵》,张志平、张任之译,上海:上海三联书店,2006 年,第 30 页)。

2.3　舍勒对胡塞尔本质先天的
批评反思与深化

　　从对康德形式先天的批判这一点上看，舍勒几乎是完全和胡塞尔站在一边的。比如，他们都强调，1)对象性先天是一种观念性对象或观念性存在；2)本质直观或"观念化"是把握先天的本真方法；3)存在着质料先天和形式先天的区分，等等。

　　但是，差不多在这三个方面的每一个方面，舍勒都批评性地反思了胡塞尔的学说，并或对之加以批判拒绝，或进一步深化。在本部分，我们将逐次来讨论这三个方面，由此，舍勒本人的"质料先天"学说将得到更进一步的澄清，并更为清晰地展示出来。

2.3.1　胡塞尔的波尔扎诺转向与观念对象的存在样式

　　如我们前面所说，胡塞尔对于对象性先天的规定是和他对于观念对象或一般对象之存在的强调紧紧联系在一起的。在《逻辑研究》的"第二研究"中，胡塞尔分析了这种观念对象的存在样式。一方面，不同于传统的唯名论，胡塞尔坚持观念对象"真实地"（wahrhaft）存在着，"我们不仅可以明见无疑地谈论这些对象（例如谈论 2 **这个数**，谈论红**这个质**，谈论矛盾律以及其他等等）并附加谓词来对它们进行表象，而且我们还可以**明晰地**把握到与这些对象有关的某些'范畴'真理。"[1]据此，胡塞尔辩护了观念对象或一般对象相对于实在对象或个别对象的"固有权利"。另一方面，对于胡塞尔来说，不同于柏拉图式的实在论，观念对象有着其独特的存在样式。换言之，胡塞尔既

―――――――――――
[1]　Hua XIX/1, A 124/B₁ 124f..

拒绝了对观念对象的心理学式的实在设定，也拒绝了对之形而上学式的实在设定。① 根据胡塞尔，观念对象作为一种独特的对象存在种类是在"明晰的观念直观"中自身被给予的。不同于康德的"形式先天"，对象性先天恰恰就属于这种观念的对象。在这一点上，舍勒和胡塞尔一样，也批评了康德的形式先天，并将先天看作"观念的本质内涵"。

事实上，人们甚至完全有理由将"观念对象"和"意向性"的现象学发现视为胡塞尔现象学的两个最基本的起源。就这两方面而言，"意向性"这个概念一般被认为是承接自他的老师布伦塔诺，而在我们看来，"观念对象"的发现则很可能要和波尔扎诺（Bernard Bolzano）的名字联系在一起。② 波尔扎诺对于胡塞尔早期思想（由

---

① 参阅 Hua XIX/1, A 121/B₁ 122。

② 波尔扎诺（Bernard Bolzano, 1781－1848）是重要的逻辑学家和数学家，他的主要生活地是捷克的布拉格，但他的主要作品大多以德语发表，因此他应算作捷克哲学家还是德国哲学家，多有争论。他的代表作，也是对胡塞尔影响最大的作品是：*Wissenschaftslehre：Versuch einer ausführlichen und grösstentheils neuen Darstellung der Logik, mit steter Rücksicht auf deren bisherige Bearbeiter*, Sulzbach 1837. Die neue kritische Ausgabe in：*Bernard Bolzano-Gesamtausgabe, Bd. I*, 11－14, Hrsg. von Jan Berg, Stuttgart：1985－2000（本书所用引文均依据该书的一个节选本：B. Bolzano, *Grundlegung der Logik：Ausgewählte Paragraphen aus der Wissenschaftslehre, Band I und II, Philosophische Bibliothek Bd. 259*, Mit ergänzenden Textzusammenfassungen einer Einleitung und Registern herausgegeben von Friedrich Kambartel, 2. Durchgesehene Auflage, Hamburg 1978）。有关波尔扎诺思想的整体介绍，可以参看 Jan Berg, „B. Bolzano：Die Überwindung des Skeptizismus", in：Josef Speck（Hrsg.）, *Grundprobleme der großen Philosophen：Philosophie der Neuzeit III*, Göttingen 1983, S. 46－97。

事实上，波尔扎诺不仅如我们这里所说，对胡塞尔产生了很大的影响，而且他对分析哲学的形成和发展更是有着重要的作用。基于此，达米特曾经形象地将其称作"分析哲学的曾祖父"（参阅 Michael Dummett, *Origins of Analytic Philosophy*, London 1993, p. 171；Michael Dummett, "Preface", in：Husserl, *The Shorter Logical Investigations*, trans. by J. N. Findlay, edited and abridged with a new Introduction by Dermot Moran, Routledge 2001, p. xxii）。我们这里当然也可以学着达米特来做个形象的说明，如果说布伦塔诺可以被人们称作"现象学的祖父"的话，那么波尔扎诺就完全有资格被称作**现象学的外祖父**。

《算术哲学》到《逻辑研究》）的发展是如此的重要，以至于人们可以合理地去谈论一种"胡塞尔的波尔扎诺转向"。[①] 但这种所谓的"胡塞尔的波尔扎诺转向"究竟意味着什么呢？

在胡塞尔 1891 年出版的《算术哲学》中，一方面人们可以发现意向性概念还没有发挥其后来在现象学中的作用，另一方面，就如弗雷格在 1894 年所批评的那样，人们也可以读出在其中存在着的心理主义观点。至于这后一点，胡塞尔自己后来也在《逻辑研究》的前言中予以承认[②]；而有关前一点，按照舒曼（K. Schuhmann）的说法，直到 1893 年，胡塞尔都几乎是未加检审地接受着布伦塔诺的意向性概念。在 1894 年，胡塞尔通过 K. 特瓦尔多夫斯基（Kasimir Twardowski）的著作《关于表象的内容和对象的学说》了解了波尔扎诺，尤其是他的"无对象的表象"、"表象自身"以及"句子自身"等等核心概念。[③] 基于此，舒曼曾宣称："胡塞尔后来的意向活动和意向相关项（Noesis und Noema）的理论并非他原先意向性概念的内部的进一步发展，而是要归功于其他的问题和影响。"[④] 这个除了布伦塔诺以外的"其他的问题和影响"恰恰就意味着，胡塞尔所接受的"波尔扎

---

① 参阅 Jocelyn Benoist, "Husserl and Bolzano", in: Anna-Teresa Tymieniecka (ed.), *Phenomenology World-Wide*, Dordrecht 2003, pp. 98－100。

② Hua XVIII, A VIII/B VIII.

③ 有关波尔扎诺的"无对象的表象"、"表象自身"以及"句子自身"等等核心思想，可以参阅 B. Bolzano, *Wissenschaftslehre*, §67, §19ff., §48f.；也可参阅 Markus Textor, *Bolzanos Propositionalismus*, Berlin 1996, S. 9－56。

④ 参阅 Karl Schuhmann, „Intentionalität und intentionaler Gegenstand beim frühen Husserl", in: ders., *Selected papers on phenomenology*, edited by Cees Leijenhorst & Piet Steenbakkers, Dordrecht 2004, S. 120(本文最初发表在: *Phänomenologische Forschungen* 24/25 (1991), S. 46－75)。

诺的决定性的推动"。① 因此人们完全可以说，胡塞尔恰恰是通过他的波尔扎诺转向而疏离了布伦塔诺的心理主义②。在此意义上，胡塞尔的现象学（至少是《逻辑研究》时期的描述现象学）根本上就体现为一种对布伦塔诺的描述心理学与波尔扎诺的纯粹逻辑学的"调解（Kompromiss）"。③

① 参阅 Hua XVIII，A 227/B 227。胡塞尔曾集中表述过波尔扎诺对他的影响，对此参阅 Husserl，„Besprechung von *M. Palágyi*，*Der Streit der Psychologisten und Formalisten in der modernen Logik*，Leipzig 1902 "（1903），in：Hua XXII，S. 152 - 161；Husserl，„Entwurf einer Vorrede zur zweiten Auflage der *Logischen Untersuchung* "（Sep. 1913），in：Hua XX/1，S. 272 - 329，尤其是 S. 298，308ff. 。

除了波尔扎诺，胡塞尔也提到了洛采（R. H. Lotze）对他的影响，胡塞尔甚至还表示，有关"观念"意义、观念的表象内容和判断内容等等中的"观念"的表达原本并非来自波尔扎诺的逻辑学，而是洛采的逻辑学（参阅 Hua XXII，S. 156）。但是要注意，胡塞尔这里强调的是，含有"观念"这个表达的一系列概念原本来自于洛采，而不是来自于波尔扎诺，但是并不意味着与此相关的实际思想也是来自于洛采而非波尔扎诺。

② 如海德格尔所指出的那样，布伦塔诺的意向性学说只强调"意向活动"（*noesis*），而没有关注"意向相关项"（*noema*），因此"意向性"在他那里被等同于某种心理之物（参阅 Heidegger，*Prolegomena zur Geschichte des Zeitbegriffs*，S. 61f. ；海德格尔：《时间概念史导论》，第 57 页）。

③ 参阅 J. Benoist，"Husserl and Bolzano"，loc. cit. ，p. 98。这里也可以顺便提及的是，通过对所谓的"胡塞尔的波尔扎诺转向"的强调，有关胡塞尔和弗雷格之间相互关系的争论基本可以告一段落。这种争论主要是但并不仅仅是在弗勒斯达尔（D. Føllesdal）和莫汉蒂（J. N. Mohanty）之间展开，争论的主要焦点在于胡塞尔对于《算术哲学》中心理主义立场的最终疏离是否受到弗雷格的影响。相关代表性的文献可见：D. Føllesdal，*Husserl und Frege，ein Beitrag zur Beleuchtung der Entstehung der phänomenologischen Philosophie*，Oslo 1958；D. Føllesdal，"Husserl's Notion of Noema"，in：Hubert L. Dreyfus（ed.），*Husserl，Intentionality and Cognitive Science*，in collaboration with Harrison Hall. Cambridge 1982（Reprinted from *The Journal of Philosophy* 1969）；J. N. Mohanty，"Husserl and Frege：A New Look at Their Relationship"，in：J. N. Mohanty（ed.），*Readings on Edmund Husserl's Logical Investigations*，The Hague 1977；J. N. Mohanty，*Husserl and Frege*，Bloomington 1982。在其最新的著作中，莫汉蒂再次强调，是波尔扎诺和洛采，而非特瓦尔多夫斯基和弗雷格对胡塞尔《逻辑研究》中的逻辑理论产生了主要的影响（参阅 J. N. Mohanty，*The Philosophy of Edmund Husserl：A historical Development*，New Haven & Londen 2008，p. 50）。笔者基本接受这一看法。有关胡塞尔和弗雷格之间的关系，还可以参看"弗雷格与胡塞尔学术通信集"，

　　舒曼曾将特瓦尔多夫斯基提出的有关意识与其对象之关系的难题表述为"波尔扎诺－布伦塔诺难题"，对此难题最清楚的表述可以在胡塞尔自己那里找到："每一个表象都有一个对象（因为它表象了**某物**）——并非每个表象都有一个对象（因为并非每个表象都在其**现实性**上与某物相对应）。"① 很显然，这个对立看法中的前一个对应于布伦塔诺的意向性学说"意识总是关于某物的意识"，而这个对立看法中的后一个则来自于波尔扎诺的"无对象的表象"学说，比如对"金山"、"圆的正方形"的表象等等。胡塞尔自己写道："**如果每个表象都表象一个对象，那么对每个表象而言就肯定有一个对象，因此：每个表象都对应于一个对象**。但另一方面又有一个无可怀疑的真理：**并非每个表象都对应于一个对象**，用**波尔扎诺**的话来说，存在着'无对象的表象'。⋯⋯在这类相关的表象中，不可能的或虚构的对象被表象，但它们并不实存。"②

　　为了根本解决所谓的"波尔扎诺－布伦塔诺难题"，胡塞尔接受

唐杰译，载郝兆宽主编：《逻辑与形而上学——思想史研究（第五辑）》，上海：上海人民出版社，2008 年。

　　根据博努瓦（J. Benoist）的看法，胡塞尔 1896 年的逻辑学讲座并非如一般所认为的那样是《逻辑研究》第一卷"纯粹逻辑学导引"的草稿，而实际上主要是对波尔扎诺《科学理论》一书的概要讲授（参阅 J. Benoist, "Book Review: *Edmund Husserl, Logik. Vorlesung 1896* [hg. von Elisabeth Schuhmann, Dordrecht/ Boston/ London 2001, Husserliana Materialenbände, Bd. I]", in: *Husserl Studies* 19 (2003), pp. 237 - 242）。

　　有关胡塞尔和波尔扎诺的关系，还可以参阅 J. Benoist, *L'a priori conceptuel: Bolzano, Husserl, Schlick*, Paris 1999; Christian Beyer, *Von Bolzano zu Husserl. Eine Untersuchung über den Ursprung der phänomenologischen Bedeutungslehre*, Phaenomenologica 139, Dordrecht/ Boston/ London 1996; Jan Sebestik, "Husserl Reader of Bolzano", in: Denis Fisette (ed.), *Husserl's Logical Investigations Reconsidered*, Kluwer 2003, pp. 59 - 81。

　　① K. Schuhmann, „Intentionalität und intentionaler Gegenstand beim frühen Husserl", a. a. O., S. 121; 以及 Hua XXII, S. 420.

　　② Hua XXII, S. 303f..

了波尔扎诺对于"主观表象"和"客观表象"的区分。对于波尔扎诺来说,所谓"客观表象"或者"表象自身"意味着"所有那些作为一个组成部分而在句子中存在,并且就其本身而言单独无法构成句子"的因素,比如"波尔扎诺在布拉格"这个句子,其中"波尔扎诺"、"在"以及"布拉格"等都是"表象自身",它们都是句子的组成部分,但并不能单独构成一个句子。但是这些"表象自身"并不必然与"现实性"中的对象相关,不仅"波尔扎诺",而且诸如"金山"、"方的圆"等都可以成为"表象自身",因此它们在根本上具有的是逻辑的意义,而非形而上学存在论上的意义。"主观表象"则被波尔扎诺归于"心理的显现"或者"在我们情性中的显现"这样的属。① 这意味着,在波尔扎诺这里,"主观表象"主要与心理学相关,而"客观表象"则与逻辑学相关。胡塞尔恰恰是将这种"客观表象"或者"表象自身"称之为"含义"(Bedeutung)或者"含义内容"(Bedeutungsgehalt)②,也由此出发来解决所谓的"波尔扎诺－布伦塔诺难题":"照此看来,尽管我们可以赋予每个表象一个含义,但却不能赋予它一个对象性的关联。"③因此,当胡塞尔在此以后再次跟着布伦塔诺说"每一个表象都有一个对象"时,那就无非意味着"每一个表象都有一个含义或者'表象自身'"。胡塞尔也曾将"含义"描述为与"心理的内容"相对的"观念的内容"④,那么我们也可以说,每一个表象都有一个"观念的"对象。

这个"观念对象"或者"观念含义"的发现,在胡塞尔对心理主义的批判中具有决定性的作用,就如他自己所强调的那样,"反心理主义者们率先看到了**观念**规律,我们在前面将它们描述为纯粹逻辑学

---

① 参阅 B. Bolzano, *Wissenschaftslehre*, §48。

② 参阅 Hua XXII, S. 331。

③ Hua XXII, S. 303.

④ 参阅 Hua XXII, S. 311f.。

规律，心理主义者们则率先看到了方法论规则"①，而作为"观念对象"的"先天"则先行于一切经验性之物和心理学之物，"它完全独立于一切心理学和（经验性的）经验"②。在此意义上，我们完全可以说，胡塞尔后来的有关"意向活动和意向相关项"的意向性理论恰恰就体现为对"波尔扎诺－布伦塔诺－难题"的最终解决，而这样的解决要归功于"观念对象"或者"观念含义"的发现，而后者在根本上又要归功于所谓的"胡塞尔的波尔扎诺转向"。实际上，胡塞尔也的确曾明确地在波尔扎诺的"表象自身"以及"句子自身"的意义上来理解"意向对象"或者"意义"等概念。③

当然，这种所谓的"胡塞尔的波尔扎诺转向"也绝不意味着，胡塞尔对来自于波尔扎诺方面的"决定性推动"是毫无保留地接受的。胡塞尔曾经多次表达了他和波尔扎诺之间的距离。在 1905 年 3 月 27 日写给布伦塔诺的信中，胡塞尔说："尽管波尔扎诺的这些概念[即表象自身和句子自身等——引者]对我产生了极大的影响，但是就我在《逻辑研究》中已展示出来的那些而言，我还无法将波尔扎诺称为'老师'或者'引导者'。"④在后来的《观念 I》中，胡塞尔还有过更为清楚的陈述，在他看来，波尔扎诺自己并没有搞清楚他的那些开创性的概念的真正意义，作为一个沿着客体方向思考的数学家，他更多关注的是意向对象概念，"他关注意向对象概念正如数学家关注数——即关注于用数去演算，而非关注于数与对数的意识的关系这样的现象学

① Hua XVIII, A 164/B 164。重点号为笔者所加。

② Husserl, „ein Brief an Brentano (27. 03. 1905)", in: *Husserliana*, *Dokumente Bd. III*, *Briefwechsel*, *Bd. 1. Die Brentanoschule*, Hrsg. von Elisabeth Schuhmann & Karl Schuhmann, Dordrecht/ Boston/London 1994, S. 38.

③ 参阅 Hua XXVI, S. 156。

④ Husserl, „ein Brief an Brentano (27. 03. 1905)", Hua-Doku. III, a. a. O., S. 39.

问题。在逻辑领域和像在其他领域中一样，现象学是对于这位大逻辑学家来说**完全陌生的东西**"。①很清楚的是，在胡塞尔看来，波尔扎诺的"表象自身"等概念确实对他的"意向相关项"（*noema*）方面的思考产生过决定性推动，也由此带他完全疏离了心理主义，但是现象学根本上并不会仅仅关注于"意向相关项"，当然也不会仅仅关注于"意向活动"，而是同时关注于这二者以及它们之间的本质联系，这恰恰是波尔扎诺所没有注意的方面，在波尔扎诺那里，甚至都缺乏"对在形式－存在论的思考和形式的含义理论的思考之间的**关系方面**的研究"的苗头。②就此而言，波尔扎诺显然还不是"现象学家"，显然还不能是"现象学之父"（胡塞尔）的直接的引领者，而只是重要的推动者，因此他对于"现象学"而言，也就只能充任"**外祖父**"的角色。

如此说来，尽管如当代法国著名现象学者 J. 博努瓦（Jocelyn Benoist）曾非常敏锐地指出的那样，胡塞尔有关"观念对象"以及作为"观念对象"的"对象性先天"的思想受益于波尔扎诺，而且胡塞尔"质料先天"相关思想的最终来源在于波尔扎诺的"综合先天"③，等等，但是就像我们已经展示出来的那样，胡塞尔自始至终都没有完全无保留地跟随波尔扎诺。事实上，胡塞尔不仅拒绝了洛采的"观念性"的样式，也同样拒绝了波尔扎诺的"观念性"样式。洛采的"观念性"，来自于他对柏拉图理念论的解释，因此含有更多的形而上学－存在论的意味；而波尔扎诺则仅仅是"推测"了观念对象的非实在性和逻辑的同一性，因而像他说的"表象自身"、"句子自身"以及"真理

---

① Hua III/1, S. 196.

② Hua XX/1, S. 298. 着重号为笔者所加。

③ J. Benoist, *L'a priori conceptuel：Bolzano，Husserl，Schlick*, a. a. O., S. 98ff., 138ff.; 有关"质料先天"和"综合先天"的问题，我们在第 2.3.3 节还会再论及。

自身"等等这些"自身"就不具有此在或实际存在的意味。[①] 因此，作为"观念对象"而在"观念化"行为或者"观念直观"中被把握的"先天"，在胡塞尔这里就不会是一种实在的此在，也不是一种柏拉图意义上的"理念天空"（Ideenhimmel）。胡塞尔一直试图去撇清那些将他归为柏拉图式的实在论者的指责，对此，他很不满地说："我们在此可以不顾那些（十分遗憾相当常见的）性急的读者，他们把自己那些与我毫不相干的概念加给我，而且轻易地把悖谬性塞入我的论述之中。"[②]

如果胡塞尔能够知道舍勒对他的指责，那么舍勒无疑将会被胡塞尔归入那些常见的"性急的读者"中。就在《逻辑研究》发表后的头五年里，舍勒就已经十分敏锐地注意到了胡塞尔和波尔扎诺的关系（XIV，138－156）[③]，他后来还曾明确地表示，恰恰是胡塞尔重新发现了大逻辑学家和重要的数学家波尔扎诺，而这位重要的被重新挖掘出来的思想家主张"将判断行为和作为观念的存在统一的句子'自身'区分开来"（VII，307，269）。由始至终，在这一点上，舍勒对胡塞尔的批评总是紧紧盯住胡塞尔和波尔扎诺之间的关系。比如，当

---

① 参阅 J. Benoist, "Husserl and Bolzano", loc. cit., p. 98。有关波尔扎诺和洛采在这一问题上看法的差别可以参阅 Chr. Beyer, *Von Bolzano zu Husserl. Eine Untersuchung über den Ursprung der phänomenologischen Bedeutungslehre*, a. a. O., S. 131－152。有关波尔扎诺这里的"观念性"的基本概念与柏拉图式的理念的区别，也可参阅 Friedrich Kambartel, „Einleitung des Herausgebers", in: B. Bolzano, *Grundlegung der Logik: Ausgewählte Paragraphen aus der Wissenschaftslehre*, Band I und II, *Philosophische Bibliothek Bd. 259*, Mit ergänzenden Textzusammenfassungen einer Einleitung und Registern herausgegeben von Friedrich Kambartel, 2. Durchgesehene Auflage, Hamburg 1978, S. XV ff.。

② Hua III/1, S. 40.

③ 也参阅 Max Scheler, *Logik I*, hrsg. von Rudolph Berlinger & Wiebke Schrader, Amsterdam 1975；以及 Jörg Willer, „Der Bezug auf Husserl im Frühwerk Schelers", in: *Kant-Studien*, 72 (1981), S. 175－185。

舍勒在《逻辑学 I》中谈论"胡塞尔的新式柏拉图主义",或是在《形式主义》中再次提及一种"错误的柏拉图主义"的时候(XIV,147;II,456)。在他逝世前一年,舍勒再次将胡塞尔与波尔扎诺相连,并批评了他的"本质'自身'"的观点(XI,225,256)。

那么究竟舍勒对胡塞尔的批评意味着什么?或者借此批评舍勒想要表达什么?这对于我们来说,要比去评判舍勒的批评是否"性急"更为重要。

对于舍勒来说,先天也意味着一种"观念内容",一种"观念的含义统一和观念的定律",这意味着,舍勒也接受观念对象和实在对象的区分。但是,尽管作为观念对象,先天不同于实在的对象,也并不带有实在存在的意味,但是在舍勒这里,并不存在"在本体上"(ontisch)不依赖于行为的先天或本质(XI,225f.,120f.)。舍勒说:"我坚决否认存在着具有独立存在领域的'观念存在(ideales Sein)'。……必须弄清楚,并没有作为一种特殊**存在种类**(或者说特殊此在种类)的观念存在,而是只有'观念的'**如此-存在**(So-sein)、**本质**,也就是说知识和认识的对象(因此是行为相对性的'存在'[aktrelatives Sein])"(XI,241)。

正是在此意义上,与波尔扎诺的作为观念存在统一的句子自身或者真理自身的思想相关联,舍勒批评了胡塞尔对先天的理解。根据舍勒,胡塞尔跟随波尔扎诺将一个"判断"区分为三个层次:"1)在个体中作为演替发生的心理的判断过程;2)判断的对象;3)在判断中'被思维的事态'、'观念的有效统一'和'真的句子'[或更确切地说:'真理自身'——引者]"(XIV,139)。①　在舍勒看来,胡塞尔正确地拒绝了"平庸的"(platt)柏拉图主义,因为在他那里,观念对象并不

---

① 也参阅 Hua XVIII,A 228f./B 228f.。

意味着一个存在论的－"对象性的"存在。但是胡塞尔还是将"真理自身"思考为不依赖于一切人类的机体组织，也不依赖于个体的，甚至不依赖于所有一切的"**思维功能**"（Denkfunktion）的东西，"真理自身"或者"先天"最终被归为一种与行为无关的"绝对的逻辑的有效性"（XIV，140）。由此，胡塞尔还是在"柏拉图式"地思考，并陷入了一种"新式的柏拉图主义"。显然，舍勒这里区分了两种不同类型的"柏拉图主义"，即存在论的柏拉图主义和逻辑学的柏拉图主义。在他看来，胡塞尔正确地拒绝了前者，但还是身陷后者。实际上，这样一种理解，我们也可以在胡塞尔学者那里读到，比如在 R. 贝耐特（R. Bernet）和 D. 扎哈维（D. Zahavi）等人那里。在他们看来，胡塞尔的观念对象并不意味着一种存在论的对象性的存在，而是一种逻辑上有效的绝对存在，因此，它还是与一种逻辑学意义上的柏拉图主义有关。[1] 舍勒也曾清楚地表示，胡塞尔代表了一种"新的柏拉图式的逻辑学"（XIV，138）。

　　按照舍勒的看法，胡塞尔为了克服心理主义而将"真理自身"或者"对象性先天"看作是独立于一切"思维功能"的，或者说是超离于一切思维行为进行，于是，"真理自身"变成了思维功能的"对－象"（Gegen-stand）或"相对－之物"（Gegenüber-Stand）[2]，最终胡塞尔坚持了一种所谓的"真理绝对主义"（XIV，146f.）。因此，舍勒认

---

　　① 参阅 R. Bernet & Iso Kern & E. Marbach，*Edmund Husserl. Darstellung seines Denkens*，a. a. O.，S. 34，Anm. 23；以及参阅 Dan Zahavi，"Metaphysical Neutrality in *Logical Investigations*"，in：D. Zahavi & F. Stjernfelt（eds.），*One Hundred Years of Phenomenology. Husserl's Logical Investigations revisited. Phaenomenologica* 164，Dordrecht 2002，pp. 93–108；还可参阅 Hua XXII，S. 156f.；Hua IX，S. 23。
　　② "对－象"（Gegen-stand）或"相对－之物"（Gegenüber-Stand）本意都可指"相对而站着的东西"，舍勒这里用这样的表述想要表示的无非就是，这种作为"观念对象（Gegenstand）"的"真理自身"被胡塞尔完全地超离于、对立于思维功能或行为，完全地与行为"相对着站立"。

为,胡塞尔忽视了两种不同方向上的相对主义的区分,即一种是认识论上的和人类学的相对主义,另一种是"理性的、客观性的相对主义",后面这种相对主义反对任何以柏拉图式的方式所从事的逻辑学的形式,而强调一种对一切思维功能之结果的"相对性","**思维功能及其法则先行于真理,而非真理先行于思维功能**"(XIV,S. 151f.)。①

这里我们可以再次看到舍勒对现象学的三个领域(即实事现象学、行为现象学和相关性现象学②)的划分与强调,舍勒甚至将行为与对象之间的联系视为"现象学的最高原理":"在对象的本质和意向体验的本质之间存在着一个联系,而且是一个我们在一个这样的体验的每个随意事例上都可以把握到的联系"(II,270),因此,作为观念对象(在 *noema* 的意义上)的先天就始终是个"**行为相对性**"的存在,始终在作为精神行为(在 *noesis* 的意义上)的本质直观或观念化行为中自身被给予。③

2.3.2 胡塞尔"纯粹现象学进程的一贯性中断了吗?"

我们曾经指出过,对于现象学家来说,先天是可以在现象学的直观中自身被给予的观念性存在,而这样一种对"对象性先天"的现象学理解,在很大程度上要归功于现象家们对于"直观"概念的拓展,或

---

① 这后一种"相对主义"在舍勒这里十分重要,它还和舍勒后来的"本质明察的功能化"思想紧紧联系在一起,我们将在第 2.3.3 节讨论这种"本质明察功能化"思想。这里还要特别感谢塞普(Hans Rainer Sepp)先生在舍勒和胡塞尔有关柏拉图主义问题上的指点,这里的探讨很大程度上要归功于他的指点。

② 我们这里跟随亨克曼将舍勒所说的"行为本质性和实事本质性之间的本质关联的现象学"(即第三个领域)简称为"相关性现象学"(参阅 W. Henckmann, „Das Intentionalitätsproblem bei Scheler", in: *Brentano-Studien* 3 [1990/91], S. 206;W. Henckmann, *Max Scheler*, München 1998, S. 44)。有关于此,我们在第 4 章还会再涉及。

③ 舍勒在《形式主义》的一个脚注中曾附带提到:"同样,在胡塞尔看来,'意向相关项'和'意向活动'在其质性的类一般中也是相互制约的"(II,408)。

者更确切地说，要归功于一种不同于"感性直观"的"观念直观"或"范畴直观"的发现。这种"观念直观"或"观念化抽象"后来也被胡塞尔发展为"本质直观"的方法，进而成为现象学的标志之一。在《逻辑研究》中，这种"观念化抽象"（ideierende Abstraktion）首先被从经验主义的抽象中区分出来，后者意味着"对某个在一个感性客体上的不独立因素的突出"，而与此相对，在前者中，"被意识到的、成为**现时被给予**的不是那个不独立的因素，而是这个客体的'观念'、它的普遍之物"。①

现象学作为一种普遍的、彻底的"经验主义"恰恰就基于这种"直观"或"经验"概念的拓展，如后来胡塞尔所清晰描述的那样，"本质直观并不比感知隐含更多的困难或'神奇的'秘密。……直观、直观性的意识到伸展得有多远，相应的'观念化'（如我在《逻辑研究》中通常所说）或'本质直观'便伸展得有多远。直观在多大程度上是纯粹的，在多大程度上不带有任何超越的共指（Mitmeinung），被直观到的本质便在多大程度上是一个相即地（adäquat）被直观到的东西、一个绝对的被给予之物"。②

事实上，对"直观"概念的拓展不仅为舍勒"质料先天"学说的发展提供了可能，更根本上，也恰恰是基于对"直观"概念的反思和拓展，才使得舍勒最终摆脱了早期的新康德主义，而开始其现象学的研究。按照舍勒本人的描述：1901 年在哈勒著名康德研究学者瓦伊欣格（Hans Vaihinger）家中为《康德研究》的合作者而举办的一次研讨会上，他首次结识了胡塞尔，他们交换了对"直观"的看法。舍勒提出"我们直观给予之物的内涵要远比感性组成、它们的发展衍生和逻辑

---

① 参阅 Hua XIX/2, A 634/ B₂ 162。

② Hua XXV, S. 32f..

统一形式所能涵盖的内涵更丰富"，胡塞尔则马上指出，他也将直观概念做了类似的扩展，使它也包括所谓的"范畴直观"。"从这一时刻起，一种精神的联系便得以形成，这个联系以后在胡塞尔与笔者[舍勒——引者]之间始终存在着，并且它给笔者带来了极大的收益。"因为在舍勒看来，胡塞尔在《逻辑研究》中引入的感性直观与范畴直观的区分是构建现象学的最直接起点，而且是建立理论哲学的新的富有成果的原则（VII，308；I，201）。①

从这一描述中，我们可以确定两点：1）舍勒从一开始就完全赞同胡塞尔对于直观概念的拓展；2）在与胡塞尔有私人接触以前，舍勒自己已经独立地对直观概念进行了拓展。② 事实上，即便舍勒一再承认他受益于胡塞尔现象学，但也从未掩饰他与胡塞尔的差异，他从不承认自己是胡塞尔的学生。他曾说，虽然他和胡塞尔具有相同的方法论意识，但他不仅在世界观和具体的见解上，而且在对现象学方法的解释与应用上都与胡塞尔有很大分歧。③ 在此意义上可以说，舍

---

① 需要指出的是，舍勒与胡塞尔初次会面的时间，一般而言，都以舍勒此处的记录为准，在胡塞尔方面应该没有留下明确的记录，因为在作为《胡塞尔全集－资料集》（Husserliana-Dokumente）第一卷出版的《胡塞尔年表——胡塞尔的思想和生活道路》（*Husserl-Chronik. Denk-und Lebensweg Edmund Husserls*，hrsg. von K. Schumann，Den Haag oder Dordrecht u. a 1977）中关于此的记载也是引用舍勒本人的这段文字，并且在"1901"的年份上打了个疑问号（参阅该书第 62 页）。而根据舍勒研究专家亨克曼的考证，舍勒这段回忆的时间可能有误，因为在 1901 年 12 月 14 日写给瓦伊欣格的信中，舍勒接受了后者有关在 1902 年 1 月 3 日举办上述聚会的邀请，所以舍勒与胡塞尔的首次会面很可能是 1902 年初（参阅 W. Henckmann，*Max Scheler*，München 1998，S. 242）。

② 也可参阅 Moritz Geiger，„Zu Max Schelers Tode"，in：*Vossische Zeitung*，Juni 1，1928；以及 Herbert Spiegelberg，*The Phenomenological Movement*，*A Historical Introduction*，*Phaenomenologica* 5/6，The Hague ³1981，pp. 274f.。

③ 舍勒也无法接受胡塞尔后期的超越论观念主义的转向，他甚至说超越论转向后的胡塞尔"正在做的一点都不比哲学一直以来已做的要多"。他声称，他的现象学是独立于胡塞尔现象学而发展的，而且还包含了一种哲学体系的主要原则（参阅 H. Plessner，*Husserl in Göttingen*，Göttingen 1959，S. 21）。有关胡塞尔和舍勒相互关系的系统性研究，笔者将另文撰述。

勒并非从胡塞尔那里"学习"了"范畴直观"概念，而毋宁说，胡塞尔"范畴直观"概念得到舍勒的"应和"。

　　如胡塞尔一样，舍勒也将"本质直观"或者一种特殊类型的"范畴直观"看作把握先天的方法。但是舍勒对胡塞尔的赞同更多只是体现在这种对"范畴直观"的发现上，他并没有完全接受或赞成胡塞尔"范畴直观"理论的全部，尤其是胡塞尔有关"范畴直观"和"感性直观"之间的奠基关系部分，还受到了舍勒的坚决抵制。

　　按照胡塞尔在《逻辑研究》中确立的奠基关系，一切范畴直观（包括"观念化抽象"或后来的"本质直观"）都要"单方面地"（einseitig）奠基在素朴的行为之上，因此，对观念对象或对先天的范畴直观就要奠基于素朴的感性直观。感性直观是"奠基性的"（fundierende）行为，而范畴直观则是"被奠基的"（fundiert）行为。[①] 这里的奠基关系无非是指，没有在感性直观中所给予的与对象之间的联系，范畴直观本身就不可能。或者如海德格尔所说，"范畴化行为是被奠基的行为，就是说所有的范畴之物最终都是以感性直观为基础的。这一命题必须得到正确的理解。它的意思并不是说，范畴之物最终可以被解释为感性之物，毋宁说，这一'基于'所指的无非是：它是被奠基的。按其含义，我们可以这样来表述这一句子：所有的范畴之物最终都是以感性直观为基础的，每一对象化的解析（Explikation）都不是飘浮无根的，而是对已然既与之物的一种解析。"[②] 这里很清楚的是，范畴

---

　　① 胡塞尔在"第三研究"（关于整体与部分的学说）的"第二章"中从形式上规定了"奠基关系"，并区分了"相互间的奠基"和"单方面的奠基"。在第三研究中，这种"相互间的奠基"是更重要的，而在第六"逻辑研究"中，胡塞尔则更偏爱使用"单方面的奠基"概念（参阅 Thomas Nenon，"Two Models of Foundation in the Logical Investigations"，in：*Husserl in Contemporary Context. Prospects and Projects for Phenomenology*，ed. by B. C. Hopkins，Dordrecht/ Boston/ London 1997，pp. 97 - 114）。

　　② Heidegger，*Prolegomena zur Geschichte des Zeitbegriffs*，S. 94；海德格尔：《时间概念史导论》，第 91 页。

直观奠基于感性直观之上,并非意味着它依赖于感性材料,事实上它依赖于感性直观的"质料"。海德格尔很敏锐地注意到,胡塞尔这里对"感性材料"(Stoff)和作为意向本质的"质料"(Materie)①的区分。

实际上如我们前面已经指出的那样,胡塞尔常常在不同的意义上使用"Materie"这个概念,但这个**名词**最基本的含义有两个,一个是与质性一同构成行为的意向本质的"质料",另一个则是在传统的意义上与"形式"相对的"内容"或"材料"。② 而胡塞尔也在此两个意义上使用**形容词**"material",后一个意义最常见的就是与"形式的本体论"相对的"质料的本体论"等等,在此意义上,它也相当于胡塞尔所使用的更少歧义的概念:"含有实事的"(sachhaltig)。这对于我们的行文来说是个很大的困难,因为在舍勒那里,他更常使用的是形容词"material"(质料的),它都是在与"形式的"相对的意义上被使用的,据此《形式主义》的英译者也将此概念译作"非-形式的"。就此而言,舍勒这里的"质料"只与胡塞尔那里的第二层含义相关,而与其第一层含义无关。

有必要对这里的相关问题作进一步的阐明。概而言之,首先我们试图区分:胡塞尔那里狭义上的"质料"(即与质性一同构成行为的意向本质的"质料")和在传统的意义上与"形式"相对的"内容"或"材

----

①   因此,这里要特别说明的是,在我们的行文中涉及胡塞尔时,除在与"形式的本体论"相对的"质料的本体论"这个语境中是在第二个意义上使用"质料"概念以外,其余的"质料"都指第一个含义,即与质性相关的"质料",比如这里所说的"质料奠基",而与形式相对的后一含义则统一用"材料"或"含有实事的"这个概念。在笔者的一篇旧文("观念的关系,或先天的形式——论胡塞尔对休谟与康德'先天'概念的反省",载《现代哲学》,2007年第6期,第80-88页)中,也有一处引文不确之处,这里特别提出予以纠正。在该文第87页的注释6所指向的正文中的引文实际上意指的是胡塞尔自己这里狭义的"质料"概念,而非传统意义上的"材料"概念。与传统意义上的"形式"概念相对应的"质料"概念或"材料"在胡塞尔这里主要指"综合"或"含有实事的"。

②   参阅 Hua XIX/2,A608/ B₂ 136。

料"；其次笔者试图表明，舍勒的"质料－形式"这对概念的区分承自亚里士多德和康德，而在胡塞尔现象学中，承自亚里士多德和康德的这一对概念被胡塞尔更为明确地称作"材料－形式"，因为他想避免人们混淆我们在第一点中已经提及的那个应该加以区分的概念。换言之，舍勒这里用"质料"，而胡塞尔那里则是以"材料"一词来与"形式"的概念相对应，舍勒"质料"概念在功能上是与胡塞尔的"材料"概念而非胡塞尔意义上的"质料"概念相一致的。我们既要看到舍勒的"质料"概念和胡塞尔的"材料"概念在内容或内涵上的区分，更要注意到舍勒的"质料"与胡塞尔的"质料"的根本性区分；再次，舍勒对"质料－形式"这一对概念当然也有着不同于康德以及胡塞尔的理解，根本一点就是将"质料"与"感觉或感性材料"相分离，这恰恰是舍勒批评康德的首要之处。基于此，笔者认为，胡塞尔意义上的"材料"、胡塞尔意义上的"质料"和舍勒意义上的"质料"这三个概念的内涵必须得到明确的区分。①

　　基于如上的讨论，我们可以指出，胡塞尔这里所说的范畴直观奠基在感性直观之上，所指的是一种"单方面的奠基关系"，而这种"单方面的奠基关系"在根本上又意味着一种**质料奠基**，而非**材料奠基**。

　　但是这样一种奠基关系受到了舍勒尖锐的批评，他说："这里我有一个双重的反对：第一，一旦'感性'直观概念不经检验地被引入，而后又将对范畴直观对象之'感知'［所需的］客观前提等同于那些在感知中'自身被给予之物'，那么纯粹现象学进程的一贯性就突然被打断了，由此现象学还原就没有被清楚地进行；其次，这也就是众多

---

　　①　钟汉川先生曾撰文（"论胡塞尔和舍勒的'质料'概念"，载《哲学研究》，2007 年第 1 期，第 70－77 页）对这一问题进行了深入细致的探讨，但是根据我们此处的讨论，笔者以为，该文在根本上没有区分胡塞尔那里两种不同的"质料"概念，因此在谈论舍勒对胡塞尔的批评时，并未能完全切中胡塞尔与舍勒的争执核心本身。

不容置疑的事实仍被遮蔽的原因,这些事实恰恰支持[与上述看法]相反的观点,这些事实恰恰表示了:范畴直观的内涵为感性直观的内涵'奠基'"(X,449)。

如何理解这里的"双重反对"? 这里当然包含着舍勒本人对于"现象学"以及"现象学还原"的那些不同于胡塞尔的独特理解。①

【插入讨论】

我们首先来看看舍勒对"现象"概念的确定,他说:"'现象'只是在活生生的行动中直接被给予的,它在自身被给予性中存在于我面前;其所是,恰如其所被意指。但我可以在任何一个对象上寻找这一被给予性,在非心理的对象就像在心理对象上,以及在'物性'和'现实性'中寻找"(III,247)。于此我们可以看到,舍勒明确地将"现象"与"活生生的行动"相连。正如阿维-拉勒蒙(Eberhard Avé-Lallemant)所说,在舍勒这里,现象学首先是一种施行方式,并且只有通过这样一种施行方式,一切行动

---

① 按照通常的理解,舍勒仅仅是接受了胡塞尔的"本质还原",而拒绝了他的"超越论的还原",就如施皮格伯格和兰德格雷贝已经指出来的那样,这显然是一种"令人难以接受的简单化"(参阅 Herbert Spiegelberg, *The Phenomenological Movement*, loc. cit., pp. 283f.;以及 Ludwig Landgrebe, „Geschichtsphilosophische Perspektiven bei Scheler und Husserl", in: P. Good (Hg.), *Max Scheler im Gegenwartsgeschehen der Philosophie*, a. a. O., S. 79)。有关舍勒现象学还原学说以及他的这一学说与胡塞尔之间关系的深入研究,可以参看 Eberhard Avé-Lallemant, „Die Phänomenologische Reduktion in der Philosophie Max Schelers", in: P. Good (Hg.), *Max Scheler im Gegenwartsgeschehen der Philosophie*, a. a. O., S. 159 – 178;Hans Rainer Sepp, „Max Scheler: die phänomenologische Reduktion", in: R. Kühn & M. Staudigl (hrsg.), *Epoché und Reduktion. Formen und Praxis der Reduktion in der Phänomenologie*. Würzburg 2003, S. 243 – 248;Michael Gabel, *Intentionalität des Geistes. Der phänomenologische Denkansatz bei Max Scheler. Untersuchungen zum Verständnis der Intentionalität in Max Scheler „Der Formalismus in der Ethik und die materiale Wertethik"*, Leipzig 1991, S. 67 – 75。我们将在第8.1节再次回到这个问题上来。

相关项（作为"纯粹事实"的现象）的全部直观内涵才能得以通达。这就涉及一种"现象学经验"，而"现象学经验"又与"现象学态度（Einstellung）"相关联，进而又须以"现象学还原"的施行为前提。[①] 但是舍勒并没有对这三个概念的区分做出系统的说明。我们希望通过对它们进行大致的描述来展示舍勒对现象学的基本理解。

舍勒并没有对"现象学还原"这个来自于胡塞尔的概念做出明确的界定，他更多的是用其来指称一种为了达至"现象学态度"而运用的精神技艺。通过"现象学还原"，我们可以将两个方面排斥不论："一方面是**实在的行为进行**和它的所有不包含在行为本身的意义和意向朝向中的伴随现象，以及它的**载者**的所有属性（动物、人、上帝）。另一方面是**所有对实在性系数之特殊性的设定**（信仰与不信仰），这些系数的内涵是随着这个系数一同而在自然直观和科学中**被给予**的（现实、假象、臆想、错觉）。"舍勒进一步强调，被排斥的并非这些系数本身及其本质，而是判断中对它们的设定。只有在"现象学还原"之后的东西，即"在对这个**本质的体验**中直接发现的这个**本质的内涵**"，才是现象学研究面对的"实事（Sache）本身"（X，394，380f.；II，69）。

通过"现象学还原"，我们可以达至一种"现象学态度"。舍勒明确指出，现象学既不是一门科学的名称，也不是哲学的代替词，而是精神审视的一种态度。只有在此态度中，人们才能获得对某物的直观或体验，如果没有这个态度，这个某物便隐而不现。这种"态度"首先必须与"方法"区别开来，因为方法总是作

---

① 参阅 E. Avé-Lallemant, „Schelers Phänomenbegriff und die Idee der phänomenologischen Erfahrung", in: *Phänomenologische Forschungen* 9 (1980), S. 93。

为一种目标确定的关于事实的思维方式（如归纳、演绎），因而缺少直接的直观性（X，380）。舍勒也曾将这种要求直接的直观性的"现象学态度"，称为一种新的"看的意识的技艺"（VII，309）。

据此，舍勒有理由批评缺乏本质直观概念的康德，认为后者不了解一种"现象学经验"。"现象学直观"或"现象学经验"在舍勒这里无非意味着对先天之物的**直接直观**，因而也就是一种"本质直观"。对于舍勒来说，"现象学"这个词所指的就是："在对在世界之中被实现的本质性（*essentiae*）的探寻中的一种直接的直观的**指明**（Aufweis）"（VII，307）。与此相应，在舍勒看来，先天内涵或者范畴直观的对象始终就只能在"现象学直观"中被"指明"，而不是被"证明"（beweisen），后者是实证科学的"方法"（II，69）。

我们现在可以回过头来看舍勒对胡塞尔的双重反对。舍勒的第一点反对意见与"现象学还原"相关。此处的关节点在于如何理解舍勒所说的"对范畴直观对象之'感知'［所需的］客观前提等同于那些在感知中'自身被给予之物'"。比较清楚的是后半部分，那些在对范畴直观对象之"感知"中"自身被给予之物"显然指的就是那些"范畴直观的对象"，或者用舍勒的话说也就是现象学的纯粹事实，现象学的先天之物，或更明确地说就是"质料先天"。而前半部分说的是这种范畴直观行为据以进行的"客观前提"，它所指的无非就是我们前面所提到的，海德格尔所说的"所有的范畴之物最终都是以感性直观为基础的，每一对象化的解析（Explikation）都不是飘浮无根的，而是对已然既与之物的一种解析"。也就是说，范畴直观行为之进行要依赖于感性直观行为为之提供一个对象性的联系，范畴直观行为要依赖于感性直观行为的"质料"（胡塞尔意义上的）。我们也可以说，在舍勒看来，胡塞尔不恰当地将两种完全不同意义的"质料"相混同，一种是舍勒这里的"质料先天"中的"质料"，即范畴直观的内涵或者在范畴直观中"自身被给予之物"，另一种则是胡塞尔那里所说的那种与对象之物的联系意义上的"质料"。而这一等同或混同在纯粹现象学的进程中显然是不合法的。

这一等同之所以可能，根本上是因为胡塞尔与"完型质性"学说以及施通普夫（Carl Stumpf）一样分有着感觉主义认识论的基本谬误，这个基本谬误在舍勒看来并不单单存在于极端的感觉论论题，即"直观的全部内涵可借由感性材料或借由这些感性材料通过心灵的发展而发生的任何一种变形而完全一致"，而毋宁说是在于这样一个预设："感性的内涵为其他所有的直观的内涵**奠基**"（X，448）。这里看得很清楚的是，舍勒批评的着眼点首先在于这样一种奠基关系。还要进一步说明的是，舍勒这里也看到了胡塞尔与一般感觉主义认识论的区别，即一般感觉主义认识论强调的是一种**"感性的内涵"**或**"感性材料"**为其他直观内涵奠基，而胡塞尔则不一样，他强调的是**"感性直观的内涵"**为"范畴直观的内涵"奠基。换言之，感觉主义认识论强调的是"材料奠基"，而胡塞尔强调的则是"质料奠基"。

但是胡塞尔的这一"质料奠基"还是基于一种"不完全的还原"，根本上还是基于对实在的行为进行的设定，即范畴直观行为"不是飘浮无根的"，而是依赖于在感性直观中被给予的"已然既与之物"，因此在根本上这种"质料奠基"就是基于一种时间的演替，而非一种被给予性意义上的奠基。在舍勒看来，"质料先天"原本就是一个对象，一个在范畴直观中自身被给予的对象，因此范畴直观行为原本就与它自己的对象——质料先天有着直接的对象性联系，而无须依赖于一个感性直观来提供那种对象性的联系。事实上，后面这种对象性联系（或者胡塞尔意义上的质料）恰恰是需要被"现象学还原"掉的。

对先天的现象学直观本身是直接而自足的。[①]

不仅如此！舍勒并没有满足于仅仅批评胡塞尔，实际上他还在第二点反对中反转了胡塞尔那里的奠基关系：即范畴直观的内涵为感性直观的内涵"奠基"。在这一点上，舍勒实际上还是追随着康德。对于舍勒来说，范畴直观是"纯粹的"直观，"在其中，感性功能完全不再具有（意向性）的作用"；与此相应，范畴直观的内涵或现象学的事实就是一种"纯粹的"事实，它根本上独立于感性功能。相反，这种现象学的纯粹事实反过来还要为感性直观的内涵奠基。这意味着，如康德所言，恰恰是那些"形式"或者"理解的模式和法则"以及"范畴"等等先天地限制和规定了一种可能性，在其中感性的事实才能被给予我们（X，449f.）。换言之，就如我们已经提到过的那样，舍勒并不反对康德所谈论的"形式先天之物"对于感性直观的优先性，他反对的仅仅是康德的那些预设。事实上，通过现象学还原，康德的那些"范畴'形式'本身就成为了'我的直观'的质料"（XI，95）。在根本的意义上，恰恰是这种在范畴直观中被给予的先天内涵"功能化"为一种经验的"结构"，它先行于并规定着我们所有感性经验行为的进行，或者它先行于并规定着所有感性直观与对象之物的联系。

这样一种被反转的奠基关系所指的无非就是海德格尔所说的"范畴化行为对于感性感知的**贯穿**"，它意味着，"具体而明确给出对象的直观，永远不会是一种孤立的、单级的感性感知，而从来就是一种多层级的，也就是在范畴上得到了规定的直观"。[②] 就此而言，"质

---

① "奠基关系"问题的确是舍勒和胡塞尔交锋的主战场，这既体现在这里的感性直观与范畴直观之间的奠基关系问题上，也体现在"客体化行为"和"非客体化行为"之间的奠基关系问题上。我们后面还会看到，在这两个奠基关系问题上二者交锋的基本"战况"是完全类似的。

② Heidegger, *Prolegomena zur Geschichte des Zeitbegriffs*, S. 93；海德格尔：《时间概念史导论》，第 89 页。

料的先天"之所以成之为"先天"，恰恰就是因为它**先于**感性直观而被给予，并且没有这种**在先的**被给予，感性直观也就不可能被进行，作为范畴直观内涵的"先天"恰恰是为感性直观及其内涵奠基的。按照舍勒自己的说法，这里根本上是贯彻了纯粹现象学进程的一贯性，根本上是坚持了现象学还原的进行，根本上是依据了"**自身被给予性**"或"**绝对明见性**"的原则（X, 449f.; II, 87）。

我们后面还会看到，这种奠基关系之反转的根本意义还在于，通过对范畴直观及其内涵（质料先天）相对于感性直观原初地位的张扬，作为本质直观的伦常明察及其相关项（即作为质料先天的价值）相对于表象行为的原初地位就获得了保证，进而实践理性相对于理论理性的原初地位以及最终现象学伦理学的第一性地位也将得以彰显。

这一反转得以可能的关键一环就在于舍勒提出的"本质明察的功能化"，而这将我们引向下一节。

2.3.3 胡塞尔的综合先天与本质明察的功能化

将"形式－质料"的对子和"先天－后天"的对子明确区分开来，而非将之等同，被看作现象学的一个重要的明察。与康德将质料先天视为"奇形怪物"（Kuriosum）[1]不同，胡塞尔和舍勒都将这种可以在直观中自身明见地被给予的"对象性先天"或"质料先天"看作纯粹的事实。舍勒甚至说："现象学的成败就取决于这一断言：确实**存在着**这种事实，并且**这些事实**恰恰在根本上为其他一切事实（自然的事实和科学的事实）奠定基础，这些事实的联系也恰恰在根本上为其他

---

[1] 参阅 Georg Mohr, *Kants Grundlegung der kritischen Philosophie. Werkkommentar und Stellenkommentar zur Kritik der reinern Vernunft, zu den Prolegomena und zu den Fortschritten der Metaphysik*, in: I. Kant, *Theoretische Philosophie*, Bd. 3, Frankfurt am Main 2004, S. 106-111。

一切的联系奠定基础"(X，448)。按照先天的本质含义，舍勒的这一断言也可以被简单转述为：**存在着质料先天**。但是这一现象学的断言在现象学的反对者(尤其是维也纳学派的代表人物 M. 石里克)那里却变成了一个疑问甚至反问："存在着质料先天吗？"[①]通过这个反问，石里克曾尖锐地批评了舍勒(还有胡塞尔)的"质料先天"概念。审视这种来自于反对者的意见，将有助于我们进一步深入地去反思现象学自己的先天学说。

简单来说，石里克的批评主要在两个层次上展开。[②] 首先，石里克批评了现象学借以把握质料先天的"本质直观"的方法。在他看来，本质直观与比如柏格森的直觉主义在根本上是一致的，它们都相关于一种不可传诉的"体验"，因而根本是无意义的(sinnlos)，也根本上是不可能的。就如他的学生 J. 克拉夫特(Julius Kraft)曾说，现象学的本质直观的方法基于一个"简单的逻辑错误"，这个逻辑错误源于形形色色的对"直觉"(Intuition)的自身欺罔。[③] 显然，在逻辑经验主义者看来，现象学的直观原则与直觉主义或者所谓的"直觉的形而上学"在根本上是一致的。姑且不去管他们对这二者的批评是否合理，就他们将二者随意的等同而言，他们就已经在根本上误解了现

---

① 参阅 Moritz Schlick, „Gibt es ein materiales Apriori? ", in: ders., *Gesammelte Aufsätze 1926 - 1936*, Wien 1938, Nachdruck: Hildesheim 1969, S. 20 - 30(该文初次发表于 *Wissenschaftlicher Jahresbricht der Philosophischen Gesellschaft an der Uni. zu Wien für das Vereinsjahr* 1930/31)。

② 关于石里克对现象学的这一批评，以及对石里克误解的反驳，可以参看拙文，*„Gibt es ein materiales Apriori? Mit Schlicks Kritik an der Phänomenologie über das Verhältnis zwischen Sprache und Vernunft nachzudenken anfangen"*, a. a. O. 关于石里克与胡塞尔之间的争论，可以参阅倪梁康先生的深富启发的研究："观念主义，还是语言主义——对石里克、维特根斯坦与胡塞尔之间争论的追思"，载倪梁康：《意识的向度：以胡塞尔为轴心的现象学问题研究》，北京：北京大学出版社，2007 年。

③ 参阅 Julius Kraft, *Von Husserl zu Heidegger. Kritik der phänomenologischen Philosophie*, Frankfurt am Main ²1957, S. 108。

象学,而可以轻易地被反驳掉。舍勒曾明确地区分了现象学的直观和直觉主义的直觉(XI, 23ff.),"这种在柏格森那里较少清晰性的直觉学说不能与现象学的、得到严格和确切限定的'本质直观'相混同"(III, 327, Anm. 1)。海德格尔后来也确认了这一点,"现象学意义上的直观并不是指某种特别的能力,某种使自己转入世界的另一个锁闭的领域和深度中的异常的方式,也不是属于柏格森所使用的直觉的某种样式。因此,如果有人把现象学说成是与当代直觉主义互有牵连的,那就是一种草率的做法;现象学与直觉主义恰好是互不相干的"。①

其次,石里克也直接批评了现象学家的"质料先天"学说。他把现象学家所说的"质料先天"和康德的先天综合命题联系在一起,认为它们之间根本的共通点就在于,它们都被寄望于表达出一种"绝对具有普遍有效性的命题的来源",但是他认为,现象学家们以完全"**非康德的方式**"使用术语"先天",并为它发明了新的定义②,但这样一种新的发明是完全没有办法被接受的。但是令人奇怪的是,石里克却还是借助于对康德"先天综合命题"的批评来批评现象学的"质料先天",那么人们就完全有理由很轻松地反过来去问:石里克所反问的究竟是"存在着质料先天吗?"还是"存在着先天综合命题吗?"撇开石里克对于现象学的所有其他批评和误解不论,在他的批评中所隐含的一个最基本的前提本就该首先被澄清,这个前提指的就是:石里克总是把一切问题过于轻巧地回归为命题及其真值的问题。

比如这里他对"质料先天"予以拒绝的理由和论证就在于:1)"一

---

① Heidegger, *Prolegomena zur Geschichte des Zeitbegriffs*, S. 64；海德格尔:《时间概念史导论》,第60页。

② 参阅 M. Schlick, „Gibt es ein materiales Apriori? ", a. a. O., S. 20. 我们后面会看到,无论石里克在多大程度上误解了现象学,但在这一点上,他是敏锐而深刻的。

个分析命题是一个只凭借其形式为真的命题",任何理解了同语反复意义的人在这么做时都已经看到它为真,正因为这一点,它是先天的。另一方面,"在综合命题的情况下,人们必须首先理解其意义,然后决定它是真还是假"。正因为此,它是后天的;2)因此,一切命题从原则上来说,要么是后天综合的,要么是同语反复的,先天综合命题在逻辑上就是不可能的;3)质料先天或者综合的先天和"先天综合命题"一样也完全是逻辑上不可能的。① 我们可以发现,这里的基本点在于,一方面不同于舍勒②,石里克这里再次将"形式"与"先天"相等同,在他看来"先天与形式的同一化对康德来说既不是预设也不是偏见,而是一个结论";但是另一方面,他也不同意康德的"形式先天"说,或者说将先天等同于那些认识的形式,在他这里,"形式"首先指的是命题的形式。一个命题是先天的,恰恰是因为它的(分析的)命题形式。

据此,石里克似乎将现象学家带入了一个两难困境:因为根本就不存在"先天综合判断"或者"质料先天"这样的东西,那么现象学家们所主张的那些命题或质料先天那样的东西,要么根本上不是综合的或质料的,要么就不是先天的。③ 如果这样的命题不是先天的,那

---

① 参阅 M. Schlick, „Gibt es ein materiales Apriori? ", a. a. O., S. 22ff.。

② 如我们前面已经论述的那样,舍勒将"形式"与"先天"的等同视为康德最基本的谬误。

③ 参阅 M. Schlick, *Allgemeine Erkenntnislehre*, in: *Moritz Schlick Gesamtausgabe*, *Abteilung I*: *Veröffentlichte Schriften*, *Band* 1, Hrsg. und eingeleitet von Hans Jürgen Wendel und Fynn Ole Engler, Wien/ New York 2009, B 69ff.(这里的 B,指的是 1925 年的第二版)。石里克于 1918 年发表了他的代表著作《普通认识论》,其后于 1925 年出版了第二版,在其中关于胡塞尔和现象学的那些批评性研究部分被作者作了很大的删改。笔者在开始研究这一问题时曾根据倪梁康先生的指引仔细比对过两版的差异,不过现在的研究者已可以完全避开这种较为枯燥且痛苦的工作了。在 2009 年作为石里克考证版全集第一系列第一卷而出版的《普通认识论》,编者完全参照康德《纯粹理性批判》、胡塞尔《逻辑研究》的考证研究版的做法,将这两个版本编辑在一起,并列出了其间的差异。

么现象学家们所主张的东西就只能是后天的，因而也就根本不会存在什么作为观念对象的本质或质料先天；如果这些命题不是综合的，那么现象学家们所主张的命题或判断最终也就是纯粹形式－同语反复的，"作为什么都没有说的表达形式，它们不包含有认识，而且不能作为一门特殊科学的基础。因而现象学家们向我们许诺的这样一门科学事实上就根本不存在"。①

显然，石里克的这一批评不仅没有打到现象学的要害，甚至根本就没有切中现象学的问题。他全然没有看到现象学的本质直观和质料先天学说以及现象学本身的革命性意义，也许人们可以说，石里克根本就不具有直观地把握先天的"感官"，如胡塞尔已经预先问到的那样："假如他不具有另一种感官，我们怎么能使他信服呢？"②

实际上，石里克的这一立场在维特根斯坦那里也受到了批评。在 1929 年 12 月 25 日与维特根斯坦的交谈中，石里克问道："应当怎样来反驳一个认为现象学的陈述是先天综合判断的哲学家呢？"这次谈话被以"反对胡塞尔"为题记录了下来。③ 这里维特根斯坦似乎在就如何批评胡塞尔而为石里克出主意，然而有趣的是，就在同一天另外的谈话中，维特根斯坦不仅批评了康德、胡塞尔，同时也附带地批评了石里克，这后一点是我们这里所首要关心的。他说："现象学总是涉及可能性，也即涉及意义，而不涉及真和假。"④为了更清楚地把握维特根斯坦这里想要说的意思，我们可以先以一个图表来概括一

---

① M. Schlick, „Gibt es ein materiales Apriori? ", a. a. O., S. 30.

② Hua II, S. 61.

③ 参阅 L. Wittgenstein, *Wittgenstein und der Wiener Kreis*, Hrsg. von Friedrich Waismann, in: *Wittgenstein Schriften*, Bd. 3, Frankfurt am Main 1967, S. 67f.；中译本：《维特根斯坦与维也纳小组》，《维特根斯坦全集》（第二卷），黄裕生、郭大为译，石家庄：河北人民出版社，2003 年，第 35 页。

④ L. Wittgenstein, *Wittgenstein und der Wiener Kreis*, a. a. O., S. 63；《维特根斯坦与维也纳小组》，第 31 页。

下石里克的基本思路：

Erleben - unmittelbar - sinnlose Scheinsätze ⟶ Metaphysik: Begriffs-Dichtungen

Erkennen - mitteilbar - sinnvolle Sätze ⟶ ⌈Wahr ⟶ Wissenschaft: System von Wahrheiten
⌊Falsch

Sinngebung ⟶ Philosophie: Tätigkeit

体验 - 不可传诉的 - 无意义的伪命题 ⟶ 形而上学：概念-诗化

认识 - 可传诉的 - 有意义的命题 ⌈真 ⟶ 科学：真之系统
⌊假

意义给予 ⟶ 哲学：做事

对于石里克来说，明确区分"无意义的伪命题"和"假命题"是非常重要的，前者甚至都不能被看作命题，它根本上是无意义的，是伪命题，而后者则是命题，只是它的"真值"为假。石里克在根本上将直觉形而上学以及现象学的那些主张或陈述都归为前一类，由此人们可以理解如下的说法，"经验主义者并不对形而上学家说：'你的话说出了假的东西'，而是说：'你的话根本什么都没有说出。'经验主义者也并不反驳形而上学家，而是说：'我无法理解你。'"①换言之，在石里克这里，现象学家的主张在根本上是与"意义"(Sinn)无关的，是"无意义的"(sinnlos)。

我们现在可以来看维特根斯坦的这个论断："现象学总是涉及可能性，也即涉及意义，而不涉及真和假。"显然，他也和石里克一样认为现象学并不是"真之系统"，现象学并不涉及"真和假"的问题，但是不同于石里克，维特根斯坦明确宣称，现象学涉及"意义"。也就是

---

① Schlick，„Positivismus und Realismus" (1932)，in：M. Stöltzner und T. Uebel (Hrsg.)，*Wiener Kreis*，Hamburg 2006, S. 222.

说，现象学家所主张的判断在他看来并非如石里克所说那样，是"无意义的伪命题"，而是涉及可能性，涉及意义。如此看来，他就主张在"真之系统"的"真命题"和"假命题"所各自代表的"意义"以外，还存在着第三种的可能的"意义"。这当然不意味着维特根斯坦赞同现象学关于本质直观和质料先天的学说。在他这里，这第三种的可能的"意义"，无非意味着"句法"（Syntax），与物理学要确定"规则性"相类似，现象学要确定的就是这种可能的"句法"。[①]在现象学家那里在本质直观中自身被给予的先天本质或先天本质结构（质料先天）在维特根斯坦这里无非意味着一种"可能性"，一种基于语言法则的推论。

无论如何，不是那种"无意义的伪命题"，而是这种"先天的句法"为我们提供了一个进一步反思现象学的先天学说的契机。这里我们要再次诉诸现象学的"外祖父"——波尔扎诺。胡塞尔在"第三研究"的第 11、12 节中，对"综合先天"和"分析先天"作了一个重要的区分。这个区分之所以重要，一方面是因为这一对区分也常被胡塞尔等同于"质料先天"和"形式先天"的区分，进而构成"质料本体论"和"形式本体论"学说的基础；另一方面则是因为这一对区分也常常得到分析哲学家的关注，比如这里的石里克和维特根斯坦，因而在一定意义上可以成为探讨现象学与分析哲学相互关系的桥梁。这里预先要指出的是，正如博努瓦十分敏锐地"勘探出来"的那样，胡塞尔的这一区分，或者更确切地说是，胡塞尔有关"质料先天"思考真正来源是波尔扎诺的综合先天理论。[②]

---

① 参阅 L. Wittgenstein, *Wittgenstein und der Wiener Kreis*, a. a. O., S. 66；《维特根斯坦与维也纳小组》，第 33 页。维特根斯坦说："即使某人从不走出他的房间，但他知道空间的延展，也即说，存在走出这房间的可能性（即便它有铜墙铁壁）。所以，这一点不是经验。它先天地存在于空间的句法中。"

② 我们感谢博努瓦的这一重要发现，可以参阅 J. Benoist, *L'a priori conceptuel：Bolzano, Husserl, Schlick*, a. a. O., S. 98ff., 138ff.。

在波尔扎诺那里，不同于康德，先天首先意味着"概念的先天"（begriffliches Apriori），他反思了不同的概念与综合先天的关系，比如在他那里存在着一种"颜色"的先天，等等。① 这就意味着，在波尔扎诺那里，"先天"根本上就不同于康德所说的那种认识的形式。恰恰是这一点，"潜在地"激发了胡塞尔对"先天"的本真含义的追寻，最终，胡塞尔将先天看作在本质直观中自身被给予的"本质"（Eidos），或者简单称之为"对象性先天"或"直观的先天"。胡塞尔还对这种导源于"概念先天"的"直观的先天"的总体做了区分，即将"含有实事的（sachhaltig）概念"（质料先天）区别于"单纯形式的概念"（形式先天）。胡塞尔说："相对于'房屋'、'树木'、'颜色'、'声音'、'空间'、'感觉'、'感受'等等这些表达出实事内涵的概念而言，像'某物'、'一个东西'、'对象'、'属性'、'关系'、'联结'、'多数'、'数量'、'序列'、'序数'、'整体'、'部分'、'数值'等等这样一些概念就具有根本不同的特征。后者围绕在某物或对象的空泛观念周围并通过形式本体论的公理而与这个某物或对象相联结，而前者则排列在各个最高的含有实事的属（'**质料范畴**'）的周围，'**质料本体论**'便根植于这些属中。"②显然，在胡塞尔这里，这两类概念都是本质，或者都是先天，前者是质料的或"含有实事的"本质－先天，后者则是形式的本质－先天，并且这一划分最终"给定了在'分析－先天的学科'与'综合－先天的学科'之间的真正区别，或者说，给定了在'分析－先天的规律和必然性'与'综合－先天的规律和必然性'之间的真正区别"。③

那么，质料的本质－先天和形式的本质－先天，以及综合－先天命题与分析－先天命题的真正区别究竟在哪里？按照博努瓦的考

---

① 参阅 Bolzano, *Wissenschaftslehre*，§ 72。
② Hua XIX/1, A 246/B₁ 252.
③ Ebd.

察，要理解这里的真正区别恰恰要回溯到波尔扎诺，因为这里所讨论的这些事情的真正根子在波尔扎诺那里。我们前面提到过，波尔扎诺区分了"句子自身"和"表象自身"，"句子自身"是由"表象自身"组成的。为了区分"形式的"句子或命题和"综合的"句子或命题，波尔扎诺思考了存在于"句子"中且构成了"句子自身"的"表象自身"的**"变化"**（Veränderung）的问题。明确地说就是，一个特定句子或命题的真值是否可以承受组成它的那些部分（即表象自身）发生变化而保持不变，或者可以承受到什么程度。在波尔扎诺看来，若一个句子或命题的真值在其非逻辑部分（表象自身）完全"变化"（形式化）时仍然未改变的话，这个句子或命题在狭义上就是分析的，即逻辑上分析的。与此相反，一个综合的句子或命题则不允许它的"表象自身"的这种"变化"或形式化。①

尽管胡塞尔并没有完全跟随波尔扎诺，但他还是接受了波尔扎诺有关"变化"的想法并发展出一种**"替换"**（Ersetzung）和**"形式化"**（Formalisierung）的学说，来谈论分析－先天命题和综合－先天命题的关系。胡塞尔说得很清楚，"在一个分析命题中必定有可能做到：完全保留这个命题的逻辑形式，用'**某物**'这样一个**空泛的形式**来取代任何一个**含有实事的质料**，并且通过向相应的判断形式'绝对一般性'或规律性的过渡来排斥任何一个此在设定"。② 完全不同于康德，在胡塞尔这里，综合－先天命题是指这样一种命题，它"以一种方式包含着含有实事的概念，即这样一种方式：**在保真的要求下**，它不

---

① 参阅 Bolzano，*Wissenschaftslehre*，§ 148。

② Hua XIX/1，B₁ 255；在《逻辑研究》第一版的这个位置，还有一个对"形式化"本身的说明："所谓**形式化**就在于，在已被给予的分析命题中，一切含有实事的确定之物都通过不确定之物来**替换**并且随后这些不确定之物被理解成无限制的变元"（Hua XIX/1，A 247。重点号是笔者所加，这段文字在中译本中缺失）。

允许对这些概念的**形式化**"。①

　　用波尔扎诺的语言来说,胡塞尔所说的在综合－先天命题与分析－先天命题之间的真正区别就意味着:所谓分析－先天的句子,就是可以将其非逻辑的组成部分"表象自身"不断"变化"直至完全的形式化,这个句子在逻辑形式上或其真值仍然保持不变;而综合－先天的句子则无法承受这种对"表象自身"的形式化而保持真值不变。简单说来,波尔扎诺影响下的胡塞尔在这里主要是借助于这种可否承受"形式化"的观点来区分综合－先天命题和分析－先天命题,因此这一对区分再一次地不同于康德,它已经不再局限于认识论,而是拓展到语言－逻辑的层面了。

　　正是基于这样的理解,博努瓦进一步前行。他宣称,现象学的先天具有两个层次,即**"直观的先天"**(anschauliches Apriori)和**"语法的先天"**(grammatikalisches Apriori)。② 更有甚者,他还提出了一个不同于通常对胡塞尔之诠释的一个惊人的假设:即"第四研究"并非是简单地对于"第三研究"所确定的整体与部分的图式在语言问题上的运用,而是完全有其自身独特的主题,在这里胡塞尔发展出了一种"语法的先天",它最终源于语言－逻辑上的或独立或不独立的部分之间关联的先天之法则。③ 博努瓦走得如此之远,如此之激进,以

----

　　① Hua XIX/1,A 248/B₁ 256。着重号是笔者所加,此处译文有改动。事实上,胡塞尔始终坚持了在这一意义上的质料(含有实事的或综合的)先天与形式先天之间的区分,参阅 Hua XVII,S. 26;Hua XI,S. 33f.;Hua XXIV,S. 240;以及参阅 Elisabeth Ströker,*Husserls transzendentale Phänomenologie*,Frankfurt am Main 1987,S. 176ff.。

　　② 参阅 J. Benoist,*L'a priori conceptuel*:*Bolzano*,*Husserl*,*Schlick*,a. a. O.,S. 106ff.,114。

　　③ 参阅 J. Benoist,„Grammatik und Intentionalität (IV. Logische Untersuchung)",in:Verena Mayer (hrsg.),*Edmund Husserl*,*Logische Untersuchungen*,*Klassiker Auslegen*,*Bd*. 35,Berlin 2008,S. 123 - 138;J. Benoist,"The Question of Grammar in Logical Investigations,With Special Reference to Brentano,Marty,Bolzano and Later Developments in Logic",in:Anna-Teresa Tymieniecka (ed.),*Phenomenology World-Wide*,loc. cit.,pp. 94 - 97;以及 Hua XIX/1,IV. LU,§ 10。

至于他最终宣称，"语法先天"的界限规定了直观本身的界限，我们世界的形式根本上无异于我们的语言的形式。[1] 人们在此完全有理由怀疑，博努瓦这里究竟还是不是在阐释胡塞尔，或者他已经迷失于后期维特根斯坦的学说？[2]

为拒绝博努瓦的这种"激进化"，我们将转向舍勒的"**本质明察的功能化**"（Funktionalisierung der Wesenseinsicht）学说。在舍勒看来，"本质明察的功能化"是所有本质认识都具有的重要属性，但同时也是一直以来最少被关注的那些属性之一。所谓的"本质明察的功能化"或者"本质直观的功能化"就是指："本质认识将自身功能化为一种法则，即一种指向偶然事实之知性的单纯'运用'的法则，这知性'根据'诸本质联系'确定地'统握、拆分、直观、判断偶然的实事世界"（V，198）。因此，一切主观的先天，比如康德先验哲学意义上的形式先天在根本上就不是原初之物，而是功能化之物，或被生成的东西（V，208；IX，204）。

在我们看来，舍勒的本质直观的功能化理论有两个最基本要点。首先，本质直观的功能化理论清楚地阐释了质料先天与形式先天之间的关系。如舍勒所说，"一切功能法则都要导源于对象－经验、**本质**经验或本质直观"，这样一种经验当然与所有那些感性经验有着本质的区别。借助于本质直观的功能化，原初在直观中自身被给予的那些"质料"的先天如今变成了或功能化为了主观的"形式"的先天，"曾经的被思之物变成了思维的'形式'，被爱之物变成了爱的'形式'和类型"（V，198，208）。在此意义上，亨克曼也曾将本质直观的功能化称作"图式化"（Schematisierung），"当然只有通过它从质料先

---

[1]　参阅 J. Benoist, *L' a priori conceptuel：Bolzano，Husserl，Schlick*, a. a. O., S. 134，178。

[2]　参阅 Claudio Majolino, "Book Review：*Jocelyn Benoist，L' a priori conceptuel. Bolzano，Husserl，Schlick*（Paris：Vrin 1999）", in：*Husserl Studies* 18（2002），p. 230。

天向形式先天的转变才是可能的"。① 舍勒自己后来也将这种"功能化"称作"范畴化"（kategorialisiert）（IX，107）。它所说的无非是，本质认识具有将在自身中作为"质料"被把握到的那些本质性东西转变成一种"功能"、"法则"、"图式"或"范畴"，进而成为其他的认识的"形式"这样一种本性。舍勒这里所针对的靶子也很清楚，就是坚决反对康德的综合的范畴功能学说。

其次，通过这种本质明察的功能化，舍勒还强调了"理性自身的**生成**和**增殖**"。这意味着理性自身的那些"固有财产"，即先天的选择法则和功能法则随着本质明察的功能化不断被固定化，因此对于舍勒来说，根本上就不会像康德假定的那样，存在着"绝对原本的、绝对不变的、既不增多也不减少的功能法则"，而毋宁说，理性自身的"固有资产"不断地在生成和增殖（V，198）。舍勒明确地拒绝了康德这种"人类理性的同一性的、持恒的（Konstanz）的学说"（V，200；II，20）。相反，不仅个体人格的理性和精神处在不断的生成和增殖之中，整个人类的理性也在不断生成，因此，强调那种固定的、独一的人类理性精神或文明根本上就是谬误的。所有不同的人类组群（民族、文化圈等等）所享有的本质明察就不会完全相同，尽管这丝毫无损于这些本质明察的自身的明见性和先天的本质性，而且这些本质明察在根本上也是无法相互替代或替换的。在此意义上，人类理性精神的总体增殖就要借助于所有不同组群的人类理性的"本质明察的功能化"（V，201f.），这一点恰恰为舍勒后期的"谐调时代"的主张（IX，145－170）提供了现象学上的论证。②

---

① W. Henckmann, „Schelers Lehre vom Apriori", a. a. O., S. 138f..
② 在此意义上人们甚至可以发展出一种"文化先天"的理论，可以参阅 VIII, S. 24ff.；以及 Anthony J. Steinbock, "Personal Givenness and Cultural a prioris", in：David Carr & Chan － Fai Cheung（ed.），*Time，Space，and Culture*，Dordrecht：Kluwer Academic Publishers 2004, pp.159－176。

因此在根本上，借助于这种本质直观功能化理论，舍勒还从两方面应和了他早就已经提出的"理性的、客观性的相对主义"（XIV，S. 151f.）。一方面，人类理性或者精神并不是"绝对"的一成不变的，而是"相对"地生成着的，但这样一种相对性，是理性自身内含的相对性，是一种完全客观的相对性，一种先天的相对性；另一方面，"思维功能及其法则先行于真理，而非真理先行于思维功能"，任何真理或对真理的把握都是"相对于"思维功能的，尽管这种思维功能自身也是"相对"地增殖着的，而且自身也是在本质明察中自身被给予的。

所以，对于舍勒来说很清楚的是，一方面，"语法先天"（或者也可包括维特根斯坦那里的先天"句法"）原本就是作为质料先天而在本质直观中自身被给予的，随后通过本质直观的功能化而成为形式先天；另一方面，一切"语法先天"绝非绝对原初之物、绝对不变之物，而是生成着的先天。在此意义上，我们世界的形式与其说是我们的语言的形式，还不如说是我们理性（精神）的形式，生成着的、增殖着的理性（精神）的形式。也恰恰是依据本质直观的功能化，我们语言的结构和我们精神思维的结构才有可能显示出它们之间的同构性，尽管我们可能并未提及或关注这种一直存在并发挥着作用的"功能化"。

现在我们也可以确定，"存在着质料先天吗？"这个问题根本上又可以包含两个不同层次的问题，即 1）"存在着直观先天和语法先天吗？"和 2）"直观先天和语法先天之间的关系怎样？"我们可以依据自身被给予性原则和明见性原则来回答第一个问题，而需要借助于"本质直观功能化"学说来回答第二个问题。简言之，不同于康德将形式与先天相等同，对于现象学家来说，当然存在着质料先天，它们可以在本质直观中自身被给予。同时，语法先天在根本上还是基于直观先天,因为它原本是作为"直观先天"被给予的。通过"本质直观功能化"学说,作为绝对性区分的"先天－后天"的对子和作为相对性区分的"形式－质料"的对子被彻底地区分开来。

可以简要回顾一下本章的"历程"。本书上篇的主要任务是去揭示:在舍勒这里,一门既是绝对的并且是情感的伦理学,或者一门质料的并且先天的伦理学是如何可能的? 因此我们的突破点在于对"先天"的重审。

我们先简要分析了康德对"形式先天"的基本理解,进而分别讨论了胡塞尔和舍勒对之的批评,由此舍勒"质料先天"的基本主张得以呈现。但是,舍勒对康德的批评并不是对胡塞尔的康德批评的简单重复,而是同时也体现为对胡塞尔本人理论的更为深入的批评性反思。通过对这一反思的展示,我们可以更好地理解舍勒"质料先天"理论的核心,这主要体现在三个方面:

第一,通过胡塞尔的波尔扎诺转向,"先天"在现象学中首先就不是与认识的能力(康德)相关,而是与"概念"或"表象自身"(波尔扎诺)相关,先天作为一种观念对象而在现象学的本质直观中自身被给予。但是这种对象性先天在根本上还是一种"行为相对性的存在",因此它不能柏拉图式地被把握,无论是那种平庸的柏拉图主义还是"新式柏拉图主义",都被舍勒坚决地拒绝;

第二,本质直观或者作为观念化抽象的范畴直观是把握先天的本真方法,它本身是自足的,它本身拥有与其自身特殊的对象性的联系,因此无需奠基在感性直观上。相反,感性直观恰恰要奠基于范畴直观的内涵之上,或者说要依赖于在范畴直观中自身被给予的"质料先天"的这种"在先的被给予性"。

第三,在现象学家看来,无疑存在着质料先天,而且它还可以在两个不同的层次上得到考察，即直观先天和语法先天。通过本质直观的功能化，后者只能被看作是前者"功能化"或"图式化"的产物，而且它们还都处在变化生成之中，人类的理性和精神最终就是不断地生成着和增殖着的。在这里我们也可以看到，本质直观功能化理论可以在舍勒静态的本质直观的现象学与动态的人格现象学之间架起一座桥梁。

通过对"质料先天"的现象学厘定，我们确定了一个"圆心"，而且这个"圆心"也不是一个单薄的点，而是含有着丰富且饱满的内涵。它也不是某个形而上学的玄在，根本上还是相关于现象学的本质直观的"行为相对性存在"。我们下面的任务就是从这个"圆心"向外去铺展，事实上，这个圆心有多丰满，最终也决定了那个被铺展出的"圆"的范围有多广。

3. 舍勒现象学伦理学的建基问题：理性先天与情感先天

"康德错失了感受领域和感觉领域的先天本质法则性"
（Hua XXXVII, S. 220）。

"即使是精神的**情感**方面，感受、偏好、爱、恨，以及意愿都具有一个**原初先天**的内涵，一个不是从'思维'那里借来的内涵"
（II，82）。

如我们已经提及的，有关"质料先天"问题的研究，构成了舍勒现象学伦理学研究的"前问题"，而这一在理论性方面的"前问题"尽管并不直接涉及伦理学或实践哲学的层面，但却构成了伦理学研究的根基。

"前问题"的这样一种重要性也得到了胡塞尔的确认。他曾经不无自信地宣称，如果首先把握住（现象学的）理论哲学的难点，那么人们就可以毫无困难地理解价值论哲学和实践哲学之问题的性质与地位，因为"一切决定性的战斗都是在理论哲学领域中解决的。只有在这里，人们才能占有一般哲学难题的固有意义，只有在这里，才能认识到解决问题的根本方法"。①

---

① Hua VII, S. 405f..

　　根据这种基本的看法，在前一章于理论性层面系统缕析了舍勒的"质料先天"的理论之后，我们这里应该可以较为容易地转向舍勒"情感先天"问题的研究，而舍勒现象学的质料价值伦理学最终就建基在这种"情感先天"上。这种"情感先天"理论的提出也正建立在对康德"理性先天"学说批判的基础之上，并且这一批判最终还引发了舍勒对西方传统形而上学"完全不符合精神结构的对'理性'与'感性'的分离"之成见的批判(II, 259ff.)。

　　与在理论性层面一样，舍勒这里也是先引胡塞尔为同道，共同展开着对康德的批判，但也同样没有满足于胡塞尔的思考(遑论跟随)，而是进一步地展开和反思胡塞尔的理论，揭示出胡塞尔早期伦理学理论所存在的问题，并提出了可能的解决方案。

　　在本章我们将特别地去关注在"理性先天"与"情感先天"之间存在着的本质分异以及它们之间可能的联系。在3.1节，我们将首先简要地概述康德伦理学中的"理性先天"说，随后将关注胡塞尔对康德伦理学的基本批评，并去讨论胡塞尔基于这一批评而发展出来的意向性感受学说。与胡塞尔一样，舍勒也批评了康德的"理性先天"说，并在此基础上发展出他自己的"情感先天"理论(3.2)。而且，他也发展出一门意向性感受理论，并且在对胡塞尔意向性感受学说的进一步检讨的基础上，确立了意向性感受行为乃至先天的情感行为的原初地位，最终以这种"情感先天"或"先天的情感"为其质料的价值伦理学建基，并在根本上张扬了现象学伦理学相对于理论哲学的第一性地位(3.3)。

3.1　从康德的理性先天到胡塞尔的
意向性感受

　　康德伦理学中的"理性先天"说主要体现在两个方面，即，作为约束性之判断原则的理性先天原则和作为康德伦理学最终论证的"理性的事实"说(3.1.1)。胡塞尔对康德伦理学的批评主要着眼点在于:他认为康德的理性先天学说在根本上忽视了感受领域的先天的本质法则性(3.1.2)。与康德相对,基于其现象学的本质明察,胡塞尔发展出一门感受的意向性理论,或者也可称为意向性感受学说,而这样一门意向性感受学说既影响了舍勒的意向性感受理论或"情感先天"理论,同时也将构成胡塞尔第一阶段的伦理学研究的出发点(3.1.3)。

3.1.1　康德伦理学中的理性先天原则

我们在导论中已经提到,自 1770 年以后,康德没有再改变他伦理学的最基本立场,即伦理学建基于纯粹的理性。为了澄清感受在伦理学中的位置和作用,康德区分了"约束性的判断原则"和"约束性的执行原则"。在他的成熟期的批判伦理学中,康德始终坚持这一对区分,并且在这一对区分的基础上来谈论伦理学的建基问题。我们这里当然无法详细展开康德伦理学的方方面面,根据我们的论题,我们将把目光集中在两个问题上,即作为约束性之判断原则的理性先天原则和作为康德伦理学最终论证的"理性的事实"说。

在他的第一篇专题伦理学论著《关于自然神学与道德的原则之明晰性的研究》(1762 年)中,康德区分了"约束性的形式根据"和"约束性的质料根据"。这里首先需要强调的是,这一对区分一方面不能与我们这里提及的"约束性的判断原则"和"约束性的执行原则"的区分相混同,另一方面这一区分也不能混同于康德在《道德形而上学的建基》中谈论的"伦常性的质料原则"和"伦常性的形式原则"。

如我们在 1.5.2 节中已经讨论论过的那样,在 1762 年的文章中,康德将作为约束性的形式根据的理性原则视为空洞的,而认为只有作为约束性的质料根据的感受才能规定行动的内容。康德在那篇文章的最后问道：伦理学所赖以建立的基础根本上是认识能力，还是感受？在他"将负值概念引入世俗智慧的尝试"（1763 年）一文中，康德提到："一个无理性的动物并不履行任何德性。但这种失责并不是缺德。因为它并没有违背任何内在的法则。**它并没有被内在的道德感受驱动采取一个善的行动**，也没有由于与这种感受对抗或者借助一种平衡而把零或者失责规定为结果。"①尽管康德在这里附带提及了"内在的道德感受"在伦理行动中的作用，但是我们还是无法做出这样的确定，即，在此时康德将道德感受看作伦理学的"原初根据"。实际上，正如李明辉先生在他有关康德道德感受的卓越研究中所指出的那样，这一文本段落中的道德感受已经具有了康德后来所谈论的"执行原则"层面的意思了。②

当然从根本上来说，在这一时期，康德对于伦理学建基究竟建基于理性还是感受这个问题是不确定的。在我们看来，恰恰是这种不确定性引导着康德伦理学的进一步发展。事实上，康德仅仅是在1770 年以后才明确地区分了"约束性的判断原则"和"约束性的执行原则"。按照 C. 施怀格的看法，康德做出这一区分的一个很重要的推动因素是他的柏拉图的转向，根据这一转向，康德完全走向了纯粹道德哲学，而将经验性的东西排除，但如此一来也缺失了行动的动机方面，因此康德引入了"判断原则"和"执行原则"的区分。③康德将准则（Richtschnur）看作是判断的原则，而动机（Triebfeder）则是约

---

①　Kant，AA II，S. 183。着重号为笔者所加。

②　参阅 Lee Ming-huei(李明辉)，*Das Problem des moralischen Gefühls in der Entwicklung der Kantischen Ethik*，a. a. O.，S. 48ff.。

③　参阅 C. Schwaiger，*Kategorische und andere Imperative*，*Zur Entwicklung von Kants praktischer Philosophie bis 1785*，a. a. O.，S. 93。

束性的执行。[1] 这意味着,在这以后,伦理学的建基问题就只涉及
"判断原则",也就是说,伦理学只建基于纯粹的理性之上,道德感受
只能归属于"执行原则",由此,康德的成熟期批判伦理学才能配得上
"纯粹理性伦理学"的称号。借这里新出现的术语,我们可以重新表
述一下康德在1762年提出来的问题:伦理学的判断原则究竟是约束
性的质料根据(道德感受),还是约束性的形式根据(理性)?据此,我
们可以很清楚地看出"约束性的形式根据"和"约束性的质料根据"以
及"约束性的判断原则"和"约束性的执行原则"这两组概念对子之间
的区别。

从1770年到1785年,"判断原则"和"执行原则"之间的区分一
直被康德关注和强调。康德也正是借助于这一区分,才在《道德形而
上学的建基》中公开地和十分明确地回答了1762年提出的伦理学建
基的问题。在这里,康德明确地将意志自律称作伦常性的最高原
则。[2] 他将意志理解为一种能力,"它可以依据某些法则的表象决定
自己的行动"。[3] 康德还总是将意志同实践理性相等同[4],因此也可

---

[1]　参阅 Kant,*Vorlesung zur Moralphilosophie*,hrsg. von Werner Stark,Berlin
2004,S. 55f.。

[2]　参阅 Kant,GMS,AA IV,S. 440。

[3]　参阅 Ebd. S. 427。

[4]　例如参阅 Kant,GMS,AA IV,S. 412;S. 441。这里也需要特别提及的是,康
德在两个意义上使用"理性"(Vernunft)这个概念:1)广义上的理性(=总体的高级认识能
力)包括"知性"(Verstand)和狭义上的理性;2)狭义上的理性是指最高级的认识力。实际
上,"知性"这个概念在康德这里也有两个不同的用法:1)广义上的知性几乎与广义上的理
性同义,相对于"感性"而且包括狭义上的知性和狭义上的理性;2)狭义上的知性与作为
"接受性"的感性相对,是一种"自发性"的能力,并与范畴相关。也可参阅 Rudolf Eisler,
*Kant-Lexikon. Nachschlagwerk zu Kants sämtlichen Schriften,Briefen und handschriftli-
chen Nachlass*,Berlin [1]1930,未改动的重印本:Hildesheim/ Zürich/ New York 1984,S.
572ff.。有关康德那里"理性"一词涵义的梳理,还可参看,黄振华:"论康德哲学中'理性'
一词之涵义",载其著,《论康德哲学》,李明辉编,台北:时英出版社,2005年,第349-381
页。在本书中,我们一般都在广义上来使用理性概念,比如"理性先天"、"理性道德"等等,
它首先是指一种相对于"感性"或"感受"的"高级的"认识能力。

以明确地说，对于此时的康德而言，伦理学建基于理性或者实践理性。也可以更确切地说，实践理性的自律被康德确定为伦常性的判断原则。

康德还进一步清楚地区分了形式原则和质料原则。他说："实践的原则如果不考虑任何主观的目的，那它们就是**形式的**；但如果它们以主观目的，从而以某些动机为基础，则它们就是**质料的**。"①这意味着，一方面康德如同他在 1762 年所做的那样，再一次在伦常性的判断原则（或者说普遍立法）层面来谈论形式的和质料的原则；另一方面，1762 年的"约束性的形式根据"和"约束性的质料根据"现在也被更为清楚地转述为"意志规定根据"的形式原则和质料原则。这里我们已经可以很清楚地看到在本节开始时我们所提到的三组概念对子之间的关系。1762 年的对子"约束性的形式根据－约束性的质料根据"与 1785 年的对子"意志规定根据的形式原则－质料原则"说的是同一个问题，即追问伦理学的建基问题，究竟基于一种形式的根据或原则，还是一种质料的根据或原则；而 1770 年以后的才出现的对子"约束性的判断原则－执行原则"则要高于上述两对概念，或者说，上述两对概念恰恰关涉到这里的"判断原则"。后面我们会看到，厘清这几对概念之间的关系，对于正确理解舍勒对康德伦理学中的形式主义的批评至关重要，换言之，只有区分清楚这几对概念，我们才有可能真正理解"何谓康德伦理学中的形式主义？"这一问题。

康德后来在《实践理性批判》中也强调："如果一个有理性的存在者应当把他的准则思考为实践的普遍法则，那么，他就只能把这些准则思考为这样一些原则，它们不是按照质料，而是仅仅按照形式包含着意志的规定根据。……如果人们抽掉一切质料，亦即意志的任何

① Kant，GMS，AA IV，S. 427.

对象(作为规定根据),那么,除了一种普遍立法的纯然形式以外,一个法则就不剩下什么东西了。"[1]清楚的是,在其成熟的、纯粹理性的批判伦理学中,区别于**质料**原则、**他律**原则和**后天的感受**原则,康德将**形式**原则、**自律**原则或**先天的理性**原则视为伦常性或者普遍立法的判断原则。

康德甚至还将意志的他律称为"一切虚假的伦常性原则的根源"。康德区分了两种他律,即**经验性的**(empirisch)和**理性的**(rational)他律原则。前者建立在感受(自然感受和道德感受)之上,因为这种感受不具有普遍性和无条件的实践必然性,因此它完全不适于充当伦常性的判断原则,不适于作为道德法则的根据。而所谓"理性的他律原则"则出自"完善性原则"。尽管它是如此的空洞,也完全不能充当伦常性的判断原则,但是相比于经验性的原则还是较为可取,或者说错的较少,因为它"至少使问题的裁决摆脱感性,而诉诸理性的法庭"。[2] 这就意味着,对于康德来说,他面临着双重的任务,即一方面克服伦常性的理性根据(如完善性原则)的"空洞性",另一方面则是规定感受在伦理学中的功能和作用。

康德恰恰是通过对伦常性的执行法则的强调完成了这双重任务。所谓的伦常性的执行法则首先与作为"纯粹实践理性动机"的"对实践法则的敬重"相关。在康德看来,敬重(Achtung)不能被看作法则的原因,而只能被看作法则的结果,"然而,尽管敬重是一种感受,它也毕竟不是一种通过影响而**接受的**(empfangenes)感受,而是通过一个理性概念而**自身引发的**(selbstgewirktes)感受,因而与前一种可以归诸禀好或者恐惧的感受不同类"。[3] 因为敬重根本上还

---

① Kant, KpV, AA V, S. 27.

② 参阅 Kant, GMS, AA IV, S. 441ff.。

③ Kant, GMS, AA IV, S. 401, Anm.

是属于感受，相对于作为"自发性"的理性，按照康德在《纯粹理性批判》中的本质规定，敬重作为一种感受还是一种"接受性"。① 就此而言，这种特殊种类的道德感受无论多么重要，也无法充当伦常性的判断原则，"凡是真正的最高伦常性根据都不依赖于任何经验而仅仅基于纯粹理性"。②

很清楚的是，在伦理学建基的问题上，康德明确地区分开理性－形式和感受－质料，并借助于"伦常性的判断原则"和"伦常性的执行原则"的区分来规定它们各自在伦理学中的功能。康德的最终目的在于，一方面反对形形色色的伦理学的经验主义和怀疑主义而坚持伦理学的绝对主义，另一方面则试图避免理性伦理学的空洞性。前一个目的的实现是基于作为伦常性判断原则的理性－形式，后一个目的的落实则要依靠作为伦常性执行原则的感受－质料。③

但是要想在根本上克服伦理学的经验主义和怀疑主义，康德还必须回答这样一个问题："这样一个先天综合的实践命题是如何可能

---

① Kant，KrV，A 50ff./B 74ff.。当然，康德《纯粹理性批判》中有关"自发性"和"接受性"的区分主要是就认识层面而言的，在此意义上，"接受性"根本上也与"感性"（Sinnlichkeit）相关，即"心灵在以某种方式受到刺激时接受表象"。就此而言，这里所说的"敬重"当然就不会是一种接受的（empfangenes）感受，或感性的接受性。敬重根本上是处在道德层面的，根本上是一种"道德"之感受。根据康德，敬重之规定的原因在于纯粹实践理性，这种作为道德感受的敬重，"因其起源就不能叫作感受性的，而必须是**实践地引发的**"（参阅 Kant，KpV，AA V，S. 75f.）。因此我们这里因其与始终具"自发性"的理性（认识层面和道德层面）相对，而将敬重视为一种特殊的"接受性"，即一种"实践地引发的"接受性。

② Kant，GMS，AA IV，S. 409.

③ 这里可以预先指出的是，舍勒对康德伦理学的形式主义的批评是集中在"判断原则"层面的，即究竟是形式先天的理性，还是质料先天的感受来充任这个判断原则。因此那些以康德伦理学中也存在着对感受的强调和分析来批评舍勒没有全面系统地理解康德，显然错失了问题的根本，也根本上混淆了"判断原则"和"执行原则"两个不同层面上的问题，后面我们还会再论及这一点。

的？这个命题又何以是必然的？"①这意味着，康德还必须给出他的伦理学的最终论证（Begründung）。

亨利希曾说："'理性的事实'和'对法则的敬重'这两个概念是第二批判的中心概念。其中任何一个都不能在不同时思考另一个的情况下被思考。两个中的任一个都指向另一个，没有另一个它将是无意义的。"②在我们看来，这两个概念恰恰分别对应着这里所说的"伦常性的判断原则"和"伦常性的执行原则"。

在《道德形而上学的建基》中，康德将**"确然的定言命令式"**（apodiktisch kategorischen Imperativ）从或然的假言命令式（problematisch hypothetischen Imperativ）和实然的假言命令式（assertorisch hypothetischen Imperativ）中区分出来，这种所谓的确然的定言命令式"不涉及行动的质料及其应有的结果，而是涉及行动由以产生的形式和原则，行动的本质的善在于志向（Gesinnung），而不管其结果如何。这种命令式可以叫作**伦常性**的命令式"。③这种定言命令式的最基本程式（Formel）为：**"要只按照你同时能够意愿它成为一个普遍法则的那个准则去行动。"**④这种伦常性的定言命令式也被康德看作先天综合的实践命题，并被称为"纯粹实践理性的根本法则"，康德在《实践理性批判》中将之标识为："要这样行动，使得你的意志的准则在任何时候都能同时被视为一种普遍立法的原则。"⑤在《道德

---

① Kant，GMS，AA IV，S. 444.

② Dieter Henrich，„Der Begriff der sittlichen Einsicht und Kants Lehre vom Faktum der Vernunft"，in：*Die Gegenwart der Griechen im neueren Denken*. *Festschrift für Hans-Georg Gadamer zum* 60. *Geburtstag*，hrsg. von D. Henrich，Walter Schulz & Karl-Heinz Volkmann-Schluck，Tübingen 1960，S. 113.

③ Kant，GMS，AA IV，S. 416.

④ Ebd. S. 421.

⑤ Kant，KpV，AA V，S. 30.

形而上学的建基》的第三章(下文简作"*GMS III*")中,康德试图从
"自由"的概念先验地推出伦常性法则的概念,这常常被称作是道德
法则的先验演绎,但是这种先验演绎的尝试存在着一些无法克服的
困难①,因此康德在第二批判中不得不另辟蹊径去尝试新的可能性,
来为他的伦理学提供最终的论证,这种新的尝试恰恰就是"理性的事
实"(Faktum der Vernunft)学说。

康德说:"人们可以把**对这条基本法则的意识**(*das Bewusstsein*
dieses Grundgesetzes)称为**理性的一个事实**,这不是因为人们能够从
理性的先行资料出发,例如从自由的意识出发(因为这个意识不是被
预先给予我们的)玄想出这一法则,而是因为它独立地作为先天综合
命题把自己强加给我们,这个先天综合命题不是基于任何直观,既不
是基于纯粹的直观也不是基于经验性的直观。"②在我们看来,并非
伦常性的法则,而是对纯粹实践理性根本法则的"意识"被康德称作
"理性的事实"。或者更明确地说,这一伦常性法则"准确无误地**被给**

---

①　在康德学界,这个问题历来是研究的重点和热点,相关讨论的文献非常丰富,依
笔者所见,在这个问题上最重要的研究,例如有 Dieter Henrich, „Die Deduktion des Sit-
tengesetzes. Über die Gründe der Dunkelheit des letzten Abschnittes von Kant Grundle-
gung zur Metaphysik der Sitten", in: *Denken im Schatten des Nihilismus. Festschrift für*
Wilhelm Weischedel zum 70. Geburtstag, hrsg. von Alexander Schwan, Darmstadt
1975, S. 55－112; Henry E. Allison, *Kant's Theory of Freedom*, Cambridge University
Press 1990, pp. 214－229; Dieter Schönecker, *Kant: Grundlegung III. Die Deduktion*
des kategorischen Imperativs, Freiburg/München 1999。简单说来,在亨利希看来,尽管康
德的规划表明他试图进行一种对道德性之最高原则的演绎,但根本上他只提供了一种很
弱的演绎,而且在此演绎中康德并没有在一些重要的问题上做出明确的区分,因而导致其
论证的失败。而阿利森尽管受到了亨利希诠释的很大影响,但是他并没有囿于亨利希的
诠释,而是更为细致地讨论了相关的问题。在他看来,康德的这一演绎中存在着循环论
证,而且导致这一演绎失败的主要原因在于:在其演绎中的核心概念包含着致命的歧义,
首先是在智性世界概念中的双重含义,其次是在意志或实践理性中的双重含义,等等。这
类困难足以摧毁整个演绎。限于主题和篇幅,我们这里无法更详细地展开讨论康德在
GMS III 中所作的道德法则的先验演绎及其存在着的困难。

②　Kant, KpV, AA V, S. 31。着重号为笔者所加。

予"，被康德看作"不是任何经验性的事实，而是纯粹理性的唯一事实"。① 从我们这里加着重号的两个词"意识"和"被给予"（gegeben）看来，人们完全有理由把康德"理性的事实"学说理解为现象学的，而非本体论的。

按照康德的看法，这种对伦常性法则的"意识"既不是经验性的直观也不是纯粹直观，那么随之而来的问题就是，这种非经验性的、直接的意识究竟意味着什么？或者说，伦常性法则究竟能够如何被给予？费希特也曾经对此提出了质疑："但我们都照康德的理解意识到了定言命令式吗？这究竟是怎样一种意识呢？康德忘记给自己提出这个问题，因为他在任何地方都没有论述**全部**哲学的基础，而在《纯粹理性批判》中只论述了理论哲学，但在理论哲学里不可能出现定言命令式；在《实践理性批判》中他只论述了实践哲学，但在实践哲学里只涉及内容，不可能产生关于意识方式的问题。——这种意识

---

① 参阅 Ebd. 据笔者所知，学界对于康德"理性的事实"的解释主要有三种不同的看法：1）"事实"意味着伦常性法则自身（比如在 Lewis White Beck 等人那里）；2）"事实"意味着对伦常性法则的意识（比如在 Otfried Höffe 和 Henry E. Allison 等人那里）；3）康德的"事实"（Faktum）来自于拉丁语词"factum"，因此原本意味着一种行动（Tat）的方式（比如在 Marcus Willaschek 那里，这种解释是最为颠覆传统的，实际上更多依据了费希特的思想）。我们这里接受第二种意见。

相关文献可以参阅 Lewis White Beck, *A Commentary on Kant's Critique of Practical Reason*, Chicago 1960. Ins Deutsche Übersetzt von Karl‑Heinz Ilting: *Kants „Kritik der praktischen Vernunft". Ein Kommentar*, München: Wilhelm Fink Verlag 1995, S. 158‑168; L. W. Beck, „Das Faktum der Vernunft. Zur Rechtfertigungsproblematik in der Ethik", in: *Kant‑Studien*, 52 (1960/1961), S. 271‑282; Otfried Höffe, *Immanuel Kant*, München ⁷2007, S. 207‑212; Henry E. Allison, *Kant's theory of freedom*, loc. cit., pp. 230‑249; Marcus Willaschek, *Praktische Vernunft: Handlungstheorie und Moralbegründung bei Kant*, Stuttgart 1992, S. 169‑193; 彭文本："关于《第二批判》的理性事实学说之两种解读方式"，载《国立政治大学哲学学报》，第十四期（July 2005），第 37‑70 页（笔者最早就是从该文了解到我们这里所说的第三种解读模式。特别感谢李明辉先生提供了此文）。

无疑是一种直接的意识，而决不是感性的意识；由此可见，这种意识正是我称之为智性直观的那个东西。"①

但是，无论是在理论哲学中，还是在实践哲学中，康德都明确地拒绝承认人类理性具有这样一种"智性直观"（intellektuelle Anschauung）的能力。② 因此，这样一种非经验性的、直接的意识究竟意味着什么，就始终还是个问题。亨利希曾经试图去在此问题中把捉到一种"伦常明察"（sittliche Einsicht），J. 海因里希斯（Jurgen Heinrichs）则试图将这种直接的意识称作"准直观"（quasi-Anschauung）。③ 李明辉则试图引入波兰尼（Michael Polanyi）的"隐默之知"（tacit knowing）来表示康德这种对伦常性法则的"未经反省的意识"。而且他甚至还对康德的直观概念做了扩展，"如果我们不局限于康德的直观理论，而仅就意识的直接性来界定'直观'一词的涵义，将'直观的'（intuitive）与'辩解的'（discursive）视为相互对立的概念，我们亦不妨将我们对于道德法则（或定言令式）的意识视为一种'直观'，甚至是一种'智性直观'"。④ 但是，不管怎样，康德本人并

---

① Johann G. Fichte, „Zweite Einleitung in die Wissenschaftslehre", in: *Johann G. Fichtes sämmtliche Werk*, *Bd. I*, hrsg. von J. H. Fichte, Berlin 1845, S. 472；中译参见费希特：“知识学新说”，沈真译，载梁志学主编：《费希特著作选集》（第二卷），北京：商务印书馆，1994 年，第 704 页（译文有所改动）。

② 例如参阅 Kant, KrV, B 72, 307；KpV, AA V, S. 31. 汉语学界有关康德“智性直观”的晚近研究可以参阅倪梁康：“‘智性直观’概念的基本含义及其在东西方思想中的不同命运”，载倪梁康：《意识的向度》，第 90－120 页；邓晓芒：“康德的‘智性直观’探微”“牟宗三对康德之误读举要（之二）——关于‘智性直观’”，载邓晓芒：《康德哲学诸问题》，北京：生活·读书·新知三联书店，2006 年，第 58－72、297－318 页。

③ 参阅 Dieter Henrich, „Der Begriff der sittlichen Einsicht und Kants Lehre vom Faktum der Vernunft", a. a. O.；Jurgen Heinrichs, *Das Problem der Zeit in der praktischen Philosophie Kants*, Bonn 1968, S. 45；以及 Henry E. Allison, *Kant's theory of freedom*, loc. cit., pp. 232, 282 Anm. 7。

④ 参阅李明辉：《康德伦理学与孟子道德思考之重建》，台北，2004 年修订第一版，第 13、50 页。

没有能够对此提供清楚的阐释,因此在他提到"理性的事实"的地方,他常常使用"好像"(gleichsam)这个不确定的修饰词。①

在我们看来,康德"理性的事实"学说陷入困境的根本原因在于:康德一方面认为伦常性的法则不能如在 GMS III 中所尝试的先验演绎而推出来,而只能在非经验性的、直接的意识中被给予;另一方面又认为这种非经验性的、直接的意识既非感性直观又非智性直观,但他根本上又没有清楚地阐释这种意识究竟是什么。在此意义上,人们完全有理由说,康德"理性的事实"学说是"没有根基的"(grundlos),如瓦尔登费尔茨(Bernhard Waldenfels)所说,"我知道我自己作为理性‐感性的存在者所屈从的这个理性法则在严格意义上是没有根基的、不能论证的和无法解释的。仅仅是道德命令的'不可理解性'能够被理解"。②

所有这些批评或者进一步阐释的努力都显示出康德以"理性的事实"作为其伦理学的最终论证无法令人完全信服。但尽管如此,在我们看来,康德由 GMS III 的先验演绎策略向第二批判的"理性的事实"这一策略的转向还是十分重要的。因为人们可以在这一转向中看到伦理学论证的一种的新的可能性,即借助于伦常明察或者现象学的直观来为伦理学提供最终的论证。下文将尝试着去展开这种新的可能性。

3.1.2 胡塞尔对康德理性先天的批判

按照克罗维尔(S. G. Crowell)的看法,在现象学通向伦理学的进路和康德哲学通向伦理学的进路之间存在着一条鸿沟,因此康德

---

① 参阅 Kant,KpV,AA V,S. 47,55,91,104。

② Bernhard Waldenfels,*Schattenrisse der Moral*,Frankfurt am Main 2006,S. 21.

伦理学总是会受到早期现象学家（如胡塞尔和舍勒等）的批判。[①] 与此同时，对现象学家们来说，对康德伦理学的批评是如此的重要，以至于无论是胡塞尔还是舍勒的现象学的伦理学都恰恰是"在与康德伦理学的形式成就的对峙中获得其清晰的轮廓的"。[②] 我们进一步的任务恰恰就是要去阐释在康德和现象学家（胡塞尔和舍勒）之间存在着的鸿沟并在对峙中展示胡塞尔与舍勒伦理学的"轮廓"。我们这里首先集中在胡塞尔对康德的批评以及他自己的学说上。

在伦理学上，胡塞尔批评康德的火力点主要集中在康德的理性－先天原则上，根据这一原则，在事关伦理学建基的问题上，康德彻底排除了感性的和感受的成分或者说经验性的成分。但在胡塞尔看来，康德恰恰没有看到在感受或情性（Gemüt）领域所存在的先天的本质法则性，因而他错失了伦理学的真正基础，与之相对，胡塞尔发展出了意向性感受学说，即一门可以把握到感受或情性领域所存在的先天的本质法则性的学说。本节我们将首先讨论胡塞尔对康德的批评，而在下一节去展示他自己的学说。

在胡塞尔已经出版的著作和讲座稿中，对康德伦理学理论的批评性研究主要集中在"伦理学的基本问题"（1902/03 年）和"伦理学引论"（1920/24 年）这两个讲座稿中，胡塞尔的研究所涉及的康德文本也主要集中在《道德形而上学的建基》和《实践理性批判》上。[③] 胡

---

① 参阅 Steven Galt Crowell，"Kantianism and Phenomenology"，in：J. J. Drummond & L. Embree（eds.），*Phenomenological Approaches to Moral Philosophy*，Dordrecht/ Boston/ London 2002，p. 48。

② 参阅 Henning Peucker，„Einleitung des Herausgebers"，in：Hua XXXVII, S. XXXII。

③ 参阅 Hua XXVIII, S. 402–418；Hua XXXVII, S. 200–243；Henning Peucker，"Husserl's Critique of Kant's Ethics"，in：*Journal of the History of Philosophy*，*vol.* 45，*no. 2*（2007），p. 310；Iso Kern，*Husserl und Kant. Eine Untersuchung über Husserls Verhältnis zu Kant und zum Neukantianismus*，a. a. O.，S. 429f.。

塞尔对康德之批评的注意力首先集中在康德伦理学中有关理性和感受的区分上，这一点和胡塞尔对整个伦理学史的理解相关。

在胡塞尔看来，经验主义和理性主义的对立规定了整个伦理学历史的发展，而在近代道德哲学中，这一对立则体现为理性道德和感受道德之争。现象学的伦理学恰恰是要在传统的理性道德哲学和传统的感受道德哲学之外找寻第三条道路，以便一方面拒绝在传统感受道德哲学中无法避免的伦理学中的相对主义和怀疑主义，另一方面也拒绝存在于传统理性道德哲学中那不可靠的形式主义和智性主义，而在根本上坚持一种伦理学的绝对主义和客观主义。这意味着，胡塞尔汲取了这对立双方各自的合理因素，同时也批评了它们各自不合理的因素。

胡塞尔将"享乐主义"（Hedonismus）视为他自己的作为科学的现象学伦理学乃至一切真正的伦理学的主要敌人。在这一点上，他完全同意康德与享乐主义所作的斗争。[①] 所以，从一开始，胡塞尔的现象学伦理学就完全站在康德批判伦理学这一边，坚决地反对一切伦理学的相对主义和怀疑主义，而和康德批判伦理学一样体现为一种"绝对的"伦理学。但是，胡塞尔对康德的这一接受或赞同仅限在基本立场上，他并不能接受康德据以反对伦理学的相对主义和怀疑主义的论证策略，或者更明确地说，他不能接受康德以"理性－先天"的原则来展开与他们那些共同对手的斗争。在此意义上也可以说，胡塞尔对康德伦理学的批评从一开始就集中在康德的伦常性判断原则上，或者说是康德对伦理学的建基上。在我们的主题范围内，我们

---

① 参阅 Hua XXXVII, S. 237ff.。

将胡塞尔对康德伦理学的批判概括为三个主要方面[①]：

首先，康德根本上将理性从感性或者感受中区分出来，理性被看作是"自发性"的能力进而是先天的，而感性或者感受则与"接受性"联系在一起因而是经验性的或者后天的。通过这一根本性的区分，康德把感性或感受看作是与伦理学的建基或者伦常性的判断原则问题毫不相干的东西，而且通过这一根本性的区分，康德也完全在伦理学建基问题上排除了那种在他之前的伦理学中起着重要作用的区分：即较低级的感受和较高级的感受的区分。[②] 但是，胡塞尔跟随布伦塔诺再次强调了这种较低级的感受与较高级的感受之间的区分。[③] 对于胡塞尔来说，康德的最根本谬误就在于，将感受感觉主义化（sensualisieren）。[④] 因为康德仍然分有着他的那些感觉主义和自然主义的对手的偏见，即，"感受只是人类心理物理之机体的单纯自然事实"。[⑤] 如我们在 2.2.2 节已经说明的那样，在胡塞尔这里，先天首先意味着对象性的本质，因此胡塞尔试图在包括理性和感受的所有意识领域去找寻和发现这种对象性先天，或者说是"先天的本质法则性"。据此，胡塞尔将主动感受、意向性感受区别于一种被动的感受[⑥]，并且恰恰通过意向性感受而发现了在感受和情性领域的先

---

① 有关胡塞尔和康德实践哲学的较为详细的比较研究，可以参看 Thomas Cobet, *Husserl, Kant und die praktische Philosophie. Analysen zu Moralität und Freiheit*, Würzburg 2003。

② 参阅 Otfried Höffe, *Immanuel Kant*, a. a. O., S. 202。

③ 参阅 Franz Brentano, *Vom Ursprung sittlicher Erkenntnis*, a. a. O., S. 21ff.。有关胡塞尔和布伦塔诺在伦理学上的关系，也可以参阅 Ullrich Melle, „Zu Brentanos und Husserls Ethikansatz. Die Analogie zwischen den Vernunftarten", in: *Brentano-Studien* 1 (1988), S. 109–120。

④ 参阅 Hua XXXVII, S. 233。

⑤ Hua XXXVII, S. 227.

⑥ 参阅 Hua XXVIII, S. 411ff.；Hua XXXVII, S. 223；Hua XXXI, S. 8f.。

天的本质法则性。

其次,感受对于康德而言是经验性的和后天的,因此为了保证伦理学的先天性和绝对性,这样一种感受显然是不能充当伦常性的判断原则的。但对于胡塞尔来说,在感受领域同样存在着先天性,因此在他看来,康德那里的"这种在感性和理性之间的总体对立就是根本错误的"①,进而人们就无法仅仅因为要寻求伦理学的先天性和绝对性,而在伦理学建基问题上彻底排除掉感受的位置。在胡塞尔这里,"一门普遍的伦理学显然必须奠基在**价值论**上"。② 在另一处,胡塞尔进一步强调,这样一门价值论首先与感受相关,"正确行动的人去做正当之事,做善的事情,就此而言,善就是实践的善。它必须预先被视为善的,视为价值",而这样一种"视为"则发生在"'理性的'感受(vernünftiges Fühlen)"中。③ 换言之,在胡塞尔看来,一门普遍的伦理学要奠基在价值论之上,而价值论最终则要建基于这种"理性的感受",因为通过它,被做的善的事情或者实践的善才能在先被视为有价值的或善的,而只有这种"视为善"的感受行为在先进行,人们才可能善地行动。这一看似矛盾的表达"理性的感受"后来被胡塞尔用更确切的术语"意向性感受"所取代,我们后面也会看到,对这种作为"价值化行为"的"理性的感受"或"意向性感受"的现象学分析,恰恰构成了胡塞尔现象学伦理学的起点。

按照 U. 梅勒(Ulrich Melle)的看法,无论是 1908/09 年、1911年、1914 年胡塞尔有关伦理学的讲座,还是 1920 年的伦理学讲座,其"主导动机"都在于一种"在逻辑学和伦理学、在理论理性和价值论

---

① 参阅 Hua XXXVII, S. 220。

② Hua XXXVII, S. 24.

③ 参阅 Hua XXVIII, S. 414。

的－实践理性之间的'彻底的和持续的类比'思考"。① 胡塞尔将价
值论和实践学(Praktik)都归于伦理学的领域,并且实践学乃至整个
伦理学都要奠基在价值论上。恰恰是在这一视角下,胡塞尔批评康
德的定言命令式无法是意志的规定根据。对于胡塞尔来说,实践法
则并非形式的,而是质料的"理性真理",一种真正的道德不能单单通
过"理性先天形式"来规定,而是需要"质料的意志规定"。② 因此按
照胡塞尔的看法,康德没有看到这一点,"合乎本质的是,如果意志没
有在感受着的价值行为(Werten)中拥有其动机引发的基础的话,它
根本是不能被设想的",因此康德的定言命令式的要求对胡塞尔来说
就是完全**"不合情理的"**(widersinnig)。③

　　再次,伦常性的定言命令式"要只按照你同时能够意愿它成为一
个普遍法则的那个准则去行动",在康德这里作为先天综合的实践命
题是在非经验性的、直接的意识中被给予的。这被康德称作"理性的
事实"。胡塞尔也把定言命令式称作"伦理学的最中心的问题"。④
但是胡塞尔没有接受康德对定言命令式的界定,而是跟随布伦塔诺
提出的"形式的定言命令式"(即"要做能达到的最善!"[Tue das Bes-
te unter dem Erreichbaren!]⑤),在他第一次世界大战之前的伦理

---

① 　参阅 U. Melle, „Zu Brentanos und Husserls Ethikansatz. Die Analogie zwisch-
en den Vernunftarten", a. a. O., S. 109。

② 　参阅 Hua XXVIII, S. 402f.；Hua XXXVII, S. 232f.。需要特别指出的是,胡
塞尔这里使用的"形式－质料"的概念对子是在康德意义上的,因此不能被混同于他自己
意义上的"形式－质料"的概念对子,如"形式实践学－质料实践学"以及"形式本体论－质
料本体论"等等。胡塞尔明确强调:"因此在这一方面,我们必须使我们的道路清楚地分离
于康德的学说"(Hua XXVIII, S. 139)。

③ 　参阅 Hua XXXVII, S. 233, 235。

④ 　Hua XXVIII, S. 137.

⑤ 　可参阅 F. Brentano, *Vom Ursprung sittlicher Erkenntnis*, a. a. O. S. 15f.；以
及 F. Brentano, *Grundlegung und Aufbau der Ethik*, a. a. O., S. 134ff., 222ff., 等
等。可以比较我们在第 1.5.1 节讨论过的沃尔夫的"完善性"原则。

学(下面简作"战前伦理学")中发展了一门形式的价值论和形式的实践学。他宣称:"形式的实践学通向最高形式的原则,这一原则首先奠基于'更善是善的敌人'(Das Bessere ist der Feind des Guten)的原则,这个原则认为'要做能达到的最善'。当然,这是一个抽象表述。客观地说,这一表述是:在整个实践领域中可达到的最善不仅是相比较而言的最善,更是实践的唯一之善。"①

　　在我们看来,对于胡塞尔来说,康德的定言命令式的理论含有两个根本谬误。第一,在胡塞尔看来,康德的定言命令式并非是直接地可明见的,而是需要一种"选择"(Wahl),即"去选择能达到的最善",或者"在你的选择中,永远都不要去抉择那能达到的较低的善"。②第二,康德的定言命令式在胡塞尔看来是"空洞的"(leer),普遍化的能力恰恰"纯粹形式地"使得某物完全"空洞","普遍化的空洞的可能性并没有论证逻辑学和美学的正当性,同样普遍化的空洞的可能性也没有论证伦理学的正当性"。③在此意义上,胡塞尔批评了康德伦理学中的"形式主义"。④这意味着,胡塞尔还是在对"形式主义"这一最通常的理解——即,空洞性——上来批评康德的。胡塞尔明确说:**"在每一个选择中,更善吸收(absorbiert)善,最善吸收所有其他能自在自为地被评价为实践上是善的更善。这种吸收并不产生绝对的应然,而一般只能产生相对的应然,或者我们可以更好地说,并不产生全然的(schlechthin)应然,而是只产生一种有保留的应然。我**

---

①　Hua XXVIII, S. 221. auch vgl. S. 237ff.; S. 350ff.。

②　参阅 Christine Spahn, *Phänomenologische Handlungstheorie. Edmund Husserls Untersuchungen zur Ethik*, Würzburg: Königshausen & Neumann 1996, S. 30f.; S. 140; 以及 Hua XXVIII, S. 132ff.; Ullrich Melle, "The Development of Husserl's Ethics", in: *Études phénoménologiques N. 13–14* (1991), pp. 120f.。

③　Hua XXVIII, 417f.

④　参阅 Hua XXVIII, S. 414–418.

们也可以借用康德术语来说，在此方面我们无法获得'定言命令式'。"①

由此，我们可以说，胡塞尔在两个完全不同的层面批评康德的定言命令式学说。当胡塞尔宣称康德的定言命令式无法充当意志的规定根据时，这一批评涉及的是胡塞尔这里形式价值论和形式实践学之间的关系，即意志的规定根据最终要在形式价值论中寻找；而当胡塞尔批评康德的定言命令式是空洞的时候，这一批评是在形式实践学内部作出的。因此，我们要把胡塞尔对康德的两个批评区分开来，一个是"不合情理的"（widersinnig），它相关于第一个层面，另一个则是"空洞的"（leer），它相关于后一个层面。②

从根本上说，在胡塞尔看来，康德完全无视感受和情性领域的先天本质法则性，也根本没有看到一种意向性的感受，因此康德在伦理学上，或更确切地说，在伦理学建基问题上再一次堕入了谬误。③ 显然，胡塞尔的这一根本批评能否具有说服力，要完全取决于他或者现象学家们对意向性感受的现象学分析本身能否具有明见性乃至说服力。

3.1.3 胡塞尔的意向性感受和价值化行为

胡塞尔尝言："《逻辑研究》是一部突破性著作，因而它不是一个

---

① Hua XXVIII, S. 136.

② 就此而言，我们无法同意 H. 珀伊克（Henning Peucker）的看法。一方面，我们认为胡塞尔对康德伦理学中形式主义（即普遍化的空洞性）的批评不能被混同于他对康德"不合情理的"无内容的形式性的批评，后者指的是康德错失了意志规定根据层面的质料性的感受及在感受中被把握到的价值；另一方面，胡塞尔本人的"形式"实践学也不能被简单视为伦理学的"形式主义"（参阅 Henning Peucker, "Husserl's Critique of Kant's Ethics", loc. cit., pp. 310, 313, 316ff.）。实际上，胡塞尔自己后来也批评了布伦塔诺和他本人的"形式的定言命令式"，限于篇幅，我们将另择机会加以展开。

③ 参阅 Hua XXVIII, S. 139。

结尾,而是一个开端。"①的确,不仅是胡塞尔自身的意识现象学通过《逻辑研究》得到了首次的展示,而且海德格尔的作为"存在论"的现象学与舍勒的现象学的"质料的价值伦理学"都可以在《逻辑研究》中找到自身的源起。本节以及后面第 3.3.1 节的分析将会表明:胡塞尔在《逻辑研究》中做出的意向感受与非意向感受的区分对一门现象学伦理学的可能性展开具有重要的意义。

　　胡塞尔在《逻辑研究》"第五研究"第 15 节提出的意向感受与非意向感受的问题,在整部《逻辑研究》中未必占有什么突出的地位,但这个问题在胡塞尔自身的伦理学探讨中以及在舍勒的现象学伦理学研究中却有着极为重要的意义。正如倪梁康先生曾恰当地指出的那样,"我们甚至可以说,舍勒的伦理学就是一种价值感受的现象学"。② 我们后面还会看到,胡塞尔的第一个方向上的现象学伦理学(战前伦理学)的建构也同样必须以对意向性感受行为的分析为基础。因为正如我们前文已经提到的,胡塞尔将一门普遍的伦理学奠基在价值论之上,而事实上,价值论最终则要与这样一种意向性感受或者说价值化行为相关。

　　在《逻辑研究》中,胡塞尔明确地区分了非意向感受(nicht-intentionale Gefühle)和意向感受(intentionale Gefühle)。非意向感受主要指的是"感受感觉"(Gefühlsempfindungen)或"感性感受"(sinnlichen Gefühle),比如感性的疼痛或某些感性快乐,它们与其他类型的感觉具有同形性,因而在胡塞尔的静态、描述现象学中被视为感觉材料(Stoff)或原素(hylé),或者说是立义内容(Auffas-

---

　　① Hua XIX/1, A VIII/B VIII.
　　② 倪梁康:《现象学的始基——对胡塞尔〈逻辑研究〉的理解与思考》,广州:广东人民出版社,2004 年,第 148 页。笔者以为,该书的一个极为重要的突破便在于:从对感受现象学的探讨出发来梳理胡塞尔与舍勒之间的关系,乃至理论哲学与实践哲学之间的关系。

sungsinhalt）。所以，非意向感受本身不是行为，仅仅是立义行为的一个因素或实项的（reell）内容，是非意向的。相反，意向感受本身就是一种意识行为，它必定具有意向性的特征。于是胡塞尔便开始怀疑，这两种感受是否属于同一个属，因为毕竟前者仅是行为的一个因素，而后者则是行为本身。当然，这还不是我们这里所关注之问题的关键所在。关键的还在于：对意向感受行为本身所具有的意向性特征的讨论和分析。

　　倪梁康先生曾对胡塞尔的"意向性"概念做了清楚的两分：较窄的意义上的"意向性"总是意味着意识在"构造"对象，因而是客体化行为的特征；宽泛意义上的"意向性"则被定义为意识总在"指向"或"含有"对象，因而成为包括非客体化行为在内的所有意识行为的特征。① 因此我们可以说，胡塞尔在《逻辑研究》中实际上进行了**两个层次的两分**。首先是意向体验与非意向体验的两分，在这个划分中"意向"主要是在宽泛意义上说的，只要能成为一个体验行为，那它就是"意向的"，就"含有对象"；此处的"非意向"主要标识的是一个行为之因素或内容（感性材料）的特征，而所谓的"非意向感受"就应当从这个意义上来理解。其次，在意向体验中，我们又可以根据对"意向性"的宽、窄两个意义的界定，而相应地区分：较窄意义上的意向体验（客体化行为）和宽泛意义上的意向体验（包括非客体化行为在内的所有意识行为）。这里所说的"意向感受"则属于宽泛意义上的意向体验中的非客体化行为（胡塞尔更多的时候将之归在情感行为和意愿行为的名下）。在《逻辑研究》中，不仅这种意向感受或者情感行为和意愿行为属于非客体化行为，实际上胡塞尔还将一些智性行为（如疑问或猜测等）归为非客体化行为，因此需要指出的是，在《逻辑研

---

　　① 倪梁康：《现象学的始基——对胡塞尔〈逻辑研究〉的理解与思考》，广州：广东人民出版社，2004 年，第 151－152 页。

究》中,在客体化行为和非客体化行为之间的区分不能被等同于智性行为与情感行为之间的区分。[①]

此外,在胡塞尔看来,在客体化行为和非客体化行为这两个不同质性属的行为之间还存在着奠基关系:"任何一个意向体验或者是一个客体化行为,或者以这样一个行为为'基础',就是说,它在后一种情况中自身必然具有一个客体化行为作为它的组成部分。"[②]

问题似乎很清楚了,在《逻辑研究》中,意向感受行为被胡塞尔归在非客体化行为的类别之下,它所具有的意向性特征主要在于"指向"或"含有"对象,而并不"构造"对象,因此它必须奠基在能够构造对象的行为,即客体化行为之上。"它们[非客体化行为]的意向关系都要'归功于'(verdanken)某些作为其基础的表象。"[③]而非意向感受则仅仅是行为的一个因素。前者属于行为的属,后者则属于"感觉材料"的属。比如,在对"对一段声音的喜欢"这个感受行为的结构分析中,我们需要区分三个层次:首先是声音感觉或感受声音(Gefühlston),这被看作"非意向感受"或"感觉材料";其次是对"声音感觉"的"听见"或"想象"这个表象行为;第三是对这段声音的"喜欢"这个意向感受行为或者非客体化行为。这并不是一种时间次序

---

① 参阅 Hua XIX/2, A 679/ B₂ 207, B₂ 261f.。也可参阅 Ullrich Melle, „Objektivierende und nicht-objektivierende Akte", in: *Edmund Husserl. Critical Assessments of Leading Philosophers*. Vol. III, ed. by R. Bernet, Donn Welton and Gina Zavota, London & New York 2005, S. 113(此文最初发表于: S. Ijsseling (hrsg.), *Husserl-Ausgabe und Husserl-Forschung*, *Phaenomenologica* 115, Dordrecht 1990, S. 35–49)。

② Hua XIX/1, A 458/ B₁ 493f.。

③ Hua XIX/1, A 368/ B₁ 390。在此意义上,人们可以说,非客体化行为因为没有对象性的联系,所以无法不借助于它所奠基其上的客体化行为而自身构造,正如梅勒所强调的那样,"按照《逻辑研究》,非客体化行为无法完成对象构造"(Ullrich Melle, „Objektivierende und nicht-objektivierende Akte", a. a. O., S. 114)。舒曼也指出了这一点,非客体化行为"并未在自身中为我们自身构造出对象"(参阅 K. Schuhmann, „Probleme der Husserlschen Wertlehre", in: *Philosophisches Jahrbuch* 98 (1991), S. 106f.)。

上的分析，好像先要有"听见"或"想象"，而后才有"喜欢"，毋宁说这是一种结构上的分析。这无非意味着，如果没有"听见"或"想象"这个表象行为提供构造出来的对象，"喜欢"就没有可以指向的对象，而没有这种指向，"喜欢"就根本不能存在，因而"喜欢"必须奠基在"听见"或"想象"之上。

【插入讨论】

实际上，胡塞尔后来在其 1911 年的有关"知性、情性和意愿：意识结构研究"的手稿中曾经在感受层面区分了三种意向性。首先他强调，我们必须在这些与感受相关的意识状态之间作出区分：感受行为（Gefühlsakte），单个的感受反应（Gefühlsreaktionen），以及作为感受着色之统一的情绪之统一（die Einheit der Stimmung als die Einheit der Gefühlsfärbung），它意味一种我们在其中"游泳"的感受的普遍流。

与此相应，我们也必须要区分三种不同的意向性：1）作为价值统觉（Wertapperzeption）的价值化行为的意向性；2）喜欢的、感受反应的意向性；3）作为习性的固定展开状态（Entschlossen-heit）的、情性状态的意向性，在这种习性中，我经历我的生活，当我思考、感受、做这个那个时，在背景中总是有一个所指（Ziel）、总是有我的固定的联结，或者是开朗自信的意向性，或者是持续的悲伤的意向性，等等。①

这里需要说明的有三点。第一，在我们看来，胡塞尔这里所说的情性行为中三种"意向性"是否是在同一个意义上使用"意

① Husserl, MS. A VI 12 II/73a „H 21"。我们在此要特别感谢德国科隆胡塞尔档案馆以及捷克布拉格查理大学人文科学系的 K. 蒙塔戈娃博士（Frau Dr. Kristina S. Montagová）为我们提供了胡塞尔 A VI 手稿的部分章节并允许我们这里使用。

向性"这个词,是不够清楚的,可惜在手稿的接续部分,胡塞尔鲜有专门提及。第二,对我们来说特别感兴趣的是,胡塞尔在这个手稿群中分析了"情绪"(Stimmung)和"展开状态"(Entschlossenheit),这很难不让人想起海德格尔,他们之间是否存在着一定的联系,无疑是我们期盼这部手稿全部出版的动因之一。第三,对我们这里的论题最为重要的是,胡塞尔在此谈论的价值统觉(Wertapperzeption),有关于此,下面我们还会再涉及。

胡塞尔在《逻辑研究》中所做的"意向感受"和"非意向感受"的区分被他自己反复提及,在他的手稿中这对区分还被表述为"对象感受(喜欢)"和"感觉感受(感受声音)"的区分。[①] 特别值得注意的是,胡塞尔在《观念 II》中将"喜欢"这种"对象感受"行为以及如此的情感行为(或非客体化行为)称为"价值化行为"(wertende Akte)[②],因而"价值"便被引入到对意识行为的讨论之中。与舍勒那里一样,在胡塞尔这里,现象学的伦理学也总是与价值论紧紧相关联的。

在胡塞尔的手稿中,还一再地出现了"价值统觉"(Wertapperzeption)这个概念,比如我们前面提到的 A VI 手稿群,或者在他的有关交互主体性现象学的手稿以及 M 手稿中,等等。对此,这里有两点要特别强调:

首先,胡塞尔将"价值统觉"区分于"事物统觉"(Dingapperzep-

---

① Husserl,MS. M III 3 II 1,29。参阅 Christian Lotz, „Husserl Genuss über den Zusammenhang von Leib, Affektion, Fühlen und Werthaftigkeit", in: *Husserl Studies* 18 (2002), S. 36, Anm. 33;也可参阅 Thomas Vongehr, „Husserl über Gemüt und Gefühl in den *Studien zur Struktur des Bewußtseins* ", in: *Fenomenologia della ragion pratica. L'etica di E. Husserl*, a cura di B. Centi e G. Gigliotti, Quaderni di Filosofia 2, Bibliopolis, Napoli 2004, S. 236f.。

② Hua IV, S. 7。

tion）。在对事物对象的感知进行中，"在多束的感觉映射和感觉扩展之进行中显现的对象之统一，通过诸种进行－'情况'，在这种现象的动机引发中构造着自身"。[①] 同时，事物不能单单作为事物而被统觉，而是要作为"那种被合乎感受地刻画的实在关联体的部分"被统觉。因此，事实上，事物不仅仅被人们感知，同时也被人们"价值化"（Wertung），就此而言，人们在进行价值统觉。对于胡塞尔来说，很明显的是，在价值统觉中被统觉的价值在与一个执行价值化的主体的关联中设定事物，而在单纯的事物统觉中被统觉的事物特性则在与一个感觉的主体的关联中设定事物。[②]

其次，价值统觉也被胡塞尔与"感受统觉"（Gefühlsapperzeption）或"感受反应"（Gefühlsreaktion）区分开来。尽管价值统觉和感受反应都属于广义上的情性或感受领域，但是在它们之间还是存在着本质的差异。胡塞尔解释到："我思念某物，我也评价同样作为'价值'、同样作为好的某物。作为价值把握（Werterfassen）的感受必须要和像享受这种高阶情性反应区分开来。在这种高阶情性反应中，某个含有价值之物使我高兴。但是我也可以在没有沉醉于欢快之中、没有完全投入地高兴的情况下，去寻找那令人愉快之物。"[③]据此，胡塞尔将作为价值统觉的价值感受归为"接受性"（Rezeptivität）的领域，而将感受反应归为"自发性"（Spontaneität）的领域。胡塞尔这里所使用的"接受性－自发性"这一概念对子，当然不能被等同于康德那里的这同一概念对子，它们之间具有不同的含义，实际上在胡塞尔这里，这一对概念几乎可以等同于他的另一对概念"被动性－主

---

① Husserl，MS. A VI 12 II/96a „H 17".

② 参阅 Husserl，MS. A VI 12 II/96b－97a „H 17－18"。

③ Husserl，MS. A VI 8 I/45a „19"。

动性"(Passivität-Aktivität)。[1]　对于胡塞尔来说,自发性预设了接受性,就此而言,感受反应要基于价值统觉,所以是高阶的情性行为。[2]

胡塞尔似乎也想对价值统觉这样的行为进行意向结构的分析。"就像我们在朝向感觉素材方面的主观体验的自然态度中,不会在声音感觉和声音素材本身之间做出区分一样,我们也不会区分感受和声音素材的被感受到的价值。我们根本不谈价值,我们只有这个词,即声音的感性快乐特征。就像感性素材是感知体验的材料(Material)一样,……感性感受内容是我们的价值统觉的材料,是这样一个体验的材料,在这个体验中,我们价值化地把握到(wertend erfassen)并在一个综合的感受的统一中享受一段乐曲、交响曲或一篇诗歌等等"。[3]　我们仿佛可以类比于感知体验的结构分析而将价值统觉行为的结构区分为材料——感性感受内容,行为质料——价值,行为质性——价值化或价值设定。当然这既不完全是胡塞尔的结论,也不完全是舍勒的结论,因为舍勒并没有过多关注价值感受行为的结构分析,而在胡塞尔那里,尽管价值统觉行为可以拥有自己的材料、质料、质性方面,但它却又总是处在"一个综合的感受的统一"中,价值统觉行为与表象行为的联结是否一定是本质必然的? 这对于我们,甚至对于胡塞尔本人都仍然还是个问题。

事实上,在《观念 I》中,胡塞尔就曾宣称:"这个对我存在的世界不只是单纯实事世界,而且也以同样的直接性是价值世界、善业世界和实践的世界。我直接发现在我面前的事物,既具备实事状态,同样

----

①　参阅 Hua XXVIII, S. 423f.。

②　在本书的范围内,我们不再特别强调在情性或感受行为领域内的感受反应和价值统觉之间的区分,而是会把注意力集中在与理性领域相对的作为整体的情性或感受领域。这一整体的领域既涉及到价值,也涉及到价值统觉,还有价值化行为等等。

③　Hua XXXVII, S. 326(这份手稿没有被标注写作时间)。

也具备价值特性，如美与丑，令人愉快和令人不快，适意和不适意等等。"①可以说，表象行为朝向"单纯的实事"，而价值化行为则朝向"有价值的实事"，或者说，价值才是价值化行为的完全的（voll）意向的相关物。因此，在类似价值化的那类行为中，我们在双重意义上拥有"意向对象"，即单纯实事和完全的意向对象，相应的便具有一种双重的意向和二重的被指向性。②

显然，我们可以看到，在胡塞尔意向性感受理论中所呈现出来的明察和含糊不清的困难一直绞缠在一起，即便胡塞尔自己也多次意识到这一点。他明显地感觉到，尽管他在客体化行为的描述方面获得了许多令人信服的结论，但一旦扩展到非客体化行为的领域，一切就变得异常复杂和困难。

但是姑且撇开这些困难不谈，胡塞尔这里的一个最基本的思路还是清晰可见的。胡塞尔在伦理学的领域引入了价值，并且将一门普遍的伦理学奠基在价值论上。而像"价值化"这样的词的第一个意思就是"价值认定"（Werthaltung），就是"情感或意愿的行为"，③因此价值论本身又和一门情感/感受理论联系在一起。正如他早在1900年就强调的那样，"每一个规范命题都以某种价值认定（认可、估量）为前提，通过这种价值认定，在一定意义上的、相对于某种客体而言的'好'（价值）或'坏'（无价值）的概念便得以形成"。④ 因此，对意向感受行为（价值化行为、价值认定行为）的分析至少可以构成胡塞尔战前伦理学思考的基础或入口，而这样一门伦理学恰恰是从批

---

① Hua III/1，S. 50。在《观念 II》中，胡塞尔也提供了完全类似的表述，参见 Hua IV，S. 27。

② 参阅 Hua III/1，S. 66f.。

③ 参阅 Hua XXXVII，S.315－316，359－360。

④ Hua XVIII，A 43/ B 43.

评康德发端的。

相对于康德,胡塞尔通过对象性先天理论,发现了感受和情性领域的先天或先天本质法则性。尽管胡塞尔的意向性感受理论内部存在着诸多困难,但是我们后面会发现,这些困难未必是现象学本身的困难,而可能仅仅是胡塞尔现象学的困难。而且退一步说,即便胡塞尔意向性感受理论中的这些困难是无法解决的,但是也不影响他在价值－感受行为之意向性结构本身中所发现的先天之物(价值)以及在这个先天之物和把握它的感受行为之间的本质法则性所具有的现象学的明见性。也可以说,对于现象学家来说,康德的理性先天原则首先是不合情理而且空洞的,因而是首先要被取代的。这是胡塞尔和舍勒共同的地方,但是在现象学的内部,胡塞尔这里所展现出的困难无疑还是需要得到进一步的现象学的审思。而缕清舍勒和胡塞尔的共同点和不同点则是我们下一步的任务,我们先来看他们共同的地方,即对康德理性先天原则的批判。

3.2　舍勒对康德理性先天的批评与情感先天原则

与在胡塞尔那里一样,在舍勒通向伦理学的进路和康德伦理学的进路之间也存在着一条鸿沟,同样地,舍勒现象学的伦理学也恰恰是在与康德伦理学的对峙中获得其清晰的轮廓的。这一点,也可以从舍勒《形式主义》一书的第一版的副标题看出来:"尤其关注伊曼努尔·康德的伦理学。"

舍勒自第二版开始替换了这一副标题[①],很重要的一个理由就

---

① 自第二版以后,《形式主义》一书一直使用"为一门伦理学人格主义奠基的新尝试"这一副标题。

如舍勒早在该书第一版前言就已经表明的那样："对康德伦理学说的批判只是这部著述的一个**次要目的**。……笔者处处都想通过对真实事态的**积极**揭示来批判他所认为的康德纲领中的错误。他并不想通过一种对康德学说的批判或因为这种批判才获得真实的事态"(II,9)。因此,我们可以说,对康德的批评只能是舍勒发展出自己理论的一个引子,而从来都不是他的最终追求,在他对康德伦理学的理性先天原则这一点的批评上也一样,他的最终目的还是要引出他自己的情感先天原则,来为其现象学的质料价值伦理学建基。[①]

舍勒对康德"理性－先天"的批判是和他对康德"形式－先天"的批判紧紧联系在一起的。根据舍勒,康德的理性先天是一种对"先天"的"完全未经论证的窄化和限制",而这样一种窄化和限制就导源于康德将先天等同于形式(II,83)。如同海德曼(I. Heidemann)曾指出的那样,基于将理论理性和实践理性完全相类比的考虑,在康德那里存在着如下的等同[②]：

$$\frac{先天}{后天} = \frac{形式}{质料} = \frac{理性（思维）}{感性} = \frac{意志}{感受}$$

在这种背景下,我们可以理解舍勒这样的论断,即"将'质料之

---

① 笔者在此处强调舍勒思想的展开并不以他对康德的批判为基础,但这并不意味着舍勒这本书没有对康德进行系统的批判。事实上,康德的确是舍勒的一个最主要的对峙者,《形式主义》一书也的确从现象学角度对康德伦理学进行了集中的检讨。但是舍勒自己却并不希望这样一种检讨成为他自己学说赖以展开的依据。换言之,即便退一步说舍勒误解了康德,但这实际上也不影响舍勒自己学说的展开。评价舍勒思想适恰与否的标准不在于他对于康德评论的合适与否,而在于现象学的明见性原则。

② 参阅 Ingeborg Heidemann, *Untersuchungen zur Kantkritik Max Schelers*, (Diss.) Köln 1955, S. 46f.。另外,李明辉先生曾经也给出一个类似的但较为简略的图表,参阅李明辉：《四端与七情：关于道德情感的比较哲学探讨》,上海：华东师范大学出版社,2008年,第46页。

物'(既在认识论中,也在伦理学中)等同于'**感性**'内涵,而将'先天之物'等同于'**思想之物**'或通过'**理性**'而以某种方式**附加**给这些'感性内涵'的东西"是康德学说的基本谬误(II, 73)。这种等同之所以是根本错误的,是因为在舍勒看来,"感性内涵"(sinnlicher Gehalt)或者"感觉"(Empfindung)根本不是指"在一个内涵中对这个**内涵**的规定,而仅仅规定着一个内涵(如一个声音、一个颜色连同它的现象学特征)**如何传送**的方式"(II, 73f.)。这意味着,对于舍勒来说,"感性内涵"或"感觉"永远不是对象,也不是一个直观内容,永远不会自身被给予,而仅仅是"外在的(和内在的)现象世界的变更方向,每当这个世界作为一个**独立于一个个体的当下身体之物**而被体验到时,它都具有这种变更方向",这恰恰就是"感性内涵"或者"感觉"的本质(II, 77f.; X, 433ff.)。在此意义上,如果康德将感性等同于质料,那么他就仍然分有着他的感觉主义对手的错误前提,就如同胡塞尔已经批评指出的那样。在舍勒看来,康德的这种基本谬误首先体现在他对"接受性－自发性"这对概念的规定上。

　　"接受性－自发性"这对概念被康德用来指称一切认识在内心中的两个基本来源:第一个是接受表象的能力,即印象的感受性,第二个则是通过这些表象认识一个对象的能力,即概念的自发性。康德强调:"通过前者,一个对象**被给予**我们,通过后者,该对象在与那个(仅仅作为心灵的规定的)表象的关系中**被思维**。"①而根据舍勒,康德恰恰是通过对"接受性－自发性"这对概念的规定而发展出了一种"制作性的知性活动的神话",康德先天学说的根本谬误正是源于这样一种神话,由于这样一种神话,"先天被虚假地限制在'形式'上,这种形式是或应当是一种'**构形活动**'、一种'**构形行为**'和'**联结行为**'

---

　　① Kant, KrV, A 50/B 74.

的结果"（Ⅱ，84）。康德的这种神话事实上是一种"纯粹臆造性的解释"，它并非基于直观或者现象学的经验，而是基于康德从休谟那里接受而来的感觉主义的错误前提，即"'被给予的'处处都只是一个'无序的混乱（Chaos）'"（Ⅱ，85）。

不仅如此，更为重要的是，恰恰在这一神话中康德泄露了他自己对待世界的基本态度和基本立场。舍勒将康德的这种基本的态度和立场描述为"对所有'被给予之物'本身的完全原初的'敌意'或'不信任'"，"对所有作为'混乱'的'被给予之物'——'在外的世界与在内的本性'——的恐惧与畏惧"。换言之，在舍勒看来，康德是以一种"对世界之恨（Welthass）"来对待世界的，在这种"对世界之恨"中，"本性"则变成了需要进行构形、进行组织、进行统治的东西，它变成了"敌对之物"、变成了"混乱"，因此也就完全是"对世界之爱、对世界之信任、对世界直观的和爱的献身的对立面"（Ⅱ，86）。而康德的"制作性的知性活动的神话"或者说他的先天学说的根本谬误就基于这种"如此强烈地贯穿在现代世界的思维方式之中的对世界之恨"，它导致的一个极端的结果就是："无限制的行动需要"，即"组织"世界和"统治"世界（Ⅱ，86）。

依照舍勒的看法，在理论哲学中，这种"无序的混乱"被用来标识"感觉"，在实践哲学领域则被用来标识"本能"或"禀好"（Neigung）。正是通过这种不恰当的标识，康德将一切在伦理学上重要的感受（甚至包括爱和恨[①]）归入了"无序的混乱"或者单纯感性的领域，因而在伦理学的建基层面予以排除。如同胡塞尔一样，舍勒这里也追随了布伦塔诺的基本主张，认为在较低级感受和较高级感受之间存在着

---

　①　参阅Ⅱ，83，Anm.1："正是这一成见才使康德闻所未闻地将爱与恨看作是'感性感受状况'。"

基本的区别，而康德则在理性和感性的根本性二分中消弭了这一区别。即便在康德那里是唯一的例外的"敬重感"[①]——它是"通过伦常法则而引发的精神感受"，或者如我们前文所说，它是一种"实践地引发的接受性"——在根本上还是相对于"自发性"的理性，根本上还是属于感受，因而是一种"接受性"。只因其是一种特别的"实践地引发的接受性"，所以才可充任伦常性的执行原则，但无论如何，它都与伦常性的判断原则毫不相干。而除"敬重"以外的所有其他感受甚至被康德视为"感性感受"，因而都"具有感性的起源"，根本而言，"康德在感官快乐、喜悦、幸福、极乐之间既没有做质性方面的，也没有做深度方面的本质区分"（II，247）。与胡塞尔一样，舍勒这里也再一次强调了他对康德的基本批判，"康德所有的这些前提……都是完全没

---

① 参阅 II，247f.，391f.。后来海德格尔在他的康德解释中高度评价了康德的"敬重"，"康德对敬重现象的阐释是最精彩的道德现象之现象学分析"，并且他还讥讽舍勒在《形式主义》这里对康德"敬重"的批评是"根本不得要领的"（参阅 Heidegger, *Die Grundprobleme der Phänomenologie*, S. 189，193；海德格尔：《现象学之基本问题》，第 176、181 页）。实际上海德格尔对舍勒的这一批评早在他 1923 的早期弗莱堡讲座中就已经做出了（参阅 Heidegger, *Ontologie. Hermeneutik der Faktizität*, *Frühe Freiburger Marburger Vorlesung Sommersemester* 1923, GA 63, Frankfurt am Main 1988, S. 26；中译参见海德格尔：《存在论：实际性的解释学》，何卫平译，北京：人民出版社，2009 年，第 33 页），不过，尽管海德格尔对于康德"敬重感"的现象学－存在论的**重释**是精彩的，但是如同他对舍勒的大多数批评一样，这里的批评依然没有能切中舍勒。需要特别说明的是，海德格尔这里对康德"敬重感"的重释，更多是其基础存在论或此在生存论基本思想的表达，因而这一重释本身并非针对着康德自身的问题，或者说，它的根本目标并未指向康德伦理学中的建基问题。但是，另一方面，这一重释也的确为（现象学的）伦理学本身提供了可能的存在论基础，尽管海德格尔并无意去展开这一现象学的伦理学。同时，海德格尔也在两个层面上误会了舍勒。首先，舍勒对于康德"敬重感"的批判基本上是在伦理学建基问题这一层面的，但海德格尔的讥讽却并未指向这一层面；其次，海德格尔认为，舍勒根本上并没有关注到康德"敬重感"的实质，即海德格尔在其重释中表达出来的此在存在论，因此尽管舍勒追问了人格的现象学本质，但是他对人格"存在"的"存在论意义"却缄默不语，从而根本上耽搁了对"存在"问题的追问。但是在笔者看来，舍勒在其人格现象学－存在论的研究中实际上为我们预演了海德格尔后来所做出的此在分析。对此更为详细的讨论，可参阅第 6.2 节。

有根据的，而且——历史地看——恰恰是一些部分是从英国人、部分是从法国人的感性主义心理学和伦理学中为他所不假思索地接受下来的非批判性假设"(II, 248)。而他本人的任务，如同在理论哲学或"质料先天"问题上一样，就是要去揭示出康德批判哲学中那些未经批判的前提和假设。

尽管舍勒完全赞同康德对于伦理学中一切享乐主义的批评，而且对伦理学史上形形色色的享乐主义的批评甚至也是舍勒的一项基本任务，但是舍勒却完全没有办法同意康德将"任何一门通过向情感的生活－亲历(Er-leben)之回溯而建立起来的伦理学"等同于享乐主义。换言之，舍勒和康德在对待享乐主义上的共同态度在于，他们都认为在享乐主义中根本不可能有一个先天性的领域，因而享乐主义最终必定会导向伦理学的相对主义和怀疑主义。但是舍勒却没有同康德一样完全拒绝享乐主义的出发点，即通过情感来论证伦理学，而是通过揭示情感领域①的先天性，进而发展出一种"先天的情感"来为他的先天的，但同时也是质料的伦理学建基。

简而言之，在舍勒这里，一切感受都并非是"无序的混乱"，同时在情感领域存在着质性方面和深度方面的本质差异②，由此相对于康德的"对世界之恨"，舍勒对待世界的基本立场和态度就是在感受

---

①　这里有必要预先区分一下舍勒所使用的几个概念。情感(Emotion)是最为宽泛的概念，可以包含感受(fühlen)、感受状态(Gefühlszustände)或感受内容、偏好(Vorzie-hen)、偏恶(Nachsetzen)、感触(Affekt)、爱和恨，以及诸如同情、痛苦、懊悔、羞耻感、怨恨、敬畏、恭顺等等。在这个意义上，我们可以谈论舍勒的情感生活现象学。换言之，当我们谈论一种与康德理性先天相对的情感先天时，是在最宽泛的意义上使用的。舍勒有时也直接说感受先天，这更多是针对英格兰道德感受学派而言的，当然也可以说是针对康德第二阶段的道德感受伦理学的。但不管怎样，无论是情感先天或是感受先天所要传达出来的意义是明确的，我们在本书中不再明确地区分这两种表述。

②　我们在后面的第 4.3 节会进一步讨论这种在情感领域中存在着的质性方面和深度方面的本质差异。

和情感中的"**与世界的生动交往**(lebendigen Verkehr mit der Welt)"(II，87)。与胡塞尔一样，舍勒也发现了情感领域的先天本质法则性。① 因此，舍勒这种"与世界的生动交往"完全可以既是感受或情感性的，同时又是绝对的、先天的。

我们在第二章曾指出过，对于舍勒来说，"先天"首先意味着一种对象性的本质性和"何物性"，它作为一种"质料"可以在现象学的经验或者本质直观中自身被给予，不仅是在知性－理性领域，而且在感受－情感领域都存在着这样一种质料的先天，因此甚至可以如亨克曼所说，在我们全部精神生活中到处都存在着这种质料的先天。② 舍勒说得很明白，"即使是精神的**情感**方面，感受、偏好、爱、恨，以及**意愿**都具有一个**原初先天的**内涵，一个不是从思维那里借来的内涵，一个需要由伦理学在完全独立于逻辑学的情况下加以指明的内涵"(II，82)。这种"原初先天的内涵"完全独立于归纳经验，也独立于一般认识论的经验，相反，在精神感受活动这里和在纯粹思维中一样，都存在着对行为本身、对行为之质料的本质直观，存在着对它们的奠基与联系的本质直观，因此在精神感受和情感领域一样存在着"明见性"和"现象学之确定的最严格的精确性"(strengste Exaktheit der phänomenologischen Feststellung)(II，84)。或者如 P. 古德

---

① 我们这里可以再一次发现胡塞尔和舍勒在伦理学方面的相似性，有关这一问题的系统而深入的研究仍然是有待开展的课题。可以简单提示的一点是，尽管胡塞尔和舍勒本人在伦理学层面的直接的相互激荡也有迹可寻，但笔者认为，存在这种相似性的更重要原因是他们在伦理学上拥有着共同的"先行者"——布伦塔诺。关于胡塞尔与舍勒伦理学方面的相关文献可以参阅 Ullrich Melle，„Schelersche Motive in Husserls Freiburger Ethik"，in：G. Pfafferott (Hg.)，*Vom Umsturz der Werte in der modernen Gesellschaft*，Bonn 1997，S. 202 - 219；以及 Husserl，„Husserls Randbemerkungen zu Schelers Formalismus"，hrsg. von H. Leonardy，in：*Études phénoménologiques* N. 13 - 14 (1991)，S. 3 - 57。

② 参阅 W. Henckmann，*Max Scheler*，a. a. O.，S. 78。

（Paul Good）曾恰当地指出的那样，人们也可以将这种情感/感受的明见的先天本质性称作"感受的语法"（Grammatik der Gefühle）。①

据此舍勒跟随帕斯卡尔宣称，存在着先天的"心的秩序"（*ordre du coeur*）或"心的逻辑"（*logique du cœur*）②，这里的"秩序"或者"逻辑"完全不同于通常逻辑学意义上的"理性"，而是首先意味着"精神的**非逻辑－先天方面**"，因此，在舍勒这里，"价值公理也就完全独立于逻辑公理，它们绝不意味着仅仅是逻辑公理在价值上的'运用'。**纯粹逻辑学**与一门**纯粹价值论**是**并列**的。……**价值现象学**和**情感生活现象学**必须被看作是完全独立的、不依赖于逻辑学的对象领域和研究领域"（II，83）。他的现象学的质料价值伦理学恰恰就奠基在这样一门纯粹价值论和情感生活现象学之上。

而要使得一门**先天－质料**的伦理学能够建造，首要的是要彻底地扬弃那样一种二元论的假设，即认为"理性"与"感性"的对立便可以穷尽人的精神，或者对人的精神的一切都可以做这种"非此即彼"的划分。这种二元论的假设在舍勒看来是根本错误的，因为它恰恰使得人们忽略了或者误释了整个精神行为领域的本己的本质特征。与在理论哲学或"质料先天"问题上一样，舍勒这里再一次坚决拒斥了康德批判哲学中的这种未经批判的二元论前提。舍勒的意图很明确，他既不能接受康德批判的纯粹理性伦理学，更不会去接受那些在康德那里被否定的二元对立中的另一面，也就是说他不会简单地回到前康德或者康德前批判时期的伦理学，因此尽管舍勒完全否定了

---

① Paul Good，„Vorwort: Max Scheler lesen heisst, den Sinn für Werte wecken"，in: Max Scheler，*Grammatik der Gefühle. Das Emotionale als Grundlage der Ethik*，Ausgewählt und mit einem Vorwort hrsg. von Paul Good，München 2000，S. 21ff.，25ff.。在感受/情感领域中，舍勒也曾使用过"语法"这一表达，例如参见 VII，22，92，112。

② 这一理论在舍勒思想中极为重要，我们在后面的第 6.2.2 节还会再讨论。

康德的"哥白尼式的革命",但人们完全无法说他进行了一场"托勒密式的反革命",舍勒的根本立场恰恰是要彻底地取消这种"非此即彼"的二元对立本身,或者可以说,这也正是现象学的革命性意义之所在,无论是在理论哲学的层面,或是实践哲学的层面!

最终舍勒发展出了"情感的先天主义"(Apriorismus des Emotionalen),这里的情感,或者如胡塞尔曾经提及的"理性的感受"既非康德意义上的理性也非康德意义上的感性,而是具有其自身先天的本质法则性的绝对的情感。由此舍勒也发展出了一门"先天－情感伦理学",它既相对于一般的经验性的情感伦理学(如享乐主义),同时也相对于绝对的、先天的理性伦理学(如康德的纯粹批判伦理学)。但是在舍勒看来,康德完全没有注意到为这样一门"先天－情感伦理学"提供依据的"**事实圈**"(*Tatsachen*kreis),而康德赖以为其先天理性伦理学提供最终论证的"理性的事实"则仍然是"没有根基的"。舍勒追问到:"在一个'纯粹理性的事实'与一个单纯的心理学事实之间的区别是什么?"(II, 66)在他看来,由于康德那里缺失一种"现象学的经验"或者本质直观,因此康德根本就无法回答这个问题。与康德相对,舍勒将一种"现象学的或纯粹的事实"作为他现象学的伦理学的最终论证。这种"现象学的或纯粹的事实"在舍勒这里就意味着在现象学的经验或本质直观中自身被给予的"质料的先天",但这种"质料的先天"在根本上包含着三种不同但彼此相关的先天:即先天的行为、行为的先天实事内涵以及在行为及其实事内涵之间的先天的本质关联。这三种先天都是质料的先天,因为它们都可以作为"质料"在现象学的经验中自身被给予。它们体现在伦理学层面就是:情感先天、(在情感中被把握到的)价值先天以及情感－价值之相关性先天。

最根本而言,在舍勒看来,由于康德的伦理学的理性先天原则,他完全忽视了伦常认识的整个领域并因此而忽视了伦理先天的真正"位置",而伦理先天的真正位置对于舍勒来说无疑是在伦常认识的领域之中(II,88,99)。而现象学的质料价值伦理学的基础根本上就在于这样一种伦常认识,或者首先也在于意向性的感受①和价值感受②。这一点,也正是现象学的伦理学,无论胡塞尔还是舍勒,根本不同于康德先验的伦理学的地方。

3.3　舍勒对胡塞尔意向性感受的
批评与发展

　　舍勒现象学的质料价值伦理学的对手不仅有现象学与康德先验哲学共同的敌人———一切一般质料的-情感的伦理学,因而也是经

----

　　①　在一个脚注中,舍勒曾提到:"参见在上面所引的希尔德布兰德书中对康德青年时期著作的论述,根据这些论述,在康德那里可以发现对意向感受之设定的痕迹"(II,269,Anm.1)。舍勒这里所提到的希尔德布拉德(Dietrich v. Hildebrand)的著作是《伦常行为的观念》,它最初发表于《哲学与现象学研究年刊》的第三卷(*Jahrbuch für Philosophie und phänomenologische Forschung*,*Bd*. *III*,Halle 1916,S. 126－251)。在这部著作中,希尔德布兰德提到了康德早期伦理学专题论著"关于自然神学与道德的原则之明晰性的研究"(1762 年),并且指出,在康德那里仅仅只能提及一种"标记关系"(Anzeichensbeziehung),还不能谈及严格意义上的"意向性"(参阅 ebd. S. 203ff.)。也可参阅 Peter Kaufmann,*Gemüt und Gefühl als Komplement der Vernunft*. *Eine Auseinandersetzung mit der Tradition und der phänomenologischen Ethik*,*besonders Max Schelers*,Frankfurt am Main/Bern/New York/Paris:Peter Lang 1992,S. 247,Anm. 224。

　　②　可以预先指出的是,对于舍勒来说,无论是价值感受还是偏好、爱、恨都属于与非伦常价值本身相关的"价值认识"(Wert-Erkenntnis)或者"价值直观"(Wert-Erschauung),而"伦常认识"(sittliche Erkenntnis)则是与伦常价值相关的,因此要将二者区分开来(参阅 II,87)。舍勒这里对于"价值认识"(或者"价值直观")和"伦常认识"的区分与胡塞尔对于"价值化理性"与"实践理性"的区分也可资比较。在笔者看来,无论是胡塞尔,还是舍勒,他们都在价值论和实践学之间作了区分,这在胡塞尔那里最终体现为"形式价值论"与"形式实践学"之间的分别,而在舍勒这里则体现为"价值现象学-存在论"与"质料价值伦理学"之间的划分。而且,这样一种共通性同样是因为他们都受到了布伦塔诺的决定性影响。我们在下一章还会再论及。

验性的善业(或目的)伦理学,它们代表了伦理学的相对主义和怀疑主义;而且也有他和胡塞尔作为现象学家共同反对的靶子——康德的纯粹理性伦理学,尽管它是绝对的,并且先天的,但同时它也是形式的;最终还有在现象学内部的竞争者——胡塞尔。

　　只有深入到现象学内部,通过进一步厘清胡塞尔和舍勒的区别与联系,人们才有可能更为透彻地理解舍勒本己的现象学伦理学的立场。在本部分,我们将首先通过舍勒对胡塞尔意向性感受学说的批评来进一步展开舍勒自己的意向性感受理论(3.3.1),然后特别地去关注胡塞尔与舍勒在现象学伦理学之建基问题上的基本立场,也正是通过对胡塞尔战前伦理学的批评,舍勒张扬了现象学的质料价值伦理学的第一性地位(3.3.2)。

3.3.1　舍勒的意向性感受和"认之为有价"行为

　　胡塞尔从总体上将意识行为划分为客体化行为与非客体化行为,而这种对心理行为或意识行为进行划分的做法古已有之。在布伦塔诺看来,对心理行为的三重区分可以追溯到柏拉图那里,但更具影响力的区分则是由亚里士多德做出的"思维"与"欲求"的两分。而笛卡尔在"第三沉思"中首次完整而准确地将 cogito(我思)或心理现象三分为"观念"、"判断"和"意愿或情感"。到了康德那里,被笛卡尔二分为"观念"与"判断"的"思维"行为再度合二为一,即"认识";而"欲求"或"意愿或情感"行为则被清楚地界分为"情感"和"意愿或欲求",这样康德就对心理行为做了与笛卡尔不一样的三分。布伦塔诺自己基本上与笛卡尔保持一致,将心理现象三分为"表象"、"判断"和"情感(包括爱与恨、兴趣、意愿等)"行为。① 胡塞尔对意识行为的划

---

① 参见 F. Brentano, *Vom Ursprung sittlicher Erkenntnis*, a. a. O., S. 16ff., 54ff.。

分更为接近亚里士多德，"表象"和"判断"行为共同构成了"客体化行为"的质性属，而"情感（包括爱与恨、兴趣、意愿、欲求等）"行为则被归为"非客体化行为"的质性属。[1]

胡塞尔在《逻辑研究》中不仅对意识行为进行了这种总体的两分，同时还着重对客体化行为进行了更为细致的多重区分，并且描述出各个层次的奠基关系。这里当然不可能展开，我们首先需要关注的是胡塞尔的这种总体的两分以及它们之间的奠基关系。

简单说来，客体化行为是构造客体或对象的行为，非客体化行为则不具有这种构造客体或对象的能力。因此，我们可以主要在客体化行为的内部来谈论一个行为的意向本质——质料（Materie）与质性（Qualität）。"质料必须被我们看作是那个在行为中赋予行为以与对象之物的关系的东西"[2]，质性则主要是指一个行为是否带有"设定"（Setzung），即对一个行为是否执态。每一个客体化行为都拥有自己的质料与质性，而非客体化行为却没有自己的质料，因此它就不具有与一个对象的直接关系。但是，任何的意识行为只要成为行为，它便具有意向性的特征，它总是关于某物的意识，所以非客体化行为必须借助于客体化行为获得质料，获得与一个对象之物的关系，从而成为一个意识行为。这就是客体化行为为非客体化行为奠基的关键所在。原则上，"对一段声音的喜欢"这个感受行为（非客体化行为）必须奠基在"对一段声音的听见或想象"这个表象行为（客体化行为）上。

但实际上问题远没有如此简单！我们可以先来读一段胡塞尔自己在《逻辑研究》发表差不多十年以后、写于 1909/1910 年一份手稿

---

[1]　但是在我们前面已经涉及过的"意识结构之研究"的手稿中，胡塞尔实际上又接受了康德的三分法，即知性、情性和意愿。

[2]　Hua XIX/1, A 390/ B₁ 415.

中的心路描白："为能贯彻这一理解,这耗费了我无穷的精力。自 90 年代以来,我在所有行为中都注意到'关于……的显现'(Erschein-en-von)[这样的结构],对此我一直不停地在尝试,因为我看不到可能性,我无法在所有行为中处理这种显现和'关于……的意识'[Be-wusstsein-von]。"①而这里所说的"关于……的显现"或"关于……的意识"这样的结构所指的就是胡塞尔现象学中的中心概念"意向性"。这段自白表明,尽管胡塞尔自 19 世纪 90 年代以后,就发现了"意向性",但是如何能够在所有行为领域清楚地描述这一结构,特别是在非客体化行为领域的意向性问题(当然也可以说,意向性感受问题)上,胡塞尔遇到了巨大的困难,为此他一直尝试着各种方案。因此在《逻辑研究》中被确定的非客体化行为的意向性以及这种非客体化行为与客体化行为之间的奠基关系,对胡塞尔而言就绝非是定论,而是需要不断地被反省。

在与上面这段自白差不多同时作出的伦理学讲座(1909 年)中,胡塞尔清楚地表达了这一困难:人们究竟应该如何理解非客体化行为或者价值化行为的意向性呢? 按照胡塞尔的说法,在客体化行为和非客体化行为的意向性类型上存在着一条"深深的裂隙"(eine tiefe Kluft)和"根本本质性的差异"。② 在客体化行为中,意向性指的无非是与一个在它自身中构造起来的意向对象的关系,比如对一段声音的"听见"或"想象"这样的客体化行为本身借助于"声音感觉"构造出"一段声音"这个客体,"意向性"在这里指的就是"听见"和在这"听见"中被构造出来的"一段声音"之间的本质性的联系。而在非客体化行为这里,它自身无法构造对象,因此它仅仅是"指向"一个对

---

① 　Husserl, MS. A VI 30/235 a „27".

② 　参阅 Hua XXVIII, S. 337f. 。

象，"意向性"在这里变成了"指向性"，而且在非客体化行为中，这种对于一个对象的"意向的指向"却要有个前提，即价值化行为"通过它在客体化行为中的奠基而在它自身内意识到一个对象"。① 像对一段声音的"喜欢"这样的非客体化行为就要借助于"听见"或"想象"这样的客体化行为预先获得对这"一段声音"的意识到，而后（从逻辑上来说）才可能去"喜欢"。

这就意味着，价值化行为或者非客体化行为要通过"奠基性的表象的中介（Medium）"来施行它的意向性。由此，胡塞尔自己当然必须进一步追问："行为概念仍然是统一的吗？通过对意向性双重意义的认识，这种统一性没有被炸裂吗？"②当然对于胡塞尔本人来说，他必须要有双方面的坚持：一方面，行为概念的统一性无疑是不能被炸裂的；另一方面，他也无法或者说根本不愿放弃他在客体化行为和非客体化行为之间所做的基础性区分。就这后面一点而言，胡塞尔说的很清楚："如果人们试着说，在价值化行为中价值显现了，那么价值恰恰就是对象，而在其中显现出对象的行为就是客体化行为。**如此一来，'客体化行为'这个标题也就绞缠了一切，而人们应该如何坚持非客体化行为的概念呢，这一点则没有能被看出来。**"③

胡塞尔正是基于这双方面的坚持来规定价值化行为的本质及其相关项——价值的。不同于客体化行为，价值化行为并不"指向"客体，而是指向价值。胡塞尔宣称："价值不是存在者，价值是相关于存在和非－存在的某物，但是属于另一个维度。[……]价值是能客体化的某物，但作为客体的价值是某种客体化行为的客体，它在这种将自身交付于价值化行为的客体化中构造自身，而非在价值化行为中

---

① U. Melle, „Einleitung des Herausgebers", in: Hua XXVIII, S. XXXVII.

② Hua XXVIII, S. 337.

③ Hua XXVIII, S. 333.

自身构造。[……]首先要说到的是,这种属于非客体化行为的特殊本质'自身－指向'(Sich-Richten)并不是自身－指向一个为这种非客体化行为奠定基础的表象、感知、判断等等的对象。"①

【插入讨论】

实际上,关于非客体化行为或者价值化行为的**构造**问题,胡塞尔在《逻辑研究》、伦理学讲座以及相关手稿中有着不同的规定。

如我们前文所述,在《逻辑研究》中,胡塞尔认为非客体化行为自身不构造对象。而在他的伦理学讲座和相关手稿中,看起来胡塞尔改变了他的基本立场。一方面,胡塞尔将价值标识为"被给予之物",在价值化的情性行为中原初被给予之物,在此意义上,胡塞尔谈论一种"作为构造价值客体性意识的价值化理性"或者"价值统觉".② 因此胡塞尔也说:"情性行为似乎必须被**不容置疑地**视为对于价值的构造性行为。"③

另一方面,胡塞尔在这一问题上显然又是犹豫不决的。他接着上面的引文继续与自己争辩说:"我们看到,价值化行为对于价值的构造是本质性的;但是如果我们对此加以反思:价值化行为如何能够构造性地行使功能呢? 那么我们就会陷入完全的无法理解之中。仍然只有客体化行为才能构造。"④在另一处他还说:"情性行为根本不客体化。"⑤

---

①　Hua XXVIII, S. 340.

②　参阅 Hua XXVIII, S. 266ff.; Husserl, MS. A VI 12 II/95 a ff.。

③　Hua XXVIII, S. 277。着重号为笔者所加。

④　Hua XXVIII, S. 277.

⑤　Hua XXVIII, S. 253.

在更晚一点的《观念 I》中，胡塞尔似乎给出了比较清楚的意见："**新意向相关项因素**也随着新意向活动因素出现在相关者中。一方面存在有新的特性，它们类似于**信仰样式**，但同时**本身**具有在它们新内涵中的信念逻辑的可设定性；另一方面，与新式的因素相联系也存在有**新式的'立义'**，而且一种**新的意义**被构成了，**它奠基于基层的意向活动的意义之上**，并同时包含着后者。这个新意义引入了**全新的意义维度**，由此所构成的不是单纯'**实事**'的新的规定块片，而是构成了**实事的价值**，价值性，或更确切地说，具体的价值客体性。"①

据此，我们可以确定两个关键点：1）作为价值化行为或者情性行为之相关项的价值是非独立的，它必须"奠基于基层意向活动"的相关项之上；2）价值统觉奠基在事物统觉之上，或者说"奠基在对象意识之上的喜欢意识是一个统一意识，在类比的意义上是自身展开、给予的意识"。② 按照梅勒的看法，现在价值化的非客体化行为是一个被奠基的统觉，而不再像在《逻辑研究》中仅仅是一个被奠基的执态。③ 价值化行为的客体化成为一种"单纯潜在的客体化"，它唯有通过理论行为才**后补地**（nachträglich）被实现。④

我们马上就会看到，舍勒对胡塞尔的主要批评恰恰就集中在胡塞尔的这两个关键点上：1）情性行为及其相关项（价值）**必**

---

① Hua III/1, S. 239f..

② Husserl, MS. A VI 7/11 a–b. 转引自 U. Melle, „Objektivierende und nicht-objektivierende Akte", a. a. O., S. 116。

③ 参阅 U. Melle, „Objektivierende und nicht-objektivierende Akte", a. a. O., S. 117。

④ 参阅 Hua III/1, S. 244；以及 K. Schuhmann, „Probleme der Husserlschen Wertlehre", a. a. O., S. 109。

须和表象行为及其相关项(实事)联结在一起;2)作为非客体化行为的情性行为或者意向性感受是奠基在客体化行为之中的。

克罗维尔很可能就是基于胡塞尔上面对于价值化行为及其相关项(价值)的规定而引出了一个没有说服力的推断,即胡塞尔为了保证行为概念的统一性而"引入"了价值概念,由此,价值就根本不是自身出现于情感行为之中的现象学的素材,而只是因为将价值化理性与逻辑理性的类比而作的一个理论上的"悬设"(Postulat)。[①] 然而,在我们看来,尽管胡塞尔对于价值化行为及其相关项(价值)的规定的确是要论证"行为"概念的统一性,但是价值概念却不是被人为地刻意"引入"的,而是在现象学的直观中被给予的。胡塞尔的问题只是在于,如何去给予价值化行为及其相关项(价值)相应的地位。同时,通过"悬设"这个表述,我们也的确可以看出在胡塞尔本人那里由于他自身立场的摇摆不定而产生的尴尬。事实上,正如梅勒所说,无论胡塞尔如何变换说辞,"只要非客体化行为是给出对象的行为,那么如何坚持客体化行为与非客体化行为之间的区分",就始终还是个问题。尽管这种非客体化行为并非是自身指向理论对象意义上的客体,而是指向价值或善业(Güter),但这些价值或善业还是在非客体化行为之中被给出的某物,而且也在充实的明见性中被证实为客观地存在着的对象性。[②]

看起来,在胡塞尔这里的双方面坚持(即,既坚持行为概念的统一性,又坚持客体化行为与非客体化行为的区分)似乎是难以同时满

---

① 参阅 Steven Crowell, "Phenomenology, Value, Theory, and Nihilism", in: *Edmund Husserl. Critical Assessments of Leading Philosophers*. Vol. V, ed. by R. Bernet, Donn Welton and Gina Zavota, London & New York 2005, p. 112。

② 参阅 U. Melle, „Einleitung des Herausgebers", in: Hua XXVIII, S. XXXVII。

足的。我们这里与其说是解决了胡塞尔在这一问题上的困难，还不如说仅仅是分享了胡塞尔的不懈努力和犹豫挣扎。

借助于舍勒的思考或许有助于我们进一步深入这里的问题。对"感受"的分疏是舍勒现象学研究中的关键性主题。舍勒首先在意向的"对某物的感受活动（Fühlen）"与单纯的感受状态（Gefühlszuständen）或"感受内容"（Gefühl）之间进行了区分，后者仅属于内容和显现，而前者则属于接受它们的功能（II，261f.）。①比如说，对同一个"疼痛"的感受内容（状态），我可以"忍受"之、"承受"之、"遭受"之，甚至"享受"之，等等。这些感受的行为方式或功能可以以变幻无穷的方式建立在感受的纯粹状态上，这些语词意味着不同的感受活动的种类（VI，37）。这里的区分基本上类似于胡塞尔对"意向感受"和"非意向感受"的区分，前者是行为、功能，后者则是内容、行为的因素。更进一步地，舍勒又对意向的感受活动本身进行了区分：对"状态意义上的感受内容"的感受活动和对"价值"的感受活动。前者比如对疼痛的感受（其感受样式有"忍受"、"承受"或"享受"等等），后者则比如对适意、美、善的感受。

因此我们可以看出，在舍勒这里同样存在着最基本的**两个层次的区分**。首先是意向的感受活动和单纯的感受内容的区分，而这个区分本身并不涉及这样一个问题，即意向感受活动在何种程度上是对价值进行把握的官能；其次是对意向感受活动本身（胡塞尔意义上的非客体化行为）的划分：对感受内容的感受活动和对价值的感受活动。后者可以说是舍勒整个现象学伦理学的基础，因为感受行为只

---

① 要注意的是，舍勒在德文词 Fühlen、Gefühl 之间进行了区分，而胡塞尔则更多地使用后者，并且并没有对二者进行区分。事实上，舍勒在其全部著作中也并非始终严格地坚持这两个词的区分，但其基本的思路还是明晰的，在第 4.3 节我们将会看到，这一区分对于理解舍勒的"感受现象学"或"情感生活现象学"来说是根本性的。

有在后者那里"才获得了除它的意向本性之外的还具有的一种认知功能"(II, 263, Anm.)。①

【插入讨论】

舍勒在《形式主义》第 263 页(边码)这个脚注,多为诠释者所关注,历来也有多种不同的诠释②。笔者以为,借助于 P. 考夫曼做出的较为详细的划分,可以有助于我们更好地理解舍勒这里的层次,权列于此③:

1. 感受状态(非意向性的):感触、感性感受、情绪
2. 回答反应(非充分的[rudimentär]意向性的)
3. "关于……的感受"(本真的意向性的)

  ——感受状态

  ——对象性的情感的情绪特征

  ——价值

    a) 功能(接纳地感受)

    b) 行为——偏好与偏恶

      ——爱和恨(没有对象性,纯粹意向性的行为,

---

①   这里实际上还隐含着一个困难的问题,即感受内容或感受状态的被给予方式问题,在胡塞尔那里感受内容本身是被"体验"到的,而非意向地被"感知"到的。但舍勒这里其实存在着两种情况:一方面,感受内容可被"明见地把捉"(fassen)或"可被察觉"(konstatierbar);另一方面,存在着对状态意义上的感受内容的意向地"感受"到。这是否意味着前者类似于胡塞尔所谈的"非意向体验",后者则类似于胡塞尔的较窄意义上的意向行为——客体化行为?

②   例如也可参阅倪梁康:《现象学的始基——对胡塞尔〈逻辑研究〉的理解与思考》,第 163-164 页。

③   参阅 Peter Kaufmann, *Gemüt und Gefühl als Komplement der Vernunft. Eine Auseinandersetzung mit der Tradition und der phänomenologischen Ethik*, besonders *Max Schelers*, a. a. O., S. 217。我们在下一章还会再涉及这些方面的划分。

在本真意义上的"认知"）。

在舍勒这里，这种价值感受活动与它的价值相关项的关系恰恰就等同于胡塞尔那里"表象"与它的"对象"的关系。价值感受活动并不需要通过表象、判断等客体化行为的中介才与对象领域发生联结，毋宁说，它原初地就指向一种特有的对象——价值，因而这种行为本身才能够"被充实"或"不被充实"，在此意义上，舍勒也将这种价值感受行为称作"认之为有价"（Wertnehmung）。①

回到前面在讨论胡塞尔时所举的那个例子：对"对一段声音的喜欢"这个行为进行结构分析。我们发现问题变得更为复杂，这并不再是一个单独的行为，而是一个行为的复合体，需要得到区分的至少有："声音感觉"这个"表象内容"、对"一段声音"的表象（听见或想象）行为、"一段声音"这个客体、**"喜欢"这种感受状态或感受内容**、某种价值以及**"喜欢"这一感受行为本身**，等等。舍勒会说，"喜欢"已经可以构成一个单独的感受行为，它原初地指向它自己的对象——某种价值。这个感受行为与对"一段声音"的表象行为可以说是相互独立的两个行为。同时，"喜欢"这种感受内容并不必然要借助于"声音感觉"这个"表象内容"而与"一段声音"这个客体相联结，而且，一旦这种联结发生，那它必定始终是间接的。因此"对一段声音的喜欢"所标示的实际上是几个行为的复合，即把"喜欢"这个感受行为与对"一

---

① 这个概念胡塞尔也使用过，但主要是在讲座稿或手稿（比如 A VI 手稿等）中，例如参阅 Hua XXVIII, S. 370. 这个概念是个比照着"感知"或"认之为真"（Wahrnehmen）生造出的概念。相关说明可参见倪梁康：《胡塞尔现象学概念通释》，北京：生活·读书·新知三联书店，2007 年修订版，"Wertnehmen"词条。舍勒更偏爱使用的是它的名词化的形式"Wertnehmung"。没有直接的证据可以表明，这两位现象学家在这个概念的使用上互相之间存在着影响的关系。这个概念另一个可能的译法是"价值认定"，它表达的无非是一种价值自身被给予的方式。

段声音"的表象行为相联结,仿佛是"这段声音"引发了我的"喜欢",这种联结是**后补的**或者非本质必然的关系行为。所以,对价值感受行为本身的意向性分析必须与对感受的原因或动机分析相区分。比如,即便是在莫名的悲哀中我也感受到某种价值。

　　这样看来,胡塞尔所面临的困难似乎就不存在了,表象行为和感受行为各自意向地指向自己的对象,感受行为并不原初地指向表象行为构造出来的那个客体,因此"行为"概念和"意向性"概念的统一性得到了保证。但新的问题又出现了,舍勒明确宣称"[价值]感受活动自身原本就是一个'客体化行为',它不需要以任何表象为中介"(II,265),因此胡塞尔在表象行为(客体化行为)与感受行为(非客体化行为)之间的根本性区分实际上已经被舍勒勾销了。换言之,胡塞尔曾经一直没有放弃的双方面的坚持在舍勒这里仅保留了一个,即坚持行为的统一性,而且这种选择,在舍勒看来,恰恰是对现象学的明见性原则的坚持。

　　舍勒之所以放弃胡塞尔对意识行为的总体两分,而将感受行为(胡塞尔意义上的非客体化行为)同样看作是一种客体化行为,恰恰是因为在舍勒那里,感受行为原初地具有与其自身所特有的对象——价值——的直接关系,因此它满足于胡塞尔对客体化行为之特征的界定。因此对于舍勒来说,人们就没有理由固守于客体化行为与非客体化行为的二分。胡塞尔那里客体化行为与非客体化行为的区分,在舍勒这里变成了在"客体化行为"内部的表象行为与价值感受行为的区分。而这样一种根本性的分歧实际上源于他们各自对价值及其被给予性的不同理解。

　　简单说来,舍勒将价值看作一个行为所原初地、独立地具有的对象,因此价值感受行为也就是独立的行为。而胡塞尔则总是将价值与实事相联结(舍勒将这种联结看作是后补的、非本质的),在价值化行为或感受行为中我们总指向一实事，尽管是有价值的实事，而且我们对该实事的指向就是对它的把握（Erfassen），但我们对价值的"指向"却不是以把握的方式进行的。虽然，不仅实事表象（Sachvor-stellen），而且实事价值化（Sachwerten）都具有现时性的样式，但实事价值化总是必然将实事表象包含在自身之中。也就是说，在此价值并未作为被把握的对象而被拥有，因此，类似于价值化的这一类行为始终只能是非客体化行为，始终要奠基在客体化行为之上。①

胡塞尔也提醒我们要注意可能引起的混乱。对美的喜欢（价值化行为）与对美进行判断（价值判断行为）是不一样的。在后者当中，价值本身成了判断认识的对象，因而被客体化了，也就是说，价值判断行为是一个客体化行为。同时，"只有基于对美或善的价值化的情感行为才有可能建立起一个判断行为"②，这是否就意味着，价值判断行为这个客体化行为必须要奠基在价值化行为这样的非客体化行为之上？或者说价值判断行为是二阶的客体化行为，而价值化行为则是一阶的非客体化行为，二阶行为始终要基于一阶行为？对此，胡塞尔并没有给出清晰的回答。

当然，从舍勒的视角来看，这个问题就显得比较简单，而且完全可以不背离胡塞尔本人在客体化行为分析方面所取得的成果。"对美的喜欢"这样的价值化行为本身就是客体化行为，而且类似于智性行为领域内的表象行为（或称谓性的客体化行为），而价值判断行为也是客体化行为，但却类似于论题性的客体化行为。称谓性的和论题性的客体化行为之间的奠基关系在胡塞尔的意向分析中已得到揭示。相类似的，价值化行为与价值判断行为之间也就存在着一种奠

---

① 参阅 Hua III/1, S. 66f.；Hua XXVIII, S. 72。

② 参阅 Hua XXVIII, S. 72, 60。

基关系。

归根到底我们可以说,一方面,胡塞尔和舍勒都通过对康德理性先天法则的批评,而发展出一门意向性感受理论,这样一门意向性感受理论保证了情感领域的先天的本质法则性。因为这种意向性感受再也不是杂乱无章的感觉,而是拥有着它自身的对象性关系。在它之中,价值本身被给予。而这样一种价值以及给予价值的感受行为共同构成了一门普遍伦理学的基础。

然而另一方面,胡塞尔和舍勒之间也存在着原则性的分歧。胡塞尔曾说:"一切行为一般——甚至是情性行为和意愿行为——都是'客体化的',原初地'构造着'对象。"[1]然而,这里的"客体化的"和"构造"都被胡塞尔加上了引号,而在舍勒那里,这样的引号恰恰被抹除了。也正是通过这种抹除,舍勒的根本意图得以展现:在现象学的明见性中,去获得意向性感受(或价值感受)以及伦常明察行为及其相关项(价值)相对于表象行为及其相关项(实事)的**独立的**并且**原初的**地位,从而在根本上彰显现象学的质料的价值伦理学的第一性地位。在本节我们更多致力于对这种价值感受以及价值[2]的"独立"地位的揭显,下一节我们将着眼于对这种"原初"地位的分析和描述,由此,胡塞尔和舍勒在现象学建基问题上的差异也可以显露出来。

3.3.2　理性或情感:胡塞尔与舍勒现象学伦理学的建基

在写于 1906 年 9 月 25 日的一份"私人札记"中,胡塞尔对他自己的现象学或哲学的发展进行了反思,并思考了他需要完成的任务或需要解决的问题,其中第一点就是:"如果我能够称自己为哲学家,

---

[1]　Hua III/1, S. 240.

[2]　我们也将在第 4.1 节专题讨论舍勒对于"价值"本身的理解以及这种理解与胡塞尔的本质区别之所在。

那么我首先提到的是我必须为自己解决这个一般的任务。我指的是**理性批判**。这是逻辑理性批判、实践理性批判、普遍价值化理性的批判。如果不在大致的轮廓中弄清理性批判的意义、本质、方法、主要观点，如果还没有设想、计划、确定和论证它的一般纲领，我就不能真正而又真实地生活。"①

这段反思对于我们问题的重要性在于两个方面。首先，胡塞尔在这里表露出来的逻辑理性批判、实践理性批判和普遍价值化理性的批判的三分，在他后来（自 1908/09 年以后）研究伦理学问题时得到了坚持和进一步的展开，在那里，胡塞尔坚持逻辑学、形式价值论和形式实践学之间的区分，并通过类比的方法来研究伦理学本身。逻辑学、价值学和伦理学这三种规范性的原则科学实际上就具有一种平行的起源，因此也都可以成为普遍的科学。

其次，对我们这里来说更为重要的是，在这段反思中，我们可以很清楚地看到，胡塞尔最终将价值化理性归为理性一般。这意味着，在他那里所谈论的价值化行为、意向性感受或者所谓的"理性的感受"，在根本上都属于理性一般。胡塞尔还一再地坚持"行为"概念的统一性，因此尽管他在客体化行为和非客体化行为之间作了本质性的区分，但是这二者根本上还是（或者更确切地说，还应当是）统一于行为本身，统一于理性一般的。这种基本的看法在他 1908/09 年、1911 年、1914 年和 1920 年的伦理学讲座中都展示出来。

因而在此意义上，我们甚至不能说，相对于康德的理性伦理学，胡塞尔发展了一门情感伦理学或感受道德哲学，而毋宁说，胡塞尔仍然坚持着理性伦理学。但这样一种理性，已经是被胡塞尔扩展了以

---

① Hua XXIV，S. 445. 中译参见胡塞尔："埃德蒙德·胡塞尔的'私人札记'"，倪梁康译，载《世界哲学》，2009 年第 1 期，第 33 页。

后的"普全理性"。对于胡塞尔来说,理性"**标志着超越论的主体性一般所具有的一个普全的、合乎本质的结构形式**。理性指明着证实的可能性,而这种证实最终又指明着明见化(Evident-machen)和明见地拥有(Evident-haben)"。① 据此,现象学一般的最终要求就是去发展一门"完整的理性现象学",这样一门"完整的理性现象学"最终也与"现象学一般"相一致或相合。② 而体现到伦理学层面,胡塞尔就最终发展了一种普全的、理性的自身调节的观念,以及一门意愿促创地(willensgestiftete)尽可能好的生活的伦理学,在他这里,人类实践自主的最高阶段就是绝对理性的阶段或在绝对理性观念指导下的生活阶段,即受现象学论证的生活阶段。③

与胡塞尔不同,舍勒则决定性地发展了一种情感先天主义和情感的伦理学。当然,如我们一再指出的那样,这样一门情感伦理学当然绝然不同于那种后天的－经验性的情感伦理学,比如快感伦理学、享乐主义、幸福主义等等。那样一种尽管是质料的,但是后天的情感伦理学是为康德、胡塞尔、舍勒所共同拒绝的。在舍勒这里,他在根本上拒绝的还是康德所遵循的在理性－先天和情感/感受－后天之间的二元对立本身。也正是在此意义上,我们可以说,如胡塞尔扩展了"理性"概念一样,舍勒实际上扩展了"情感"或者"感受"的概念。因此,胡塞尔曾经使用过的术语"理性的感受"放在舍勒的语境中会更切合。

对于舍勒来说,"**也存在着一种纯粹的直观、感受、一种纯粹的爱**

---

① Hua I, S. 92.

② 参阅 Hua III/1, S. 323.

③ 参阅 Hua XXXVII, S. 243ff.；Husserl, MS E III, 4, 9b。对胡塞尔作为理性学说的伦理学以及作为区域本体论的伦理学的深入研究,可以看看 Hans Rainer Sepp, *Praxis und Theoria. Husserls transzendentalphilosophische Rekonstruktion des Lebens*, Freiburg/ München 1997, S. 130－154。

和恨、一种纯粹的追求和意愿，它们同纯粹思维一样，都不依赖于我们人种的心理物理组织，同时它们具有一种原初的合规律性，这种合规律性根本无法被回溯到经验的心灵生活的规则上去"（II，259f.）。舍勒将这样一种纯粹的感受、偏好、爱和恨标识为"价值直观"、"价值认识"或"伦常明察"，并且所有伦理学都必须"回归为处在伦常认识中的事实及其先天关系"（II，88）。[①] 同时，舍勒也强调，"并非伦常认识和明察本身是'伦理学'"，就此而言，舍勒实际上是把价值论以及伦常认识学说视为一门伦理学的引论，它们最终为现象学的伦理学奠基。[②] 那么，很清楚的是，不同于康德，舍勒最终将他的现象学的质料价值伦理学建基在先天的情感上，借此他也就清楚而明确地回答了他自己曾提出的那个问题："是否就不存在一门绝对的并且情感的伦理学？"（II，260）

可以说，无论是胡塞尔扩展了的理性伦理学，或者舍勒扩展了的情感伦理学，都是一种先天的、绝对的伦理学，它们也都不同于康德，而纳入了先天的情感因素，这种情感因素都又体现为三个方面：先天的情感行为、这一行为的相关项（先天的价值）以及行为与相关项之间的相关性的先天（本质的意向性）。但是在这两种将人类精神行为朝着不同方向（一方面是向着理性，另一方面是向着情感/感受）的扩展中，现象学伦理学却有着不尽相同的命运。

胡塞尔对感受行为这样的非客体化行为与表象行为这样的客体化行为的区分明显带有区分实践理性与理论理性的意图。客体化行为更多处在认识论的视域之中，而非客体化行为则关联于伦理学领

---

① 这里当然还预设了"价值认识"和"伦常认识"之间的相互关系，我们会在下一章专门讨论。

② 亨克曼就曾提醒人们注意，如果要想正确地系统把握舍勒哲学的根本意向，就不能将价值论混同于伦理学本身，参阅 W. Henckmann, *Max Scheler*, a. a. O., S. 102。

域。同时,感受行为因为没有自己的质料,所以始终要奠基在表象行为之上。因而,伦理学问题虽然引起了胡塞尔极大的兴趣,但在他刚开始的建构中却始终只具有第二性的地位。尽管在德·布尔看来,无论胡塞尔的思想经历了如何的变化,但一种伦理动机在他的全部哲学中是始终如一的,"哲学之所以要成为一门严格的科学,只是因为我们必须过一种伦理意义上的严肃生活"。① 但作为一门科学的学科建构来说,伦理学始终是从属性的。

我们已经看到,胡塞尔基本上是通过对布伦塔诺的发展、改造来展开自己的第一个方向的(战前)伦理学思考的。通过将价值-实践理性与理论理性相类比,胡塞尔试图发展一门形式价值论(作为价值化行为的原则性学说)和形式实践学(作为意愿行为的原则性学说),来为一门科学伦理学奠定基础。因此,实际上同舍勒一样,胡塞尔也有区分纯粹伦理学与实践伦理学的意图,并且认为后者始终要以前者为基础。无论胡塞尔伦理学的最终归宿怎样,它和舍勒伦理学的起点是何其相似。最为基本地说,价值论和价值化行为现象学至少也构成了胡塞尔这第一个方向上的伦理学思考的基础或入口。

舍勒一定会同意胡塞尔这样的看法:人们几乎不能谈论"善"和"恶",如果人们将它们从感受中抽象出来的话;客体通过它们的价值调动起我们的情感或欲求,而价值则源始地是以感受-价值的方式被给予我们的。② 概括地说,在胡塞尔那里,"纯粹伦理学作为价值论是一门准-理论科学,在实践中它才变成规范"③,而这个纯粹伦

---

① Th. 德·布尔:《从现象学到解释学》,李河、赵汀阳译,北京:中国社会科学出版社,1994年,第35页。

② 参阅 Hua XXVIII, S. 394f. 。

③ G. Funke, „Kritik der Vernunft und ethisches Phänomen", in: *Neuere Entwicklungen des Phänomenbegriffs*, *Phänomenologische Forschungen*, Bd. 9, Freiburg/München 1980, S. 36.

理学又必须以价值－感受现象学为其基础，至此为止舍勒基本上不会反对，因为他明确表示，"一切应然都必须奠基于价值之中"（II，100）。但问题在于，胡塞尔的这种价值－感受现象学又必须以表象现象学为基础，准－理论科学（纯粹伦理学）始终还要以理论科学为基础。这是舍勒完全没有办法接受的。

当胡塞尔宣称，"逻辑理性的普遍的宰制是任何人都没有办法否认的"，而价值化的和实践的理性则是喑哑的和某种方式上盲的，"因此逻辑理性的火炬必须被高举，以便那被遮蔽于情性和意愿领域的形式和规范之中的东西可以被照亮"；①那么说到底，在这样一种扩展了的理性概念内部，胡塞尔最终就仍然坚持了在康德那里一再被坚持的理性对于感性的统治，区别只在于，康德那里的理性－感性在胡塞尔这里都披上了（扩展后的）理性的大衣，都获得了先天性，但是康德二元论的前提在这里以一种变换了面貌的方式重现，更根本的，在理性－感性相互地位上的传统偏见再一次钳制了现象学伦理学的原初地位，伦理学始终还是准－理论科学，尽管它也是普遍的和先天的。②

但是在舍勒这里，他通过对"情感"或"感受"概念的扩展，则踏出了完全不同的可能性。伽贝尔曾经指出，精神的自身进行展现出意向性体验本质不同方式的多样性，这种本质差异性既强调了意向体验方式的"不可撕裂的结构"，同时也强调了在各个本质不同的意向体验方式之间相互的不可还原性。③ 简单来说，在舍勒这里，无论是

---

① 参阅 Hua XXVIII, S. 57, 59, 68f.。

② 有关胡塞尔理论哲学和伦理学的关系深入研究，还可以参见 Hans Rainer Sepp, *Praxis und Theoria. Husserls transzendentalphilosophische Rekonstruktion des Lebens*, Freiburg/ München 1997。

③ 参阅 Michael Gabel, *Intentionalität des Geistes. Der phänomenologische Denkansatz bei Max Scheler*, a. a. O., S. 99。

感受行为或者是表象行为,它们都有着自身的本质的意向性结构,而且它们都是可以自足的精神行为,因此是不能相互还原的。基于此,如果说感受行为本身就有自己的特殊的与对象的关系,本身就可以是独立的行为,那么感受行为对于表象行为的依赖性,或者更确切地说,感受行为对于表象行为的质料的依赖性,抑或是感受行为与表象行为之间的质料奠基关系就是不成立的。这一点在舍勒思想的早期就已经显露出来。在早期论述他的导师奥伊肯(R. Eucken)的文章中,舍勒就强调了一种"人类精神的价值功能"(I,340),而这种甚至被看作是"舍勒意向性概念的发生的和实事的起源"的所谓的"价值功能"在根本上就是自足而独立的。① 因此,为了凸显价值感受行为及其相关项(价值)的"独立"地位,舍勒彻底拒绝了胡塞尔的这种"表象行为为感受行为进行**质料奠基**"的关系。

不仅如此,为了进一步赢获价值感受行为及其相关项(价值)的"原初"地位,舍勒甚至完全颠转了胡塞尔那里的"质料奠基关系"。在舍勒眼里,"'认之为有价'(Wertnehmen)按照一个本质 – 起源 – 法则是**先**行于所有表 – 象行为的,而它的明见性仍然不依赖于那些表 – 象(vor-stellen)行为的明见性"(II,209f.;II,206),"任何一种对某一对象的智性的如在(Sosein)把握,都以有关此对象的情感的价值体验为前提。[……]'认之为有价'(Wertnehmung)始终先于'认之为真'(亦即感知:Wahrnehmung)"(VIII,109f.)。

实际上,这里展示出来的奠基关系已经不是静态、描述现象学意义上的有效性奠基了,而更多的类似于一种两类不同行为或两类不同的行为质性之间的发生性奠基,并且这也被胡塞尔后来的发生现

---

① 参阅 W. Henckmann, „Das Intentionalitätsproblem bei Scheler", in: *Brentano-Studien* 3 (1990/91), S. 212。

象学研究所解释。

胡塞尔在《观念Ⅰ》以及 1914 年的"伦理学讲座"中就已经指出，在情感行为或价值化行为中存在着一种类似于"存在信仰"（"认之为真"这种存在设定）的设定或执态，比如"认之为美"、"认之为有价"等等。或许我们也可以将之称为价值统觉行为的质性。在这里以及直至最后的《经验与判断》，胡塞尔都表露出这样一种想法，感知行为始终要以"感受"或"兴趣"为开端，行为的进行总要依赖于"行为的引发"，而且这种"感受"或"兴趣"是主动的感受，在其中超越论的自我不仅是认识的自我，也是感受的自我，在其中出现了一种并非是通常意义上的注意力，而是与之平行的新的注意力样式。[①] 在发生现象学的意义上，感受行为和感知行为之间存在着一种**质性**上的奠基关系。这样的一种转变实际上为胡塞尔发展其第二个方向上的伦理学（即一种与个体之爱的价值相关的绝对责任的伦理学或者"伦理要求"的学说）奠定了方法上的基础。[②]

在此意义上，我们认为在意向性感受和意向性表象之间实际上存在着两种不同的奠基关系。对应于胡塞尔的静态的、描述的现象学，这一奠基关系意味着"非客体化行为"（*nicht objektivierende*

---

① 参阅 Hua Ⅲ/1，S. 239 - 245；Hua XXXI，S. 4 - 10；以及 Husserl，*Erfahrung und Urteil. Untersuchung zur Genealogie der Logik*，redigiert und hrsg. von L. Landgrebe，Hamburg [6]1985；中译参见胡塞尔：《经验与判断》，邓晓芒、张廷国译，北京：生活·读书·新知三联书店，1999 年，第 15 - 21 节。

② 限于本书的主题，这里当然既不可能继续展开舍勒和胡塞尔伦理学的比较研究，也无法展开对于胡塞尔后期伦理学以及它与发生现象学的关系研究。对于这第二方面，可以参阅 J. G. Hart，*The Person and the Common Life. Studies in a Husserlian Social Ethics*，*Phaenomenologica* 126，Dordrecht 1992；J. Donohoe，*Husserl on Ethics and Intersubjectivity：From Static to Genetic Phenomenology*，New York 2004。而对于前一点，系统性的比较研究暂付阙如，相关的简要研究可以参看 Arion L. Kelkel，"L'ethique phénoménologique d'Edmund Husserl à Max Scheler. De l'éthique comme » logique des valeurs « à une éthique personnaliste"，in：A. T. Tymieniecka (ed.)，*Analecta Husserliana LXXIX*，Kluwer 2004，pp. 515 - 536。

Akte)与客体化行为之间的奠基关系；而对应于胡塞尔的发生现象学，这一奠基关系又体现为一种"**前客体化行为**"(*vorobjektierende Akte*)与客体化行为之间的奠基关系。[①] 就此而言，我们也可以不去简单地说舍勒颠转了胡塞尔的奠基关系，而更切合地说，舍勒这里补充了胡塞尔的奠基关系，而且是朝着发生领域的一种更为深层的补充。[②]

无论如何，舍勒对于价值化行为和表象行为之间奠基关系的确定都是和他在理论哲学领域对胡塞尔的批评紧紧联系在一起的。如我们在第 2.3.2 节已经讨论过的那样，舍勒在根本上反对胡塞尔那里范畴直观与感性直观之间的奠基关系。在这两个战场上，舍勒所使用的斗争策略也如出一辙，都是强调出胡塞尔那里的被奠基的行为自身（在理论哲学中是范畴直观行为，在伦理学中是价值化行为）所具有的独特的对象性联系，而彻底否认这种被奠基的行为对于奠基性行为（在理论哲学中是感性直观行为，在伦理学中是表象行为）的质料依赖，进而坚持其"独立"的地位。而且也都更进一步地去反转胡塞尔那里的被奠基的行为与奠基性行为之间的奠基关系。而舍

---

① 李南麟曾经强调，在胡塞尔的后期发生现象学中出现了一种新的奠基关系，即客体化行为奠基在非客体化行为之上。他所表达的意思和我们这里想说的基本一致，只是在我们看来，选用"前客体化行为"来表述发生现象学中的情性行为要更为清楚和明确，参阅 Nam-In Lee, "Active and Passive Genesis: Genetic Phenomenology and Transcendental Subjectivity", in: *The Reach of Reflection. Issues for Phenomenology's Second Century*, *Vol*. 3, edited by Steven Crowell, Lester Embree and Samuel J. Julian, West Harford 2001, pp. 517－549。

② A. 施杜特根(A. Stüttgen)曾在其博士论文中较为详细地讨论了胡塞尔和舍勒有关意向性问题以及奠基关系的问题，但是限于客观研究条件，他主要处理的只是胡塞尔的《逻辑研究》和《观念 I》以及舍勒的《形式主义》、《伦理学与认识论》(全集卷 X)等文本，而没有注意到他们各自的其他相关手稿，因此相关问题并没有得到尽可能的展开，参阅 Albert Stüttgen, *Der Gegenstandscharakter der Werte bei Scheler im Hinblick auf Husserl*, Universität Bonn, Diss. 1957。

勒这种斗争的战利品最终就体现为:现象学的质料价值伦理学相对于认识论的第一性地位的获得。这样一种先天的－情感的伦理学最终是基于直接的、原初的、与世界的生动的情感交往(Verkehr),或者说,对世界的爱。

这样一种斗争乃至于"胜利"之所以可能,在这里根本上还是要基于舍勒对价值化行为以及价值本身原初地位的坚持,而这样一种坚持归根到底要基于对价值本身的现象学厘清,这将是我们下一章的首要任务。

在进入下一章之前,我们还要简单回顾一下本章的基本要点。

与前一章的结构一样,只是本章论述的题域从理论哲学领域转战到伦理学领域。但是必须在此费言一句的是,我们这样的结构安排更多是迁就了理解方面的需要,而不代表我们仍然潜在地屈从于理论理性相对于实践理性的优先地位。也可以按照胡塞尔的说法,这样的论述结构只是一种战斗的战略和战术。

本章所要解决的主要任务是讨论舍勒对于伦理学建基问题的回答,或者说,我们要去回答,舍勒的现象学的质料价值伦理学究竟建基于理性,或是情感/感受?

我们讨论了康德伦理学中的理性－先天原则,通过这一原则,康德摆定了道德敬重感在伦理学中的位置,即作为伦常性的执行原则。康德同时也以缺乏先天性之缘故,而将除敬重以外的其他感受归入感性而排斥出道德领域。胡塞尔紧紧揪住这一点,着力批评了康德对于情感/感受领域存在的先天性的完全漠视,并发展出一门意向性感受学说,在这种意向性感受中,价值被给予,因此,价值现象学和作为意向性感受的价值化行为的现象学共同构成了一门普遍伦理学的基础。与胡塞尔一样,舍勒也批评了康德伦理学的理性先天原则,并且也发展了一门意向性感受理论，并最终通过这样一门感受理论以及与之相关的价值理论为现象学的质料价值伦理学奠基。

但是在两位现象学家之间的区别也是清楚的，胡塞尔继续高举了理性（或更确切地说，逻辑理性）的大旗，因此价值化理性和实践理性最终要服从于逻辑理性，伦理学最终只能是"第二哲学"。而舍勒则张扬了情感/感受的直接性、独立性、原本性以及自身之"理性"，据此而坚持了现象学伦理学的第一性地位，并且在这种张扬中，清晰地回答了他的伦理学的建基问题。简单说，舍勒现象学的质料价值伦理学最终建基于先天－情感，这样一门伦理学代表了一种既是先天的、绝对的，又是质料的、情感的伦理学。

4. 舍勒质料价值伦理学的第一层次：现象学的元伦理学

"价值存在作为存在的最终基本样式，与此在和如在一样原本"（XI，60）。

"'善'这个价值是一个附着在实现着的行为上的价值，……它可以说是处在这个行为的'背上'，而且以本质必然的方式；因而它永远不会在这个行为**之中**被意指"（II，48f.）。

通过对"形式先天和质料先天"这一舍勒现象学伦理学的"前问题"的铺垫研究，并且通过对"理性先天和情感先天"这一舍勒现象学伦理学的建基问题的澄清研究，我们终于行进到舍勒现象学伦理学的第一个层次的核心问题，即，在舍勒这里，什么是善？只有回答了这个问题，人们才可以真正去知道什么是好或善的生活方式，人们也才可能去了解应该如何生活。

在舍勒这里，"善"或"恶"当然是一种价值。因此对价值的现象学描述和分析构成了本章的出发点（4.1）。但是，在舍勒看来，"善"或"恶"又是一种不一般的价值，即"伦常价值"或"伦理价值"（II，103f.）。为了回答"什么是善？"的问题，舍勒区分了伦常价值和非伦常价值，并且以现象学的方式描述了非伦常价值诸样式之间的先天等级关系，并最终借助于这一等级关系来规定什么是善（伦常价值），伦常价值在根本上被舍勒确定为人格价值(4.2)。与非伦常价值之间的先天等级区分相对应,在把握这些非伦常价值的情感行为领域也存在着层次的划分,而这些情感行为的质性的和深度上的分层本身也是先天的。最终,无论是价值的先天还是价值等级的先天,无论是情感的先天还是情感分层的先天,所有这些先天论的最后基础都在于"爱与恨的先天论"(4.3)。

　　通过在价值认识行为和非伦常价值本身两个方面的现象学分析,舍勒最终得以在现象学上来回答"什么是善?"这一问题(4.4),现象学的质料价值伦理学的第一个层次以及它与静态的本质现象学之间的关系也将得以显明(4.5)。

4.1　舍勒的价值先天与价值存在

　　伽达默尔曾说:"德国哲学的民族传统促使我们首先要探讨所谓的价值哲学。"①在这个德国哲学的民族传统中,他提到了很多名字,比如,康德、新康德主义者文德尔班和李凯尔特,当然还有更重要的、作为价值哲学创始人的洛采②,自然也有布伦塔诺、胡塞尔、舍勒和

---

　　①　Hans-Georg Gadamer, „Das ontologische Problem des Wertes", in: ders., *Gesammelte Werke*, Bd. 4, *Neuere Philosophie II. Problem. Gestalten*, Tübingen 1987, S. 189;中译参见伽达默尔:"价值的本体论问题",邓安庆译,载严平编选,《伽达默尔集》,上海:上海远东出版社,2003 年,第 280 页。

　　②　对洛采的相关评价可以参看 Herbert Schnädelbach, *Philosophie in Deutschland* 1831‒1933, Frankfurt am Main 1983, S. 206. 在该书的第六章,作者还较为清楚地展示了自 1830 年代到 1930 年代这一百年间德国价值哲学的传统,他区分了价值哲学的三种基本形态:1)对观念论的价值理论的新阐释(洛采),2)先验的价值哲学(文德尔班、李凯尔特),3)现象学的价值哲学(舍勒、N. 哈特曼),参阅该书第 197‒231 页。也有学者依据于这一区分,进一步地在价值伦理学领域进行划分:洛采不仅是价值哲学而且也是价值伦理学的创始者和奠基者,文德尔班和李凯尔特则代表了"形式的"价值伦理学的传统,而舍勒和 N.哈特曼则是"质料的"价值伦理学的倡导者,对此可参阅 Eike Bohlken, „Wertethik",

尼古拉·哈特曼等等。无疑，舍勒的价值现象学是归属于这整个德国哲学的价值哲学传统的，但是同样明显的是，舍勒的价值现象学也必须要和这一价值哲学传统中的其他价值哲学区别开来。

那么，究竟价值是什么呢？实际上，早在1897年的博士论文中，舍勒就基本上放弃了如此追问的方式，他说："至于'价值是什么？'的问题，只要'是'意指着某种实存的表达（而非作为单纯的系词），我们便回答：价值根本不'**是**'。价值的不可定义性正如存在概念的不可定义性一样"(I, 98)。那么我们又该如何来谈论价值呢？或者说，舍勒上面的这段表述在根本上意味着什么呢？我们将从两个最基本的方面来凸显价值的现象学本性：一方面是作为质料先天或者说作为先天感受之相关项的"价值先天（Wertapriori）"(4.1.1)，另一方面则是与此在和如在一样、作为存在的最终基本样式的"价值存在（Wertsein）"(4.1.2)。

4.1.1 作为原现象的价值先天

对于作为对象性的价值的地位问题，胡塞尔曾明确宣称："就其本质而言，价值是被奠基的对象，……价值是**次生的**（sekundär）**对象**。"[①]这意味着，对于胡塞尔来说，价值作为"价值化行为的完全的意向相关物"始终只是在一个"综合的感受统一中"被给予的，价值化行为或价值感受始终要奠基于客体化行为之中。胡塞尔对于价值地位的这样一种确定，在舍勒这里遭到坚决的抵制。对于舍勒来说，价

---

in: M. Düwell, Chr. Hübenthal & M. H. Werner (Hrsg.), *Handbuch Ethik*, Stuttgart/Weimar 2002, S. 108ff. 。更为详细而系统的对价值伦理学的研究可以参看 Michael Wittmann, *Die moderne Wertethik. Historisch untersucht und kritisch geprüft: Ein Beitrag zur Geschichte und zur Würdigung der deutschen Philosophie seit Kant*, Münster 1940。

① Hua XXVIII, S. 310.

值根本不是"被奠基的"或者"次生的"对象,而根本上就是"原现象"
(Urphänomen),根本上属于"不可还原的感受直观的基本现象"
(II, 259, 270)。

根据舍勒,价值**必须**始终是"自身**直观地被给予的**,或者必须回溯到这样一种被给予性上"(II, 37)。因此,价值作为一种质料的先天是在现象学的经验中或本质直观中自身被给予的,或者也可以说,价值本身是一种先天的价值感受行为的先天的质料。正是在此意义上,我们可以将这种自身被给予的"原现象"称作"价值先天"。这种作为质料先天的价值先天展示出一个"特有的**对象**区域"(Ebd.)。由此,这种对象性的价值先天也被舍勒称作"质性"(Qualitäten)或"价值质性",他说,"如果人们想把价值完全归入到一个范畴之中,那么他们就必须把价值标识为**质性**,而不能将它们标识为关系"(II, 249)。这就是说,在舍勒看来,就像颜色"红"尽管在一个视觉的看中成为被给予性,但这并不意味着"红"就处在与视觉这样的感觉状态的关系中,同样地,尽管价值本身也是在一个"关于……的感受"的行为中成为被给予性,但是这也不意味着价值就处在某种与感受状态的关系之中。这里已经涉及到价值的被给予方式了。价值作为不可还原的感受直观的基本现象,是作为我们情感(Emotion)的意向相关项而被给予我们的,一如颜色是视觉的现象并经由视觉而被给予我们一样。这样一种被给予方式全然不同于智性的意识感知的方式,智性对于价值就像耳朵之于颜色一样是盲目的。因此我们还可以说,一门价值现象学必然关联着一门感受现象学,一种价值先天和感受先天,必定还要求在价值和把握它的感受行为之间的"相关性先天"。简而言之,一切价值都是作为价值感受之相关项的"质料的质性"(materiale Qualitäten),就如弗林斯曾指出的那样,一切价值都可以"被理解为现象学的意向感受行为的意向相关项之内涵,而这种感受行为与思维行为和意愿行为鲜明地区分开来"。①

就像一切质料先天作为本质性和"何物性"都是"观念的"一样，舍勒也将这种作为价值先天的价值质性标识为"观念客体"(II，43)。因此，这种价值质性作为一种"观念的对象"必须要和"善业"(Güter)区别开来，后者就其本质而言仅仅只是一种"价值事物"(Wertdinge)(II，32)。价值质性在根本上是独立于事物，当然也独立于善业的。比如美的价值可以存在于一幅画、一首交响乐、或某个风景中，美的价值并不会因为音乐结束就不存在了。但同时，一幅画既可以有美的价值，也可以有某种象征价值，比如耶稣的画像等等，因此价值与作为其载体的"价值事物"或"善业"是相互独立的。②

因为"'善业'与价值质性的关系就像事物与充实着它的'特性'(Eigenschaft)的那些质性的关系"(II，42)。这里首先要得到确定的是，价值就其本质而言，根本上就不是一种事物的"特性"，同时它也不是价值事物的"特性"，但是它却充实着价值事物的"特性"，正如颜色质性或声音质性充实着事物的"特性"一样。这里清晰地展现出两个层次，首先是价值作为质性与其他质性(如颜色质性或声音质性等)之间的区别，它们并非等同的，而是在不同行为中自身被给予的"质料的质性"，但是它们在存在样式的本质上都是一样的，即作为一种"观念客体"而存在。其次，价值作为质性又根本上不同于价值事物或善业的"特性"，相反，这种"特性"是由价值质性来充实的(II，35)。因此，我们要在"价值质性"、"善业特性"和"善业"本身之间做出区分，举例而言，一幅"美"的图画作为价值事物，它含有"美"这种

---

① M. S. Frings, „Max Scheler. Drang und Geist", a. a. O., S. 15.

② 这里说的独立性，当然不能被理解为价值质性本身是完全独立于它的载体的形而上学意义上的实在，或者说在此在上独立于善业，实际上这种独立性仅仅体现在如在或价值存在层面，我们在下一节还会再谈到这一点。

"价值特性"或更确切地说是"善业特性",它之所以能够具有这种特性,恰恰是因为"美"这一"价值质性"本身充实了它,但是毫无疑问,这个作为价值质性的"美"本身并非是附着在这幅"美"的图画之上的,而是具有其独立的存在性,但是特性则不一样,没有了事物本身,也就没有了特性。因此,价值质性本身始终不能被视为一种价值事物的"特性",遑论事物的特性,当然也不同于事物性的质性,而毋宁说,价值"从一开始就属于存在的范畴"(I,98)。[①]

正是基于价值质性与其他事物质性之间的本质分异,作为价值事物的善业,在舍勒看来也不能被混同于"事物"(Ding)。与此同时,舍勒也将"价值事物"(Wertdinge)与"事物价值"(Dingwerte)明确地区分开来。有必要将这三个相互绞缠的概念之间的关系作一厘清:

首先,最先可以区分出来的是"事物价值"。它与其他两个不同,它本质上是"价值",只是说它是某一个"事物"所具有的,或者说划归给事物的单纯价值,因此根本上不同于"事物"或"价值事物",后二者根本上都是一种"事物"。比如一幅画,当我们仅仅将之看作一幅画,那它就是一个"事物",如果将之看作"美的图画",那它就是"价值事物",但是无论怎样,它根本上都要区别于"这幅画的美",后者就是一个"事物价值"(它当然也不是一个特性,而是质性)。

其次是"事物"和"价值事物"之间的关系。从上面那个例子中,

---

① 布罗瑟曾经指责舍勒将价值归为本质,有混同价值本身的本质和价值载体本质的危险,并说他的"质性"概念无法带来启发性,比如我们搞清楚了梵高的画的本质也就搞清了"美"这个价值的本质(参阅 Ph. Blosser, *Scheler's Critique of Kant's Ethics*, loc. cit., p. 82)。依照我们这里的分析,他显然没有注意到舍勒在"质性"和"特性"之间做出的根本性区分。顺便提及的是,布罗瑟在这里还认为,舍勒将价值归在本质的名下,并不比海德格尔将价值归在存在的名下更有说服力,依照我们这里的引文以及下一整节所讨论的内容来看,布罗瑟做出的这个论断本身是没有什么说服力的。

我们可以看得很清楚，"价值事物"和"事物"本身在现象学上是不一样的。但实际上上面的例子表述还隐含着一个巨大的风险。这个风险在于，如果我们将"一幅画"视为"事物"，而将"美的图画"视为"价值事物"，这似乎已经预设或者承认了"价值事物"对于"事物"的依赖性，似乎是，人们只有先把握到"一幅画"，进而才可能将之视为"美的图画"，似乎只有先成为一个"事物"，而后才可能成为一个"价值事物"。如果上面的例子表述最终带来了这样的误解，那么笔者得承认，现象学的直观本身与用语言文字将此直观传诉出来，这二者之间的确存在着莫大的距离。

或许我们要用一种更为极端的"人工语言"来重新表述"事物"和"价值事物"之间的关系。这样一种分析当然是一种现象学的本质的结构分析。对于一个对象 O 而言，人们可以将之表象为一个事物 Do（比如一幅画），人们也可以将之理解为一个与价值相关的事物 Wo（比如美的图画）。但是这个 Wo 按照舍勒的看法，在现象学上具有两种完全不同的构造方式。一种是以舍勒这里说的"价值事物"或"善业"的方式被构造。所谓"价值事物"，实际上只是"奠基于一个特定的基本价值之中的诸价值质性或诸价值状态的'事物性'（dinghafte）的统一。但在善业中当下的是这个**事物性**（Dinghaftigkeit），而不是**这个**事物"（II，43）。换言之，这个作为善业的价值事物根本上就是一种自身构造起来的"事物性"，而与"事物"Do 无关，我们可以将之表示为 dWo（即，dinghafte Wo）。对于舍勒而言，很清楚的是，无论是事物 Do，或是价值事物（性）dWo，它们都是各自在不同的现象学行为中被构造起来的事物性统一，但是它们之间彼此是独立的。而我们一般或通常说的含有价值的事物（wertvolle Dinge）本质上不同于"价值事物"（Wertdinge），它体现着通常所说的 Wo 的另一种构造方式，"只要它的作为'事物'的统一本身不是通过一个价值质性的统一而被构造起来的,而只是**偶然地**在它身上发现价值,那么它就不是一个'善业'"(II, 43),因而我们可以将之标识为 wDo(即,wertvolle Do)。因此,可以确定的是,并非是 Wo 一般要依赖于 Do,而是只有 wDo 的被给予需要依赖于 Do,而 dWo 本身就是原初的自身被给予的,根本无须依赖于 Do。说到底,只有 dWo 才是在现象学上本真被给予的 Wo,而 wDo 根本上还是一种虚假的 Wo,它根本上还是一种 Do,尽管含有了 w,但还不是真正意义上的 Wo。

举个例子来说,比如以达芬奇的"蒙娜丽莎的微笑"这幅画作为对象 O,Do 意味着我们在现象学上将之表象为"一幅画",而 Wo 则是指通常意义上说的"一幅美的图画"。但对这种"一幅美的图画"的构成,在现象学上可以区分出两种本质不同的方式,dWo 意味着我们在现象学上原初地把握到的一个诸如"美"这样的价值的事物性统一(美的图画),而 wDo 实际上则是我们先表象出一幅画 Do,进而在这幅画上发现它还具有美,因此对"美"这个价值的发现在根本上就是一种后补的、非本质的联结,因此 wDo 最终还是一个"事物"Do,尽管是"含有价值的事物"(wertvolle Dinge),但根本上还不是"价值事物"(Wertdinge)或者"事物性的善业"dWo。在这个例子中,我们也可以清楚地看到,Do(这幅画)和 dWo(美的画)之间的根本性差异,因为当这幅画 O 褪色时,Do 本身不会或者基本不会受到影响,我们还是会将之看作一幅画(或者至少是褪色的画),但是 dWo 却受到了根本性的摧毁,美的画根本就不存在了。

因此舍勒说,"对于善业来说,根本性的东西恰恰就在于,价值在这里看起来不只是建立在事物上,而且善业可以说完全为价值**所贯穿**,而且一个**价值**的统一已经**指引**着所有其他处在善业中的质性之总和性——既包括其他价值质性,也包括那些不展示这些质性的质性，例如颜色、形式这类事关物质善业的质性"（II，44）。就此而言，善业或事物在被给予性上是同样原初的，世界原初就是一个善业，就像它是事物一样。我们只是以不同的现象学的目光来看待世界。善业世界的所有发展都不会是对自然事物发展的继续，更不会受到自然事物的"发展方向"的规定，而毋宁说，善业世界的发展最终是"受到某个**价值级序**的指引"（Ebd.）。

所谓"价值级序"（Rangordnung der Werte），展现的是各类价值质性之间的更高的或更低的等级秩序，对于舍勒而言，价值级序与诸价值质性一样都是真正的和真实的，并且都是质料的，因为它们都可以在现象学经验中自身被给予。这种价值质性之间的质料的价值级序"完全独立于一个它在其中显现出来的善业世界的此在，并且完全独立于在历史中这个善业世界的运动与变化，而且对它们的经验来说是'先天的'"（II，37f.）。因此，价值级序相对于善业世界来说，完全是独立而先天的，这意味着它根本上不是从善业中抽象出来的，或者是它们的结果，而毋宁说，"现存的善业已经处在这个级序的**主宰**之下"。按照舍勒的看法，这种价值级序尽管不会明确地去规定相关的善业世界如何如何，但是"它为这个世界划定了一个**可能的游戏空间**，善业的构成不可能发生在这个空间以外。它因此而对于相关的善业世界而言是先天的"（II，44）。所以，质料的价值先天在舍勒这里，就不仅仅意味着价值质性的对象性先天，同时也意味着价值级序的先天。①

在根本上我们可以说，价值是"原现象"、是"最终被给予性"

---

① 我们在后面的第4.2节会看到，这种价值级序的先天也是在现象学的伦常明察中自身被给予的，而且恰恰是借助于这种先天的明见的价值级序，舍勒才有可能回答"什么是善？"这一问题。

(Letztgegebenheit）或者"原被给予性"（Urgegebenheit）"（II，
208）。① 就如同亨克曼所强调的那样，价值并不像概念或者判断那
样要基于理论性的行为，而是**直接地**被给予的；一切价值都是"在'客
体'和'对象'上被规定的，而不可再进一步回溯到其他被给予性
上"。② 舍勒的对价值原初地位的这一强调并不意味着，在价值与事
物之间的可能的关联必须要排除，而是意味着，价值与事物之间的这
种可能的关联在根本上与价值以及价值认识的本质无关。因此，对
于舍勒来说，像胡塞尔那样将价值视为"次生的"和"被奠基的"对象
而将之与事物紧紧关联在一起，这根本上就还是对纯粹现象学一贯
性进程的打断，因而是要被拒绝的。价值，在舍勒这里就始终意味着
一种"不可还原的感受直观的基本现象"，对任何一个对象来说都很
清楚的是，"对象的价值走在对象前面；价值是对象自己的特殊本性
的第一'信使[Bote]'。当对象本身还是含糊不清时，对象的价值就
已经可以是清楚明白的了"（II，40）。

作为原现象的价值先天不仅仅不依赖于胡塞尔意义上的客体化
行为，而且根本上还不依赖于一切"对价值进行体验的主体的心理物
理的机体组织"。③ 相反，价值先天是"观念客体"，"只有在善业中，

---

① 意大利舍勒研究专家库斯纳托（Guido Cusinato）曾经将价值称之为一种"前－被
给予性（Vor-Gegebenheit）的要素，而非被给予性的要素"，但他并没有清楚地界定"前－
被给予性"和"被给予性"之间的区别，因此在我们看来是容易引起误解的（参阅 Guido
Cusinato，„Absolute Rangordnung und Relativität der Werte im Denken Max Schelers",
in：G. Pfafferott（Hg.），*Vom Umsturz der Werte in der modernen Gesellschaft*，a. a.
O.，S. 67）。在这里的语境中，所谓"原现象"或"原被给予性"是指价值一方面独立于诸
如胡塞尔意义上的表象行为，另一方面则独立于诸感受状态（比如快乐状态，等等），它是
在伦常认识中自身被给予的。因此，价值当然还是一种"被给予性的因素"，尽管是"原被
给予性"。

② W. Henckmann，*Max Scheler*，a. a. O.，S. 103.

③ Ebd.

价值才成为'现实的'。它们在有价值的事物（wertvolle Dinge）中还不是如此。但在善业中，价值是**客观的**（它始终如此），同时是**现实的**"（II，43）。如我们已经谈论过的那样，作为质料先天的观念对象既不是实在的此在，也不是柏拉图意义上的"理念天空"的组成块片，因此，作为"观念客体"的价值先天必须要完全与"理念天空"相区别，那么，究竟这样一种作为"观念客体"，但是不能作为"观念存在"的价值意味着什么呢？我们怎样在现象学的价值存在论上来规定它呢？

4.1.2　作为"行为相对性存在"的价值存在

　　A.桑德曾清楚地指出："舍勒不是一个经典意义上的价值伦理学家，与那些[经典价值伦理学家]惯常的看法不一样，舍勒并不宣称一种价值的'观念存在'或者价值的'有效性'（Gelten）。"[①]的确，针对洛采及其追随者的"有效性理论"，舍勒强调说："必须反驳那种认为价值根本不'存在'，而只是'有效'的主张"（II，195）。[②]对于舍勒来说，价值是现象学的事实，它从属于一个特定的经验类型。因此价值当然"存在"，价值的存在是一个**独立性的存在**。那么，人们自然可以像海德格尔那样来追问："在存在论意义上，何谓价值？"[③]或者，还

---

　　① Angelika Sander，*Max Scheler zur Einführung*，Hamburg 2001，S. 43.

　　② 参阅 W. Henckmann，„Person und Wert. Zur Genesis einer Problemstellung"，in：Christian Bermes，Wolfhart Henckmann，Heinz Leonardy（hrsg.），*Person und Wert. Schelers »Formalismus«-Perspektiven und Wirkungen*，Freiburg/ München 2000，S. 20。

　　③ Heidegger，*Sein und Zeit*，S. 91；海德格尔：《存在与时间》，第 80 页。实际上，海德格尔自己已经给出了一个回答："价值是物的现成的规定性。价值的存在论起源最终只在于把物的现实性先行设定为基础层次"（Ebd. S. 133；同上，第 116 页）。根据海德格尔，在存在论上，价值"附着"（Haften）在物之上。系统地梳理海德格尔和舍勒有关价值理解以及相关问题上的关系的研究论著，学界已有多种，例如可参阅 Manfred S. Frings，"The Background of Max Schelers 1927 Reading of *Being and Time*. A Critique of a Critique Through Ethics"，in：*Philosophy Today*（1992），pp. 99－113；Hans Reiner，*Die*

是回到我们上节结束时提到的那个问题：一种作为"观念客体"，但又不是"观念存在"的价值究竟是什么？

　　舍勒曾对此明确表示："我坚决否认存在着具有独立存在领域的'观念存在（ideales Sein）'"（XI，241）。相对于"有效性理论"，舍勒宣称，价值是"独立性存在"，而他同时又明确否认了作为一种"独立存在"领域的"观念存在"，那么，这里的"存在"究竟指的是什么？舍勒接着说："必须弄清楚，并没有作为一种特殊**存在种类**的（或者说特殊此在种类）的观念存在，而是只有'观念的'如此－存在（So-sein）、本质，也就是说知识和认识的对象（因此是行为相对性的'存在'［ak-trelatives Sein]）"（Ebd.）。这意味着，价值这种观念客体的种类对

Grundlagen der Sittlichkeit，Zweite，durchgesehene und stark erweiterte Auflage von *Pflicht und Neigung*，Meisenheim am Glan [1]1951，[2]1974，S. 145ff.；Manfred S. Frings，*Person und Dasein*. *Zur Frage der Ontologie des Wertseins*，*Phaenomenologica* 32，Den Haag 1969；Daniel O. Dahlstrom，"Scheler's Critique of Heidegger's Fundamental On-tology"，in：Steven Schneck（ed.），*Max Scheler's Ethical Personalism*，Rodopi Press 2001，pp. 67－92；Hans-Rainer Sepp，„Widerstand und Sorge. Schelers Antwort auf Heidegger und die Möglichkeit einer neuen Phänomenologie des Daseins"，in：G. Cusi-nato（Hg.），*Max Scheler*. *Esistenza della persona e radicalizzazione della fenomenologia*，Milano：Franco Angeli 2007，S. 313－328。在此问题上，海德格尔方面最重要的辩护者是伊马德（Parvis Emad），主要著作可参阅 Parvis Emad，*Heidegger and the Phenomenolo-gy of Values*. *His Critique of Intentionality*，Glen Ellyn 1981. 布罗瑟曾经对之（以及对海德格尔本人的学说）进行了详细的批评讨论，可参阅 Philip Blosser，*Scheler's Critique of Kant's Ethics*，loc. cit.，pp. 75－88。斯佩德也简要对伊马德进行了批评，并为舍勒提供了现象学的辩护，参阅 Peter H. Spader，*Scheler's Ethical Personalism*. *Its Logic*，*Development*，*and Promise*，New York 2002，pp. 291－294。

　　从总体上来说，这两位现象学家在价值问题上的相关争论的基本面貌业已清楚，笔者暂无别于通常诠释的新见，故此不赘。唯特别值得一提的是，斯蒂克斯（Kenneth W. Stik-kers）曾经借助于舍勒的"抗阻"（Widerstand）和"受苦"理论而将"价值"理解为一种"存在论差异"（ontologische Differenz），甚至于德里达意义上的"延异"（différance），对此可参阅 Kenneth W. Stikkers，"Value as Ontological Difference"，in：J. G. Hart & L. Em-bree（ed.），*Phenomenology of Values and Valuing*，Dordrecht/ Boston/ London 1997，pp. 137－154。

于舍勒来说，就不是一种观念的此在或实在存在①，而是一种观念的如在。价值在舍勒这里，既不同于单纯的"有效性"而是有着独立性的存在，但也不同于"观念的实在存在"，根本上，价值是一种观念的如在。

　　舍勒继续强调，这种观念的如在"在存在论上始终属于实在存在，事实上在存在论上根本不能分离于它。——毋宁说，只是在关涉到心智和意愿时，因而关涉到精神的不可对象化的**行为－中心**②时，分离才发生"（Ebd.）。实际上，舍勒还十分清楚地区分了存在的三种基本样式，即此在（Dasein）、如在（Sosein）和价值存在（Wertsein）（XI，235）。根据舍勒，"价值存在作为存在的最终基本样式，与此在和如在一样原本"（XI，60）。我们可以通过下面这个图表很清楚地来表达这一基本区分：

关于这个图表，我们这里要强调三个要点。第一，对于舍勒来说，此在、如在和价值存在的区分仅仅是在精神中和通过精神才显现出来的，而并非它们自在的或在存在论上本身即是可见的（XI，242）；第二，每一个价值在"本体上"（ontisch）都从属于此在，尽管我们并不知道属于哪一个此在或者哪一个在如在上被规定的此在。舍勒坚持，"并非价值－存在在本体上奠定了此在的基础，而是此在在本体上奠定了价值－存在的基础"（XI，58f.）。在此意义上，弗林斯发展

_____

　　①　对于舍勒来说，此在（Dasein）和实在存在（Realsein）在存在论上是同义的，例如参见 XI，62 等。

　　②　这里所谓的"精神的不可对象化的行为－中心"实际上是指"人格"（Person），我们在下篇还会着重论及。

出一种"价值的功能性实存"(The functional Existence of Values)
理论[1];第三,在存在论内部,这种"**本体上的存在先天性**"(ontische
Seinspriorität)不能与"**被给予性上的先天性**"(Gegebenheitspriorität)
相混淆。按照舍勒的看法,尽管价值存在在本体上要归属于此在,但
是它在被给予性的秩序上却要先于此在和如在(XI, 62)。

与此相应,在被给予性上,此在、如在和价值存在具有着不同的
被给予性样式。我们可以在抗阻(Widerstand)[2]中**把握**(erfassen)
此在,我们也可以去**认识**(erkennen)如在,我们同样可以**爱或恨、偏
好或偏恶以及感受**价值存在。换言之,在舍勒看来,此在、如在和价
值存在在被给予方式既是有别的又是相互独立的,尽管例如我们也
可以认识或者思考一个价值存在,但是这并非价值存在原本的被给
予方式,如舍勒所抱怨的那样,"价值在被感受之后**也**能被思考——
就像在对价值的概念化或有关价值的判断中一样——这个事实误导
人们假定,它们可以被思考,而无需首先感受它们"(XI, 61)。对于

---

① 参阅 Manfred S. Frings, *The Mind of Max Scheler*, loc. cit., pp. 22ff.(中译
本:《舍勒的心灵》,第 15 页以下); Manfred S. Frings, *Lifetime. Max Scheler's Philoso-
phy of Time. A First Inquiry and Presentation*, *Phaenomenologica* 169, Dordrecht/ Bos-
ton/ London 2003, pp. 72ff.。换言之,价值存在本身是不现实的,只有关联于此在,它才
可获得现实性。价值实际上还是须依赖于其载体,就像颜色一样。没有作为载体的事物,
我们就无法看到红本身,同样地,当音乐结束时,美的价值也无法被给予。价值只有当它
体现在载体上时,它才是"存在"的,因此价值是一种"功能性的实存"。但是也要注意,这
里也说得很清楚,价值存在和此在的分异是在精神中才显出的,因此我们这里对价值的功
能性实存的强调更多是基于其现象学的被给予性而言的。因此,这里既要注意到弗林斯
提出这种"功能性实存"与舍勒自己的"本质直观功能化"理论之间的联系,也要注意到其
间的区别。

② 所谓"抗阻"(Widerstand)现象,它只是在一种意欲中以直接的方式被给予的,抗
阻就在于一种与意欲"正相反对"的倾向,在抗阻之中并只有在它之中,对它的实在意识才
被给予(II, 149f.)。关于这个概念与实在存在或此在的关系问题,可以参见拙文:"舍
勒",载谢地坤主编:《现代大陆欧洲哲学》(上),(《西方哲学史·学术版》第七卷,叶秀山、
王树人总主编),南京:江苏人民出版社,2006 年,第 422-425 页。

舍勒来说,价值存在在被给予性上的先天性,一方面不能被混淆于我们已经提到过的"本体上的存在先天性",另一方面也要和"时间次序上的在先性"区别开来。

所谓价值存在在被给予性上的先天性,或者说价值在其被给予性上先于存在的其他两种基本方式(此在和如在)这个原则,在舍勒这里实际上又可以转化为"爱和认识"的关系问题,它所指的无非是:爱比知先行一步,认识之对象在被智性认识、分析和判断之前,首先必须被爱或恨。在 1917 年发表的"论哲学的本质及哲学认识的道德条件"一文中舍勒提倡一种"哲学的自律",即只通过哲学自身,并在自身内部和自身的持存中寻找并发现哲学的本质和规律。哲学认识的对象只能是整个对象世界,而对整个对象世界的一切直观以及在此基础上的一切认知都必须依靠一种精神的基本立场(Grundhal-tung)。这种精神立场被舍勒定义为:"人的有限人格核心参与到一切可能事物之本质中去的爱的确定行为"(V,68)。说爱先于认识,并不是在时间次序上说,似乎要首先是爱,然后是认识,实际上舍勒甚至说,二者在客观时间上是同时的,舍勒强调的是被给予性上的时间秩序(Zeitordnung),而非客观时间意义上的时间次序(Zeit-folge),这和我们前面已经论述过的他有关奠基的思想是紧紧关联在一起的。[①] 舍勒最终以这样一个看似悖谬的句子来规定价值被给予性的优先性:"爱和恨**先于同时的**知识(认识)和意愿的优先性"(XI,63f.；VI,77-98)。

在有关如在和价值存在的关系上,舍勒这里还存在着一个表面上的矛盾之处。一方面,如我们已经讨论过的,舍勒将价值存在和如

---

① 如我们前面所说,这里所谓的被给予性的"时间秩序"与"先天"相关,因此,它更多意味着一种"逻辑意义上的"或者"绝对时间中的"的"在先"或"秩序"。

在以及此在一起看作存在的基本样式；另一方面，舍勒又将价值存在归属于如在，确切地说，是将价值存在与"直观的如在"（anschauliches Sosein）、"合含义的如在"（bedeutungsmäßiges Sosein）一起归入"如在"，我们也可以在下面这个图示中看出来（XI，101）：

划分：　　实在存在-如在（智性的存在、
　　　　　　　　　　　非智性的但意愿的可实现的存在）

如在

直观的如在　　　合含义的如在　　　价值存在

这个图示和前面那个图示看起来显然是有冲突的，问题的焦点在于"如在"。按照笔者的看法，舍勒这里实际上区分了两种不同含义的"如在"：1）广义的如在；2）狭义的如在。这实际上从后面这个图示上面的"划分"部分可以看出来，在这里，舍勒仅仅将实在存在（或此在）与如在相互区分开来，在此语境中，舍勒区分的依据实际上是"被给予性"，相对于实在存在（或此在）是作为一种"抗阻"（Widerstand）存在而被给予的，如在则是作为"对象"（Gegenstand）存在而被给予的。而这个语境下的如在指的是广义的如在，它可以包含价值存在（非智性的存在）以及狭义上的如在（一种智性的存在）。而在前一个图示中的如在显然指的就是"智性意义上的如在"或狭义上的如在，它与价值存在和此在一样是存在的基本样式。有趣的是，舍勒实际上最终是想说，一切存在（无论此在、智性如在或是价值存在）在根本上都可以作为"对象"而被给予，或者是以"Wider-Stand"这种"对－象"（此在），或者是以"Gegen-Stand"这种"对－象"（智性如在和价值存在，即广义上的如在）的方式。①

---

① 在德文中"Wider-"和"Gegen-"这两个前缀都有"对着、反对"的意思。

　　回到我们上面这个图示的下半部分。这里都是在被给予性这个问题的大视域下来谈论的。舍勒实际上首先区分了智性如在和价值存在，然后在智性如在之内，又进一步作出了区分，即直观的如在和合含义的如在。对于舍勒来说，智性如在首先就意味着在现象学的经验或本质直观中自身被给予的本质性和何物性，而这种本质性或者何物性实际上含有两个相互关联的要素：直观的"如在**图像**内涵"（Soseins*bild*gehalt）和合含义的"如在**含义**内涵"（Soseins*bedeutung*sgehalt）。舍勒将前者标识为"原现象"或者"原图像"（Urbild），后者则被称之为"观念"（Idee）（XI，36，47，81）。舍勒说："认识始终是一个相合统一性，即任何一种直观相关物……，也就是一个图像与所思之物的相合统一性。认识就意味着把任何一个图像列入（einreihen）含义领域"（IX，200）。简言之，在舍勒看来，我们对于一个如在的认识本身就是一个将"原图像"与"观念"相合，或者将"原图像"列入"观念"的过程。[①] 而与这种智性如在不同，作为"对象"（Gegenstand）存在被给予的价值存在本身，是在一种特殊的现象学经验，即价值感受或意向性情感行为中被给予的。[②]

---

　　① 舍勒后期这一思想是非常有趣（甚至可以说是相当"刺激"）的，但限于我们的论题，这里无法展开，相关研究可以参看 Eberhard Avé-Lallemant，„ Schelers Phänomenbegriff und die Idee der phänomenologischen Erfahrung"，a. a. O.，S. 98，108－113；Hans Rainer Sepp，„Max Scheler: die phänomenologische Reduktion"，a. a. O.，S. 247f.。

　　② 这里有两种不同含义的"原现象"（Urphänomen）必须要得到清楚的界定：1）作为"最终独立现象"的原现象（III，122，Anm.）；2）作为"原形态"（Urgestalt）的原现象（XI，88）。前者意味着一种"不可还原的基本现象"，在价值方面，它是就价值对感知事物的不依赖性、价值感受对表象的不依赖性而言的，在此意义上，原现象被舍勒更清楚地界定为"不可还原的感受直观的基本现象"（II，270）；与此不同，后者则意味着一种"如在图像内涵"或者"直观的如在"，在此语境中，它涉及到"原现象"或更确切地说"原图像"与"观念"（作为如在含义内涵或合含义的如在）的区别，或者涉及到智性领域之内的直观和思维的区别。可以说，前一个"原现象"更多是相关于"价值存在"的，而后一个"原现象"则是相关

从根本上,价值存在被舍勒厘定为"行为相对性存在"(XI,
241)。据此,舍勒明确地拒绝了一种"绝对的本体主义",即那种认为
"有可能存在按其本质不可被任何意识把握的对象的学说"(II,
270)。与此相对,舍勒的根本立场在于:"根据**这个本质联系**,任何一
个对某个对象种类之实存的主张也都要求给出一个这个对象种类在
其中被给予的经验种类。据此我们说:就其本质而言,价值必须是可
以在一个感受着的意识中显现出来的"(Ebd. 着重号为笔者所加)。
而"这个本质联系",舍勒将之称为"现象学的最高原理",即"在对象
的本质和意向体验的本质之间存在着一个联系"(Ebd.)。通过这样
的最高原理,舍勒清楚地表明了"行为相对性存在"的内涵,也正是通
过这个原理,舍勒所说的"理性的、客观的相对主义"得以张扬。

这样一种作为"相关性先天"(Korrelationsapriori)的"现象学的
最高原理"当然不仅仅存在于舍勒这里,胡塞尔也曾在其《欧洲科学
的危机与超越论的现象学》中明确地予以强调:"当第一次想到经验
对象与被给予方式的这种普遍的**相关性先天**时(大约是 1898 年我写
作《逻辑研究》时),我深深地震撼了。以至于从那以后,我毕生的事
业都受到系统阐明这种**相关性先天**的任务的支配。"[①]在此意义上,
黑尔德完全有理由要求,一门现象学的伦理学,只要它还可以冠以
"现象学"这个名字,那它就要从相关性先天,或者从"显现者与显现
的相互关系原则"出发来建造,现象学的伦理学最终就该以一种"意

于"直观的如在"的。

　　因此,基于这样的辨析和界定,我们不能接受 G. 厄尔(Gerhard Ehrl)的做法,在他颇
具启发性的著作中,他混同这两种不同含义的"原现象"并以之来解释舍勒的"价值"概念,
从而导致了理解上的混乱,参阅 Gerhard Ehrl, *Schelers Wertphilosophie im Kontext
seines offenen Systems*, a. a. O., S. 55ff. 。

　　① 　Hua VI, S. 169, Anm. 1. 着重号为笔者所加。胡塞尔还接着表明,他在该书中
的进一步思考,将如何使得这个问题的意义发生根本改变,并最终一定会导致向绝对的超
越论的主观性的现象学还原。当然,在这一点上,舍勒没有跟随他。

向性伦理学"而闻名于世。①

　　然而,尼古拉·哈特曼在他的伦理学中就没有很好地坚持和维护这种"相关性先天"原理。② 伽达默尔已经指出了这一点："尼古拉·哈特曼违抗胡塞尔的相关性研究的口号,并恰恰是以此发现了行为－现象学和对象－现象学的区分,并为后者进行了辩护。"③ 亨克曼也曾正确地强调："哈特曼把价值内涵的先天性回溯到它的观念存在,以此他被打上了柏拉图主义者的印记。"④ 但是我们也不能同意亨克曼对舍勒的进一步评论,他说,"舍勒也一样,尽管他拒绝了价值的观念存在,并且无疑仅仅是在一个未展开的意义上谈论了一个**非依赖性地持存着**的'价值－存在',这个价值－存在在范畴上完全区分于存在的其他样式"。⑤ 如我们已经讨论过的那样,价值存在在舍

---

　　① 参阅 Klaus Held,„Intentionalität und Existenzerfüllung",in：*Person und Sinnerfahrung：philosophische Grundlagen und interdisziplinäre Perspektiven. Festschrift für Georg Scherer zum 65. Geburtstag*,hrsg. von Carl Friedrich Gethmann,Darmstadt 1993,S. 101；中译参见,黑尔德："意向性与充实",倪梁康译,载黑尔德,《世界现象学》,孙周兴编,北京：生活·读书·新知三联书店,2003 年,第 74 页。但是我们无法接受黑尔德的这一判断：舍勒的伦理学是一种价值论,而非意向性伦理学,因而是"没有根基的空中楼阁"。本书的阐述恰恰表明,舍勒的现象学伦理学始终以"相关性先天"为其最高原理,价值论或价值现象学始终是与情感生活现象学紧紧相关的,因此舍勒的现象学的质料价值伦理学所坚持的"质料先天主义"始终包含着三个方面：实事先天、行为先天与相关性先天。

　　② 也正是在此意义上,他能否被归入"现象学运动",这一点始终是可疑的,尽管他深受现象学家的影响。

　　③ Hans-Georg Gadamer,„Wertethik und praktische Philosophie",in：ders.,*Gesammelte Werke*,Bd. 4,*Neuere Philosophie II. Problem. Gestalten*,a. a. O.,S. 204；中译参见伽达默尔："价值伦理学与实践哲学",邓安庆译,载严平编选,《伽达默尔集》,上海：上海远东出版社,2003 年,第 266 页。

　　④ W. Henckmann,„Materiale Wertethik",in：A. Piper (Hrsg.),*Geschichte der neuen Ethik. Bd. II*,Tübingen 1992,S. 89。

　　⑤ Ebd. 着重号为笔者所加。亨克曼这里所使用的这个说法(unabhängig bestehen)本身很可能就是来自尼古拉·哈特曼："价值不依赖于意识而持存着"(Werte bestehen unabhängig vom Bewußtsein),参阅 Nicolai Hartmann,*Ethik*,Berlin 1926,⁴1962,S. 149。

勒这里始终意味着"行为相对性存在",它在本体上属于一个此在,因此价值存在很难说是"非依赖性地持存着"的,舍勒也完全地与柏拉图主义了划清界限。

舍勒曾经尖锐地批评了尼古拉·哈特曼,认为后者"回溯到一个过于轻巧的实在本体主义和价值本质客观主义之上",对于舍勒来说,人们根本不能去接受一种柏拉图式的价值天空,一种"据说是完全由'独立于'活生生的精神**行为**的本质和可能**进行**——不**仅**'独立于'人和人的意识,而且'独立于'**整个活生生的精神的本质和进行**——而存在的观念天空或价值天空"(II, 21)。①

概而言之,舍勒对价值本身的基本思考体现在两个方面。一方面,不同于胡塞尔将价值视为"被奠基的"、"次生的"对象,舍勒将这种作为质料先天的价值先天视为"原现象"或者"不可还原的感受直观的基本现象";另一方面,又不同于尼古拉·哈特曼的柏拉图式的价值本质客观主义,舍勒坚持了现象学的最高原理(即相关性原理),而最终将不同于此在和如在,同时在存在样式上同样根本的价值存在视为"行为相对性存在"。以这两个方面,舍勒厘定了价值一般的现象学-存在论的"独立的"和"原本的"地位,由此出发,人们才有可能去了解,在舍勒这里,什么是善?

4.2　非伦常价值之间的
先天层级与伦常价值

我们已经提到过,对于舍勒来说,不仅存在着"真正的和真实的

---

① 有关舍勒和尼古拉·哈特曼价值伦理学之关系的新近研究,可以参看 E. Kelly, "Material Value-Ethics: Max Scheler and Nicolai Hartmann", in: *Philosophy Compass* 3/1 (2008), pp. 1–16。

价值质性"，同样在这些价值质性之间存在着一个真正的秩序或等级秩序。这种质料的等级秩序完全独立于善业的此在，根本上是先天的。根据这种先天的价值等级秩序，一个价值比另一个价值"更高"或"更低"，这种"更高"或"更低"在根本上属于价值自身的本质。就像在现象学的价值感受中，价值质性自身被给予，这种"更高"或"更低"也是在一种特殊的现象学的价值认识行为中被给予的。跟随布伦塔诺，舍勒将这种特殊的价值认识行为称作"偏好"（Vorziehen）和"偏恶"（Nachsetzen），价值等级秩序中"更高状态"（Höhersein）在偏好中自身被给予，相对地，价值等级秩序中"更低状态"（Niedrigersein）在偏恶中自身被给予（II，104f.）。①

在舍勒看来，偏好本身不能被混同于"选择"或追求行为。因为，一方面"选择"无疑必须要奠基在对价值的更高存在的已经认识上，而这种对价值更高存在的认识本身恰恰是偏好，因此偏好在根本没有选择或追求行为的情况下发生并且为选择或追求行为奠基（II，265）；另一方面，所谓"选择"，总是指对此一行动或彼一行动进行"选择"，而偏好则首先是与价值相关的，或者是与善业或者是与被感受的价值相关。与价值本身相关的偏好行为被舍勒称作为"先天的偏好"，而与善业相关的则是"经验性的偏好"（II，105）。据此，舍勒宣称："偏好从属于价值认识的领域，而**不**从属于追求的领域。这个类别，即偏好体验，重又在严格的意义上是意向的，它们是'有所指向的'和意义给予的"（II，266；II，47，Anm. 2）。我们这里将把目光

---

① 布伦塔诺将"更高的价值"等同于"偏好价值"，而舍勒则批评了这一点，在他这里，偏好只是通往"更高价值"的通道，但是在个别情况中会存在偏好的"欺罔"（参阅 II，104f. Anm. 3；以及 F. Brentano, *Vom Ursprung sittlicher Erkenntnis*, a. a. O., S. 25f.）。有关布伦塔诺和舍勒在伦理学上相关联系的研究，可以参看 Sergio Sánchez-Migallón, „Die zweideutige Stellungnahme Max Schelers gegenüber der Ethik Franz Brentanos", in: *Brentano-Studien* 11（2004/2005），S. 163 – 197。

主要集中在"先天的偏好"上(经验性的偏好与之结构是一样的,只是相关物不同;而先天的偏恶也与之具有相同的结构,只是相关于更低的价值存在),从三个方面去谈论它的现象学的本质:

首先,先天的偏好属于意向的情感行为。这种先天的偏好的意向相关项是"价值的更高状态"或"更高的价值",因此,在根本上,先天的偏好与意向性感受及爱或恨一道从属于"价值认识"(Werterkenntnis),而不是"伦常认识"(sittliche Erkenntnis)。因为无论是意向性感受还是先天的偏好或者爱,它们本身都是相关于一个价值,或者更明确地说是相关于一个"非伦常价值"。在意向性感受中,某个价值质性自身被给予,在先天的偏好中,某个"更高的价值(质性)"或者"价值的更高状态"自身被给予,而在爱中新的更高的价值质性昭示出来。但不管怎样,它们作为意向性的情感行为始终关联着某个价值,尽管这个价值本身是处在一个先天的等级秩序之中的。而"伦常认识"本身则并不与一个非伦常价值相关,它首先与诸价值质性之间的关系有关,这一点我们在后面还会再论及(II,87;VII,151)。如舍勒所说的那样,"即使一个价值的更高状态是在偏好'中'被给予的,整个更高状态仍然还是一个本身处在价值之**本质**中的关系,所以,'**价值的级序**'本身是某种绝对**不变的东西**,而历史中的'偏好规则'原则上是可变的"(II,105f.)。这价值的级序或整个更高的状态既不是在"偏好"中被给予的,更不会与所谓的"偏好规则"完全相一致,这种所谓的"偏好规则"实际上要从属于舍勒后来所说的"爱的秩序"。①

其次,先天的偏好自身指向一个价值,或者说一个更高的价值或

---

① 有关"爱的秩序"的相关讨论,参看本书下篇第6章。最简单地说,"爱的秩序"构成了我们意向性感受、偏好以及爱、恨乃至意愿等等总体的精神结构或"规则"(X,347f.)。

价值的更高状态，因此它本身是一个"原发的"行为，而绝非"次生的"行为。这意味着偏好行为自身是独立的行为，无须奠基于价值感受行为之中，"我们绝不能认为，对一个价值或多个价值的感受是对偏好方式而言'奠基性的'，就好像偏好作为次生的行为是'附加'给在感受的原发意向中被把握到的价值一样"(II，107)。

【插入讨论】

关于先天的偏好行为与价值感受行为之间的关系问题，学界存在着两种不同、甚至相对的看法。

一方面，亨克曼曾说，价值的更高或更低状态是在偏好或偏恶这样的精神行为中被给予的，但"这种第二的、比较的感受认识类型是以第一的、对单个价值内涵直观地感受到为前提的"。① 显然在亨克曼看来，偏好行为是要奠基在价值感受行为之上的，因为只有在单个价值感受行为中价值被给予，作为"比较的"偏好才有可能。

另一个意见则由伽贝尔所代表，他说，"在情感体验中的价值永远都不会是独自地、而是始终是在同整个价值存在的关系中被给予的"。② 因此在他看来，任何单个的价值感受行为实际上都已经要以偏好行为为奠基了。

如何来看待这两种截然相对的看法？有的研究者将他们之

---

① W. Henckmann, „Max Scheler. Phänomenologie der Werte", in: *Philosophen des 20. Jahrhunderts. Eine Einführung*, a. a. O., S. 108；以及 W. Henckmann, *Max Scheler*, a. a. O., S. 107f.。

② M. Gabel, „Das Heilige in Schelers Systematik der Wertrangordnung", in: Pfafferott, G. (Hg.), *Vom Umsturz der Werte in der modernen Gesellschaft*, Bonn 1997, S. 116；以及 M. Gabel, *Intentionalität des Geistes. Der phänomenologische Denkansatz bei Max Scheler*, a. a. O., S. 202–209。

间的分歧归咎于舍勒本人著作中的一个矛盾。比如厄尔就跟随他的导师亨克曼指出,在舍勒的《形式主义》中有关这个问题存在着一个矛盾的说法,亨克曼和伽贝尔得出不同的看法是因为他们的解读是基于不同的文本段落,而这两个段落之间是存在着矛盾的。①

这里所说的相互矛盾的段落,一个是指《形式主义》的第104-107页,另一个则是《形式主义》的第265-267页。在前面段落中,舍勒宣称:"由于所有价值本质上都处在一个级序中,即处在更高与更低的相互关系中,而这个关系恰恰只有在偏好和偏恶'中'才能被把握到,所以对价值的'感受'本身本质必然地奠基一个'偏好'和'偏恶'之上。……**偏好和偏恶**的各种**结构**包容了我们所感受的价值质性"(II,107)。

而在后面的段落中,舍勒则强调:"必须将这种情感功能[对价值的接受的感受——引者]区别于这样一些体验,它们是在其功能活动基础上作为情感生活与意向生活的**更高**层次而构建起来的:这便是'偏好'和'偏恶',我们在它们之中把握到价值的等级阶段、它们的更高状态与更低状态"(II,265)。

显然,伽贝尔的看法依据的是前一段文字,而亨克曼的理解则可以回溯到后一段文字,因为在后面段落中,舍勒强调了偏好是在价值感受的"基础上"作为"更高"的层次而被构建。如何来看待舍勒的这两段文字之间的关系?是不是存在着一个真正的

---

① G. Ehrl, *Schelers Wertphilosophie im Kontext seines offenen Systems*, a. a. O., S. 99;以及 W. Henckmann, *Max Scheler*, a. a. O., S. 107f.。也有其他的研究者指出过这一矛盾,例如参阅 Kevin Mulligan,„Scheler:Die Anatomie des Herzens oder was man alles fühlen kann", in:Hilge Landweer & Ursula Renz(Hrsg.), *Klassische Emotionstheorien*, Berlin/ New York 2008, S. 591。

"矛盾"？

　　我们以为不然，这里并不存在根本上的矛盾，有的至多只是表面上表述用语的不协调。简单说，前一个段落的文字其实很明确，也几无歧义，而且在舍勒的整体思想中也是融贯的，因为偏好不同于选择，所以它根本上不是一种"次生的"、"后补的"对单个或多个价值的"比较行为"，它是直接指向一个"更高的价值"的。或者更明确地说，偏好本身就是单单指向一个价值的，这个"更高"本身是从属于"价值"自身之本质的，而非通过比较得出来的。举个例子说，一个小女孩在花园里玩，她摘了一把野花送给她的母亲。对此，我们就可以说，她偏好了一个更高的价值，她偏好一种"对母亲的爱"这样的精神价值，而非比如玩耍这样的感性价值。但是在她摘花的瞬间，在她那里并不存在一个"比较"的过程，而是直接就指向了"更高的价值"或者说"价值的更高状态"。所谓更高或更低的比较只发生在"旁观者"的眼中或者她事后的反思之中。

　　当然这里还要预先避免一个混乱，即什么是"更高"或"更低"，我们后面会谈到舍勒对它们的厘定。这里要说的只是，舍勒说的更高或更低是相对于一个"价值级序"来说的，这个价值级序本身是绝对不变的，但是我们赖以去偏好的"偏好规则"则是历史的、可变的，甚至是社会性、文化性的。因此"更高"、"更低"本身也是绝对的，并不来自于社会共同体的评价等等，尽管在某一特定历史时期、特定社会我们可能对这个小女孩的行为有着"更高"或"更低"的评价，但这与她自己的价值偏好行为本身无关。

　　因此，很清楚的是，我们这里无法赞同亨克曼的意见。相对于单个价值感受行为，偏好行为不是"第二的"、"被奠基的"，而是"原生的"、"奠基性的",它构成了我们赖以感受价值的结构或规则。

那么,又该如何来理解第二段文字呢?实际上,后面这段文字的总体语境是舍勒对情感生活的分层,在此意义上,相对于价值感受,偏好是更高的层次。也正是在此意义上,舍勒说,"爱和恨构成我们的意向生活与情感生活的最高阶段"(II, 266),但是这全然不意味着,爱这种对新的和更高的价值的昭示要奠基于单个的乃至多个价值感受行为。因此我们认为这里所说的矛盾并非真正的矛盾。

第三,对舍勒来说,存在着"偏好的欺罔",同时也可能存在偏好规则的变更。[①] 相对于"偏好的欺罔",也存在着"直观的偏好明见性",这种"直观的偏好明见性"是任何逻辑演绎都不能取代的,在此之中,真正的价值的更高状态被把握,并且也最终只有通过这种"直观的偏好明见性"才能去克服"偏好的期罔"。尽管偏好规则在历史上是可变的,但是价值的等级秩序本身则是绝对不可变的,所有价值本质上都归属于这个绝对不变的价值的等级秩序。由此,我们可以说,这个价值等级秩序相对于偏好或偏恶行为来说是"先天的",所以它就不会是在偏好或偏恶行为之中被给予的,而是在一种伦常认识中自身被给予的,它永远不能被演绎或推导出来(II, 106f.)。换言之,欺罔只是历史性的或社会性的问题,它本身并不会影响到"偏好"

---

① 舍勒把对价值本身之感受(价值认知)、对价值的偏好与爱和恨结构的变更总的称为"伦理"(Ethos)的变更,而这种伦理的根本所在就是"爱的秩序"(II, 303; X, 347f.)。有关于此,也可参阅塞普的出色研究,见 Hans Rainer Sepp, „Max Schelers Begriff des Ethos", in: Chr. Bermes, W. Henckmann, H. Leonardy, (hrsg.), *Person und Wert. Schelers » Formalismus « -Perspektiven und Wirkungen*, Freiburg/ München 2000, S. 89 – 99。

本身的现象学的本质结构。

基于这种"直观的偏好明见性"，价值的更高状态被给予。舍勒为此还为我们厘定了价值高度或价值更高状态的"标记"（Merkmale），这一厘定工作对于人们理解舍勒最终是如何回答"什么是善？"这一问题来说是极重要的。因为人们往往会将之视为对绝对的、先天的价值级序的一种论证说明。但是舍勒对这些标记的解释并非是全然无可指摘的，我们将在第4.4节检视它们，鉴于此处行文的需要，这里只是暂先将之罗列出来。

这借以"标记"价值高度的五个方面是：1）价值越能延续、越具有持久性，它们也就"越高"；2）价值越是"不可分"，它们也就越高（比如一块布比分为两半的布价值要多，但一幅名画如被分割其价值可能就荡然无存）；3）某一价值被其他价值"奠基得"越少，它们也就越高；4）与对价值之感受相联结的"满足"越深，它们也就越高；5）对价值的感受在"感受"与"偏好"的特定本质载体设定上所具有的相对性越少，它们也就越高（II, 107 - 117; I, 385）。

对于我们此项研究，以及对于舍勒本人的思想进行来说更为重要的是关于"价值质性之间的先天的等级秩序"的理论。因为在舍勒看来，确立那个建基于价值本质之中的"更高"与"更低"的秩序，是其伦理学提出的首要要求，所以，这些价值之间的等级关系就是舍勒伦理学思想的一个核心，或者说是其现象学的质料价值伦理学第一层次最重要的关节点之一。舍勒也将这种价值样式之间的先天等级关系视为价值领域中"最重要、最基本的先天关系"，"它构成对我们价值明察和偏好明察而言的本真**质料先天**。它们的事实存在同时也展示出对康德形式主义的**最尖锐**反驳"（II, 122）。这种先天的价值质性的等级秩序在本质上既独立于所有善业的此在，也独立于所有施行价值感受行为的机体组织。相对于一种"形式的"价值先天秩序①,这里的诸价值质性间的先天等级秩序是一种"纯粹质料的秩序"(II, 117)。

这些价值样式本身也分别有其对应的感受行为,并且恰恰是在感受行为中它们才被给予,二者之间存在着意向性(意向行为－意向相关项)的本质关系。这个价值的秩序由最低到最高排列如下:

1.感性价值(适意－不适意的价值),与其对应的是感性感受的行为;

2.生命价值(高贵－粗俗的价值),与之对应的是身体感受与生命感受;

3.精神价值(美－丑、正当－不正当、真－假的价值),与之对应的是纯粹心灵感受;

4.绝对价值(神圣－非神圣的价值),与之对应的是精神感受或人格性感受(II, 122－126; I, 385)。②

舍勒将"善"、"恶"这样对传统伦理学至关重要的范畴也视为一种价值。但是我们可以发现在前面所列或所区分出来的四种价值样式中,并没有善或恶的位置。事实上,舍勒明确地将善和恶从这些价值样式中区分出来。相对于其他所有价值样式都是"非伦常价值"而言,善和恶本身是"伦常价值"或"伦理价值"(II, 103)。按照舍勒的看法,康德一方面合理地将"善"与"恶"区分于其他的价值,但是另一

---

①　所谓"形式的"价值先天秩序是指一种"按照价值的本质载体方面的规定而在等级上有序地含有价值高度"的秩序,比如人格价值要高于实事价值,行为价值要高于功能价值和反应价值,意向价值要高于状况价值,自身价值要高于后继价值,等等(II, 117ff.)。

②　弗林斯在多处提出,在舍勒这里,价值样式可以分为五个等级,即在感性价值与生命价值之间应加上"实用价值(有用－无用)"层次,并分别对应于五种纯粹价值类型(榜样):享受的艺术家、引领的精神、英雄、天才、圣人(例如参阅 M. F. Frings, „Der Ordo Amoris bei Max Scheler. Seine Beziehungen zur materialen Wertethik und zum Ressentimentbegriff", in: *Zeitschrift für philosophische Forschung*, 20:1, 1966, S. 61; M. F. Frings, *Max Scheler. A Concise Introduction into the World of a Great Thinker*, Milwaukee ¹1965, ²1996, pp. 80－85)。我们在下一节还会讨论这种看法的恰当性问题。

方面他又试图完全否认善与恶的"价值本性"，否认善与恶是质料的价值，试图以"合乎法则的"与"违背法则的"来取代善与恶。在舍勒看来，康德还完全错误地坚持在"善和恶"与其他价值之间的完全无关联性（II，46f.），而这种关联性在舍勒这里无疑是根本性的。

换言之，舍勒首先将"善"与"恶"视为"一种特别类型的**清楚可感受**的质料价值"，同时这种特别的质料价值也与其他同样是质料的非伦常价值处在一种本质性的关联之中。就前一点而言，如果说善和恶也是一种可感受的**质料**价值，那么它必定会在一种特定类型的现象学的直观或经验中自身被给予。而这种行为在舍勒这里就是指一种"伦常认识"或"伦常明察"（II，482）。

我们已经一再地提到"伦常认识"与"价值认识"的区别。简言之，"价值认识"或"价值直观"在舍勒这里首先是与"非伦常价值"相关的，它既包含对非伦常价值的意向性的"感受"，也包含对非伦常价值的更高状态或更高的非伦常价值的"偏好"或"偏恶"，同时还包括与新的更高的非伦常价值之发现有关的"爱"。而与这些都不同，"伦常认识"或"伦常明察"则主要与"伦常价值"相关，即与善和恶相关，善和恶恰恰是在伦常认识中自身被给予的。重要的还有，伦常认识还有一个意向相关项，即非伦常价值质性诸样式之间的联系或者等级秩序。① 也就是说，绝对的、不变的价值级序是在伦常认识中自身

---

① 亨克曼并没有看到这一点，他曾说，舍勒并没有指出，究竟是哪一种认识方式规定了整个价值层次的等级而非单纯的单个价值（参阅 W. Henckmann, *Max Scheler*, a. a. O., S. 108）。事实上，我们认为，亨克曼之所以得出这样的意见，是因为他的一个基本看法，即在舍勒这里价值论必须要和伦理学分开，也正因为此，在他对舍勒的解读过程中偶尔会因为稍显生硬地将二者割裂而遮蔽一些本质性的关联，这里即如是。我们认为，在这个地方，价值认识和伦常认识之间的区分和联系就没有得到他足够的重视。还要提及的一点是，尽管在本节以及在下一节我们对亨克曼的一些观点会有所保留，但是毫无疑问，在笔者看来，他是当代最为杰出的舍勒学者之一，因为他比许多其他研究者都更深入地触及到舍勒思想的关节处，本书从他那里所获益的远远要多于这里的异议。

被给予的,进而成为其他价值认识的前提。这里当然不是说,在每一个个体这里都可以通过伦常认识而把握到绝对的价值级序,若果如此,就不会有偏好的欺罔或者"爱的秩序"的失序了,这里只是说,在现象学的先天本质性上,绝对的价值级序是在伦常认识中自身被给予的。也正是在这里,我们可以很清楚地看到善和恶这样的伦常价值与其他非伦常价值之间的内在本质的联系,或者更确切地说,作为伦常价值的善和恶与其他非伦常价值之等级秩序的内在联系。

在我们看来,通过其他非伦常价值之间的等级秩序来界定伦常价值善与恶,是舍勒现象学伦理学最重要的原创性思考之一。在此意义上,我们可以理解舍勒如此的宣言:"一门**质料的**伦理学之可能性也是存在的,它可以根据其他价值的级序来规定:哪一种价值实现是'善的'和'恶的'"(II,48)。

在讨论舍勒是如何回答"什么是善?"这一问题之前,我们还要先把目光转向情感领域。根据现象学的最高原理"相关性原理",与这里谈论的先天的价值等级秩序相一致,在情感生活领域也存在着分层。换言之,在舍勒这里,价值现象学与情感生活现象学始终是"齐头并进"的,始终存在着本质的"相关性先天"。在当前有关这一问题的研究中,展现出很多困难和疑惑,下一节我们将致力于讨论这些难题。

4.3　情感领域的分层与"爱与恨的先天论"

按照亨克曼的看法,舍勒的意向性感受概念处在一个系统的"情感生活现象学"的语境之中(II,331),如他所说,"通过三个步骤'意向性感受'的概念可以更为具体地得到规定:首先是将情感的心理现象与非情感的心理现象划界,其次是在情感生活之内区分意向性感受和非意向性感受，最后则是区分各种不同类型的意向性感受"。①
这意味着，我们可以在舍勒这里区分出三大类情感生活：1）非意向感
受，2）各种不同类型的意向性感受，以及3）其他类型的意向性的情
感生活。在第 3.3.1 节我们已经讨论了意向性感受和非意向性感受
之间的区分，现在我们将在相关于价值样式的等级秩序的视域下讨
论情感领域的分层问题。

　　与价值样式的等级秩序相一致，舍勒也在多重视角下对价值以
及情感生活进行了各类区分，我们可以通过下面这个图表来更清楚
地展现它们之间的联系：②

【插入讨论】

　　预先要说明的有三点：1）这一图表的制作完全是基于舍勒
《形式主义》的文本而做出的尝试；2）考虑到概念之间的细微差
别以及图表本身的清楚性，我们先提供德文的图表，随后提供对
此图表的中文翻译；3）表格中所列的各类价值或情感类型，并未
穷尽该层级的所有可能性，以舍勒的话说，这里提供的只是对该
类先天的本质类型的一些"例子"而已（II，122），对于各种情感
类型的译名参照了《形式主义》中译本，我们尤其要感谢中译者
如此审慎细致地坚持以不同的中文表述来指称这些或许仅有微
小差别的德文原词。

_____

① W. Henckmann, „Max Scheler. Phänomenologie der Werte", in: *Philosophen des 20. Jahrhunderts. Eine Einführung*, a. a. O., S. 104f..

② 出于相同的目的，不少研究者尝试过制作这样的图表，但系统地梳理整个价值领域和情感生活领域的图表，笔者还未曾见到。相关的尝试可以参阅 Stephen Frederick Schneck, *Person and Polis: Max Scheler's Personalism as Political Theory*, Albany 1987, p. 55; Thomas Keller, „Liebesordnungen", in: G. Raulet (Hrsg.), *Max Scheler. L'anthropologie philosophique en Allemagne dans l'entre-deux-guerres. Philosophische Anthropologie in der Zwischenkriegszeit*, Paris 2002, S. 137.

Wertmodalität	Hauptarten der Selbstwerte	Konsekutivwerte	Funktionen/ Akte	Gefühlszustände	emotionale Antwortsreaktionen
Sinnliche Werte	Angenehmen-- Unangenehmen	Nützlichen Zivilisationswerte Luxuswerte	sinnliche Fühlen	sinnliche Gefühle (Empfindungsgefühle) Lust, Schmerz usw.	
Vitale Werte	Edlen-Gemeinen	Wohl Wohlfahrt	vitale Fühlen (Lebensfühlen) vitale Vorziehen vitale Lieben & Hassen	Leibgefühle, Lebensgefühle, Wohlgefühl das Alters-und Todesgefühl, das Gesundheits-und Krankheitsgefühl usw.	Sichfreuen, Betrüben Mut, Angst, Racheimpuls, Zorn usw.
Geistige Werte	1. Schön/Häßlich und anderen rein ästhetischen Werte 2. Rechte und Unrechte 3. die Werte der reinen Wahrheitserkenntnis	Kulturwerte (Kunstschätze, Wissenschaftliche Institutionen, positive Gesetzgebung usw.)	geistige Fühlen geistige Vorziehen Lieben & Hassen	rein seelische Gefühle Trauer, Wehmut Freude	Gefallen/Missfallen Billigen/Missbilligen Achtung/Missachtung, Vergeltungsstreben, geistige Sympathie
Heilige Werte	Heiligen-Unheiligen	Symbolwerte (res sacrae)	einer bestimmten Art von Liebe	geistige Gefühle Seligkeit/Verzweiflung	Glaube/Unglaube, Erfurcht, Anbetung usw.

价值样式	自身价值的主要类型	后继价值	功能/行为	感受状态	情感的回答反应
感性价值	适意－不适意	有用性、文明价值、奢侈价值	感性感受活动	感性感受状态（感觉感受、快感、疼痛等）	
生命价值	高贵－粗俗	福康、福利	生命感受活动（身体感受活动）生命的偏好、生命的爱和恨	身体感受状态、生命感受状态（福康感受、对年龄与死亡的感受、对健康与疾病的感受等）	喜悦－忧郁　勇气、恐惧、复仇冲动、愤怒等
精神价值	1.美/丑以及其他审美价值 2.正当－不正当 3.纯粹真之认识的价值	文化价值（文化宝藏、科学机构、成文立法等）	精神感受活动、精神的偏好、爱与恨	纯粹心灵感受状态（悲哀、忧伤、喜悦等）	中意/不中意、同意/不同意、敬重/不敬重、精神同情
神圣价值	神圣－非神圣	象征价值（圣礼事物）	一个特定类型的爱的行为	精神感受状态（极乐/绝望）	信/不信、敬畏、礼拜等

这个图表的前三列与价值相关,后三列则与情感生活相关。我们首先对相关术语做一阐释。

1)**自身价值与后继价值**(Selbstwerte und Konsekutivwerte):根据舍勒,自身价值是指那些"不依赖于所有其他价值而保持着它们的价值特征"的价值,而所谓的后继价值则是指那些在其本质中就包含有与其他价值的**现象的**(直观感受的)相关性的价值,这类价值若无其他自身价值,便不再是价值(II,120)。舍勒还区分了后继价值的两种基本类型:即"技术价值"(比如工具价值等等)和"象征价值"(比如圣礼事物等)。对于舍勒来说,同在自身价值之间一样,在后继价值之间也存在着先天的等级秩序。在此语境中,舍勒反复强调,"'有用性'展示出与'适意'这个自身价值相关的(真正)后继价值"(II,112,121,usw.)。他说得十分明确:"一切能够被有意义地称作'有用'的东西,都被视作达至适意的手段。适意是基本价值,而有用则是派生的价值"(III,128)。在此意义上,尽管"有用性"这一价值在舍勒对现代资本主义社会的批判中扮演着极为重要的角色,因为他认为现代资本主义价值的颠覆恰恰在于过度追求这种"有用性"的工具价值,而忽视了生命价值本身乃至精神价值本身,但是我们这里依然不能赞同弗林斯将之单列并视为一种基本的自身价值类型。[①] 说到底,它始终是后继价值。

2)**情感行为与意向性的感受功能**(Emotionale Akte und intentionale Fühlfunktionen):我们已经讨论过,舍勒将意向的"关于……的感受"与感受状态(非意向的感受)区分开来。感受状态属

---

① 参阅前一节的注释说明。有关"有用性"与感性价值和生命价值之间的关系研究,还可看看 Eberhard Avé-Lallemant, „Die Lebenswerte in der Rangordnung der Werte", in: G. Pfafferott (Hrsg.), *Vom Umsturz der Werte in der modernen Gesellschafft*, a. a. O. , S. 81 - 99。

于"内容和显现"，而"对价值的接受的感受"则被舍勒称作意向感受功能(II，264)。同时，舍勒还把偏好行为与爱和恨一起称作"情感的行为"以区别于意向的感受功能(II，266)，但是无论是这种意向的感受功能还是情感的行为，它们都是意向的并且都具有价值认知的功能(VII，111)。因此，情感的行为与意向感受功能的区别就在于它们在情感生活领域内的层次或阶段不同，根据舍勒，偏好和偏恶行为与意向感受功能相比处在情感生活和意向生活的"更高"层次，而爱和恨则构成意向生活和情感生活的最高阶段(II，265f.)。在我们看来，舍勒区分情感行为和意向感受功能的主要意图在于与价值的**形式的**先天秩序相对应。我们前面提到过，这种形式的先天秩序是以价值的载体本身为依据的，在那里舍勒曾说，行为价值始终要高于功能价值(II，117f.)，因此，在情感生活领域，情感行为始终要高于意向感受功能，最终二者都要高于感受状态或者单纯的情感的回答反应。[①] 还要注意的是，这种"更高"或最高并不仅仅是意味着我们上面图表所显示的那种纵列上的高低，还意味着横向的、在同一个层级内部的"更高"：比如在与生命价值相对应的这一层级内部，生命的偏好始终要高于生命感受活动。

3)**感受状态**(Gefühlszustände)：对于舍勒来说，感受不仅存在着各种不同的质性，也存在各种不同的"深度"(Tiefe)，"价值高度和感受深度是相符合的"(II，357)。无论是意向感受功能和情感行为

---

① 在本书中，我们也在相对于感受状态的意义上将意向感受功能称作一种"意识行为"(胡塞尔意义上的)，因为前者始终不是一个行为，而只是行为的一个要素。但舍勒在这里做出的感受功能和情感行为的区分不能完全等同于他在另外的地方对功能和行为所做的区分，如 II，387f.；III，234f. 等，在那里，舍勒是针对施通普夫的，相对于施通普夫的功能概念总是相关于自我，舍勒本人的行为概念则是相关于人格。在此意义上，这里说的感受功能和情感行为都可以归为与施通普夫意义上的"功能"相对的"行为"。厄尔在对舍勒"功能"概念的研究中没有注意到这里的区别，可参看 Gerhard Ehrl, *Schelers Wertphilosophie im Kontext seines offenen Systems*, a. a. O., S. 77。

还是感受状态都具有这不同的深度。"感受状态一方面附着在一个较深的自我层次上并且同时以一种更丰富的方式**充实着**这个自我中心；唯有由此而产生的结果才是：它们也以染色的和透照的方式扩展到或多或少是大部分的其他意识内容之上"(II，334)。从本质上说，感受状态自身不是一个行为，它总是在其他意识行为或感受行为中才被给予，因此它是"内容和显现"，因此它是非意向的。特别要指出的一点是，从我们上面的图表可以看出，与"精神价值"的样式相对应的感受状态是"纯粹心灵感受状态"，而与此价值样式相对应的感受功能或行为则是"精神的感受活动和精神的偏好以及爱和恨的行为"。① 根据价值的形式的先天秩序，意向价值要高于状态价值，因此意向感受功能和情感行为本身要高于感受状态(II，119)。

4)**情感的回答反应**(Emotionale Antwortsreaktion)：舍勒曾提到，包含在相关价值状况中的价值质性"从自身出发要求"一种"情感的回答反应的某些质性"(II，264)。如果当某个价值的要求看起来没有得到充实，人们会为此而痛苦。比如人们常常会为此而感到悲哀：我们对某个特定事件的发生并没有感到喜悦，而从价值质性的角度来说，这个事件的发生本身配得上一个喜悦。这里的悲哀恰恰表明了该事件之发生这一与价值相关的状况中所含有的价值质性本身"要求"一种与之相应的"情感的回答反应"(比如喜悦等等)。不同于行为或者功能，舍勒将这种"情感的回答反应"称作一种"特殊的行为举止方式"(eigentümliche Verhaltungsweise)，它们构成了"理解关系、意义关系、特殊种类的关系，它们不是纯粹经验偶然的，并且它们是不依赖于各个个体的个体心灵因果性的"(Ebd.)。它们很大程度上与意

---

① 舍勒偶尔也用"精神的"这个词来指纯粹心灵的感受状态，比如精神的喜悦和精神的悲伤，但这里的"精神"更多要在广义、与"肉体"相对的意义上理解(II，125)。

向的感受活动具有着共同的"方向"，但它们却并不在严格的意义上是意向的。尽管如此，这种情感的回答反应也不能被等同于感受状态，后者是非意向的，而前者则是一种"非充分的"(rudimentär)意向性。[①]

借助于这个图表以及我们这里的相关说明，我们可以来检视，在当代舍勒研究中对与此问题有关的诠释所体现出来的困难和含混。事实上，在相关于这四类价值样式的每一层级上都存在着解释的不清晰和含混。

与感性价值样式这一层级相关，厄尔曾经问到："但如果[感性——引者]感受(Fühlen)不是意向的，那么它[感性价值——引者]如何被给予？"在他看来，舍勒没有赋予感性感受以意向性的功能，而且否认它具有行为的特征。[②] 在我们看来，厄尔的这一看法有两个不清楚的地方，首先舍勒的确没有赋予感性感受功能以行为的名号，但不仅仅是感性感受功能，而是所有感受功能，都不是情感行为。因为他明确地区分了"情感行为"和"感受功能"，但这丝毫不影响他将感受功能视为意向的；其次，我们认为厄尔混淆了作为"感受状态"的"感性感受(Gefühle)"和作为"感受功能"的"感性感受(Fühlen)"。尽管前者是非意向的，但后者却是意向的感受功能，在其中，感性价值自身被给予。舍勒甚至还谈论了意向的感性感受的不同"模式"(Modi)，比如"享受"(Genießen)或者"遭受"(Erleiden)等等(II，122，335f.)。舍勒还强调，区别于其他更高水平的感受状态，感性感受状态或者感受感觉是不能被"相互共同"拥有的，因此也不能真正地被"同情"(VI，S. 331；II，S. 336f.；VII，S. 23ff.)。

---

① 　参阅 Peter Kaufmann, *Gemüt und Gefühl als Komplement der Vernunft. Eine Auseinandersetzung mit der Tradition und der phänomenologischen Ethik, besonders Max Schelers*, a. a. O., S. 217。

② 　Gerhard Ehrl, „Zum Charakter von Schelers Wertphilosophie", in: *Phänomenologische Forschungen. Neue Folge 5*, 2000, 1. Halbband, S. 100f..

亨克曼新近指出，生命价值是通过"心灵或生命的感受（Gefühle）被把握的"，在他看来，舍勒偶尔通过诉诸亚里士多德来理解"心灵"并进而将之理解为"生命"。[①] 这在我们看来是容易引起误解的。生命感受［状态］（Gefühle）或身体感受始终是一种感受状态，它还"参与着身体的总体广延"，而生命感受［功能］（Fühlen）则始终具有功能性的和意向性的特征，在这种生命感受功能中，我们能够感受"我们生命本身"（II，340ff.；XV，200ff.）。生命的感受是通过身体与"自我"之相关性的中介才与"自我"相关的，而心灵的感受则直接与"自我"相关，它生来就是一个"自我质性"（VI，39；II，344）。因此很清楚的是，在舍勒这里，生命感受与心灵感受是不能被等同的，心灵感受在本质上与生命价值没有关联。

将心灵感受与生命价值关联起来这一做法，在我们看来，很可能与亨克曼更早些时候对舍勒的另一个批评相关。那个批评是："纯粹的心灵情感并没有被分派一个价值层次，尽管像悲哀和喜悦这样的心灵情感无论如何都会分派给自己一个意向的价值内涵。"[②]因为在亨克曼看来，在舍勒所区分的四种基本价值样式中并没有心灵的价值，因此心灵感受就没有一个特定的价值相关者。但是如我们的图表所显示的那样，心灵感受作为一种感受状态本身并不具有意向性的功能，但它有相对应的价值层次，即精神价值。而与此价值层级相对应的意向感受功能或行为则是"精神的感受活动和精神的偏好以及爱和恨"。在此意义上，诸如悲哀或喜悦这样的心灵感受，尽管对应着精

① 参阅 Wolfhart Henckmann，„Über Vernunft und Gefühl"，in：Christian Bermes，Wolfhart Henckmann & Heinz Leonardy（hrsg.），*Vernunft und Gefühl. Schelers Phänomenologie des emotionalen Lebens*，Würzburg 2003，S. 21。

② W. Henckmann，„Max Scheler. Phänomenologie der Werte"，in：*Philosophen des 20. Jahrhunderts. Eine Einführung*，a. a. O.，S. 107；auch vgl. W. Henckmann，*Max Scheler*，a. a. O.，S. 106。

神价值的层次，但它们并非意向性地"拥有"这些价值。

　　与此相应，亨克曼还质疑了宗教性的价值或神圣价值（神圣/非神圣）："它又被分派给哪一情感生活的层次呢？"按照他的看法，这里存在着一个危险，即最高的神圣价值或宗教性价值会被拉平到（nivellieren）同其他三种精神价值一样的层次上。因为在他看来，舍勒一方面将精神感受（Fühlen）关联于"美－丑、正当－不正当、真－假"这三类精神价值，同时舍勒又将"绝望"、"极乐"称作"精神感受（Gefühle）"，而后者对应的是最高的神圣价值，因此危险就出现了，通过这一"精神感受"，最高的神圣价值和精神价值似乎被拉到同一个水平层次上了，"因此精神感受（Gefühle）还应该被扩展出第四种主要类型吗？"[1]从我们这里随文标注的德文就可以看出，亨克曼没有严格区分作为感受状态的"精神感受[状态]"（Gefühle）和作为感受功能的"精神感受[活动]"（Fühlen），这是导致他此处质疑的根本原因。事实上，如我们的图表所显示，作为感受功能的"精神感受[活动]"（Fühlen）对应的是"精神价值"的层级，它所对应的感受状态是"纯粹心灵感受"；而作为感受状态的"精神感受[状态]"（Gefühle）对应的则是"神圣价值"的层级，它所对应的感受功能是"一种特定类型的爱"，因此，亨克曼所担心的"被拉平化"的危险是不存在的。[2]

　　在"神圣价值"这一层级还展现出一个"悖谬"：一方面，舍勒坚称精神感受状态"永远不会是状态性"（zuständlich）的（II, 344），另一方面，像极乐和绝望这样的精神价值感受状态本身又被舍勒标识为

----

　　① 参阅 W. Henckmann, *Max Scheler*, a. a. O., S. 107；以及 W. Henckmann, „Max Scheler. Phänomenologie der Werte", in: *Philosophen des 20. Jahrhunderts. Eine Einführung*, a. a. O., S. 107。

　　② 对这一神圣价值层级的研究，也可参阅 Michael Gabel, „Das Heilige in Schelers Systematik der Wertrangordnung", in: G. Pfafferott (Hg.), *Vom Umsturz der Werte in der modernen Gesellschaft*, a. a. O., S. 113-128。他并没有混淆这两种不同的"精神感受"。

相应于神圣价值这一层级的感受"状态"（Zustände）（II，126）。我们同意 B. 鲁提斯豪泽尔（B. Rutishauser）的看法，这个所谓的"悖谬"只是表面性的。因为像极乐和绝望这样的精神价值之为"状态"，只意味着"一般的情感的自身 - 情态（Sich-Befinden）"，而"永远不会是状态性"这一表述阐明的是被给予性的方式。① 根据舍勒，精神感受［状态］是"**绝对的**感受，而不是相对于人格外的价值状况和相对于它们的动机引发力量的感受"，在真正的精神感受［状态］之中，"所有自我状态性的东西就已经像是消失殆尽了"（II，344）。②

基于上述这些批评点，亨克曼最后说到，"这些提到的困难都会聚到相关性法则的基本问题上：如何能够使得不同的感受种类和无穷多的、在等级高度上被多层次分层的价值相互协调一致？"③按照我们的看法，依据我们这里所给出的图表，我们实际上已经可以论证这种"协调一致性"或者"相关性法则"，换言之，只要我们坚持感受功能和情感行为与感受状态之间的本质性区分，很多困难都是可以避免的。④ 我们当然不是想说，舍勒对于这些"无穷多"的价值以及同样"无穷多"的感受或情感生活的划分本身是完全清晰且可以完全令人信服，从而完全容不得批评。我们想说的只是，舍勒提供的整个解释框架本身是自足的，舍勒的整体讨论是圆融的，对舍勒的进一步的

---

① 参阅 Bruno Rutishauser, *Max Schelers Phänomenologie des Fühlens. Eine kritische Untersuchung seiner Analyse von Scham und Schamgefühl*, Bern 1969, S. 56f.。

② 我们在后面的第 6.3 部分还会再回到这种精神感受［状态］上来。

③ W. Henckmann, *Max Scheler*, a. a. O., S. 107; 以及 W. Henckmann, „Max Scheler. Phänomenologie der Werte", in: *Philosophen des 20. Jahrhunderts. Eine Einführung*, a. a. O., S. 107.

④ 在此意义上，我们也不能同意 Q. 史密斯（Quentin Smith）的意见，因为他讨论了六种不同类型的感受，但是却没有注意到感受功能与感受状态之间的根本性区分（参阅 Quentin Smith, "Max Scheler and the Classification of Feelings", in: *Journal of Phenomenological Psychology*, 9:1/2, 1978, pp. 114 - 138）。

批评和反思要建立在对其自足、圆融的思想正确理解的基础之上。本书所做的工作还仅仅只是,在这些思想的确圆融的地方,尽可能地呈现出这种"圆融性"。

我们这里的论述表明,舍勒不仅厘定了(非伦常)价值之间之等级秩序的先天性,同时也厘定了情感领域之分层的先天性,最终还有价值的等级秩序与情感生活的分层之间的相关性的先天性,这里再一次表明,舍勒的质料先天主义始终意味着实事先天、行为先天和相关性先天三个不可分割的部分。

最终,舍勒还在布伦塔诺的影响下,提出了一个论断:爱与恨的先天论甚至最终是所有其他先天论的最后基础。这里首先要说明两点。首先,尽管舍勒多次提到在这个问题上布伦塔诺对他的影响,但是他也指出,布伦塔诺只是"暗示"了这个思想,并没有完全展开(II,83;I,400)。[1] 其次,尽管舍勒给予爱和恨的先天论如此高的位置,但实际上他本人并没有详细地论述过,遑论证明。但另一方面,在舍勒著作的许多地方,我们又都可以零星地读到可为这一论断"补充性论证"的论述,我们这里将试图依据这些论述,为舍勒这一如此重要的论断提供"补充性论证"的尝试。[2]

----

[1] 参阅 F. Brentano, *Vom Ursprung sittlicher Erkenntnis*, a. a. O., S. 142 – 168。

[2] 爱的问题在舍勒整个思想中是如此的重要,几乎贯穿了舍勒思想的方方面面,比如他的伦理学、知识论、宗教哲学、形而上学、哲学人类学等等,以至于我们甚至有理由在舍勒全部思想中去构建一门爱的哲学,当然那实际上应该是另外一个专项研究的课题了。就笔者所见,迄今为止最为出色的论述舍勒爱的思想的著作是 H. Leonardy, *Liebe und Person. Max Schelers Versuch eines „ phänomenologischen" Personalismus*, Den Haag 1976;其他比较系统论及舍勒爱的思想诸方面的研究,还可参看 Thomas Keller, „Liebesordnungen", a. a. O., S. 126 – 157; H. Furstner, „Schelers Philosophie der Liebe", in: *Studia Philosophica XVII* (1957), S. 23 – 48。

较为简要系统地讨论爱与人格主义的研究可以参看 Josef Malik, „Wesen und Bedeutung der Liebe im Personalismus Max Schelers", in: *Philosophisches Jahrbuch* 71 (1963/64), S. 102 – 131。

按照我们的看法,在现象学上,舍勒的这一论断至少可以包含以下三个逐渐扩展开来的层次①:

第一,在情感生活内部,爱和恨处在最高阶段,而且实际上最终在舍勒看来,恨是爱的反面,爱还要优先于恨,"我们的心(Herz)原初是由爱,而非恨来规定的",因此我们甚至可以只去谈论最终的爱的优先性(X,369)。舍勒认为,相对于情感的回答反应,爱和恨无疑是"自发的"(spontane)行为。更根本的,爱这种行为在"我们的价值把握中起着真正**发现**的作用——而且唯有它在起这个作用——,它可以说是在展示着一个**运动**,在这个运动过程中,各个**新的**和**更高的**,即对这个相关的生物还是完全未知的价值昭示并闪现出来",因此爱作为"先锋"引导并先行于价值感受和偏好乃至于一切情感生活(II,266f.)。在这里我们可以看到爱的行为的几个本质特征:1)爱是一种意向性的对价值的把握行为,但是这种行为本身指向的并非某个现存已在的价值,而是去发现和昭示一个仍还未知的更高的价值;2)据此而言,爱就是一种运动,借此运动,我们在某客体的已给予的特定价值上"仰瞻"到更高的价值,正是这一仰瞻,一种更高价值的眼光构成了爱的本质。就此而言,爱的终极本性是一种价值提升的运动(VII,155ff.);3)恰恰是通过爱的这种"动态的本质性"②,对人格的"观念的价值本质"的把握和理解才得以可能,无论是通过一种自身之爱,或是通过一种在爱之中的榜样跟随。而这一点恰恰构成了舍勒价值伦理学与人格伦理学相互沟通的最关键桥梁,我们将在第8.2节再回过来看这一点。所以舍勒才有理由说:"所有伦理学都

---

① 限于本书的主题,我们这里刻意回避了舍勒对爱的创生性的宗教哲学和后期形而上学的相关论述。

② 参阅 M. Gabel, *Intentionalität des Geistes. Der phänomenologische Denkansatz bei Max Scheler*, a. a. O., S. 211-237。

将在爱和恨的法则的发现中完善自己"(II，267)。①

　　第二,只有在爱与恨的先天论之中,理论理性和实践理性才能找到它们的"最终联结和统一"(II，83),换言之,爱与恨优先于整个理性生活。在舍勒看来,如果我们没有对某物感兴趣(旨趣),我们就根本不可能有对此物的"感知"和"表象",我们感知和表象的方向(乃至于反思和回忆的方向)始终都遵循我们的旨趣行为。而这种旨趣本身则需要受到对该对象爱(或恨)的引导。爱者要比知者先行一步,认识所把握的对象在被智性认识、分析和判断之前,首先必须被爱或恨。爱和恨是最原初的行为方式,它们包含并为其他一切行为方式奠基。可以说,任何可能的世界图像的形成,都是由爱和旨趣行为的构建、方向及结构所决定的,我们的世界构像的扩展与深化都必须依赖于我们的旨趣范围和爱的范围的先行扩展和深化。爱和恨的行为既优先于感知和认识,也优先于旨趣和意愿,因此可被看作是唯一能使实践理性和理论理性最终统一起来的基本行为(V，83；VI，96；X，307f.)。我们可以再次引用舍勒的那个看似悖谬的句子来说明这一点:"爱和恨**先于同时的**知识(认识)和意愿的优先性"(XI，64)。在这里我们甚至可以看到舍勒向着胡塞尔意义上的发生现象学迈进的脚步。

　　第三,爱与恨最终意味着我们对待世界的最基本态度,它不仅规

---

　　①　在情感生活领域,舍勒在其"同情书"中还专题讨论了爱和恨的现象学,并着重处理了爱和同情的关系问题,与此相关的研究可参看 Jeong-OK Cho, „Liebe" bei Max Scheler unter besonderer Berücksichtigung des Begriffs „Eros". Eine kritische Interpretation insbesondere an Hand seines Werkes „Wesen und Formen der Sympathie", (Diss.), Uni. München 1990(该论著著重从价值论、认识论和人类学三个视角谈论了爱的问题,并比较了舍勒和弗洛伊德的相关爱的理论,颇具启发);A. R. Luther, Persons in Love. A Study of Max Scheler's „Wesen und Formen der Sympathie", The Hague 1972;以及拙文"爱与同情感——舍勒思想中的奠基关系",载《浙江学刊》,2003 年,第 3 期。

定了我们的理性生活或情感生活,它甚至规定了我们的生活本身。最终我们都或者是在对世界之爱、对世界之信任、对世界的直观的和爱的献身中去生活,或者是在对世界之恨、对世界的敌意、对世界的原则上的不信任中去生活(II, 86)。这在根本上决定了我们一切的生活方式,这当中自然包含我们做哲学的方式、我们反思理论理性和实践理性的方式,等等,"爱是行事(Verhalten)之中一切真正'客观性'之根"(IV, 61)。[①] 最终,它甚至决定了我们究竟是选择继续生存下去或者是选择放弃。

显然,对于爱和恨的先天论的论证已经使得我们逐渐偏离了文章本身的轨道,以至于我们不得不跟着舍勒说,"但这里不是继续探讨这一思想的地方"(II, 83)。让我们还是回到我们的论题本身。

4.4　舍勒对"什么是善?"
这一伦理学引导性问题的回答

经过长途的精神跋涉,我们终于行进到这里。我们终于可以来直面究竟"什么是善?"的问题。

尽管舍勒将这样一门回答"什么是善?"之问题的伦理学最终标识为"质料伦理学",但这丝毫不意味着在质料的伦理学中,人们需要排除一切形式的要素和形式的联系。这种常常表现在康德主义者为维护康德的伦理学而反过来批评舍勒的一般做法是没有道理的,正如同他们常常列举出康德伦理学中所包含的质料因素来反驳舍勒是毫无道理的一样。我们在第8.3节还会进一步地对这一问题予以检

---

① 参阅 H. Leonardy, *Liebe und Person*. *Max Schelers Versuch eines „phänomeno-logischen" Personalismus*, a. a. O., S. 77ff.。

视，这里可以预先指出的是，舍勒对康德伦理学形式主义的批评主要是基于伦理学建基层次的，因此这一批评既不意味着舍勒认为康德伦理学中不存在质料的因素，更不意味着伦理学本身不能接纳形式的要素或形式的联系，他矛头所指向的仅仅是在伦理学建基原则上，究竟是形式的，还是质料的。

事实上，在对"什么是善？"这一问题的回答上，舍勒首先引入的就是价值之间的"形式的本质联系"。所谓纯粹价值学之"形式的本质联系"是指"那些不依赖于任何价值种类和价值质性以及不依赖于'价值载体'之观念，并且建基于作为价值的价值之本质中的联系"（II，99）。这种形式的本质事实和联系首先就在于如下几条：1）一切价值都可分为肯定价值和否定价值，这一点包含在价值的本质中，它并不取决于那些特殊价值对立（如美－丑、适意－不适意等）是否事实上被我们感受到（III，154）；2）由此，同一个价值不可能既是肯定的又是否定的，同时每一个非－肯定的价值即是否定的价值，每一个非－否定的价值就是肯定的价值，这同样属于价值本身之间的形式的本质联系，并且它并不取决于这些价值存在或是不存在；3）与之相符的是"价值认定原则"（Werthaltungsprinzipien）：不可能将同一个价值认定为既是肯定的又是否定的（II，100f.）。

这些形式的本质事实和联系，很容易让人们联系起逻辑学中的那些规律，如矛盾律、排中律等等。但是舍勒决不会承认这些价值之间的本质联系是对逻辑定律的"运用"，因为在他看来，价值公理是完全独立于逻辑公理的，纯粹价值论和纯粹逻辑学是完全并列的（II，83）。这一点恰恰是他不同于胡塞尔战前伦理学的根本之处。在舍勒看来，如果说逻辑定律和价值定律展示出相似的特征，那只能是因为二者都是一种本质的联系，都是基于现象学的经验或直观而被给予的，并且这种在本质直观中作为"质料"而被给予出来之物最终通过"本质直观功能化"而成为"定律"或"法则"。价值定律绝非是对逻辑定律的类比或运用,更不会服从于逻辑定律,二者在发生上是同样原本的。

部分地跟随布伦塔诺,舍勒进一步系统性地给出了承载着一门质料的伦理学的诸公理:

（一）

（1）一个肯定价值的实存本身就是一个肯定价值,

（2）一个肯定价值的非实存本身就是一个否定价值,

（3）一个否定价值的实存本身就是一个否定价值,

（4）一个否定价值的非实存本身就是一个肯定价值。

（二）

（1）在意欲领域中附着在一个肯定价值之实现上的价值是善。

（2）在意欲领域中附着在一个否定价值之实现上的价值是恶。

（3）在意欲领域中附着在一个较高（最高）价值之实现上的价值是善。

（4）在意欲领域中附着在一个较低（最低）价值之实现上的价值是恶。

（三）在这个领域中,"善"（和"恶"）的标准在于被意指价值的实现与偏好价值的一致（和争执）,或者说,与偏恶价值的争执（和一致）。（II, 48）

在这个公理系统中,我们可以很清楚地看到舍勒对于"善"和"恶"这样的伦常价值的规定。我们可以概括为三点:首先,所有善和恶都必然地束缚在实现的行为上，而永远不会成为某个实现着的行为的质料。毋宁说，善和恶是以本质必然的方式处在这种实现着的行为的"背上"，它们永远不会在这个行为中被意指。舍勒据此而将那种直接意欲善或直接意指善斥责为一种"法利赛人的游戏"或"法利赛人的伪善"（II，48f.）。①

其次，舍勒区分了绝对意义上的善和恶与相对意义上的善和恶。所谓绝对意义上的善是指合本质地在对一个最高价值的实现行为的"背上"显现出来的价值，相反，绝对意义上的恶则是指在对最低价值的实现行为中显现出来的价值。所谓相对意义上的善和恶则是在较高或较低价值之实现行为的"背上"显现出来的价值。这里特别要注意的是，**绝对意义上的**善不能被完全等同于**无限意义上的**善，后者是一个仅属于上帝理念的善。尽管后者无疑是绝对意义上的最高善，但是绝对意义上的最高善却并不必然要和上帝理念联系在一起。从这一点我们也可以看出，在舍勒这里，伦理学并不必然和宗教联系在一起，这一点对于"神圣价值"也适用，上帝价值无疑是神圣价值，但是神圣价值却未必一定要束缚于上帝的理念，毋宁说，上帝、佛陀或者穆罕默德或者其他宗教的最高"神"可以作为神圣价值的载体，但是神圣价值本身是与这些载体没有必然的联结的（II，47）。

第三，从价值载体的立场出发，善和恶原初就是"人格"价值。②

---

① 法利赛人（Pharisäer），希腊文的原意为"隔离者"，他们是犹太教中标榜维护犹太民族传统文化，永远尊崇律法的一个派别，认为只有自己才与上帝保持着最良好的关系。但他们对律法的解释达到了僵化的程度，主张与异己者隔离，耶稣常斥责法利赛人是一群伪善的"瞎眼领路人"，就像是"粉饰的坟墓，外面好看，里面却装满了死人的骨头和一切的污秽"（参《马太福音》15：2；《马可福音》7：3，7：5；《腓利比书》3：5）。舍勒对所谓"法利赛式的伪善"的批评在其著作中到处可见，相关的研究也可参看 Philip Blosser, "Six Questions Concerning Scheler's Ethics", in：*The Journal of Value Inquiry* 33，1999，pp. 215-217。

② 但需注意的是，善和恶就其载体而言是人格价值，但这不能反过来认为所有人格价值都是善和恶，或者人格只能是善和恶这样的伦常价值的载体，事实上，舍勒还将最高的非伦常价值——神圣价值视为人格价值（II，126）。

舍勒坚决拒绝康德将善与恶原初附着在意愿行为上的做法，而是认为，善和恶根本上不会是"价值事物"，"**原初**唯一可以称为'善'与'恶'的东西，即在所有个别行为之前并独立于这些行为而承载着质料价值的东西，乃是'**人格**'(Person)，人格本身的存在"(II，49)。唯有人格才能在伦常上是善的和恶的，据此一门价值伦理学最终的归宿就既不是一门"义务伦理学"，也不是一门"德性伦理学"，而根本上是一门"人格伦理学"。①

　　简单而言，舍勒对善和恶的规定具有三个方面的特征：第一，他是借助于非伦常价值以及它们之间的先天的本质联系来规定伦常价值善和恶的；第二，他将善和恶与在意欲领域中非伦常价值的实现相关联；第三，善和恶最终是人格价值。有关第三个特征我们留待下篇再讨论，这里主要关注前两个特征。

　　有关第一个特征，舍勒实际上给出了两种不同的对善和恶的规定，一方面是相关于肯定价值和否定价值，另一方面是相关于较高价值和较低价值。回到我们上一节提供的那个价值样式的图表，我们可以说这里的第一方面是一个**横向的**标准，即在同一个价值等级层次上，附着在一个肯定价值（比如美）之实现上的价值是善，附着在一个否定价值（比如丑）之实现上的价值是恶，所以就此而言，这一标准实际上与非伦常价值等级秩序本身无关，而是相关于本节开始所说的价值的先天的"形式的本质联系"。换言之，只要人们能够本质地直观到这样的"形式的本质联系"，那么对这一标准几乎没有什么异议。

　　存有争议的实际上是我们这里提到的第二个标准，即与"较高"

---

① 　因此我们不能同意布罗瑟最终将舍勒伦理学归为一种"德性伦理学"的做法，尽管舍勒的确宣称"德性学说要高于义务学说"，但是这只能看作"德性伦理学"比"义务伦理学"更靠近他的"人格伦理学"的论据（参阅 Philip Blosser, *Scheler's Critique of Kant's Ethics*, loc. cit., pp. 179－188）。我们在第 8.3 节还会进一步讨论这个问题。

和"较低"价值相关的标准：附着在一个较高（最高）价值之实现上的价值是善，附着在一个较低（最低）价值之实现上的价值是恶。这个标准显然要依据于我们提供的价值样式图表的**纵向的**联系，换言之，只有这种纵向的联系是可被直观的，这样的标准才能成为标准。恰恰是在这里，展现着舍勒现象学的质料价值伦理学第一层次的最大困难。困难的问题就在于，这个善和恶的纵向的标准本身还需要得到论证，即我们如何把一个价值看得比另一个"更高"或"更低"。

这涉及到我们前面已经罗列出来的借以"标记"价值高度的五个方面。为便于行文，我们这里重复一次，它们是：1）价值越能延续、越具有持久性，它们也就"越高"；2）价值越是"不可分"，它们也就越高；3）某一价值被其他价值"奠基得"越少，它们也就越高；4）与对价值之感受相联结的"满足"越深，它们也就越高；5）对价值的感受在"感受"与"偏好"的特定本质载体设定上所具有的相对性越少，它们也就越高（II，107-117；I，385）。

在这五个标记中，比较容易接受的大概是前两个。首先来看第一个，比如精神的喜悦无疑要比身体的快感更持久，因此前者对应的价值要高于后者所对应的价值。第二点我们可以在艺术品中看得比较清楚，一块布是较易分的，而作为一个艺术品的"画布"却是根本无法切分的，由此后者所承载的价值要高于前者所承载的价值。

最难以让人接受的是第四点，就如凯利所说："极其模糊；我们需要某些方法以决定'深'的空间隐喻如何被解释。"[1]究竟何谓一种"更深的满足"？是不是价值的等级秩序最终转而要依赖个体的感受程度？个体的感受程度可以具有客观性吗？如此等等。

---

[1]　E. Kelly, *Structure and Diversity. Studies in the Phenomenological Philosophy of Max Scheler*, loc. cit., p. 87.

　　第三点看起来也并不更有说服力。我们这里本身就是在谈论一种价值高低的标记,但是它又要去依赖于这样一种所谓的"奠基"关系,是不是一个循环论证?

　　第五点被舍勒看作是这五个标记中最原初或最本质的标记,它可以引出舍勒思想中的一个核心概念,即"此在相对性"(Daseinsrelativität)。所谓"此在的相对性"是指:所有那些本质上只能在一个具有某种形式、质性、方向等等的行为中被给予的对象,它们是相对的。朝向绝对价值和存在的整个精神人格的爱恰恰可以使我们勾销"认识对象之此在相对性的种类和层级",而借由一种纯粹行为走向"绝对此在"——在此行为的纯粹观念与对象之间不存在任何形式、作用、选择因素、方法方面的东西,更不存在任何在行为载者的组织方面的东西(X,406f.)。舍勒明确区分了两类相对性,即价值本身的此在相对性或存在相对性和作为价值载体的善业种类的相对性。比如一些东西对于某人来说是美味,对于另一个人则难以下咽,甚至有些东西对某些动物是食物,但对于另一些则是毒药,等等。在舍勒看来这只是善业单位方面的相对性,是"第二秩序"的相对性,不能混淆于前一种"第一秩序"的相对性。而恰恰是这种"第一秩序"的相对性才决定了价值本身是相对的,但却绝不是主观的。

　　究竟如何来看待这几个问题重重的标记? 我们认为,问题的关键就在舍勒所使用的"标记"(Merkmale)这个术语上。舍勒在开始谈论这些标记之前,已经指出价值之间存在着先天的级序,而且不能被演绎或推导,然后他说:"在此首先产生出不同的——已经与个体的生活经验相符的——价值标记"(II,107)。因此,我们可以说,这五个"标记"并非舍勒给出的对价值高低论证的"标准",事实上恰恰相反,所谓的价值级序本身是不能演绎或推导出来的,根本上它并不需要一个可论证的高低"标准"。这里的"标记"仅仅只是对这些已经存在并且已经被给予的价值级序在"个体生活经验"上的进一步说明而已。退一步说,即便这些标记本身是困难重重的,但它们也丝毫不会影响价值级序本身的先天性,这种价值级序本身是在伦常认识中自身被给予的。

笔者得承认,这里所提供的辩护实际上只是一种保护性的策略,因为我们并没有真正解决那些在"标记"说中显现出的困难,而只是说,尽管它们可能是有困难的,但它们不会影响到舍勒的体系。只要我们还能坚持现象学的直观原则,只要还去坚持绝对明见性和自身被给予性原则,这些"标记"说中的困难甚至可以被忽略。

现在我们再回过头来简单看一下舍勒对善和恶的规定的第二个特征,这个特征是:他将善和恶与在意欲领域中非伦常价值的实现相关联。有关这一个特征遭到了布罗瑟的激烈批评,从他早年的论文"道德的和非道德的价值:舍勒伦理学中的一个问题",到他的专著《舍勒对康德伦理学的批判》,以及新近的文章"舍勒的爱的秩序:洞见与失察"①中,他一再地重提这个批评。布罗瑟的批评概括起来集中在两个方面。首先,他认为伦常价值善的载体并不仅仅是主体,也可以是客体,比如婚戒,它承载了"忠诚"这样的伦常价值;其次,他认为并非每一种现实化的"善/好"的价值都表现为一种伦常善的价值,

---

① 参阅 Ph. Blosser, "Moral and Nonmoral Values: A Problem in Scheler's Ethics", in: *Philosophy and Phenomenological Research* 47/ 1 (1987), pp. 139 - 143; Ph. Blosser, *Scheler's Critique of Kant's Ethics*, loc. cit., pp. 65 - 68, 84 - 89, 173ff.; Ph. Blosser, "Scheler's Ordo Amoris. Insights and Oversights", in: Chr. Bermes/ W. Henckmann/ H. Leonardy (hrsg.), *Denken des Ursprungs-Ursprung des Denkens. Schelers Philosophie und ihre Anfänge in Jena*, Würzburg 1998, S. 160 - 171(此文中译参见布罗瑟:"舍勒的爱的秩序:洞见与失察",钟汉川译,李国山校,载《现代哲学》,2008 年第 1 期)。也可看凯利的相关评论研究,见 E. Kelly, "Revisiting Max Scheler's Formalism in Ethics: Virtue-based Ethics and Moral Rules in the Non-formal Ethics of Value", in: *The Journal of Value Inquiry* 31 (1997), pp. 384f., 393ff.。

某些非伦常价值的现实化活动导致了各种非伦常"善/好"（比如语言的、审美的、经济的或者逻辑的善/好，等等）的共生，但这些都不能被归于伦常善。

　　就第二个方面而言，布罗瑟显然注意到德文中的"gut"或英文中的"good"的多义性，正如我们在导论中已经讨论过的那样，但是这样的一种批评对于舍勒来说是无力的，因为舍勒这里明确地是在谈论伦常的善，那些其他的"好"对于舍勒来说根本上就是非伦常价值，任何一个现实化中被给予出来的其他的"好"是和伦常善无关的。而第一个方面更是体现了布罗瑟对舍勒的误读（或者是有意的误读），伦常善的载体在舍勒这里很明确，只能是人格，像婚戒所具有的价值无非是"象征价值"，而"忠诚"等等根本就不会被舍勒看作伦常善，最多只会是当它相对于"不忠诚"而实现时，伦常善才被给予。将伦常善归于这些具体的条目是舍勒明确拒绝的，实际上最终也无法回避 G. E. 摩尔的"自然主义谬误"的批评。

　　如我们所说，舍勒将善和恶视为**人格**价值，这实际上，已经打开了本书上篇通向下篇的大门，即从现象学的"元"伦理学通向现象学的"规范"伦理学的大门。然而在我们走进这个大门之前，我们还得先搞清楚什么是现象学的"元"伦理学。

4.5　小结：质料先天主义与现象学的元伦理学的静态奠基

　　早在二十世纪之初，G. E. 摩尔在其划时代的著作《伦理学原理》中就学着康德的命题提出一个响亮的口号：致力于写作"任何可能以科学自命的未来伦理学的导论"。[①]　在这部"导论"中，他为"科

---

　　①　乔治·摩尔：《伦理学原理》，长河译，上海：上海人民出版社，2005 年，第 3 页。

学伦理学"规定了首先需要考察的问题:什么是善? 而且把"怎样给善下定义这个问题"看作是全部伦理学中最根本的问题。当然,最终这个最根本的问题转变为去回答为什么善最终是不能定义的。因为对于摩尔来说,善根本上像"黄"一样是单纯的、不可分析的思想对象(object of thought),因而是无法定义的,任何试图给善下定义的做法都会导致"自然主义的谬误"。回顾伦理思想史,无非就两个大的类型,一个是所谓的自然主义伦理学,它又包含进化论伦理学、功利主义伦理学和形形色色的快乐主义伦理学,它们共同的谬误在于把善本身混同于某种"善的东西"甚至某种自然物;另一个大的传统是形而上学伦理学,比如斯多亚学派、斯宾诺莎和康德等,他们的共同点在于以形而上学的术语来描述至善,因而将善性本身混同于某种超自然、超感觉的实在。

对于摩尔来说,相较而言,形而上学伦理学要比自然主义伦理学离真理更近些,因为前者"始终不仅大力研究由精神事实所组成的另一类自然对象,而且大力研究肯定不在时间上实存,因而并非自然之部分,而且事实上根本不实存的一类对象,或者对象性质。"[1]换言之,与形而上学伦理学一样,摩尔也坚持一种绝然不同于一切自然主义的自然对象的另一类对象的存在可能性,他自己所谈论的"善"恰恰属于这一类。然而,形而上学伦理学再往前走就走向了谬误,"他们通常假定,任何不实存于自然界的事物,必定实存于某种超感觉的实在之中,无论这种实在是不是有时间性"。[2] 当这些形而上学伦理学以超感觉的实在来描述或规定"善"时,它们也就同自然主义伦理学一样陷入了"自然主义谬误"。在《伦理学原理》的第一版中,摩尔

---

① 乔治·摩尔:《伦理学原理》,第 144 页,译文有改动。
② 乔治·摩尔:《伦理学原理》,第 145 页,译文有改动。

对于"自然主义谬误"的界定多有含混,但在后来草拟的"第二版前言"中,他对此进行了反省,并将"自然主义谬误"明确表述为:"某某人犯了自然主义的谬误"是指"这个人混淆了善与某一自然的或形而上的性质,或主张善与某一自然的或形而上的性质相等同,或基于这种混淆而做了推论。"①简言之,在摩尔这里,善是一种"思想对象",它既不是自然的实在,也不是形而上的超感觉的实在,而毋宁说,它是一种"第三领域"的存在,所谓"自然主义谬误"就是指将这种存在与前述两种实在相混淆。

很难知道,舍勒在最初写作《形式主义》一书时是否已经熟悉 G. E. 摩尔的相关思想,但是在《形式主义》第二版的前言中,舍勒提到:"在英国,G. E. 摩尔主张一种在许多方面都相似的价值问题理解"(II,13)。换言之,最晚在 1921 年舍勒就了解了摩尔的相关思想,并认为与他本人的主张"在许多方面都相似",因此我们完全有理由认为,舍勒了解摩尔对善的定义的"自然主义谬误"的批判,并且当然也自信他本人根本没有陷入这种谬误。因为舍勒在《形式主义》第二、第三版中并没有对其有关善的问题的讨论进行修正。

事实上,如我们已经看到的,舍勒对善的规定根本在于两点:首先,他将善视为一种价值,而这种价值本身既非自然的实在也非超自然的实在,根本上是一种"行为相对性的存在",是在现象学的直观或经验中可以自身被给予的质料先天,因此,舍勒对善的规定既非"自然主义伦理学"式的,也非"形而上学伦理学"式的;其次,舍勒对善的规定实际上是"二阶"的规定,即它总是在其他非伦常价值实现的"背上"显示出来,因此可以看作是一种"形式化"的规定,可以避免"定

---

① 　参阅"未付印的第二版绪言",载摩尔:《伦理学原理》,蔡坤鸿译,台北:联经出版事业公司,1992 年,第 321 页。

义"的谬误，同时他最终将善归为人格价值，又使得善本身可以具有丰富的内涵，从而避免了对善的纯粹空洞的无规定性。

　　我们这里当然无意去评价摩尔的思想本身或者他和舍勒思想之间的可能联系，尽管这无疑会是有趣的话题。[①] 我们更想提及的是摩尔的这部"任何可能以科学自命的未来伦理学的导论"在伦理学史上所带来的效应，如所周知，那就是开创了"元伦理学"这一伦理学新的形态。

　　但究竟何谓"元伦理学"？"元伦理学"的论题域包括哪些？按照N. 斯卡拉诺（Nico Scarano）的看法，元伦理学应该包含四个方面的论题：1）语言哲学的论题，它致力于研究语言表达方面的问题；2）从属于精神哲学的论题，它主要涉及道德确信和道德感受的问题；3）存在论的论题，它处理道德的特性和道德事实的存在问题；4）知识论的论题，它首先关系到道德判断的可论证性问题。[②] 这个概括显然是依据于英美分析哲学语境中近百年来的元伦理学研究状况得出的，它可以说的确概括出一门不同于"规范伦理学"的"元伦理学"所应含有的基本论题域。

　　因此，如果我们可以相对于英美分析的元伦理学而提出一门所

---

　　① 摩尔曾在他的《伦理学原理》的"序"中提到布伦塔诺的著作《论伦常认识的起源》（英译名作《正确知识和错误知识的来源》），并且他也专门发表过对此著作的评论，他提到该书"远比我所熟知的任何其他伦理著作家的见解更加与我相似"。如我们所说，舍勒也专门提到"在英国，G. E. 摩尔主张一种在许多方面都相似的价值问题理解"，而舍勒质料价值伦理学深受布伦塔诺的影响这是无疑的，那么这种在双方面都表达出来的"相似性"能否成为我们理解现象学的元伦理学和分析哲学的元伦理学，乃至现象学和分析哲学本身之关系的一种可能的入口呢？这显然是值得进一步展开的课题。相关性的研究也可参看 Thomas Michael Mulligan, *Max Scheler and G. E. Moore: A Critical Comparison of Their Axiological Ethical Systems*, Ph.D. diss., Northwestern University 1976。

　　② 参阅 Nico Scarano, „Metaethik-ein systematischer Überblick", in: M. Düwell, Chr. Hübenthal & M. H. Werner (Hrsg.), *Handbuch Ethik*, Stuttgart/ Weimar 2002, S. 27ff.。

谓的"现象学的元伦理学"的话,我们显然也应该勾勒出它的基本论题域。我们可以对照着上面的概括来给出我们这里的论题域:

首先,第一个语言哲学的论题可以被看作是方法论的问题,即分析哲学家从事元伦理学乃至伦理学本身所遵循的方法论原则,那么在现象学这里,这个层次首先应当被对现象学本身、现象学方法的讨论所代替。

其次,从属于精神哲学的这个问题,在我们看来就是对理性和感受本身的分析和描述的问题,它本身作为"意识对象"就是现象学研究的主要论题域之一。

第三,有关存在论的问题,这可以看作事关伦理学研究的最基本对象的存在问题,用现象学的语言也可以表述为:"存在着伦常事实吗?"

第四,有关道德判断的论证问题,这个问题是图根特哈特近年来用力最勤的问题,他也被看作当代德国最重要的分析哲学的代表。而这个问题在现象学领域就首先要转换成我们所据以做道德判断的依据何在? 我们据以言说善或恶的根据何在? 这个问题在本书中被界定为伦理学的建基问题,这自然也是现象学的伦理学所需要处理的问题。更根本的当然也有,什么是善和恶本身,它们是如何被给予的,等等。

根据这四个方面的基本界定,我们可以回过来检视舍勒的理论以及我们至此为止所做的工作。简单说,我们第2章的工作可主要看作关联于第一个论题,当然不仅仅在于此,在那里我们通过对质料先天和形式先天的描述实际上也展示了舍勒对现象学的基本理解以及现象学的基本特征。第3章的工作一方面展示了理性和感受本身的现象学描述分析,同时也论述了它们各自在伦理学建基中的作用,可看作是关联于第2、4论题的。第4章的工作主要回答了"什么是善?"这个"元伦理学"最首要的问题。尽管第3个论题在文中也有论及，但这里还是可以更为明确地补充说明一下。

舍勒曾说："任何一种认识都植根于经验之中。而伦理学也必须建基于'经验'之中。但问题恰恰在于，是什么构成了那些向我们提供伦常认识的经验的本质，以及这样一些经验包含着哪些本质要素"（II，173）。当我们将一个行为评判为善的或恶的时候，或者说当我们做出一个道德判断的时候，又是何种"经验"提供了这种判断的质料呢? 舍勒接着说，"这里的问题并不在于，对这些用语言表述出来的命题进行分析，以此来开展研究"（Ebd.）。也就是说，问题根本不在于对这些命题的语言分析，而是在于去追问："在这里与这个'评判'相符合的究竟是什么样的**事实质料**呢，它是如何达及我们的，它是由哪些因子所组成的。因此需要研究的是那些直接被给予的事实以及它们达及我们的方式"（Ebd.）。我们完全可以把这段文字视作一门"现象学的元伦理学"的"宣言"。

这个"宣言"明确表达了一个现象学家不同于语言分析哲学家的根本立场。在这里，既是对语言分析方法和论题的排斥，也是对现象学论题的引出。对于伦常事实本身的存在论问题，舍勒的回答也是明确的，当然存在着不同于其他事实的伦常事实，"伦常事实是**质料直观的事实**"，从对象的被给予状况方面来说，这种事实的被给予完全是直接的（II，176），而且这种质料直观的事实，最终为那些伦常道德的判断提供充实，恰恰是这些伦常事实的在先被给予，伦常道德判断才可能。

在一定意义上，我们甚至可以说《形式主义》第四篇的第1章"关于价值概念之起源与伦常事实之本质的不充足理论"是舍勒现象学的元伦理学的"导入部分"或"背景部分"，在这里他几乎重演了摩尔在《伦理学原理》中所做的那些基本工作，尤其是对伦理学中唯理论和唯名论的批判与摩尔对伦理学传统的批判有异曲同工之妙，通过这些批判，他引入了现象学的"伦常事实"。

　　所谓伦常事实，最集中的体现当然是伦常价值善和恶。究竟"什么是善？"，为了回答这一问题，舍勒展开了他的价值论研究。我们据以回答"什么是善？"这一问题的根据何在？或者说伦常事实是如何被给予的？我们达及伦常事实的方式是怎样的？为此舍勒展开了他的意向性感受现象学的研究。那么，如果伦理学要建基于感受或情感，又该如何去避免一般传统情感或感受伦理学的经验性、后天性乃至最终是相对主义的弊病呢？为此，舍勒展开了对"先天"的现象学重审。他的突破点在于借助于现象学的经验或直观获得了不同于康德"形式先天"的"质料先天"，依据现象学意向性理论的本质，情感最终获得了本质的先天法则性，或者更确切地说，这种情感先天通过现象学获得了确证，获得了其自身的绝对的明见性。正是通过现象学的"质料先天主义"，舍勒最终论证了"伦常事实"的存在，回答了伦理学的建基问题，回答了"什么是善？"的问题，最终展现了作为其"现象学的质料价值伦理学"第一层次的"现象学的元伦理学"的基本形态。

　　就此而言，这样一门现象学的元伦理学最终奠基在"质料先天主义"上，而如我们一再表明的那样，这样一种"质料先天主义"既包含着质料的"实事先天"（比如价值先天），也包含着质料的"行为先天"（比如情感先天），同时还包含着实事和行为本质性之间的"相关性先天"。这样一种包含着三类质料先天的"质料先天主义"无疑是在现象学中获得其明见性的。因此我们最终也可以说，这样一门元伦理学最终是现象学的，最终奠基在现象学之上。这里的奠基是双方面的，既是方法层面的，也是内容层面的。就前者而言，这里所依据的始终是静态的、本质描述的现象学方法；就后者而言，这样一门现象学的元伦理学所赖以成立的基础有：实事本质的现象学或价值现象学、行为本质现象学或情感/感受现象学、实事本质与行为本质相关性的现象学。这里的本质既意味着诸本质性，同时也意味着本质之间的联系，事实上，这些本质本身都是在静态的、本质现象学中被给予的①，因此，根本而言，作为舍勒"现象学的质料价值伦理学"的第一层次的"现象学的元伦理学"最终在"静态"现象学之中获得其根基。

　　舍勒在手稿中曾宣称："伦理学最终是一个'该死的血腥事实'，如果它不能给我以指示，即指示'**我**'现在'**应当**'**如何**在这个社会的和历史的联系中**存在和生活**——那么它又是什么呢？"在同一处，舍勒还说："'从永恒出发'或从'按其永恒必然性的智识之爱出发'直至今时与此地的道路，是一条无比遥远的道路。但建构这样一条道路恰恰属于哲学的任务——无论是以多么间接的方式。"②

　　而追问"**我**""**应当**"如何"**存在和生活**?"恰恰是本书下篇的任务，或者也可以说，这一变换了的"苏格拉底问题"也是一门现象学的规范伦理学所须回答的问题。

---

　　①　这里特别要预先提示一下的是，在舍勒这里，"行为"(Akt)是个非常关键的概念，在宽泛的意义上它包含着一切的思、想、情、感等等，换言之，一切的活动都可以看作是"行为"，一切实事质性都是在各类行为中自身被给予的，但是行为本身"永远不会在任何意义上成为对象，因为它的存在仅仅建基于进行之中"，但是行为的本质性还是可以在各种行为的进行中"被反思地直观到"(II, 90f.)。我们在下篇还会集中讨论这个问题。

　　②　舍勒：《伦理学中的形式主义与质料的价值伦理学》，第23页正文第9行所附编者注(中译参见第730页)。着重号为笔者所加。

下篇

舍勒现象学的规范伦理学的动态奠基

—— 自身意识理论视域中的价值人格主义

引　语

在本书的导论中,我们曾提出了三个与伦理学研究相关的问题,即伦理学的引导性问题——"什么是善?"、伦理学的建基问题——"我们据以回答引导性问题的根据何在?",以及一切伦理学的根本问题——"人应该如何生活?"。本书的上篇重构了舍勒现象学的质料价值伦理学对前两个问题的回答,而本书的下篇将致力于展示舍勒对后一个问题的可能回答。

自《形式主义》第二版起,舍勒将该书的副标题标识为:"为一门伦理学人格主义奠基的新尝试"。在该书的第二版前言中,他明确宣称,"人格价值要高于一切实事－组织－共同体价值",这甚至是该书"想要尽可能完整地论证和传布的最本质和最重要的命题"(Ⅱ,15-16)。借此他想表明,他的现象学的质料价值伦理学最终落脚于现象学的伦理学人格主义。就此而言,舍勒对"人应该如何生活?"这一问题的可能回答便体现在他的现象学的伦理学人格主义中。人们自然会问:"人格主义"在舍勒这里究竟意味着什么? 与此相关,首先需要厘清的是,对于舍勒来说"什么是人格"? 对这两个问题的回答,构成了本书下篇第 6 章和第 7 章的主要内容。

如我们在上篇结束时提到,舍勒实际上是将"人应该如何生活?"这个问题转化成一个第一人称的问题,即"**我**应该如何生活?"那么,在舍勒这里,"我"又是指什么?"我"和"人格"的关系怎样? 有鉴于此,不同于对舍勒人格理论的那些通常的诠释,本书将尝试引入一个新的切入点,以期获得一个全新的解释框架,进而审视通常诠释中对舍勒人格理论的种种责难。我们将从"我"的问题——即传统的自身意识（Selbstbewusstsein）理论切入对舍勒人格理论的探讨（第 5 章）。这个切入点看起来并不像本书上篇以康德对形式先天的理解以及现象学对之的批判为起点那样不言自明，因此需要得到更多的说明。概括起来，我们的考虑主要有三个方面：

首先，自身意识理论是近代以降哲学的基本问题。20 世纪下半叶以来，在欧陆哲学的研究传统中，自身意识理论得到了某种意义上的"复兴"。这首先体现为"海德堡学派"（主要代表是 D. 亨利希，K. 克拉默、U. 珀塔斯特以及 M. 弗兰克等）[①]与 E. 图根特哈特之间持续近三十年的争论，同时也可以看到在立场上游离于这两方之外，但无疑仍处身于他们共同的话语圈之中，且主要是受德国古典观念论滋养的其他哲学家（如 K. 杜兴、E. 杜兴、K. 格罗伊[②]等）的努力，当然还有来自现象学传统对此问题的重审与反思（如耿宁、倪梁康、D. 扎哈维等）。[③] 这种自身意识理论的当代"复兴"使得这一理论的

---

① 图根特哈特在《自身意识与自身规定》中谈及当代自身意识理论的"海德堡学派"时，并不包含弗兰克。这自然也很好理解，该书出版于 1979 年，而弗兰克关于自身意识理论的大部分著作都出版于 80 年代以后。而弗兰克本人似乎也更乐于扮演"居间者"的角色，来对待和处理"海德堡学派"与图根特哈特之间的争论。但无论是从思想传承，或是从其基本立场来看，将弗兰克归于"海德堡学派"都是合适的。当然，弗兰克并非"海德堡学派"基本立场的最初阐发者，毋宁说是"海德堡学派"主要思想的维护者和发展者，在此意义上我们也可以将之看作"海德堡学派"的第二代代表。

② K. 格罗伊（Karen Gloy）也曾于 1980 年在海德堡大学完成其教授资格论文，并且根据她自己的陈述，亨利希曾给予她重要的影响。我们之所以没有将她列入"海德堡学派"甚或"海德堡学派"第二代，乃是因为，就笔者阅读经验而言，格罗伊在自身意识理论上的贡献主要体现在历史性的研究上，比如她将自身意识理论的发端回溯到柏拉图那里，等等。同时，一方面，她并没有清晰地展示她自己在自身意识理论上所持的基本立场，换言之，她没有明确表达出对"海德堡学派"基本立场的维护；另一方面，她也同样承认了图根特哈特对她的影响，并表达出对图根特哈特立场的同情的理解。当然，如果从更宽泛的意义上，将"海德堡学派"归为意识论的自身意识理论，而将图根特哈特归为语义学的自身意识理论，那么无疑格罗伊还是更接近"海德堡学派"。

③ 限于本书的主题，我们这里将不去专题讨论当代英美分析哲学传统中的自身意识理论，有关于此可参见 Manfred Frank（Hrsg.），*Analytische Theorien des Selbstbewußtseins*，Frankfurt am Main ²1996；Manfred Frank，*Selbstbewußtsein und Selbsterkenntnis. Essays zur*

各个面向都得到了较为充分的展示，也正因为此，如今我们才有可能从总体上来审思其所谓的"困局"乃至可能的出路。自然，舍勒处身于近代以来哲学的大传统之中，他的人格理论是直接从批评康德的先验统觉的"自我"概念开始的，而后者是传统自身意识理论的核心论题之一，在此意义上我们可以说，舍勒的人格理论从一开始就展现着与传统自身意识理论的某种对峙。

其次，如同弗兰克所指出的那样，自身意识、主体性、人格性、个体性这几个概念彼此相关，可以说它们处在一个共同的问题圈之中。① 如何理解这几个相互交错的基本概念之间的区别与联系，自然应该是任何一门自身意识理论，或者人格理论（包括舍勒的人格理论）研究的题中之义。实际上早在洛克和莱布尼茨那里，人格或人格的同一性问题就和自身意识联系在一起，尽管在他们那里，人格也常常与自我纠缠不清。后面我们将会检视他们的理论。再比如，亨利希也曾明确地将"人格"或"人格同一性"的问题标示为"一门自身意识理论的第二问题域"。②

---

analytischen Philosophie der Subjektivität, Stuttgart 1991；Petra Krüger, Selbstbewußtsein im Spiegel der analytischen Philosophie, Aachen 2000。不过，对于同时处于欧陆哲学和分析哲学传统中的图根特哈特的思想，我们将予以关注，由此我们也可大致窥见分析哲学传统探究自身意识问题的基本思维方式。

① 参阅 M. 弗兰克:《个体的不可消逝性》，"中译本前言"，先刚译，北京:华夏出版社，2001 年，第 1 页。需要指出的是，弗兰克这里所用的"人格性"主要指的是语义学传统（P. 斯特劳森和图根特哈特是最主要代表）中的人格概念。

② 参阅: „Selbstbewußtsein-Ein Problemfeld mit offenen Grenzen", in: Berichte aus der Forschung, Nr. 68, Ludwig-Maximilian-Universität, April 1986, S. 5f.。按照弗兰克的说法，这篇报道包含了对亨利希一部至今未发表的手稿《自身存在与意识》(Selbstsein und Bewußtsein, 1971)相关思想的总结，而这部手稿应该属于对"自身意识:一个理论的批判性引论"一文(1970)中有关自身意识问题否定性批判思考的"建构性地推进"，但过于谨慎的亨利希至今没有将之交付出版(参阅:Manfred Frank, „Selbstsein und Dankbarkeit. Den Philosophen Dieter Henrich", in: Merkur. Deutsche Zeitschrift für europäisches Denken, 42. Jahrgang 1988, S. 339f.; Manfred Frank, „Fragmente einer Geschichte der Selbstbewußtseins-Theorie von Kant bis Sartre", in: ders. (Hg.), Selbstbewußtseinstheorien

第三,在舍勒的人格理论中,人格既体现为对"自我"的彻底拒绝,也在逻辑功能或角色上体现为对"自我"或"主体性"的替代。^①如舍勒将人格视为伦常价值的载体、伦常行为的施行者、伦常责任的承担者,或者"具体主体",等等。如果舍勒是通过其人格学说来回答"我应该如何生活?"这样的问题,那么,人格和"我"究竟处在什么样的关系之中? 舍勒的人格理论自然也需要如传统自身意识理论那样接受批判的审思和检验。这一人格理论究竟是仍然陷在传统自身意识理论的困局之中,还是展示着传统自身意识理论一种可能的出路?

基于这三个方面的考虑,在第 5 章"舍勒人格理论的前思:自身意识、自身感受与人格的释义史"中,我们将首先简要讨论传统自身意识理论及其存在的困境(5.1),并在此基础上,廓清自身意识理论的论题域和家族概念群(5.2),进而依据图根特哈特和弗兰克的研究提出两种可能的走出困局的模式,即自身关系模式(图根特哈特)和自身感受模式(弗兰克)(5.3)。就笔者目力所及,在"海德堡学派"与图根特哈特之间的争论中,实际上双方都很少触及到对方的建构性理论。比如在"海德堡学派"对图根特哈特的辩驳中很少谈及后者对实践的自身关系模式的论证,无论是在亨利希,还是弗兰克

<hr>

von Fichte bis Sartre, Frankfurt am Main 1991, S. 590f.)。实际上,就我们所知,在自身意识问题上,亨利希还有一部文稿至今没有出版,即他的教授资格论文《自身意识与伦常性》(*Selbstbewußtsein und Sittlichkeit*, Heidelberg 1956)。只有在其晚近出版的《思想与自身存在:关于主体性的讲座》(*Denken und Selbstsein. Vorlesungen über Subjektivität*, Frankfurt am Main 2007)中,我们才终于可以较为系统地读到亨利希有关"人格"、"自身存在"、"伦常意识"等等问题的思考。

①　但这里并不意味着,人格本身是一种逻辑性功能。事实上,舍勒清楚地在"功能"和"行为"之间作出了区分。有必要在这里预先表明的是,在舍勒这里,人格从来都不具有传统先验哲学中"自我"的那种建基功能;或者说,尽管人格构成舍勒思想的基石,但它从来都不是一个"阿基米德点"(II, 387f.)。德国舍勒研究专家 A. 桑德(Angelika Sander)也正确指出过这一点,参阅 Angelika Sander, *Max Scheler zur Einführung*, Hamburg 2001, S.88f. 。

这里①；而在图根特哈特这方面，他也是一再地抱怨，尽管"海德堡学派"揭示了传统自身意识理论的困境，但却没有能提出真正解决的途径。事实上，他也完全没有注意到弗兰克晚近提出的自身感受模式，至少是在公开发表的文字中没有表达出或许存在着的关注。然而通过比较研究，我们可以发现，自身关系模式和自身感受模式并不简单地对立或冲突，相反二者各自都存在着一定的局限性，因而是可以也是需要互补的。正是在这两种模式的互相补充下，而不是仅仅限于弗兰克的自身感受模式，我们将区分出自身感受的三种哲学含义，即知识论的（epistemisch）②、存在论的和伦理学的含义（5.4）。通过对自身感受的引入以及三个层面的厘定，我们赢获了重构舍勒人格理论的全新的解释框架。舍勒的人格理论不仅处身于自身意识理论这个大的背景之中，而且无疑也处身于整个人格理论的历史中，通过简要检视人格概念的释义史以及传统人格理论存在的困境，我们可以更清楚地把握舍勒人格理论的出发点和需面对的主要问题（5.5）。

在此意义上，我们可以说，传统自身意识理论和传统的人格理论共同构成了我们重构舍勒人格现象学的"**基础地基**"，而三种不同含义的"自身感受"则构成了重构的"**脚手架**"，而重构后的"**基本层级**"则体现为"知识论的"、"存在论的"和"伦理学的"。具体而言，我们将在知识论、存在论和伦理学三个层面上，结合自身感受的三种哲学含义，逐次回答人格的自身被给予方式问题（6.1）、人格的存在样式问

---

　　①　珀塔斯特可能是个例外，在他对图根特哈特《自身意识与自身规定》一书的评论中，他对这个模式有所触及。在该文中，珀塔斯特一方面较为积极地肯定了图根特哈特的工作，同时也对他提出五点批评，其中后面两点批评涉及实践的自身关系问题，参阅 Ulrich Pothast, „In assertorischen Sätzen wahrnehmen und in praktischen Sätzen überlegen, wie zu reagieren ist", in: *Philosophische Rundschau*, (28) 1981, S. 26－43。

　　②　我们主要使用的是这个词的古希腊词源"*episteme*"的基本意，即德文中的"Wissen"（知识），而非"Erkenntnis"（认识）。我们后面还会涉及到这二者的区别。

题(6.2)以及伦理的人格生成问题(6.3)。以此我们想表明两个基本
论点:1)主体性(或者更确切说,一种非置身于传统主－客体模式中
的主体性、非对象化的主体性,或舍勒意义上的作为具体行为进行之
统一的主体性的人格)的不可退避性(Unhintergehbarkeit)[1]。2)作
为实践的自身对自身之行事(Sichzusichverhalten)[2](既是存在论层
面上的,也是实践哲学或伦理学层面上的实践的自身对自身之行事)
的"人格的自身关系性"(Das Selbstverhältnis der Person)。

　　前者可以看作是对后现代所谓"主体之死"的回应,后者则将我
们引向"自身性"与"陌己性"(或本己人格与陌己人格)之间关系的讨
论。自身感受的引入、对"人格的自身关系性"的强调,绝不意味着舍
勒的人格理论承续了笛卡尔以来的传统,即承认内感知(innere

---

　　[1]　这个说法参照了弗兰克一本书的标题,即"Die Unhintergehbarkeit von
Individualität"(Frankfurt am Main 1986),该书的中译者先刚先生将之译为"个体的不可
消逝性",当然是一个选择。"Unhintergehbarkeit"这个词的词干来源于动词"hinterge-
hen",意为"到后面去",该词形容词化(-bar)后又名词化(-keit),并加上否定的前缀
"Un-",构成了我们这里的这个名词,我们将之译为"不可退避性",强调的不是相对于"消
逝"而言的"在场性",而是一种"在前台性",它相对于"退避至后台或背景之中"。我们只
有在标注先刚先生的译本时采用他的译名,在正文中都根据我们的译名做了统一,不再一
一注明。
　　有趣的是,瑞士现象学家霍伦斯坦(Elmar Holenstein)曾经写过一本《语言的可退避
性》(Von der Hintergehbarkeit der Sprache. Kognitive Unterlagen der Sprache,Frankfurt
am Main 1980)。他试图从结构语言学(主要是罗曼·雅各布森——他也将其基本立场称
之为"现象学的结构主义")和认知心理学的视角出发反思"思想"和"语言"的关系,他主要
批评的对象有两个,一是埃尔兰根学派(Erlanger Schule)有关"语言的不可退避性"命题,
二是图根特哈特对内省(Introspektion)的批判,这二者当时在德国都有很大影响。这里
的"Hintergehbarkeit"显然不能被理解为语言可以"消逝",而是如其副标题所标识的,语
言需要认知的奠基。
　　[2]　"实践的自身对自身之行事"的说法来自于图根特哈特,有关这个概念以及两个
层次的区分可以参看5.2节的讨论(参阅 Ernst Tugendhat, Selbstbewußtsein und Selbst-
bestimmung, Sprachanalytische Interpretationen,Frankfurt a. M.：Suhrkamp 1979)。
对这两个层次的区分,我们也参考了桑德的讨论,参见 Angelika Sander, Mensch-Subjekt-
Person, Die Dezentrierung des Subjekts in der Philosophie Max Schelers,Bonn 1996,S.
326,Anm. 1。

Wahrnehmung)相对于外感知（äußere Wahrnehmung）所具有的绝然明见的优先地位，进而确立自身感知相对于陌己感知的优先性。相反，舍勒跟随培根在《新工具》中提出的关于外感知领域内的"偶像"学说，批判地反思了在内感知、自身感知领域内的"偶像"学说，并将这种源自笛卡尔的有关内感知优先于外感知的学说视为一切哲学主观唯心论和自我中心主义的根基之一（III, 215）。因此，一方面是舍勒对人格的本己个体性的张扬，另一方面则是他对"自身认识的偶像"的批判反思，其间的内在关联有必要首先予以关注（7.1），进而我们才可能清晰地谈论陌己人格与人格生成之间的关系（7.2）。

　　然而在舍勒这里，无论是陌己人格还是本己人格根本上都还是个别人格，与这种个别人格相对的则是总体人格，舍勒恰恰是借助于总体人格的观念来谈论个体与共同体的关系的。正是在这一方面，舍勒人格主义理论的洞见与困难都将清晰地展露出来。舍勒的根本立场最终既非一种个体主义，也非一种普遍主义，而是作为凝聚主义的人格主义（7.3.1）。但这样一种本身就带有浓厚宗教背景的总体人格概念乃至凝聚主义原则，无疑要接受质询：伦理和宗教的关系究竟怎样？以此凝聚主义为最终归宿的人格主义，究竟是现象学的，还是神学的？（7.3.2）

　　就舍勒本人的理路来看，价值人格主义最终可以提供给我们一种对"人应该如何生活？"这一伦理学根本问题的可能的回答，或者一种"如何更好地生活"的建议（7.4）。在此意义上，我们将之视为一门现象学的"规范"伦理学。不同于在质料先天主义中，对"质料先天"的静态的、或"抽象"的本质性的现象学描述为一门现象学的"元"伦理学提供静态的奠基；在价值人格主义中，恰恰是人格的"具体本质性"（或动态生成），为这样一门"规范"伦理学提供了动态的奠基（7.5）。

5. 舍勒人格理论的前思：
自身意识、自身感受与人格的释义史

"如果说有哪一个语词——它标识着一个基本概念——在现代哲学史中起了主导性作用，那么它就是'自身意识'"（Dieter Henrich）。

"若没有确定的自身感受和自身价值感受，人们就无法伦常地生活。这种自身感受和自身价值感受并非源自于他人的印象，而是原本的"（VII, 55 – 56）。

当代自身意识理论复兴的先驱迪特·亨利希（Dieter Henrich）在其发表于 1970 年的、当代自身意识理论的纲领性文献"自身意识：一个理论的批判性引论"开篇就宣称："如果说有哪一个语词——它标识着一个基本概念——在现代哲学史中起了主导性作用，那么它就是'自身意识'。"①标志着当代自身意识理论复兴的另

---

① Dieter Henrich, „"Selbstbewußtsein: Kritische Einleitung in eine Theorie", in: R. Bubner, K. Cramer, R. Wiehl und J. C. B. Mohr（Hg.）, *Hermeneutik und Dialektik*, *Festschrift für H.-G. Gadamer*, Tübingen 1970, S. 257。需要指出的是，亨利希这里提到的"现代哲学"（moderne Philosophie）是一个比较宽泛的概念，它首先可以涵盖汉语语境中自笛卡尔以降的"近代哲学"，同时也可延伸到汉语语境中的"现代哲学"里。这可以从他紧跟着的说明文字看出，因为他不仅概述了"自身意识"理论在诸如笛卡尔、康德、费希特、黑格尔等我们意义上的"近代"哲学家那里的地位，同时也提及了如彼得·斯特劳森等汉语语境中的"现代"哲学家在"自身意识"理论上的思考。换言之，在这里比较明确的是"现代哲学"（moderne Philosophie）起始点——即我们意义上的"近代哲学"的起

一个主要代表恩斯特·图根特哈特(Ernst Tugendhat)在其出版于1979年的代表作《自身意识与自身规定——语言分析的解释》中也指出:"自笛卡尔到黑格尔的近代哲学相信,在自身意识概念中它不仅已经发现了决定性的哲学方法论原则,而且为文明的、自律的实存找到了基础。"①被我们称为当代自身意识理论"海德堡学派"第二代代表的曼弗雷德·弗兰克(Manfred Frank)则更为形象地指出:"如果想要找出从笛卡尔到萨特的近代哲学思考的最小公分母,那么人们会毫不犹豫地说:这个分母就是自身意识。"②不过,无论是在早先的亨利希、图根特哈特那里,或是在稍晚的弗兰克这里,传统自身意识理论都更像是"夕阳产业",尽管它曾经辉煌,但却不可避免地陷入了困局。

　　全面审理近代以来的自身意识理论固然重要,却非本书的主要任务。③在本章,我们将把目光主要集中在以亨利希为代表的"海德

点,但其终点并不是完全确定的。这一说明也适用于我们后面提到的图根特哈特和弗兰克,尽管在他们那里,汉语语境中的"近代哲学"被相对较为明确地标示为"neuzeitliche Philosophie",但是其终点依然是不确定的,如弗兰克提及的"自笛卡尔到萨特的近代哲学"等等。在本书中,我们统一将"moderne Philosophie"译为"现代哲学",而将"neuzeitliche Philosophie"译为"近代哲学",在含义不够明确的地方(主要是前者),我们将在括号中标出说明。有关近代哲学、现代哲学划界的相关讨论,可以参看哈贝马斯:《后形而上学思想》,曹卫东、付德根译,南京:译林出版社,2001年,第3—9页;哈贝马斯:《现代性的哲学话语》,曹卫东等译,南京:译林出版社,2001年,第1—13页;以及倪梁康:《自识与反思——近现代西方哲学的基本问题》,北京:商务印书馆,2002年,第十七讲"过渡:'现代'的界定"。

①　Ernst Tugendhat, *Selbstbewußtsein und Selbstbestimmung, Sprachanalytische Interpretationen*, Frankfurt a. M.: Suhrkamp 1979, S. 9.

②　Manfred Frank, „Fragmente einer Geschichte der Selbstbewußtseins-Theorie von Kant bis Sartre", in: ders. (Hg.), *Selbstbewußtseinstheorien von Fichte bis Sartre*, Frankfurt am Main 1991, S. 415.

③　有关近代以来的自身意识理论,比较系统的文献汇编以及相关的研究评论,可以参阅 Manfred Frank (Hg.), *Selbstbewußtseinstheorien von Fichte bis Sartre*, Frankfurt am Main 1991。比较系统的历史性研究,可以参阅 Karen Gloy, *Bewußtseinstheorien. Zur*

堡学派"与图根特哈特之间关于自身意识理论的争论上。在双方的交锋中，我们可以较为清晰地把握传统自身意识理论的基本路向与困境。同时，我们之所以可以将他们的努力称为自身意识理论的"当代复兴"，那么这些努力就绝不会仅仅局限在否定性的批评上，而更是有着积极肯定性的建构，或者说，他们都在努力尝试着走出传统自身意识理论困局的可能性。

　　但根本上，何为"自身意识"？"自身意识"涵盖的论题域究竟可以延伸到哪里？宽泛意义上的"自身意识"理论在建构哲学体系中的作用如何？"自身意识"本身的结构又是怎样的？传统自身意识理论的基本路向及其困境何在？在诊断以及克服传统自身意识理论所存在的问题上，代表着当代自身意识理论复兴的"海德堡学派"和图根特哈特争执的实质以及各自的得与失又究竟何在？

　　这些都是我们在本章所需要面对的问题。我们将首先概述传统自身意识理论的基本模式及其存在的困境（5.1），并在此基础上，廓清自身意识理论的论题域和家族概念群（5.2），进而分析由自身意识理论的"当代复兴"所提供的、走出传统自身意识理论困局的两种不同模式——即"自身感受"（Selbstgefühl）和"自身关系"（Selbstverhältnis）模式——及其各自存在的不足（5.3）。通过融合这两种模式，并借助于现象学的分析，我们将区分出"自身感受"的三种哲学含义，即知识论上的、存在论上的和伦理学上的，以此提供一

Problematik und Problemgeschichte des Bewußtseins und Selbstbewußtseins，Freiburg/München 1998（该书包含对柏拉图、亚里士多德、康德、费希特、纳托尔普、休谟、胡塞尔、萨特以及拉康等的相关研究）；Klaus Bort，*Personalität und Selbstbewusstsein. Grundlagen einer Phänomenologie der Bezogenheit*，Tübingen 1993（该书含有对亚里士多德、奥古斯丁、笛卡尔、康德、黑格尔、胡塞尔、萨特等的相关研究）。中文研究参阅倪梁康：《自识与反思——近现代西方哲学的基本问题》，北京：商务印书馆，2002 年。该书是笔者所接触到的中外文有关自身意识理论研究文献中最为详尽、涵盖面最为广泛的研究。

种更为全面系统地对自身意识（广义）问题的思考，同时将可以赢获一个重构舍勒人格理论的解释框架(5.4)。但在舍勒这里，人格又意味着什么？人格是如何从其最初的含义发展至今的？舍勒的人格理论与人格概念发展史中的其他理论有何关联？面对这些疑问，我们有必要首先简要梳理一下人格的释义史。当然限于篇幅，这个梳理会集中在与我们的论题最为相关的部分(5.5)。

5.1　传统的自身意识理论及其"循环"困境

关于自身意识理论，在亨利希、图根特哈特以及稍后的弗兰克之间存在着一个相对较为外在的共识，即：他们基本上都将自身意识理论视为自笛卡尔以降近代哲学的基本主题。与此相对，格罗伊则是从一个问题——"自身意识仅是近代的主题吗？"——开始其对自身意识理论史的考察的。在她那里，对此问题的回答自然是否定的。事实上，将自身意识理论的发端较为系统地回溯到柏拉图的《查密迪斯篇》(*Charmides*)以及随后亚里士多德的《形而上学》和《动物志》中，恰恰是她在自身意识理论研究上的最主要贡献之一。[1] 尽管如此，她也同时承认，自身意识是近代"占统治地位的"(dominante)论题，只是首次在笛卡尔那里，它才获得其"作为一切自身认识和世界认识之原则"的基础性地位。[2] 然而纵观整个传统自身意识理论史，受到更多关注的始终是，对自身或自我的根据作用

---

① K. Gloy, *Bewußtseinstheorien. Zur Problematik und Problemgeschichte des Bewußtseins und Selbstbewußtseins*, a. a. O., S. 106ff..

② K. Gloy, „Selbstbewußtsein als Prinzip des neuzeitlichen Selbstverständnisses. Seine Grundstruktur und seine Schwierigkeiten", in: *Fichte-Studien*, Bd. I (1990), S. 41f..

（Begründungsfunktion）的强调,而非对其本身结构的分析,"费希特是第一个,也是唯一一个将自身意识本身论题化,并在它所有问题维度上将之展开的人"。[①]

显然,这一确定要归功于她的老师亨利希,或者更确切地说,当代自身意识理论的复兴根本上发轫于亨利希的宏文"费希特的原初明察"。[②] 无论是后来的整个"海德堡学派",或是图根特哈特,还是其他的自身意识理论研究者,或隐或显地都要诉诸或归功于亨利希的研究。

在"费希特的原初明察"这篇开创性的研究中,亨利希简要回溯了自身意识理论的发展史,并敏锐地指出,尽管康德以及所有康德以前的有关自身意识理论的思考存在着各种各样的区别,但是他们几乎都分有一个共同的基本模式,他将这一模式称为自我或自身意识的"反思理论"。[③] 这种所谓的"反思理论"或自身意识的"反思模式"可以在康德那里找到其较为清晰的表述:"我意识到我的自身,这是一个思想。这一思想已经包含有双重自我,即作为主体的自我和作为客体的自我。我思之我,对于我自己而言又是一个(直观的)对象,我能够将这个宾我(mich)从我自身中区分出来。这是如何可能的,人们是完全无法解释清楚的,尽管这是一个无可怀疑的事实。……

---

① K. Gloy, „Selbstbewußtsein als Prinzip des neuzeitlichen Selbstverständnisses", a. a. O., S. 44.

② D. Henrich, „Fichtes ursprüngliche Einsicht", in: ders. (Hg.), *Subjektivität und Metaphysik. Festschrift für Wolfgang Cramer*, Frankfurt am Main 1966, S. 188 - 232。该文次年在 Vittorio Klostermann (Frankfurt am Main)出版社出版同名单行本。此文是作者对其 1966 年春天在法兰西学院所作的学术演讲"费希特的'自我'"(„Fichtes, Ich'")的修改和大幅扩充版,该演讲稿于 1967 年发表法文本,1982 年回译成德文首次发表(载 D. Henrich, *Selbstverhältnisse. Gedanken und Auslegungen zu den Grundlagen der klassischen deutschen Philosophie*, Stuttgart 1982, S. 57 - 82)。

③ 参阅 D. Henrich, „Fichtes ursprüngliche Einsicht", a. a. O., S.191f.；以及 D. Henrich, „Fichtes, Ich'", a. a. O., S. 61f. 。

但是这并不因此意味着一个双重化的人格性，而是仅只有［进行］思维和直观的我才是人格，而被我直观到的客体的自我，与其他外在于我的诸对象一样，只是事（物）。"①

简言之，所谓自身意识的"反思模式"是指，自我将注意的目光从外部对象上超脱出来，折返回内在领域，开始"反思"自身。与对外部对象的表象完全相似，在自身意识中，作为主体的自我（或意识活动）将其自身当作客体来表象。这种反思理论可以说是最古老也最为显见的自身意识模式，弗兰克将其根源回溯到巴门尼德和柏拉图那里有关精神之目光的隐喻，或简称为"视觉隐喻"（optische Metapher）。② 而图根特哈特也认为从巴门尼德到胡塞尔的整个欧洲哲学传统都臣服于这样一种看的认识论倾向，或称之为"看的隐喻"。③

然而这样一种反思理论存在着无法摆脱的困境，按照亨利希的考察，费希特是第一个指出并试图克服这一困境的思想家。这一困境被表述为自身意识反思理论的"循环"④，跟随费希特，亨利希将之概括为两个基本困难。首先，反思理论试图通过作为主体的自我对作为客体的自我的表象或认识来谈论自身意识问题，然而这里已经

---

① Kant, „Über die von der Königl. Akademie der Wissenschaften zu Berlin für das Jahr 1791 ausgesetzte Preisfrage: Welches sind die wirklichen Fortschritte, die die Metaphysik seit Leibnizens und Wolffs Zeiten in Deutschland gemacht hat? ", in: AA XX, S. 270. 也参阅 M. Frank, *Die Unhintergehbarkeit von Individualität*, Frankfurt am Main 1986, S. 29. 为了论述的方便，我们这里将用作人称代词"ich"的一般直接译作"我"，而将名词化后的"(das) Ich"译作"自我"，人称代词"ich"的第四格形式"mich"则勉强译作"宾我"。

② 参阅 M. Frank, *Die Unhintergehbarkeit von Individualität*, a. a. O., S. 30; 以及 M. Frank, *Selbstbewußtsein und Selbsterkenntnis*, a. a. O., S. 419。

③ 参阅 E. Tugendhat, *Selbstbewußtsein und Selbstbestimmung*, a. a. O., S. 17, 34。

④ 按照倪梁康先生的研究，是塞克斯都·恩批里珂首次提出了"自识的循环"问题，参阅《自识与反思》，第 30－32 页。

预设了进行表象活动的"自我－主体"，但如果没有"自我－主体"预先对自身的意识到，这样一种"自我－主体"的回返自身又如何可能呢？因此，这里存在一个典型的"循环"：要解决的问题本身（自身意识）实际上在讨论的开始就已经被预设；其次，反思理论预设了自我对自身的认知只有通过回返自身才得以可能，因此也就必定预设了进行认知活动或返转目光的"自我－主体"与被认知的客体自我是同一的，或者说，预设了认知行为与被认知者的同一，只有这样，人们才能谈及**自身**（或自己）意识。但是这样一种同一性又将如何被给予呢？难道它不恰恰就是在自身意识中被给予的吗？因此，循环在这里又一次出现。①

在后来的"自身意识：一个理论的批判性引论"（1970 年）一文中，亨利希再次重述了这两个基本困难，不同之处首先在于，他对费希特的尝试不再乐观，而是认为费希特的尝试在根本上也无法解决反思理论中出现的循环困难。② 更为重要的是，在前一篇文章只是

---

① 参阅 D. Henrich, „Fichtes ursprüngliche Einsicht", a. a. O., S. 193ff.；以及 D. Henrich, „Fichtes, Ich'", a. a. O., S. 62ff.。除去亨利希这里概括的两个基本困难，费希特实际上还提出一个"无穷回退"的问题：为了获得"自身意识"，我必须把我自身变成客体，但这样一来，实际上我根本就达不到自身意识。因为这个主我要认识自身，就需要一个更远的主体，如此以至无穷（可参阅 M. Frank, *Die Unhintergehbarkeit von Individualität*, a. a. O., S. 35；以及 M. Frank, *Selbstbewußtsein und Selbsterkenntnis*, a. a. O., S. 25）。这种"无穷回退"的问题在当代自身意识问题的讨论中也常常被涉及，对此可看看扎哈维：《主体性与自身性：对第一人称视角的探究》，蔡文菁译，上海：上海译文出版社，2008 年，第 21－36 页。

② 限于本书的主题，我们无法展开讨论费希特在自身意识理论上的得与失，相关专题讨论除了这里提到的亨利希的两篇文章以外，还可以看看 D. Henrich, *Between Kant and Hegel. Lectures on German Idealism*, edited by David S. Pacini, Massachusetts/London 2003，pp. 246－262；以及 K. Gloy, „Selbstbewußtsein als Prinzip des neuzeitlichen Selbstverständnisses. Seine Grundstruktur und seine Schwierigkeiten", a. a. O., S. 54－71（大致修改后也收入 K. Gloy, *Bewußtseinstheorien*, a. a. O., S. 202－237）；倪梁康：《自识与反思》，第十二、十三讲。

简要论述的第二个困难在这篇新文章中得以更为广泛地展开。[①] 在亨利希看来,第二个困难不仅仅是反思理论的困难,甚至是任何传统自身意识理论的困难。因为所谓自身意识,必然意味着"我"在其中所亲熟(Vertrautheit)的东西是它自身,尽管人们未必需要概念性地描述它,但无论如何,它必须能够确定地断言"(主)我 = (客)我",即主我与客我的同一。然而,为了知悉这种同一,"我"必定已经预先知道如何将他所遭遇的东西归化(zuschreiben)给自身。因此这种作为自身归化的自身意识就不会是反思的结果,而毋宁说是反思的前提,传统自身意识理论的反思模式乃至任何一种自身意识理论实际上都在一开始就已经预设了这种自身归化,因而再次陷入"循环"困境。亨利希也把这一困境称为"自身认识的循环的主 - 客体 - 关系"。[②]

　　这里的展开之所以重要,一方面是因为亨利希将循环的困难不单单是判给自身意识的反思理论,而是判给所有的自身意识理论,这样传统自身意识理论就被完全地贴上了"循环"困境的标签;另一方面,亨利希在这里也已经摆出他解决传统自身意识理论困境的核心概念:亲熟自身(Vertrautheit mit sich)或自身亲熟(Selbst-

---

　　① 施密茨(Hermann Schmitz)曾略带不满地说,亨利希对第二个基本困难的分析得自于他,但仅仅在第一篇论费希特的文章给予提示,而在第二篇论"自身意识"的文章中,以及图根特哈特在他的《自身意识与自身规定》中都对此缄口不言(参阅 Hermann Schmitz, „Zwei Subjektbegriffe. Bemerkungen zu dem Buch von Ernst Tugendhat: *Selbstbewußtsein und Selbstbestimmung*", in: *Philosophisches Jahrbuch* 89. Jahrgang, 1982, S. 132)。这个困难在施密茨那里被称为"自身意识的第三个佯谬"(参阅 Hermann Schmitz, *System der Philosophie. I Die Gegenwart*, Bonn 1964, S. 249ff.;以及 Ulrich Pothast, *Über einige Fragen der Selbstbeziehung*, Frankfurt am Main 1971, S. 19ff.;该书是作者 1968 年在海德堡大学提交的博士论文)。

　　② 参阅 D. Henrich, „Selbstbewußtsein: Kritische Einleitung in eine Theorie", a. a. O., S. 266ff.。

vertrautheit)。换言之，按照亨利希，要想避免自身意识现象以及自身意识理论一再地陷入"循环"困境，人们就必须替代性地谈论自身亲熟。这里我们当然需要继续追问：1)在亨利希这里，这种自身亲熟的本质是怎样的？它能否涵盖所有的自身意识现象？2)自身意识的反思理论是否是必须要被放弃的？在承认自身亲熟的前提下，人们还能否合理地给反思理论保留位置？是否有可能摆脱传统理论的"循环"困境？前者涉及自身亲熟与自身意识现象或自身意识理论一般的关系，后者则涉及它与传统自身意识理论或自身意识理论的反思模式的关系。

我们姑且搁下这里的问题，先来看看图根特哈特对亨利希为避免传统理论"循环"困境所作尝试的评论。图根特哈特基本上也是在由亨利希所确定的这两个基本困难的框架内来检视传统自身意识理论以及海德堡学派的努力的。与亨利希一样，图根特哈特也认为传统自身意识理论陷入了困局，但是他还更进一步，认为以亨利希为代表的海德堡学派"标明了传统自身意识理论的一个醒目的终点"。①这个断言在图根特哈特这里含有两个意图：一方面是与海德堡学派共谋，与传统的自身意识理论彻底划清界限；另一方面则是将海德堡学派也归入这一传统，进而与之保持距离。

不过，尽管图根特哈特和亨利希对传统自身意识理论的批判具有很多相似之处，我们还是需要小心对待可能存在的微小差异。亨利希批判传统理论的主要靶子是反思理论，而图根特哈特的主要对手则可以称之为"表象"（Vorstellen）模式。因为在图根特哈特这里，"表象"模式既可以意涵传统视觉隐喻，又可以涵盖所谓的主－客体模式，而这二者是图根特哈特对传统自身意识理论批判的主要方

---

① E. Tugendhat, *Selbstbewußtsein und Selbstbestimmung*, a. a. O., S. 54.

面。后面我们会看到,恰恰是反思理论和表象模式之间的差别,将会有助于人们更好地理解以亨利希为代表的海德堡学派和图根特哈特之间争论的实质。

当然,图根特哈特基本上同意亨利希对传统自身意识理论陷入"循环"困局的诊断,但不仅如此,他甚至还隐晦地批判了亨利希解决尝试中所隐藏着的"循环"! 在图根特哈特看来,一方面为了避免可能出现的循环,亨利希似乎被迫要放弃自身关涉现象一般;另一方面,亨利希提出的直接的"与自身的亲熟"不是又承认了意识具有自身关涉性吗?[1] 因此,亨利希在这里似乎陷入了两难,要么他已经放弃了自身意识现象一般,要么他同样还是在谈及一种自身关涉,而这种自身关涉最终还是陷于"循环"之中。这再次体现了图根特哈特一以贯之的立场:以亨利希为代表的海德堡学派尽管代表了自身意识理论最先进的立场,但根本上还处在传统自身意识理论之中;如果说,"循环"困境是传统理论的标签,那么,只要海德堡学派还试图肯定性地去谈论自身意识现象,就必定还会陷入这个困境。

为了避免传统理论的"循环"困境,图根特哈特彻底放弃了传统解释自身意识的方法——直观的方法(人们在"精神视觉"的意义上"看到"如何认知自身[2]),而选择了语言分析的方法,即分析考察我们是如何使用"认知自身"这个表达的。在他看来,这是一个非此即彼的选择,要彻底摆脱传统理论(包括海德堡学派)的困境,只能选择后者。他将我们描述自身意识现象的表达概括为:"我知道,我 φ",因此,认知自身并不具有主体与其自身的一种自身关涉的形式,也不意味着认知者与被认知之物的同一,而毋宁说,所谓"认知自身"意味

---

① 参阅 E. Tugendhat, *Selbstbewußtsein und Selbstbestimmung*, a. a. O., S. 66f.。

② 从这里也可以看到,图根特哈特对传统理论及其方法的批判,既包含对视觉隐喻,也包含对主－客体模式的批判。

着主体对一个事态、一个意识状态或体验（即"我"所具有的如此这般的状态）的认知，这一事态体现为一个命题句（"我 φ"）。[①] 在他看来，只有采用语义学的解释方法，才能真正避免自身意识理论中的"循环"。

　　然而，就在图根特哈特刚一发表他对海德堡学派的批判以及他自己的解决方案那一年（1979 年），亨利希便于 1979/80 冬季学期在海德堡大学所作的题为"自身意识与自身存在"的讲座课中检视了图根特哈特的工作，并对来自图根特哈特方面的批评予以反驳。后来，亨利希将 1979 年 12 月 7 日当天的讲演稿修改整理后以"再次陷入循环之中——批判恩斯特·图根特哈特对自身意识的语义学解释"为题在十年后出版。[②]

　　这一标题中的"循环"字眼异常醒目！图根特哈特将自己的方案视为彻底摆脱传统理论"循环"困境的唯一途径，然而，在亨利希看来，图根特哈特的努力显然是失败了。虽然亨利希谦逊地表示，他自己对于认知的自身关涉的各种模式的批评阐述可以进一步改进，对于自身意识问题的语义学进路需要进一步学习，但他还是明确地批评图根特哈特对自身意识的语义学解释再一次陷入"循环"之中，尽

---

　　① 参阅 E. Tugendhat，*Selbstbewußtsein und Selbstbestimmung*，a. a. O.，S. 56f.。

　　② D. Henrich，„Noch einmal in Zirkeln. Eine Kritik von Ernst Tugendhat semantischer Erklärung von Selbstbewußtsein"，in：Clemens Bellut & Ulrich Müller-Schöll（Hg.），*Mensch und Moderne：Beiträge zur philosophischen Anthropologie und Gesellschaftskritik. Festschrift für H. Fahrenbach*，Würzburg 1989，S. 93－132。亨利希在该文的开始首先回顾了他与图根特哈特之间论辩的起因，这篇文章是为他的好友法伦巴赫（H. Fahrenbach）的纪念文集特别撰写的，而他恰是通过法伦巴赫才认识图根特哈特的。亨利希将他们三人之间的关系戏称为"哲学的三角关系"（参阅 D. Henrich，„Noch einmal in Zirkeln"，a. a. O.，S. 97）。

管是以一种不同于传统的方式。① 简而言之,亨利希对图根特哈特的批判主要集中在关于语词"我"的用法上。按照图根特哈特,像"我"这样的索引词,只有在与"你"或"他/她"相结合的情况下才能被理解,说"我"者只有在知道他指涉为"我"的这同一个人可以被另一个人指涉为"他"的情况下才能正确理解语词"我"的使用和含义。因此在语词"我"的含义中必然涉及一种交互主体性,无论这种交互主体性是实际存在的或者仅仅只是可能存在的。比如"鲁滨逊"显然也可以说"我"。② 但是在亨利希看来,一旦我们在"他人的视角"中来理解或使用"我",那么这首先要知道语词"我"和"他"可以相互转换,同时要确认"他人"也知道这一点,那么这里实际上会陷入一个无限的回退之中,因为"我"和"他"本身的确认或区分本来就需要借助于"自身意识"来完成。换言之,图根特哈特在这里并非解释了自身意识,而是预设了自身意识,最终他还是陷于"循环"之中。③

在 1980 年代以后,图根特哈特一直尝试着以语言分析的方法、从语义学的视角出发来为伦理学、哲学人类学等提供论证,并没有特别地回到自身意识问题的语境。直到亨利希上面这篇反驳文字发表近 20 年以后,图根特哈特才在为弗兰克纪念文集撰写的文章"论自

---

① 参阅 D. Henrich, „Noch einmal in Zirkeln", a. a. O., S. 99。

② 参阅 E. Tugendhat, *Selbstbewußtsein und Selbstbestimmung*, a. a. O., S. 87f. 。

③ 有关亨利希与图根特哈特在这一点上的争论,也可参看 M. Frank, *Selbstbewußtsein und Selbsterkenntnis*, a. a. O., S. 428—446。弗兰克自己还针对图根特哈特的"我知道,我 φ"这一表达提出了一个有关同一性的质疑:在主句"我知道"和从句"我 φ"中,索引词"我"两次出现,但它们之间同一性如何保证乃至论证? 这恰恰是传统自身意识的反思理论主要关注点之一(参阅 M. Frank, *Die Unhintergehbarkeit von Individualität*, a. a. O., S. 79f.;以及 M. Frank, *Selbstbewußtsein und Selbsterkenntnis*, a. a. O., S. 423f.)。

身意识：一些误解”中简短回应了这里的批评。① 图根特哈特并没有针对亨利希提出的“三个循环”的批评——予以回应，而只是大致重述了他在《自身意识与自身规定》中的基本立场，并且抱怨亨利希误解了他：“但是在我的文本中没有一处可以发现这样一种‘通过交互行为主义的采纳来解释自身意识’的迹象。”② 毛尔斯贝格（Barbara Mauersberg）在她的研究中也敏锐地指出了这一点。在她看来，亨利希是在一个宽泛理解中批评语义学模式，因为图根特哈特是在句子的层面讨论人称代词的语义学，而亨利希则将这一模式置于“伴有言说者－聆听者视角”的交互行为主义的语境中。因此，尽管亨利希在这一宽泛理解中的讨论自有其道理，但却没有切中图根特哈特自己的问题。③ 换言之，语义学的自身意识理论关注的是通过对人称代词“我”使用方法的分析来澄清自身意识的结构，而这一结构并不具有视角采纳的形式，语义学并不使用交互行为主义的框架。在此意义上，图根特哈特自己坚持说，他的立场并没有陷入“循环”之中。

以亨利希为代表的“海德堡学派”和图根特哈特都将传统自身意

---

① E. Tugendhat, „Über Selbstbewusstsein: Einige Missverständnisse", in: Th. Grundmann, F. Hofmann, C. Misselhorn, V. L. Waibel & V. Zanetti (Hrsg.), *Anatomie der Subjektivität. Bewusstsein, Selbstbewusstsein und Selbstgefühl*, Frankfurt am Main 2005, S. 247–254. 此文除了回应亨利希的批评以外，还回应了罗泽菲尔德（Tobias Rosefeldt）2000 年发表的一篇文字，该文试图借助于分析自身意识理论的代表人物之一佩里（John Perry）的理论来澄清图根特哈特和亨利希之间的论辩（参阅 Tobias Rosefeldt, „Sich setzen oder Was ist eigentlich das Besondere an Selbstbewusstsein? John Perry hilft, eine Debatte zwischen Henrich und Tugendhat zu klären", in: *Zeitschrift für philosophische Forschung* 54, 2000, S. 425–444)。

② E. Tugendhat, „Über Selbstbewusstsein: Einige Missverständnisse", a. a. O., S. 249。亨利希的文字参看 D. Henrich, „Noch einmal in Zirkeln", a. a. O., S. 116。

③ 参阅 Barbara Mauersberg, *Der lange Abschied von der Bewußtseinsphilosophie: Theorie der Subjektivität bei Habermas und Tugendhat nach dem Paradigmenwechsel zur Sprache*, Frankfurt am Main/ Berlin/ Bern/ Bruxelles/ New York/ Oxford/ Wien 2000, S.135f.。

识理论的困境判为"循环"困境①，双方又都为摆脱"循环"困境而另辟蹊径，但又都被对方驳斥为仍身陷其中。似乎，"循环"困境要么成了对传统自身意识理论或当代自身意识理论异己立场批评的利剑，要么成了当代自身意识理论所竭力规避的标签。毫无疑问的是，自费希特以后，"循环"这个字眼与自身意识理论紧紧联系在了一起，但"循环"是否真的是一切自身意识理论无法逃脱的宿命？

　　代表着当代自身意识理论复兴的另一个重要人物克劳斯·杜兴（Klaus Düsing）就曾通过追问"存在着自身意识的循环吗？"这样一个问题来展开他对自身意识理论的研究。② 杜兴一方面试图通过对自身意识理论史（比如康德、费希特、黑格尔以及胡塞尔、海德格尔等）的分析澄清有关"循环"问题上存在的误解，另一方面他也试图表明，"循环"困境并非是能置自身意识问题于死地的利器。如若姑且撇开在思想史细节论述上可能存在的分歧不论，杜兴的努力或者说他在当代自身意识理论复兴中的贡献主要体现在系统性方面，他将自己的立场称为"自身意识诸模式"（Selbstbewusstseinsmodellen）理论。按照杜兴自己的说法，他早在 1980 年代中期就产生了有关这一理论的想法，最早是 1991 年在维也纳的演讲中公开谈论这个概念，

---

① 除去这里已经讨论过的文献，"海德堡学派"另两个代表人物珀塔斯特和克拉默（K. Cramer），也主要是以"循环"困境来标识传统自身意识理论的困难（参阅 U. Pothast, *Über einige Fragen der Selbstbeziehung*, a. a. O., S. 18 – 23; Konrad Cramer, „» Erlebnis «. Thesen zu Hegels Theorie des Selbstbewußtseins mit Rücksicht auf die Aporien eines Grundbegriffs nach hegelscher Philosophie" in: H.-G. Gadamer (Hg.), *Stuttgarter Hegel-Tage* 1970, Bonn 1974, S. 537 – 603。对此也可以参看毛尔斯贝格较为系统的分梳，见 B. Mauersberg, *Der lange Abschied von der Bewußtseinsphilosophie*, a. a. O., S.167 – 180。

② 参阅 Klaus Düsing, „Gibt es einen Zirkel des Selbstbewußtseins? Ein Aufriß von paradigmatischen Positionen und Selbstbewußtseinsmodellen von Kant bis Heidegger", in: ders. *Subjektivität und Freiheit. Untersuchungen zum Idealismus von Kant bis Hegel*, Stuttgart-Bad Cannstatt 2002, S. 111 – 140。此文最初于 1992 年以意大利语发表。

之后在多篇文章中表述了这一理论,并且于 1997 年以《自身意识诸模式》为题出版专著对之进行了系统的阐释。[①] 杜兴这里用的是复数的"诸模式",以此他想表明,自身意识有多种类型或者模式,我们不能简单地对待或处理之。"诸模式"理论主要遵循两个原则:首先是在方法上对每一单个自身关涉模式依次予以展示的原则;其次是在内容上对自身意识的发生－动态的建构原则。前者更多涉及单纯思想史的考察,即将历史上各个自身意识理论的模式尽可能地予以罗列归并;后者则更多出于发生性系统建构的考量。杜兴在此语境中,依照发生的动态顺序,谈论了七类不同层次的模式:自身意识的现象学视域模式、自身关涉的论题化的直接性模式、不完全的自身同一化模式、自身意识的反思模式、自身意识的认识意向性模式、意愿的自身规定的自身意识模式以及自身意识的整体化构成和发展模式等。

　　限于我们的论题,这里当然无法进一步展开。重要的是,我们可以获得这样的初步印象或启发:1)自身意识现象异常复杂,自身意识理论也同样类型纷杂;2)"循环"困境未必可以完全摧毁整个自身意识理论;3)以亨利希为代表的"海德堡学派"和图根特哈特之间的论

---

　　① 除了上面提到的文章以外,阐释这一理论的主要文本还有: K. Düsing, „Selbstbewußtseinsmodelle. Apperzeption und Zeitbewußtsein in Heideggers Auseinandersetzung mit Kant", in: *Zeiterfahrung und Personalität*, Frankfurt am Main 1992, S. 89‒122; K. Düsing, „Typen der Selbstbeziehung. Erörterungen im Ausgang von Heideggers Auseinandersetzung mit Kant", in: Hans-Dieter Klein (Hg.), *Systeme im Denken der Gegenwart*, Bonn 1993, S. 107‒122; K. Düsing, *Selbstbewußtseinsmodelle. Moderne Kritiken und systematische Entwürfe zur konkreten Subjektivität*, München 1997. 有关这一理论的简要概述,还可参见 K. Düsing, *Fundamente der Ethik. Unzeitgemäße typologische und subjektivitätstheoretische Untersuchungen*, Holzboog 2005, S.134‒148; K. Düsing, „Geschichte des Selbstbewusstseins und Selbstbewusstseinsmodelle", in: Markus Pfeifer & Smail Rapic (Hg.), *Das Selbst und sein Anderes. Festschrift für Klaus Erich Kaehler*, München/ Freiburg 2009, S. 259‒274。

辩以及有关"循环"的指责很有可能是基于他们各自不同的对自身意识的理解；因此，4)他们各自提供的走出传统困境的出路很有可能并非直接对立，而是相互补充的。我们将会在后面的分析中检视这几个论断。

5.2　附论：自身意识的论题域与家族概念群

在第5.1节的论述中，我们已经涉及了诸如"自身意识"、"自身关涉"、"自身认识"、"自身关系"、"自身亲熟"等等含有"自身"这一词根且都与某种意识状态相关的概念，在我们讨论对传统理论解决困境的可能的模式之前，廓清自身意识的论题域以及家族概念群无疑是有助益的。除去上面这几个概念，在这里以类似名词解释方式给出讨论的还将有"自身保存"、"自身规定"和"自身感受"等。

【相关概念释义】

1. **自身意识**（Selbstbewusstsein）：这个概念如今是充满歧义的，这首先当然是源于思想史上在这个概念名下得以展开的形形色色的理论或者思考。单从现代哲学语言的使用，而不再过多顾及词源发展来看，"自身意识"主要有两种内涵：1)"Bewusstsein des Selbst"或者"Bewusstsein vom Selbst"，2)"Bewusstsein von sich (selbst)"。[①] 在第一种内涵中，经首字母大写而名词化的"Selbst"完全是一个哲学的生造词，这个用法往往与另一个同样是哲学生造词的"Ich"（自我）绞缠在一起，也正

---

① 参阅 K. Gloy, *Bewußtseinstheorien. Zur Problematik und Problemgeschichte des Bewußtseins und Selbstbewußtseins*, a. a. O., S. 86ff.。

是因为这个原因,我们常常可以在德国古典哲学中读到"Ichbe-wusstsein"(自我意识)意义上的"自身意识"。"Selbst"或"Ich"成为意识的客体而被作为主体的"Ich"意识到,传统理论的"循环"困境由此而无法避免。为摆脱"循环"困境,亨利希和图根特哈特都拒绝了"自身意识"的这一意义或者"Selbst"或"Ich"的这一用法。在图根特哈特那里,这种拒绝体现为从"Ich"(名词化的"自我")向"ich"(代词"我")的降格①,而亨利希则转向了我们这里提到的第二种内涵:对意识活动自身之进行的意识。换言之,"自身意识"既可以意味着与"我"自身相关的意识②,也可以意味着与"意识"自身相关的意识。

这里讨论的"自身意识"基本上还都集中在理论的层面,人们也可以更为严格地称之为"理论的自身意识"或"认识的自身意识"。在更为宽泛的意义上"自身意识"也具有实践的内涵。费希特使"自身意识"不仅成为理论哲学而且成为实践哲学的原则。图根特哈特也将海德格尔谈论的"实践的自身关系"归在广义的"自身意识"的论题下。

在本书中,我们在论题域的限定上采纳广义的"自身意识"概念,即,既关注其理论的层面,也关注其实践的层面。而在行文中,如无特别说明,则较为狭窄地、仅在理论的层面上使用"自身意识"概念。

2. **自身关系**(Selbstverhältnis):在图根特哈特那里,"自身关系"也有广义和狭义两种用法。广义的"自身关系"既包含实

---

① 参阅 E. Tugendhat, *Selbstbewußtsein und Selbstbestimmung*, a. a. O., S. 68ff.。

② 这里并不必然意味着与"自我"相关的意识。比如在图根特哈特这里,与"我"相关的意识,最终意味着与"我 φ",而非与"自我"相关的意识。

践的意义,也包含理论的意义,因此与广义的"自身意识"实际上
是基本同义的。① 但图根特哈特更多是在实践的意义上使用
"自身关系"这个概念,有时也更为确切地使用"实践的自身关
系"。我们在行文中,也主要是在狭义上,即实践的意义上使用
这个概念。为了更为明确,图根特哈特也专门使用"(实践的)自
身对自身之行事"(das praktische Sichzusichverhalten)来谈论
实践层面的自身关系。

　　但事实上,以广义的"自身关系"来划定我们的整个论题域
要比广义的"自身意识"更为合适,比如亨利希所做的那样。在
亨利希所使用的复数的"自身关系"(Selbstverhältnisse)的标题
下,涵盖着三种不同形式的自身关系:即1)伦常意识的自身关
系,2)伴随着各个感知和思想,并且隐含地主宰着任何世界观之
始终的、作为自身意识的自身关系和3)在关于存在一般的最终
沉思中的自身关系。② 这意味着,我们这里的论题域将可以从
知识论的层面延展到伦理学的、存在论的或某种意义上的形而
上学的层面上去。

　　3. 自身关涉(Selbstbeziehung):首先,米德(George H.
Mead)在"认识的自身关涉"和"实践的自身关系"之间做了区
分。③ 这一区分在本书中予以保留,换言之,我们这里将主要在
理论的层面使用"自身关涉"概念。

---

① 参阅 E. Tugendhat, *Selbstbewußtsein und Selbstbestimmung*, a. a. O., S. 29。
② 参阅 D. Henrich, *Selbstverhältnisse*, a. a. O., S. 3f.。
③ 参阅 George H. Mead, *Geist, Identität und Gesellschaft. Aus der Sicht des So-zialbehaviorismus*, Übers. von Ulf Pacher, Frankfurt am Main 1973, S. 216ff;有关这一区分的说明可以参看 J. Habermas, *Nachmetaphysisches Denken. Philosophische Aufsätze*, Frankfurt am Main ³1989, S. 218。

　　其次，亨利希也谈论一种"认知着地自身关涉"，这种"自身关涉"更为明确地意味一种课题化地或对象化地"自身认识"。无论是"本我论的自身关涉"，还是"非本我论的自身关涉"，都预设了一个同一化的获悉，因此必定会陷入"循环"。[①] 可以看出，亨利希基本上是在否定的意义上，或者是在批评传统理论的语境中使用"自身关涉"这个概念。

　　在此，我们可以来评判前面提及的图根特哈特对亨利希的一个批评：一方面为了避免可能出现的循环，亨利希似乎被迫要放弃自身关涉现象一般；另一方面，亨利希提出的直接的"与自身的亲熟"不是又承认了意识具有自身关涉性吗？而这种谈论最终还是要陷于"循环"之中。比较清楚的是，亨利希是在两个不同的层面上来谈论"自身亲熟"和"自身关涉"：前者是前反思的、非课题化的、非对象化的，后者则是课题化和对象化的。亨利希拒绝的是后者，主张的则是前者，前者是后者的前提。因此在他这里并不存在图根特哈特所隐含批评的"循环"。

　　4. 自身认识（Selbsterkenntnis）、**自身认知**（Selbstwissen）：弗兰克的一个重要工作就是较为系统地阐述了"自身意识"和"自身认识"之间的区别："自身意识"是直接的，因而是非对象化的、非概念性的，而且不能在命题中被清楚表达（非－命题性的）；"自身认识"则是解释性的、概念性的，并且可以在对象化的视角中将"我"的相关状态予以论题化，进而可以具有一种命题的形式。前者往往也被称作第一序的意识或前反思的意识，而后者则被视为第二序的意识或反思意识，因而是非原本的，必须以前

---

① 参阅 D. Henrich, „Selbstbewußtsein: Kritische Einleitung in eine Theorie", a. a. O., S. 265–268。

者为前提。① 如果依照弗兰克的这一区分,我们可以更为清楚地看到:亨利希所谈论的"认知着地自身关涉"概念、图根特哈特所谈论的"认识的自身意识"实际上都属于第二序的"自身认识"层次,而亨利希的"自身亲熟"则属于前反思的"自身意识"层次。

弗兰克也在与"自身认识"基本相同的意义上使用"自身认知"这个概念或者"认知自身"(Wissen-um-sich),他还概括分析了英美分析哲学和心智哲学传统中多种谈论"自身认知"的模式。②

需要注意的是,在舍勒现象学中,"认识"(Erkenntnis)和"知识"或"认知"(Wissen)的概念得到更为细致的区分,为避免术语的混乱,我们将尽可能不使用这里的"自身认知"概念,而是统一使用"自身认识"这个概念。

5. **自身亲熟**(Selbstvertrautheit):亨利希以及早期的弗兰克是借助"自身亲熟"或"亲熟自身"(Vertrautheit mit sich)来谈论一种前反思的、第一序的、"匿名的"意识,它是对象化和论题化的"自身认识"的前提。③ 因此,我们可以将之视为"海德堡学派"为走出传统自身意识理论"循环"困境而在理论层面所做出的尝试。这种"自身亲熟"可以被看作最小意义上的"自身意

---

① 参阅 M. Frank, *Selbstbewußtsein und Selbsterkenntnis*, a. a. O., S. 6f.; M. Frank, „Selbstbewusstsein und Selbsterkenntnis. Über einige Schwierigkeiten bei der Reduktion von Subjektivität ", in: Klaus Günter & Lutz Wingert (Hg.), *Die Öffentlichkeit der Vernunft und die Vernunft der Öffentlichkeit*. Festschrift für Habermas, Frankfurt am Main 2001, S. 217–242. 当然,这一区分应当归功于萨特的工作,可以参阅 Jean-Paul Sartre, *Bewußtsein und Selbsterkenntnis. Die Seinsdimension des Subjekts*, Übers. von M. Fleischer & H. Schöneberg, Hamburg 1973; 以及参阅倪梁康:《自识与反思》,第 16–21,564–570 页。

② 参阅 M. Frank, *Auswege aus dem Deutschen Idealismus*, Frankfurt am Main 2007, S. 422–439。

③ 参阅 D. Henrich, „Selbstbewußtsein: Kritische Einleitung in eine Theorie", a. a. O., S. 268f., 274ff.; D. Henrich, *Selbstverhältnisse*, a. a. O., S. 92ff., 114f.; M. Frank, *Die Unhintergehbarkeit von Individualität*, a. a. O., S. 62ff.。

识"，或者亨利希所说的作为"自身意识"的"自身关系"。因此，"自身亲熟"从属于但并不等同于广义的"自身意识"现象一般，它仅是"自身意识"现象中最核心、最源初的部分，同时也是一切其他"自身意识"现象的前提和基础。

可以说，在此意义上的"自身亲熟"与胡塞尔的"原意识"（Urbewusstsein）[①]、萨特的"前反思的我思"（*cogito préréflexif*）[②]、扎哈维的"自身觉知"（self-awareness）[③]以及在后面将得到讨论的第

[①]　"原意识"在胡塞尔那里当然也并非一个单义的概念，我们这里首先是在"自身意识"的意义上理解这一概念，即，"它无非意味着对在进行之中的行为本身的一种非对象性的意识到"（参阅倪梁康：《自识与反思》，第 390 页）。有关胡塞尔的"自身意识"或"原意识"理论可以参看 Iso Kern，"Selbstbewußtsein und Ich bei Husserl"，in：G. Funke（Hrsg.）：*Husserl-Symposion Mainz* 1988，Stuttgart 1988，S. 51‒63；Ni Liangkang，"Urbewußtsein und Reflexion bei Husserl"，in：*Husserl Studies* 15(1998)，S.77‒99（中文见《自识与反思》的"第二十一讲"）；扎哈维：《主体性与自身性：对第一人称视角的探究》，第 2、3 章。

[②]　"反思一点也不比被反思的意识更优越：并非反思向自己揭示出被反思的意识。恰恰相反，正是非反思的意识使反思成为可能：有一个反思前的我思（*cogito préréflexif*）作为笛卡尔我思的条件"（萨特：《存在与虚无》（修订译本），陈宣良等译，杜小真校，北京：生活·读书·新知三联书店，2007 年第 3 版，第 11 页）。

[③]　扎哈维在多部论著中关注了"自身觉知"现象，主要可参阅 D. Zahavi，*Self-Awareness and Alterity：A Phenomenological Investigation*，Evanston，IL 1999；D. Zahavi，*Subjectivity and Selfhood . Investigating the First-Person Perspective*，Massachusetts 2005. 按照笔者的阅读经验，扎哈维的"self-awareness"所对应的德文概念应该就是"Selbstbewusstsein"，这一点既可以从他对自身意识理论的德语文献的翻译看出，也可以从他自己文章的德译看出，比如刊载在黑尔德纪念文集上的题为"胡塞尔与前反思的自身意识问题"（"Husserl und das Problem des vor-reflexiven Selbstbewußtsein"，Übers. von Holger Maaß，in：Heinrich Hüni & Peter Trawny（Hg.），*Die erscheinende Welt . Festschrift für Klaus Held*，Berlin 2002，S.697‒724）的文章，其英文版本为"Inner Time-Consciousness and Pre-reflective Self-Awareness"，in：D. Welton（ed.），*The New Husserl：A Critical Reader*，Bloomington 2003，pp. 157‒180（也经修改整理后收入 D. Zahavi，*Subjectivity and Selfhood . Investigating the First-Person Perspective*，loc. cit.，pp. 49‒72）。他只有在讨论自身意识理论的英文文献中才直接使用"self-consciousness"，他也曾在一个注释中提到："我将不会在'自身意识'（self-consciousness）、'自身觉知'（self-awareness）和'自身体验'（self-experience）这三个术语之间作区分，而是交替地使用它们"（参阅 D. Zahavi，*Subjectivity and Selfhood . Investigating the First-Person Perspective*，loc. cit.，p. 225，Note 8；中译文扎哈维：《主体性与自身性：对第一人称视角的探究》，第 22 页，注释 2）。

一层次上的"自身感受"等基本上都是对一个相近事态的不同描述。

6. **自身保存**(Selbsterhaltung)：将"自身保存"范畴纳入"自身意识"理论被看作是"海德堡学派"的一个核心工作。[①] 这一工作当然首先要归功于斯多亚学派，正是斯多亚学派明确地将"思想的自身指涉(自身意识)原则"和"行为的自身指涉(自身保存)原则"结合在一起。[②] 由此，我们可以确认，"自身保存"首先体现的是亨利希在实践层面上对传统自身意识理论的发展。因而，作为"自身亲熟"的"自身意识"和"自身保存"实际上共同构成了亨利希在自身意识理论上的(理论和实践层面的)肯定性建构，并且他还将这两个概念的"相互蕴含"(wechselseitige Implikation)视为理解现代哲学以及现代主体性的关键所在。[③]

究竟如何理解这里说的"相互蕴含"？比较容易理解的是"自身保存"对"自身意识"的蕴含(或者，"自身意识"是"自身保存"的前提)，因为人们只有在作为"自身亲熟"的"自身意识"的意义上首先理解了"自身"，"自身保存"才能被理解，进而才可能摆脱神学世界观的控制，发展出一门与神主伦理学相对的自然(或自主)伦理学。反过来，"自身意识"也蕴含着"自身保存"，这实际上更多体现为一种准生物学的意义，因为"自身意识"或"自身亲熟"总是与这样一种经验捆绑在一起，即维续本己的实存或

---

① 参阅倪梁康：《自识与反思》，第 663—669 页。

② 参阅 D. Henrich, „Über Selbstbewußtsein und Selbsterhaltung", in: ders., *Selbstverhältnisse*, a. a. O., S. 113.

③ 参阅 D. Henrich, „Selbsterhaltung und Geschichtlichkeit", in: Hans Ebeling (Hg.), *Subjektivität und Selbsterhaltung. Beiträge zur Diagnose der Moderne*, Frankfurt am Main 1996, S. 307f. .

保存自身是必须的。[①]

问题还不仅仅如此！亨利希对"自身保存"的思考并不仅仅局限于实践的层面，或者说，"自身保存"的意义也并不仅仅体现在自然或自主伦理学上。亨利希对于"自身保存"和"自身意识"相互蕴含（尤其是"自身意识"对"自身保存"的蕴含）的思考还具有更为深层的理论层面的意义，这也恰恰是他真正超出斯多亚学派的地方。前面提到的这种在实践层面上的、"自身保存"和"自身意识"的相互蕴含或"相互依赖关系"（das reziproke Abhängigkeitsverhältnis）被亨利希称作"人格的统一性"，所谓

---

① 参阅 D. Henrich, „Die Grundstruktur der moderne Philosophie", in: ders., *Selbstverhältnisse*, a. a. O., S. 94f., 107f.; D. Henrich, „Selbsterhaltung und Geschichtlichkeit", a. a. O., S. 304。以及参阅 Raimund Litz, „... *und verstehe die Schuld". Zu einer Grunddimension menschlichen Lebens im Anschluß an Dieter Henrichs Philosophie der Subjektivität*, Regensburg 2002, S. 185 – 192。利茨（R. Litz）在这里比较有趣的工作是将亨利希有关"自身保存"的思考与其对荷尔德林的研究和解释结合起来。

另外，在这里讨论的问题上，亨利希受到艾伯林（Hans Ebeling）两个方面的批评。首先，艾伯林认为，将"自身意识"视为"自身保存"的前提实际上是基于亨利希观念论（唯心论）的主体性理论的视角，而对于一门"唯物论"的主体性理论来说，这个方面的蕴含关系是难以确立的（参阅 Hans Ebeling, „Einleitung: Das neuere Prinzip der Selbsterhaltung und seine Bedeutung für die Theorie der Subjektivität", in: ders. (Hg.), *Subjektivität und Selbsterhaltung. Beiträge zur Diagnose der Moderne*, a. a. O., S. 32f.）；其次，在艾伯林看来，人类自身保存的基本结构体现为双方面的有意识的定向：一方面是针对必需的自身强化，另一方面则是针对可能的自身毁灭。因此，"自身保存意识"就包含着"自由意识"和"死亡意识"的统一，而这两方面在亨利希那里没有得到足够的重视。艾伯林的一个重要工作就是借助于康德（在"自由意识"上）和海德格尔（在"死亡意识"上）进一步展开"自身意识"和"自身保存"的研究（参阅 Hans Ebeling, *Selbsterhaltung und Selbstbewußtsein. Zur Analytik von Freiheit und Tod*, Freiburg/ München 1979, S. 7ff.）。

当然，将"自由"意识与"自身意识"相关联，在"自身意识"的研究中早已有之，相关历史性的研究，可以参阅 Gerhard Krüger, „Die Herkunft des philosophischen Selbstbewusstseins", in: ders., *Freiheit und Weltverwaltung. Aufsätze zur Philosophie der Geschichte*, Freiburg/ München 1958, S. 11ff.（该文最初发表于 *Logos* Bd. XXII, 1933, S. 225 – 272）。

两者之间的"人格的统一性"是指,人格(或语言分析哲学意义上的"单数第一人称")始终"自身意识"到:需求"自身保存"。换言之,"自身意识"和"自身保存"最终统一在人格的存在上。除此之外,他还提供了一个更为深入的补充性思考:"意识关系的内在统一性"。这是指,"自身意识"本身需要一个"保存"或者"生成",就此而言,它是一切人格理解的原初条件。因此,这一"意识关系的内在统一性"要比"人格的统一性"更为原初和根本,意识哲学和语言哲学之间的奠基关系也得以确立。在此意义上,"有意识的生活"的活生生的进程也体现为持续不断的自身保存的行为。① 那么,主体性就不会是相对于客体的、静态的固存实体,而是体现为"有意识的生活"的动态性。② 在此意义上的"保存"的、"生成"的或"动态"的主体性与本书主要论题之一的舍勒那里的"人格生成"已经相当接近了。③

可顺带提及的是,比起有关"自身意识"的论述,亨利希对于"自身保存"相关思考的命运算得上悲惨。他有关"自身意识"的论述可以说是当代讨论此问题绕不开的路标,而对于"自身保存"的思考则既没有在"海德堡学派"内部(包括弗兰克那里)产生积极影响,也没有得到其对手图根特哈特的重视。

---

① 参阅 D. Henrich, „Über Selbstbewußtsein und Selbsterhaltung", a. a. O., S. 121-126。

② 参阅 D. Henrich, *Bewußtes Leben. Untersuchungen zum Verhältnis von Subjektivität und Metaphysik*, Stuttgart 1999; D. Henrich, *Die Philosophie im Prozeß der Kultur*, Frankfurt am Main 2006, S. 183-210; D. Henrich, *Denken und Selbstsein. Vorlesungen über Subjektivität*, Frankfurt am Main 2007, S. 49-81。

③ 亨利希在其对主体性及其动态性的思考中,显然关注到舍勒的相关思想,不过主要集中在舍勒的人类学思考上,如《人在宇宙中的位置》等。可以参阅 D. Henrich, *Die Philosophie im Prozeß der Kultur*, a. a. O., S. 221; D. Henrich, *Denken und Selbstsein. Vorlesungen über Subjektivität*, a. a. O., S. 164。

7. **自身规定**（Selbstbestimmung）：图根特哈特将"认识的自身意识"的结构表述为"我知道，我 φ"，而非"（主）我知道（宾）我"（ich weiß mich）。通过这一表述结构的改变，所谓"认知自身"就不再意味着主体与孤零零的抽象的"（客体）自己"的关系，而是意味着主体对自己所处的如此这般的状态的认识。与"认识的自身意识"一样，"实践的自身关系"也是命题性的，人们可以用"能够"句（"我能够做 X 或 Y"）来表达这种自身关系。① 因此，"实践的自身关系"不再意味着主体通过将自身变成客体而与自身相联系，也不再意味着主体与作为存在者的自身的关系，而是意味着主体与它的存在、它的实存的关系。图根特哈特认为，海德格尔是唯一一个在结构上澄清了"实践的自身关系"的哲学家，在他那里，主－客体模式以更为彻底的方式被摧毁。跟随海德格尔，这种"实践的自身关系"被图根特哈特界定为：某人（此在）与某人（此在）自身的"去存在"（Zu-sein）或他的"实存"（Existenz）的关系。②

图根特哈特在"实践的自身关系"中区分出两个层次："直接

---

① 所谓"能够"句，可以包含三种形式：1）表达意向的句子（"我想做 X"），2）"我能够做 X 或 Y"，3）"我应该做 X 或 Y 吗？"其中第二种形式是基本形式，只有在第二个句子形式——在其中，自由的"能够"得以表达——是可能的时候，第一人称将来时的句子（第一个句子形式）才是一个表达意向的句子。第三种句子形式实际上是与第二种句子形式相一致的疑问句形式，在这里"我应该……吗？"与"这是可取的吗？"所指的一样，因此，在这种疑问句形式中，实践的审慎得到表达。"实践的自身关系"就意味着某人在他的"我能够……"中以一种实践的"是/否"立场之采取（Ja/ Nein-Stellungnahme）的形式与自身相关联。这种"是/否"立场之采取也被图根特哈特称之为"实践命题的是/否两极性（Ja/ Nein-Polarität）"（参阅 E. Tugendhat, *Selbstbewußtsein und Selbstbestimmung*, a. a. O.，S. 32，38，295. 相关概括性的说明也可以看看 Otto Pöggeler, „Selbstbewußtsein und Identität", in: ders., *Schritte zu einer hermeneutischen Philosophie*, Freiburg/München 1994, S. 412ff.）。

② 参阅 E. Tugendhat, *Selbstbewußtsein und Selbstbestimmung*, a. a. O.，S. 36，38，165，189ff.。

的"(unmittelbar)实践的自身关系和"反思的"(reflektierte)实践的自身关系。在直接的实践的自身关系层面,所有实践的自身关系的普遍结构展现出来,即人格如何在他的意图和情感中(用海德格尔的术语是此在在领会和现身情态中)将自身与其"去存在"相关联。在此意义上,我们将这种直接的实践的自身关系也称作"存在论的实践的自身关系"。反思的实践的自身关系则涉及人格(此在)在其"本真性"样式中的结构:在"自身规定"的确切意义上的"自身对自身之行事"。① 在这里,"反思的"当然并非基于传统自身意识理论反思模式中"反思"(Reflexion)的含义,而是在"审慎"(Überlegung)的意义上被使用。反思的实践的自身关系或者确切意义上的"自身规定"就意味着一种审慎的实践的自身关系。而审慎则始终与这样一个实践的问题相关:什么是好? 或者更确切地说,什么是更好或最好?② 在此意义上,我们也可以将"自身规定"或"反思的实践的自身关系"称作"伦理学的实践的自身关系"。在这里,图根特哈特已经超出了海德格尔,因为在他看来,海德格尔那里根本上缺失对"什么是好?"的拷问,也缺失有关"审慎"方面的沉思。换言之,图根特哈特以他自己的语言再次表述了一个一般性的判断:在海德格尔那里,缺失一般意义上的伦理学。

格哈尔特(Volker Gerhardt)也将"自身规定"和"自身保存"联系起来,比如他讨论一种"作为合乎理性的自身保存的自

---

① 参阅 E. Tugendhat, *Selbstbewußtsein und Selbstbestimmung*, a. a. O., S. 33, 197。

② 参阅 E. Tugendhat, *Selbstbewußtsein und Selbstbestimmung*, a. a. O., S. 236f.。有关"审慎"和"好"的问题,还可以参看 E. Tugendhat, *Egozentrizität und Mystik, Eine anthropologische Studie*, a. a. O., S. 65 - 87。

身规定"。① 在此意义上可以说,"自身保存"和"自身规定"都代表了"自身意识"理论中伦理学的维度,无论是一门"自然"伦理学或者一门"审慎"伦理学,根本上都是"自主的"伦理学。

8. **自身感受**(Selbstgefühl):这是弗兰克晚近着力展开的理论②,也是本项研究的核心概念之一,我们在 5.4 节还将专题予以讨论。这里可以预先简要提及的是,弗兰克主要在两个意义上讨论"自身感受":1)一种非对象化的、前反思的对自身的感受;2)一种前概念的对存在以及自身实存的感受。第一个层次的含义与我们已经讨论过的"自身亲熟"基本同义,弗兰克也将这个层次的"自身感受"称为"非对象化地亲熟自身的认知官能"。③ 亨利希也曾在讨论斯多亚学派时谈及"自身感受"与"亲熟自身"之间的关联。④ 第二个层次上的"自身感受"也被弗兰克看作"把握本己实存的认知官能",⑤因而可以与图根特哈特那里的"存在论的实践的自身关系"相关联。"自身感受"理论可以被看作是弗兰克为走出传统自身意识理论困局而进行的尝试。

概括地说,我们可以将这里讨论的概念大致分为三组:

---

① 参阅 V. Gerhardt, *Selbstbestimmung. Das Prinzip der Individualität*, Stuttgart 2007, S. 137-141。

② 参阅 M. Frank, *Selbstgefühl. Eine historisch-systematische Erkundung*, Frankfurt am Main 2002。有关此书内容的简要概览,可参阅 M. Frank, „» Selbstgefühl «. Vorstufen einer präreflexivistischen Auffassung von Selbstbewusstsein im 18. Jahrhundert", in: *Athenäum. Jahrbuch für Romantik* 2002, S. 9-32。

③ M. Frank, *Selbstgefühl*, a. a. O., S. 10.

④ 参阅 D. Henrich, *Selbstverhältnisse*, a. a. O., S. 92f., 114。

⑤ M. Frank, „» Selbstgefühl «. Vorstufen einer präreflexivistischen Auffassung von Selbstbewusstsein im 18. Jahrhundert", a. a. O., S. 21.

1)"自身亲熟"、"自身关涉"和"自身认识",这三个概念主要集中在理论的层面。进一步的划分体现为:"自身亲熟"是一种直接的、前反思的、非对象化的意识,而"自身关涉"和"自身认识"则是第二序的、对象化的、命题性的意识。

2)"自身保存"和"自身规定",这二者主要属于实践的层面。

3)"自身意识"(广义)、"自身关系"(广义)和"自身感受"都可以用来概括当代自身意识理论的"复兴"对传统自身意识理论的发展或推进规划。相比而言,"自身意识"这个标识最具歧义,且含有较多的知识论色彩;"自身关系"和"自身感受"是较为理想的选择,我们将在下一节讨论这两个标识。

5.3　可能的走出困局的模式:自身感受与自身关系

通过对自身意识家族概念群的廓清,一方面我们可以看清"海德堡学派"和图根特哈特争论的实质,另一方面也可以更清楚地把握他们各自在自身意识理论发展上的得与失。

我们可以首先来看图根特哈特对以亨利希为代表的"海德堡学派"的一个总体的和最基本的批评:"海德堡学派是以一种内在的彻底性而将传统的自身意识理论思考至终结,正是这种内在的彻底性才导致了自身意识这个有待说明的现象的消失。因而传统的自身意识理论本身会在海德堡学派的理论中导向悖谬。基于这个理由,我认为,海德堡学派标明了传统自身意识理论的一个醒目的终点。"[1]

---

① E. Tugendhat, *Selbstbewußtsein und Selbstbestimmung*, a. a. O., S. 54。此处译文参照了倪梁康:《自识与反思》,第 684－685 页。

这就意味着，在图根特哈特看来，尽管海德堡学派代表了传统自身意识理论最先进的立场，他们彻底地批判了传统理论并揭示出其困局，但他们自身也仍身处这一传统，因而最终没有能够或根本无法提供走出困局的路径。

依照我们上文的说明，这个批评显然是不恰当的。因为亨利希提出的"自身亲熟"和"自身保存"已经在理论和实践两个层面发展了自身意识理论，尤其是"自身亲熟"，它可被看作是"海德堡学派"为避免传统理论"循环"困境而提供的替代方案。图根特哈特的这一指责也受到"海德堡学派"另一代表人物珀塔斯特的明确抵制。在做出上述批评之前，图根特哈特曾援引珀塔斯特来论证他随后的评论："珀塔斯特采取了更为决定性的立场。他得出结论：意识不能再被理解为一种自身关系，而且也并不包含自身关系，'就认知着的自身关涉的任何方面都不出现在其中而言，意识相应地要被思考为完全'客观'的过程'。"①珀塔斯特指责图根特哈特断章取义，因为尽管他在此强调了一种对意识的理解，但并不意味着他否认了自身意识现象一般。② 弗兰克也强调要将受到图根特哈特批评的立场和亨利希所真正代表的立场分离开来，并且把图根特哈特提到的"亨利希"这样的名字作为一个虚拟的作者来对待。③ 换言之，"海德堡学派"不会承认，他们对传统理论困境的揭显在根本上勾销了"自身意识"现象一般。

---

① E. Tugendhat, *Selbstbewußtsein und Selbstbestimmung*, a. a. O., S. 53f.。珀塔斯特的引文出自：U. Pothast, *Über einige Fragen der Selbstbeziehung*, a. a. O., S. 76。

② 参阅 U. Pothast, „In assertorischen Sätzen wahrnehmen und in praktischen Sätzen überlegen, wie zu reagieren ist", a. a. O., S. 28. 以及参看 U. Pothast, *Über einige Fragen der Selbstbeziehung*, a. a. O., S. 87－92, 105－112。

③ 参阅 M. Frank, *Die Unhintergehbarkeit von Individualität*, a. a. O., S. 78f.；以及 M. Frank, *Selbstbewußtsein und Selbsterkenntnis*, a. a. O., S. 422。

　　但从另一个角度来看,图根特哈特的批评也包含有一定的合理性。如前文已经提及的那样,传统自身意识理论实际上包含着前反思的"自身意识"和反思的"自身认识"两个基本维度,亨利希和"海德堡学派"批判传统理论的主要靶子是反思理论,而反思理论在根本上是无法避免"循环"的,或者说,任何一种对象化、论题化的自身认识势必是"反思"的。为避免重陷"循环"困境,"海德堡学派"发展出的"自身亲熟"实际上首先是将"自身意识"问题限制在了前反思的层面,而将对象化和论题化的维度划归给"自身认识"。因此可以说,"自身意识"概念在"海德堡学派"这里受到"窄化",在此意义上,人们也可以说,传统理论中的"自身认识"维度在"海德堡学派"的"自身亲熟"中被勾销了。

　　相对而言,图根特哈特批判传统理论的主要对手可以称之为"表象"(Vorstellen)模式,这一"表象"模式一方面可以意涵传统视觉隐喻,另一方面则涵盖所谓的主-客体模式。由此我们可以看出,图根特哈特所理解的传统自身意识理论实际上主要是论题化的"自身认识"维度。基于此,他当然会说,海德堡学派放弃了自身意识现象。图根特哈特自己对"表象"模式的批评也体现在两个方面:1)彻底抵制视觉隐喻,彻底放弃直观方法,转而采用一种语言-分析的方法;2)拒绝承认自身知识的对象是所谓的抽象的"客我",而是将自身知识的结构表述为"我知道,我φ"。所以,在图根特哈特这里,"认识的自身意识"理论一方面强调的是不同于"**客体**知识"的"**事态**知识",另一方面强调的则是不同于"客体**表象**"的"事态**表达**"。因此,从根本上说,这种"认识的自身意识"还是一种论题化的"自身认识"。如果我们跟随"海德堡学派"将"反思"标识为一切论题化的"自身认识"的特征,那么,图根特哈特实际上不仅不会拒斥这样的"反思",相反还会在他自己的"认识的自身意识"理论中给这样的"反思"留有余地。[①]

简言之，尽管"海德堡学派"和图根特哈特都在"自身意识"的名下讨论问题，但他们对于这一概念的两个组成部分（"自身"和"意识"）都有着不同的理解。唯一共同的地方只是在于他们的出发点，即拒绝将"自身"理解为"自我"。双方随后的发展则鲜有交集。在亨利希这里，"自身"意味着"活生生的有意识的生活"自身，"意识"则意味着对这种"自身"的前反思、前课题化的"亲熟"；而在图根特哈特那里，"自身"则是指"我 φ"（一种可以命题化的"我的如此这般的状态"），"意识"则是一种论题化乃至命题化的"认识"或"知识"。

图根特哈特破旧立新的"激进路线"在"海德堡学派"那里也受到了抵制。如果考虑到图根特哈特的"认识的自身意识"还是一种"自身认识"或"自身认知"，那么我们就完全可以理解亨利希对之所作的"再次陷入循环之中"的批评，因为在亨利希那里，"自身认识"或"反思认识"根本上是无法摆脱"循环"的。[②] 而图根特哈特对"表象"模式两个方面（视觉隐喻和主－客体模式）的转化也都受到了弗兰克的反唇相讥：1）为了抵制视觉隐喻，图根特哈特实际上依据了一种"语言分析的听和说的隐喻"；[③] 2）图根特哈特试图拒斥传统的主－客体模式，但实际上他仅仅是发展出一门"新的客体理论"，在这里，"客

---

① 图根特哈特有时也用"海德堡学派"的术语将传统理论称为"反思理论"，但是不同于"海德堡学派"批评传统意义上的一切"自身认识"理论（"反思理论"），他所批判的仅仅是"自身认识"理论中那些基于主－客体模式和视觉隐喻的部分。一言以蔽之，图根特哈特不会认同将"反思"视为"论题化"乃至"命题化"的同义词。

② 对此也可以参看珀塔斯特对图根特哈特的第三个批评，珀塔斯特将图根特哈特的方案斥为"典型的荒谬"，参阅 U. Pothast, „In assertorischen Sätzen wahrnehmen und in praktischen Sätzen überlegen, wie zu reagieren ist", a. a. O., S. 38 - 40。

③ 参阅 M. Frank, *Selbstbewußtsein und Selbsterkenntnis*, a. a. O., S. 208, 以及倪梁康：《自识与反思》，第 684 页。

体"乃是一个"事态"或"命题"。① 因此,在根本上,图根特哈特既没有能够最终摆脱"隐喻"的言说方式,也没有能够彻底回避主－客体模式。

不仅如此,弗兰克还指出,图根特哈特的方案实际上基于三个预设。首先,它预设了言说结构和被言说之物的结构之间的"同构"(Isomorphie)关系;其次,它预设了所有(意向性的)意识都是命题性的;第三,它否定"自身意识"只能借助于"意识"来理解,而是假定它只有通过 φ－谓述才能被界定。② 第一个预设看起来是一切以语言－分析的方法谈论意识现象或心灵现象所无法避免的,因为只有我们的意识或思维结构与语言结构具有相同的结构,我们才能通过对语言结构的分析和描述来讨论意识或思维的结构。第三个预设则清晰地表露出弗兰克自己(或者"海德堡学派")的立场。弗兰克也更为明确地说:"图根特哈特先天地(即通过定义的法令)排斥了这样一种可能,即:不是把自身意识理解为对拥有它的人格的知识,而是把自身意识理解为(作为行为和**随着时间而流逝的**)这个意识本身的自身亲熟状态。"③在这里我们已经可以看到亨利希第二个意义上的"自身意识"与"自身保存"蕴含关系的影子,即对"有意识的生活"的动态性的强调,自身意识"归化"给(或者说它的同一性体现为)一个动态的"主体性",而非斯特劳森和图根特哈特意义上的时空中的

---

① 参阅 M. Frank, *Die Unhintergehbarkeit von Individualität*, a. a. O., S. 89f.；以及 M. Frank, *Selbstbewußtsein und Selbsterkenntnis*, a. a. O., S. 406。这里还可以参看索尔达蒂(G. Soldati)的评论,见 Gianfranco Soldati,„Selbstbewußtsein und unmittelbares Wissen bei Tugendhat", in: M. Frank, G. Raulet & W. van Reijen (Hg.), *Die Frage nach dem Subjekt*, Frankfurt am Main 1988, S. 94f.。

② 参阅 M. Frank, *Die Unhintergehbarkeit von Individualität*, a. a. O., S. 77f.；以及 M. Frank, *Selbstbewußtsein und Selbsterkenntnis*, a. a. O., S. 421f.。

③ M. Frank, *Selbstbewußtsein und Selbsterkenntnis*, a. a. O., S. 421.

经验"人格"。①

　　姑且撇开一切语言－分析的进路都无法避免的第一个预设不论,弗兰克这里对第三个预设的批评实则揭示出图根特哈特"认识的自身意识"理论的不足,"海德堡学派"所强调的"自身亲熟"维度(以及弗兰克晚近强调的第一层次上的"自身感受"——作为"非对象化地亲熟自身的认知官能")实际上构成了对图根特哈特的"认识的自身意识"的补充,或者可以说是奠基。另一方面,在亨利希看来,"要根据反思模式解释意识的诱惑如此之大,因此它很有可能在意识结构本身中拥有其基础",所以对一门意识理论而言,"最小的规划"是:以这样的方式来思考意识,即,保留所有使反思理论看似合理的特性,而排除使它站不住脚的结论(解释中的循环)。② 那么,图根特哈特对"认识的自身意识"的语义学解释和分析,也的确会有助于人们更好地理解和把握"自身认识"的结构。因此,在构建**理论层面**的"自身意识"或"自身关系"时,"海德堡学派"和图根特哈特的立场不应该被对置,而更该被相互补充。

　　比较有趣的是弗兰克对图根特哈特第二个预设的批评,它将把问题引向**实践层面**的"自身关系"。弗兰克指出,这第二个预设是与直观相冲突的。③ 他给出一个例子:如果我爱上某人,那么我的爱就涉及"这个事实,即我 φ",难道我能够爱上一个命题吗? 如果我爱某

---

　　① 参阅 M. Frank, *Die Unhintergehbarkeit von Individualität*, a. a. O., S. 90f.。弗兰克还针对图根特哈特对"自身意识"的表述结构"我知道,我 φ"进一步强调,主句中的"知道"和从句中的意识体验"我 φ"都占有同一个意识维度,它们需要借助于一种"亲熟－延续"(Vertrautheit-Kontinuum)而相互联系。这可以让我们联想到胡塞尔对于前反思的"自身意识"或"原意识"的时间性结构的分析。

　　② 参阅 D. Henrich, „Selbstbewußtsein: Kritische Einleitung in eine Theorie", a. a. O., S. 274f.。

　　③ 有关这一预设的批评,也可参阅 U. Pothast, „In assertorischen Sätzen wahrnehmen und in praktischen Sätzen überlegen, wie zu reagieren ist", a. a. O., S. 36ff.。

人,难道我必须纵观这个人在断言命题中所能解释的一切,才可以确信我的爱吗? 这个反驳看起来并不是很有说服力。[①] 图根特哈特宣称所有意向意识都是命题性的,主要针对的是布伦塔诺和胡塞尔。布伦塔诺认为在意向关系中,关系的第二个项不必须实存,例如某人可以害怕、爱、欲求 N,尽管 N 可能并不实存。但图根特哈特指出,"我可以害怕魔鬼,即使它并不实存,但我若不认为它是实存的,就不会害怕它。因此,布伦塔诺已经注意到的是,意向的意识方式的对象并**不**一定实存,而这一点首先是下面这一情况的结论:人们可以仅仅以这种方式——他把这个对象**视为**实存的——有意识地与一个对象相联系。'一个对象实存',这当然是一个命题;而'认为它实存'自然是一个命题意识。"[②]回到弗兰克这个例子,"我爱上某人"作为一个意向意识,在图根特哈特看来必定是命题性的,这意味着,"我的爱"并非诸如与她/他的品性相关,而是与这个人的实存相关。[③] "我爱上某人",体现的是"自身"与"他人"的实践关系,这种关系意味着"自

---

① 参阅 M. Frank, *Die Unhintergehbarkeit von Individualität*, a. a. O., S. 77. 弗兰克后来在《自身意识与自身认识》中再次涉及对这个预设的批评时,删掉了这个例子,参阅 M. Frank, *Selbstbewußtsein und Selbsterkenntnis*, a. a. O., S. 421。

② E. Tugendhat, *Selbstbewußtsein und Selbstbestimmung*, a. a. O., S. 20。图根特哈特紧接着说:"如果所有意向意识要么是直接的命题性的,要么包含了命题意识,那么我们就可以确立以下的普遍定理:所有意向意识一般(intentionale Bewusstsein überhaupt)都是命题性的。"这里的表达方式可以让我们联想到布伦塔诺对"心理现象"(心理现象或者就是表象本身,或者以表象为基础)、胡塞尔对"意向体验"(任何一个意向体验要么本身就是一个客体化行为,要么就以一个客体化体验为基础)的描述(例如参阅 Hua XIX/1, A 458/B₁ 494)。限于篇幅,这里当然无法展开讨论图根特哈特的这个论断及其与布伦塔诺和胡塞尔的关系,相关的讨论可参阅 E. Tugendhat, *Vorlesungen zur Einführung in die sprachanalytische Philosophie*, Frankfurt am Main 1976, S. 98–103; Smail Rapic, „ Die versteckte Subjektivität in Tugendhats formaler Semantik ", in: Markus Pfeifer & Smail Rapic (Hg.), *Das Selbst und sein Anderes. Festschrift für Klaus Erich Kaehler*, München/ Freiburg 2009, S. 275–306。

③ 参阅 E. Tugendhat, *Probleme der Ethik*, Stuttgart 1984, S. 159f.。

身"与"他人"的实存相关联,意味着"自身"对她/他的实存说"是"或
"不"。由此我们可以由这种"自身"与"他人"的实践关系过渡到"实
践的自身关系"。它们具有相类似的结构:作为一种实践的自身关
系,并不是人格与其自身(作为存在者)的关系,而是人格与他的生
命、与他的实存的关系,是人格对他自身的实存说"是"或"不"。①

　　图根特哈特在这里涉及到的"存在论的实践的自身关系",无疑
可以被看作他在发展实践层面的"自身关系"理论方面所做出的突破
性的贡献。如我们已经简要提及的,弗兰克那里讨论过的第二个层
次上的"自身感受"(作为"把握本己实存的认知官能")实际上也属于
这样一种"存在论的实践的自身关系"维度。

　　除去存在论的维度,"实践的自身关系"还具有伦理学的维度。
在亨利希那里,这种"伦理学的实践的自身关系"体现为"自身保存",
然而正如同历史上形形色色的"自身保存"理论所一再展现出来的那
样,"自身保存"最终将如何与"利己主义"或者"个人主义"撇清界限,
始终是不清楚的(II,283ff.)。借助于米德和黑格尔,实际上图根特
哈特最终讨论的"自身规定"是一种在将自身与他人以及与共同体相
联系时的"伦理学的实践的自身关系"。需要追问的是,这样一种"社
会主义"或"普遍主义"的道德趋向是否最终能回答"人应该如何生
活?"的问题? 在伦理学的维度,是否可能存在新的类型的"实践的自
身关系",基于它而得到论证的伦理学将既非"个体主义"的,又非"普
遍主义"的? 这恰恰是本书着力探寻的方向,我们将舍勒所谈论的伦
理的"自身感受"以及伦理学的"人格主义"视为一种新的、或"第三
种"出路。

　　"海德堡学派"和图根特哈特之间的争论持续了近三十年,这在

---

① 　参阅 E. Tugendhat, *Selbstbewußtsein und Selbstbestimmung*, a. a. O., S. 161。

某种意义上也可被看作"欧洲大陆哲学"和"英美分析哲学"两大传统在"自身意识"问题上的聚焦和争夺。同样处身于"大陆哲学"传统的现象学家们在评判双方争论时,自然会对"海德堡学派"抱有更多同情。比如倪梁康会认为图根特哈特对"海德堡学派"的总体评论是个"操之过急的结论"。① 扎哈维在谈到图根特哈特对"海德堡学派"的批评时,也指出图根特哈特的批评并没有能切中"海德堡学派",并且通过这一批评自身意识的问题被转化为语义学的问题,"这与其说是澄清或解决了问题,还不如说是隐匿了问题"。②

但是,现象学家们也不会完全接受"海德堡学派"的结论。正如扎哈维所说的,尽管图根特哈特的批评未能切中"海德堡学派",但这并不意味着"海德堡学派"就此可以回避批评。对于现象学家来说,尽管"海德堡学派"提及了前反思的、非关系的"自身意识"或"自身亲熟",但这种提及更多体现为一种否定性的和形式化的描述,而没有能够详细地、肯定性地分析其结构。③ 不仅如此,现象学家的任务还在于,对由诸如"自身意识"、"自身认识"、"反思"、"自我"、"人格"等等这些概念所指明的"意识基本结构和要素的分析和澄清"。④ 换言之,相较于"海德堡学派",分析和澄清"自身意识"各类现象的基本结构是现象学家们更为关注的方向。

---

　　① 参阅倪梁康:《自识与反思》,第 685 页。

　　② D. Zahavi, "The Heidelberg School and the Limits of Reflection", in: S. Heinämaa, V. Lähteenmäki & P. Remes (eds.), *Consciousness: From Perception to Reflection in the History of Philosophy*, Dordrecht 2007, p. 280; 以及参阅 D. Zahavi, *Self-Awareness and Alterity: A Phenomenological Investigation*, loc. cit., pp. 43f.。

　　③ 参阅 D. Zahavi, "The Heidelberg School and the Limits of Reflection", loc. cit., p. 281; 以及参阅 D. Zahavi, *Self-Awareness and Alterity: A Phenomenological Investigation*, loc. cit., p. 38. 扎哈维对弗兰克的评价还可以参看 D. Zahavi, "Self-Awareness and Affection", in: N. Depraz & D. Zahavi (eds.), *Alterity and Facticity*, Dordrecht 1998, pp. 205 – 208。

　　④ 参阅倪梁康:《自识与反思》,第 5 页。

扎哈维还进一步提到，一门令人信服的"自身意识"理论，需要处理如下这些问题：方法论的问题、反思问题、时间性问题、自身问题、身体问题、交互主体性问题、意向性问题、语言问题和无意识问题等。而"海德堡学派"对这些问题的某些方面要么保持沉默，要么则不充分地加以分析。现象学的分析则在很大程度上可以给人们提供新的视角。① 在我们看来，对于一门"自身意识"理论来说，这似乎走得有点远了。这些问题可以说几乎涵盖了哲学思考的方方面面，一门"自身意识"理论是否能够承载如此多的方面？

如我们已经展示的，由"海德堡学派"和图根特哈特所提供的、走出传统自身意识理论"循环"困局的不同模式或方案，并不完全对立，而是可以相互补充。我们可以通过下面的图表更为直观地看出来。

	认知论		存在论	伦理学
	非论题化的	论题－语义学的		
亨利希	作为自身亲熟的自身意识		（自身存在）	自身保存
图根特哈特		命题性的自身认识	实践的自身关系	自身规定
弗兰克	作为自身亲熟的自身感受	自身认知	作为实存感受的自身感受	

就本书的主题而言，即就为一门现象学的人格主义伦理学提供奠基的任务而言，我们这里需要把关注的目光主要集中于：在将"海德堡学派"和图根特哈特视域融合的基础上，在知识论、存在论和伦理学的三个层面谈论一种新的"自身感受"模式，并对之加以现象学地分析，进而为一门人格现象学提供新的理解框架。

---

① 参阅 D. Zahavi, "The Heidelberg School and the Limits of Reflection"，loc. cit., pp. 281 - 285；以及参阅 D. Zahavi, *Self-Awareness and Alterity：A Phenomenological Investigation*, loc. cit., pp. 38 - 42。

5.4　自身感受的三种哲学含义

作为德语哲学概念,"自身感受"(Selbstgefühl)最早出现于18世纪下半叶的心理学和哲学研究中。它首先意味着一种对本己内在状态的感知或认识,这源自于对英文"inner sense"或"internal sense"的德语翻译,因而这种经验心理学的传统使"自身感受"一开始总是被理解为对象化的认识,只是到后来,它才逐渐摆脱了与经验心理学的必然关联。它同时也含有一些对自身道德-评价方面的意思,这方面的含义在当时甚至更为流行,这也体现在口语对这个词的使用上。①

当然这个德语概念也有其更早的来源,比如斯多亚学派那里的"*sensus sui*"。根据现有研究,对"自身感受"概念最早的使用之一便是对这个拉丁语表达的德语翻译。这个拉丁语表达在哲学文献中更为常见的是被译作德文的"Selbstbewusstsein"或英文的"self-consciousness"、"self-awareness",而通过德文"Selbstgefühl"(或英文"sense of self")的译名选择,这一表述中的情感的和意愿的维度得到了更大程度的彰显。② 比如,前文已经提及,亨利希在"自身意识"

---

① 参阅 M. Frank, „» Selbstgefühl «. Vorstufen einer präreflexivistischen Auffassung von Selbstbewusstsein im 18. Jahrhundert", a. a. O., S. 11f.。

② 有关"自身感受"在哲学和心理学中的概念发展史的考察,主要可以参阅德芮(H. Drüe)的研究,见 Hermann Drüe, „Die Entwicklung des Begriffs Selbstgefühl in Philosophie und Psychologie", in: *Archiv für Begriffsgeschichte* 37 (1994), S. 285–305; Hermann Drüe, „[Art.] Selbstgefühl", in: Joachim Ritter & Karlfried Gründer (Hrsg.), *Historisches Wörterbuch der Philosophie*, Bd. 9, Basel 1995, S. 444–453. 有关"自身感受"概念的词源考察,可以参看 Udo Thiel, "Varieties of Inner Sense. Two Pre-Kantian Theories", in: *Archiv für Geschichte der Philosophie* 79 (1997), pp. 58–79(尤其是第62页和注释12)。

理论上的一个重要工作是对斯多亚学派有关"自身意识"（Selbstbe-
wusstsein）和"自身保存"（Selbsterhaltung）相互关系的回溯，实际上
这对概念对应的拉丁语就分别是"*sensus sui*"和"*conservatio sui*"，
在亨利希本人的其他相关论述中，前一个概念也常常被译为"自身感
受"（Selbstgefühl）。① 据此我们可以预先获得两方面的初步印象：一
方面我们可以看出"自身意识"和"自身感受"概念之间的亲缘性；另
一方面也可以了解，在"海德堡学派"那里，这个意义上的"自身感受"
实际上被看作是"自身亲熟"的同义词。

　　限于我们的主题，这里当然无法也无须细致考察"自身感受"的
词源发展史，这一工作实际上已经由弗兰克出色地完成了。据笔者
所知，弗兰克在其一系列著作中，对"自身感受"的概念发展和哲学意
义做出了迄今为止最为清晰、最为详尽也最为系统的研究。本书将
在弗兰克研究的基础上，结合狄尔泰、海德格尔、爱德华·封·哈特
曼（Eduard von Hartmann）以及舍勒等人的思考，在知识论、存在论
和伦理学的三个层面区分出"自身感受"三种不同的哲学含义。②

----

　　① 参阅 D. Henrich, *Selbstverhältnisse*, a. a. O., S. 92f., 114；也可参阅
Raimund Litz, „... *und verstehe die Schuld*". *Zu einer Grunddimension menschlichen
Lebens im Anschluß an Dieter Henrichs Philosophie der Subjektivität*, a. a. O., S. 186f.。

　　② 弗兰克所作的主要的专题研究可以参阅 M. Frank, „» Selbstgefühl «. Vor-
stufen einer präreflexivistischen Auffassung von Selbstbewusstsein im 18. Jahrhundert",
a. a. O.；M. Frank, *Selbstgefühl*, *Eine historisch-systematische Erkundung*, a. a. O.；
M. Frank, „» Selbstgefühl « und » Grundsinn «：Das vermeinte Erwachen des Selbstbe-
wusstseins aus dem Tastsinn", in: ders., *Auswege aus dem Deutschen Idealismus*, Frank-
furt a. M.：Suhrkamp 2007, S. 218 – 235。弗兰克的工作对于本书的意义不仅在于他对
"自身感受"概念本身的厘清和分析上，而且还在于，他曾简要提示了舍勒在其著作中对
"自身感受"概念的使用（尽管这一简要提示很可能最终要归功于德芮的工作），这促动了
笔者开始反思"自身感受"（以及"自身意识"和"人格"之间的关系）在舍勒思想中可能的作
用，进而对本书下篇总体结构的确定产生了尽管间接，但十分有益的影响。还可以说明的
是，下文对诺瓦利斯的诉诸主要得益于弗兰克的出色研究，而对狄尔泰、海德格尔、爱德
华·封·哈特曼以及舍勒的讨论更多是基于我们自己的工作，因此这里最终清理出的"自
身感受"的三种哲学含义，并不完全等同于诺瓦利斯或者弗兰克对"自身感受"的界定。

按照弗兰克自己的说明,他是 1960 年代末在诺瓦利斯的《费希特研究》(*Fichte-Studien*)①中偶然接触到"自身感受"的概念,其后他才进一步展开对此概念的细致研究。② 从这里,我们可以确定弗兰克有关"自身感受"研究的两个主要特征:首先,他有关"自身感受"研究的出发点在诺瓦利斯那里,或者更确切地说,在诺瓦利斯对费希特的批判研究之中;其次,他对"自身感受"的研究平行于他对"自身意识"和"自身认识"的相关研究,因此可以说,2002 年出版的专题著作《自身感受》展现了他在自身意识理论上的新近立场,或者也可以说,该书代表了"海德堡学派"对"自身意识"理论的新的拓展。

如所周知,费希特首次以全然清晰的方式揭露了传统自身意识理论"反思模式"的"功败垂成"(Scheitern),正如弗兰克正确评价的那样,"与无望地定向于内省和自身－感知的视觉隐喻相比,德国观念论在对主体性的存在论－灵知学的把握意识上无疑堪称重大的进步"。③ 费希特当然属于这个有着重大进步的德国观念论传统。在他看来,主体性或者"自我性"不再是对一个指向它自身的表象的反映,因此,在根本上,主体性或"自我性"就不再是反思的成就。

诺瓦利斯完全同意费希特这一第一"知识学"的奠基性思想,即,自身意识完全不能由反思对立来解释。比如他明确指出,"反思所发

---

① 这部被弗兰克誉为"德国早期浪漫派最重要哲学文献之一"的《费希特研究》写于 1795 年秋至 1796 年秋,含有 6 个部分,667 条笔记,主要是诺瓦利斯对费希特以《全部知识学的基础》为代表的第一阶段"知识学"著作群的批判性思考。直到 1960 年代在其著作集中,这一研究才首次以完整的面貌面世。

② 参阅 M. Frank, *Auswege aus dem Deutschen Idealismus*, a. a. O., S. 218。

③ 参阅 M. Frank, *Die Unhintergehbarkeit von Individualität*, a. a. O., S. 34。

现之物,似乎总是业已存在之物"。① 但是,尽管费希特为克服反思的困难,试图将直接性赋予"自我性",试图以"自我的直接的自己设定自身"(unmittelbare Sich-selbst-Setzen des Ich)来描述最为原初的意识,但与荷尔德林一样,诺瓦利斯也指出,在费希特这个结构中反身代词"sich"再次出现,这表明这个结构并不适合于用来描述最原初的意识。因为,直接性与自身关涉性在根本上是不相容的,这个再次溜出来的反身代词"sich"实际上显露出原差异之统一(prädifferentielle Einheit)的支离破碎。② 为了描述最原初的意识,诺瓦利斯在他的《费希特研究》中找到一个取代费希特那个结构的"竞岗者":"自身感受"。③ 这个"竞岗者"最终为彻底的主体性提供了一种熟悉自身的方式,一种根本上无须"认识"或"知道"自身、仅仅是非对象化、非反思的方式。④ 因此,对于诺瓦利斯来说,"自身感受"首先意味着一种"非对象性地亲熟自身的认知官能",它始终是前概念的、前反思的、直接的和非对象化的。任何自身反思的知识或

---

① Novalis, *Das philosophische Werk I*, *Schriften Bd. II*, hrsg. von Richard Samuel in Zusammenarbeit mit Hans-Joachim Mähl und Gerhard Schulz, Stuttgart 1965 (下引此书,简作:*NS II*), S. 113, Nr. 15。

② 参阅 M. Frank, *Einführung in die frühromantische Ästhetik*, Frankfurt a. M.: Suhrkamp 1989, S. 249f. 洛海德(B. Loheide)还补充指出,不仅荷尔德林和诺瓦利斯,实际上晚期谢林也有过类似的批评,参阅 Bernward Loheide, *Fichte und Novalis. Transzendentalphilosophisches Denken im romantisierenden Diskurs*, Amsterdam 2000, S. 187。有关诺瓦利斯对费希特在这一问题上的批评研究,还可以参看 Gerhard Weber, *Novalis und Valéry. Ver-Dichtung des Ich* 1800/ 1900, Bonn 1992, S. 20 - 37。

③ 当然费希特本人也使用过"自身感受"这个概念,但是并非是在诺瓦利斯这里的作为"最原初意识"的"自身感受"的意义上。有关费希特那里的"自身感受"概念的相关研究,可以参阅 Petra Lohmann, *Der Begriff des Gefühls in der Philosophie Johann Gottlieb Fichtes*, Amsterdam/ New York 2004。

④ 参阅 Novalis, *NS II*, S. 113, Nr. 15；以及参阅 M. Frank, *Selbstgefühl*, a. a. O., S. 8。

"自身认识"都要以这种"自身亲熟"或原初的"自身感受"为基础。[①]

　　这种意义上的"自身感受",我们也可以在狄尔泰那里找到。跟随赫尔巴特(J. F. Herbart)对费希特的批评,狄尔泰也恰恰是在对传统自身意识理论批评的基础上展开其对"自身感受"的讨论。"自身感受"理论被视为(传统)"自身意识"理论的基础。[②]在狄尔泰看来,在探讨自身意识问题上,存在着两种进路:一是精神的行为以这样一种方式把握自身,即,将自己变成客体并且把这一客体看作与进行着把握行为的主体相同一的方式;二是"直接的内觉察(Innewer-den)"的把握方式。狄尔泰将第一种进路看作是康德和费希特等"抽象哲学"探究"自身意识"的方式,他自己则代表着第二种进路。[③]

----

①　参阅 M. Frank, *Selbstgefühl*, a. a. O., S. 10, 143f. 177, 247f.。洛海德曾经批评弗兰克在解释"反思所发现之物,似乎总是业已存在之物"这句话时,立刻引向"自身亲熟"的非对象性,实际上是简化了事态。在他看来,诺瓦利斯有关"感受"和"反思"相互关系的论述要复杂得多(参阅 B. Loheide, *Fichte und Novalis*, a. a. O., S. 199ff.)。我们当然同意洛海德有关"感受"和"反思"关系的讨论,事实上,正是对这一复杂关系的深入讨论,诺瓦利斯才发展出他的所谓的"颠倒的秩序"说(*Ordo inversus*)和"魔幻观念论"(der magische Idealismus)。但是,我们很难赞同洛海德对弗兰克的批评,因为在弗兰克多部论述中,他都对这一复杂关系进行了探讨(例如参阅 M. Frank, *Einführung in die frühromantische Ästhetik*, a. a. O., S. 240 - 261;以及 M. Frank, *Auswege aus dem Deutschen Idealismus*, a. a. O., S. 27 - 66)。因此,在我们看来,引向"自身亲熟"并不意味着弗兰克简化事态,而是其"海德堡学派"的问题意识所致。

②　参阅 Wilhelm Dilthey, *Grundlegung der Wissenschaften vom Menschen, der Gesellschaft und der Geschichte*, *Gesammelte Schriften Bd. XIX*, hrsg. von Helmut Johach & Frithjof Rodi, Göttingen 1982 (下引此书,简作:*GS XIX*), S. 154f., 158ff.。狄尔泰的重要著作《精神科学导论》计划写作两卷,但在其身前仅出版第一卷,因此也是一部未完成稿。第二卷的手稿和构思现在都被编入《狄尔泰全集》第十九卷,主要包括两个时期的手稿:一个写于 1880 - 1890 年间,被称为"布雷斯劳草拟稿"(Breslauer Ausarbeitung);另一个总体计划主要写于 1893 年,相对较为简略,被称为"柏林构思"(Berliner Entwurf)。狄尔泰有关"自身感受"的思考基本上集中在"布雷斯劳草拟稿"中。

③　参阅 W. Dilthey, *GS XIX*, S. 155. 实际上,胡塞尔后来也曾以"内觉察"这个概念来讨论"原意识",在这方面,他与狄尔泰之间是否存在某种积极的联系,还有待进一步考察(参阅 Hua I, S. 132;Hua XXV, S. 222;以及倪梁康:《自识与反思》,第 395 - 396 页)。

狄尔泰将"内觉察"看作一种比传统"自身意识"更为原本的知悉自身的方式，它构成"自身意识"理论的核心，而这种"内觉察"也被他称之为"自身感受"，比如他曾明确地说，"人们往往也把这种内觉察——在其中，个体占有其本己的状态性——称为自身感受"。[①] 这种"内觉察"或"自身感受"体现着一种主体－客体尚未分化的意识状态的直接的自身被给予性，因此它们构成一切（传统意义上的）"自身意识"和一切"反思"的前提，它们潜在地"伴随着"一切意识状态。[②]

概括地说，相对于费希特早期知识学中的"自身意识"理论，狄尔泰的"内觉察"或"自身感受"理论主要有三个方面的特点[③]：1）对意识状态（或更确切地说，对"我处身于其间的这样一种状态"）的内觉察或自身感受取代了自我对自身的关涉，这实际上与后来图根特哈特将"自身意识"的结构表述为"我知道，我 φ"异曲同工。2）我们所"内觉察"或"自身感受"到的意识状态涉及的是"体验"（Erlebnis），在体验中，表象、意愿、感受等等都联系在一起。这一个特点对稍后的舍勒（人格的动态现象学）和海德格尔（作为原科学）的现象学有着重要影响。3）我们所"内觉察"或"自身感受"到的意识状态同时也是一个对象意识，主体性的状态性也在它与一个被体验到的周围世界的关联中被意识到，因此，"自身意识"和"对象意识"或"世界意识"仅

---

① W. Dilthey, *GS XIX*, S. 160.

② 参阅 W. Dilthey, *GS XIX*, S. 161。以及参阅 Rudolf A. Makkreel, *Dilthey, Philosoph der Geisteswissenschaften*, übers. von Barbara M. Kehm, Frankfurt a. M.: Suhrkamp 1991, S. 84ff.。

③ 对这三个方面特点的概括，我们参照了哈尔特（A. Haardt）的研究，参阅 Alexander Haardt, „ Vom Selbstbewußtsein zum Leben. Diltheys Auseinandersetzung mit Fichtes Prinzip des Selbstbewußtseins in der zweiten Hälfte der » Einleitung in die Geisteswissenschaften « ", in: *Dilthey-Jahrbuch für Philosophie und Geschichte der Geisteswissenschaften*, Bd. 6/ 1989, S. 298f.。

仅是"同一个整体意识的两面"。[①]

在本书中，我们将把这种在知识论层面的"前概念的、前反思的、直接的、非对象化的和伴随性的自身感受"简称为"自身感受1"，它无非意味着对一个意识进行的直接意识到，或对"体验"进行的直接体验到。这里的"自身"不再意味着一个孤零零的、抽象的"客我"，而是一个事态或者意识状态，或者一个前反思的、前语言的"我 φ"。在这一意义上，它与我们已经提及的"海德堡学派"的"自身亲熟"、胡塞尔的"原意识"、萨特的"前反思的我思"或扎哈维的"自身觉知"[②]等基本同义。所谓的主体性实际上最终处身于这一意识或体验的持续进行中，亨利希所谓的"有意识的生活"的动态的主体性以及后面我们将会讨论的舍勒的"人格"都可以在此意义上得到理解。

在诺瓦利斯那里，"自身感受"也不仅仅意味着一种"非对象性地亲熟自身的认知官能"，同时还意味着一种"把握本己实存（Existenz）的认知官能"[③]、一种"在其彻底的前概念性中把握存在、自然也把握本己存在的认知官能"。[④] 这种在"感受"中把握"存在"，尤其是把握本己存在或实存的思想在18世纪相当普遍，人们可以在卢梭及百科全书派、克鲁修斯（Christian August Crusius）、特滕斯（Johann Nicolas Tetens）、康德、雅科比、赫尔德等众多思想家那里读到。弗兰克在其著述中细致考察了这些思想的来龙去脉，他最终将

---

① 参阅 W. Dilthey, *GS XIX*, S. 153。

② 跟随心理学家和神经科学家达马西奥（A. Damasio）对"核心自身"（core self）和"自身感"（sense of self）的分析，扎哈维强调："每当有自身觉知时，就会有一种最小限度的自身感在场"，以此他想避免一种非本我论的或无主体的自身觉知（参阅扎哈维：《主体性与自身性：对第一人称视角的探究》，第175-177，185-186页）。

③ M. Frank, „»Selbstgefühl«. Vorstufen einer präreflexivistischen Auffassung von Selbstbewusstsein im 18. Jahrhundert", a. a. O., S. 21.

④ M. Frank, *Selbstgefühl*, a. a. O., S. 10; 以及参阅 Novalis, *NS II*, S. 106, Nr. 2。

诺瓦利斯这里谈到的"实存"理解为康德意义上的"现实性"（Wirkli-chkeit）。① 因此，一方面，就如诺瓦利斯所说，这种对在概念上尚不确定的实存着的存在以及本己实存的"意识"就是"在存在之内的存在之图像"，那么这里所说的"认知官能"就不能首先在知识论，而更应在存在论的层面来理解；另一方面在作为"实存感受"（Existenzgefühl）的"自身感受"中被给予的"存在"自身就外在于"意识"，这个意义上的"自身感受"也意味着一种"遭受"（Erleiden），一种"对不自主性的无力的依赖感受"。② 就此而言，非对象化的"自身亲熟"同时也意味着一种与**本己实存**的前概念的亲熟，恰恰在这种"自身亲熟"或"自身感受"中，人们才获得一种原初的"可靠的实存确定性"。③

在这一点上，洛海德对弗兰克将诺瓦利斯的作为"实存感受"的"自身感受"过快地解释为"与绝对存在的非－论题化的亲熟性"颇有微词。④ 这一方面体现了在诺瓦利斯那里（甚或在一般意义上）"存在"或"实存"概念的不确定性，另一方面也表明，诺瓦利斯并没有能够为这种作为"实存感受"的"自身感受"之结构提供清晰的分析和描述。如果说"自我的历史始于自身感受"，那么，这种"自身感受"就绝不会仅仅意味着对绝对存在的依赖感或者亲熟，也不会单单意味着

---

① 参阅康德："证明上帝存在唯一可能的证据"，载《康德著作全集》，第二卷，李秋零译，北京：中国人民大学出版社，2004 年，第 77－88 页。

② 据此，弗兰克认为诺瓦利斯的起点是反德国观念论的，"自我（或意识）的历史因而就并非始于'原初行动'（Tathandlung），而是始于自身感受"，参阅 M. Frank, *Selbstgefühl*, a. a. O., S. 39f., 194, 255；以及参阅 Novalis, *NS II*, S. 106, Nr. 2；S. 259, Nr. 508. 这里，人们也可以想到后来施莱尔马赫所说的作为感受的"直接的自身意识"以及"绝对的依赖感"，对此可参阅 M. Frank, *Selbstgefühl*, a. a. O., S. 190－198；以及 M. Frank, *Auswege aus dem Deutschen Idealismus*, a. a. O., 236－270。

③ 参阅 M. Frank, *Selbstgefühl*, a. a. O., S. 234ff.。

④ 参阅 B. Loheide, *Fichte und Novalis*, a. a. O., S. 191f.。

对本己实存现实性的确定感,而且也要意味着对"自我"与其自己的存在的相互关系的把握或领会,在此意义上,我们要诉诸海德格尔,因为正如图根特哈特所说,海德格尔是唯一一个成功地展示了"存在论的实践的自身关系"之结构的哲学家。

　　早在"评卡尔·雅斯贝尔斯《世界观的心理学》"中,海德格尔便结合雅斯贝尔斯的"实存"概念思考了自身与自身之存在的关系。在他看来,"实存"的决定性标识就在于"拥有自己自身"(Sich-selbst-haben),"在其中,我与作为自身的我自己相遇,以至于我(在这种经验中生活的我)能够合乎其意义地追问我的'我是'(ich bin)的意义"。① 因此,"实存"就意味着一种存在方式,一种存在之"如何"(Wie)。"拥有自己自身"最终体现为一种"自身关忧"(Selbstbekümmerung),我们总是在这种"自身关忧"中将自己与自己的存在相联系。② 在后来的《存在与时间》中,"实存"被规定为"此在"的本质,"实存"在根本上就意味着"去存在"(Zu-sein)。"此在"在"操心"(Sorge)中将自身与自身的去-存在相联系。在这种图根特哈特所概括的"实践的自身对自身之行事"中,"人格"或"此在"就并非与作为存在者的自己,而总是与自身的存在或自身的实存(去存在)相联系。

　　在此意义上,这种"自身关忧"或者"实践的自身对自身之行事"

---

　　① Heidegger, *Wegmarken*, GA 9, Frankfurt am Main 1976, S. 29。中译引自海德格尔:《路标》,孙周兴译,北京:商务印书馆,2000 年,第 34 页。

　　② 参阅 Heidegger, *Wegmarken*, a. a. O., S. 33;海德格尔:《路标》,第 38 页。克希尔(Th. Kisiel)曾经将这种"拥有自己自身"与"良知"(Gewissen)相等同(参阅 Theodore Kisiel, *The Genesis of Heidegger's Being and Time*, Berkeley/ Los Angeles/ London 1995, pp.144f.),如所周知,"良知"概念与"意识"以及"自身意识"关联紧密,这可为我们这里将"自身关忧"与"自身感受"相关联提供一个外在的论据。相关的研究也可看看 Gisbert Hoffmann, *Heideggers Phänomenologie. Bewußtsein-Reflexion-Selbst (Ich) und Zeit im Frühwerk*, Würzburg 2005, S. 291。

便赋予了作为"实存感受"的"自身感受"一种积极的意义。因此，这种"自身感受"就既意味着对绝对存在的无力的依赖感或者前概念的自身亲熟，同时也意味着"人格"或"此在"对自身与自身的存在的关系的把握或领会，意味着"人格"或"此在"在自身的"去存在"中与自身相联系。**这种存在论层面上的作为"实存感受"的"自身感受"将被我们简称为"自身感受 2"。**

在"自身感受"这个概念的早期使用中还存在着一种道德的或伦理的含义，这首先来自于口语中比如"自我评价"那样的意思。"自身感受"在道德或伦理方面的含义在诺瓦利斯那里很少被顾及，弗兰克也仅仅是在回溯这个概念在早期词典中的释义时简要提及。而事实上，在18世纪末19世纪初的德文词典中，"自身感受"的这样一种道德或伦理方面的含义甚至是更主要的。比如，阿德隆（Johann Christoph Adelung）曾将"自身感受"定义为"一种对其本己状况（尤其是道德方面的状况）的感受或清晰的、直观的认识"。这一含义随后也得到了卡姆帕（Johann Heinrich Campe）的确认：自身感受是"一种对其本己状况（尤其是伦常方面的状况）的感受或意识，……在较窄的意义上，是一种对他的价值，对他的诸优点以及诸如此类的其他方面的感受"。①

"自身感受"的道德或伦理的含义，我们也可以在爱德华·封·哈特曼那里读到："如果的确有某个感受可以看起来有理由是绝然的道德感受，那么这个感受或许就是在道德方面的自身感受，因为这种

---

① Johann Christoph Adelung, *Grammatisch-Kritischem Wörterbuch der Hochdeutschen Mundart*, 4 *Bde.*, Leipzig 1793 – 1804, hier：Bd. 4, S. 49; Johann Heinrich Campe, *Wörterbuch der deutschen Sprache*, 6 *Bde.*, Braunschweig 1807 – 13, hier：Bd. 4, S. 406（转引自：H. Drüe, „Die Entwicklung des Begriffs Selbstgefühl in Philosophie und Psychologie", a. a. O., S. 285; 也参见 H. Drüe, „[Art.] Selbstgefühl", a. a. O., S. 445）。

感受可以被标识为伦常人的意识反映（Bewußtseinsspiegelung），标识为在自身意识中的伦常反射（Reflex）。"[1]在不完全相同的意义上，舍勒也在伦理学的层面使用"自身感受"这一概念。[2] 他明确宣称："若没有确定的自身感受和自身价值感受，人们就无法伦常地生活。这种自身感受和自身价值感受并非源自于他人的印象，而是原本的"（VII，55－56）。一方面，舍勒把人格的精神感受看作一种"形而上学的和宗教的自身感受"；另一方面，他也把"自身感受"与"自身价值感受"（Selbstwertgefühl）紧紧联系在一起（II，344f.）。这意味着，在舍勒这里，"自身感受"原本地既与"人格"、也与"价值"相关。[3]

这一意义上的"自身感受"在后面第6.3节中，还会得到详细展开，我们将会看到，这个意义上的"自身感受"在舍勒的现象学的质料价值伦理学和现象学的人格主义中扮演着极为重要的角色。据此，

---

① Eduard von Hartmann, *Phänomenologie des sittlichen Bewußtseins. Prolegomena zu jeder künftigen Ethik*, Berlin 1879, ³1922, S. 155f. 引文据：Eduard von Hartmann, *Die Gefühlsmoral*, Mit einer Einleitung hrsg. von Jean-Claude Wolf, Hamburg：Felix Meiner 2006, S. 32. 中译引自爱德华·封·哈特曼：《道德意识现象学·情感道德篇》，倪梁康译，北京：商务印书馆，2012 年。这里需要说明的是，哈特曼这里谈论的道德感受（moralisches Gefühl）承接自苏格兰道德情感学派，尤其是哈奇森和沙夫茨伯里等人的理论，因此汉译稿将此概念译作"道德情感"，相应地将"Selbstgefühl"译作"自身情感"，我们这里为保持译名的统一，分别改为"道德感受"和"自身感受"，下文不再一一注明。

② 在 6.3.2 节，我们还会再讨论舍勒与哈特曼在对"自身感受"的理解上的区别与联系。实际上，尼采在其遗稿中也曾谈论过"自身感受的形态学"（参阅 Nietzsche, *Nachgelassene Fragmente 1887 – 89*, KSA 13, Hrsg. von G. Colli & M. Montinari, München 1999, S. 111f.；中译参见尼采：《权力意志》（下卷），孙周兴译，北京：商务印书馆，2007 年，第 802 页。中译本将此概念译作"自尊心"），我们在后面 7.3.1 节中会论及尼采的相关思考。

③ 利普斯的学生沃格特兰德（E. Voigtländer）在其出版于 1910 年的《论自身感受的诸类型》（*Über die Typen des Selbstgefühl*, Leipzig 1910）中，也将"自身感受"定义为一种"对本己人格的确定的价值理解"（参阅 H. Drüe, „Die Entwicklung des Begriffs Selbstgefühl in Philosophie und Psychologie", a. a. O., S. 297；以及 H. Drüe, „[Art.] Selbstgefühl", a. a. O., S. 449）。

我们完全有理由把"**自身感受 3**"（**在伦理学层面的、作为"精神的人格感受"和"自身价值感受"的"自身感受"**）看作舍勒对整个"自身感受"理论所做出的重要发展和理论贡献。

　　这里可以对至此为止的相关讨论作一简要的小结。我们从对传统自身意识理论及其存在的"循环"困境的分析开始，并讨论了"海德堡学派"和图根特哈特提出的走出传统理论困局的不同方案，进而在融合双方视域的基础上区分出"自身感受"的三种哲学含义。这种系统化的尝试，与杜兴在"自身意识的诸模式"理论的名下所作的努力在总体趋向上有类似之处（但限于主题，我们这里并没有给予"观念－发生"的维度更多的关注①）。借此，一方面，我们获得了对舍勒人格理论所处身于其间的大的理论背景（即"自身意识"理论或"自身关系"理论）的较为清晰的认识，从而赢获了重构舍勒人格理论的"地基"和"基本框架"；另一方面，我们也可以预先认识到，在与"自身感受"的关联中，舍勒的人格现象学不仅体现为对传统自身意识理论困境的克服，也将体现为对"自身意识"理论或"自身关系"理论的推进和拓展。

　　在转向对舍勒人格理论的研究之前，我们有必要为之先行廓出另一个更为切近的"地基"：即传统的人格理论。

5.5　人格的释义史与人格理论的困境

　　"人格"（Person）概念起源于拉丁语，其后在西方思想文化传统的发展中扮演着极为重要的角色，成为现代意义上的神学、哲学、伦理学、心理学、社会学、法学、语言学、人类学等诸多人文学科的核心

---

　　①　但我们在后面处理舍勒的人格问题时，会顾及到这个方面。

概念。例如,哲学始终将"人格"与"人格同一性"的问题视为自己最核心的问题之一,而"三位一体"也始终是神学的基本教理,又如心理学的一个很重要的论题域就集中在"人格"及其"分裂"上,再如"人格"被视为对规范的承担者并因而成为进入共同体的主体,从而构成法学研究的基本主题,等等,不一而足。

　　然而,"人格"恐怕也是思想史上最不清楚的概念之一,以至于德国当代著名哲学家、伦理学家施佩曼(R. Spaemann)会追问:究竟为什么我们会说"人格"? 我们又是为何会将人格称为"人格"?[①] 不单单是这个概念本身,而且它在多学科之间的关联与差异也远未得到清晰的厘清,概念含混的现象一直存在。我们这里当然无法顾及这方方面面,实际上那更应当是一项专题研究的任务。限于本书的主题,在本节中我们既不会去回溯"人格"概念的整个发展史,也不会去涉及"人格"在哲学以外诸多学科中的含义,我们的工作将主要围绕两个方面展开:1)在哲学范围内,"人格"的基本含义以及与之相关的主要争论;2)舍勒对"人格"的理解如何与"人格"的释义史相关联,换言之,特伦德伦堡(F. A. Trendelenburg)基于对康德的关注所提出的问题在我们这里也适用,即,"人格"究竟是如何从其原初的含义"面具"发展到"人的最内在的道德本质和最本己的核心"这样的含义的?[②]

5.5.1　人格的原初含义与人格的古典道德哲学维度

　　这里,我们已经涉及到了"人格"概念最原初的含义:"面具"。就

---

① 参阅 Robert Spaemann, *Personen. Versuche über den Unterschied zwischen „etwas" und „jemand"*, Stuttgart 1996, S. 13－42。

② 参阅 Adolf Trendelenburg, „Zur Geschichte des Wortes Person", in: *Kant-Studien XIII* (1908), S. 3。

让我们从"面具"开始。

"人格"（Person）起源于拉丁语词 *persona*，在其原本意义上就是指舞台上演员所戴的"面具"。这个拉丁语词的词源并不确定，一种可能是来自 *personare*，其基本字面意思是"声穿"或"声音传向……"这个基本意思和"面具"的可能关联在于：演员透过"面具"而传出声音，或者声音穿过"面具"。① 拉丁语词 *persona* 的另一个同样无法确定、仅只是猜测的词源是希腊语 *prosopon*，它的源初含义是"面貌"，最晚从公元前 4 世纪开始它也具有了"面具"的意思，也极为偶然地在"角色"意义上被使用。②

而"面具"（*persona*）这一含义的直接引申义就是指演员所扮演的"角色"，或者也可以说，演员在戏中的"位子"、他所具有的"特征"。由此，这个概念又逐渐引申出这个含义：某人在共同体以及世界中所扮演的"角色"、所具有的特征，或者他所占据的一个"位子"。就戏中对话的"面具们"（角色们）总是保持一种视角的同一而言，即他们总是说"我说"、"你说"或"她/他说"，*persona* 也被用来称呼某个视角，

---

① 参阅 Max Müller & Alois Halder，„[Art.] Person"，in：Karl Rahner（Hg.），*Herders Theologisches Taschenlexikon*，Bd．5，Freiburg/ Basel/ Wien 1973，S. 381。

② 参阅 Dieter Sturma，„[Art.] Person"，in：Hans Jörg Sandkühler（Hg.），*Enzyklopädie Philosophie*，Bd．2，Hamburg 1999，S. 994；以及 Ralf Konersmann，„Person. Ein bedeutungsgeschichtliches Panorama"，in：*Internationale Zeitschrift für Philosophie*（2/1993），S. 203。

有关"Person"的词源的相关文献，可参阅 Manfred Fuhrmann，„[Art.] Person. I. Von der Antike bis zum Mittelalter"，in：Joachim Ritter & Karlfried Gründer（Hrsg.），*Historisches Wörterbuch der Philosophie*，Bd．7，Basel 1989，S. 269。法国著名人类学家马塞尔·莫斯还为我们提供了关于 *persona* 这个概念来源的、饶有趣味的人类学考察，参阅 Marcel Mauss，*Sociologie et anthropologie*，Paris 2003，S. 350－354（该部分最初发表于 1938 年，德译参见 M. Mauss，*Soziologie und Anthropologie*，Bd．2，Übers. von E. Moldenhauer，H. Ritter & A. Schmalfuß，Frankfurt am Main 1989，S. 240－244；中译参见马塞尔·莫斯：《社会学与人类学》，佘碧平译，上海：上海译文出版社，2003 年，第 287－290 页）。

在后来的语言以及语言学发展中,它也被用作语法的技术术语,比如我们现在还继续在说的第一、第二、第三"人称"。①

以这种"戏剧和面具"的隐喻背景为支撑,在古代思想中,*persona* 这个词主要是在**实践哲学**的领域被使用,或者更确切地说,恰恰是在斯多亚学派的古典道德哲学和法学中,这个概念才获得其最初的哲学含义。② 斯多亚学派对于"人应该如何生活?"这一根本问题的回答,首先必须借助于对这一问题的追问,即,"神性的编剧(Dramaturg)预先为人类一般以及某个个别人自身所规定的要去扮演的角色究竟是什么?"③人们要知道或学会如何生活,就必须要知道并承认自己在总体范围内的"角色"或"位子"。西塞罗曾经在《论义务》中谈到了四种不同的"角色"。④ 首先是自然赋予我们的两种"角色":1)一种是普遍的理性能力,以便我们能够区别并超越于动物;2)另一种是赋予个体的生理的、精神的等诸方面的本性,这一方面,各人之间存在着差异。除此以外的两种"角色"并非是由自然所赋予的:3)其一是由某种机会或情势所赋予的"角色";4)另一种则是由我

---

① 参阅 Manfred Fuhrmann, „ *Persona*, Ein römischer Rollenbegriff", in: Odo Marquard & Karlheinz Stierle (Hg.), *Identität*, München 1979, S. 84f.; 以及参阅 Martin Brasser, *Person. Philosophische Texte von der Antike bis zur Gegenwart*, Stuttgart 1999, S. 29f.。

② R. Konersmann, „Person. Ein bedeutungsgeschichtliches Panorama", a. a. O., S. 208.

③ Maximilian Forschner, „Der Begriff der Person in der Stoa", in: Dieter Sturma (Hrsg.), *Person. Philosophiegeschichte-Theoretische Philosophie-Praktische Philosophie*, Paderborn 2001, S. 43.

④ 关于"四种角色说",参阅西塞罗:《论义务》(拉汉对照本),王焕生译,北京:中国政法大学出版社,1999年,第 103、113 页(此处选文的德译文参阅 M. Brasser, *Person. Philosophische Texte von der Antike bis zur Gegenwart*, a. a. O., S. 31f.);相关评述也参阅 M. Forschner, „Der Begriff der Person in der Stoa", a. a. O., S. 43-46。另外,在另一个汉译本中,这里的"*persona*"被译作"本性",参阅西塞罗:《论老年 论友谊 论责任》,徐奕春译,北京:商务印书馆,2003 年,第 139、143 页。

们自己决定去担当的"角色"。为能最终做出此决定或选择，每一个人必须要认真沉思，而首先要得到思虑的就是，我希望成为什么人，我想怎样地生活。正是在此意义上，斯多亚学派将"自身意识"和"自身保存"联系在了一起，而这里的"自身保存"无非就意味着遵循理性的引导而依照道德去生活。"角色"或"人格"（*persona*）最终就体现为自由的、理性的"自身规定"和"自身塑造"。

也正是在这一时期的法学中，人们可以发现"Person"和"Mensch"最初的等同。这主要体现在对"自由民"与"奴隶"的区分上，只有"自由民"才是"Person"，"奴隶"仅仅是生物学意义上的"人"（Mensch，*homo*），并没有权利。因此，"Person"在这里具有了"人"的含义，一种不仅仅是生物学意义上，而且也是道德和法律层面上的"人"。①

根据以上的说明，我们可以赞同亨利希的看法，即，诸如"人格"、"自身意识"、"良知"、"个体性"、"主体性"以及"理性的责任性"等等这些概念和说法完全可以在古典的哲学、法学传统以及在生活理解和生命经验中找到其根，而无需一再地诉诸于基督教传统。② 但是另一方面，尽管我们不能说在斯多亚学派那里"人格"概念完全缺失形而上学的维度，但正如莫斯已经正确看到的那样，在古典实践哲学的视域内，"人格的概念还缺乏确定无疑的形而上学基础，而这一基础的奠定，则要归功于基督教"。③

---

① 参阅 A. Trendelenburg, „Zur Geschichte des Wortes Person", a. a. O., S. 14f.。

② 参阅 D. Henrich, „Die Trinität Gottes und der Begriff der Person", in: O. Marquard & K. Stierle (Hg.), *Identität*, München 1979, S. 613f.。

③ M. Mauss, *Sociologie et anthropologie*, a. a. O., S. 356; *Sociologie und Anthropologie*, Bd. 2, a. a. O., S. 246;马塞尔·莫斯：《社会学与人类学》，第292页。

5.5.2　中世纪的人格理论与人格的存在论维度

基督教思想传统对"*persona*"的关注和讨论,首先当然是源于"三位一体"思想的产生、发展以及相关争论。恰恰是在个体此在维度的"*persona*"概念中,神性的和人性的本性才得到了统一,耶稣基督既作为"圣子"而禀有神性,同时又作为"Person"而具有人性。从早先的德尔图良和奥利金(Origen),经过"尼西亚会议"确立的"尼西亚信经"以及围绕着它的宗教论争,一直到奥古斯丁,"三位一体"的学说几经波折,甚至经受了血的洗礼,才得以基本确定。究其原因,我们可以看到,在这场教义之争中,不仅包含哲学形而上学方面深层次的思考,也有希腊语、拉丁语术语使用方面的混乱,当然还有文化的碰撞甚或政治的因素,等等。① 撇开所有这一切不论,"*persona*"无疑是在这一论争中,才走入了思想的前台,成为西方思想文化的核心概念,也正是在这一论争的影响下,"*persona*"才在中世纪哲学中得到广泛、细致和深入的探讨。这一探讨的成果主要体现在如下四个不同的方向上:关系理论的(relationstheoretisch)进路、实体存在论的(substanzontologisch)进路、实存存在论(existenzontologisch)的进路和道德哲学的(moralphilosophisch)进路。②

---

① 有关"三位一体"(其基本的拉丁语表述为"*una substantia,tres personae*")思想的形成与论争史以及其哲学层面的思考和讨论,中外文文献汗牛充栋,这里仅据笔者手边可查的中文参考资料各列一册,历史方面可以参看伯克富:《基督教教义史》,赵中辉译,北京:宗教文化出版社,2000年,第57-70页;教理方面可以参考约瑟夫·拉辛格:《基督教导论》,静也译,雷立柏校,上海:上海三联书店,2002年,第123-150页;哲学方面可以参阅赵敦华:《基督教哲学1500年》,北京:人民出版社,1994年,第119-137页。

② 这四个方向的概括以及下文对此的相关评述,参考了克霍泽(J. Kreuzer)的出色研究,但我们并没有完全跟随他,参阅 Johann Kreuzer, „Der Begriff der Person in der Philosophie des Mittelalters", in: Dieter Sturma (Hrsg.), *Person. Philosophiegeschichte-Theoretische Philosophie-Praktische Philosophie*, Paderborn 2001, S. 59-77。

奥古斯丁代表了"关系理论的进路"。在他的《论三位一体》里，他结合对"三位一体"理论的分析，将"*persona*"看作一个功能性的概念，借助它，那一个统一性在自身中进行着自身区分，因此"*persona*"被理解成"关系"，它的普遍特性就在于：它是一种本质性的关联，它意味着对同一个本质（*essentia*）的不同（或确切地说，三个）方面（或功能）的命名。在此意义上，奥古斯丁会说："尽管作为圣父异于作为圣子，但不存在实体的差异，因为他们之被如此称呼，不是在实体上的，而是在关系上的。"①

"实体存在论的进路"的主要代表是波埃修（Boethius）。波埃修可以说是哲学史上第一个明确给"*persona*"下定义的哲学家，他给出的经典定义为："人格是具有理性本性的个体性的实体"（*Persona est naturae rationabilis individua substantia*）。② 这一定义影响着其后整个中世纪哲学对"*persona*"的讨论，无论是以赞同的方式，或者反对的方式，波埃修之后的哲学家们总会一再地回到这个定义。在这个定义中，首先要解释的是"*natura*"。事实上，波埃修首先区分了四种不同的"*natura*"概念，然后他将它的最后一种含义用在"人格定义"中，即，*natura* 并不指具体的物，而是指一般的形式或本质性，通过这种一般的形式或本质性，这一类的实体得以区分于其他的实

---

① 参阅奥古斯丁：《论三位一体》，周伟驰译，上海：上海人民出版社，2005 年，第 163 页（第 5 卷第 6 节）。奥古斯丁在此书中涉及"*persona*"的其他主要部分为第 167－168（第 5 卷第 9－10 节），193－213 页（第 7 卷），相应的德文选译参阅：M. Brasser, *Person. Philoso-phische Texte von der Antike bis zur Gegenwart*, a. a. O., S. 41－47。此处的概述参阅 J. Kreuzer, „Der Begriff der Person in der Philosophie des Mittelalters", a. a. O., S. 63。

② 此处"人格定义"参考德译文译出，参阅 M. Brasser, *Person. Philosophische Texte von der Antike bis zur Gegenwart*, a. a. O., S. 50. 需要提及的是，现代哲学中的"同一性"（Identität）往往也被回溯到古典和中世纪哲学中的"*individualitas*"概念，因而此处定义中的"*individua*"也经常被译作"不可分的"（参阅 Johannes Heinrichs, „［Art.］Person. I. Philosophisch ", in: Gerhard Müller（Hrsg.）, *Theologische Realenzyklopädie*, *Bd*. 26（*TRE* 26）, Berlin/ New York 1996, S. 220）。

体,因此它意味着一种"本性"。其次是关于"*substantia*"的理解。这个概念是对希腊语词"usia"的拉丁语翻译,另一个可能的翻译是"*essentia*",即"本质性",这两个译名很难清楚地区分开来。在有关"三位一体"的拉丁语翻译中,这两个词常常混同使用,基本上是同义的,即意味着相对于"三位"的那个"一体"。但是很显然在波埃修这里,"*substantia*"是在与"*natura*"(即,本质性)相对的意义上被使用的,它实际上是对希腊语词"*hypostasis*"的翻译,而这个希腊语词在"三位一体"的表述中指的却是"三位"的"位"。[①]

从这里我们可以清楚地看到波埃修的"人格定义"的两个鲜明的特点:其一,作为具有理性的个体性的"人格"已经从"三一论"神学语境中解放出来,他对语词和概念的选择已经摆脱了"三位一体"理论的束缚;其二,"人格"就像完整的实体宇宙中的某物而被思考,"人格"根本上是"实体"(Substanz)。[②] 换言之,正是通过波埃修的定义,将"*persona*"译为现代意义上的"Person"(尤其是汉语语境中的"人格",而非"位格")开始获得其合法性。

"关系理论"的"人格"理解与"实体存在论"的"人格"理解之间的张力规定着中世纪其后数百年有关"人格"概念的论争。差不多在波埃修的"人格定义"问世 600 年以后,圣维克多的理查(Richard von St. Viktor)才以一种决定性的方式更改了波埃修的定义,由此而代表了"人格"理解的"实存存在论的进路"。与波埃修直接相对,在圣维克多的理查看来,"人格"并非一个"实体",而是一个个体性的、唯

---

① 参阅 R. Spaemann, *Personen*, a. a. O., S. 37f.; 以及参阅 Matthias Lutz-Bachmann, „»Natur« und »Person« in den *Opuscula Sacra* des A. M. S. Boethius", in: *Theologie und Philosophie* 58 (1983), S. 50ff., 60ff.。

② 参阅 M. L.-Bachmann, „»Natur« und »Person« in den »*Opuscula Sacra*« des A. M. S. Boethius", a. a. O., S. 66ff.; 以及参阅 J. Kreuzer, „Der Begriff der Person in der Philosophie des Mittelalters", a. a. O., S. 64f.。

一的和直接的品质，"人格"在本质上不是"什么"（*quid*），而是"谁"
（*quis*）。这一点，在施佩曼这里再一次得到了强调，从根本上说，"人
格"不是"某物"（etwas），而是"某人"（jemand）。① 因此，"人格"并不
是某个在自然物之宇宙中的"实体"，而是一种在这一完整的宇宙中
自身进行着区分的实体性的"产生"（Hervorgehen），因此是一种"实
存"（*exsistentia* / Existenz）。② 圣维克多的理查据此修改了波埃修
对"人格"的定义，在他这里，"人格是具有理性本性的个体性的实存"
（*Persona est naturae rationabilis individua existentia*）。③ "人格"
在根本上就意味着一种个体的实存着的进行。其后，托马斯·阿奎
那在《神学大全》中对"人格"的诠释就体现着一种在波埃修的"实体
存在论"的"人格定义"与圣维克多的理查的"实存存在论"的"人格定
义"之间进行综合的努力。④

随着"实存存在论"的"人格定义"的发展，12 世纪以后的哲学家
们纷纷认识到，"人格"不再能被理解为存在者意义上的自然物或"实
体"，与此相对，"人格"的存在逐渐被理解为一种"道德的存在"。哈
勒斯的亚历山大（Alexander v. Hales）是这种"人格"理解之"道德
哲学的进路"的主要代表。哈勒斯的亚历山大在"基底（主体）"
（*subiectum*）⑤、"个体"和"人格"之间做出了明确的区分，它们分别

---

① 参阅 R. Spaemann，*Personen*，a. a. O.，S. 11ff.。

② 参阅 J. Kreuzer，„Der Begriff der Person in der Philosophie des Mittelalters"，
a. a. O.，S. 67。

③ 参阅 Peter Hofmann，„Analogie und Person. Zur Trinitätsspekulation Richards
von St.-Victor"，in：*Theologie und Philosophie* 59（1984），S. 227。如前面在波埃修那
里一样，这里"*individua*"也含有"不可分"的含义。

④ 对此可以参阅 Horst Seidl，„Metaphysische Erörterung zu Boethius' Person-
definition und ihrer Auslegung bei Thomas von Aquin"，in：*Salzburger Jahrbuch für Phi-
losophie* 30（1985），S. 7－27。

⑤ 有关 *subiectum* 这个概念的释义和翻译说明，参阅倪梁康：《自识与反思》，第453－
456 页。

从属于自然、理性和道德的领域,"基底(主体)"被看作自然哲学的对象、"个体"是理性哲学(*philosophia rationalis*)的对象,而"人格"则是道德哲学的对象。当然,这并不意味着"人格"与"基底(主体)"或"个体"完全泾渭分明,而是说,尽管"人格"和"基底(主体)"或"个体"最终可以是统一的,但在哲学的专门研究上,相比于"基底(主体)"或"个体","人格"具有了更多的、特殊的内涵。而且它们的区分也在根本上体现为"存在"的区分,在人的"人格"中,我们可以发现三个存在:就它是"基底(主体)"而言,它是自然的存在;就它是"个体"而言,它是理性的存在;而就它是"人格"而言,它则是道德的存在。在"存在"的层级建构上,"人格的存在"先行于"自然的"和"理性的"存在。① 基于此,哈勒斯的亚历山大在"人格定义"中引入了一个新的概念,即"尊严"(*dignitatis*/ Würde),恰恰是因为"人格的存在"是更高的"存在层级",所以它才具有"尊严"。他给出的"人格定义"为:"人格是通过与尊严有关的特性而被区分出来的 *hypostasis*"(*Persona est hypostasis distincta proprietate ad dignitatem pertinente*)。② 值得一提的是,哈勒斯的亚历山大这里以"*hypostasis*"来定义"*persona*",如前文所说,"*hypostasis*"这个希腊语词在"三位一体"的希腊语表述中指的是"位",而在"三位一体"的拉丁语翻译中,这个语词通常被译为"*persona*",换言之,在通常的用法中,这两个词的含义基本是一致的。而在哈勒斯的亚历山大这里,"*hypostasis*"这个希腊语词被直接以拉丁化的形式使用,与"*persona*"相比,它的外

---

① 参阅 Alfons Hufnagel, „Die Wesensbestimmung der Person bei Alexander von Hales", in: *Freiburger Zeitschrift für Philosophie und Theologie* 4 (1957), S. 165f.。

② 参阅 Theo Kobusch, *Die Entdeckung der Person. Metaphysik der Freiheit und modernes Menschenbild*, Darmstadt ²1997, S. 24f.; 此处的"人格定义"参考德译文译出,参阅 B. Th. Kieble, „[Art.] Person. II. Hoch-und Spätscholastik", in: J. Ritter & K. Gründer (Hrsg.), *Historisches Wörterbuch der Philosophie*, Bd. 7, Basel 1989, S. 288。

延显然较宽，因为"*persona*"只是一种特定的"*hypostasis*"，另外比如他也谈论神性的、上帝的"*hypostasis*"，等等。^①"*hypostasis*"根本上意味着"承载着本质或特性的某物"或"本质或特性的载体"，而"人格"则是一种特殊的"载体"，一种与尊严相关的道德的存在。在此意义上，我们有理由认为，在这一"道德哲学的进路"中，"人格"（*persona*）最终与"三一论"神学意义上的"位格"（*hypostasis*）完全地分离开来。

可以说，这四条进路基本上代表了中世纪哲学有关"人格"思考的最主要方面。当然，人们还可以另外发现其他一些小的支线，按照克霍泽的看法，这些支线中最为特别的一条是与奥古斯丁的回忆理论联系在一起的。^②在《忏悔录》中，"人格"被与意识和回忆联系起来，回忆延伸到多远，"人格"存在就延伸到多远，作为个体有限意识的人格同一性就是在回忆中被形成的。^③如我们马上就要看到的，这一理论的特别之处在于，它预演了以后洛克在人格与人格同一性问题上的最基本思虑。在这一意义上，我们也可以说，这一条支线代表了中世纪人格理论的"认识论"方向。据此而言，"人格"概念在"三一论"神学论辩中登上思想的舞台，又在摆脱"三一论"神学语境的努力中获得其本己的内涵。"人格"之为"人格"（而非"位格"）在中世纪最终确立起它自身的独立性，"人格"理论也在各个方面得到了广泛的涉及和深入的展开，比如"存在论"、"伦理学"以及"认识论"等等，但显然，这一理论在中世纪最为根本性的发展还是体现在**存在论方**

---

　　① 参阅 Alfons Hufnagel，„Die Wesensbestimmung der Person bei Alexander von Hales"，a. a. O.，S. 164。

　　② 参阅 J. Kreuzer，„Der Begriff der Person in der Philosophie des Mittelalters"，a. a. O.，S. 71ff.。

　　③ 参阅奥古斯丁：《忏悔录》，周士良译，北京：商务印书馆，1996 年，第 192－194 页。

面,尤其体现在"实在存在论的进路"与"实存存在论的进路"的论争上。我们在后面还会看到,有关舍勒人格存在论(或更确切地说,人格是否是实体)问题在当代舍勒研究中存在着两种相互对立的观点,这可以看作中世纪这一论争的当代回响。

5.5.3　近代的人格理论与人格的认识论维度

对"人格"认识论维度的拓展以及对"人格同一性"问题的细致分析是从近代哲学开始的。实际上,"人格同一性"的问题也只是在"认识论"的维度(或更准确地说,"意识论"的维度)才真正成为一个问题,无论它体现为洛克这里的"人格或自我的同一性"或是莱布尼茨那里的"道德的同一性"。一般看来,"人格"概念在笛卡尔那里几乎没有扮演多少重要的角色[①],近代哲学对人格理论的决定性的发展是由洛克引发和推动的,以至于人们可以在人格理论发展史上谈论所谓的"洛克革命"。[②]

概而言之,洛克在人格及其同一性问题上的主要功绩体现在三个方面:首先,首次明确地将"人格"和"人"(man/ Mensch)区分开来。[③]我们前面提到,在罗马时期的法学中,"人格"开始和"人"相等同,或者说"人格"较为明确地获得了"人"的含义。其后这两个概念

---

①　参阅 G. Scherer, „[Art.] Person. II. Neuzeit", in: J. Ritter & K. Gründer (Hrsg.), *Historisches Wörterbuch der Philosophie*, *Bd*. 7, Basel 1989, S. 300。

②　参阅 Udo Thiel, „Person und persönliche Identität in der Philosophie des 17. und 18. Jahrhunderts", in: Dieter Sturma (Hrsg.), *Person. Philosophiegeschichte-Theoretische Philosophie-Praktische Philosophie*, Paderborn 2001, S. 79ff.。

③　R. Spaemann, „Der Personbegriff im Spannungsfeld von Anthropologie und Ethik-Sind alle Menschen Personen? ", in: Andreas Frewer & Claus Rödel (Hrsg.), *Person und Ethik. Historische und systematische Aspekte zwischen medizinische Anthropologie und Ethik*, Erlangen/ Jena 1993, S. 16.

一直相互交错，①是洛克首先明确地将"人"和"人格"相分离。在他看来，"人"是生物有机体的一个特定的类别，"就一般人所意味到的人的观念说来，其中的构成分子不只限于有理性的（或能思想的）实体观念，此外还有某种形相的身体观念与之连合在一块"②；而"人格"在根本上既不是某个实在的人，也不是如存在者那样的某物，而是意识状态的联合。据此，洛克彻底地与当时占统治地位的、将"人格视为通过理性得以刻画的实体"的人格概念告别，与之相对，"人格"被看作"自我"，恰恰是通过意识，行为、感受或思想等等被归化给"自我"或"人格"。③

其次，借助于"意识"概念来界定"人格"以及"人格同一性"。在洛克这里，"所谓意识就是对在一个人自己心灵中所发生之事的知觉"④，意识自身将当下和过去的一切所思所想和所为相联结，恰恰是通过这种联结，"人格的同一性"得以构造，因此，人格同一性就只在意识，"而且这个意识在回忆过去的行动或思想时，它追忆到多远程度，人格同一性亦就达到多远程度"⑤，这里我们可以看到奥古斯丁回忆理论的影子。人格有思想、有理性、能反思，并且最关键的是

---

　　①　这一点在中文译名的选择上也可以看得很清楚，宗教领域的研究者之所以坚持"位格"的译名而排斥"人格"的译名，其原因不外乎"人格"和"人"的绞缠，他们当然不会愿意去谈论上帝的"人格"。

　　②　J. Locke, *An Essay concerning Human Understanding*, in: *The Works of John Locke in ten Volemes*, *Vol.* 1 & 2, London 1823, II, 27, §8；洛克：《人类理解论》（上册），关文运译，北京：商务印书馆，1983 年，第 309 页。

　　③　J. Locke, *An Essay concerning Human Understanding*, II, 27, §16 - 17；洛克：《人类理解论》，第 316 - 317 页；以及参阅 U. Thiel, „Person und persönliche Identität in der Philosophie des 17. und 18. Jahrhunderts", a. a. O., S. 82。

　　④　J. Locke, *An Essay concerning Human Understanding*, II, 1, §19；洛克：《人类理解论》，第 80 页（译文有改动）。

　　⑤　J. Locke, *An Essay concerning Human Understanding*, II, 27, §9；洛克：《人类理解论》，第 310 页。

具有自身同一化（或认同）的能力，它能在"异时异地认自己是自己"，而这一点之所以可能，恰恰是因为有同一的意识，一切思维在其进行的同时总是可以自身"意识"到自己。在此意义上，人们可以说，"自身意识不仅决定着人格的可能，而且决定着人格的范围"。① 换言之，我们后面将会讨论的舍勒对"人格如何自身被给予"问题的现象学反思在洛克这里已经开始得到关注。

第三，把"人格"看作是一个"判责性"（forensic）的术语，用来表示行动及其品质。② 在这里，洛克实际上把"人格"、"自身意识"、"责任"等概念统合了起来。因为他认为，"自身意识只要认千年前的行动是自己的行动，则我对那种行动，正如对前一刹那的行动，一样关心、一样负责"③，而"人格"恰恰就可用来表示这些被"自身意识"到的"行动"以及这些行动的品质（即人们应该对其负什么样的责任，是该赏或是该罚）。很明显，洛克将这里说的"责任"视为一种"自身负

---

① 倪梁康：《自识与反思》，第 99 页。

② J. Locke, *An Essay concerning Human Understanding*，II, 27, §26；洛克：《人类理解论》，第 323 页。这里的"forensic"是个比较难翻译的概念，在英文中它主要与法或法庭相关，也指法庭上的辩论等，以及据其词源含义而指雄辩或论辩术，另外也常常与其他词组合使用，构成比如"法医学"、"法律化学"、"法医检定"等等一系列组合词，来表示一整类借助于各门学科、各种方法来勘查、鉴定最终法律责任的词汇。可以看出来，它的基本意思当是指：通过辩论或其他方式方法来判定责任，洛克在这里实际上并没有仅仅在适用于（外在的）法庭的意义上使用这一概念，所以我们勉强译作"判责的"，这种"判责"，在洛克这里既有内在的，也有外在的，在根本上还有神圣的。人格及其同一性恰恰是"判责"得以可能的前提。值得一提的是，康德也偏好使用拉丁文法律术语来分析"良心"（Gewissen），比如将之称为"在人之中的一个**内部法庭**的意识"等，因而它意味着一种"绝对的责任"，即仔细地检验并意识到：我所要做的一个行动必须是正当的。这里可以看出，尽管康德的"良心"和洛克的"内在的判责"都与一种"内在的责任"相关，但它们之间的基本区别在于，"良心"是在行为之前检验行为正当与否的责任，而"内在的判责"则是对自身意识到的自身行为的自身判责并负责（可参阅倪梁康：《自识与反思》，第 200－203 页）。

③ J. Locke, *An Essay concerning Human Understanding*，II, 27, §16；洛克：《人类理解论》，第 316 页。

责"，或者说一种"内在地判责"。它既有别于人们因那种在无自身意识的情况下（比方说醉酒或梦游）所犯过错而受到的处罚，一种"外在地判责"；也有别于那种"最终地、神圣地判责"，尽管人们可能因企图逃避惩罚而刻意隐瞒自己对自己行动的"意识"到，"不过在末日审判之时，一切人心的秘密都会发露无疑"，人们最终还是要接受良心的责难。[①] 这种有关"人格"、"自身意识"、"责任"之间关系的思考，以后在舍勒那里还会在"懊悔"的题下得到探讨。

　　这最后一点，后来也在莱布尼茨那里得到进一步的发展，对道德意识的进一步强调，使得他最终将"人格同一性"视为"道德的同一性"，以区别于"实在的同一性"，一种（作为非物质实体）的"自我的形而上学的同一性"。[②] 这种"道德同一性"被看作"自我意识"的一种形式，"因为这一自我的回忆和认识，使得赏罚得以可能"。[③] 与莱布尼茨不同，对洛克的人格及其同一性理论，休谟更关注的是上面提到的第二点，即人格或人格同一性如何被知晓的问题。在休谟看来，人格同一性只是一种虚构的同一性，它"是与我们所归之植物或动物体的那种同一性属于同样种类的。因此，这种同一性一定不可能有另一个来源，而是一定发生于想象在相似对象上的相似作用"。[④] 那么，在他的怀疑论下，人格及其同一性最终如何能自身被给予便成为

---

　　① J. Locke, *An Essay concerning Human Understanding*, II, 27, §22；洛克：《人类理解论》，第 320 页。

　　② 莱布尼茨：《人类理智新论》，陈修斋译，北京：商务印书馆，1982 年，第 247 页。

　　③ G. W. Leibniz, *Discours de métaphysique*, in：*Die Philosophischen Schriften von G. W. Leibniz*, Bd. 4, Hildesheim/ New York 1978, S. 459f.；相应的德文选译参阅 M. Brasser, *Person. Philosophische Texte von der Antike bis zur Gegenwart*, a. a. O., S. 89f.。

　　④ 休谟：《人性论》，关文运译、郑之骧校，北京：商务印书馆，1996 年，第 289 页。

一个悬而未决的问题。①

5.5.4 康德的人格理论与诸维度的综合

如果说在洛克、莱布尼茨、休谟等近代的经验论和唯理论传统中，对自我或人格同一性问题的最主要研究成果还是集中在认识论方面，那么在德国古典观念论，尤其是在康德这里，这个问题已经成为全部哲学的基本问题。在康德这里，人格也不再是一个单义的概念，相反，它在各个维度上都成为康德批判哲学的核心概念，因此，康德的人格理论体现着对传统人格理论诸维度的首次较系统的综合。这具体体现在康德对"心理学的人格（性）"（*personalitas psychologica*）、"先验的人格（性）"（*personalitas transcendentalis*）和"道德的人格（性）"（*personalitas moralis*）的分梳上。②

所谓"心理学的人格（性）"主要是指经验性的、在时间中变换着

① 值得一提的是，有研究者指出，尽管很不明确，但休谟实际上在《人性论》的第二卷"论情感"中提出了一种新的有关人格同一性的观点，它不同于第一卷专门论述"同一性"章节中所论述的。在这里，休谟强调，"自我的观念（或者倒不如说自我的印象）是永远密切地呈现于我们的，我们的意识给予我们以自我人格的那样的一个生动的概念，以至于不可能想象任何事物能够在这一方面超越这种自我之外"（参阅休谟：《人性论》，第353页）。这意味着我们对自我或人格的观念或印象是直接的、当下的并且持续的。但这个观点并没有得到休谟的展开。而这一观点很可能来自于霍姆（Henry Home, Lord Kames），休谟在1746年写给霍姆的信中曾提到："我极其喜欢你解释人格同一性的方法，它比我曾想到的任何东西都更令我满意。"而按照霍姆的看法：我们对我们的本己自我拥有源初的感受或意识，这是一个无可怀疑的真理；存在着对同一性的感受，这一感受贯穿我所有的变化而伴随着我（以上参阅 U. Thiel, „Person und persönliche Identität in der Philosophie des 17. und 18. Jahrhunderts", a. a. O., S. 92ff.）。

② 参阅 Heidegger, *Die Grundprobleme der Phänomenologie. Marburger Vorlesung Sommersemester* 1927, *GA* 24, Frankfurt am Main ³1997, S. 177－194；海德格尔：《现象学之基本问题》，丁耘译，上海：上海译文出版社，2008年，第160－182页。如我们后面会看到的那样，海德格尔实际上并没有在"人格"和"人格性"之间作出区分，因此这里的拉丁语词*personalitas*有时就指"人格"，有时则指"人格性"，我们这里权且译作"人格（性）"，而在具体行文中将尽可能区别对待这两个概念。

的自我,康德也称之为"概观之自我"(Ich der Apprehension)[1],它从来只是客体,只是被遭遇的现成者,因而是"客体－自我"或"自我－客体",在根本上它是一个"物"。所以,这种"心理学的人格(性)"一旦伴有事物性的设定,那么它在康德这里基本上就只具有消极的意义,换言之,它将被作为"心理学"或"心灵学说"(Seelenlehre)的对象而受到批判哲学的审视和批判。《纯粹理性批判》第二版在谈论第三个"谬误推理"时比第一版增加的部分[2],可以看作康德对这种"心理学人格(性)"的批判。这里最关键之处在于,康德也同洛克一样,拒绝一种对人格的"实体"定义,"实体概念总是与直观相关的,这些直观在我这里只有作为感性的才有可能,因而完全处于知性及其思维的领域之外,知性思维在这里本来只是当我们说自我在思维中是单纯的时才涉及到的"。[3] 在此意义上,我们也可将这一部分视为康德在"存在论"维度(尽管是在否定性意义上)对"人格"本身的探讨。

在康德看来,人格或自我不能被视为"一个自身持存着的存在者,或实体","仅只有[进行]思维和直观的我才是人格,而被我直观到的客体的自我,与其他外在于我的诸对象一样,只是事(物)"[4],因此人格总是一个逻辑主体,一个"同一性统觉"[5],康德把这个意义上的人格称为"先验的人格(性)"。按照海德格尔的看法,这个意义上

---

①　对此概念的翻译和理解参阅丁耘先生的说明,见海德格尔:《现象学之基本问题》,第 171 页,注释 1。

②　尤其参阅 Kant, KrV, B 406－412。

③　Kant, KrV, B 408.

④　Kant, „Über die von der Königl. Akademie der Wissenschaften zu Berlin für das Jahr 1791 ausgesetzte Preisfrage: Welches sind die wirklichen Fortschritte, die die Metaphysik seit Leibnizens und Wolffs Zeiten in Deutschland gemacht hat? ", in: AA XX, S. 270.

⑤　Kant, KrV, A 365.

的人格或先验统觉的自我,才是真正意义上的基底或主体(*subjek-tum*),而"自我的最一般结构在何处? 或者说:什么构建着自我性? 回答是:自身意识。一切思维都是'我思'"。[1] 在广为人知的《纯粹理性批判》第二版先验演绎部分的一段话中,我们可以很清楚地理解这种"先验的人格"或"先验统觉的自我"的结构:"'我思'必须**能够**伴随着我的一切表象,⋯⋯但这个表象是一个自发性的行动,即它不能被看作属于感性的。我把它称之为**纯粹统觉**,以便把它与**经验性的**统觉区别开来,或者也称之为**本源的统觉**,因为它就是那个自身意识,这个自身意识由于产生出'我思'表象,而这表象必然能够伴随所有其他表象,并且在一切意识中都是同一个表象,所以决不能被任何其他表象所伴随。我也把这种统一称作自身意识的**先验的统一**,以表明从中产生出先天知识来的可能性。因为,如果在一个确定的直观中被给予的杂多表象,若不是全都属于一个自身意识,它们就不会全都是**我的**表象。"[2]最终,"先验的人格(性)"或"先验统觉的自我"被康德阐释为"统觉之本源的综合统一",它构成了(并且也自知)其在行为的杂多性中的本己统一性的基础,它自身在根本上是在这种纯粹的自身意识中被给予的。这在一定意义上可以看作是一种"认识论"维度的人格阐释。

康德的人格理论真正超出洛克很多的地方还是在于他对"道德的人格(性)"的分析,海德格尔甚至认为,恰恰是这一分析才能"赢得对自我、对主体性的真正的、核心的特性描述。"[3]海德格尔曾明确地

---

① 参阅 Heidegger, *Die Grundprobleme der Phänomenologie*, S. 178f.;海德格尔:《现象学之基本问题》,第 166 - 168 页。

② Kant, KrV, B 131f..

③ Heidegger, *Die Grundprobleme der Phänomenologie*, S. 185;海德格尔:《现象学之基本问题》,第 173 页。

将"道德的人格性"称为狭义的、本真的人格性,以区别于在自身意识
意义上的自我性一般这个广义的、形式的人格性(既包含先验的层面
也包含经验的层面)。但这个区分是容易产生歧义的,主要的问题在
于,海德格尔并没有在"人格"和"人格性"(Persönlichkeit)之间做出
清楚的区分。尽管康德本人在第一批判中也没有特别明确地在
"Person"和"Persönlichkeit"(以及还有"Personalität")之间做出区
分[①],但是在实践理性领域,这对相互区分的概念却具有十分重要的
意义。[②] 在《实践理性批判》讨论"纯粹实践理性的动机"的章节中,
康德谈道:"这东西无非就是**人格性**(Persönlichkeit),亦即对整个自
然的机械作用的自由和独立,但同时被视为一个存在者的能力,这个
存在者服从自己特有的,亦即由他自己的理性所立的纯粹实践法则,
因而人格(Person)作为属于感官世界的,就其同时属于理知世界而
言,服从于他自己的人格性。"[③]很清楚的是,"人格性"对于康德来说
并非某种形而上学的实体,而是"实践的理念",正是凭借它,理性存
在者(或理性人格)才会是自在的目的本身;而"人格"则既属于感官
世界又属于理知世界,它不仅仅是一个逻辑主体,而且也还是一个道

---

① 有研究者也指出,"人格"和"人格性"在实践理性领域的区分与康德在第一批判
解决第三个二律背反时提到的"经验性的品格"和"理知的品格"之间的区分是对应的,参
阅 Kant, KrV, B 576ff.;以及 L. Siep, *Praktische Philosophie im Deutschen Idealismus*,
Frankfurt am Main 1992, S. 92f.。

② 这对概念的区分首先可以在"有关善恶概念的自由范畴表"中看出来(参阅 Kant,
AA V, S. 66),但在那里,康德并没有对之做出详细的解释,有研究者将之与第一批判的
范畴表相对照,提供了富有启发的阐释,主要可参阅 Susanne Bobzien, „Die Kategorien
der Freiheit bei Kant", in: Hariolf Oberer & Gerhard Seel (Hrsg.), *Kant. Analysen-
Probleme-Kritik*, Würzburg 1988, S. 193 – 220;以及 Georg Mohr, „Der Begriff der
Person bei Kant, Fichte und Hegel", in: Dieter Sturma (Hrsg.), *Person. Philosophieg-
eschichte-Theoretische Philosophie-Praktische Philosophie*, Paderborn 2001, S. 110 –
113。

③ Kant, KpV, AA V, S. 87.

德主体。在后来的《道德形而上学》中,康德更为明确地指出:"人格是对自己的行动有**期算**(Zurechnung)能力的主体,道德的**人格性**则不外乎是理性存在物在道德法则之下的自由……,由此可见,人格只遵从他自己为自己立的法则。"①这种不再被看作单纯手段或工具,而是被看作自在的自身目的的人格也被康德称作"本体人"(homo noumenon),而这样的人格也正是因为他的人格性,才具有了高于其他一切生物的"尊严"。因此,与无理性的事物只具有工具价值或市场价格(Marktpreis)不同,作为有理性之存在的人格则具有绝对的价值,即尊严。据此,康德提出定言命令的"自在目的公式":"你要如此行动,即无论是你的人格中的人性,还是其他任何一个人的人格中的人性,你在任何时候都同时当作目的,绝不仅仅当作手段来使用。"②人格的道德哲学或伦理学的维度在康德这里得到充分的展开。

然而问题也随之而来,首先是作为逻辑主体的人格和作为道德主体的人格之间的统一性问题,其次则是人格和人格性之间更深层的关系问题。我们后面会看到舍勒对康德的批判实质在于前一个问题,而后一个问题则会在海德格尔那里得到一种人格-"存在论"的分析。当然还有在整个近代哲学都存在着的问题:人格与自我的相互绞缠。③ 而这一问题同人格与理性的关系问题一道构成了舍勒批评康德人格理论的两个出发点。

----

① Kant, AA VI, S. 223. "Zurechnung"能力在法律上也称作责任能力,为区别于另一个"责任性"(Verantwortlichkeit)概念,我们参照倪梁康先生在舍勒那里的译法而将之译作"期算"能力。

② 参阅 Kant, AA VI, S. 434f., 462.; Kant, GMS, AA IV, S.428f.。

③ 这一绞缠实际上在胡塞尔这里依然存在,对此可参阅 Debabrata Sinha, „Der Begriff der Person in der Phänomenologie Husserls", in: *Zeitschrift für philosophische Forschung* 18/ 4 (1964), S. 597 – 613。

5.5.5   人格理论的论题域与其困境

我们这里不得不暂时结束对人格释义史的继续考察，但这对于本书的论题来说，也算不上很大的损失。[①] 因为在至此为止的梳理中，人格问题的论题域差不多已经完全被打开，围绕人格问题的主要争论也得以展现。

从粗略的线条来看，古典哲学、中世纪哲学和近代经验论与唯理论实际上主要是分别在"道德哲学（伦理学）"、"存在论"和"认识论"上开展着对人格问题的探讨，而这几个维度在康德那里首次得到较为系统的综合，这也可以说是确定了一门人格理论的**最简**问题域，当然也基本上确定了我们这里重构舍勒人格现象学的基本论题域。

因此，当我们再次追问：何为人格？那么，一个相对完善的回答就不会是一个简单的定义，而将会需要在这几个层面上逐次展开并深入探讨。换言之，尽管"人格"最初总是与道德或伦理领域紧紧联系在一起，但我们并不能如在认识论层面谈论"自我"、存在论层面谈论"此在"那样，仅仅在伦理学层面来谈论"人格"，而毋宁说，"人格"在其本质上就意涵着这全部三个层面。

在当代舍勒研究中，几乎不会有人怀疑，"人格"是舍勒思想最核心的概念之一，然而，一般研究者大都会认为，这个概念如果不是舍勒思想中最不清晰的概念，恐怕也是最不清晰的概念之一，比如施皮格伯格就说，"虽然这个学说构成舍勒伦理学的高潮，占据了他的巨著的后半部分，并成为他哲学的中心，但我看不出它有什么现象学的

---

① 比如舍勒曾经对费希特和黑格尔的人格理论有如下评论："康德的这个人格概念已经在 J. G. 费希特那里，并且更多地在黑格尔那里得到了前后一致的发展。因为在他们两个人的思想中，人格最终只成为对一个非人格的理性活动而言的无关紧要的通道位置"（II, 372）。

充分根据",以至于他在其《现象学运动》论述舍勒的部分,完全放弃了对舍勒人格理论的讨论[①];再比如,施太格缪勒则无奈地抱怨说,"人格不能是什么心理的东西,同时它完全能够存在于它的每一个时间性的行为中,但却又不能在时间中,在这里也超出了人们能够理解的界限"。[②]

在对舍勒人格理论的研究上,不仅是一般的研究者,即便是在专门的研究者之间往往也很难取得一致的结论,相反却展现出诸多困难和争论。比如,人格是否是实体(Substanz)?人格的存在样式怎样?或者人格如何自身被给予,人格是否葆有以及如何葆有其自身同一性?在伦理学语境中,人格究竟意味着什么?等等。以至于E. 凯利会认为,舍勒通达人格的进路不仅是大有希望的,而且也是非常令人气馁的,因为在其中存在着一些初看起来不相一致的地方。[③]

W. 哈特曼曾经试图为舍勒人格理论研究中出现的这些困难和争论给出理由,在他看来,舍勒的人格理论并不仅仅集中在或限制在某部专门的著作上,而是分散在他几乎所有著作中。因此,仅仅依据某一著作来阐释舍勒的人格理论,势必是不全面的;而若是各自依据不同的文本来研究,而不照顾到相互之间系统的联系,自然也会得出不尽相同的结论。另外一方面,舍勒研究人格之本质所采用的现象学方法也被许多研究者所忽视,进而导致误解。这种误解更主要地

---

① 赫伯特·施皮格伯格:《现象学运动》,王炳文、张金言译,北京:商务印书馆,1995年,第411页。

② 施太格缪勒:《当代哲学主流》(上卷),王炳文、燕宏远、张金言等译,北京:商务印书馆,1986年,第164页。

③ 参阅 E. Kelly, *Structure and Diversity. Studies in the Phenomenological Philosophy of Max Scheler*, loc. cit., p. 113。

集中在来自宗教领域的研究者。[①]

　　事实上，在我们看来，对于舍勒人格理论所置身于其间的理论背景（比如"自身意识"或"自身关系"理论以及人格的释义史）的不够关注甚至是完全漠视，恰恰是人们无法全面理解乃至深入研究这一理论的重要原因。这里可以预先指出的是，我们提到的舍勒研究中出现的这些困难和争论大多可以在人格释义史上看到其前奏。比如人格是否是实体的争论可以看作中世纪的波埃修与圣维克多的理查之间争论的重演；再比如，有关人格如何自身被给予以及人格同一性的问题，也可以在近代洛克和休谟等人的争执中找到源头；而在从斯多亚学派的古典道德主义，经中世纪的"道德哲学的进路"和近代的"道德的同一性"，直到康德的"道德的人格"这一思想线路的发展中，伦理道德语境中的"人格"理解也已经得到了基本的展示，[②]等等。

　　从根本上说，我们这里的努力首先在于，希望通过对人格释义史

---

　　① 参阅 Wilfried Hartmann，„Das Wesen der Person. Sunstantialität-Aktualität",
in：*Salzburger Jahrbuch für Philosophie* X/ XI（1966/ 67），S. 155f.。W. 哈特曼试图在舍勒全部著作的基础上讨论其人格理论，而限于本书的主题，我们这里将会尽可能地限制在舍勒的人格现象学上。换言之，尽管可能十分有意义，但本书仍然不会去过多关注诸如舍勒人格理论与其哲学人类学或晚期形而上学的关系等。

　　② 事实上，在当代应用伦理学（比如生物伦理学、医学伦理学、女性伦理学等等）以及政治哲学、法哲学等实践哲学领域，人格问题是最为核心的问题之一，众多讨论最终都聚焦在人格概念本身上，以至于人们常常谈论所谓"当代人格概念的复兴与危机"，限于我们的主题，本书不再展开，较为全面系统的综述性研究主要可参阅：Ludger Honnefelder，„Die Streit um die Person in der Ethik"，in：*Philosophisches Jahrbuch* 100（1993），S. 246 – 265；Theda Rehbock，„Zur gegenwärtigen Renaissance und Krise der Personbegriffs in der Ethik-ein kritischer Literaturbericht"，in：*Allgemeine Zeitschrift für Philosophie* 23（1998），S. 61 – 86；Dieter Sturma，„Person und Philosophie der Person"，in：ders.（Hrsg.），*Person*.*Philosophiegeschichte-Theoretische Philosophie-Praktische Philosophie*，Paderborn 2001，S. 11 – 22；T. Kobusch，„Nachtrag：Die Tradition des *ens morale* und die gegenwärtige Krise des Personbegriffs"，in：ders.，*Die Entdeckung der Person*，a. a. O.，S. 263 – 280。

的扼要考察，呈现出人格概念的"前世今生"，进而划定人格理论的基本问题域；**其次**也在于，通过展现人格释义史上对人格理解的诸种困难与争论，更好地理解当代舍勒研究中所呈现出来的困难，以便重构舍勒的人格现象学；**再次**也可以在于，从舍勒人格现象学的视角反观人格的释义史，以确定舍勒人格现象学在整个人格释义史中的位置；**最终**当然还是要在于，在厘清舍勒人格概念与本质的基础上，尽可能较为系统地重构舍勒的现象学的人格伦理学，或所谓的"伦理学的人格主义"。

看起来，从自身意识、自身感受到人格的释义史，这一系列讨论又是一条长长的"弯路"，而且无论这些问题中的哪一个都可以或者都应该是专门的著作才可容纳的主题。然而，尽管这无疑是一条"弯路"，但它还不至于是"歧途"；尽管它过于"崎岖"，但它最终还是在追寻着这样一个目标："什么是'我'？"，或者说，在"我"的名下，人们可以来谈论些什么？这些讨论，看起来和舍勒的关联并不那么紧密，但是笔者将之视为"重构"舍勒人格现象学这座"洋房"乃至于舍勒伦理学人格主义这座"大厦"的必要准备，所谓的"前思"，大体上也就是这么个意思。而指引我们继续前行的那个根本问题始终还是："'我''应当'如何存在和生活呢？"

随着这一"前思"而来的是对于舍勒人格理论的"本质思考"。在其中，对舍勒人格现象学"重构"所依据的**"基础地基"**就是这里讨论的（广义的）"自身意识"或"自身关系"理论以及人格释义史，"重构"的**"脚手架"**是已经区分出三种哲学含义的"自身感受"理论，而重构后的**"基本的层级"**则分别是"知识论"的、"存在论"的和"伦理学"的。确切地说，在下一章，我们将分别在知识论、存在论和伦理学三个层面上，逐次讨论舍勒这里与人格的自身被给予方式、人格的存在样式以及伦理的人格生成有关的问题。

6. 舍勒人格理论的本质思考：
自身感受与人格现象学

"人格是不同种类的本质行为的具体的、自身本质的存在统一，它自在地先行于所有本质的行为差异。人格的存在为所有本质不同的行为'奠基'"(II，382－383)。

"谁拥有了一个人的爱的秩序，谁就拥有了这个人本身。他所拥有的东西对于这个作为道德主体的人的意义，就是结晶公式对于晶体的意义"(X，348)。

在本章，我们将转向舍勒的人格理论。但究竟什么是"人格"？我们曾提到过，正如弗兰克所指出的那样，自身意识、主体性、人格性、个体性这几个概念彼此相关，处在一个共同的问题圈之中。他也曾概要地阐述过这几个彼此相关的概念之间的关系：在认识论视域中，谈论与"一般"自身意识相关的"主体"或"主体性"，在语义学视域中谈论与"特殊"自身意识相关的"人格"，而在（施莱尔马赫的）解释学视域中则可以谈论与"单个"自身意识相关的"个体"。这可以看作分别对应于以亨利希为代表的"海德堡学派"、图根特哈特以及弗兰克自己的立场。① 显然，他主要是依据斯特劳森和图根特哈特的研

---

① 参阅：Manfred Frank，„Subjekt，Person，Individuum"，in：M. Frank，G. Rau-let & W. van Reijen (Hg.)，*Die Frage nach dem Subjekt*，Frankfurt am Main 1988，S. 8ff. 。

究,把"人格"仅仅理解为"经验人格"。[1]

但"人格"是不是仅仅是经验性的? 从"人格"的概念发展史来看,答案当然是否定的,比如康德就曾讨论过"先验的人格",舍勒则向我们展示了一门"人格"的现象学。那么在舍勒这里,人格又意味着什么?

通过对人格的释义史的简要回溯我们可以发现,在舍勒人格理论的通常诠释中所呈现出的主要困难和争论,大都可以在人格的释义史中看到其前奏。我们将依据在第5.4节得以界定的"自身感受"的三种哲学含义,分别在知识论、存在论和伦理学三个层面上,逐次讨论人格的自身被给予方式问题(6.1)、人格的存在样式问题(6.2)以及伦理的人格生成问题(6.3),从而来面对和回应这些困难与争论。由此,舍勒人格现象学的基本轮廓将得以呈现。与此同时,人格、主体性、个体性之间的关系也将最终有可能得到澄清。

6.1 自身感受1与人格的自身被给予方式

古根贝尔格(A. Guggenberger)曾经指出:"由中世纪思想所探究出来的困难,即人格无法真正地被'定义',如今则在人格的**不可对象化性**的论题中被强化。"[2]舍勒的名字被他排在罗列出来的、谈论这一论题的众多思想家中的第一个。这当然是有其道理的。"不可对象化性"(Ungegenständlichkeit)完全可以看作舍勒赋予人格的一

---

① 参阅彼得·F.斯特劳森:《个体:论描述的形而上学》,江怡译,北京:中国人民大学出版社,2004年,第三章;以及参阅 E. Tugendhat, *Selbstbewußtsein und Selbstbestimmung*, a. a. O., S. 20, 29。

② A. Guggenberger, „[Art.] Person", in: Heinrich Freis (Hrsg.), *Handbuch theologischer Grundbegriffe*, Bd. 2, München 1963, S. 302.

个本质规定(II,386)，舍勒批判康德的"先验统觉的自我"根本意图就在于引出这个本质规定。我们将首先简要讨论舍勒对康德的这一批判(6.1.1)，继而分析舍勒提出的两种人格的自身被给予方式，即自身－体验(6.1.2)和反思(6.1.3)。

6.1.1　舍勒对康德"先验统觉的自我"的批判

如前所述，在康德那里，"先验统觉的自我"或"先验的人格(性)"被看作一个逻辑主体，它构成了一切对象意识可能性的条件。然而在舍勒看来，这个自我本身只是诸多对象中的一个对象，因此它根本不可能充任对象的条件(II,375)。而"这个自我"，即"我思之我"，对舍勒来说，不仅包含"个体自我"(individuelles Ich)，也包含"自我性"(Ichheit)。但不管哪种形式的自我，在根本上都是一个对象。"自我性"是无形式的直观的一个对象，"个体自我"则是内感知的一个对象，而与此相对，人格永远都不会是对象(II,386)。但这里的"个体自我"和"自我性"的区别是什么？"无形式的直观"以及"内感知"的区别又是什么？

无论康德本人对"先验统觉的自我"的分析描述，或是舍勒这里的批评，都是各自著作中较为困难的章节，加之对康德的批评从来都不是舍勒的主要任务，他往往更像是在行文中顺手拈出康德来做个反面例子，几乎很少有集中于康德某一文本或某一段落来与之短兵相接的，因此如何理解和评价舍勒这里的批评，历来都是研究中的难点甚至盲点。在同情舍勒的研究者那里，往往会跳过或仅仅简略提及他对康德的批评而直接过渡到他本人的肯定性论述上；而在同情康德的研究者那里，舍勒这里的批评基本上会被判为是误解了康德，从而受到尖锐的驳斥。①

---

① 例如参阅 Karl Alphéus，*Kant und Scheler*，Hrsg. von Barbara Wolandt, Bonn 1981，S. 119－136。

评价舍勒对康德的批评无疑是有价值的,但那应该是另一个专题研究的任务。与之相比,对我们的行文来说更为重要的或更有意义的是,如何理解舍勒这里的批评。笔者给出的尝试性理解如下:1)舍勒接受并赞同康德对理性心理学或心灵学说的批评,自我在根本上不能被看作一个实体,心理学的经验自我无疑是诸多对象中的一个对象(II,376)。2)在康德那里,"自我"如若被给予,则只能在直观中被给予,因而是在时间和空间的形式下的直观中被给予。[①] 舍勒则强调这种"逻辑主体"观念无法真正规定"自我性"(II,374)。3)在舍勒看来,"自我性"仅仅并且唯独在"个体自我"中才展示为存在着的,它只能被看作是所有可能的个体的自我的"本质",只有通过"本质抽象"而在个体自我上发现它(II,377f.)。因此当舍勒说,"自我性"是**无形式的**直观的一个对象,所指的无非是,它只能在不同于感性直观的"本质直观"中被给予。4)舍勒所强调的"个体自我"在一定意义上意味着"自我性"这个本质的"实例"(II,378),对于现象学研究来说,人们必须将此个体体验自我的直观素材作为"现象"而坚持,个体体验自我在每一个相即地被给予的体验中一同被给予,或是在"内感知"中被给予的。[②] 而康德则否认这种相即地被给予的体验,"在时间中的体验联系"则被附着在一个单纯逻辑主体的观念上(II,376)。5)任何"自我性"都是对个体体验自我或个体自我的本质抽象,因而无法独立于个体自我,因此对于舍勒来说,任何"外于个体的自我"、"超于个体的自我"或"先验自我"都是一种明见的悖谬

---

① 参阅 Kant, KrV, B 135。

② 实际上,康德也曾将"我思之我"视为"内感知"或"内直观"的相关项,参阅 Kant, KrV, B407;AA IV, 543。因此根本上他还无法摆脱"自身意识的循环问题"(参阅倪梁康:《自识与反思》,第 177-182 页)。

（II，378）。因此，结论在于，舍勒在根本上分解了康德的"先验统觉的自我"，因为在他看来，人们只有基于"个体自我"才能谈论真正的"自我性"，康德意义上的"逻辑主体"无法真正规定这个"自我性"，而无论是何种意义上的"自我"，根本上都还是一个对象。

基于对康德的批评，舍勒引出了他的"人格"概念，其思路如下：1)例如我在此时此地在键盘上打字的同时思维，这个行为是由一个"个体"（连同他所有的实际存在和如在），而非由一个"自我"或"心灵"来进行的；2)通过现象学还原，我们可以将这个进行者连同他的实在属性排除，那么我们剩下的就只是行为的本质；3)存在着诸如判断、爱、恨、愿欲、内感知、外感知等诸多行为本质；4)唯有内感知的行为本质才是与"自我"相对应的；5)那么，与所有这些如此不同的行为本质相对应的究竟是什么？ 或所有这些根本上还未分异的行为之"进行者"是谁？ 答曰：人格（II，380；I，300ff.）。

无论舍勒这里对康德的批评是否切中康德，舍勒自身的理路还是有迹可循的。即便退一步说，舍勒在这里真的误解了康德，那么对舍勒的反驳也应该或更应该建立在对舍勒本人思想认真理解、深入研究的基础上，否则，即便再尖锐的驳斥也会显得是无力的。我们这里只想指出两个过于随意的例子，而无意在总体上与之论辩。比如，海德曼（I. Heidemann）曾指责舍勒说，在他那里，经验自我和先验自我没有得到区分。[①] 我们上面已经看到，无论是（作为归纳观察意义上的）经验的自我，还是（感性直观之意义上的）经验的自我都被舍勒区分于所谓的"先验自我"。再比如，雅伊特内（A. Jaitner）则认为舍勒对康德"先验统觉的自我"的批评和其对"理性人格"或"本体

① 参阅 Ingeborg Heidemann，*Untersuchungen zur Kantkritik Max Schelers*，(Diss.) Köln 1955，S. 98。

人"的批评,在根本上忽视康德自身理论的连贯性。[①] 事实上,如我们已经指出的,没有清晰地区分人格理论的诸维度,恰恰是无法很好理解舍勒对康德人格理论的批评以及舍勒本人人格理论的重要原因之一。舍勒对康德"先验统觉的自我"的批评实际上是在"认识论"的维度上展开的,而对其"理性人格"的批评则将在"伦理学"的维度展开。但维度的区分更多是论述方便的法门,却不意味着事实上的割裂。相反,对"先验统觉的自我"和"理性人格"二者之间存在的"裂隙"的批评恰恰是舍勒对康德批评的根本所在。

这个"裂隙"被舍勒看作是康德未经论证的人类学的二元论前设,它在根本上割裂了作为不同种类的本质行为的存在"统一"的人格本身。"先验人格"和"道德人格"(乃至"心理学的人格")的分异恰恰是抽象化的产物,也恰恰因为这种抽象化,人们将"永远不能完整而相即地把握"人格之本身。这一批评后来也被海德格尔以他的方式重提,"这样就揭出了**康德那里的自我一问题**的一个本质**缺陷**。……他未能本源地规定理论自我与实践自我之统一性。这两者之间的统一性和整全性是某种后起的东西呢,还是某种先于两者的、本源性的东西? 两者是在本源上共属一体的呢,还仅仅是以后起的、外在的方式联结起来的? 如何把握自我一般之存在?"[②]

实际上,舍勒以人格的"不可对象化性"为名所拒绝的当然不仅仅是康德的"先验统觉的自我",而且还包括了历史上形形色色的"人格与自我的绞缠",比如在洛克、莱布尼茨、休谟等人那里所出现的。

---

① 参阅 Arne Jaitner, *Zwischen Metaphysik und Empirie: Zum Verhältnis von Transzendentalphilosophie und Psychoanalyse bei Max Scheler*, *Theodor W. Adorno und Odo Marquard*, Würzburg 1999, S. 78.

② Heidegger, *Die Grundprobleme der Phänomenologie*, S. 207f.;海德格尔:《现象学之基本问题》,第 194-195 页。

在此意义上,胡塞尔的自我理论与舍勒的人格理论之间的关系就是值得深入展开的课题。一方面是因为本书的主题,另一方面也是因为胡塞尔自我理论的异常复杂性,我们这里当然无法展开。仅需简要提及的是,舍勒这里对自我的拒绝,应当可以覆盖胡塞尔那里的"纯粹自我"和"人格自我",但是未必可以覆盖到胡塞尔那里更为根本的"前自我"和"原自我"等等。[①] 舍勒这里的根本目的还只是在于对人格的"不可对象化性"的强调。

6.1.2　人格的"不可对象化性"与其"自身-体验"

那么,人们很自然地会接着问,如果人格不能被对象化,那么人格就绝不会是对象乃至客体。但是,如果人格绝不能够是对象,那么,人格如何如其所是地在行为中被给予?[②]而如果人格不能自身被给予,人们还如何去谈论人格,甚或一门人格伦理学? 如尼古拉·哈特曼所说的那样,"如果行为和人格不能被作为对象而表象,那么伦理学本身就是不可能的",因为在他看来,作为人格的人恰是伦理学的对象,人或人格的积极的超越性行为本身(如志向、意愿、行动等)就是从属于价值判断的东西,它们恰恰构成了价值判断对象的东西,"伦理学恰是将舍勒所说的不能成为对象的东西作为其对象"。[③] 看起来,这似乎是舍勒人格现象学所需面对的首要难题。

---

① 　B. 鲁提斯豪泽尔(B. Rutishauser)在谈论舍勒那里的"自我"和"人格"概念的关系时,曾简要提及它们与胡塞尔那里的"纯粹自我"和"先验自我"之间的可能的关系,参阅 B. Rutishauser, *Max Schelers Phänomenologie des Fühlens*, a. a. O., S. 69f. 。

② 　参阅 Ph. Blosser, "Scheler's Concept of the Person against its Kantian Background", in: Stephen Schneck (ed.), *Max Scheler's Acting Persons. New Perspectives*, Amsterdam/ New York 2002, p. 56。

③ 　参阅 Nicolai Hartmann, *Ethik*, Berlin 1926, ⁴1962, S. 229f.；也可参阅 Thomas J. Owens, *Phenomenology and Intersubjectivity. Contemporary interpretation of the interpersonal situation*, The Hague 1970, p. 105。

正如斯佩德曾指出的那样,尽管对于舍勒来说,人格既不是一个对象,也不是客观地被给予的,人格是所有现象中隐藏得最深者,但这并不妨碍它们可以被给予我们并且在我们的体验中对于我们来说是可认识的。① 特姆拉普(T. Temuralp)则强调,"不可对象化性"与"不可认识"被错误地等同要归咎于舍勒的"认识"(Erkenntnis)概念,在舍勒这里,本真的"认识"仅仅存在于判断或逻辑性的领域,而对某物非逻辑地、非理性地"把握"则不被舍勒看作本真的认识。因此人们可以在舍勒这里区分出两种不同的"把握"的方式:1)在理性的、智性的行为中自身进行的"认识";2)在追复进行和一同进行的行为之中自身进行的"理解"。后者将有助于人们理解人格本身的给予性问题。②

于是问题还是在于,人格是如何被给予的? 而这个问题实际上还包含着两个层次:首先是本己人格如何自身被给予? 其次是陌己人格是如何被把握的? 在至今为止的舍勒研究中,得到较多关注的是后一个问题,而前一个问题则没有受到重视,或者至少是没有受到足够的重视。因为人格不能被对象化,因此,陌己人格就不会被以对象化的方式来把握,毋宁说,人们只能通过对它的"各个行为进行的**一同进行**或**追复进行**和**在先进行**"来把握之(II,386)。为了能让他的听众理解这种仅只可与之一同进行的人格存在之"不可对象化性",舍勒在一次讲座上试着解释说:"如若你们坐在这个报告厅里,以一种对象化的态度陷身于我之所是、所思和所说,那么你们就无法

---

① 参阅 Peter H. Spader, "Person, Acts and Meaning: Max Scheler's insight", in: *New Scholasticism* 59/ 2 (1985), p. 202;也可参阅 P. H. Spader, *Scheler's Ethical Personalism. Its Logic, Development, and Promise*, New York 2002, pp. 102 – 115。

② 参阅 Takiyettin Temuralp, *Über die Grenzen der Erkennbarkeit bei Husserl und Scheler*, Berlin 1937, S. 125。

理解我所说的话。若要理解,你们必须'一同－思'。"①

这一事关陌己人格的被把握问题,我们将在第7.2节予以讨论,这里首先要关注的是:本己人格的自身被给予方式问题。

在涉及这一问题时,研究者大都会引用舍勒说:人格的"绝无仅有的一个被给予方式只是**它的行为进行本身**(也包含它对它的行为的反思的行为进行)——它的行为进行,它在其中生活的同时体验着自身"(II,386)。对于舍勒来说,人格意味着"具体的、不同种类本质行为的自身本质的存在统一",因此我们也可以在另一处舍勒谈论行为之被给予性的地方,更为清楚地读到人格的被给予性方式:行为或人格只能在行为进行本身中被**体验**到并且只能在**反思**(Reflexion)中被给予(II,374,383)。

很清楚的是,对于舍勒来说,行为以及生活在其行为进行之中的人格,永远不会是对象、事物或实体,因此人格的自身被给予方式只能是:"自身－体验"②和"反思"(舍勒也称之为"反思的知识")。

然而,仍不清楚因而需要得到进一步阐释的是,这种"自身－体验"、"反思"或"反思的知识"(reflexives Wissen)指的是什么?"自身－体验"与"反思"的关系是什么?尤其重要的是,在"反思"和"不可对象化性"之间是否存在着矛盾?因为人们通常都倾向于将"反思"理解为"对象化"的,比如我们前面提到的"自身意识"理论的"反

---

① Scheler,*Nachlaß Max Scheler CB* 122,转引自 Wilhelm Mader,*Max Scheler in Selbstzeugnissen und Bilddokumenten dargestellt*,Hamburg 1980,S. 58。

② 伽贝尔(M. Gabel)也将之称为"自身－进行"(Sich-Vollziehen),参阅 Michael Gabel,*Intentionalität des Geistes. Der phänomenologische Denkansatz bei Max Scheler. Untersuchungen zum Verständnis der Intentionalität in Max Scheler „Der Formalismus in der Ethik und die materiale Wertethik"*,Leipzig 1991,S. 110ff.。

思"模式等。① 换言之,要真正理解舍勒对人格自身被给予方式的探讨,我们必须面对这些问题。我们将在 6.1.3 节讨论与"反思"相关的一系列问题,在本节则首先来关注"自身－体验"的问题。

但我们该从何处着手? 在我们看来,之前讨论过的"自身感受1"(即,在知识论层面的"前概念的、前反思的、直接的、非对象化的和伴随性的自身感受")将会提供给我们一个可能的视角,进而引出解决问题的可能道路。

然而道路又是如何显露出来的? 诺塔(Jan H. Nota)曾经简单地给出提示说,在有关人格认识的问题上,舍勒受到狄尔泰的影响,尽管诺塔本人首先关注的是陌己人格的把握问题。② 事实上,海德格尔也曾就人格理论而将舍勒和狄尔泰联系在一起。③ 看起来,从狄尔泰这里,我们或许可以找到一条通达问题的途径。而在狄尔泰本人这方面,在他青年时期就对诺瓦利斯的诗歌推崇有加,写过一些评论文字,而在他的教授资格论文《道德意识试析》(1864 年)中,更是深受诺瓦利斯的"实在心理学"(Realpsychologie)的影响,这对他以后的"精神科学"的研究有着积极的意义。后来被收入《体验与诗》(1905 年)中的关于诺瓦利斯的文章实际上发表于 1865 年。④ 因此,

---

① 阿尔弗斯就曾在这一点上批评舍勒的自相矛盾,参阅 K. Alphéus, *Kant und Scheler*, a. a. O., S. 125. 我们后面当然会看到,这里实际上并不存在矛盾。另外也需提及的是,在这里对反思问题(尤其是舍勒和海德格尔)的研究中,笔者受到了倪梁康先生的启发,而他则是在自身意识的问题视域下关注此一问题(参阅《自识与反思》第二十四、二十六讲)。这也被我们视为借助于"自身意识"理论这个"地基"可以更好理解人格问题的一个例证,如果我们下文的理解可以被看作比通常的舍勒诠释"更好"的话。

② 参阅 Jan H. Nota S. J., *Max Scheler. Der Mensch und seine Philosophie*, übers. von Melanie Adamczewska & Jan H. Nota S. J., Börsig 1995, S. 62f.。

③ 参阅 M. Heidegger, *Prolegomena zur Geschichte des Zeitbegriffs*, GA 20, Frankfurt am Main ³1994, S. 174;海德格尔:《时间概念史导论》,欧东明译,北京:商务印书馆,2009 年,第 170 页。

④ 参阅狄尔泰:《体验与诗》,胡其鼎译,北京:生活·读书·新知三联书店,2003 年,第 222－286 页。

尽管狄尔泰很可能没有完全了解诺瓦利斯关于"自身感受"的理论[①],但是通过后者的、与"自身感受"学说有着实事上的关联的"实在心理学",他在自己的"精神科学"的研究中,完全可以把握到诺瓦利斯"自身感受"理论的精神实质。[②] 在此意义上,如果舍勒关于人格自身被给予性的理论可能在实事上或内容上与狄尔泰相关联,那么它也就有可能经由狄尔泰进而与诺瓦利斯相关联,尽管这种关联并未体现在术语的选择和使用上。[③] 正是基于此,我们才有可能借助于"自身感受1"来谈论人格的自身被给予性问题。

在舍勒看来,人格"亲历"(er-lebt)每个存在和生活,但它本身却永远不会是生活过的(gelebt)存在和生活[④],"在对生活的'生活**亲历**'(*Er*-leben)中原发的东西,在生活过的生活中——'感知'便从本质规律上属于对它的把握——恰恰就是并且必定是次生的东西,以及无法在注意力的同一种行为变异中把握到的东西"(II,206,475)。在这里,"生活亲历"或"亲历"被舍勒明确地与"生活过的生活"区分开来。与"生活过的生活"总是在概念性的、对象化的行为(如感知等等)中可以被把握不同,"生活亲历"始终是前概念的、非对象化的。而且这种前概念的、非对象化的"亲历"恰恰是原本的,它

---

①　诺瓦利斯较系统论述"自身感受"理论的手稿《费希特研究》在狄尔泰生前并未发表,直到 1960 年代才首次完整地面世。

②　参阅 Tobias Bube, *Zwischen Kultur- und Sozialphilosophie, Wirkungsgeschichtliche Studien zu Wilhelm Dilthey*, Würzburg 2007, S. 597 – 631。

③　在笔者看来,这样一种关联完全也有可能发生在海德格尔那里,但到目前为止,这还仅是一个需要得到进一步证实的推想。

④　这里的"Er-leben"或"er-leben"是舍勒对德文词"erleben"(体验、经历)的特殊化使用,借此他想强调出词根"leben"(生活),我们这里跟随倪梁康先生的译法,分别将其名词形式"Er-leben"译为"生活亲历"、动词形式"er-leben"译为"亲历",而"erleben"或"Erlebnis"都译作"体验",它既指动词性的体验行为,也指名词性的体验之物。而"leben"的过去时形式"gelebt"译作"生活过的"。

构成概念性的、对象化行为的基础,后者只是对前者的一个"再造"地把握。人格不会是在这种"再造"中自身被给予的,例如,我们不能谈论一种对人格的感知等等。与此相对,人格的自身被给予方式首先就只能是原本的、前概念的、非对象化的"亲历"或"自身－体验"。

在另一个地方,舍勒还强调,"人格是那个直接地一同被体验到的生活亲历的统一"(II, 371)。这意味着,"亲历"或"自身－体验"是直接的,并且永远伴随着亲历或体验之行为进行。在此意义上,我们可以发现,这里所讨论的"亲历"或"自身－体验"展现着与"自身感受1"相同的规定性,即:前概念的、前反思的、直接的、非对象化的和伴随性的。人格恰恰是亲历着一切生活亲历或者一切行为进行,同时恰恰是在这种亲历中前概念地、直接地和非对象化地拥有对此亲历之"自身－体验"。这种"自身－体验"因而始终是**原本的和非主题性的**,但它又是一切其他第二性的或次生的行为之基础,没有这种"自身－体验",一切诸如"感知"、"想象"、"判断"、"感受"、"意愿"等等行为都不可能。

行文至此,人们大概不会有多少疑虑,因为舍勒这里所说出的与胡塞尔在不同时期所谈论的"原意识"或"自身意识"基本上不存在本质差别,换言之,在这里,舍勒的描述有其充分的现象学根据。但问题还远没有这么简单。

6.1.3 作为"存在论式的反思的知识"的"自身认同化"

舍勒还有继续的描述:非对象化的人格是在"**反思**"或"反思的知识"中自身被给予的。这当然是个看似矛盾的说法,既是非对象化的,又在反思中被给予。因为在其通常的词义上,反思总是对象化的、概念性的,总是"在(原本)之后"的"再造"。那么,问题也可以如此提出:一种非对象化的反思是什么? 又是如何可能的?

　　与反思的通常用法不同,舍勒在这里提供了一种完全不同的"反思"。反思,不是对象化、不是感知,当然也不是内感知,它在根本上区别于一切表象性态度,"反思只是与进行着的行为本身的一同飘荡(Mitschweben),一种完全非质性化的"关于……意识"的一同飘荡;当然,这只有当人格没有完全迷失于行为进行之中时才可能"(III,234)。舍勒借这种所谓的"一同飘荡"无非是要强调,反思或反思的知识仅仅只是"伴随着"行为进行,而绝不将之对象化(II,374)。因而在这里,反思绝非是"在后的再造",而相反是原本的、伴随性的。

　　舍勒这里对反思或反思的知识的描述,很容易让人们联想到狄尔泰对直接的"知识"(Wissen)和概念性的、间接的"认识"(Erkenntnis)的区分。[①] 在狄尔泰那里,"内觉察"或"自身感受"处于直接的、前(实证)科学的"知识"的层次,这种"内觉察"仅仅是"反思的"(reflexiv),它"先行于一切主体－客体、行动－内容、形式－内容之'行反思的'(reflektierenden)区分,这些区分是在表象性的意识中刻画出来的"。[②] 显然,狄尔泰这里将人们通常意义上谈论的"反思"表述为"行反思的"(reflektierenden),即一种对象化的、概念性的行为,而将之区别于一种更为原本的"反思"(reflexiv),因此"反思的知识",就根本上不同于"行反思的认识",前者先行于后者。

　　这样一种区分两种不同含义的"反思"的趋向,不仅在之前的诺

---

　　① 参阅 W. Dilthey, *Einleitung in die Geisteswissenschaften. Versuch einer Grundlegung für das Studium der Gesellschaft und der Geschichte*, *GS I*, hrsg. von K. Gründer & F. Rodi, Göttingen ⁹1990, S. 394ff. 。

　　② Rudolf A. Makkreel, *Dilthey*, *Philosoph der Geisteswissenschaften*, a. a. O., S. 85.

瓦利斯那里可以读到,而且在之后的海德格尔那里也可以发现。诺瓦利斯区分了原本的"反射"(Spiegelung,反思的原初含义)和"反思"(通常意义,尤其是德国古典观念论中的意义)。[①] 海德格尔也在"光学意义上"的反思与"回转(Rückwendung)意义上"的反思之间做出了区分,"回转意义上的反思只是自身把握的一个样态而已,并非原初的自身-展示之方式",恰恰是"光学意义上"的反思构成了一种在实际此在中自身揭示自身的方式方法。[②] 因此,在此脉络下,我们可以将诺瓦利斯的"反射"、狄尔泰的"内觉察"或"反思的知识"、舍勒的"反思"或"反思的知识"以及海德格尔的"光学意义上"的反思看作一组,它们在根本的意义上与传统意义上的陷于"主-客体模式"的反思相对。也正是在此意义上,我们可以将"主-客体模式"的反思或"行反思的认识"归属于"**认识论**"(*Erkenntnis*theorie),而更为明确地将这里所突显出来的原本的、直接的"反思的知识"归于"**知识论**",或更确切地说,"存在论式的知识论"(ontologische *Wissen*stheorie)。

　　按照亨克曼的说法,舍勒最晚于 1917 年在他的文章"论哲学的本质及哲学认识的道德条件"已经发展出一种"存在论式的认识论"(为了更为明确,本书均称之为"存在论式的知识论"),在这种理论中,知识是一种存在关系,而这种存在关系,则是指一存在者对另一存在者的如在(Sosein)的"分有"(Teilhaben)的关系。这种知识的最基本规定是"对客观的存在-意义之拥有"(V,94,99;VIII,

---

　　① 参阅 Novalis, *NS II*, Nr. 19f.;也可参阅 M. Frank, *Einführung in die frühromantische Ästhetik*, a. a. O., S. 253f.。

　　② 参阅 Heidegger, *Die Grundprobleme der Phänomenologie*, S. 226f.;海德格尔:《现象学之基本问题》,第 212 页。

201ff.；IX，111ff.，188ff.，227 usw.）。① 事实上，我们也可以在舍勒的更早期著作中发现这种"存在论式的反思的知识"的线索，如在"自身认识的偶像"(1912)和《形式主义》(1913/16)等等之中。②

在 1923 年经扩充修改后的"同情书"第二版(《同情的本质与形式》)，舍勒给我们提供了一个较为明确的论述。人格作为人格根本上是不可客体化的存在，就其**此在**(*Dasein*)而言，它如同行为一样，仅只是通过对"存在－参与"(Seins-teilnahme)的"**一同－进行**"而为"有能力之存在"(fähiges Sein)。知识本身就是这种"存在－参与"的亚种。传统意义上的反思，仅只是这种知识的一种，即一种"通过对给予知识的行为内容之反思"的知识，舍勒在此意义上提及的作为传统意义上的"反思的知识"当然不能被混同于我们这里所说的"存

---

① 参阅 W. Henckmann, *Max Scheler*, a. a. O., S. 80, 87。比较有趣的是，海德格尔也注意过舍勒这种"存在论式的知识论"，并且对舍勒提到的相关时间表述特别留意。舍勒 1925 年 1 月 17 日在柏林所作的题为"知识的形式与教化"的报告中，提到"七年以来，我一直把这一点当作我的认识论的首要基础予以阐述"(IX，112)，而在 1925 年夏季学期的讲座课"时间概念史"中，海德格尔也强调，"我自己也同样是长达七年以来就在阐述这个理论"。显然，基于这个强调，海德格尔想要表明，他自己在此问题上的思考并非来自于舍勒，他和舍勒之间的"相互一致是来自狄尔泰的推动和现象学的提问方式这一共同的根源"(参阅 Heidegger, *Prolegomena zur Geschichte des Zeitbegriffs*，S. 303；海德格尔：《时间概念史导论》，第 306 页)。后来在《存在与时间》中涉及此一问题的段落中，海德格尔删去了这里对于时间的说明和强调(参阅 Heidegger, *Sein und Zeit*, S. 276ff.；海德格尔：《存在与时间》，第 240－242 页)。事实上，在此报告中以及在更早的"同情书"第二版(1923 年)中，舍勒还发展出一种"绽出的知识"(ekstatischen wissen)，传统的"知识"或"意识"(Bewußtsein)在这里应当首先被看作"知－道"(Be-wußtsein)，它必须以这种"绽出的知识"为前提。限于本书的主题，这里不再展开，笔者将另外撰文予以讨论。

② 与这样一种作为"分有"关系的知识相关，舍勒也在涉及陌己人格乃至神圣者时，谈论一种对人格的"参与"(Teilnahme)，而舍勒这一思想很可能来源于他的老师奥伊肯(R. Eucken)，并经由他而来自费希特。舍勒早在 1899 年的"劳动与伦理"文以及其后的"文化与宗教"(1903 年)等文中表露过相类似的想法。参阅 Reinhold J. Haskamp, *Spekulativer und Phänomenologischer Personalismus. Einflüsse J. G. Fichtes und Rudolf Euckens auf Max Schelers Philosophie der Person*，Freiburg/ München 1966，S. 131ff.。

在论式的反思的知识"。与这种事关陌己人格的"**一同－进行**"相对应,在涉及到本己人格这方面,舍勒提到一种作为"存在论式的知识"的"自身认同化"(Selbstidentifizierung)(VII,S. 219f.)。正如海德格尔所正确指出的那样,这种存在论式的反思的知识永远不能对象化,"反思并不涉及'内在之物'——不涉及对象,而是涉及人格之存在;反思所试图把捉的正好就是人的存在整体"。①

以舍勒的术语(对此在和如在的区分)②更确切地说,就其**此在**而言,人格自身是在存在论式的反思的知识中自身被给予的;与此相对,就其**如在**而言,人格是"可理解的"(verstehbar),所谓"理解",它"至少与'感知'一样,是同样原初的、事实和直观被给予性的原本源泉"。舍勒在自身－理解和陌己理解之间作了区分,前者事关本己人格,后者则涉及对陌己人格的理解。前者不仅与后者一样原初,在起源上,还是后者的前提。这种"自身－理解"所指的无非是:本己精神在其如在上"对精神本质之存在参与的基本方式"(VII,220)。

概言之,舍勒是以这种"自身－体验"、"自身认同化"和"自身－理解"(根本上还是"存在论式的反思的知识")来谈论人格的自身被

---

① Heidegger, *Prolegomena zur Geschichte des Zeitbegriffs*, S. 176;海德格尔:《时间概念史导论》,第 172 页。布赫希特(F. J. Brecht)还将这种"反思"或"反思的知识"的提出看作舍勒克服现象学的意识理论之"理性主义基础"的尝试,进而展开为对自古希腊以来的"理性"或"形式"优先性的批判,这一进步也开启了后来海德格尔的基础存在论(参阅 Franz Josef Brecht, *Bewusstsein und Existenz. Wesen und Weg der Phänomenologie*, Bremen 1948, S. 77, 112f., 162ff.)。

② 这里的"此在"不同于海德格尔赋予它的更为独特的含义。在舍勒这里,他常将此在(Dasein)与实在存在(Realsein)等同使用,而对本质(Wesen 或 essentia)的认识与对事物如在(Sosein)的把握则基本上是等同的。因此舍勒会说:"在被给予性的依次顺序上,我们对某一不确定之物的实在存在(Realsein)之把握总是先于我们对其如在(Sosein)的感性感知或思考"(VIII,372)。这一对术语在舍勒这里的区分,还可以参看前面第 4.1.2 节的讨论。

给予性的。这里暂时撇开在如在层面上的"自身-理解"不论①,这种"自身-体验"和作为"存在论式的反思的知识"的"自身认同化"之间的关系究竟如何呢?

或许借助于胡塞尔分析内时间意识的相关表述,可以更为清楚地解释这里的事态。② 我们理解的舍勒的意思是说,在绝对时间流的任何一个瞬间相位上,我们都可以(在结构上)区分出三个不同的行为或行为要素。首先是某一直接的行为进行,其次是对此行为进行的同时"自身-体验"到,第三是对此行为进行同时的"存在论式的反思"或"自身认同化"。这三个行为或行为要素都是行为进行,而且是同时发生着,并且在绝对时间流的任一相位上都同时发生着。舍勒所谈的"自身-体验"伴随着行为进行、"存在论式的反思"与行为进行"一同飘荡",说的就是这样的意思。"自身-体验"是对当下行为进行(即此一相位上的行为进行)的前概念的、直接的、非对象化的、伴随性的体验到。在当下相位的行为进行上,还发生着一种"自身认同化"的行为进行,即将此行为进行归属于或"自身归化"给一个"行为进行者",这个"行为进行者"生活在它的每一个行为之中,并且用它的特性完全贯穿着每一个行为。而且,在当下相位的行为进行上,实际上还留存着由滞留而沉下来的"生活过的生活"。尽管人格

---

① 这种"自身-理解"以及涉及到人格的本质或如在,即人格的存在样式问题,我们在下一节还会再提及。

② 舍勒本人也试图借助于一种不同于现象时间和物理学时间的绝对时间来谈论人格,例如参阅 II, 385。德拉蒙特(J. J. Drummond)也曾指出,不借助于胡塞尔的绝对意识(一切活生生的体验形式)概念,人们将很难理解舍勒这一部分的论述,同时他也提到需要借助于海德格尔的时间的绽出(ek-stases)概念(参阅 John J. Drummond, "Personalism and the Metaphysical: Comments on *Max Scheler's Acting Persons*", in: *American Catholic Philosophical Quarterly* 79/1 (2005), P. 206)。对于舍勒绝对时间的相关讨论,可以参阅 M. S. Frings, *Lifetime. Max Scheler's Philosophy of Time. A First Inquiry and presentation*, Phaenomenologica 169, Dordrecht/ Boston/ London 2003。

并非"生活过的生活",但它却在每一个当下相位的行为进行中一并将这种沉下来的"生活过的生活"归化给自身。而这种"自身认同化"无非意味着,人格自身在当下相位的行为进行的同时,对它生活于其间并贯穿于其间的这一行为进行之"晕圈"(含有滞留和前摄)的"分有"或"参与"。① 在此意义上,决然不同于洛克以及洛克传统对人格同一性的界定,②舍勒这里的"人格同一性"就根本上意味持续的"自身认同化"的自身"成己"(Ereignis)。③ "整个人格都隐藏在每一个完整具体的行为之中,并且人格也在每一个行为中并通过每一个行为而变更(variiert)",这种变更又被舍勒看作是"纯变异"(Anderswerden),所谓的同一性,并不需要一种(在现象时间)相互接续中的持续存在来确立,而恰恰就存在于"这个纯变异本身的质性方向中"(II,384f.),或者就存在于"意向持恒"(Intentionskonstante)中。④

就此而言,我们也可以说,人格恰恰是在原本的自身亲熟中,或者在原本的自身感受中自身被给予。这种自身亲熟或自身感受在舍勒这里既包含有"自身－体验",也包含"自身认同化"或"存在论式的反思",而这也可以看作是舍勒为"自身感受1"之结构提供的现象学

---

① 参阅 W. Henckmann, „Schelers Lehre vom Apriori", a. a. O., S. 127f.。

② 这一传统试图借助于对联想的、关系性的记忆行为来解释人格同一性,舍勒对这种方式进行了批判,并尝试为之提供现象学的奠基。对此可参阅 II, 384f., 421－469;以及 Urbano Ferrer, „Identität und Relation im Begriff der Person", in: Chr. Bermes, W. Henckmann & H. Leonardy (hrsg.), *Person und Wert. Schelers » Formalismus « -Perspektiven und Wirkungen*, Freiburg/München 2000, S. 73－88;Thomas Buchheim, „Ähnlichkeit und ihre Bedeutung für die Identität der Person in Max Schelers Wertethik", in: *Phänomenologische Forschungen*, Neue Folge 2/ 2 (1997), S. 245－258。

③ 参阅 M. Gabel, „Personale Identität als Ereignis", 至今未发表。

④ 参阅 Walter Weymann-Weyhe, *Das Problem der Personeinheit in der ersten Periode der Philosophie Max Schelers*, (Diss. an der Uni. Münster), Emsdetten 1940, S. 67。

描述。

6.2　自身感受2与人格的存在样式

　　海德格尔曾说,在柏格森和狄尔泰的强烈影响下,舍勒的人格理论是将追问人的存在这一问题推进得最为深远的思想。对舍勒来说,人格当然"存在"或者"应当"存在,人格总是并且也仅仅是"把自己体验为**进行着行为的生物**",或者如海德格尔所提到的,人格在根本上只是"行为进行者"。但是在海德格尔看来,舍勒对于人格的规定更多是否定性的和模糊的,而且更为重要的是,舍勒没有继续深入地追问:"行为进行"的存在论意义是什么? 应当如何在存在论上正面规定人格的存在样式? 由此,现象学地追问人的存在的问题便被耽搁了,舍勒最终也不可能在此道路上行进多远。[①]

　　海德格尔的这一评论看起来似乎是很允当的,以至于在当代研究中被屡屡当作对舍勒的权威评价而提及和征引。[②] 本节的论述将会表明,如同他大多数对舍勒的评论一样,海德格尔这里的评论同样也是外在的,而且更多是基于其自身的立场,而未能真正切入舍勒思想的实质。我们将从通常舍勒研究中有关人格是否是实体的争论开始,进而将人格之存在规定为"行为实体"(6.2.1),并通过对作为"行为实体"的"爱的秩序"的进一步讨论(6.2.2)来规定人格的存在样

---

　　① 参阅 Heidegger, *Prolegomena zur Geschichte des Zeitbegriffs*, S. 174 - 178;海德格尔:《时间概念史导论》,第 170 - 173 页。以及参阅 Heidegger, *Sein und Zeit*, GA 2, Frankfurt am Main 1976, S. 64f.;海德格尔:《存在与时间》(修订译本),陈嘉映、王庆节译,熊伟校,陈嘉映修订,北京:生活·读书·新知三联书店,2006 年,第 56 - 57 页。

　　② 例如参阅 T. Kobusch, *Die Entdeckung der Person*, a. a. O., S. 15f.;以及 Johannes Vorlaufer, „Aktzentrum und Person-Sein. Zu Martin Heideggers Ablehnung eines Personalismus", in: *Wissenschaft und Weisheit* 49 (1986), S. 220f.。

式,即"人格生成",而这种"人格生成"根本上则与人格的"个体规定"和"自身之爱"紧紧关联在一起,或者说,只有通过"自身感受2"意义上的人格的"自身之爱"和"个体规定","人格生成"才得以可能(6.2.3)。

6.2.1　人格存在的基本规定:实体,或行为实体?

确实,舍勒很少清楚而直接地从正面谈论人格存在样式的存在论规定,所以,即便是舍勒研究的专家,也会常常抱怨:在存在论上正面把握舍勒的人格概念是很困难的。[①] 舍勒更经常地使用否定性的表达来描述人格本身。人们最为熟知的无疑是,他那些一再重复着的、对人格－存在本身的划界性规定:人格本身永远不可能是对象,更不会是实在的事物,也决不会是实体,它只能作为它所进行的行为的具体统一而"存在",并且也仅仅在这些行为的进行中"存在",任何一种将之对象化的态度(无论是感知、表象、思维、回忆或期待等等)都立即会使人格的存在变成超越的(II,475,389f.,371;X,63,186 usw.)。[②] 从这里可以看得很清楚的是,人格不是什么,即人格永远不会是对象、永远不会是事物、永远不会是实体。

显然,舍勒这里同洛克、康德等人一样坚决地反对波埃修以来的

　　[①]　参阅 A. Sander, *Mensch-Subjekt-Person*, a. a. O., S. 213ff.。在那里,桑德更倾向于借助舍勒本人在"现象学与认识论"一文中针对 W. 冯特对现象学的批评而做出的反驳来对这里的问题进行辩护。冯特的批评在于,现象学家总是在谈论一个现象之初,一直说"X 不是什么",而在一系列这样的否定以后就是一个同语反复,诸如 X 就是 X。舍勒的反驳如下:在一个终极指明之前会有各种否定出现,否定的作用在于,通过对一个现象所涉及的诸多可变的因素或复合逐渐排除,直至只有现象本身留存下来或被现象学地直观到(X,391ff.)。换言之,对人格及其行为进行的否定性描述是正面规定其存在论意义的基础。

　　[②]　也可参阅舍勒 1913 年发表的"同情书"的第一版(《论现象学与同情感理论以及论爱与恨》),见 Scheler, *Zur Phänomenologie und Theorie der Sympathiegefühle und von Liebe und Hass*, Halle 1913, S. 68。

"实体存在论"的人格理论。但恰恰也是在这一点上,即在对人格最后一个否定性特征("永远不会是实体")的规定上,在舍勒著作中隐含着一个矛盾。也恰恰是这个矛盾——我们后面会看到那仅仅是表面上的矛盾——将把我们引向舍勒对人格－存在的**肯定性规定**。这个矛盾在于:一方面,如我们上文所说,舍勒在非常多的地方强调,人格永远不会是"实体"(Substanz);另一方面,人们同样可以在其著作的很多地方发现,舍勒也将人格描述为一个"行为实体"(Aktsubstanz)、一个"个体－实体性(substantiell)的精神存在",或直接称之为"人格实体"(Personsubstanz)(VI,262;VII,32,44,76f.,86,96,131,219,224 usw.)。特别是我们在前一个脚注提及的"同情书",在该书第一版时,舍勒同《形式主义》中一样保持着对人格的否定性规定,进而将人格称为"被体验到的一切行为的**统一**(Einheit)",然而在该书第二版的这一段落位置上,舍勒改变了他的说法,他在那里明确将上述规定修改为"被体验到的一切行为的**统一实体**(Einheitsubstanz)",进而将人格之本质引向一种"行为－实体"(VII,168)。[①] 初看上去,这里的情况和胡塞尔在《逻辑研究》第一、二版中对待"纯粹自我"的态度差不多,似乎人们也可以去谈论舍勒对"人格"态度的改变。看起来人们完全有理由追问,舍勒是不是从一开始拒绝一门"实体存在论"的人格理论,最终转向了接受这样一门理论?

对此问题的回答无疑应该是否定的。的确,舍勒对"人格实体"或"行为实体"之类概念的提出基本上都在 1920 年代以后,比如在"同情书"的第二版(1923 年)中,但如果仅据此就认为舍勒在"人格

---

① 对此改动的讨论也可参阅 F. J. Brecht, *Bewusstsein und Existenz*, a. a. O., S. 80。

是否是实体"这一问题上的态度发生了根本性的变化,那显然是站不住脚的,因为一个明显的理由是,在更晚些时候发表的《形式主义》第三版(1926 年,这也是舍勒生前发表的最后一版)中,那些对"实体存在论"的人格理论的明确拒绝全部予以保留。在其遗稿中,人们还可以读到"对人格之非实体性的证明"这样的残篇。① 就此而言,我们完全可以并且应该坚持说,舍勒对于"实体存在论"的人格理论的拒绝自始至终都没有改变过。但我们又该如何来看待舍勒这里所谈论的"行为实体"或"人格实体"?

事实上,早在 1918 年,即《形式主义》全书出版的两年以后,路德维希(P. Ludwig)就对舍勒那里的"人格"与"实体"的相关讨论有过评论,②自此以后,这一问题一直是舍勒研究中最受关注、同时也是最有争议的问题之一。③ 这里的焦点在于,舍勒似乎会陷入一个两难:一方面,如果他坚持其现象学的立场,将一切行为之进行者的自然组织方面的设定通过现象学还原排除掉,那么,作为还原后的"行为进行者"的人格在根本上就不能是一个实体、一个事物,如若承认其是实体,舍勒将无法坚持其现象学的立场;另一方面,比如他在对"懊悔"的现象学分析中提到,懊悔始终是对于过去所做的行为、或

---

① Scheler, *BSB Ana* 315 *B I* 163, S. 22, in: Max Scheler, *Philosophische Fragmente aus dem Nachlass*, Hrsg. und russische Übers. von Mikhail Khorkov, Mockba (Moskau) 2007, S. 144, 146.

② P. Ludwig, „Max Schelers Versuch einer neuen Begründung der Ethik", in: *Philosophisches Jahrbuch* 31 (1918), S. 219 - 225。按照路德维希的看法,舍勒对"实体"的拒绝是基于他对经院哲学的"实体"概念和赫尔巴特的"僵硬的实在性之点"的概念的混淆,而这一混淆是受了包尔生(Friedrich Paulsen)的影响。

③ 对此问题较为系统的梳理可参阅 Maria Lehner, *Das Substanzproblem im Personalismus Max Schelers*, (Diss.) Freiburg in der Schweiz 1926; W. Hartmann, „Das Wesen der Person. Sunstantialität-Aktualität", a. a. O.; Heinz Leonardy, *Liebe und Person. Max Schelers Versuch eines „phänomenologischen" Personalismus*, Den Haag 1976, S. 126 - 143。

者过去的如此这般的存在有所懊悔,如若人格根本上不是一个实体,它又如何可以留存其"生活过的生活",如何将之归化给自身? 如果没有这种归化,人们如何能够谈及一种对过去的"懊悔"?①

而后面的这一点很有可能是舍勒提出"人格实体"或"行为实体"之类想法的一个重要原因,因为如我们下一节将会讨论的那样,"懊悔"现象学对于舍勒的人格主义理论至关重要,所以舍勒不得不为之提供一个坚实的人格存在论的基础。因为舍勒从来没有改变过对"实体存在论"的人格理论的明确拒绝,那么问题的关键显然就在于,如何来理解"人格实体"或"行为实体"本身,以及如何理解它们与"实体"的关系?

从《形式主义》的一段话,我们可以找到解开在这一问题上的相关谜团的钥匙。在那里,舍勒说:"人格永远不能被回归到无论是一个单纯的行为'出发点'的 X 之上,还是行为的某种单纯的'联系'或交织之上"(II,383)。显然,舍勒在这里反对两种不同的解释人格的倾向。首先,舍勒明确地拒绝一切"实体存在论"的人格理论。②在舍勒看来,人格永远都不是一个"空乏的行为出发点",这意味着,人格永远都不是先于行为进行的某个"事物"或"实体",毋宁说,人格交织在我们整个行为进行之始终,或者始终与行为进行"一同飘荡"。

---

① 按照 P. 伍斯特(P. Wust)的看法,舍勒在"懊悔"文中已经远离了现行主义的心灵理解,而似乎非常接近于基督教的身-心的人类本质统一说,舍勒的人格概念也已经非常接近于经院哲学式的实体理解。我们后面会看到,这样一种看法完全是基于对舍勒人格现象学的误解,可参阅 Peter Wust,„Max Schelers Lehre vom Menschen", in: ders., *Aufsätze und Briefe*, *Gesammelte Werke Bd. 7*, hrsg. von Wilhelm Vernekohl, Münster 1966, S. 256ff. 该文最早发表于 *Das Neue Reich* 11 (1928/29)上。

② 勒内(Maria Lehner)曾经详细区分出三种对"实体"的定义,即:持存的、固定不变的(dauernd, beharrlich)实体,因果性的实体性以及作为载体一般的"事物性"的实体。她逐一予以分析并最终给出结论,舍勒拒绝以所有这三种意义上的实体来规定人格,参阅 M. Lehner, *Das Substanzproblem im Personalismus Max Schelers*, a. a. O., S. 9–21。

在此意义上,舍勒与所谓的人格的现行性理论(Aktualitätstheorie)是站在一边的,"只要那种人格的现行性理论否认人格是一个'生物',或一个在实体的因果性意义上进行诸行为的'实体',那么它当然就完全是合理的"(II, 384)。然而,舍勒在这里使用"只要"这个限定性表达明显地表露出他对现行性理论只是部分赞同。事实上,现行性理论恰恰是舍勒要拒绝的另一种解释人格的倾向。在当时,这种现行性理论主要是由 W. 冯特所代表的,舍勒在很多地方都对之加以批评(III, 270;II, 430, 463, 467 usw.)。根据这种现行性理论,人格只是行为的某种单纯的"联系"或者"行为马赛克",这一理论的最终根基在于一门因果性的联想心理学,因此从现象学上看,它原则上奠基于人格以及它的行为进行的原初统一。作为绝对统一的人格及其行为进行之河流"本身永远不能回溯到个别意识行为内涵的某种'综合'甚或联想上,而只能是在**每个**可能的内涵中明见地**一同被给予**"(II, 462),人格本身是个具体的存在。

换言之,舍勒既不同意"实体存在论"的人格理论,也不同意人格的"现行性理论",在他看来,人格既非固定不变的,也非变动不居的,他恰恰就是要在这两种倾向之间找到一条中间道路。但"如何在(僵固的)实体主义和(仅仅动态的)现行主义之间找到中间点?"[①]"行为－实体"或"人格实体"刚好就扮演着这个中间点的角色。因此,对于舍勒来说,人格既非静态的实体或对象性的实体,也非"行为马赛克",毋宁说,人格是被体验到的一切行为进行的统一,而且是"统一实体"或"行为－实体"。所以,舍勒的人格理论的最终根基就既非实体形而上学,也非联想心理学,而是现象学。

---

　　① H. Leonardy, *Liebe und Person. Max Schelers Versuch eines „phänomenologischen"Personalismus*, a. a. O., S. 138.

这种现象学意义上的"行为－实体"或"人格实体"根本上就是一个"动态的实体",①一个"处身于运动中的实体",人格就是"在行为之中的内存在"。② 借助于"行为－实体"或"人格实体"这样的概念,舍勒所要强调的无非是,人格是一个动态的存在,或者是一个动态的实存,动态的去－存在,但同时它葆有其自身的同一性,绝对时间流中的"生活过的生活"总是会内含在任一行为进行的当下,因此我们行为进行的当下并非是"单纯的"或"空乏的",而是有其"厚度的"。基于此,我们可以说,人格在其行为进行中或者绝对时间流中"有厚度地"进行着它的**实存**(II,385)。

就此而言,我们前面提到的在对"实体"的排斥和对"行为实体"的接受之间的矛盾就是一个表面上的矛盾。如我们所说,若只是因为后一点就认为舍勒的立场发生过根本的改变,显然是站不住脚的;同样,如果仅仅是为了坚持前一点而拒绝承认后一点自然也是完全没有道理的。基于勒内的研究工作,诺塔曾正确地指出:"只有将两种真理相综合,才能给我们提供对舍勒人格概念的洞见。"③所以,贴在舍勒人格存在理论上的那些标签,无论是所谓的不同于现行性理论的"现象学的现行主义"④,或是所谓的"绽出的实体主义"(ekstatischer Substantialismus)⑤,都要在这一综合两种真理的视域下才能

---

① 参阅 Josef Malik,„ Wesen und Bedeutung der Liebe im Personalismus Max Schelers", in: *Philosophisches Jahrbuch* 71(1963/ 64), S. 129ff.; 以及 M. Lehner, *Das Substanzproblem im Personalismus Max Schelers*, a. a. O. , S. 35。

② 参阅 R. J. Haskamp, *Spekulativer und Phänomenologischer Personalismus*, a. a. O. , S. 179ff. 。

③ 参阅 J. H. Nota S. J. , *Max Scheler. Der Mensch und seine Philosophie*, a. a. O. , S. 59f. 。

④ 参阅 Kaspar Hürlimann, „Person und Wert. Eine Untersuchung über den Sinn von Max Schelers Doppeldevise: Materiale Wertethik und Ethischer Personalismus", in: *Divus Thomas. Jahrbuch für Philosophie und spekulative Theologie* 30(1952), S. 280。

⑤ 参阅 Helmut Kuhn, „Max Scheler im Rückblick", in: *Hochland* 1959, S. 331。

获得其最终的合法性和有效性。

6.2.2　作为"爱的秩序"的"行为实体"

通过对"实体存在论"的人格理论和人格的"现行性理论"的双重拒绝，舍勒给出了他自己对人格的本质定义："**人格是不同种类的本质行为的具体的、自身本质的存在统一**，它自在地（因而不是为我们的）先行于所有本质的行为差异（尤其是先行于外感知和内感知、外愿欲和内愿欲、外感受和内感受以及爱、恨等等的差异）。**人格的存在为所有本质不同的行为'奠基'**"（II，382f.）。

在此定义中，隐含着舍勒在"具体的本质性"（konkrete Wesenheiten）和"抽象的本质性"（abstrakten Wesenheiten）之间做出的一个重要的区分，对此这里需要特别予以说明。这一区分在我们看来是根本性的，它在一定意义上规定着舍勒质料的价值伦理学的两大部分（质料的价值先天主义和价值的人格主义）之间的关联性，当然也规定着本书上、下篇之间的内在联系，我们在第8.1节还会回到这个问题上来，这里仅为行文的方便以及理解上的需要先行简要说明。在舍勒看来，"具体的本质性"和"抽象的本质性"都属于"真正的、直观的本质性"，因此不同于所谓的"经验性的抽象"（empirische Abstraktion），这两种本质性都是现象学研究的相关项。但与"抽象的本质性"更多相关于"静态现象学"的研究不同，"具体的本质性"则与一门"动态的现象学"相关联。[①] 尽管"抽象的本质性"也是质料先天，但它仅仅是"在具体人格行为上的抽象特征"（II，385），如若没有人格本身的存在，所有抽象都不可能，就此而言，人格本身之存在

---

① 参阅 M. Gabel，„Personale Identität als Ereignis"，至今未发表。

为所有不同的行为本质奠基。[1] 而另一方面，最简单地说，一个人格行为的"具体的本质性"就是指，它先于各个不同的、由静态现象学所抽象出来的行为本质之分异而被真正地直观到。但在"具体的本质性"和"抽象的本质性"之间的区分也不能绝对化，相反，这一区分是相对性的，如舍勒所言，行为可以"通过它们对这个或那个个体人格之本质的所属性⋯⋯从抽象的本质性**具体化**为具体的本质性"(II，383．着重为笔者所加)。因此，尽管具体的人格行为包含着抽象的行为本质，但具体的人格行为也不能被理解为那些抽象的行为本质的"单纯总和"或"单纯建构"，毋宁说，人格本身生活在它的每一个行为进行之中，并用其特性"完全贯穿着"每一个行为进行。对于舍勒来说，人格"不是可能理性行为的单纯主体(X)，亦即'理性人格'，而是一个个体的、具体的、具有自身价值的行为中心"或一个"具体的统一"(II，559；X，63)。

著名的舍勒研究专家 H. 莱奥纳迪(H. Leonardy)对舍勒人格理论的研究做出了极为重要的贡献，其中特别突出的一点就在于，他将我们这里谈论的人格的具体的"行为中心"、"行为实体"或"人格实体"与"爱的秩序"(*ordo amoris*)学说紧紧联系在一起，[2]或者更明确

---

[1]　这里的"奠基"，不同于通常意义上(或更确切地说，在"抽象的静态现象学"中)所谈论的比如感受行为和表象行为之间的奠基关系，而是指人格的"具体的动态的现象学"中的"奠基"，它既意味着一种存在的条件，即一切行为之进行的存在的条件；同时也意味着一种统一形式，即各个本质不同的行为本质的统一形式(可参阅 Eberhard Klumpp，*Der Begriff der Person und das Problem des Personalismus bei Max Scheler*，(Diss.)，Tübingen 1951，S. 53)。

[2]　Vgl. Heinz Leonardy，*Liebe und Person．Max Schelers Versuch eines „phäno-menologischen" Personalismus*，Den Haag 1976，S. 143ff.．莱奥纳迪的主要论据在于舍勒的这样一段话："精神中心，即'人格'，因此既不是对象性的也不是事物性的存在，而仅仅是一个持续地自身进行着(从**本质**上来规定的)**行为的秩序结构**(*Ordnungsgefüge von Akten*)"(GW IX，S. 39)。我们这里可以为之补充一个新的论据："按照范畴形式的相对性法则，人格是在客观现实秩序中的'**实体**'(Substanz)"(Scheler，*BSB Ana 315 B I 5*，S. 17f.，in：Max Scheler，*Philosophische Fragmente aus dem Nachlass*，a. a. O.，S. 142)。

地说,在他的阐释中暗含着一条以"爱的秩序"学说来阐释人格之存在样式的可能的道路,这对于我们下文所做的尝试性工作有着积极的启发意义。

但是,何谓"爱的秩序"?

【插入讨论】

这里需要首先插入简要说明的有两点:

一是舍勒"爱的秩序"学说的来源。舍勒并没有在他的著作(包括论述"爱的秩序"学说的专文)中,明确交代其思想的来源。不过基本可以确定的是,这一理论的直接思想来源是帕斯卡尔的"心的秩序"(*ordre du cœur*)、"心的逻辑"(*logique du cœur*)、"心之数学"(*mathématique du cœur*)①或"心有其理"(*Le cœur a ses raisons*)的思想(II, 260f.; X, 361f.),但是"爱的秩序"这一表述并未直接出现在帕斯卡尔那里,因此我们可以说,在舍勒和帕斯卡尔之间存在着的更多的是精神激发上的影响,而非术语选择上的联系。舍勒所使用的这一表述很有可能直接来自于奥古斯丁的《上帝之城》。在该书的第15章的22节,奥古斯丁说:"德行的最简明、最贴切的规定就是爱的秩序。"②从奥古斯丁经帕斯卡尔到舍勒这一思想脉络的传承在舍勒本人的讨论中就有过明确的表述,也基本上得到大多数研究

---

① 按照 H. 帕拉茨(H. Platz)的说法,"心之数学"这个概念在帕斯卡尔那里并未出现过。而且,他还认为,尽管帕斯卡尔提出了"心的逻辑"的概念,他也把握到它的本质,但却没有详细给出它的内容,这一工作是由舍勒以及后来的尼古拉·哈特曼完成的,参阅 Hermann Platz, „Scheler und Pascal", in: ders., *Pascal in Deutschland*, Hrsg. und mit einem Nachwort von Heinz Robert Schlette, Salzburg 1990, S. 238f.。

② 此处译文参照 N. 哈特曼的德文译文译出,参阅 Nobert Hartmann, „Ordo amoris. Zur augustinischen Wesensbestimmung des Sittlichen", in: *Wissenschaft und Weisheit* 18 (1955), S. 7。

者的认可。清理这一学说的思想来源，无疑有助于我们更好地理解这一思想传统，但限于篇幅，笔者将另文展开。[①]

　　二是"爱的秩序"学说在舍勒整体思想中的位置。舍勒有关"爱的秩序"学说的最基本文献是生前未发表的、成于 1914－1916 年间的手稿（X，343－376），但其基本思想在《形式主义》、"同情书"以及"怨恨"文中都有所论及。尽管舍勒在其代表作《形式主义》中没有使用过"爱的秩序"这一表述，尽管在他后期的主要作品中也没有再出现过"爱的秩序"这个概念，[②]但是这一理论却几无争议地被视为舍勒最为核心的理论之一。这乃是因为，通过这一概念可以构建起舍勒现象学时期诸多思想之间的内在联系，比如他的价值理论与爱的理论之间、人格理论和爱的理论之间、"爱的秩序"及其"迷乱"和"价值的颠覆"或"怨恨"学说之间的关联，等等。特别关键的还有，这一概念可以在舍勒的哲学伦理学和实践伦理学之间构筑起桥梁。[③]但是，至今仍

---

　　①　有关此一思想脉络的较为系统的研究，可以参阅 Helmut Kuhn, „*Liebe*"：*Geschichte eines Begriffs*, München 1975；Winfrid Hover, *Der Begriff des Herzens bei Blaise Pascal. Gestalt, Elemente der Vorgeschichte und der Rezeption im 20. Jahrhundert*, Fridingen a. D. 1993。以及参阅张任之："'爱的秩序'与'心的逻辑'：从奥古斯丁、帕斯卡尔到舍勒的'西方心学'疏论"，载《中国现象学与哲学评论（第二十九辑）》，上海：上海译文出版社，2021 年 12 月，第 34—58 页。

　　②　桑德曾给出了一个理由：因为这个概念具有较强的宗教性，而舍勒后期宗教立场发生了改变，所以不再使用这个概念，参阅 A. Sander, „Normative und deskriptive Bedeutung des ordo amoris", in：Chr. Bermes, W. Henckmann & H. Leonardy (hrsg.), *Vernunft und Gefühl. Schelers Phänomenologie des emotionalen Lebens*, Würzburg 2003, S. 66。

　　③　这里不再逐一展开，我们后面还会一再地涉及这一学说。相关的研究可以参看 M. S. Frings, „Der Ordo Amoris bei Max Scheler. Seine Beziehungen zur materialen Wertethik und zum Ressentimentbegriff", in：*Zeitschrift für philosophische Forschung* 20/1 (1966), S. 57－76；弗林斯：《舍勒的心灵》，张志平、张任之译，上海：上海三联书店，2006 年，第 54－66 页；Eugene Kelly, "Ordo Amoris：The Moral Vision of Max Scheler", in：*Listening：Journal of Religion and Culture* 21/3 (1986), pp. 226－242；Philip Blosser, "Scheler's Ordo Amoris. Insights and Oversights", loc. cit.；A. Sander, „Normative und deskriptive Bedeutung des ordo amoris", in：a. a. O., S. 63－79。有关

未受到充分重视的是,这一概念在从正面去讨论人格之存在样式上所起到的关键作用。

在舍勒看来,先天的价值等级秩序对应在每个人身上便是我们的爱的秩序,它既作为个人一切行为的根源,同时也是一个先天价值秩序的缩影。因此,爱的秩序便具有双重含义:一是"规范性含义",一是"描述性含义"。前者意味着,爱的秩序是与人的意欲相联系的一种内在要求,而且也只有与人的意欲相联系,它才成为一种客观规范。这一"规范性含义"最终将展示出舍勒伦理学人格主义的"规范"伦理学的面向(VII,111),有关于此,我们在后面第7.5节中还会再论及。爱的秩序之所以是"描述的",是因为借助于这一"中介"(Mittel),我们可以"在人之具有重大道德意义的行为、表达现象、企求、伦常、习惯和精神行为这些起初令人迷惑的事实背后,发掘出合乎目标地产生着影响的人格核心所具有的基本目标的最简单的**结构**"(X,347f.)。换言之,我们在他人身上认识到的一切道德上至关重要的东西,必须还原为爱和恨的行动以及爱的秩序。

"谁拥有了一个人的爱的秩序,谁就拥有了这个人本身。他所拥有的东西对于这个作为道德主体的人的意义,就是结晶公式对于晶体的意义。他最大限度地看穿这个人。他看到,在他面前,这个人的**情性**(Gemüt)那始终简单延展的基本线条穿梭在所有经验的多面性和复杂性的背后。与认识和意愿相比,情性更应该被称为作为精神存在的人的核心。他在精神的图式中拥有着这一泉源,它隐秘地滋润着由这个人所产生出的一切"(X,348)。因而,人的最基本的道

舍勒"爱的秩序"学说以及爱的理论在其哲学伦理学和实践伦理学之间的桥梁作用,也可参阅拙文"爱与同情感——舍勒思想中的奠基关系",载《浙江学刊》,2003年,第3期。

德核心就是他的"爱的秩序",无论是就本己人格而言,还是就陌己人格而言,真正地把握一个人格,就意味着把握其"爱的秩序"。

对于任一个体人格来说,它所具有的最根本的核心或结构恰如伦常的基本公式,它正是依据这一结构或公式而道德地去生活和实存。在此意义上,我们可以说,作为"行为实体"的人格的基本存在样式就体现为:依据"描述的爱的秩序"去生活或者去－存在。

6.2.3　人格的"个体规定"与"自身之爱"

事实上,这种"描述的爱的秩序"在舍勒这里又存在着两个不同的维度:实际的爱的秩序(faktischer ordo amoris)和"明察的、普遍有效的爱的秩序"或"正确的和真正的爱的秩序的观念",相对于前者,我们可以将后者称为"观念的爱的秩序"(idealer ordo amoris)[1](X,350f.)。恰恰是通过这两个维度的区分,我们可以确定人格存在的本真样式。

与"描述的爱的秩序"的这两个维度相对应,舍勒明确区分了"个体规定"(individuelle Bestimmung)[2]或"天职"(Beruf,在其词源的意义上使用)与"命运"(Schicksal)。某一个体的"命运"与他的实际的爱的秩序的形成有关,它是一个有连贯意义的统一体,这一个体在孩提时代的那些原初的爱的价值客体经由逐渐的功能化而形成一些确定的法则,这些法则进而又会超出他自己的意志和意图之外去支配他的生命进程,最终形成一个人的特性和在他身上所发生一切之间的"个体的本质共属性"。因此,命运体现的是实际的爱的秩序的

---

[1]　这个说法参考了桑德的研究,参阅 A. Sander, *Mensch-Subjekt-Person*, a. a. O., S. 286ff.。

[2]　此概念或可译为"个体使命"。这两个译法之间是有联系的,与"命运"不同,"使命"恰恰意味着一种个体的"自身规定"。

时间层面，而"周围世界"则体现的是其空间层面。从根本上说，人无法自己自由主动地摆脱自己的"命运"或"周围世界"，人总是"实际地"在其"命运"和"周围世界"中生活着。

与"命运"和"周围世界"不一样，"个体规定"则与"观念的爱的秩序"相关，它"在**人格性**的形式上是一种自在的**无时间的价值本质性**"，它并非由人身上的精神所形成或设立，而仅仅是为精神所认识，它也只是在生活和行动的自身经验中逐渐被揭显，因此它仅仅只为我们身上的精神的人格性而存在（X，353）。"个体规定"乃是一种"明察之实事"，而"命运"则仅是某种有待觉察的东西，它本身是价值盲（wertblind）的。在此意义上，我们可以说，人格总是"实际地"生活在其"命运"之中，这是它的"实际的存在样式"。但同时，存在着"正确的爱的秩序的无序"或"爱的秩序的迷乱"，因此，人格不应当仅仅"实际地"生活在其"命运"之中，而是要通过"个体规定"去重建"正确的爱的秩序"。这意味着，人格不仅仅"实际地"存在（sein）于其"命运"中，同时它也朝向"观念的爱的秩序"去－存在（zu-sein）。人格在根本上就是个动态的、"一直朝向其自身的生成者"，[1]它的本真的存在样式在于"实存"（Existenz），或者称之为"人格生成"（Personwerden），即朝向人格的观念的价值本质去生成或者去－存在。[2]

在此我们可以看到，在中世纪的"实体存在论"和"实存存在论"的人格理论之间，舍勒更偏向后者。从根本上说，"人格"不是"某物"

---

[1]　参阅 Theodor Steinbüchel, *Die philosophische Grundlegung der katholischen Sittenlehre*, 1. Halbband, Düsseldorf ⁴1951, S. 341；以及参阅 Johannes Nosbüsch, „Das Personproblem in der gegenwärtigen Philosophie", in: Berthold Gerner (Hrsg.), *Personale Erziehung Beiträge zur Pädagogik der Gegenwart*, Darmstadt 1965, S. 47f. 。

[2]　人格本身在其存在样式上已经无异于亨利希所谈论的那种"自身保存"着的、"生成"的或"动态"的主体性。

(etwas)，而是"某人"(jemand)，某个不断地在实践中克服着其本源的非同一性的"某人"。①人格便在其"个体规定"中与自身的存在或自身的实存相联系，"个体规定"在根本上便意味着一种"实践的自身对自身之行事"，或者意味着我们前文所界定的积极意义上的"自身感受2"。

如此，我们也可以看到，并非如海德格尔所批评的那样，舍勒在人格的存在样式问题上保持缄默，而是相反，舍勒实际上为我们预演了海德格尔后来所做出的此在分析。在其基础存在论中，海德格尔规定了此在的两个本质或本质特征，即：它的去－存在或它的实存以及它的向来我属性。"我们用'此在'这个名称来指这个存在者，并不表达它是什么(如桌子、椅子、树)，而是[表达它怎样去是]表达其存在。……此在永不可能从存在论上被把捉为某种现成存在者族类中的一员和样本"②，因此，此在根本上就不是"某物"，而是去－存在着的，或实存着的"某人"(jemand)。此在又具有向来我属性的性质，这一点也可以在语言的使用中看出来，比如，人们在涉及此在时，总是连带着人称代词说："我是"或"我存在"等等。此在总是以这样或那样去存在的方式是我的此在，而这样一种"向来我属性"恰恰规定了存在的"本真状态"和"非本真状态"这两种样式，因为只有一个存在者"就其本质而言可能是**本真的**存在者时，也就是说，可能是拥有本己的存在者时，它才可能已经失去自身，它才可能还没有获得自身"。③

_____

① 参阅 R. Spaemann, *Personen*, a. a. O., S. 11ff.。所谓人格的"本源的非同一性"也可以在这个概念的词源中看出来。演员戴着"面具"(Person)在戏中扮演着某一"角色"(Person)，并以此"角色"而生活在戏中，但是演员始终要克服这一"角色"而以其在社会中的真实"角色"而去生活，因此对于演员这一"人格"来说，戏中的"角色"和其在社会中的真实"角色"之间存在着本源非同一性。

② 参阅 Heidegger, *Sein und Zeit*, S. 57；海德格尔：《存在与时间》，第50页。

③ Ebd.；同上。

　　按照图根特哈特的阐释,海德格尔的此在分析恰恰展示为一种
"自身对自身之行事"的理论,海德格尔通过对作为"现身情态"和"领
会"(Verstehen,或译理解)①的在此存在(Da-sein)的分析,展开了
"自身对自身之行事"的基本结构。② 我们这里无须详细去讨论海德
格尔的分析,简而言之,此在总是在其"实践的存在论的自身对自身
之行事"中与它本己的实存,进而与它的存在乃至存在本身相联系,
"此在在它的存在中对这个存在具有存在关系。而这又是说:此在在
它的存在中总以某种方式、某种明确性对自身有所领会(或理解)。
这种存在者本来就是这样的:它的存在是随着它的存在并通过它的
存在而对它本身开展出来的。**对存在的领会本身就是此在的存在规
定性**"。③ 在根本上,我们可以说,"此在"在"实践的自身对自身之行
事"或"自身感受 2"中对自身与自身的存在的关系加以把握或领会,
"此在"在自身的"去存在"中与自身相联系。

　　如前所述,这里的人格或此在的"实践的自身对自身之行事"意
味着"自身感受 2"的积极方面,而另一方面作为"实存感受"
(Existenzgefühl)的"自身感受"也还意味着一种"遭受"(Erleiden),
一种"对不自主性的无力的依赖感受"。这种"遭受"意义上的"自身
感受 2"所体现的并不是人格或此在与其本己的实存的关系,而是人
格或此在与本己存在以及绝对存在的关系。

　　一直为人们所忽视的是,舍勒恰恰是以这种"遭受"意义上的"自
身感受 2"来谈论"自身之爱"(Selbstliebe)的。对于舍勒来说,使一
个人格的观念价值本质得到揭示的行为就是奠基于爱之中的对这个

---

　　① 　这里依从了《存在与时间》汉译本的译名,该词通常也可译为"理解",如我们前面
在舍勒那里所谈论的"自身理解"等等。

　　② 　参阅 E. Tugendhat, *Selbstbewußtsein und Selbstbestimmung*, a. a. O., S. 164f.。

　　③ 　参阅 Heidegger, *Sein und Zeit*, S. 16;海德格尔:《存在与时间》,第 14 页。

人格的完整**理解**(Verstehen)，如果这个本质通过自身而得到揭示，我们就可以谈论一种"自身－理解"。换言之，人格的本真存在样式在于，朝向它的观念的价值本质去－存在或去生成，而这在根本上要依赖于"理解"("自身－理解"或陌己理解)，因为只有在此行为中，人格的观念的价值本质才得以揭显。这一点实际上体现着"存在论式的知识论的自身感受 1"与"存在论的实践的自身感受 2"之间的内在统一性。更为根本的是，在舍勒这里，"最高的自身之爱也就是那个使人格**得以**自己完整地理解自身并因此而使人格的**救赎**(Heil)①被直观到和被感受到的行为"(II，483)。

　　这种真正的自身之爱先行于"理解"，或更确切地说，先行于对"个体规定"的"自身－理解"。这种"自身之爱"与"本己之爱"(Eigenliebe)有着根本的区别，后者总只是从我们"自己的"眼光出发来看待一切以及我们自己，前者则绝然不同，在真正的"自身之爱"中，我们的精神目光及其意向光束投向一个超世的精神中心，"我们'仿佛'通过神的眼睛观视我们自身，这首先意味着完全对象性地观视，其次则完全将自身看作整个宇宙的环节"(X，353f.)。因此，一切真正的自身之爱最终都奠基在"神爱"(Gottesliebe)之中(II，489)。

　　就此而言，人格最终通过"自身之爱"与绝对存在以及本己存在相联系，正是基于此，人格对自身的观念的价值本质或"个体规定"的"自身－理解"才得以可能，一种人格的"实践的自身对自身之行事"、朝向观念的爱的秩序的人格生成、或"个体人格的救赎"才得以可能。"自身之爱"("遭受"意义上的自身感受 2)和"个体规定"(积极的自身感受 2)共同规定着人格的本真的存在样式。

_____

　　①　舍勒曾将人格种类的和个体种类的价值本质称为对人格的"人格救赎"(II，481)，这种"人格救赎"并非一般意义上的"应然"，而毋宁说，它作为人格的观念的价值本质在根本上是"观念的应然"，我们后面还会谈到这一点。

舍勒曾经将"个体人格的救赎"称作"最高善",但是还不清楚的是,人格救赎的技艺(Technik)是怎样的,或者人格应该如何去 - 存在,人格如何自身 - 生成?(II,484;X,350)这已经属于伦理学的问题域了,如果人们可以跟随图根特哈特说,海德格尔那里缺失一般意义上的伦理学,那么,我们当然也可以把这一维度视为舍勒或者图根特哈特超出海德格尔的地方。换言之,对这些问题的回答,将会涉及到前面所提及的那种"反思的实践的自身关系"或"伦理学的实践的自身关系",或者"自身感受3"。

6.3　自身感受3与伦理的人格生成

舍勒将他的伦理学的基本立场称为现象学的价值人格主义,这意味着在他那里,伦常价值(善和恶)根本上是人格价值,善和恶的观念原初地不是附着在合乎法则或违背法则的行为之上,而是附着在人格本身的存在上(II,559)。在此意义上,舍勒的现象学的质料的价值伦理学就完全站在康德纯粹(实践)理性伦理学的对立面,而最终体现为"人格主义",或更确切地说是"价值人格主义"。我们这里将首先简要勾勒一下这一现象学的价值人格主义的核心要点,并点出"自身感受3"在舍勒价值人格主义中所占有的位置(6.3.1),继而讨论他对于"自身感受3"的现象学的本质理解(6.3.2),最后通过他对"羞感"和"懊悔"的现象学分析,来分析"自身感受3"与伦理的人格生成之间的关联(6.3.3)。

6.3.1　"自身感受3"在价值人格主义中的位置

为更好地理解"自身感受"与伦理的人格生成之间的关系,这里有必要预先简要勾勒一下舍勒现象学的价值人格主义的核心要点:

第一，伦常价值善或恶依其载体来看，必须规定为人格价值（II，49）。"什么是善？"的问题并非意味着"什么是一个'善'的行动？"，而是意味着"什么是一个'善'的人格？"因此，在舍勒看来，规范伦理学的主要问题首先就不是"人们如何能'善'地去行动？"，而是"人们如何能生成一个'善'的人格？"或者"人格如何自身生成？"在此意义上，在亚里士多德和康德，或者古典伦理学与近代道德哲学（道德形而上学）的经典对立之间，舍勒在精神倾向上更偏向前者。或者以现代道德哲学的术语表述来说，舍勒的基本立场更偏向"行动者"伦理学，而非"行动"伦理学。

第二，价值人格主义宣扬的是人格的自律，而非康德意义上的理律（Logonomie）。尽管舍勒完全同意康德对"实体存在论"的人格理论的批评，按照这种理论，人格在根本上意味着具有某种能力或力量（比如理性等等）的实体或事物，但舍勒同时拒绝康德将人格与理性紧紧联系在一起的做法，或者拒绝一种所谓的"理性人格"（Vernunftperson），"人格的存在永远不可能化解为一个法则性的理性行为的主体"（II，371）。因为这种"理性人格"所指的无非是某个遵从观念法则的理性行为活动的逻辑主体，或"理性活动的 X"，这种将人格观念具体化为一个具体人格的做法在根本上就意味着"去人格化"（Entpersonalisierung），因此"理律"最终并非是一种"自律"，而是意味着对人格的极端"他律"。人格的自律根本上是指人格自身的自主性，而非对规则的合乎或遵从。同时，自律仅仅是人格的伦常重要性的前提，自律的人格本身也绝非已经是一个善的人格，因此，个体人格并非是已经完成的，而是应当不断地自身生成的，或者说，不断地朝向善的观念的人格价值本质或观念的爱的秩序去－存在的。这种人格自律最终并不排斥**伦常的'所有人格之凝聚'（Solidarität）的原则**"（II，486ff.）。

第三,人格存在之本真样式在于人格生成或人格救赎。每一个
"去－存在"或"人格自身生成"的应然(Sollen)本身都基于对客观价
值的明察,比如对伦常的善的明察,"在这个善的东西的客观本质和
价值内涵中包含着对一个个体人格的**指明**,因此,从属于这个善的东
西的应然便作为一种'呼唤'(Ruf)而向这个人格,并且仅仅向这个
人格发出,无论这同一个'呼唤'是否也向他人发出"(II, 482)。这
里的"应然"不同于康德那里的"规范的应然"或者"定言律令的应
然",而是指的"观念的应然"。前文提到的"爱的秩序的规范性含义"
恰恰就要在此"观念的应然"的意义上来理解(VII, 111)。所谓"规
范性含义"并非指爱的秩序本身就是诸规范、律则的总和,而毋宁说,
它意指着观念的爱的秩序的一种"观念的应然",即具有肯定价值的、
观念的爱的秩序应当存在,具有否定价值的、被颠覆的爱的秩序不应
当存在,"只有当客观的、真正的爱的秩序已经得到认识并与人的**愿
欲**(Wollen)相关,且由一愿欲提供给人时,它才会成为规范"(X,
347)。在此意义上,观念的爱的秩序的规范性含义构成了舍勒这里
的现象学的"规范"伦理学。

第四,人格救赎或人格生成意味着一种真正的"志向改变"(Ge-
sinnungswandel)。作为舍勒现象学伦理学的核心范畴之一的"志
向"也是由德国伦理学家(包括康德)所阐述的大多数伦理学体系的
重要部分。而在舍勒这里,人格的志向是人类理性和意志的基础,是
人格之中一切行为(包括意志行为)所拥有的"方向",它影响着一切
行为的**开端**。所谓"志向改变,它是一种伦常的进程,它永远无法为
命令所决定,也永远不会为教育指示所决定,也不会为忠告和劝告所
决定"(II, 566),它在根本上存在着一个"时机的要求"或"时机"
(Kairos),①而这种"时机的要求"或"时机"恰恰是伦理学的本质范

---

①　Alfons Deeken, *Process and Permanence in Ethics: Max Scheler's Moral Philoso-phy*, New York 1974, pp. 113－129.

畴(II,485)。

最后,存在着两种可能的志向改变的时机:1)在爱之中对榜样(Vorbild)人格性的追随,这涉及到作为榜样的陌己人格(II,560ff.);[①]2)人格的自身感受或自身价值感受,这一方面则与本己人格相关。[②] 在此意义上,某一人格既可以通过它自身也可以通过其他人格揭显出它的观念的爱的秩序或个体规定,就如舍勒所言,"每个人必定都最了解自己的救赎"是一个完全没有根据的命题(II,483)。这两种志向改变的可能的时机,在现象学的意义上同样原本,同样有效。我们将在第7.2.2节讨论通过其他人格揭显本己的个体规定的时机——榜样跟随,而在本节则将目光集中在通过自身来揭显个体规定的时机,即自身感受 3,或自身价值感受。

通过这一简要的勾勒,我们可以很清楚地看到,"自身感受 3"或"自身价值感受"构成了伦理的人格生成的一个时机,即本己方面的时机。但这一"自身感受 3"或"自身价值感受"究竟意味着什么? 它与伦理的人格生成的关系又究竟怎样? 在何种意义上,舍勒可以说,"若没有确定的自身感受和自身价值感受,人们就无法伦常地生活"?

6.3.2　"自身感受 3"的现象学本质

我们首先来看在舍勒这里,"自身感受"究竟意味着什么? 让我们从他对"自身"(Selbst)、"自身意识"(Selbstbewusstsein)和"自身

---

①　舍勒在《形式主义》中提到志向改变"只"(nur)能由对一个榜样的跟从来决定(II,566),这里的"只"是就其与外在方面而言,比如相比于命令、教育指示、忠告或劝告等,"只有"榜样跟随才有可能达到志向改变。但这并不意味着,在舍勒这里不存在内在方面的可能性,即我们这里谈论的人格的自身感受。

②　弗林斯在他关于舍勒人格问题的出色研究中,实际上既强调了榜样跟随的重要性,也强调了诸如懊悔这样的感受行为的重要性,但他并没有将这两种不同的可能的时机予以清楚的区分,参阅 M. S. Frings, *Person und Dasein. Zur Frage der Ontologie des Wertseins*, Phaenomenologica 32, Den Haag 1969, S. 81ff. 。

感受"(Selbstgefühl)的批评开始。在"论害羞与羞感"一文的"附录"（X，148-154）中，舍勒明确地批评了如下这样一种观点：通过"自身"、"自身意识"和"自身感受"来规定人格。在这里，舍勒所谈及的一般理解中的（名词化的）"自身"首先是奠基在"自我"（Ich）之上的，而"自我"或这一（名词化的）"自身"仍然还是内感知的内容，因此就还是一个"对象"。与此相对，人格在任何意义上永远都不会是对象，它是在其行为进行中的"超意识的"存在。就此而言，人格当然不通过这一（名词化的）"自身"和"自身感受"来规定，毋宁说，人格"主宰着""自身"并且也发展着"自身"（X，150f.）。显然，在此语境下，舍勒是在否定的意义上使用"自身感受"这个概念的。换言之，我们可以发现在舍勒那里"自身感受"有两个不同的用法，一个是否定意义上的与"**自我自身**"相关的"自身感受"，比如"身体羞感"等等；另一个则是肯定意义上的与"**人格自身**"相关的"自身感受"，比如"精神羞感"等等。我们这里先把目光停留在否定意义上的"自身感受"上。

事实上，在我们看来，舍勒此处的批评性论述是不指名地针对爱德华·封·哈特曼的。我们可以通过舍勒在《形式主义》中一个明确的批评来确证这一点。在那里，舍勒宣称，爱德华·封·哈特曼在他对这个问题的"敏锐的，然而是纯粹辩诡的研究中"预设了"人格性的本质建基于'自我'之上"（II，396）。[①] 随后，在论述自己的人格概念与人格主义伦理学的其他形式的关系的章节中，舍勒再次不指名地

---

① W.哈特曼在其富有启发性的论著中较为全面系统地梳理了舍勒和爱德华·封·哈特曼之间的精神关联，他既关注了我们上面提到的舍勒在"人格"和"自身"之间做出的区分，也讨论了这里舍勒对爱德华·封·哈特曼的明确批评，但令人遗憾的是，他没有将之联系起来，而且他也完全忽视了舍勒和爱德华·封·哈特曼在"自身感受"问题上的关联，参阅 Wilfried Hartmann, *Die Philosophie Max Schelers in ihren Beziehung zu Eduard von Hartmann*, Düsseldorf 1956, S. 59ff., 68f.。在舍勒本人的著作中，直接提及爱德华·封·哈特曼的地方超过 70 处，而较为集中论及爱德华·封·哈特曼的段落可以参见：V，185ff.，223ff.；VII，72-79，275-279。

批评了爱德华·封·哈特曼。舍勒将他自己的现象学的伦理学人格主义的出发点描述为："人格的每个可能价值增长的本质都在于：它**从不有意地意指**它自己的伦常价值"（Ⅱ，497）。因此，任何朝向可能的、本己的"自身敬重"的观点，任何一种"伦常骄傲"，任何一种对本己"尊严"的有意指向在根本上都会与"人格价值才是最高的价值"这一原则相违背。

　　舍勒这里所谈论的"自身敬重"、"尊严"或者"伦常骄傲"都被爱德华·封·哈特曼归为"道德方面的自身感受"。在哈特曼看来，"由于人意识到他自己是一个伦常的人格性，由于他在其人格性的伦理特征中认知他的人格价值的最纯粹的和最关键的尺度，因而在他知道自己是这个最高价值的承载者时会在他心中生发出一种舒适感受，并且会生发出在任何情况下都维持这个价值的努力。"①而伦常的"自身敬重"就是建立在这个伦常自身感受的基础上，就体现为一种"伦常自身敬重的舒适感受"；所谓的"伦常骄傲"，亦即对自身作为伦常人格性的骄傲，则是这样一种伦常自身敬重的舒适感受"与那种保持此敬重不被玷污并避免它受到任何可能干扰与损害的努力相结合"的产物；伦常骄傲的外部显现就是所谓的"伦常尊严"。

　　简单而言，爱德华·封·哈特曼对"道德方面的自身感受"的规定以及舍勒对之的批评主要体现在两个方面：首先，这种自身感受都与本己的人格性相关，"敬重"、"骄傲"或"尊严"最终都是基于本己的人格性，我因自身的人格性而自身敬重、自身骄傲，进而因人格的价值性而获得尊严。但这种本己人格性最终建基于"自我"或（名词化的）"自身"之上，即我将人格性视为我自己的人格性来加以审视，在

---

　　①　Eduard von Hartmann, *Phänomenologie des sittlichen Bewußtseins. Prolegomena zu jeder künftigen Ethik*, a. a. O., S. 156/S. 32f..

这种审视中，人格或人格性本身已经被对象化。所谓人格，在爱德华·封·哈特曼看来，就是一种能够对自身说"我"（Ich）的存在物。而在舍勒看来，"说我者"仅仅是"心灵"的标记，而非"人格"的标记，[①]于此他再次重复了他反复强调过的观点："作为所有可能行为的具体主体的人格之本质（有别于自我、心灵、身体）就在于：**永远不能成为对象性的**，即使它会仅仅因为一种欺罔而以为自己成为了对象性的"（II，498）。

其次，正是由于前一点，这种道德方面的自身感受尽管与人格价值相关，但却被哈特曼视为一种"舒适感受"，因而它们在根本上就贬低了人格自身的价值，更确切地说，将"人格价值"本身贬抑为一个"状态价值"，按照舍勒的价值等级法则，人格价值本身要高于一切物事价值和状态价值，因此"人格愿欲对其本己价值的不意指才是它的**实际**可能价值的基础"（II，495）。人格价值本身一旦在所谓的"道德方面的自身感受"中被愿欲或被意指乃至于被"维持"，这恰恰就意味着一种自身贬损，因而也就无法得到真正的实现和增长。换言之，在舍勒这里，人格本身的不朝向自身性（人格的不可对象化性）和人格对其本己价值的不意指（人格价值的不可愿欲性）在本质上是统一的。

舍勒这里的意思当然不是说，人们完全不该为自己的人格性而骄傲，人们不该去追求崇敬、功绩或尊严，而是说，这一切本身一旦被去追求，那么它们就是一种"物事价值"或"状态价值"，因而不可能是"最高的价值"。如若人们把自己的道德价值当作最高价值而为之骄傲并去追求时，这种骄傲便会是"魔鬼般的骄傲"。因此，天使在这里

---

① Wilfried Hartmann, *Die Philosophie Max Schelers in ihren Beziehung zu Eduard von Hartmann*, a. a. O., S. 125.

就"堕落"了,人格自身的价值也就被贬损了,对人格价值本身的追求
也最终会堕落为一种"法利赛人的游戏"(II,191f.;III,19)。在舍
勒的价值理论中,价值通过愿欲和行动的可能可实现性与这些价值
的更高位置本质上处在一种成反比的关系中,人格价值本身的实现
和增长"恰恰是它**不**直接朝向自己的作用的(无时间的)**结果**,即不是
一个被意指的内容"(II,498)。

　　所以,不同于爱德华·封·哈特曼将自身感受建基于对象性的
自我或自身之上,舍勒将"自身神圣化"(Selbstheiligung)①、"自身完
善化"等等理解为"**人格**自身的救赎、完善化"。换言之,"自身感受"
在舍勒这里最终建基于人格本身,"自身"不再与"自我"绞缠在一起,
而是意味着"人格自身"②,在此意义上的人格的"自身神圣化"或"自
身救赎"和"自身完善化"恰恰遵循着两点本质规定:即人格自身的不
可对象化性,以及人格价值本身的不可愿欲性,"对于这些价值的**必
然**实现恰恰就是**不**通过愿欲来**意指**它们"(II,499)。

　　因此这种意义上的"自身感受"也被舍勒看作"人格的精神感
受"。这种人格的精神感受永远都不可能是状态性的,在其中,所有
"自我状态性的东西就已经像是消失殆尽了"(II,344)。如我们在
第4.3节已经讨论过的那样,舍勒也将"极乐"和"绝望"当作与这种
"人格的精神感受"功能相对应的"感受状态"(Gefühlszustände)。
我们可以将之作为例子来进一步理解这种人格的精神感受的现象学

---

　　① 需要注意这里的"神圣化"(Heiligung)和"救赎"(Heil)之间在词根上的内在联
系。

　　② 这也很可能是舍勒很少直接使用"自身感受"这个概念的原因,因为"自身"总是
摆脱不了它与"对象性"、与对象化的"自我"之间或强或弱的关联性,而在舍勒这里,"人
格"则永远不能被对象化。但在本书的语境中,"自身"与"自我"被严格区分开来,此处的
"自身"首先意味着"人格自身","自身"不再与一个"自我"相关,而是与一个"源初的事实"
相关。

本质特征。

　　按照舍勒的说法,这种人格的精神感受是**绝对的**感受,它并非是相对于人格之外的价值状况或者相对于这些感受的动机引发力量。比如,只要我们还能把握并且还可以说出,我们"为之"极乐或绝望的某物,那么,我们在根本上就还不是极乐或绝望的。只要这些绝对的感受"在此",它们就"仿佛是从人格的核心出发**充实着**我们的实存和我们的'世界'的整体。而后我们便只能'是'极乐的和绝望的,而不能——在严格的意义上——'感受'极乐和绝望,遑论感受'我们'是极乐的和绝望的"(II,345)。换言之,这种精神感受要么不被体验到,要么就占据着人格存在之整体,因此它们就构成人格存在之**具体的人格**"自身感受",而非**抽象地**对极乐或绝望这样的"感受状态"之(功能性地)感受,更不会是抽象地将这样的人格的精神感受归派给某个"自我"或"我们"。在极乐和绝望中,实际上隐藏着在我们人格实存与我们世界之核心中的"情感性的是/否的两极性"。[①] 因此,在根本上可以说,作为人格的精神感受的"自身感受"在舍勒这里最终相关于人格的具体的本质性,因此也就涉及到动态的人格现象学,而不仅仅涉及静态的价值－感受现象学。

　　就静态的价值－感受现象学的本质描述而言,"恰恰是精神感受构成了人格存在本身之伦常价值的相关项",作为原初地把握这一"神圣"价值的行为——爱的行为,它的本质即在于,"朝向人格,即朝向某种具有**人格存在形式**的东西,……在'神圣'价值领域中的自身价值因此在本质法则上是一个'**人格价值**'",因此,这种人格的精神感受实际上也是"形而上学的和宗教的自身感受"(II,126,345)。

---

　　①　关于这一点,可以对比我们在第 5.2 节讨论过的、图根特哈特所提及的"实践命题的是/否两极性",也参阅 E. Tugendhat, *Selbstbewußtsein und Selbstbestimmung*, a. a. O., S. 295。

这里也可以预先指出，就如舍勒本人已经强调的那样，在相关于"神圣价值"这一层级的感受与价值之间的本质相关性本身"完全不依赖于……所有宗教－形而上学诠释"，这已经涉及到对舍勒的现象学的人格主义的总体评价，我们在后面还会再回到这个问题上来。

概而言之，"自身感受"在舍勒这里最终意味着一种人格的**具体的精神感受**，就此而言，它是绝对的，非状态性的，它充斥着人格存在之整体，因而根本上不会将之对象化，它还意味着隐藏在人格核心之中对人格之实存的"情感性的是/否两极性"；[①]另一方面，从**抽象的**本质性来看，"自身感受"在根本上又意味着一种"自身价值感受"（Selbstwertgefühl），即人格自身价值之感受。而构成这种"自身价值感受"之基础的，恰恰是"人格本身的存在和其自身价值"，这也在一定意义上确认了"具体的本质现象学"或"动态的人格现象学"与"抽象的本质现象学"或"静态的价值－感受现象学"之间的奠基关系。

6.3.3　作为"自身感受3"的"羞感"和"懊悔"

舍勒将作为人格救赎之时机的人格的精神感受称为"形而上学的和宗教的自身感受"，他也对这类具体的人格的"自身价值感受"展开了现象学的描述分析，比如，对精神羞感（das geistige Schamgefühl）、作为精神羞感的敬畏（Ehrfurcht）、懊悔（Reue）以及恭顺（Demut）等等的分析。在本节中，我们将主要通过对"羞感"（更确切地说是"精神羞感"）和"懊悔"的现象学分析来讨论"自身感受3"与伦理的人格生成的本质关联。

---

①　我们在下一节会看到这种对人格之实存的"情感性的是/否两极性"在人格生成或人格的去－存在中扮演着重要的角色，即我们已经提到过的，它可以称为"志向转变的时机"。

在舍勒看来，"羞感是对我们自身的感受的一种形式，因此属于自身感受的范围"，在任何一个羞感行为的发生中都存在着引发羞感的"原动力"——"回返自身"（Rückwendung auf ein Selbst）。比如，一个非常害羞的女子，当她赤身裸体地作为"模特儿"在画家面前，或作为"病人"在医生面前，甚至作为"女主人"在服侍其入浴的仆人面前，她都几乎可以丝毫不感到害羞。但当画家不再将她视为"模特儿"、医生不再将她视为"病人"，仆人不再将她视为"女主人"，亦即当她感受到她不再作为"**普遍的**"对象（模特儿、病人、女主人），而是作为一个"**个体的**"对象而被给予时，"回返自身"便会发生，进而她才会感到羞感。同样的，当一个非常害羞的女子作为"情人"（独一的个体）赤身裸体地在自己的爱人面前，却感受到他并未将自己视为一个独一的个体时，"回返自身"也会发生，进而引发羞感。因此，这里存在的本质关联就在于：当人们所体验到的他人注视的目光或者精神意向与自己所预期的意向发生冲突时，羞感的原动力——"回返自身"便会被引发，进而才会有羞感行为发生（X, 78ff.）。

也正是基于这一点，羞感就不仅仅是一种自身感受，而且是一种个体的自身－保护感受（Schutzgefühl）。羞感恰恰是一种针对普遍化领域的对个体及个体价值的一种自身－保护感受，如针对情人对自己注视之目光的向"普遍化"的转移或者画家、医生、仆人对自己注视之目光的向"个体化"的转移，"回返自身"以及其后的羞感将阻止这种与自己预期意向相冲突的注视目光的继续，以保护个体自身以及个体的价值。但尽管如此，这却绝不意味着，羞感始终只与害羞者的个体的自身相关。所以，"羞感是对**个体自身一般**——它并不必然是对**我**的个体自身，而是对一种总已被给予的自身，无论在我之中或是在他人之中——的欠罪感（Schuldgefühl）"（X, 81）。

概而言之，我们可以将舍勒所谈论的"羞感"行为一般（一种自身感受)所具有现象学的本质特征概括为三个方面：首先，在静态的价值-感受现象学中，羞感作为一种自身感受行为，始终具有意向性的特征，它的意向相关项是价值；其次，羞感在本质上"是使个体'回返自身'，并面对一切普遍之物的领域而进行个体自身保护的必要性的感受"(X，90)，换言之，羞感始终相对于"普遍性"而与"个体性"的维护有关(X，149)；第三，羞感所关涉的总是个体的肯定的自身价值(而与否定的价值无关)，而且所指明的总是"**将来之物**的价值，而不是现存之物的价值"(II，343f.)，也就是说，作为"爱的助手"，羞感与爱一样，并非只关注已被给予的现存在手的价值，而是意向一种比现存价值更高的潜有价值或将来价值(VII，159f.)。因此在羞感中，总有某种观念的"应然"与"实然"的矛盾冲突，或者说是两类不同层级的价值(更高的将来价值与较低的现存价值)的冲突自身被给予。

从这种对羞感的本质规定中，舍勒区分出羞感的两种根本不同的形式或类型：1.身体之羞或生命羞感；2.灵魂之羞或精神羞感。这两种形式的羞之感受行为并不能相互还原。在身体之羞或生命羞感中，构成对立的是指向生命价值的生命之爱(或生命感受)与指向适意价值的感性感受的本能冲动这两种意识等级，以及生命价值与感性价值这两类价值。而在灵魂之羞或精神羞感中，构成对立的则是指向精神价值的精神或灵魂之爱(或精神感受)与指向生命价值的生命本能冲动这两种意识等级，以及精神价值与生命价值这两类价值(X，90)。

我们这里将把注意力集中在"精神羞感"上。[①] 舍勒并未详细描

---

① 有关舍勒羞感现象学更为详细的讨论，参阅拙文"舍勒的羞感现象学"，载《南京大学学报(哲学·人文科学·社会科学版)》，2007年，第3期。

绘过精神羞感,但在其著作或手稿中,他曾多次将"敬畏"(Ehr-furcht)视为精神羞感的基本种类或形式(X,72,89f.;III,28f.)。因为我们既可有对神和世界的敬畏,也可有对本己自我与他人自我的敬畏,因此,相对于后者属于纯粹心灵感受的层级而言,前者则属于人格的精神感受的层级,它在根本上是一种"形而上学的和宗教的自身感受"。在此感受中,那无敬畏感者所未见到的、视而未见的东西——即事物之奥秘、事物存在之价值深度——才被给予我们。恰恰是敬畏才使我们摆脱生命本身的现存状态或现存价值而朝向更高的神圣价值。我们在这种作为人格的精神感受的敬畏中"内觉察"(innewerden)到,"我们自己也立即直接地知道(wissen),我们在经历这种对神性-精神性的存在和生活的**参与**(Teilnahme),这种神性-精神性的存在和生活正顺着那些可见的精丝细线匆匆进入事物的不可见深处,为我们揭开一切至今还对我们隐藏着的宝藏,并指引我们前去"(III,28)。在这段引文中,我们可以很清楚地看到"自身感受"的三种不同的哲学含义之间的内在关联性:在作为人格的精神感受的敬畏("自身感受3")之行为进行中,我们可以"直接地知道"这种存在论式的"参与"("自身感受1"),而恰恰是这种神性-精神性的存在和生活将为我们揭开价值的深度并引导我们朝向观念的价值存在去-存在或去生成("自身感受2")。

　　舍勒也将敬畏视为一种"德性"(Tugend),而所谓"德性"就是直接被体验到的**力量**意识:去做一件所应之事。也就是说,德性意识产生的前提是:"一个作为(观念)所应的被给予之物也直接作为一个'所能之物'而被给予"(II,213),即"观念的应然"(ideales Sollen)与"能然"(Können)的一致。而一切"规范的应然"或"义务的应然"只有在"观念的应然"同时通过一个追求而在其可能的实现方面被体验到时才出现,所以"德性学说先于义务学说"(II,50),道德律令和义务不过是弥补德性缺乏的非个体性的替代品。另一方面,"一切应然都必须奠基在价值之中,即：唯有价值才应当存在和不应当存在"(II, 100)。在此意义上,敬畏这种"自身感受 3"就获得了实践的"规范性"的意义,尽管是一种"观念的应然",而且最根本的还是观念的价值本质或观念的爱的秩序之应然。① 在这种人格的精神羞感或敬畏中,人格自身救赎的可能性得以彰显,或者也可以说,这种人格的精神羞感构成了本己人格自身救赎或人格生成的可能的时机。②

与羞感总是关涉个体的肯定的自身价值不同,"懊悔"总是指向否定性的价值。在羞感中,还总是存在着一种"令人失望的"自身之爱③的因素,懊悔则具有更为深层的含义(X, 149),懊悔是一种良知的动荡(Gewissensregungen),而这种"良知动荡则与一种不可见的秩序以及在此秩序中居主导地位的一个精神－人格性的主体具有意义关联"(V, 29)。这意味着,在懊悔中,总是有一个精神性的超越的或神圣的人格自身被给予,它在整个秩序中居于主导地位,而且恰恰与此秩序及其主体相关联,懊悔才具有一种"审判"的功能,即对我们生命的过去进行审判。但在本质上,懊悔不仅仅具有一种否定性的、谴责性的功能,同时也具有肯定性的、解放性的和建构性的功能(V, 30)。

---

① 我们在后面的第 7.5 节还会更为详细地讨论有关"观念的应然"的问题。

② 关于羞感与人格教化或人格生成在舍勒和孟子思想中的关联,参阅拙文„Scham und Bildung mit Bezug auf Menzius und Scheler", in: Hanna-Barbara Gerl-Falkovitz, René Kaufmann & Hans Rainer Sepp (Hg.), *Die Bildung Europas. Eine Topographie des Möglichen im Horizont der Freiheit*, Dresden 2012, S. 131－142.

③ 这里的令人失望的自身之爱实际上并不是指作为"自身感受 2"的真正的自身之爱,而更多是指一种"本己之爱"(Eigenliebe)(X, 353f.)。这种令人失望的自身之爱在这里所指的无非是一种"个体的自身保护感"(X, 80),如我们前面所提及的那样,这里的"自身"是否定意义上的**自我**"自身"。

从斯宾诺莎经康德到尼采,所有对懊悔的解释与非难,均建立在误解之上,懊悔既不是灵魂的负累,也不是自身欺罔,更不是对不可改变之过往的徒劳干预。实际上,从纯道德角度看,"懊悔是灵魂**自身神圣化**的一种形式,甚至是重新赢获灵魂失去的力量的唯一途径"(V,33)。在宗教意义上,人们甚至可以说,懊悔是神赋予灵魂的一种行动,以便灵魂在疏离神时,重返神的怀抱。

对懊悔的本质产生误解的主要原因之一是对于个体精神生命内在结构的错误观念。事实上,在个体精神生命之中,每个个别的不可分的暂时生命瞬间都与客观时间中的一个不可分的点相对应,个体生命与人格整体的结构观念同在当下。其自身具有三维的划分:现时、过去和未来,其给予性由现感知体验、直接记忆与期待构成(V,33ff.)。换言之,每一人格之行为进行的当下总是具有"厚度"的。对于个体生命来说,个体人格不仅支配着自身的未来,其过去的生命体验事实就其意义和价值而言都可改变,从而通过某种新的编织将其作为部分意义而引入个体精神生命的整体意义;尽管过去的自然事实本身不可改变,只要我们过去的生命体验未曾发挥其一切可能的效应,它的价值就尚未**完成**,其意义就未完全确定。在个体生命的每个时刻,个体过去的每个部分都处在个体的强力范围内,对个体的总体意义和价值产生效应。因此,懊悔首先意味着对个体过去生命体验的反身自省,由此而赋予此过去一新的意义和价值而将之纳入到个体生命的总体意义之中。所以,懊悔并不是一种对过往的无意义的徒劳的干预。

根本上,懊悔是一种意向性感受行为,总是对什么的懊悔,总是有所懊悔。懊悔的意向相关项就是一种"欠罪",它指向那种积压在人身上的罪过。懊悔行动总是通过否定并遏制罪过之根,而将其驱逐出个体人格核心,使人格获得救赎。舍勒在此区分了**行为懊悔**

（Tatreue）和**存在懊悔**（Seinsreue）。① 所谓行为懊悔只指个体对某一特定行为而使人格由于该行为而负罪的懊悔，并非是对该行为的直接懊悔，而是针对行为之欠罪。在此之中，欠罪总是体现为一项过失，一件恶行，从实际上讲，它不可能被懊悔消除，懊悔不能消除既成事实的罪过。而与此相对，存在懊悔则针对人格之欠罪，它能够根除罪过的后续作用和持续发生，从而根除罪过的根子，砸碎人与世代积聚的罪过之间的锁链，正是通过它，生命的新的无罪之开端成为可能（V，39ff.）。

真正的懊悔行动促成一直向善的决心，更促成一种真正的志向改变，甚至促成一种个体的整个人格存在的**聚集层次**的转变。在懊悔行动中，一种更高的观念性或理想性生存方式显现在眼前，因此懊悔提高了道德存在的层次，通过懊悔，个体自我达到其可能达到的理想形态，并在向上攀升的过程中俯视已遭摒弃的过去的自我。懊悔具有真正的"**皈依忏悔**"的特征，它可使个体获得新的向善决心，进而有更为深刻的志向改变，以致一种个体人格的整体转化——"重生"。（V，42）

懊悔从一开始就具备了"一颗**新心**的蓝图"，懊悔摧灭，是为了创造；懊悔破坏，是为了建构。换言之，在懊悔中正确的、真正的"心之逻辑"或"心之秩序"或者观念的"爱的秩序"才有可能得以生成。人格恰恰在这种作为"我们－自身－体验"（Uns-selbst-Erleben）的懊悔中，获得对其本己个体人格的完整"自身－理解"，一种"观念的"、更高的实存方式才向人格自身揭显，本己个体人格便"得到"一个"呼

---

① 参阅 M. S. Frings, *Person und Dasein*, a. a. O., S. 69；以及参阅刘小枫："舍勒论在体、身体、负罪之在和信仰之在"，载刘小枫：《个体信仰与文化理论》，成都：四川人民出版社，1997 年，第 200 页。

唤",从而获得一个朝向观念的价值本质去－存在或人格生成的时机。①

　　而这样一种懊悔决心,在舍勒看来,已经预设了"恭顺"(Demut),这种恭顺在根本上对那种将灵魂围于它的自我位置和当下位置的天然的骄傲予以抵制(V,38)。恭顺,在舍勒这里无非意味着一种自愿的"自身贬抑"(Selbsterniedrigung)、"自身屈尊"(Selbstverdemütigung)或者"人格的自身阻抑"(Selbstausschaltung)(III,25;V.89)。② 而这无非意味着,人格自身永远不通过愿欲来意指它自身的价值。在精神羞感、敬畏、懊悔之中,人格总是或者是通过对现存价值的不予关注,或者是通过对过去价值的否定,进而不去愿欲自身价值的实现,从而才有可能在更高的价值的自身彰显中获得对自身"个体规定"的完整理解,也才有可能获得"人格救赎"、"人格神圣化"、"人格完善化"或"人格生成"的时机。而这样一种精神羞感、敬畏、懊悔或恭顺等等具体的人格的"自身感受"也成为人格救赎的"技艺"(Technik),它们先行于任何的律令或所谓的道德教育。在舍勒看来,在通过**本己人格自身**揭显"个体规定"或观念的爱的秩序的维度上,恰恰是这些人格的精神感受或自身价值感受,才真正能够回答"人格应当如何去－存在?"或"人格如何自身生成?"的问题。

　　概而言之,舍勒的人格现象学体现出不同的层次,同时展现出丰富的内涵。不同于一般认识论或意识哲学意义上的"自我",也不同

---

　　①　懊悔不仅是个体灵魂之中的事物,同时也是一种社会历史的总体现象。这里不再展开。

　　②　参阅 Scheler, *BSB Ana* 315 *B II* 64, S. 55ff., in: Max Scheler, *Philosophische Fragmente aus dem Nachlass*, a. a. O., S. 354。

于基础存在论意义上的"此在"，舍勒人格现象学中的"人格"始终涵有着三个层级：即"知识论的"、"存在论的"和"伦理学的"层级，但根本上，舍勒人格现象学又体现为人格－存在的现象学或者人格的"存在论－现象学"，因此这三个不同的层级又可以表述为："存在论式的知识论的"、"实存－存在论的"和"存在论－伦理学的"，在此意义上，人格的存在论－现象学本质也就体现在人格的"此在"（Dasein）、"如在"（Sosein）和"价值存在"（Wertsein）三个方面，最终它们都统一于"人格－存在"（Personsein）。

人格是不可退避的主体性，或者舍勒意义上的、作为一切不同行为本质之统一的"具体的主体"，它葆有其自身的同一性。通过前概念的、直接的、非对象化的、伴随性的"自身－体验"以及作为"存在参与"的"一同飘荡着"的存在论式的反思的知识，人格自身被给予自身。人格永远不能被对象化、永远不是物、永远不是静态的实体，而毋宁说，它作为动态的"行为实体"，有"厚度"地生活在它的每一个生命－亲历之中，并且通过当下的"自身认同化"获得其自身的同一性。在此意义上，我们可以说，就其**"此在"**而言，人格在存在论式的知识论层面上的"自身感受1"中自身被给予。

人格的存在样式是"人格生成"，或者更明确地说，朝向观念的爱的秩序或观念的人格价值本质的去－存在或"人格救赎"。人格最终通过"自身之爱"与绝对存在以及本己存在相联系，正是基于此，人格对自身的观念的价值本质或"个体规定"的"自身－理解"才得以可能，由此，人格才有可能在存在论的"实践的自身对自身之行事"中朝向观念的爱的秩序的自身生成。所以，就其**"如在"**而言，通过"自身感受2"，人格得以自身－理解其观念的价值本质或者其个体规定，并在"自身规定"中"实存"或"自身生成"。

人格的救赎或"自身神圣化"、人格生成需要"时机"。作为伦理学的"实践的自身对自身之行事"的人格的精神感受或自身价值感受，比如精神羞感、敬畏、懊悔、恭顺等等，恰恰就体现为一种人格自身救赎的"技艺"、一种真正的人格志向改变的时机、或者一种人格生成的"可能性"。简言之，就其**"价值存在"**而言，人格恰恰是通过"自身感受3"去－存在或自身－生成。

据此，我们可以看到，舍勒的人格现象学对人格释义史中展现出来的困难和争论给出了自己的回答。通过静态的、抽象的现象学和动态的、具体的现象学分析，人格的本质才真正得以呈现，基于此，我们可以将舍勒的人格现象学视为人格理论的新的深入和拓展。

另一方面，相对于传统的（广义的）自身意识或自身关系理论，舍勒的人格现象学也申明了两个基本论点：1)主体性的不可退避性，或者更确切说，一种非置身于传统主－客体模式中的主体性、非对象化的主体性、或作为具体行为进行之统一的主体性的人格的不可退避性，2)人格的"自身关系性"，无论是以存在论层面上的，或是以实践哲学或伦理学层面上的实践的自身对自身之行事的方式。在此意义上，我们完全有理由说，舍勒的人格现象学也是对传统自身意识或自身关系理论的推进和发展，一种既非语义学的，也非语用学的，而是现象学的推进和发展。

但是对于"人格自身关系性"的强调绝不意味着，在舍勒这里，人格的生成只与本己人格"自身"相关，事实上，这恰恰是他的人格主义不同于一般的个体主义的地方，如何理解他的人格主义，这是我们下一章的任务。

7.舍勒质料价值伦理学的第二层次：现象学的规范伦理学

"即使是一个臆想出来的认识论的鲁滨逊,他也会在对某些共同构造出一个人格一般的行为种类的那些缺乏充实的行为之体验中共同体验到他的这种在一个社群单位中的成员状态"(II,511)。

"伦理学最终是一个'该死的血腥事实',而如果它不能给我以指示,即指示'我'现在'应当'如何在这个社会的和历史的联系中存在和生活——那么它又是什么呢?"(II,591)。

在上一章,我们分析了舍勒的人格现象学。简单而言,人格的本质就在于人格生成或者去-存在,可以说,这构成了舍勒人格主义的核心。围绕这一点,我们可以在多方面展开追问,比如,围绕着"人格"可以问:到底是什么样的人格呢? 人格与我们通常谈论的个体是什么关系? 进而它与共同体的关系又怎样? 围绕着"生成"则可以问:究竟如何生成呢? 更根本的,人格为何要如此这般地去-存在? 有没有一个"尺规"(Maßstab)? 如果有,这样一个"尺规"何以成为"尺规"? 说到底,这个"尺规"的"规范性"意义何来? 人们为何要循此尺规而生活?

围绕着"人格"而提出的问题,可以看作是对人格存在问题的进一步追问,人格首先是个单个的存在吗? 它总是由它自身出发而去建构其他人格和世界？或者它本来就不是单个的？这样的问题归结起来说就是，本己人格究竟以什么样的一种方式与其他人格乃至与共同体发生关联，但甚至这样从俗的提问方式已经是不合适的，因为这里似乎已经预先隔开了本己人格和陌己人格，隔开了个别人格和总体人格。或者我们还是应该直接追问：人格的存在究竟是怎样的？舍勒自己将这样的一种追问称之为"本体"（ontisch）的问题（VII, 211f.）。

通过对"自身感受"的引入，我们强调了人格的自身关系性，但这是否意味着，人格首先要自身相关，而后才与其他人格相关？人格的自身关系性是否具有绝然明见的优先性？本己人格和陌己人格的关系怎样？陌己人格在本己人格之生成中扮演什么样的角色？更进一步，个别人格与总体人格的关系又如何？我们将在第7.1节首先跟随舍勒颠破传统意义上的"自身"或"本己"（相对于他人、相对于共同体的）**优先性**的神话，随后在第7.2和7.3节分别讨论陌己人格和总体人格的问题。只有在此基础上，我们才可以理解舍勒最终的立场：即坚持一种既不同于个体主义，也不同于普遍主义的凝聚主义，我们也才可以来进一步检视其得与失。

围绕"生成"而提出来的问题，已经涉及到一门"规范"伦理学了，换言之，已经涉及到："我"究竟"应该"如何存在和生活呢？我们将在第7.4节讨论，由"人应该如何生活"之中的"人"到"'我'应该如何生活"之中的"我"的转变究竟意味着什么？而后这个"我"又是如何存在和生活的？在第7.5节将去关注这里的"应该"何以为"应该"，"尺规"何以为"尺规"？这个"我"为何要循此"尺规"而存在和生活？

7.1　人格的本己个体性与自身认识的偶像

我们前面提到过，舍勒曾批评了康德对于"先天"的两个肯定性的规定,其中之一就是严格的普遍性。在舍勒看来,先天或者本质在根本上与"普遍性"无关,"本质性本身既不是一个普遍的东西,也不是一个个体的东西。正因为此,也有一些仅仅在个体之物中被给予的本质性"(II,481)。这一规定体现在人格层面就意味着,我们完全可以来谈论一个人格的个体本质,或者说谈论一个人格的个体的价值本质。在此意义上,舍勒批评像康德那样的"理性人格"论者,将人格湮没在"普遍的"理性之中,将"个体人格"视为一个单纯的语词矛盾,但这实际上"天生就已经与一种去人格化(Entpersonali-sierung)的做法沆瀣一气了"(II,371)。与此相对,舍勒坚持一个可现象学地把握到的本质联系,即"每一个有限人格都是一个**个体**,并且是作为**人格本身**便是这样的个体"(Ebd.)。①

我们在上一章还提到,舍勒将"人格救赎"视为人格的价值本质,并且将"一个个体人格的救赎"看作最高的善,而且这样一个善在根本上既是"自在的善"(Gute an sich),同时又是"为我的"(für mich)。舍勒这里使用了一个表面看起来有些矛盾的术语"为我的自在的善"(An-sich-Guten-für-mich)来标识这样一种善,并且坚持宣称,它并不含有任何逻辑矛盾。所谓"自在",是指这个善是完全不依赖于我的知识的,说得更明确些,这个善不会依我对它的知识而变更,它自身是绝对的。但这当然不是说,这个善无法被我把握到,事实上,它恰恰在向我呼唤,就此而言,在我对之把握的同时我还一同体验到一个它对我的"指明"或示意,而且这种"指明"或示意恰恰就是指向我的。因此,这样一个善的质料内涵就"向我指示了一个在伦常宇宙中的**特有**位置,并且它其次也向我提出行动、做、事功的要求,

_____

① 这里的"个体"(Individuum)当然要和"个别"(Einzel)区分开来,我们在后面的第7.3节还会再回到这一对舍勒来说至关重要的区分上来。

它们在我们表象它们时都向我呼唤：'我是为你的'并且'你是为我的'"（II，482）。因此它就既是"自在的"，同时也是"为我的"。

而对这种个体人格的观念的价值本质的完整理解要基于自身之爱，自身之爱就意味着使人格之个体规定或人格之救赎得以揭显的行为。根本上说，这样一种揭显又需要"时机"，我们在上一章特别描述了这样一种时机：即作为人格的精神感受的自身感受。问题看起来已经比较圆融，借助于**自身**感受（不仅是自身感受 3，也还有自身感受 2），我们得以完整理解我们**自身**人格的存在本质，进而去听从"**为我**的自在的善"的指明而**自身**生成。一切都显示出，通过这几个"自身"或者"我"，舍勒对人格的**本己**个体性的强调得以彰显，似乎"自身"在这里再一次扮演了决定性的作用，似乎舍勒再一次遵循了笛卡尔以来的传统，即坚持内在性的绝对明见性和优先性，并将之运用到这里的伦理学领域。

然而，舍勒只会接受上述判断的前半部分，即"自身性"，或者更确切地说，人格的自身关系性具有绝对原初的地位，但是他绝不会接受后半部分，即自身关系性具有绝对的优先性。换言之，"自身关系性"尽管是绝对原初的，但这并不意味着它就一定优先于"陌己性"或者"人格的陌己关系性"，也就不意味着"陌己性"本身一定是非原初的，舍勒根本上强调的是，这二者是同样原初的。将"陌己性"提升到与"自身性"一样原初的地位，这是一个看似简单实则困难的"一跃"。这一跃早在他第一部带有现象学烙印的著作中就已经做出，并且在我们看来，这一跃决定性地规定着他现象学时期几个重要思想进路的展开。舍勒自己为完成这"一跃"，先后给被他"跃过的此岸"起了两个名字："自身欺罔"（Selbsttäuschung，1911 年）以及"自身认识的偶像"（Die Idole der Selbsterkenntnis，1915 年）。① 无论是哪一个

---

① 如无特别说明，这里的引文依据后来收入《舍勒全集》中的 1915 年版，只是在特别需要突出年份的地方，我们才标出版次的区别。

都显示出，要被跃过去的无疑是"自身"之神话。

这篇最初于 1911 年发表、首次带有清晰的现象学印记的论著"论自身欺罔"，在 1915 年被舍勒大幅扩充后更名为"自身认识的偶像"而收入《文章与论文集》出版，并非不重要的是，这部论文集还被冠以一个界定论题的标题："价值的颠覆"(*Vom Umsturz der Werte*)，我们后面会回过来看这里面的关联性。遗憾的是，这篇堪称舍勒"现象学的宣言书"在有关舍勒这一时期现象学思想的研究中至今没有得到与其本身意义相称的重视。

限于篇幅，我们这里当然也无法详细展开对这一论著的全面研究。① 这里只能围绕我们的论题谈论以下三个方面：1）什么是"欺罔"？2）什么是"自身欺罔"？3）"自身欺罔"的表现和根源是什么？但是笔者相信，通过对这三个问题的回答，自身欺罔问题在舍勒现象学时期所扮演的重要角色将得以展现。

首先，什么是"欺罔"？ 舍勒在该文开篇就在对相关概念的区分中界定了"欺罔"的本质。一方面，欺罔与"真-假"(wahr-falsch)无关，因为后者属于命题和判断句的范畴，我们可以说一个判断句是真的或假的，但不能说它是欺罔的；另一方面，期罔也不是在"对-错"(Recht-Irrtum)的意义上说的，因为后者主要涉及判断和推论行为，我们可说一个判断行为是对或错的，但同样不能说它是欺罔的。欺罔在根本上处于"前逻辑"的领域，它与"直观之物"相关(III，225)。欺罔的根本对立面是"自身被给予性"，但是这里预先要注意的是，这个"自身被给予性"中含有的"自身"与舍勒所说的"自身欺罔"中的

---

① 有关这一问题的专门研究可以参看 Michael Schäfer, *Zur Kritik von Schelers Idolenlehre. Ansätze einer Phänomenologie der Wahrnehmungstäuschungen*, Bonn 1978。但该论著尽管不乏善解，却并没有从整体上清理"欺罔"以及"自身欺罔"在舍勒思想中的重要位置。

"自身"并非同一个意思，确切说，"自身"欺罔的对立面应该是"自身"的"自身被给予性"。换言之，我们可以称一个直观是"自身被给予的"或者"欺罔的"，也可以说对"自身"的直观或认识发生了欺罔，或仍然是"自身被给予的"。

很可能是出于对这种可能导致的误解的担心，舍勒在1915年不再直接用"自身欺罔"这个标题，而是改用"自身认识的偶像"，后者也可以表述为"自身认识"之欺罔。与人们常常将"真－假"称作一个命题的"真值"相类似，舍勒将"自身被给予性－欺罔"称作直观或认识行为中的"认识值"（Erkenntniswert）（III，217）。欺罔的本质就在于："**本身并不在此的**东西却直观地被给予"（III，216）。但这样一种"认识值"上的区分，也不能被混同于另一认识标准，即"相即性－不相即性"（Aqäquation-Inaqäquation），舍勒这里完全跟随了胡塞尔《逻辑研究》对这后一对概念的界定，即相即或者不相即总是与"充实"（Fülle）的程度相关。舍勒在另外的地方还更明确地提到关于认识的六个标准：(1)自身被给予性，(2)认识的相即性，(3)对象此在的相对性阶段，(4)素朴的真实性－真，(5)质料的真实－虚假性，(6)正确性－不正确性。而且他还指出，后续标准的意义都预设了先行标准的意义，比如，相即性和充盈的概念只有通过认识对自身被给予性的接近才获得意义，如此等等（X，413）。显然，有关"认识值"的标准是最为基本的，只有摆脱了欺罔，获得一种自身被给予的认识，相即性的认识才有可能，进而正确地判断和对真命题的表述等等才得以可能。

但是，舍勒并没有把"欺罔"的问题仅仅局限在认识论或理论哲学的领域，而是认为在情感的价值领域和伦常领域同样存在着欺罔，换言之，欺罔实际上是在一切意识行为领域都可能发生的。与在理论领域一样，在情感的价值领域和伦常领域，欺罔指的是发生在感受活动、偏好行为等价值认识行为和伦常认识行为中的一种被给予方式，与之相对的仍然是自身被给予性（II，88）。在此意义上，舍勒也会去谈价值欺罔。在这里，欺罔同样要和"错误"（Irrtum）区分开来，后者与一门"科学的"伦理学相关；而且不同于理论领域，舍勒这里还引入了一个新的概念，即"失误"（Verirrung）①，它与"实用的"伦理学相关。

我们这里不能被"科学"或"实用"的字眼误导了，对于舍勒而言，科学伦理学并不比实用伦理学具有更多的"科学性"，事实上，在一门伦理学的建构中，实用伦理学要"更管用"。这个区分与舍勒对于三种事实的区分是相一致的。简单说，所谓实用伦理学，是指"自然－实践世界观的伦理学"，而科学伦理学则是所谓的科学世界观的伦理学。前者实际上可以说是"所有伦理的持恒伴随现象"，而后者则体现为对前者的"科学的"证义（rechtfertigen）或论证（begründen）。前者例如可以包括在生命共同体中流传下来的谚语、箴言等等，由于其与生命的直接关联性，反而显得更为基础，因为它实际上为"科学的伦理学"提供了一种可资逻辑操作的材料。科学伦理学因为它总是仅仅"表述"但不真正地去"批判"这些对于伦常价值的流行或习传的意见（II，311f.），所以它未必是真正含有"科学性"的伦理学，而仅仅是运用了一种"科学式"的方法而已。所谓"错"正是与这样一种科学伦理学相关的，即与其逻辑操作本身相关，只是这些逻辑操作本身是可错的。而所谓的"失误"则与实用伦理学有关，它指的更多是习俗或传统的伦常"评判"之"误"。

与这两种伦理学相对，相应于三种事实的学说，在舍勒这里当然

---

① 　这里说的"失误"，也不能被混同于舍勒在另外的语境中使用的"迷乱"（Verwirrung），我们后面马上会谈到，舍勒主要是在"爱的秩序的迷乱"这样的语境中使用"迷乱"这个概念的。

还存在着真正的现象学的伦理学,舍勒也将之称作"哲学的伦理学"。这样一种真正的伦理学当然也要借助于实用的或流行的伦理学之"材料",同时也要借助一种"科学的"手段对这些材料进行规整和系统化,但哲学的伦理学更要借助于现象学的明察对这些材料本身或者说"伦理内涵"以及它们与规整和系统化之后的规则之间的联系本身进行批判和衡量,换言之,实用伦理学和科学伦理学都需要经受现象学的伦理学的考量;但事情还不仅仅如此,一门真正的哲学伦理学还要包含一个"元"层次,即将在哲学伦理学中所获得的伦理明见性本身置于"伦常价值和价值关系的纯**自身被给予性**上进行批判"(II,312)。这里实际上已经涉及到在(哲学的)"伦理学"、"伦理"和"伦常明察"这三个层次之间的相互关系问题了。我们在后面的第8.3.2节还会再回到这一问题上来。简单而言,在舍勒看来,"伦理"(E-thos)指的主要是我们的价值认识和伦常认识的总体以及"积淀",而哲学的"伦理学"则首先是对这样一种"伦理"中具有普遍有效的"规范"部分的"科学性"的总结,而这种"科学性"的总结乃至于这些总结之材料("伦理"本身)还需要经受"伦常明察"的现象学的"元"考量。由此我们可以说,一门真正的哲学伦理学就应该包含哲学的或现象学的"规范"伦理学和哲学的或现象学的"元"伦理学两个基本层次。而只有"伦理"这个层次才会涉及"欺罔","伦理学"层次涉及的只是"失误"或"错误",而最为奠基性的"伦常明察"本身原则上是不会发生"欺罔"的,因此它可以成为对"伦理"之明见性进行"元"考量的"依据"。

这里所说的"欺罔",是指发生在感受活动或情感行为中的价值欺罔,在这里,某种并非价值本身的东西("本身并不在此的东西")却以直观的形式被给予,因而导致了一种"假象价值"的流行,也导致了一种虚假伦理的发生,在这种虚假伦理中,"绝对的价值级序显现为

'被颠覆了'"（II，313）。比起伦理学领域的"失误"或者"错误"，伦常领域的"欺罔"是灾难深重的，以至于舍勒花费了大量的精力来批判现代道德的"价值的颠覆"，而这样一种颠覆本质上就根源于伦常领域的"欺罔"，或者也可称之为"爱的秩序的无序"或者"爱的秩序的迷乱（Verwirrung）"（X，350），舍勒的根本目的也就在于重建正确的"爱的秩序"，或者去寻求重建的途径，即一种根本意义上的人格的"救赎"。从这里我们也可以看得很清楚，将"自身欺罔"或"自身认识的偶像"一文收入《价值的颠覆》一书对于舍勒来说绝非是一时的心血来潮，对"欺罔"和"自身欺罔"的分析实际上构成其对现代伦理、现代资本主义批判的起点。现在，让我们转入"自身欺罔"。

那么**其次，究竟什么是"自身欺罔"**？如我们前面已经提到过的，"自身欺罔"和"价值欺罔"的结构一样，"自身"或者"价值"都构成了"欺罔"的主项，更明确地说，它们无非意味着"自身"或"价值"的被给予本身是欺罔的，它们没有如其自身地被给予，或者说，它们没有获得"自身被给予性"。那么显然，"自身"在这里标识的就是一个对象域，或者说一个直观行为、认识行为的对象域，所以我们也可以说，在这里"自身认识"发生欺罔了。或者如舍勒跟随培根那样，去谈论一种"自身认识的偶像"（III，215）。

在舍勒看来，培根富有教益地在外感知（äußere Wahrnehmung）或外界自然对象的感知领域展开了"偶像"学说，他本人所要做的则是将这种所谓的"偶像"说深入到内感知（innere Wahrnehmung）或自身感知（Selbstwahrnehmung）领域中去。这里可以再次确证我们上面对"自身"的说明，"自身"在这里是与外界自然对象相对的、一个内感知的"对象之物"，或者更明确地说，是指"心灵世界的对象"。

舍勒说："就如当今和晚近的许多学者和哲学家所认为的那样：

与对自然界的外感知不同，内感知是不会产生欺罔的，在这里体验本身与对体验的明见的和相即的认知是恰好相合的"（Ebd.），然而这样一种源于笛卡尔的学说根本上是谬误的，这种谬误的理论恰恰构成了对"心灵世界的对象"之认识的一种根本性的障碍。舍勒的目的就是要从根本上质疑这种内感知相对于外感知的绝对明见的优势。而他所说的"当今和晚近的许多学者和哲学家"包括了他当时哲学界和心理学界很多的大家，但他所着墨最多的还是布伦塔诺，这无疑是受了胡塞尔的影响。我们都知道，胡塞尔在其《逻辑研究》的附录集中检讨了布伦塔诺的内感知和外感知理论。我们后面会看到，舍勒在这一论题上的讨论或延展受到了来自胡塞尔方面的决定性的推动。在转向布伦塔诺、胡塞尔以及舍勒对内感知－外感知的讨论以前，我们还必须要澄清一个事情，那就是"内感知"和"自身感知"或"自身认识"的关系。

我们上面提到，舍勒的这一论著先后用过两个标题，但是都和"自身"相关，但是纵观该论著全文，几乎全部都是在讨论"内感知"，而且舍勒本人最终还明确区分了"内感知"和"自身感知"，似乎这里存有文不对题的嫌疑。这里预先可以指出的是，舍勒在这里用的"内感知"或者"自身感知"或者标题中的"自身认识"，基本上还是在传统的意义上使用，它们指的无非是对于"心灵世界的对象"的感知或认识，而在这一意义上，传统哲学是将二者等同的，对"自身"的感知无非就是朝向"内"的感知（图根特哈特意义上的"看的隐喻"！）。舍勒最终将会驳斥这一等同，因此我们可以预先说，在舍勒看来，自身认识的欺罔很大程度上就是导源于将之与内感知相等同。

通过胡塞尔，布伦塔诺对于内感知和外感知的区分变得更广为人知，而且更为重要的，通过胡塞尔对布伦塔诺的批评，可以打开一条更为宽阔的现象学的道路，舍勒恰恰就是行进在这一道路上的。

我们这里当然不可能全面检视布伦塔诺、胡塞尔和舍勒在这一问题上所有考虑，对于我们的论题来说，最为重要的是两点。首先是内感知和外感知的区分，或者更确切地说，是这一区分所依据的标准；其次是通过这一区分或者说划界，把论题集中在内感知领域。前者与胡塞尔对于布伦坦诺的批评相关，后者则与舍勒对胡塞尔的推进有关。

就前一点来说，在胡塞尔看来，布伦坦诺对于内感知和外感知的区分所依据的标准是"明见性"，即作为对物理现象的外感知不是明见的，因而是不可靠的，而作为对心理现象的内感知则是明见的，因而是确然无疑的。以此布伦塔诺就进一步弘扬了笛卡尔的"我思"的确然无疑的明见性的传统。胡塞尔实际上接受了传统哲学或者布伦塔诺对于内感知和外感知本身的区分，即前者是关于心理现象的，后者则是关于物理现象的，但是胡塞尔从根本上拒绝了布伦塔诺这一划分的标准，或者也可以说，在胡塞尔看来，布伦塔诺对感知的这种二分法实际上混淆了两种不同的标准，我们可以将之分别称为存在论的标准和认识论的标准。① 所谓存在论的标准是说，我们是借感知对象的存在论性质来区分感知本身的，比如依据心理现象和物理现象来区分内感知和外感知；而所谓的认识论标准说的则是，借感知自身所具有的认识论意义来区分感知，比如明见的感知和非明见的感知，等等。在布伦塔诺那里，这两个标准是被等同的，因此内感知就是明见的感知。但胡塞尔不同意这样的看法，在他看来，外感知和内感知这样的区分本身不具有认识论的意义，② 或者如我们这里所说这一区分是依据对象的存在论性质来进行的。胡塞尔保留了这种依据存在论标准而对感知进行的划分，但同时明确将这一划分与依

---

① 参阅 Matthias Schloßberger, *Die Erfahrung des Anderen. Gefühle im menschlichen Miteinander*, Berlin 2005, S. 178f.。

② 参阅 Hua XIX/1, A 699ff. / B_2 227ff.。

认识论的标准而做的划分区别开来。在他看来,依照认识论的标准,人们应该谈论明见的感知和非明见的感知、相即的感知和不相即的感知,或者后来在《观念 I》中详细展开的"内在感知"和"超越感知"。[①] 简单而言,因为胡塞尔确认,在内感知(即对心理现象的感知)中,同样存在着不相即的,或者说"共现"(Appräsentation)的成分,而在外感知中也会存在一些相即(尽管不是相即明见)的成分,因此内感知和外感知与相即感知和不相即感知的区分并不相同。[②]

胡塞尔的这一区分对于现象学本身来说当然是根本性的,同时,它对舍勒的推动也是决定性的,但是舍勒并没有限于胡塞尔的论题,而是做了进一步的现象学的反思和推动。具体而言,一方面舍勒完全赞同胡塞尔将两类不同的对感知的划分标准区分开来,内感知和外感知的区别是"一个'感知'的方向区别,它在现象学上是可指明的",并且这一区别根本上并不是与"身体"(Leib)相对的,"即便我们在完全**排斥**了身体(以及与**它**相关的'内'和'外')的情况下进行思考,这个区别**仍然**存在"(II, 165f.; III, 241ff.; VII, 238)。内感知和外感知根本上只是感知朝向的"方向"的区别,或者说是感知所关涉的对象之物上的区别。正是在此意义上,内感知完全不具有相对于外感知而言的认识论上的绝对的明见优势,内感知和外感知其实具有着相同的明见性,在这两个领域都存在着"先天的东西"和"后天的东西"(II, 166)。这里我们可以发现舍勒和胡塞尔在对外感知理解上的一个差异,如上文已经提示的那样,在胡塞尔看来,外感知中尽管也存在着相即的成分,但并不存在相即明见性。探讨这一差

---

① 　参阅 Hua XIX/1, A 710/ B₂ 239; Hua III/1, S. 67ff.。对此还可参阅倪梁康:《胡塞尔现象学概念通释》,"感知"词条。

② 　对此也可参阅倪梁康:《自识与反思》,第二十讲"意识的共现结构与自我的可疑性"。

异并非不重要，但是它与我们的论题并不直接相关，对我们这里而言，更为重要的是，把问题集中在内感知之内，正是在这里，舍勒进行了一个根本性的推进。

在布伦塔诺那里，内感知是明见地、直接地对心理现象的把握，那么相对于一个"自身"（或者我们通常所说的"自我"自身）来说，我总是可以在内感知中直接地、明见地意识到我自身的思想，而对一个与"我"相对的他人的"自身"（或者说一个"陌己自身"），人们只能间接地认识。尽管胡塞尔并未接受布伦塔诺对于内感知和外感知之总体划分的标准，但是在对待"自身"认识的问题上很难说他是不是完全偏离开布伦塔诺的基本立场，尽管他做出了更为艰苦卓绝的努力，最终而发展出一门现象学的交互主体性理论。但就像胡塞尔在《笛卡尔式的沉思》所尝试的那样，自我对于他我的构造最终还是要通过"同感"（Einfühlung）来施行。

尽管舍勒很难去全面了解胡塞尔的交互主体性理论，但是他在这里还是做出了一个看起来像是与胡塞尔（至少是《沉思》中的胡塞尔）完全针锋相对的根本方向性的变革，① 这个变革体现为所谓的

---

① 我们这里当然没有可能展开讨论胡塞尔和舍勒在交互主体性问题上的相互关系，一个原因在于受篇幅和论题所限，另一个更重要的原因是胡塞尔本人的交互主体性理论十分丰富且复杂，在三卷本的《交互主体性现象学》中实际上存在着多种可能性，或者简单说，至少存在着一条不同于公开发表的《笛卡尔式的沉思》的可能性。在 1931 年的一个文本中，胡塞尔强调：他人，作为超越论的共主体，作为流动着的共当下，是不可分离于本我之流动着的当下的，"他者的共在在我的活的'自身当下拥有'中不可分离于我"，我的一切有效性的绝对基地就是超越论的交互主体性，并且现象学作为超越论的现象学，从其建立伊始，"在从世界向着构造着的流动的活的当下"的回溯中就置身于交互主体性的基地上（参阅 Iso Kern, „Einleitung", in: Hua XV, S. XLVIIIff.）。就笔者所接触的文献来看，现有的两篇专题讨论胡塞尔和舍勒交互主体性的文章基本都局限在胡塞尔的已出版文献中，对此可参阅 M. S. Frings, "Husserl and Scheler: Two Views on Intersubjectivity", in: *Journal of the British Society for Phenomenology* 9/3 (1978), pp. 143 - 149; Sabine S. Gehlhaar, „Zur Intersubjektivitätstheorie Schelers und Husserls", in: *Prima Philosophia* 1 (1988), S. 82 - 92, 192 - 202, 369 - 380。

"陌己感知"（Fremdwahrnehmung）理论，或者还可以更确切地加上一个限定词"内陌己感知"（innere Fremdwahrnehmung）理论（II，509；VII，242f.）。① 这一理论之所以可能，首先当然要基于"内感知"和"自身感知"的分离。M. 施罗斯贝格（Matthias Schloßberger）曾经给出了一个相当有启发性的、对舍勒思想进路的"模拟"思考。② 我们这里在他的思考的基础上加以进一步地修正和补充，将舍勒的思想进路"虚构"如下：

1）既然对心理现象的内感知本身不一定是明见的、确然的，那么像"自身"这样的心理现象是否只能是对于"我"自己原初可经验的？又或者，在心理现象中是否只包含有"我"自身？2）既然对于心理现象的把握存在着"超越的"或者不相即的成分，与对物理现象的把握一样，心理现象是不是也可以是"主体间"的？3）对于第一个问题，舍勒会回答说，"我"自己对"自身"这样的心理现象的把握本身就不是确然无疑的，而且更为原本的是，在原初体验中的心理现象根本上还没有"我"或者"你"的区分，即"自身"还不是"我"的自身或"你"的自身，它就是心理现象本身，因此它可以对任何一个感知它的主体显现出来，一言以蔽之，心理现象原初只是含有"自身"，而不含有"我"和"你"的要素。4）那么，这个"自身"显然就可以是被"主体间"地感知，

---

① 笔者之所以将"fremd"译作"陌己"，是因为这个概念在舍勒这里始终是与"selbst"相对使用的，它的基本意思就是"不同于自身"或者一个"陌生的自身"，翻译中的"己"指的就是一个"自身"。但这个"自身"或"己"当然不等于"自我"，我们可以谈论一个自我的自身，也可以谈论一个人格的自身，等等。还需强调的是，"内陌己感知"中的"感知"不能被狭义地理解为胡塞尔意义上的"感知"，实际上舍勒是借助这整个一个概念来标识他的"交互主体性"理论，既有通常意义上的对一个他我的把握，也包括他自己这里的对陌己人格的把握，因为他曾明确将"追复体验和共同体验、追复感受和相互一同感受"等视作"内陌己感知"的基本行为（II，509）。

② 参阅 M. Schloßberger, *Die Erfahrung des Anderen. Gefühle im menschlichen Miteinander*, a. a. O., S. 181。

就像物理现象一样,我们作为感知着的主体原初地把握的只是"自身",当然通过后补的现象学反思我们可以了解到,这样的自身不仅有归化给"我"的,也有归化给"你"的自身。5)换言之,我们对于"你"的自身之把握根本上也是原初的,或者说与一个对"我"的自身之把握是同样原初的,它们在现象学上具有同样的明见性(或者不明见性)地位,对"我"的自身之把握并不具有相对于对"你"的自身之把握的一个绝对的明见优势。6)"内"意味着感知的方向,或者说对于"自身"的感知是内感知,但是内感知并不就等同于自身感知,我们既可以有一个"内自身感知",也可以有一个"内陌己感知",而且这二者具有完全相同的明见性。

据此,我们可以得出如下结论:1)所谓"自身欺罔"或者"自身认识的偶像",它强调了一种不正确的"自身"的被给予方式,这根本上导源于将自身感知混同于内感知,从而在根本上排斥了"内陌己感知"的可能性,并且毫无根据地强调一种"自身"相对于"陌己"的绝对的明见优先性;2)对自身欺罔的批判可以给我们带来真正地把握"他人"的原初本真的方式,即"内陌己感知",它与"内自身感知"具有同样的原初性、同样的明见性,对他人的把握根本上无需"自我"的中介;3)由此我们可以理解在上一章提及的一个论断:"自我"还只是"内感知"的一个对象,正是在内感知中"自我"被给予,但这里的"自我"还并不一定伴随着一个分异,即分异为我的"自我"或者是"他的自我",根本而言,在内感知中被给予的就是一个"个体之我"(individuelles Ich),这里的"自我"无非意味着现象学的"心理之物";4)也正是基于第二点,舍勒坚决地批判了对他人理解的两种方式,即类比推论和同感,这二种理论分有着同样的错误前提——自身欺罔。5)这样一种理论的推进体现在人格层面就意味着,自身理解和陌己理解、自身之爱和陌己之爱、自身感受和榜样跟随在本己人格的生成中具有同样原初的地位,我们将在下一节对此展开讨论。

　　与此相关,还要简单提及的是舍勒针对布伦塔诺做出的一个批评,[①]这个批评针对的是布伦塔诺关于"行为"和"内感知"关系的看法。如我们在前一章已经讨论过的那样,在舍勒看来,行为永远不能被对象化,因此行为根本不能如布伦塔诺所说的那样,成为内感知的对象,根本上行为是在"反思的知识"中被把握的(III,233)。这个批评所带来的理论后果或者说"成果",我们在前一章也已经提过,那就是对"人格"的不可对象化性的强调,人格永远不会像自我一样是某个内感知的对象,它根本上只能在"自身感受 1"中被获悉。

　　第三,"自身欺罔"的表现和根源是什么? 撇开伦常领域的价值欺罔不论,所谓自身欺罔主要具有两种最基本的表现,一是"同感欺罔"(VII,240f.),另一则是"在共同体的心灵中的消融性"(VII,242)。[②] 同感欺罔又有两个基本的类型,一是将我们自身所体验之物移入他者,或者将本己之物当成是陌己之物(VII,241;III,265);另一个类型则是我们将内感知的事实或者心灵的体验移入或"投射"到物理的自然客体上去(III,257)。这种所谓的同感欺罔其实不难理解,因为我们在所谓审美的"移情"或者日常生活中都常常会碰到,比如当我们说这块石头(莫愁女的石像)很可怜的时候,等等。而且这一种同感欺罔在舍勒的时代也多被心理学家、哲学家们所关注。在舍勒看来,另一个更为重要的"自身欺罔"却一直没有得

----

　　① 　实际上,在这篇文章中,舍勒还对胡塞尔做了一个更为重要的批评,我们放在下一节来讨论。

　　② 　对这两个基本表现的概括参考了 M. 米夏尔斯基(Mark Michalski)的研究,参看 M. Michalski, *Fremdwahrnehmung und Mitsein*. *Zur Grundlegung der Sozialphilosophie im Denken Max Schelers und Martin Heideggers*, Bonn 1997, S. 96 - 101. 特别值得一提的是,该书是笔者所接触过的、对舍勒和海德格尔比较研究方面最为出色的论著,其特别有价值的还在于,作者使用了海德格尔自用私藏的舍勒的"同情书"等,提供了很多有启发价值的海德格尔在该藏本上的批注或标记。

到足够的强调。它也同样有两种类型，一是将他人的体验作为我们本己的体验而体验，或者是将陌己之物当成是本己之物（VII，241；III，265）；另一个类型则是将属于物质此在的事实、关系、形式等等转化到心灵世界（III，257）。这两种类型在根本上有一个共同点，即本己的体验被与其周围世界纠缠在一起，或者说本己的体验在根本上消融在他人或共同体的心灵之中（XIV，382）。这种"在共同体的心灵中的消融性"在舍勒看来尽管没有被人们所关注，但实际上它在自然世界观中是占主导地位的"自身欺罔"，而且它带来的危害往往也更大。因为在根本上它会将每一个独一无二的、不可替代的个体消融在所谓的"社会自我"中，从而根本上泯灭了人格自身的个体性，进而导致一种"去人格化"。由此，人们也将无法真正在现象学上理解个别人格和总体人格之间的本质联系，最终也就遮蔽了一条真正的人格主义或凝聚主义道路。有关这一点，我们将在第7.3节展开。

　　舍勒还分析了产生这种在自然世界观中更占优势的"自身欺罔"或"内感知欺罔"的根源，即人们总是惯常将外感知的事实误置入内感知的内涵之中，总是将陌己感知的事实误置入自身感知的内涵之中；同时人们也总是惯常地将物理世界所特有的形式、因果关系等转渡到心灵事实之中。这后一点根源尤其重要，因为它不仅仅是"自身欺罔"产生的根源，在一定意义上，它也是价值欺罔产生的根源。因为在自然世界观之中，人们往往惯常地将善业（价值的事物性统一）看作价值质性本身，更有甚者，在现代所谓的资本主义道德中，商品及其价格乃至货币都被视作价值质性本身，一切商品拜物教或货币拜物教皆由此而来，最终货币经济就将有使得价值质性本身被遮蔽直至彻底失去本该属于它的效力的倾向或者危险。说到底，现代资本主义货币经济的道德无非就意味着"价值的颠覆"，意味着"价值级序"本身的颠覆，"有用性"（作为"适意"这类感性价值的后继价值）被置于生命价值乃至精神价值、神圣价值之上，而所有这一切的根源就在于"欺罔"或"价值欺罔"。[①]

从我们这里的简要讨论可以看得很清楚：对"欺罔"（自身欺罔和价值欺罔）的现象学反省在舍勒整个现象学时期占据有着极为重要的位置，它不仅与他的现象学的人格主义伦理学本身相关，也不仅与他的"同情感"理论或者说对他人、对陌己人格的理解相关，同时也与他对现代道德的批判以及提出的所谓"时代医生"的理念相关（X，217ff.），在某种意义上甚至可以认为，舍勒在现象学时期所做的大量工作的最终目的就在于，在各个问题领域内的"去－欺罔"（Ent-täuschung）（X，220）。可以说，尽管这篇"欺罔"或"偶像"文还未必成熟，还充满了青涩，但毫无疑问，它配得上"舍勒现象学的宣言书"这一称号。只有理解了舍勒对"自身欺罔"的批评，我们才有可能完整地理解他对于本己人格和陌己人格、个别人格和总体人格之间的本质关系的现象学分析。我们将在下面的两节分别讨论这两个方面。

7.2　陌己人格与人格生成

1913 年对于现象学运动来说无疑是个重要的年份，因为那一年现象学的喉舌《哲学与现象学研究年刊》在胡塞尔的主持下创刊，胡塞尔本人也在《年刊》创刊号上出版了他的重头著作《观念 I》，胡塞

---

① 有关自身欺罔和价值欺罔以及舍勒对于现代道德批判的相关简要讨论，可参见 Klaus E. Kaehler, „Selbsterkenntnis, Selbsttäuschung und das Subjektive der Werte", in: Pfafferott, G. (Hg.), *Vom Umsturz der Werte in der modernen Gesellschaft*, Bonn 1997, S. 314 - 321; 以及 Endre Kiss, „Max Schelers Kritik an den Idolen der Selbsterkenntnis", in: *Prima Philosophia* 8 (2005), S. 267 - 280。

尔自己的《逻辑研究》也在这一年出版了大幅修订的第二版。这一年对于舍勒来说，更是重要的一年。舍勒的代表作《形式主义》的第一部分也是发表在《年刊》创刊号上，同时他另一部现象学的经典著作"同情书"的第一版也在那一年较早的时候出版。他的"同情书"也是最早被译成法语的现象学经典作品，对法国的现象学发展产生了重要影响。

在这一本书中，舍勒着重讨论了我们通常可归在"交互主体性"理论名下的"同情"（Sympathie）①问题，还有相关的爱和恨的问题。这个所谓的"交互主体性"问题在 1923 年扩充修改后的第二版中被更为明确地标识为"陌己感知"（Fremdwahrnehmung）的问题。我们将首先来看看何谓"陌己感知"或"内陌己感知"（7.2.1），然后来讨论这种"内陌己感知"与本己人格生成的关系（7.2.2）。

7.2.1　自身欺罔与内陌己感知

这个"陌己感知"在舍勒的整体思想中占据着一个什么样的位置？我们可以像 M. 米夏尔斯基那样从两个方面来看：1）陌己感知问题在舍勒对伦理学的现象学论证中具有什么样的作用？2）陌己感

---

①　这里的"同情"（Sympathie），对应的希腊语是 *sumpatheia*，对应的拉丁语是 *sympathia*，其前缀"sun-"或"syn-"意为"共同、一起、相同的"，词于"pathos"意为"感觉、感受、感情"，因而与德语中的 Mitgefühl 和英语中的 compassion 正相对应。在舍勒这里，Sympathie 和 Mitgefühl 被区别使用，舍勒用前者做他"同情书"的书名，主要指一种交互主体间的"共感"，而后者则对应于汉语中的"同情感"或"怜悯感"，前者要比后者更为宽泛，因此将"同情书"第二版的书名译为《共感的本质与形式》可能是个较好的选择，因为这样可以涵盖该书的三大部分：同情感（Mitgefühl）、爱和恨、对陌己自我的感知。但另一方面，作为"同情感"或"怜悯感"的 Sympathie（英语为 sympathy）在哲学史上也常常出现，比如在斯宾诺莎、休谟、亚当·斯密、叔本华等人的伦理学中，甚至亚当·斯密、叔本华还发展出一门"同情伦理学"，舍勒在"同情书"开篇就对之加以批评，为了保持 Sympathie（或 sympathy）这个概念在哲学史上的统一，我们仍将其译为"同情"。

知又在情感生活现象学中扮演什么样的角色?[1] 因为"同情书"也被舍勒纳入到一个更大的研究计划之中,即"情感生活的意义法则",该计划另外还包括对"羞感"、"荣誉感"和"畏惧感"等的研究,当然这一计划舍勒最终没有完成(II, 14)。或许人们可以在舍勒的这个总标题下尝试着系统性地重构他的情感生活现象学,但无论如何,这都不可能是本书可以完成的任务,我们这里将把目光集中在前一个问题上,即陌己感知问题在舍勒的现象学伦理学研究中具有什么样的作用。

　　在 1914 年有关当时伦理学研究的批判性的概览中,舍勒将陌己感知这样与认识论有很大关联的问题归为伦理学研究的"边界问题"(Grenzfragen),这意味着,尽管这一问题并不直接涉及伦理学本身的建构问题,但是它对于一门现象学伦理学的系统研究仍然是不可少的(I, 397)。而在"同情书"中,他则宣称,"个体和共同体的问题以及作为心灵主体的'自我'和'他人'的问题,即便从最根本的意义看,最终也还是一个**价值**问题,既是伦理学问题,也是法律问题"(VII, 222)。换言之,陌己感知的问题在根本上还是会和价值问题乃至伦理学问题有着密切的关联。这种关联恰恰是我们在本节中所首要关心的问题。

　　我们从舍勒在"自身欺罔"文中对胡塞尔的一个批评开始,我们将会看到,这个批评与本书第 5 章的论题有着十分密切的联系。舍勒在"自身欺罔"这篇文章的一个脚注[2]中针对胡塞尔当时刚刚发表的"逻各斯文"(即《哲学作为严格的科学》,它最初于 1911 年发表于 *Logos* 上)做了评论,在这里他既坦承了胡塞尔对他的影响,也对胡塞

---

①　参阅 M. Michalski, *Fremdwahrnehmung und Mitsein*, a. a. O., S. 41。

②　这个脚注在舍勒此文的初版(1911 年)中就存在,经比对,在第二版时几乎没有变动。

尔进行了批评。这是一段奇特的文字！在其中，他对胡塞尔的误解、他自己的灼见、他误打误撞的对胡塞尔的正确批评糅杂在一起。[①]

我们先来看误解。在这里，他首先引用了胡塞尔"逻各斯文"中的这样一段话："心理存在、作为'现象'的存在，原则上不是一个可以在诸多特殊感知中作为一个个体同一而被经验到的统一体，甚至不是在对同一个主体的诸多感知中的统一体。在我看来，在心理领域中不具有现象和存在的区别"（III，246）。[②] 根据这里以及它所处上下文的文字，舍勒认为胡塞尔改变了他在《逻辑研究》中的立场，即内感知并不具有相对于外感知的绝对的明见优势，而这一改变的原因在于胡塞尔在这里混淆了"现象"的本质和"心理之物"的本质，混淆了现象学与心理学。这最后的论断显然是舍勒对于胡塞尔的误解，因为在该文中胡塞尔对于现象学和心理学的划界是明确的，根本没有混淆。

实际上，舍勒自己也注意到了，胡塞尔在"逻各斯文"另外的地方明确区分了与"纯粹意识"相关的"意识现象学"和与"经验性的意识"相关的"心理学"，[③]那么这个误解又是如何发生的呢？我们认为，舍勒没有充分注意到在他所引的这段文字的开头，胡塞尔所做的一个限定："现在我们要转向'心理'的'世界'并且要限制在那些'心理现象'上，**即那些被新的心理学**看作其客体领域的'心理现象'——也就是说，我们首先不去考虑那些与心灵和自我有关的问题。"[④]胡塞尔这里的限定很明确，下面他首先要谈论的是心理学意义上的"心理现

---

①　对于笔者而言，舍勒思想的魔力有时候恰恰就体现在这种地方，它既可让人扼腕叹息，也可让人峰回路转，还可让人欲罢不能，终可让人会心一笑！

②　引文见 Hua XXV, S. 28f.；Husserl, „Philosophie als strenge Wissenschaft", in：*Logos. Internationale Zeitschrift für Philosophie III* (1911), S. 312。

③　参阅 Hua XXV, S. 17；*Logos*, S. 302。

④　Hua XXV, S. 28；*Logos*, S. 311。着重号为笔者所加。

象",而后才会过渡到现象学意义上的"心理之物"。在这里,胡塞尔想说的无非是,我们不能以一种自然主义的态度或自然实证化的态度来研究心理学,就如"新近心理学"所做的那样,因为像"新的心理学"所谈论的那些"心理现象"在根本上是不能被等同于物理现象的,它们之间的根本区别在于前者不能如后者一样被经验为一个个体同一者,只有后者才可被如此经验,并且被描述为"交互主体的同一自身",[①]而像自然科学中的那些物的概念、因果概念等等根本上不能转嫁到心理学研究之中。心理现象根本上就只是"现象",而非"自然",只有一个自然,那就是在事物现象中显现出来的自然。

因此,认为胡塞尔在此混淆了现象学和心理学,这是完全没有道理的。但是我们也可反过来说,舍勒这个误解之中的确也含有真理的成分,因为他的确敏锐地注意到,胡塞尔这里所谈论的还是心理学意义上的"心理现象",换言之,尽管他误判了胡塞尔的立场,但是他仍然把捉到了实事本身。重要的还有,在这里舍勒给出了他自己对现象学意义上的"现象"的明确界定:"'现象'只是在活生生的行动中直接被给予的,它在自身被给予性中存在于我面前;其所是,恰如其所被意指"(III, 247),我们可以在任何对象上找到这种被给予性,在非心理的对象一如在心理对象上找到,等等。

更为重要的还在于,舍勒也完全认可胡塞尔拒绝将那些自然科学的概念转嫁到心理学研究中的做法,但是他同时也认为,并不能因为拒绝这种"转嫁",就认为这些概念在心理领域毫无意义。我们所要做的,只是在对"心理之物"的现象学研究中将心理学本身以及心理学的自然实证化排除。换言之,在舍勒看来,尽管我们不能以"物"的概念来讨论现象学的"心理之物",但是我们却没有理由去否认这

---

① Hua XXV, S. 27; *Logos*, S. 310.

些"心理之物"具有一个"事物性"（dinghaft）的统一。正是从这一点，我们可以引出一个舍勒本人或许没有明确意识到的对胡塞尔的根本性的批评。

如前所述，胡塞尔在开始讨论心理学的"心理现象"的时候就说，"我们首先不去考虑那些与心灵和自我有关的问题"。在讨论了心理学的"心理现象"以后，他转向了对现象学的"心理之物"的讨论："它是'体验'，并且是在反思中被直观到的体验，它通过自身而显现为自身，在一条绝对的河流中，作为现在和已经'渐减着的'，以可直观的方式不断向一个曾在回落。"①熟悉《逻辑研究》和《内时间意识现象学讲座》的读者完全不会觉得这里的文字有何新颖之处。事实也如此，胡塞尔在这里所说的就是他自《逻辑研究》以来一直在说的东西。但是马上，一个不一样的东西浮现了出来："这样，我们同样可以明见地说，所有心理，即所有**如此**被经验到的东西，都可以被纳入一个**包容性**（umfassenden）**的联系**之中，纳入一个'**单子的'意识统一**之中，一个不再与自然、空间和时间、实体性和因果性相关，而是具有其完全独特'形式'的统一。"②我们马上可以联想到胡塞尔在《逻辑研究》第一版中对"自我"的拒绝，尽管这里的"包容性"和"单子的"这样的术语仿佛还体现着胡塞尔的某种挣扎，胡塞尔还没有像两年以后在《逻辑研究》的第二版和《观念Ⅰ》中重新迎回"纯粹自我"，但是紧跟着的一段文字已经明显表现出这里已经发生的变化："同感（Einfühlung）便作为一种对心理的间接直观而出现，它的特征在于，它是一种对一个**第二**的单子联系本身的看入。"③这里说的"第二"无非意味着非第一的、非原初的、非"通过自身而显现为自身"的，一言

---

① Hua XXV，S. 29f.；*Logos*，S. 312f..

② Hua XXV，S. 30；*Logos*，S. 313。着重号为笔者所加。

③ Ebd. 着重号为笔者所加。

以蔽之,陌己的。而之所以要借助于"同感"这样的"间接直观",胡塞尔在前面也给出了理由,因为"这些单子没有窗户,只能通过同感来进行交往"。[①]

概而言之,胡塞尔在这里给出了两个基本论点:1)在心理之物中或者体验本身中,存在着一个可将体验纳入其中的"包容性"联系,一个可将体验纳入其中的"单子的"意识统一,用我们在第5章谈论过的海德堡学派的语言来说,就是存在一个"自身归化"。这从他同一时期的一则手稿也可以看得很清楚,在那里他以假想的论辩对手的口吻发问:"应当还原到单纯的思维自身上去,还原到'纯粹意识'上去;但是这是**谁**的思维,**谁**的纯粹意识呢?"[②]明显的是,"谁的"或者归化给谁,这在当时是胡塞尔始终纠结的问题,在这里尽管他还只是拿"单子"来说事,但一个对《逻辑研究》第一版的"非本我论的自身意识"理论的偏离已经开始展现;2)这个展现主要是表现在这里的"第二"和"同感"的说法上,只要有了"原初"和"第二"的区分,只要有了"直接直观"和作为"间接直观"的"同感"的区分,一种"本我论的自身意识"理论也就无处藏身了。[③] 因为在这里,"自身归化"已经发生了,一些体验被归化给"第一单子",另一些则被归化给"第二单子"。说得更直白些,这里的原初单子无非就是胡塞尔后来所说的"本我"(*ego*),这里的"第二单子"无非就是"他我"(*alter ego*)的最初形态。换言之,胡塞尔在这里实际上已经预示了后来在《笛卡尔式的沉思》中所讨论的交互主体性构造问题。

---

① Hua XXV, S. 28；*Logos*, S. 312.

② Hua XIII, S. 155. 此处引文参照了倪梁康:《自识与反思》,第425页。有关胡塞尔对于"自我"问题的思考也可参阅该书第二十二讲。

③ 有关"非本我论的自身意识"和"本我论的自身意识"理论,还可参阅 M. Frank, „Fragmente einer Geschichte der Selbstbewußtseins-Theorie von Kant bis Sartre", a. a. O., S. 508f.；以及倪梁康:《自识与反思》,第20－21页。

如果舍勒能直接由这里所谈论的胡塞尔的两个基本论点去评判胡塞尔改变了他在《逻辑研究》中的立场，那么我们也许就无须耗费如此多的笔墨去揣摩他的意图了。因为舍勒所说的被改变了的立场是：内感知并不具有相对于外感知的绝对的明见优势。结合他的这个长长的脚注所指向的正文——"倘若如此，自然就不存在什么内感知的欺罔了"（III，246）——来看，舍勒对胡塞尔的最终批评其实无非就可以意味着，胡塞尔在《逻辑研究》中坚持内感知并不具有相对于外感知的绝对的明见优势，这完全是合理的，但现在他却改变了这一立场，而这一改变看起来会消除内感知的欺罔，但是这事实上是不可能的，胡塞尔根本上还是"卷入"了内感知的欺罔。[①]

结合我们在上一节的分析，舍勒想说的无非是，胡塞尔强调了一种不正确的"自身"的被给予方式，即认为自身只能"通过自身而显现为自身"，"陌己"，一种同样原本的自身被胡塞尔归为"第二单子"，从而我们对于他人的经验根本上就不再是原本的、直接的，而只能借助于"间接直观"、借助于"同感"，一言以蔽之，胡塞尔忽视了一种真正原本的"内陌己感知"，因此胡塞尔根本上还是陷入了一种"自身欺罔"，或者屈从了"自身认识的偶像"。而所有这一切之所以会发生，根本的原因还是在于，在这里胡塞尔改变了他在《逻辑研究》第一版中的立场，即他不再坚持"非本我论的自身意识理论"，或者更确切地说，无论胡塞尔思想中还存在不存在"非本我的"、非对象性的自身意识或原意识理论的维度，但是一种"本我论的自身意识"已经被迎回。而舍勒自己最终要坚持的当然是"非本我论的"立场，只有这样，我们才能获得一种真正的对他人或他我的把握方式。

---

① 在这一问题上，笔者从施罗斯贝格那里受到启发，但是笔者并没有完全跟随他，更不能接受他对舍勒的胡塞尔批评的总体评价，参阅 M. Schloßberger, *Die Erfahrung des Anderen. Gefühle im menschlichen Miteinander*, a. a. O., S. 182ff. 。

　　舍勒在"同情书"中说得更明白,体验原初根本不是作为"本己的"或"陌己的",体验就是体验本身。我们并不是用"最先"被给予的"我们的本己体验"的材料去建构陌己体验的图像,然后将这些体验置入他人的躯体之中。完全不是这样! 这在现象学上毫无根据(VII, 240)。舍勒明确地拒绝了两种观点:1)最先被给予的始终是本己"自我",他我的被给予只能是间接的;2)他人最先被给予我的是他的躯体的显现、变化、运动等等,我们始终要借助于这种在先被给予才能把握陌己的"自我"或他我(VII, 238)。这两个方面是所谓的"同感理论"和"类比推理理论"共同的、谬误的出发点。

　　而在现象学上明见的毋宁是,"最先"只是一条对"我－你无分异"的体验之流在流动着,在这原本的体验流之中,根本还没有出现"我－你"的分异,只是体验流的不停流动着才会慢慢形成形态较为稳定的"漩涡"(Wirbel),而这些漩涡又会将体验流中的新成分不断卷入自身,并逐渐发生一个"自身归化"(VII, 240)。如果我们要将现象学的心理之物或者体验流称作"自我"的话,那么原初存在的就是一个"自我个体"(Ichindividuum),它既不是一个"我的"或"本己的"自我,也不是一个"你的"或"陌己的"自我,或者也可以说,它既包含着"我的"自我,也包含着"你的"自我。因此,"我"和"你"实际上是同样原本的,同样置身于原初无分异的体验流之中。如果对于"自我"的把握是一种"内感知"的话,那么对于"我的"自我的把握就是"内自身感知",对于"你的"自我的把握就是"内陌己感知",二者同样原初、同样直接。显然,对照第5章中所讨论的内容,舍勒在这里坚持了一种"非本我论的自身意识"立场,尽管会有"自身归化",尽管会有"我－你"的区分,但是这些都不是最原本的,原初无"我"也无"你"。①

―――――――

　　① 人们当然还可以继续去反思舍勒这里的思考和胡塞尔的内时间意识分析以及对于"原自我"的进一步深入之间可能的相互关系,但那势必会使我们偏离这里的论题太远。

7.2.2 榜样跟随与本己人格生成

尽管舍勒在这里的讨论大都还是集中在所谓的"自我个体"的问题上,但是这样一种思考毫无疑问地被贯彻在他的人格理论之中。我们在上一章借助于自身感受的三种哲学含义主要探讨了人格与自身的关联,或者说人格的自身关系性,但这样一种自身关系性绝不能被理解成自身关系的优先性,事实上,通过这里的分析,我们可以很容易就获得这样一个判断:人格的自身关系性是原初的、直接的,但是这绝不意味着它是绝对优先的,而毋宁说,本己人格和陌己人格的相互关系性是同样原本的。基本上已经无需再强调的是,与其说我们引入"自身感受"是伸张了人格自身关系性的绝对优先性,还不如说,自身感受的引入一方面帮助我们厘清了人格的自身关系性及其原本性,与此同时,通过自身感受的引入所赢获的解释框架或者"脚手架"实际上对于讨论本己人格和陌己人格的关系同样适用。下文也将在"知识论"、"存在论"和"伦理学"三个层面来关注本己人格和陌己人格的关系,或者也可以更明确地表述为三个问题:1)陌己人格如何自身被给予? 2)陌己人格在本己人格自身的个体规定的揭显中具有什么样的作用? 3)陌己人格与本己人格生成的关系怎样?

鉴于我们在上一章对人格的现象学描述中已经勾勒出了人格的"知识论"、"存在论"和"伦理学"三个层面,我们这里只需要简要概括一下前两个问题,然后就可专注于第三个问题。

如我们在第6.1.2节已经讨论过的那样,在舍勒这里,人格不能被对象化,无论是对本己人格或是陌己人格,我们都不能以一种对象化的方式来把握。对于陌己人格,人们只能通过对它的"各个行为进行的**一同进行**或**追复进行**和**在先进行**"来把握之(II, 386)。或者就如舍勒自己对他的听众所说的那样,你们只能和我"一同-思",而不能"陷身于我之所是、所思和所说"。[①] 但是这样一种"**一同进行**或**追复进行**和**在先进行**"当然不能被理解为一种后继的、间接的把握方式,如我们前面也已经提及的,舍勒实际上将这种"一同进行"、"追复进行"或"一同体验"、"追复体验"等等这样的"行为进行"视为"内陌己感知"的基本行为(II,509),就此而言,这些"行为进行"本身就是直接的、原本的。因此,陌己人格在根本上就在这样一些各种类型的"内陌己感知"中直接地、原本地自身被给予,"**陌己人格之实存**以及对其体验的'理解',并非以某种方式根据其躯体此在和躯体特性而'被推断出来'的,或者通过'同感'而得以认识的;相反,它是与一个躯体世界本身之此在一样**直接被给予的**"(X,64)。

　　同样的,我们在第6.2.3节中曾经提到,对于舍勒来说,使一个人格的观念价值本质得到揭示的行为就是奠基于爱之中的对这个人格的完整**理解**(Verstehen),因为只有在此行为中,人格的观念的价值本质才得以揭显。在那里我们谈论一种自身之爱和自身-理解,人格最终通过"自身之爱"与绝对存在以及本己存在相联系,正是基于此,人格对自身的观念的价值本质或"个体规定"的"自身-理解"才得以可能,一种人格的"实践的自身对自身之行事"、朝向观念的爱的秩序的人格生成、或"个体人格的救赎"才得以可能。但是正如我们在那里已经有所保留的是,在舍勒这里,"陌己之爱"(Fremdliebe)与"自身之爱"、"陌己理解"与"自身-理解"具有同样原本的地位。"'每个人必定都最了解自己的救赎'是一个完全没有根据的命题"(II,483)。因为同样原本的是,我们完全可以通过一个陌己人格而获得我的本己的救赎道路:这个陌己人格"通过完整理解着的陌己之

---

　　① Scheler,*Nachlaß Max Scheler CB* 122,转引自:Wilhelm Mader,*Max Scheler in Selbstzeugnissen und Bilddokumenten dargestellt*,Hamburg 1980,S. 58。

爱之中介而向我指明我的救赎道路"。换言之,我们完全可以在陌己人格的陌己之爱(这种陌己人格的陌己之爱或者爱他人,对我而言就意味着它对我之爱)中获得本己救赎的道路,完全有可能存在着这样的情况,即"通过它对我所具有的、比我对我自己所具有的更真的和更深的爱而向我指明一个比我自己所能获得的**更为清楚的**我的救赎之观念"(Ebd.)。在"理解"问题上也一样,"自身－理解"和"陌己理解"具有相同的原初性、直接性,根本上都意味着一种"在其'如在'上"对精神本质之存在参与的基本方式(VII, 219f.)。一言以蔽之,陌己理解与陌己之爱,在对本己人格的个体规定的揭显上与自身理解与自身之爱具有着同样直接、同样原本的地位。

我们在第6.3.1节也已经提示过,存在着两种可能的志向改变的时机:1)人格的自身感受或自身价值感受,这一方面是与本己人格相关的;2)在爱之中对榜样(Vorbild)人格性的追随,这涉及到作为榜样的陌己人格(II, 560ff.)。这两种志向改变的可能的时机,在现象学的意义上同样原本,同样有效。我们这里就来看看这种通过陌己人格揭显本己的个体规定的时机——榜样跟随。那么究竟1)什么是榜样? 榜样的现象学本质是什么? 2)榜样是以什么方式和方法起作用的? 3)榜样自身具有什么样的本质类型? 我们将逐次讨论这三个问题。

第一,何谓"榜样"? 概括而言,我们可以从三个方面来谈论榜样的现象学本质。首先,榜样"扎根于一个明见的价值之中",因此榜样本身首先是奠基在价值之上的,基于此,榜样就其现象学的内涵而言就是"在人格统一之统一形式中的一个有结构的价值状况、一个在人格形式中的有结构的如此价值性"(II, 564),榜样根本上是一种价值的人格类型;其次,榜样对于一个跟随它的人格而言,首先体现的是一种"存在的指向",即我趋向于"成为"榜样那样的人,那样的存在本身,而非指向某种"做"、某种行动,这是榜样区别于一个"律令"或一个"规范"的根本之处,榜样根本上体现为一种奠基于价值内涵之上的"应然存在要求"的统一(II, 558f.);①第三,榜样本身有好坏高低之分,就像价值本身一样,它的对立面是"反像"(Gegenbild),比如孩子对抗(gegen)它的父亲,反像通过"对人格的价值形象的原初之恨而与此形象相反地去发展自身"(X, 267),但从根本上而言,在反像的内涵之中,人们也可以看到对榜样内涵的价值结构的依赖性(II, 561)。

简言之,榜样是一个价值人格形象,它同时也体现为一种"应然存在要求"的统一,这构成了对榜样本质特征的现象学的规定。这样一种榜样,根本上不能被混淆于"引领者"(Führer),或者我们通常所说的"领袖"。我们可以从四个方面去看榜样与引领者的区别,以便更好地理解榜样的本质。

首先,引领者和追随者之间是一种相互性的意识关系,而榜样与效法(Nachbild)之间则不是这样一种相互性的关系。因为榜样根本无需知道自己是榜样,也无此种充任榜样的意愿,尽管奉他为榜样的人知道这一点。但是引领者不同,他必然自知为引领者且有这样的明确意愿,比如在国家社会主义时期,德国人都将希特勒称作"Führer",而希特勒本人也自知并有此意愿(X, 259);第二,榜样与效法之间的关系是理想的关系,它不依赖于时间、空间,也不依赖于这个作为"原像"(Urbild)的榜样之实在的历史实存。而引领者和追随者之间则不同,他们之间必定是一种实在的社会学意义上的关系。比如像孔子、佛陀、耶稣乃至哈姆雷特都可以成为一个榜样,但是引

---

① 我们在第7.5节还会回过头来讨论榜样和规范、应然存在要求和"应当去做"这样的要求之间的本质区分。

领者必定是个实在的人,他必定是在此的(hier)和当下的(gegenwärtig)(Ebd.);第三,引领者是一个最一般的价值无涉(wertfrei)的社会学概念,而榜样就其内在意义来说则始终是一个价值概念。比如引领者可能是一个救世主,也可能是毫无良知的煽动家。他可能是具有正面价值意义的领袖,也完全可能是阴谋的野心家,等等,只要他有领导的意愿并且也有追随者,他在社会学意义上就是一个引领者。但是榜样则不同,人们只要在爱之中效法一个榜样,那必定视它为善的、完美的、存在应然的(Seinsollende)(X,260ff.);第四,引领者只作用于我们的意愿,它要求一种行动、一种行事。榜样则并非是在意愿中,而是在价值意识,最先是在爱(或恨)中被给予,它规定着那隐藏于意愿背后的"志向"(X,267)。这最后一点已经涉及到我们的第二个问题了。

第二,榜样是以什么方式和方法起作用的? 榜样意识完全是"前逻辑"的,因此,榜样对于我们来说本质上就是一个陌己人格,一个具有价值内涵的陌己人格。就此而言,一个人格对于它的榜样的把握只能通过"内陌己感知"的方式,即追复感受、追复生活等等来进行,人格永远不能将它的榜样对象化,人格与其榜样之间的关系在根本上就是一种爱之中的追随(Gefolgschaft)或者跟随(Folge),根本上就是对榜样之人格存在的跟随,而绝非对其如此这般行为的单纯仿效(Nachahmung)或模仿。榜样自身将效法它的人格吸引向自身,榜样自身具有一种奠基于"应然存在意识"之中的"吸引力"。不同于一个行为规范,榜样发出的这种吸引并不是要求我们仿效它或顺从它,根本上它向我们展示出一个观念的价值本质,进而它可以成为一个"时机",借此我们可以更为完整地理解我们的自身的"个体规定"以及我们自身的救赎。

当然,一方面,人们并不会主动地向着榜样运动,而是需要榜样那方面发出的"吸引"(II, 564);另一方面,根据榜样价值性等级的不同,它所发出的这种"吸引"对于我们也会有根本性的差异,但无论如何,这种吸引中始终含有一个本质性的要素,即"榜样在它的含有爱意的范本上被直观到,它吸引并抵达,而我们则'跟随'"(II, 566)。跟随当然不意味着我们去仿效榜样之所为,毋宁说,是借此跟随我们"学会","如榜样所愿和所做地那样去愿和做,而不是学会它之所愿和所做","我们成为如榜样范本作为人格之所是,而并不成为它之所是"(Ebd.)。说得明白些就是,我们要在对榜样的爱之中的跟随中,去理解榜样的"爱的秩序",去理解它由此人格中心而发出的如此这般的行为和意愿,去理解它如此这般行为和意愿的"缘起生成",并借此跟随而反观自省,去构建(或重建)自己的真正的"爱的秩序",并由本己的人格中心去行动去意愿,乃至去-存在、去生成自身之人格的观念的价值本质。

在此意义上,在对榜样的爱之中的跟随中,我们最终获得的是一种"志向改变"。这种志向改变是一种真正的伦常的进程,从事关陌己人格这方面来说,它永远不会为一个命令、一个忠告或者一种教育指示所决定,而只能在对一个作为榜样的陌己人格之跟随中获得自身改变的"时机"。根本上,在事关陌己人格这一方面而言,这种真正的志向改变,"原发地是通过在对榜样范本之爱的一同爱中爱的方向的改变来进行的"(II, 566;X, 262f.)。

不消说,这里所谈论的这种榜样的作用性显然是其"最纯粹、最直接和最大可能的形式"(II, 566)。一方面,榜样也可以一种间接的方式发生作用;另一方面,榜样也会因其自身的不同的价值等级而有不同的作用性,这一点已经是我们要谈的第三个问题了,我们这里先来简单看一下前一点。舍勒概括出三种主要的榜样间接起作用的形式:文化科学的认识、传统和从禀性向偏好结构的遗传传递

(II，567)。① 经由这三种形式，榜样可以从某个人转递到另一个人、从一代人传递到另一代人，由此一个在血缘祖先那里起作用的榜样可以一再地得到重构，很多时候这恰恰构成了一个民族所谓的民族性的东西，比如那些现代世界的民族榜样的称谓：君子、绅士、武士道等等。但榜样的这种作用性尽管十分重要，但根本上还是间接的。让我们转向更为重要的榜样类型的价值等级问题。

第三，榜样自身具有什么样的本质类型？ 和他对价值等级秩序的厘定一样，舍勒也对作为价值人格类型的榜样进行了等级秩序方面的考察。简单说，舍勒将纯粹价值人格类型（榜样）依其等级秩序由高到低排列如下：圣人、天才、英雄、引领的精神和享受的艺术家（II，493f.，570；X，268f.，274－344）。在这个问题上，我们要强调的有两点：1)纯粹价值人格类型（榜样）与其范本（Exemplar）的关系，2)各种榜样类型和与之相应的价值样式之间的关系。

从实际的起源上来看，在我们心中，实际的榜样是在作为某种经验对象的某些实际的人身上产生的，换言之，我们总是将某个实际的人作为我们的榜样，但是这些人本身还不是榜样，因为舍勒"用榜样一词所指的根本不是这个有皮肤有毛发的实际的人"(II，568)。这也很好理解，对于舍勒来说，榜样根本上是一种价值人格的类型，人格本身就不能被混同为一个实际的人。榜样本身并非是在特定历史人物身上所抽象出来的东西，当然也不是柏拉图意义上的"理念"，从

─────────

① 在《榜样与引领者》的手稿中，舍勒也提到了榜样流传的方式，即血缘遗传、传统和不自觉地共同生活和仿效、"信仰"。要注意的是，这和我们正文所引的《形式主义》的说法并不一致，前两点基本上可以归入正文中所讨论的榜样的间接作用的形式，但是最后这个特别有意思的说法"信仰"实际上是我们上文说到的那种直接的作用方式。因为在舍勒看来，这种所谓对一个人格或者榜样的"信仰"当然不是宗教意义上的"信仰"，它是植根于明晰的、清楚的爱以及对榜样范本及其价值的完整理解的认识之上的，这种信仰可被视为榜样作用中最高、最纯粹和最精神的形式(X，270ff.)。

现象学上说,榜样是在现象学的直观中被给予的永恒的"价值人格观念"(Wertpersonideen),尽管我们可能在某些实际的人身上觉察到这种价值人格观念,但榜样本身绝不是这些实际的人(X,268)。舍勒将这些可以从其身上看出价值人格观念的实际的人称作"范本"。但是要注意,这里所说的"实际的"(faktisch)人并不等同于"实在的"(real)人,如我们已经提到的,哈姆雷特、孙悟空等等都可以成为一个榜样范本。为了解释清楚榜样本身的本质及其与范本的关系,舍勒最终区分出三个不同的层次:作为质料的直观构成物的"纯粹榜样模式"(Vorbildmodelle)、作为形式的"纯粹榜样模式"、榜样模式的范本。很清楚的是,存在着一种普遍有效或个体有效、根本上说是先天的"纯粹榜样模式",它在现象学的直观中作为质料之物而自身被给予。同时,这种质料的纯粹榜样模式又可以借助于**"本质直观的功能化"**而成为一种"形式",进而"对所有实际榜样及其实际获取的构形和被构形状态都有效"(II,568)。最终,这种"纯粹榜样模式"还通过一种**"范本化行为"**(Aktus der Exemplifizierung)而在特定实际的人格身上体现出来(II,569)。这里很清楚的是,理解这三个层次的关节点在于:一方面,本质直观功能化的行为要和范本化行为区分开来,二者具有不同的功能;另一方面,纯粹榜样模式本身和其范本要区分开来,而且根本而言,在现象学上,前者是更原本的,这一点对于我们后面讨论舍勒人格主义伦理学本身的性质尤为重要。

就榜样或纯粹价值人格类型的等级秩序而言,舍勒依照价值本身的等级秩序分别将这几个基本类型作了对应归列:圣人对应于神圣价值、天才对应于精神价值、英雄对应于生命价值、"引领精神"对应于有用性、生活享受的艺术家对应于感性价值。如同在价值领域会发生价值欺罔一样,在这里的等级秩序中也有可能发生偏好欺罔,这种偏好欺罔恰恰是一切"坏榜样"的起源(II,569)。还需要简单提一下的是，这些榜样类型作为价值人格观念、这些榜样类型之间的等级秩序在舍勒看来无疑都是在现象学的直观中，或者说在价值明察和伦常明察中自身被给予的，与归纳、抽象或演绎等毫无关联。

需要特别指出的是这里的榜样类型的"数量"。如我们在上篇所讨论的，舍勒将价值样式区分为四种，即神圣价值、精神价值、生命价值和感性价值。而这里的榜样或纯粹价值人格类型则有五种，即舍勒将有用性单独列出，并将"引领精神"与之对应归列。这恰恰是弗林斯把"有用性"看作一个单独的价值样式的最基本理由。但我们在上篇已经否定了这种看法，在舍勒那里，四种基本价值样式的区分是明确的，有用性根本上只是感性价值这个自身价值的后继价值。与弗林斯相反，我们认为，尽管舍勒将榜样类型区分为五种，尽管舍勒在手稿中也曾提到这五种"基本价值类型"（X，268），但这一点并不能支持五种基本价值样式的立论，而且通过对这五种榜样类型的分析，我们恰恰可以更明确地拒绝弗林斯的这一观点。

这主要涉及到"引领精神"这种榜样类型，在手稿中，它被更明确地表述为"文明之引领精神"（der Führende Geist der Zivilisation），既不同于在等级秩序上比它更高的圣人、天才和英雄这三种榜样类型，也不同于比它更低的享受的艺术家这一种榜样类型，相对于其他四种类型都是直接与一种"纯粹人格类型"相关，"引领精神"本身并非是作为人格而具有价值的，它之具有价值是因为它的"行动和成就"。比如像耶稣可以成为"圣人"的范本，或者拿破仑成为"英雄"的范本等等，他们都是因其人格本身而具有榜样价值，而独独"引领精神"不是，它首先是因其行动或成就，比如某个经济巨头的某个震惊全球的经济运作等等（X，315f.）。尽管舍勒在手稿中的描述算不得十分清晰，常有断裂，但其基本的思想倾向还是可以把握的，尽管很有可能是基于文明价值以及"引领精神"在现代社会中所扮演的重要角色,舍勒将之单列,但这不代表着"有用性"可以成为一个基本的价值样式。

概括地说,就事关陌己人格方面而言,它是在原本的、直接地"内陌己感知"中自身被给予的,本己人格只能通过追复体验或共同体验来把握陌己人格,我们只能与它"一同进行"或"追复进行"等等,陌己人格无疑也永远不能被对象化,也无法通过一种类比推论或同感来把握;陌己人格通过其陌己之爱完全可以同样原本地,甚至更完整地向本己人格揭显本己人格自身的"个体规定",一种完整的陌己理解与自身理解同样原本;通过作为陌己人格的榜样将本己人格"吸引"向自己,本己人格在对榜样的爱之中的跟随中,发生着真正的"志向改变",从而获得自身救赎或朝向本己人格的观念的价值本质去-存在、去生成的"时机"。一言以蔽之,陌己人格在本己人格的自身生成中扮演着与"自身感受"同样原本、同样重要的角色。

7.3　总体人格与凝聚主义

我们已经从本己人格方面和陌己人格方面讨论了人格生成的相关问题。清楚的是,无论是本己人格或者是陌己人格,它们都还是"个别"人格。我们也强调了人格的个体性,但是"个体"(Individuum)和"个别"(Einzel)无论如何不能被混同。舍勒可以承认自己的立场在某种意义上坚持了"个体性",但决不是通常意义上的"个体主义",后者总是与"普遍主义"相对的。换言之,舍勒在这里还是在寻找"第三条道路",一种既不同于"个体主义"又不同于"普遍主义"的"第三条道路",他将之标识为"价值人格主义"或者"凝聚主义"。我们将在第7.3.1节廓出这三条不同"道路"的基本面貌。

而这种凝聚主义最终需借助于"总体人格"的概念来加以理解,

那么什么是总体人格？总体人格是如何被给予的？个别人格和总体人格的关系又怎样？总体人格和社群单位的区别与联系又是哪些？最终这种凝聚主义或者价值人格主义究竟是"神主的"还是"自主的"？换言之，价值人格主义究竟是现象学的还是神学的？这是我们在第 7.3.2 节将要回答的问题。

7.3.1　个体主义与普遍主义

我们在第 7.1 节曾经提到，自身欺罔有一个一直没有受到重视的方面，即本己的体验被与其周围世界纠缠在一起，或者说本己的体验在根本上消融在他人或共同体的心灵之中（XIV，382）。这种"在共同体的心灵中的消融性"在根本上会将每一个独一无二的、不可替代的个体消融在所谓的"社会自我"中，从而根本上泯灭了人格自身的个体性，进而导致一种"去人格化"。这样一种"自身欺罔"在哲学社会学或者社会伦理学领域中就产生出所谓的"**普遍主义**"理论。归在普遍主义名下的可以有形形色色的社会主义、共产主义、组织主义、集体主义等等学说（XIV，378ff.），这些理论的一个共同的特点是，人格存在的自身价值不再被当作所有共同体和历史过程的目标，但事情本该如此，而在这类学说中人格存在仅仅只是因为它对共同体或者历史的进程做出了某些确定的事情才显得有价值，比如它促进了文化的发展等等（II，493）。在这类学说中，个体只是群体整体的一员，个体的人格不再具有它本该具有的原初性，所有的个体存在都仅仅只是"为了"整体或共同体而在，除此以外，个体人格没有任何的"私密领域"，没有任何自身价值，它们只能"献身于公共生活"（XIV，379）。

这在所谓的"大人物"理论中可以看得很清楚，尽管"大人物"理论在很多方面并不同于社会主义或共产主义学说，但它们之间最根本的一致在于，"把人格价值说成是派生的、是依赖于人格对一个非人格的共同体或一个非人格的历史进程所做之成就的"（II，494），"大人物"之所以"大"，恰恰就是因为他们对于历史的进程起了举足轻重的作用，"大人物"的落脚点并不在于"人"之"人格"本身的价值上，而是在于他（哪怕作为一个 X）在社会历史中的"大"的效应，因此他所具有的价值，最终是一个必定要置于一个"集体"中并被因果推导出来的价值，所以这种"大人物"理论最终无非就是一门"因果人格主义"和一门"价值集体主义"（II，495）。

　　与这类形形色色的普遍主义理论不同，在舍勒看来，伦理学必须要坚持价值人格主义，也就是说，人格的个体性必须要得到坚持，"所有共同体与历史都只是在各个人格的存在与作用之中才找到它们的目标"（II，496），人格存在的自身价值必须要得到坚持，人格因其个体性本身就具有价值，而绝非依赖于在某个共同体或历史中产生的因果效应。

　　然而，对于人格自身个体性的坚持，同样要警惕滑入另一个方向的错误，即"**个体主义**"（Individualismus）。这种所谓的个体主义虽然有着各种不同的表现形式，但它们也有着最基本的共同之处：一方面是没有正确处理"个别"和"个体"的关系，因而在强调"个体"的同时，实际上强调的却是"个别"，因此也就完全排斥了"总体人格"，但实际上"总体人格"只是"个别人格"的对立面，完全存在着个体的"总体人格"，就像存在着个体的"个别人格"一样；另一方面，这类个体主义将所有仅仅个体有效的东西混同为单纯"主观的"东西，这一点我们已经一再强调过，对于舍勒来说，先天或者本质之物与普遍或个体无关，完全存在着仅仅对于一个个体而言的先天或本质，也就是客观有效之物，因此，个体有效的绝不意味着单纯主观的（II，501）。

　　在舍勒看来，无论康德和尼采的人格概念有多少根本差异，但是他们之间有一个最基本的共同点：他们都站在普遍主义的对立面，即不是以人格在共同体和历史中的作用或效应来衡量人格的价值，而是刚好相反，以"是否并且在多大程度上能够为**人格的存在**（在尼采那里是最有价值的人格的存在、'伟大人格性'的存在，在康德那里是在**每个人**之中的理性人格的存在）提供其生存与作用的最佳合适基础"这一点来衡量共同体或历史的价值（II，494）。在此意义上，他们都代表了一种个体主义，在他们这里，"所有的集体性的整体的存在都是'为了'个体"（XIV，374）。

但是在康德这里，因为他排斥仅仅个体有效的东西，并且将之视为单纯主观之物，因此他最终将"理性人格**认同于**精神－个体人格"，最终实际上将理性人格本身视为"超个体的"、"普遍有效的"，根本上追随了阿威罗伊主义，即对一种所谓的"超个体的、先验的理性"的预设。这种学说的理论后果可以在现代生活现实中的所谓的"本能个体主义"的生活观中凸现出来。所谓"本能个体主义"是指：只有身体性才将人格个体化。本能个体主义者完全无视精神本身的个体性。这种生活观最后导向的实际上是与它所宣称要主张的东西完全相反的目标。这类"个体主义者"的主观意识或者他们自己所主张的是：我是一个独特的个体。但是在他们的存在和生活中却有着如此巨大的"客观同形性"，因为他们都有一个先验的理性的预设，又都认为仅仅是通过身体性而将人格个体化，所以人们甚至可以从一个范例即可大致猜测出所有这类人的本质和行动，显然在这里并不像他们所主观愿望的那样——他们自己是一个独特的个体，而恰恰相反，真正的"客观个体性"实际上是完全缺失的（II，504）。

就这一方面而言，尼采完全站在康德及其追随者的对立面。在尼采这里，并非是在每个人中同类的理性人格与它的行为关系才论证了一个伦理学价值的分殊，毋宁说，人格本身原初就是本质不同的。人格在普遍有效的伦常法则面前的相同性仅仅是一种假定,仅仅是因为人们为了去追求那所谓的普遍有效的善而无视了人格原初的价值差异性。尼采对于人格个体性以及本质差异性的强调也可以从他对于"自身感受的形态学"批判分析中看出来。在他看来,集体自身感受的高度"乃是一所培养个体自身感受的学校",因为集体的自身感受,比如它相对于另一个集体的自豪感会强制个人去体现整体的这种骄傲,因此个人要在人格上表现出共同体,他就必须以一种对自身的极端敬重来言语和行动,然而这种"培养"的过程实际上是一种"去自身化"(Entselbstung)。① 换言之,在这种培养中,在这所学校中,个体的自身感受或者个体的人格性根本上被泯灭了,取而代之的只是集体或共同体的"培养"。我们可以注意到尼采这里所说的"去自身化"与舍勒所讲的"去人格化"(Entpersonalisierung)在构词上的相似之处。实际上,舍勒在这一点上也的确是完全赞同尼采而和康德划清界限的(II, 505f.)。

但在舍勒看来,尼采的问题在于,他根本上还是陷入到一个"实用主义的成见"之中,依照这个成见,"恰恰是对最高伦常价值的实现必然也可以是并且必须是一个对我们的**愿欲**和**行动**而言的任务"。也就是说,尼采不仅仅正确地将(伟大)人格的存在本身看作是社会或历史进程的最高价值,而且他也带有"实用主义成见"地将之看作我们行动的直接意愿目标。如我们在第 6.3.2 节已经讨论过的那样,在舍勒看来,人格价值本身的实现和增长"恰恰是它**不**直接朝向自己的作用的(无时间的)**结果**,即不是一个被意指的内容"(II,

---

① 参阅 Nietzsche, *Nachgelassene Fragmente* 1887 – 89, *KSA* 13, Hrsg. von G. Colli & M. Montinari, München 1999, S. 111f.;中译参见尼采:《权力意志》(下卷),孙周兴译,北京:商务印书馆,2007 年,第 802 页。中译本将"自身感受"译作"自尊心",我们这里为了译名统一做了修改。

498）。

不仅如此，舍勒还指出康德和尼采这两种不同的"个体主义"共同谬误的地方。这一方面体现在他们不仅合理地将人格视为伦常价值的载体，而且还进一步地，因而却是错误地认为人格是价值的"设定者"，即人格将价值设定为价值，就此而言，他们的个体主义就和"价值唯名论"以及"主体主义"绞缠在一起，不同的只是，在康德这里是先验主体主义，而在尼采那里则是经验主体主义；另一方面，尽管他们也合理地指出，每个人格都是"自身负责的"，但他们却无视每个人格同样**原初地**对其他人的行为举止、愿和做是"共同负责的"，因此在根本上他们就都陷入了"单元论"（Singularismus），区别只是在于，康德的人格主义是理性的单元论，而尼采的人格主义则是经验的单元论（II，506）。

很清楚的是，舍勒这里对于康德和尼采共同谬误的批评与我们上文提到的他对"个体主义"两个错误性的根源的揭示基本是一致的。舍勒最终不同于一切"个体主义"理论的地方是在于如下两个基本点：1）"个体"和"个别"是完全不同的，对人格个体性的强调，绝不排斥一种"总体人格"，"总体人格"仅仅是与"个别人格"相对的，同样原初地存在着个体的"总体人格"或者"总体人格"的个体性，就此而言，每一个人格原初既是自身负责的，也是共同负责的，因此并非"单元论"（无论是理性的或是经验的），而是"凝聚原则"（Solidaritätsprinzip）才是价值人格主义的根本性原则；2）仅仅对个体有效也不能被混同于单纯"主观"的，因为价值本身是先天的，这与它是个体有效或是普遍有效无关，先天的价值本身就是"客观"的，而不会是单纯主观的，即便它只是个体有效的。更进一步，先天客观的价值本身是观念的存在，因此它并不是被主体或者人格（无论是先验的还是经验的）"设定"出来的，人格根本上仅仅是价值的"载体"，而绝非价值的设定者,因此价值人格主义的另一条根本性原则就是价值先天主义或价值客观主义。①

　　这两个基本点只需稍微修正一下它所反对的靶子也完全可以用来对抗任何形式的"普遍主义":1)人格存在具有其自身价值,而且是最高的价值,这一点是由价值先天主义或价值客观主义规定的,根据价值的先天秩序(即单从价值载体方面考虑),任何物事价值都要高于状态价值,而人格价值本身又要高于物事价值(II,117),就此而言,人格共同体或社会或历史进程的价值本质上都是物事价值,因此它们无疑要低于人格本身的价值,对于价值人格主义来说,共同体和历史的意义或价值恰恰就在于:"它们展示着对此而言的条件,即最有价值的人格统一能够在它们之中和它们身上昭示自身并且能够自由地起作用"(II,496),简言之,"人格价值要高于一切物事－组织－共同体价值",这甚至是《形式主义》这本书所要尽可能论证和传布的"最本质和最重要的命题"(II,15);2)正因为人格价值本身是更高的价值,因此人格存在的个体性就需要得到弘扬,无论是总体人格的个体性或是个别人格的个体性,因此不同于"普遍主义",价值人格主义最终坚持的,或者说最终就体现为"凝聚主义"。

　　舍勒根本的努力就是在"个体主义"和"普遍主义"之间找到"第三条道路",即"凝聚主义"或价值人格主义。需要特别说明的是,这种"凝聚主义"离一般意义上的"个体主义"并不比离"普遍主义"更近,尽管舍勒也曾加上引号地将他的立场称作"个体主义",但如我们所一再强调的,舍勒想要凸显的无非是人格的个体性,但绝非那种一般意义上的个体主义,人格的个体性既是个别人格的也是总体人格

---

　　①　几乎无须再提的是,这种价值客观主义根本上是价值先天主义,而绝不是任何意义上的"价值**客体**主义"。

的个体性,价值人格主义既是价值"个别"人格主义也是价值"总体"人格主义。与在其他地方表现出来的一样,舍勒这里的思维方式是一以贯之的。具体说就是,他总是否定两个相互对立的对子,他的最终目的在于质疑这个对子赖以存在的"二元"前提本身,现象学的道路最终体现为一种"居间"(Zwischen)。这既体现在他对康德形式先天与质料后天对子的批判,也体现在他对康德理性先天与感性后天对子的批判,也体现在对主体主义和客体主义对子的批评,当然还有这里对个体主义和普遍主义对子的批评,等等。毫无疑问,这样一种"居间"当然也绝不会意味着"调和",事实上,哲学的真理之争根本无法调和。

那么,这样一种"居间"的"凝聚主义"道路究竟意味着什么? 这是我们下一节的任务。

7.3.2　作为凝聚主义的价值人格主义

舍勒的第三条道路被称作"凝聚主义",而这种凝聚主义根本上还是一种价值人格主义,或者更确切地说,它根本上还是要奠基于舍勒的价值现象学和人格现象学,尤其是舍勒对个别人格和总体人格的区分。怎样来理解所谓的"总体人格"呢?

让我们从舍勒提出的著名的"认识论的鲁滨逊"的例子开始。对于一个臆想出来的认识论上的鲁滨逊——即从来没有以任何方式感知到他的同类的生物或者他们的标识或踪迹,也从未拥有有关这类生物的实存的经验——来说,他是否有可能知道共同体以及如他自身那般的精神-心理的主体的存在,他又是否有可能知道他自己在根本上"属于"一个共同体呢? 舍勒对这样一个思想实验给予了十分肯定的回答。这样的"鲁滨逊"绝不会认为不存在共同体,他独立生存在世,他更不会没有本质直观和共同体的观念,相反,他会想:"我知道存在着共同体，并且我属于某个（或多个）共同体，只是我并不认识其他构成共同体的个别生物，也并不认识那些聚合成一般实存着的共同体的经验性的群组"（VII，228f.；II，511）。舍勒强调，要明确区分对共同体和"你－实存"（Du-Existenz）之一般的**本质**认知和对共同体或者某一特定历史共同体的一个成员的偶然实存的认知。"因此，即使是一个臆想出来的认识论的鲁滨逊，他也会在对某些共同构造出一个人格一般的行为种类的那些**缺乏充实**的行为之体验中共同体验到他的这种在**一个社群单位中的成员状态**"（II，511）。

　　舍勒在"同情书"的第二版中还将这个思想实验的理论成果标识为"你－实存一般的明见性"或者"你之领域"、"你之世界"实存的明见性。这里的"你"，当然是个很宽泛的概念，它既可以指"你"也可以指"他/她/它"或"他们"，因此可以更为恰当的称之为"陌己"之实存的明见性。这种陌己实存以及对某个共同体的归属性之先天的明见性完全有其现象学的**直观**基础，这种直观，在鲁滨逊这里就体现为一种比如对"陌己之爱"这种情感行为的"空乏（Leer）意识"、"未在此（Nichtdasein）意识"，即我还没有办法爱别人，我还不认识某个他人，因此这种"陌己之爱"或对别人之爱还是"未在此"的；或者就一个追求行为而言，这种直观就体现为一种"缺乏（Mangel）意识"或"未充实意识"，只要鲁滨逊去进行某种只有与可能的"**社群的回应行为（Gegenakt）**"一起才能构成一个意义统一的那些精神行为时，他就可本质性地体验到这种"缺乏意识"或"未充实意识"（VII，229f.）。一言以蔽之，"你之领域"或陌己领域以及共同体之实存在现象学上是明见的，某一单个人格对于一个共同体的归属性也同样是在现象学上明见的，无论人们是否能够发现实证经验的范例，这都不会改变这些先天的本质性。

　　如我们已经讨论过的那样，在舍勒的人格现象学之中，人格本质上是行为的施行者,是"行为－实体"或者"在行为之中的内存在",根本上是行为之"具体主体"。因为存在着不同的行为本质或本质类,因此也会存在不同的"具体主体"的本质类,换言之,人们可以借助于对不同行为进行的本质类的区分,在"人格"概念下也区分出不同的本质类。在我们这里的语境中,舍勒区分了所谓的"单个化的本己行为"和"本质社群行为"或"社群的回应行为",前者比如自身意识、自身敬重、自身之爱、自身的良知检验等等,后者则例如统治与听从、命令、允诺、发誓等等(II, 511;VII, 225)。如前所述,无论是单个化的本己行为或是本质社群行为,它们本身都是持续的行为进行,仅仅是在现象学的分析中才被分异出来的,因此从根本上而言,它们相对于一个人格一般而言只是一种"抽象的本质性",但是另一方面相对于各个行为进行而言,它们又都具有着"具体的本质性",只要人们将之视为贯穿于行为进行之中,而不是将之对象化。就此而言,每个"个别人格"(Einzelperson)都是单个化的本己行为的具体主体,它恰恰是"在一个人格与它的世界以内、在一个特别的单个化的本己行为的本质类中构造起自身的";而总体人格(Gesamtperson)则是本质社群行为的具体主体,它在社群行为的特别本质类中构造起自身。更为重要的一点在于,个别人格和总体人格的区分根本而言还是"抽象的"本质区分,因此并不是说某一个人格是个别人格,另一个则是总体人格,而毋宁说,"每一个**有限的**人格都'含有'一个个别人格和一个总体人格;它的每一个世界都含有一个总体世界**和**个别世界:两者都本质必然地是一个具体的人格与世界之整体的两面"(II, 511)。

因此,从根本上,个别人格和总体人格是在人格本身之中被加以"抽象"地区分的,它们本质上共属于一个人格,并且可以在此具体的人格之内相互联系,它们二者是同样原本的,这一个并不以另一个为基础。就此而言,总体人格无疑不意味着是个别人格的总和或者是个别人格之集体，而毋宁说，它根本上就是一个被体验到的实在，而绝非一个建构构成物。总体人格与个别人格一样，是精神的行为中心，或者更确切地说，前者是精神的本质社群行为中心，后者则是精神的单个化的本己行为的中心，它们所共属的人格一般就是一个具体的精神行为中心（II，531）。

在此意义上，我们不能把总体人格仅仅理解为一个由单个人或个别人格组合而成的社群组织或社群单位。个别人格和总体人格的区分与个体与普遍的区分毫无关联。就像存在着一个个体的个别人格一样，也存在着个体的总体人格，比如［民族］国家（Nation）①、教会，例如"普鲁士"这样一个［民族］国家本身既是一个总体人格，同时又是一个精神个体（II，514）。因此，对于人格个体性的强调绝不意味着对于个别人格的强调。并非社群单位的所有种类都可以看作是总体人格的统一，那么，总体人格和社群单位之间的关系如何？总体人格又和哪类社群单位具有本质的联系？

为了回答这样的问题，舍勒发展了一门所谓的"所有可能社群的本质单位一般的理论"，这门理论的充分发展将可以构成一门哲学社会学和社会伦理学的前提或基本论题域（II，515）。但显然并非这门理论本身就是哲学社会学或社会伦理学，因此在根本上，这门理论只是一门现象学的"元社会学"（Metasoziologie）（VII，211），它构成了舍勒后来研究知识社会学的前提和基础。我们这里当然只可能限制在这样一门现象学的"元社会学"的最基本的原理上。为了更为清

---

① 舍勒在"民族"（Volk）、"［民族］国家"（Nation）和"国家"（Staat）之间做了区分，民族根本上是一个生命共同体，而国家则是一个精神的总体主体，它不是完善的或纯粹的精神的总体人格，它更多是一个政治学或社会学的概念，只有"［民族］国家"才是一个文化的总体人格（II，533ff.）。比如我们可以说一个"巴伐利亚民族"（民族），或者一个德意志联邦共和国（国家），也可以谈论一个"德意志"这样的［民族］国家。

楚地讨论有关"所有可能社群的本质单位一般的理论"的最基本的原理,我们给出下面这个图表(II,515－548)：

社群单位	理解行为	基本原则	责任性	成员
大众	无理解	不由自主地仿效	无责任性	无自身意识的人
生命共同体	准理解	可替代的凝聚原则	共同负责	包含未成年人
社会	间接理解	契约原则	自身负责	成年的和有自身意识的个别人格
人格共同体	真正理解	不可替代的凝聚原则	同样原初的自身负责与共同负责	含有个别人格和总体人格的人格一般

　　预先要说明的一点是,有的学者将这四种社群单位分别对应于舍勒的四种价值样式,即由低到高分别是：大众对应于感性价值、生命共同体对应于生命价值、社会对应于精神价值、人格共同体对应于神圣价值。[①] 这在我们看来是很牵强的,而且甚至是容易引起误解的,单举人格共同体为例,在舍勒看来,人格共同体是由含有个别人格和总体人格的人格一般凝聚而成的共同体,而总体人格的两种纯粹的形式是文化的总体人格和教会的总体人格,前者对应于精神价值,后者则对应于神圣价值,因此很难说一个人格共同体就是单单对应于神圣价值的。其他层次都存在各种各样的问题,因此,我们很难认为舍勒对这四种社群单位的本质分析是对应于他对价值层级的分析的。当然,这几种社群单位之间有价值上的高低之分,但毋宁说,这种高低是源自于价值的形式的先天秩序,而非价值的质料的先天秩序,即源自于价值载体上的差异。最简单说,大众和生命共同体最终所具有的是物事价值,而社会则兼有物事价值和人格价值,人格共

---

① 　参阅 Thomas Keller, „Liebesordnungen", a. a. O., S. 137。

同体则具有纯粹的人格价值,它们之间的价值高低关系即体现在这样一种形式的秩序上。

回到我们这里这个图表上来,首先可以简单说明一下的是"大众"(Masse)这种社群单位,这是最低层次的,它类似于动物中的兽群(Herde),这种社群单位是通过单纯的**无理解**的感染这样的体验行为而构造起来的,其成员都依照着一种对其他人的不由自主的仿效而"集合"在一起,比如在群众运动中的大众,他们根本上是没有自身意识到自身的。

与"大众"不同,在"生命共同体"(Lebensgemeinschaft)的成员之间存在着一种"理解",因此它是建立在共同生活和追复生活的基础上的,这里的这种"理解"还不是我们前面所谈论的"内陌己感知"意义上的"理解",因为在生命共同体中,诸成员之间没有明确的"我的体验"和"你的体验"的区分,根本上就是一种本质未分异的"相互一同体验"之统一(II,515f.),因此这里的"理解"仅仅是相对于"大众"中的"无理解"而言的,为和后面的人格共同体那里的真正的"理解"区分开来,我们这里可以将之称作"**准理解**"。在生命共同体中,人们通过这种"相互一同体验"之中的"准理解"而具有着相同的体验,并意识到自己是共同体的成员,因此要对共同体共同负责,在这种生命共同体中遵循的是一种"可替代的凝聚原则",即"个别人原则上按照法则是通过其他个体'可替代'的"(II,517)。这种生命共同体最典型的范例有婚姻、家庭、氏族、家乡团体等等,就如"家庭"这个范例所表现出来的那样,在生命共同体中无疑可以包含未成年人,如一个"自我性"尚不明确的孩子,等等。

从根本上来说,生命共同体还是一个"自然"单位,而"社会"(Gesellschaft)则是一个"人为"单位。在这里,个别人通过一种特别的、有意识的行为而相互联结并"人为"地组成一个社会,在某种意义上，社会甚至可以被称作一个"个别人的联合体"。在社会中，个别人格被视为"人格一般"，因此真正的个体精神人格意义上的"个体"在这里也就被混同为"个别"，所以在根本上这些在社会中的个别人"是**天生相同的**和**具有相同价值的**"（II，519）。正是基于此，在"形式上"似乎完全无法被替代的"个别人格"，在社会中恰恰是完全可替代的，因为从"质料"上说，他们每一个都是原初相同的。在社会中，各个个别人恰恰是都将自身意识为个别的，因而在他们之间就不存在一种"相互一同体验"或者说"共同生活"和"追复生活"，他们之间的联结就不是直接的，而是通过一种**间接的理解**，即通过一种间接的类比推理来把握彼此。① 也正是缺乏了这种直接的"相互一同理解"，社会诸成员之间总是弥漫着"毫无根据的和原发的猜疑"，就像在生命共同体诸成员之间弥漫着"毫无根据的信任"一样，因此社会诸成员之联结乃至于作为"个别人的联合体"的社会所赖以维续的基本原则就是一种"契约"，在社会成员之间也不存在一种共同负责性，而仅仅是每个人对自己以及对他人的"单方面的"自身负责性，这里不存在任何形式的凝聚，而只存在个别人或者他们所构成的"阶级利益"的相同性或不同性。我对他人的负责或对某个阶层的负责根本上还是基于一种单方面的"自身负责"，或者根本而言，是对"契约"的自身负责。

在社群单位的本质种类中最高的形式是：人格共同体（Personsgemeinschaft），或者舍勒也将之称作人格的"凝聚的爱的王国"（II，527）或"所有有限人格一般的爱的王国"（II，535）。这里首先要说明一下的是，尽管很多研究者直接将"总体人格"视为社群单位的本

---

① 也有学者将这种"间接的理解"称作"自我中心的陌己自我之理解"，参阅 Erhard Denninger，*Rechtsperson und Solidarität. Ein Beitrag zur Phänomenologie des Rechtsstaates unter besonderer Berücksichtigung der Sozialtheorie Max Schelers*，Frankfurt am Main/ Berlin 1967，S. 170ff.。

质种类中的最高形式,这当然有其道理,但为了更清楚地理解总体人格本身以及这种作为社群单位的"人格共同体"的本质,我们还是要将"总体人格"和"人格共同体"区分开来,或者说这种区分只是为了表述的方便,"总体人格"意味着人格一般的抽象的本质性,而这种**抽象的**本质性同时也可以成为一个总体世界的**具体的**行动中心(II,526),就此而言,它也就可以是一个社群单位或一个"人格共同体"。

如前所述,对总体人格和个别人格的意识可以包含在每一个有限人格的现象学的具体行为进行之中,也就是说在"统一的有限人格之本质中的个别人格与总体人格"具有"同时起源性"(II,524),每一个有限人格**同时都是**个别人格和一个总体人格的成员,而且一个绝然的本质性就在于:这种"同时都是"就应当是如此的,每一个有限人格也应当如此体验自身。每一个有限人格本身都明见地把握到其他人格的存在,并且也明见地体验到自身是一个总体人格的成员。因此,与对自身的理解一样,每一个有限人格对于其他人格的"理解"也完全是一种**真正的直接的理解**,一种在真正的"内陌己感知"中的直接的理解,不消说,这种真正而完整的理解最终奠基在"爱"之中。①

---

① 在新近的一篇文章中,瑞士学者 A. 克瑞布斯(Angelika Krebs)尝试着将舍勒在"同情书"中所分析的"相互一同感受"(Miteinanderfühlen)视作对应于"人格共同体"的本质行为,她做了颇多富有启发性的思考,笔者也曾尝试过类似的思路,但是实际上以舍勒在"同情书"中谈论的几种共感行为来讨论这里的社群单位,它所体现出的困难远远多于它所带来的启示,这自然是另外一篇专论的主题了。需要提及的是,她还引入了 E. 施泰因来进行分析,但是她没有注意到施泰因那里的"同一感"(Einfühlung)和舍勒这里的"同一感"之间的根本区分。可参阅 Angelika Krebs, „» Vater und Mutter stehen an der Leiche eines geliebten Kindes «. Max Scheler über das Miteinanderfühlen", in: *Allgemeine Zeitschrift für Philosophie* 35/ 1 (2010), S. 9 - 43;有关舍勒对几种共感现象的讨论分析也可参看拙文"爱与同情感——舍勒思想中的奠基关系",载《浙江学刊》,2003 年,第 3 期;有关施泰因和舍勒在"同一感"问题上的区分,可参看:Yu Xin(郁欣), "Edith Stein and Max Scheler on *Einfühlung* and *Einsfühlung*", in: Hanna-Barbara Gerl-Falkovitz, René Kaufmann & Hans Rainer Sepp (Hg.), *Europa und seine Anderen. Emmanuel Levinas, Edith Stein, Józef Tischner*, Dresden 2010, pp. 155 - 167。

恰恰是这样的具有着真正而完整的"理解"的有限人格一般凝聚成一个"爱的王国"或者"人格共同体"，在此共同体中，每一个成员都是一个独一无二的个体人格，因此是绝然无可替代的，每一个成员或每一个个体人格以及总体人格本身都是自身负责的，与此同时，每一个成员都对总体人格以及对在此总体人格中的其他个体的成员共同负责，而总体人格本身也对它的每一个成员都共同负责。因此这种共同负责性就体现为一种"相互"的而非"单方面"的共同负责性，而且同时，这种共同负责性又完全不会排斥这二者的自身负责性。在此意义上，每一个个别人格对于其他个别人格来说就不仅是在总体人格中作为一个"成员"（比如某个职务或社群结构中某个地位价值的载体）而共同负责的，而且它也是甚至首先是作为独一无二的人格个体以及一个个体良知之载体而共同负责的。因此在这个"有限人格一般的爱的王国"中所遵循的恰恰就是一种绝然不可替代的凝聚原则，"在**这个**意义上的凝聚原则对我们来说是**一个有限伦常人格之宇宙的永恒组成部分**，并且可以说是它的一个**基本教义**"（II，523）。舍勒给我们提供的纯粹的精神的总体人格的形式是：文化的总体人格（〔民族〕国家或文化圈）和教会的总体人格（II，533f.）。

从总体上而言，大众、生命共同体、社会、人格共同体构成了社群单位的本质类型。这四种本质类型，从现象学上来看，还有两个本质的特点需要被强调：

第一，在这四种本质类型相互之间存在着本质的关系。姑且撇开无自身意识的个别人的结合体"大众"不谈，因为从根本上而言，这种社群单位并非是始终固定的，人们可能今天受到感染而丝毫不去追问缘由地加入游行的队伍，也可能明天就退出。就其他三种社群单位而言，1）所有的"社会"单位必然都奠基于生命共同体的单位之中，这里的奠基关系当然不会意味着一种存在于两个实在的社群群组之间的奠基,而毋宁是意味着在"社群结合状态本身的两个本质结构"之间的奠基。这种奠基体现在三个方面:首先,在某个社会中作为成员而存在的个别人必定在某个时候曾已是某个生命共同体的成员,比如一个社会成员在他扮演社会身份的同时至少曾经已经作为一个家庭的儿子存在过;其次,在社会的联结中所依据的基本"契约"原则必定要植根于"凝聚"原则之中,在契约中相互遵守允诺,这样一种义务的根基根本就处在"一个共同体各个成员对存在应然地有待实现之内容的**凝聚式**的承担义务"之中;再次,所有服务于共同认识之社会形式的协定和人为的术语本身必定植根于自然语言之中,社会协定的语言本身需要通过自然语言才能构成,并且也始终要依赖于自然语言的意义范畴。基于这三个方面的"依赖性",社会这样的社群单位根本上是植根于生命共同体的(II, 520f.; VII, 226ff.; X, 265f.)。

2)同时,社会和生命共同体这两种社群单位的本质形式又都"隶属于"人格共同体这个最高的本质形式。因为在舍勒看来,一方面,前两种本质形式的使命就是要服务于后面这个最高本质形式及其显现的;另一方面,在最高的本质形式中,尽管绝然不是一种对前两种本质形式单纯的综合,但是还是包含了前两种本质形式的基本特征:比如在社会中的独立的、个体的人格,以及在生命共同体中的凝聚与实在的总体统一(II, 527)。在这个最高的形式中,既有原初的自身负责性,同样也有原初的共同负责性,在这里个别人格和总体人格处在明见的"共属性"的本质关系之中(VII, 212)。人格共同体恰恰是因其自身的本质而是最高的社群单位的本质形式。这种自身的本质,根本上还是在于价值与人格的本质。人格共同体一般的最终基础还是在人格的观念之中,而且最高的价值根本不是共同体价值,而是人格价值本身，人格共同体恰恰是因为含有这"总体人格"的价值，它才高于其他两种社群单位的本质形式(II，514)。

第二，这四种社群单位的本质形式的区分绝非意味着一种实证的、社会历史的纵向发展的社会形态的区分，比如先有大众，然后发展出生命共同体，而后是社会，再后就是朝向人格共同体去发展，并据此体现着一个线性的"发展"过程。舍勒坚决地拒绝了这种所谓的社会形态生成发展理论，在他看来，这四种社群单位的本质形式根本上"**处处并且始终**在某种程度上和在某种秩序中现存。变换不定的仅仅是这些共同体形式的实在主体、充实着这些共同体形式的群组的大小、这些**价值种类**在其中展示自身的**善业**世界、群组共同体的组织，以及如此等等"(II，530)。这意味着，这四种社群单位的本质形式根本上是一种"形式"，它们规定了历史事实性发展中的社群单位的发展的"界限"，历史上可变更的始终只是大众、生命共同体、社会和人格共同体的"质料"或"内容"，而这四种本质形式始终是在各个历史事实性的社群单位中"混合"现存的，区别只是在于，在某个特定的历史时期，某一种本质形式占据着主导地位，或者某种偏好结构、某一种伦理成为主导的偏好结构、主导的伦理。根本而言，我们可以在任何特定的历史事实性的社群单位中看到这四种不同本质形式的**"特别的事例"**，比如在当今的社会中，我们既可以看到游行的"大众"，也可以看到婚姻、家庭这样的"生命共同体"，当然还有"社会"以及"[民族]国家"等等。"在各个社群单位的**相互包含**和**相互交织**状况之间也存在着特定的本质关系"(II，543)。

就此而言，舍勒提出的既不同于个体主义也不同于普遍主义的第三条道路，首先就意味着一种"原则"性道路，而非是具体的历史实践的社会形态。尽管他后来的确也在其社会学和政治学研究中提出了相应的主张①,但是毫无疑问,这些社会学根本上要奠基于这里所谈论的"元社会学"。这是我们引出的第一条结论:"凝聚主义"或"凝聚原则"本质上首先是一种**现象学"元社会学"**的"原则",而非社会历史发展的具体规划。

另一方面,在谈论"总体人格"和"凝聚主义"时,舍勒谈到了"教会"这样的总体人格,也谈到了"基督教的凝聚救赎思想",但是如我们已经说过的那样,舍勒的意图根本上并不在于或者说首先不在于在社会历史形态上倡导某种"教会"政治论,因为一方面,四种社群单位的本质形式是"混合"共存的,并不存在以教会代替国家(遑论[民族]国家)的意向;另一方面,基督教或者教会共同体根本上而言无非意味着"特别的事例",它们只是对于现象学本质明察到的社群单位本质形式的"内容"方面的补充说明。由此,我们可以引出第二条结论:"凝聚主义"或"凝聚原则"本质上首先是一种**现象学"哲学"**的自身明见性的本质内涵,而不是由具体宗教形态推演出来的东西,也非神学的"光照"。

基于这两点结论,我们现在可以来对舍勒的凝聚主义以及价值人格主义作一简要的评价。事实上,对人格理论本身以及对作为凝聚主义的价值人格主义的评价问题历来是有关舍勒质料价值伦理学研究中最富有争议的问题(没有之一!)。

---

①　比如他在 1910 年代和 1920 年代之交,提出了一种所谓的"先知的社会主义"或"基督教的社会主义"的理论,当时曾引起很大的论争,可参阅 VI, 259-272;以及 H. Leonardy, *Liebe und Person. Max Schelers Versuch eines „phänomenologischen" Personalismus*, a. a. O., S. 242ff.;以及 W. Henckmann, „Bemerkungen zur Entwicklung des Solidaritätsproblems bei Max Scheler", in: Chr. Bermes, W. Henckmann & H. Leonardy (hrsg.), *Solidarität. Person & Soziale Welt*, Würzburg 2006, S. 12ff.。有关舍勒社会政治方面研究的更为详细的文献提示,可以参阅 Klaus Lichtblau, „Einleitung", in: Max Scheler, *Ethik und Kapitalismus. Zum Problem des kapitalistischen Geistes*, hrsg. und eingeleitet von Klaus Lichtblau, Berlin 1999, S. 7-31。

对于这些问题的研究历来有着各种各样的评价。最为极端的是，根本上拒绝承认舍勒的人格主义是"哲学"，相反将之斥为"意识形态"；[1]稍微缓和一点的，会认为尽管它还是哲学，但根本上是"神主的"；[2]再细一点的，会认为这一研究缺乏足够的现象学基础，而且将神学和哲学绞缠在一起，既败坏了神学也败坏了哲学。[3]

首先得承认，舍勒所使用的"人格主义"和"凝聚主义"这两个基本概念，无疑都有很深的"神学"背景。"人格主义"这个概念最早是施莱尔马赫在《论宗教》中使用的[4]，舍勒在《形式主义》中也明确承认了施莱尔马赫对他的影响，"在这里所谈之点中，至少施莱尔马赫在我们看来还是距离我们认知为真的东西最近的人"，因为他与康德的理性主义学说针锋相对地"重新修复了每个个别人格和总体人格的个体主义救赎的观念、一个根据个体良知的善的观念、一个精神个体性的观念"（II，503f.，493）。在后来的讲座中，舍勒也明确地将施莱尔马赫列为人格主义凝聚原则的先行者（XIV，386）。而"凝聚"这个概念尽管也是较晚才首先出现在法文中，比如法国百科全书派对之所进行的明确定义，不过，就如亨克曼所指出的那样，有关"凝

---

① 可以参看莱奥纳迪的评述，参看 H. Leonardy, *Liebe und Person*. *Max Schelers Versuch eines „phänomenologischen" Personalismus*, a. a. O., S. 198ff.。

② 参阅 Felix Hammer, *Theonome Anthropologie？Max Schelers Menschenbild und seine Grenzen*, a. a. O.；以及 Harald Eklund 更为细致论述舍勒伦理学思想中的基督宗教因素的出色著作：*Evangelisches und Katholisches in Max Schelers Ethik*, Diss. Uni. Uppsala 1932。

③ 参阅 Heidegger, *Ontologie. Hermeneutik der Faktizität*, S. 24f.；海德格尔：《存在论：实际性的解释学》，第 30 - 31 页。

④ 参阅 Friedrich Schleiermacher, *Über die Religion. Reden an die Gebildeten unter ihren Verächtern*, Berlin 1799, S. 256f.；新版本见 F. Schleiermacher, *Über die Religion. Schriften, Predigten, Briefe*, Hrsg. von Christian Albrecht, Frankfurt am Main/Leibzig 2008, S. 160ff.。

聚"的观念无疑有着更为悠久的传统,也具有着基督教的背景。①

　　看起来,舍勒所使用的"人格主义"和"凝聚主义"这两个基本概念很难撇清与"神学"的联系。但正如前文已经指出的,舍勒的人格理论根本上奠基于一种"具体的"现象学,价值人格主义则奠基于价值现象学和人格现象学。因此无论舍勒思想的背后是否有神学或宗教背景的支撑,人格现象学以及伦理学人格主义本身都并不依赖于神学或宗教理论。舍勒自己说得很清楚,"伦常凝聚"并不仅限于基督教的观点(III, 119)。根本上,基督教仅只是本质形式的"特殊的事例"而已,而这种本质形式恰恰是在现象学的明察中自身被给予的。

　　舍勒自己也预先替反对者们追问:"然而,这个伟大而崇高的原则[凝聚原则——引者]究竟是建立在哪一种本质基础上的呢?"(II, 523f.)舍勒回答道,这样一种凝聚原则最终要建立在两个本质命题上。其一,人格一般的共同体属于一个可能人格的"明见本质性",这种本质性是在现象学的明察中明见地自身被给予的,这种本质性原则上不会依赖于任何经验实在的联系,无论是与某个社会形态的联系或是与基督教的联系,这一点是使伦常凝聚首先得以**可能的基础**;其二,使之成为必然的东西在于,所有那些在伦常上至关重要的行为举止方式的本质的对立性或回应性(Gegenseitigkeit)以及对立或回应价值性(Gegenwertigkeit)的形式命题,也就是我们在本节开头所提到的"本质社群行为"的现象学本质性以及它们相应的价值的(回

----

　　① 参阅 W. Henckmann, „Bemerkungen zur Entwicklung des Solidaritätsproblems bei Max Scheler", a. a. O., S. 10f. 在这篇文章中,亨克曼非常清晰地清理了舍勒有关凝聚问题的脉络,与通常将此问题最早回溯到舍勒的"怨恨文"(1912年,III, 33‒147,尤其参见 III, 140)不同,亨克曼认为舍勒早在"劳动与伦理"(1899年,I, 163‒195)中就已经发展了相关的思想,尽管还没有明确使用这个概念。

应的)本质性构成了凝聚原则的**必然的基础**(II, 524)。

　　根本而言,尽管人格现象学以及现象学的伦理学人格主义和实证社会理论或者神学有着这样或那样、有着或多或少的关联,但是它们本身是建立在现象学的基础上的,它们本身是自足的,是现象学的,舍勒说他在《形式主义》中"一分钟都没有考虑过将伦理学奠基于某种关于神的本质和此在、观念和意愿的前提之上"(II, 17),"即使是一个精神的世界基础——无论它是什么——也只有在它是'人格的'时候才配得上被叫作'神'"(II, 16)。历史实证的基督教的神,或者佛教、伊斯兰教的神,无论它们被叫作什么名字,最终只是神圣价值榜样模式的"范本化"而已。一言以蔽之,与其说,舍勒的人格现象学是"神主的"甚或是"神学的",还不如说它是"**人格自律的**"(自主的),是**现象学哲学**的。舍勒其后所发展的宗教现象学或者知识社会学,根本上都奠基在人格现象学和现象学的价值人格主义之上,而绝不是相反。

　　在《形式主义》的结尾处,舍勒曾将宗教现象学与"价值人格类型与人类使命的社会学"视为两个可以进一步加以展开的补充研究的论题,但同时也认为它们根本上不应该被"负载"在这些"哲学研究的并且独立有效的伦理学基础学说"之上(II, 579f.)。我们也秉持他的教诲,将我们这里的论题严格限制在现象学的人格主义和"元社会学"之上,而将那可能的展开予以搁置。①

7.4　舍勒对"人应该如何生活?"的回答

　　我们在本书上篇的结尾处曾引用过舍勒在手稿中的自我反思:

---

　　① 有关舍勒伦理学和宗教本质现象学之间关系的相关简要说明,也可参看本书的附录"舍勒思想中的'谜'"的第二部分。

"伦理学最终是一个'该死的血腥事实',而如果它不能给我以指示,即指示'**我**'现在'**应当**'如何在这个社会的和历史的联系中**存在和生活**——那么它又是什么呢?"①我们完全可以将这个自我反思看作是舍勒对苏格拉底的问题——人应该如何生活?——的回应。只是舍勒这里对苏格拉底问题的追问换用了第一人称"我",即现在要追问的问题是:"'我''应当'如何存在和生活。"

我们一定已经注意到,在上面这段引文中,"我"和"应当"这两个概念都被舍勒加上了引号,这就意味着,他在提示读者或者指引读者去注意这两个概念。关于"应当"的问题,我们放在下一节来说,这里首先把目光集中在"我"上。也就是说,这里首先要思考的是,从"人"到"我"的这一转换在舍勒这里是如何可能的?或者说,这一转换根本上意味着什么?

其实问题也很简单,因为舍勒的指引足够清楚。在《形式主义》这部"现象学"著作中,舍勒并没有放弃使用"语言"的分析。在讨论人格的问题时,舍勒明确地说:"对'人格'一词的**语言**运用已经表明,我们在这里所看到的统一形式与内感知的'意识'-对象的统一形式没有关系,并且因此也与'自我'(Ich)(并且既与那个与'你'(Du)相对立的'自我',也与那个与'外部世界'相对立的'自我')没有关系"(II,389)。看起来,舍勒这里还是在将人格与"自我"区别开来,因为无论哪一种意义上的"自我"在舍勒看来都还只是内感知的对象,而人格则永远不能被对象化。但还不仅只是如此。舍勒接着举例,"如果我说,'**我**感知到我',那么第一个'我'(Ich)不是心理的体验-自我,而是称呼形式。但第二个'我'(mich)也不意味着'我的我',

---

①　舍勒:《伦理学中的形式主义与质料的价值伦理学》,第23页正文第9行所附编者注(中译参见第730页)。着重号为笔者所加。

而是置而不论我究竟是外部地还是内部地感知到'我'"（Ebd.）。只有在我们说"我感知到我的自我（mein Ich）"的时候，第二个自我（Ich）才意味着体验活动的心理自我、内感知的对象（II，95，389）。

撇开这两个表达中的差异不谈，在这两个表达中的第一个"我"本质上是一样的，它都是一种称呼的语言形式，它是一个"机遇性的表达"，而它所用以指称的根本上是"人格"。因为这两个表达和例如"我行动"、"我散步"等等的表达一样，"我"只是称呼的形式，但根本上只有人格才是行为进行的施行者，我们绝不会说一个"自我"去行动、去散步，而只有人格才会去进行行为，才是行为进行的统一。就此而言，舍勒实际上以他自己的方式"**延迟了**"或者"**重述了**"传统自身意识理论的循环困境。传统的自身意识在他这里就不意味一个"主我"对"宾我"的把握，而是"人格"对内感知的对象"自我"的把握。但他又以"我的自我"（mein Ich）这一表达来指称内感知的对象，那么问题实际上还是出现了，这个"自我"（Ich）如何是"我的"（mein），这恰恰是传统自身意识理论中的"自身归化"问题。因此在此意义上我们可以说舍勒只是"延迟了"自身意识的到来。但从另一个角度来说，我们也可以认为，舍勒更清楚地表述了自身意识的问题，"人格"对"我的自我"的感知或把握，这实际上就是传统自身意识所说的"主我"对"客我"的把握，舍勒将之归为内感知，那么这就是说借此他将这一层次界定为弗兰克所说的"自身认识"的层次。而如我们前面讨论过的那样，在舍勒看来，人格的体验流本身原初是无"你－我"之分的，这一分化或者说"自身归化"是在体验流的"漩涡"之中形成的，换言之，这一"自身归化"本身也就是弗兰克所说的狭义的"自身意识"恰恰是在人格的体验流之内完成的，一种非对象性的完成。简单说，舍勒的"我感知到我的自我"这个表达包含了非对象性的"自身意识"和对象性的"自身认识"两个层次，而这里的"主体"被他归为"人格"。

那么我们也就可以理解,"我应当如何存在和生活?"这个问题实际上要问的是"人格应该如何存在和生活?"的问题。换言之,舍勒对苏格拉底问题的可能回答就会是:人应该作为一个人格去生活。那紧接着的问题自然就是:何谓作为人格地去生活呢?在这之前还要追问的是:每一个人都可以是一个人格吗?都可以作为人格地去生活吗?① 这就意味着,对舍勒有关"人应该如何生活?"这一问题之可能回答的考察要分两步来进行:1)什么是一个伦常意义上的人格?2)作为人格应该如何存在和生活?

我们先特别来关注第一个问题:什么是一个伦常意义上的人格?哈默曾经非常允当地将这个问题概括为"个体人格的自身聚合(Sammlung)"。② 所谓"聚合",指的是"集中的在自身中存在——仿佛是'深深地活在自身中',在这里就像是我们的整个心灵生活、包括过去的心灵生活,都被总括为一,并且是作为一体而起作用"(II,417),通过这种聚合,所有亲历过的生活都以某种方式"在此"并且是"起作用的",因此我们在这里就不会是空乏的,而是完全"充足的"和"丰富的"。显然,这样一种"自身聚合"就是我们在第6.1.3节谈论过的"自身认同化"的问题,或者如舍勒这里所说的对"自身拥有自身"(Sichselbsthaben)的现象学进行扩建(Ebd.)。当然,在《形式主义》中,这种"聚合"更多是在"自我"的语境下来谈论的,但是在后来的《人在宇宙中的位置》中,这种"自身聚合"也被用来谈论人格。

如我们在第6.3节已经讨论过的那样,"自身"、"自身意识"或"自身感受"在舍勒这里有两个用法,一方面它们是与"自我性"紧紧

---

① 参阅 R. Spaemann, *Personen*, a. a. O., S. 252ff.。

② 参阅 F. Hammer, *Theonome Anthropologie? Max Schelers Menschenbild und seine Grenzen*, a. a. O., S. 226 - 248。聚合这个概念无疑是舍勒人格思想中极为重要的一个概念,其他研究者也注意到了这个问题,比如 M. Gabel, H. Leonardy 等。

联系在一起的，①另一方面，我们也可以更为根本地讨论人格自身。正是在后面这个意义上，舍勒说，"我们把这个行为[精神行为——引者]称为'聚合'，把这个行为以及它的目标，即'自身聚合'的目标称作总括性的、'精神行为中心对自身的意识'或'**自身意识**'"（IX，34）。我们也已经讨论过，这个所谓的"精神行为中心"在舍勒这里指的就是人格，那么很清楚，舍勒在这里谈论的是人格的自身聚合或自身意识。

回到我们的问题上来，什么是一个伦常意义上的人格？或者说，人格自身聚合的条件或表现有哪些？

哈默列出了九点，即健全心智、成年性、对身体之主宰、行动、自由、责任性、人格的个体价值本质和良知②、人格个体性、自我与人格。我们认为最后一点是不必要的，而且也和其他诸点不协调。我们将逐一简单解释一下前面的八点。③

1)"健全心智"（Vollsinnigkeit）。舍勒首先就强调这是在现象学的意义上，而非实证科学的意义上谈论的，也就是我们这里的谈论只涉及本质性的描述，而不涉及实证的（比如精神病患）特例。简单而言，我们对于他人的生活表述的"理解"，总是从一个于直观中一同被给予的他人之精神中心出发进行这种对他的生活表述的理解，并追复地判断他所陈述的命题，或追复进行他的行为进行。因此这里

---

①　在此意义上，舍勒说："在我们通常认为有赋灵活动、自我性，甚或本己自我的存在意识与价值意识（自身意识、自身价值意识）的地方，我们总是不能使用'人格'这个词"（II，469），舍勒这里所拒绝的无非是一种与"自我性"相关的"自身意识"，或者更确切地说，他反对的是将人格本身奠基在自我之上。

②　在这一点中，人格的个体价值本质根本上应该属于人格的"本质"或"如在"的层次，而并不适合于来分析人之为人格的条件或表现，根本上而言，它和我们将要讨论的第二个问题相关，即"作为人格应当如何存在和生活？"基于此，我们在下面的分析中仅讨论"个体良知"的问题。

③　我们这里只是接受了哈默的总的框架，具体的讨论没有跟随他。

的理解绝非一种对此表述进行因果性的说明尝试，而是直接的"理解"。然而，这里的"理解"行为得以可能的前提是，他人本身具有"健全心智"，只有在此意义上，他人才会成为一个陌己人格，我们对陌己人格的直接"理解"才有可能。比如当 X 先生说，"今天是万圣节"。那么，这个判断只会成为我的意向指向万圣节的诱因，而我也可能去纠正他的判断，比如"明天才是万圣节"。但是如果这个时候有旁人告诉我，X 先生是疯的，即他不拥有一个健全心智，那么情况马上会发生改变，先前一同被给予的精神中心被一个空乏的位置所取代，我们马上会以一种"因果性"的说明来看待他的这个判断："X 说今天是万圣节"，甚至我们也可能以挪揄的语气来说这个判断："X 说今天是万圣节呢"（无论 X 说的这一判断是否符合实情。而且有时恰恰是这一判断符合实情的时候，挪揄的味道会更浓：他居然也知道这个）。就此而言，舍勒强调，成为一个人格的首要条件是拥有"健全心智"（II，470f.）。

2）"成年性"（Mündigkeit）。在舍勒看来，人格概念的运用只是人类实存的一个特定阶段，人格的本质初次向我们昭示出来的场所"只能在一个特定**种类**的人那里寻找，而不能在人类一般那里"（II，470），因此我们这里可以预先回到施佩曼的提问："所有人都是人格吗？"显然舍勒的回答是否定的。在舍勒看来，人格只有在一个特定的发展阶段上才被"归化"给个别人，一个小孩可以有自我性、自我的自身意识，但他并不就是一个伦常的人格，只有"成年的"孩子才是完整意义上的人格。所谓"成年"的基本表现即在于，它可以体验到"本己"和"陌己"的差异，换言之，在它的体验流中，已经发生了"自身归化"。或者我们也可以说，所谓"成年"，就是对"自身欺罔"的克服。它不再将陌己的意愿、陌己的体验毫不自觉地当作是本己的意愿或本己的体验，比如一个孩子不再将父母的体验毫不自觉地当作自己

的体验,而是完全原发地去理解他的周围世界的体验意向,原发地去
"一同进行"这些意向,他就是"成年的",他也就可以成为一个人格。

3)"对身体之主宰"(Leibbeherrschung)。舍勒明确地将"身体"
从人格领域和行为领域划出,身体"属于任何一个'关于某物的意识'
及其种类和方式的**对象领域**",因此身体根本上不同于永远不能被对
象化的人格,"身体性"所展示的是一种特别的、质料的本质被给予
性。与身体相对应的只是一个"周围世界"(Umwelt),而人格一般的
实事相关项则是"世界"(Welt)。正如每一个行为都属于一个人格
一样,每一个对象都属于一个世界,因此无论是何种对象,比如内心
世界的对象、外部世界的对象、身体性的对象、观念对象的领域、价值
的领域等等,它们都还是一个"**抽象**的对象性",只有一个人格的世界
本身才是"完全**具体的**"。人格和世界之间具有绝对本质的共属性
(II, 397f., 392ff., 157ff.)。[①] 尽管身体不属于人格领域,但是一
个人之所以能成为一个人格,就必定也要体现出对他的身体的主宰,
他要能直接地感受到、知道和体验到自己是他身体的主人(II,
472)。换言之,他必定能够意识到自己是"超身体"的存在,同时他又
能意识到身体是"属于"自己的"私有物"(Eigentum)。正是在此意
义上舍勒区分了主人、农奴和奴隶。显然主人具有对身体的控制,并
且有着事实的"能够做"的意识,因此而是一个人格;农奴也可被看作
人格,因为他可以行使对自己身体的所有权,可以具有"意愿力"

---

① 有关舍勒身体现象学的研究,就笔者所知,迄今最为出色的研究当属 Bernhard
Lorscheid, *Das Leibphänomen. Eine Systematische Darbietung der Schelerschen Wesenss-
chau des Leiblichen in Gegenüberstellung zu Leibontologischen Auffassungen der Gegenw-
artsphilosophie*, Bonn 1962; 有关舍勒身体与人格关系的研究,还可参看拙文,„Geist und
Leben in Bezug auf die Phänomenologie des Leibs beim späten Scheler", in: *Internation-
ale Tagung „Leiblichkeit und Affektivität: Michel Henry und Philosophien der Leiblich-
keit"*, 4.-6. November 2010, Institute of philosophy, Academy of Science of the Czech
Republic in Prague。

(Willensmächtigkeit)，只是他这种主宰相比于主人更多限定在自身这里而已；而奴隶则根本不是一个人格，而是一个物事，他根本不具有对自己身体的控制，毋宁说，他成为了主人的"私有物"，他根本不具有一种"意愿力"以及对之的意识，根本上缺乏对"能够做"的体验（II，473ff.）。① 简言之，"只要身体作为对一个某物而言'本己的'物事而被给予，这个某物在此物事中起作用，并且直接地知道自己在起作用，那么这个'某物'就是人格"（II，473）。

4）"行动"（Handlung）。正是出于对身体之主宰这种"能够做"的体验可以导向一个人格的行动的统一现象。对于舍勒来说，个体人格的行动是一个其身体－心灵统一的表现，因为人格本身根本不是什么心理的东西，因此去追问一个人格如何能行动，就如同追问一个自我如何能行动一样是完全荒谬的，前者的荒谬之处在于，人格本身就是行动的施行者，这个问题无需追问；后者的荒谬之处则在于自我根本无法行动。因此在舍勒看来，人格之行动是一个"不可分解的现象统一"，正是这种统一展现了身体－心灵的统一性，因为任何人格的每一个统一的行动都既可以直接朝向外部世界，也可以直接朝向内心世界，二者是同样原本的。因此在人格的行动之中，并不存在着心灵和身体的分裂。这一点在对陌己人格之行动的考察中可以看得很清楚，我们既不是将陌己人格的行动理解为一个陌己身体发出的行动，更不会将之理解为一个陌己心灵发出的行动，如若人们如此理解，那势必会陷入"欺罔"，而毋宁说，我们总是将"行动"**理解**为"从陌己的行动人格中心发出的"行动统一（II，475f.）。在严格意义上，行动就是"在做之中对这个实事状况之实现的体验；即是说，是这个特殊的体验统一，它作为一个现象的统一伫立于此，既完全不

---

① 这一点和我们在第 5.5.1 节谈论的人格在罗马法学中的理解基本上是一致的。

依赖于所有与之相属的客观因果过程，也完全不依赖于行动的各种结果"（II，142），一个具有"能够做"或"能够行动"之能力的人，并且同时能够体验到这种"能够做"意识之实现的人才根本上是一个人格。

5）"自由"（Freiheit）。舍勒曾经说，意愿自由问题是"伦理学中最晦暗的问题"（I，405）。可以说他在《形式主义》一书中一再地"延迟了"对自由问题的研究，在许多地方，他都仅只说明，尽管自由问题非常重要，但这里不是我们展开研究自由的地方，诸如此类等等。不过，在他的手稿中，人们还是可以找到相关的研究，不仅有对自由的现象学研究，也有对自由的形而上学研究（X，155－177）。这里仅根据我们的问题而简要提一下有关"自由的现象学"方面。① 在我们这里的语境中，自由首先是和"行动"与"意愿做"并且"能够做"的意识紧紧联系在一起的。舍勒区分了三种不同的自由，即"意愿自由"、"能够做的自由"和"做的自由"或"行动自由"（X，170f.），这三种自由，或者自由本身当然不是一种悬设，而毋宁说是在直接的体验中自身被给予的。比如，所谓自由的能然（Können），它的根本要素就是"自发性"（Spontaneität），即"一种强制（Zwang）的缺失"，在行为之进行中，它本身被体验为是"由我"（von mir）或"通过我"（durch mich）自己而进行的（X，157f.）。在此意义上，舍勒将自由视为人格的一个基本的质性，一个行为或行动越是自由地被进行，它也就越

① 就笔者所知，学界对舍勒"自由"问题的专论并不多，比较出色的研究有 Heinrich Rombach，„Die Erfahrung der Freiheit. Phänomenologie und Metaphysik in Widerstreit und Versöhnung"，in：Paul Good（Hrsg.），*Max Scheler im Gegenwartsgeschehen der Philosophie*，Bern/ München 1975，S. 57－78；H. Leonardy，*Liebe und Person. Max Schelers Versuch eines „phänomenologischen" Personalismus*，a. a. O.，S. 156－167；以及 F. Hammer，*Theonome Anthropologie? Max Schelers Menschenbild und seine Grenzen*，a. a. O.，S. 233－237。

是体现为一个人格本身的行为或行动(X，160)。

6)"责任性"(Verantwortlichkeit)。这一点我们在上一节已经谈过，这里简单说明一下。舍勒明确将"可期算性"(Zurechen-barkeit)与"责任性"区分开来。也正是基于此，"性格"(Charakter)和"人格"也得以区分。简单说，某些性格，比如"歇斯底里性格"或其他疾病性格会取消相关行动对人格的"可期算性"，也就是说在这类性格之下或者在心理疾病患者之中，他们不再具有期算能力，不再具有一种可承担责任的能力，但是这不会影响或取消人格一般的"责任性"，后者与人格存在是处在一种本质的联系之中的。因此我们要在伦理学上区分"伦常上善的"和"心灵上正常的"或者"伦常上坏的"和"病态的"(II，477ff.)。具有本质性的"责任性"是一个人格的本质特征，不消说，这里的责任性，既是指自身负责性，也是指共同负责性。

7)"个体良知"(Individuelles Gewissen)。要搞清楚"个体良知"的所指，我们需要厘清楚它与伦常明察、普遍有效的伦理规范或者哲学伦理学之间的相互关系。最简单而言，相对于伦常明察，个体良知和哲学伦理学是处在同一个层面的，二者的区别在于前者是个体有效的，后者则是普遍有效的，但是二者同时都奠基在伦常明察之上，换言之，伦常明察是最基本、最根本的环节，它既不能被混同于个体良知，也不能被混同于哲学伦理学。我们前面已经区分过实用伦理学、科学伦理学和哲学伦理学，我们这里涉及的仅是真正的哲学伦理学，它同样是建立在伦常明察基础上，只不过它涉及的是伦常明察中可以导向普遍有效的规范之伦常价值的部分，它是严格的、客观的，并且也是普遍的。但是要注意，不同于康德，在舍勒这里客观性并非导源于普遍性，毋宁说二者是不相干的，哲学伦理学或普遍有效的规范的客观性根本上导源于伦常明察的绝然的自身明见性。因此，建立在另外一些"仅仅导向那些'为'一个个体或'为'一个群组来说自在的善"的伦常明察之基础上的，就是个体良知，它同样是严格的、客观的，但是个体有效的(II，327)。

这里可以看得很清楚，个体良知和普遍有效的规范之间的区别仅仅在于有效性的"范围"，而根本不在于它们据以有效的"基础"，从基础上说，二者是同源的。在此意义上，舍勒才会说："不言而喻，**伦理学**作为哲学学科因此本质上永远不可能穷尽伦常价值：它只能涉及普遍有效的价值和偏好联系。……伦理学永远不能够、永远不应当替代个体良知"(II，486)，因为后者恰恰涉及了那些个体有效的价值和偏好联系。也正是在此意义上，舍勒会说，个体良知"只是"伦常明察的**个体的经济化形式**，它永远无法用来反对伦常明察的另一种**普遍的经济化形式**，即用来反对"一个对**普遍有效的**并且也是**质料的道德定理**"的严格客观性和约束性。对个体良知的倡导和保全绝不意味着任何形式的"伦常无政府原则"(II，328)。

说白了，个体良知和哲学伦理学二者是无法相互替代的，并且是可以互补的。就如同哲学伦理学有可能发生偏好欺罔一样，个体良知同样可能存在"良知欺罔"，对于"欺罔"的克服只能依赖于它们二者共同的基础——本质上不可能有欺罔的"伦常明察"(II，324)。正如同伦理学在任何意义上都不能成为"伦常明察"的替代形式一样，个体良知同样不能成为"伦常明察"的替代。一个真正的个体人格，恰恰是一个具有"良知自由"的人，这体现在两个方面：一方面，任何个体人格都有自由听从他的个体良知，良知自由是伦常个体人格特有的权利；另一方面，个体人格同样会防止良知或良知自由的原则提出单纯普遍有效伦常法则的错误要求，那些普遍有效的价值定理和规范只要是基于伦常明察的，那么它们就具有一个"完全**独立于每个人的良知认可**而**具有约束力**的特征"(II，328)。只有坚持这两个方面,一个人才会成为一个真正的人格。①

8)"人格个体性"(Personale Individualität)。这一点实际上可以更为明确地称作"私密人格(Intim)的绝然个体性"。这可以看作是对"个别人格"和"总体人格"、"自身负责性"和"共同负责性"之间关系的一个补充说明。任一有限的人格都既是一个个别人格又是一个总体人格之成员,都既自身负责又同时共同负责,但是这里必须要有一个绝然的界限,即无论每一人格以怎样的方式如何紧密地被编织到一个伦常宇宙的整体之中,它都永远不会或者永远不能"消融"在它的"成员性"(Gliedschaft)之中,它的自身负责性也永远不会或者永远不能"消融"在单纯的共同负责性之中。在所有体验活动的背后,这个人格都还在某种程度上"觉察到一个超越出这个整体的**特有的自身存在**(同样还有自身价值、自身非价值),它知道自己在这个自身存在中(描述性地说)是**孤独的**"(II,548)。每一个有限人格都具有这样一个私密区域,尽管它同时是一个总体人格的成员。就如同舍勒曾经借用一句著名的台词"我是孤独的(einsam),但不是单独的(allein)"②所表达的那样,有限人格的私密性是绝然的,并不会因是否存在与一个社会或共同体的联结而改变。我们也可媚俗地借用一

---

① 有关西方思想史上的"良知"问题的研究,还可以参看耿宁:"欧洲哲学中的良心概念",孙和平译,孙周兴校,载于:《浙江大学学报》,1997年,第4期;倪梁康:"良知:在'自知'与'共知'之间——欧洲哲学中'良知'概念的结构内涵与历史发展",载《中国学术》第一辑,刘东主编,北京:商务印书馆,2000年。

② 舍勒这里所引用的"我是孤独的,但不是单独的",是德国著名剧作家沃尔夫(Pius Alexander Wolff,1782-1828)歌剧"Precionsa"中一段非常著名的台词,该剧是由沃尔夫创作于1820年的浪漫派歌剧,由德国著名作曲家韦伯(Carl Maria Friedrich Ernst von Weber,1786-1826)配乐,于1821年在柏林上演。据说沃尔夫的创作灵感来自于西班牙著名作家塞万提斯的作品《吉普赛姑娘》(*La Gitanilla*),"Precionsa"正是该小说中的女主人公,她是一位美丽的舞者。而这个词在西班牙语中的原意是指"漂亮的"、"珍贵的"等等。参阅 Jakob Koeman, *Die Grimmelshausen-Rezeption in der fiktionalen Literatur der deutschen Romantik*, Amsterdam 1993, S. 340f.。

句流行歌词来表达这里的意思："和你在一起的时候我更孤独"。就此而言，"绝对私密的人格对于所有可能的陌己认识和陌己经验而言都是超越的"（II，556）。[①] 一个真正的人格必定在本质上也是一个绝然孤独的私密的人格。

总起来说，这八个方面构成了一个人格之为人格的条件或者表现，基于此，我们可以简单来看一下弗兰克曾经提出的问题，即自身意识、主体性、人格性和个体性之间的相互关系问题。在他看来，后三个概念是一个层次或者说具有相同的功能，自身意识在一般认识论意义上所对应的"主体"或"主项"就是"主体性"，而在语义学视域中，这个主体或主项就是（经验性的）"人格"，在（施莱尔马赫传统的）解释学视域中，这个主体或主项则是"个体性"。我们也曾提过，这三个方向基本上分别对应着以亨利希为代表的海德堡学派的主体性理论、以图根特哈特和斯特劳森为代表的语义学传统以及以弗兰克自己为代表的"个体解释学"理论。换言之，弗兰克拎出这几个概念来更像是一种归纳性的研究，而非实事本身的需要，或者也可以说是对混乱的术语状况的予以厘清的尝试，即现在存在着这几种可能性，我们需要将之归派一下。按照我们这里的研究，我们可以看到，这样一种归派无论是对自身意识而言，还是对它的主项而言，都可以算是一种简单化。在本书中，我们以"自身感受"的三种哲学含义来拓展了"自身意识"的问题域，并将之所谓的"主项"归为舍勒意义上的"人格"或具体的主体。最大而化之地来说，这个具体的主体"人格"可以被抽象出三个层次，即认知论的、存在论的和伦理学的，无论哪一个

---

① 恰恰是这一点可以构成舍勒后来提出的谐调时代的人与文化问题的"价值人格主义"的基础，因为私密人格当然也可以指一个有限的总体人格，任何文化圈本身都是孤独的、绝然私密的，因而是不可替代的，所以"谐调"才是可能的和必要的。"谐调时代"的文化绝不是要消除文化差异性的大一统文化。

层次它都可以构成"自身感受"(当然是三种不同的"自身感受")的相关项或者"主项",这也是本书引入"自身感受"和"自身意识"问题的根本目的之所在。人格之为人格实际上既可以涵盖亨利希意义上的自身保存的、生成的动态主体性,也可以涵盖弗兰克意义上自身持续释义筹划着的、绝然秘密的个体性。人格之为人格本身是一个"自身聚合着"的"晕",而绝非一个单一、干瘪的点。人格恰恰是以这样一个"晕"的形态而非以一个"点"的形态去存在和生活的。

那么,第二个问题就是,作为人格应该如何存在和生活呢? 首先,人格是纯粹自身感受(自身感受1)的具体的主体性,在其中人格贯穿于这一绝对无分异的行为进行的河流之中,人格作为这样一种行为的统一或者行为的实体本身只能存在于其行为进行之中。因此,人格永远不会是物、永远不是静态的实体,而毋宁说,它总是有"厚度"地持续不断地动态地存在着。

这恰恰就构成了人格的存在样式,即"人格生成"。基于此,我们可以回答舍勒的问题:我应该如何存在和生活呢? 我作为一个人格应该朝向观念的爱的秩序或观念的人格价值本质的去‐存在或"人格救赎"。这种人格存在之本质规定既可以在"自身感受2"之中获得完整的理解,即人格通过"自身之爱"与绝对存在以及本己存在相联系,并由此而可能去"自身‐理解"自身的观念的价值本质或"个体规定";但这种本质规定也完全有可能,并且是同样原初地借助于陌己人格通过其陌己之爱向本己人格揭显本己人格自身的"个体规定",在此基础上的一种完整的陌己理解与自身理解同样原本。换言之,对于人格自身存在本质的完整理解我们既可以通过自身感受达及,也可以同样原本地通过"内陌己感知"达及。而且这种被完整理解的观念的爱的秩序,或者说人格核心本身既涵有本己人格自身的自身负责性,也同样含有它的共同负责性,每一有限人格的观念的爱的秩序已然同时包含着作为个别人格的价值性和作为一个总体人格之成员的价值性。

人格之为人格应该如何存在和生活呢？答曰：人格救赎或"自身神圣化"、或人格自身生成。但是这样一种人格生成需要"时机"。这种"时机"同样存在着两种可能性：或者是在作为伦理学的"实践的自身对自身之行事"的人格的精神感受或自身价值感受（自身感受3）中，或者是：在榜样（作为陌己人格）将本己人格"吸引"向它自己，进而本己人格在对榜样的爱之中对榜样的跟随中，一种真正的人格志向改变得以可能，人格自身救赎或朝向本己人格的观念的价值本质去－存在、去生成得以可能。

简言之，"我应该如何存在和生活呢"？"我"首先应该通过"自身聚合"而成为"人格"，并作为"人格"而存在和生活。作为人格存在和生活就意味着朝向人格的自身的观念的价值本质（既含有个别人格的价值本质也同时含有作为总体人格之成员的价值本质）去生成，即"我"作为人格应该同时承担起自身负责性和共同负责性。而这样一种对自身观念的价值本质的理解需要借助于"自身之爱"或"陌己之爱"才得以可能，这样一种完整理解或者自身救赎需要时机，这个时机或者发生在人格自身的精神感受中，或者发生在对榜样的爱之中对榜样的跟随中。"我"作为一个"人格"就"应该"如此这般地存在和生活，或曰去－存在和去－生成。

但是，何为"应该"或者"应当"？"应当"何以为"应当"？这个"我"为何要循此"应当"而存在和生活？或者说，一门现象学的质料价值伦理学、一门伦理学的价值人格主义如何是一门现象学的规范伦理学？

7.5　小结：价值人格主义与
现象学的规范伦理学的动态奠基

我们在上篇结尾的地方曾经说，引导本书下篇前行的是这样一个问题："'我''应当'如何存在和生活？"如果说，第5章对于"自身意识"和"自身感受"问题的讨论作为舍勒人格理论的"前思"为的是要搞清楚"**我**"是什么；那么，借助于"自身感受"的不同哲学含义对于舍勒人格现象学的探讨，以及借助于舍勒对"自身欺罔"的批评进一步展开思考陌己人格以及总体人格的问题最终就为的是要搞清楚这里说的"**如何存在和生活**"的问题。

基于此，我们这里可以给出舍勒现象学的规范伦理学的**第一个本质特征**，即它所讨论的是人的存在和生活的问题，而并不是如何去做、去行动、去意愿的问题。借用现代伦理学的分类术语而言，舍勒的现象学的规范伦理学首先就意味着一门"行动者"伦理学，而非"行动"伦理学。因此无论在行动伦理学之下还可以划分多少分支，比如所谓的"义务伦理学"（康德）或"成效伦理学"（功利主义等）等等，它们都绝然与舍勒的现象学的规范伦理学无关。换言之，我们这里的现象学的"规范"伦理学中的"规范"必须首先打上引号，因为它绝然与一般意义上的行为规范（无论是绝对命令或是假言命令）无关。我们在第8.3节还会看到，这第一个本质特征的确使得舍勒伦理学在总体倾向上离亚里士多德要比离康德更近，当然这也绝不会意味着舍勒的现象学的质料价值伦理学就是一门亚里士多德意义上的德性伦理学。

对舍勒现象学的规范伦理学的**第二个本质特征**的规定，要从我们这里一再被加上引号的"应当"（Sollen）开始，简言之，舍勒现象学的规范伦理学意味着一种"观念的应然"的"规范"伦理学。也就是说，这里的"应当"根本上意味着"观念的应当"，那么何谓观念的应然或应当呢？这个问题实际上已经并不首要地是在人格主义之内的问题了，根本而言，它是价值的问题，也正是在此意义上，我们可以将舍勒现象学的质料价值伦理学的第二层次概括为：价值人格主义。

我们这里并不会展开讨论舍勒对那些规范伦理学（如康德、功利主义、进化论伦理学等）形态的细节讨论，并不是因为它们不重要，而是它们对于我们这里的论题来说是属于"边界"以外的问题。简单说，我们这里首要关注的是，舍勒伦理学自身的系统建构，而为完成这个建构我们需要必要的基础，对这些基础的厘清是"边界"以内的工作，但是将这个已经可以完成建构的系统去和另一些系统做比较，那将是"边界"以外的第二步的工作。正是基于这个理由，比如我们会谈论观念的应然和规范的应然的关系，但并不会详细讨论舍勒对康德规范应然细节方面的批判，等等。

让我们再次返回到价值现象学之中。舍勒在《形式主义》第四篇第二章"价值与应然"中给出的结构也足够清楚：首先是"价值和观念的应然"之间的关系，其次才涉及规范的应然，最后是能然和应然之一般的关系。我们这里首先关注前两个，而把最后一个留到第 8.3 节再讨论。

从这个结构我们可以了解，"应然"（或者在一般行文中称作"应当"或"应该"）本身含有两个不同的类型，即观念的应然（ideales Sollen）和规范的应然（normatives Sollen），舍勒在该部分开篇就确定了它们之间的奠基关系："第二种应然依赖于第一种应然"（II，211），即规范的应然以观念的应然为基础。随后自然是要去谈论这个作为基础的观念的应然和价值的关系。这是一个单方面的奠基关系:"一切**应然都奠基于价值之上**——反过来价值却完全**不奠基于观念的应然之上**"(II, 214)。如此,这里三个概念之间的关系已经完全清楚了,需要进一步说明的就是,这样的奠基关系是如何可能的?

首先来看后一个。之所以一切应然都奠基于价值之上,这乃是因为唯有价值才应当存在和不应当存在(II, 100)。换言之,应然指的都是一个某物的"存在应然"(Seinsollen),而唯有价值才是"存在应然"的"主项",在舍勒看来这是一个现象学明察可以把握到的定律。说得简单些,即便我们说出"你应当如此行动"这样一个命令,它无非是意味着这个"如此行动"是应当存在的,而这个"如此行动"之所以应当存在,恰恰是因为它可能具有的一个"行动价值",无论这个"你应当如此行动"的命令是由谁发出的,或者是基于什么规定发出的,它之所以能被有意义地发出,就是因为一个"行动价值"本身。

更进一步,舍勒重复了我们之前已经罗列过的两条形式的公理:所有具有肯定价值的东西都应当存在,所有具有否定价值的东西都不应当存在(II, 214)。也就是说,只有当"如此行动"含有一个肯定价值时,它才会是一个真正的"存在应然",否则就是一个"欺罔",无论这个"欺罔"是因为什么缘故导致的,或者是错误的愿欲,或者是外在的强权,等等。

观念的应然,就意味着一个观念的所应之物的存在应然,而观念的应然又奠基在价值之上,唯有价值才应当存在或不应当存在,这样,所谓观念的应然,最终想说的无非是一个具有价值的观念的所应之物的存在应然。当然也可以说得具体些,那就是一个具有肯定价值的观念的所应之物应当存在,一个具有否定价值的观念的所应之物不应当存在。而且在"应然"这个表述本身之中已然很清楚地含有一个本质性的规定,即所应之物事实不存在(实然),所以它才"应当"

存在。这样我们上面那个肯定方面的命题就可以进一步转换成：一个具有肯定价值的、还未存在的、观念的所应之物应当存在。这个命题实际上表达了另外一个意思，即现在存在的是这个具有肯定价值的观念的所应之物的对立面。这一点被舍勒称作应然命题的"单纯否定"的特征（II，217），即是说，一个应然命题尽管可能以肯定的句式表达出来，但是它实际上指向的是对肯定价值之对立面——否定价值那方面的"排斥"。也就是说"应然"首先意味着一种对否定价值的"排斥"。

这里的"形式"分析带给我们三个理论结果：1）舍勒以观念的应然为研究起点的"规范"伦理学并不指向现存在手的价值，而是指向本应存在但尚未存在的价值；2）这种"指向"本身意味着对这个本应存在但尚未存在的价值之对立面的"排斥"，而绝然不意味着对这个肯定价值本身的追求。如我们已经说过的那样，舍勒坚持认为"价值的必然实现恰恰就是不通过愿欲来意指它们"（II，499）；3）所谓应然，根本上是价值本身的存在应然，换言之，一个观念的应然，它之所以成为应然，它之所以成为"尺规"，它之所以可以让我们感受到某种"约束力"或者"规范性"，所有这些恰恰是价值自身"发出的"，肯定的价值应当存在，否定的价值应当不存在。

所谓规范的应然是指一个应当如此这般的"命令"、"诫令"或"义务"所发出的"规范的"约束力，它们一般指向一个愿欲、追求或行动。这一点首先就和观念的应然区分开来，后者首要意味着一种"存在"的应然，而前者则是一个"如此这般愿欲、追求或行动"的应然，如我们前面举的那个例子"你应当如此行动"，实际上这种"如此行动"的应然最终还是要依赖于一个观念的"行动价值"的存在应然，这恰恰体现了规范的应然和观念的应然之间的奠基关系。也正是在此意义上，舍勒批评以"规范的应然"为出发点的伦理学所具有的"实用主义倾向"或"实用主义成见"（II，221，567），所谓"实用主义"，舍勒是在其最一般的字义上谈论的，即涉及那些实际的使用、实际的行动等等。显然，如果"规范伦理学"就意味着一种以"规范的应然"为出发点的伦理学，那么毫无疑问，舍勒会拒绝一切形式的"规范伦理学"。

但是存在着另外一种可能，这也是我们这里将"规范"伦理学之"规范"打上引号的原因，这里所指的更多是一种具有应然（当然是观念的应然）的"规范性"或者"约束性"的伦理学。所谓"观念"的应然，这里的"观念的"即是说它"完全不依赖于现有的自然规律性的方式"而自身有效，并且也"可以在那些完全不同于我们的本性中以转移的方式被想象"（II，224），简言之，即单凭其在现象学的明察中自身被给予的本质或本质联系就是自身有效的，因此观念的应然根本上就意味着不依赖于任何社会历史的实际组成，而仅仅依据在现象学明察中自身被给予的那些本质或本质联系（价值先天）的"存在应然"。它的"应然**力**"来自于价值先天本身。

至此，我们实际上已经回答了何谓"我'应当'如何存在和生活？"中的"应当"、"应当"何以成为"应当"的问题，接下来所需做的仅仅是依照这里的本质规定来检验我们上文所提供的对"我'应当'如何存在和生活？"这一问题的回答本身。

概括一下，舍勒对于"我'应当'如何存在和生活？"这一问题的最简单回答就是："我"（作为人格）应该朝向本己的观念的爱的秩序、观念的价值本质去－存在和自身生成，而这一人格生成的时机在于：自身价值感受和榜样跟随。很清楚地是，无论自身**价值**感受，还是对本质上作为"纯粹**价值**人格类型"的榜样之跟随，这两个"时机"本身都和价值相关，或者说，都是从"价值"本身向"我"召唤，向"我"发出一个"应然力"；而观念的爱的秩序本身就意味着观念的人格中心、观念的人格价值本质。当我们说，"我"应该朝向本己的观念的爱的秩序、观念的价值本质去－存在和自身生成时，它之所以是观念的，是因为它本身是不依赖于一切社会历史之事实组成的；它是"观念的应然"，因此也就意味着本己的观念的爱的秩序、观念的价值本质本身"应当存在"，但它们尚未存在，这同时也意味着，这一"观念的应然"所指向的实际上是对其对立面的"排斥"。正是基于此，我们才可以理解，舍勒为何将这个人格生成又称之为"人格救赎"，所谓的救赎，恰恰就是指对已然颠覆的或迷误的"爱的秩序"的"排斥"，也正是在此"排斥"中，自身救赎才得以可能。恰恰是在我们不愿欲不意指"本己的观念的爱的秩序、观念的价值本质"本身时，它才可能得以实现。所谓的"观念的应然"的"规范"伦理学所要表明的无非就是："一个在质料上也具有最高价值的人格的观念也是对伦常存在和行为举止而言的最高规范"（II，558）。

如同我们已经表明的那样，这样一种"观念的应然"的"规范"伦理学最终谈论的是"人"或"人格"本身的"存在和生活"的问题，尽管它仍然离不开价值问题，但它更多涉及的还是作为价值之"载体"的人格自身的生成问题，就此而言，这门"规范"伦理学首先就要以一门人格现象学为基础，或者说，这样一门"规范"伦理学最终是奠基在"价值人格主义"之上的。我们把这种奠基关系称之为"动态奠基"主要是基于这门伦理学所依据的"价值人格主义"首先关注的是"人格"及其"世界"的关系，而人格及其世界本身就是动态的、生成的。我们实际上也可以套用胡塞尔的概念，将这种奠基称之为"发生"现象学的奠基，但那样就会冒着以胡塞尔来诠释舍勒的危险，所以我们还是选用了舍勒自己用的"动态"来标识这里的奠基关系（XIV，380），但是显然，尽管可能的进路或者方法以及得出的结论都有不同，但两位现象学家之间具有着相近的问题意识，或者我们也可以说，这种问题意识是现象学自身的发展所开显出来的。[1]

　　一方面,这里的"动态奠基"更多体现的是内容本身之"动态"方面的奠基。另一方面,当然也有方法层面的奠基,这是指研究动态的"具体本质性"的现象学方法,而非研究静态的"抽象本质性"的现象学方法。如我们已经提示过的,借助于"自身感受"(或者"自身-体验"和"自身认同化"),这样一种动态的具体的现象学最终也将关联于一门绝对时间(或胡塞尔意义上的内时间)的现象学,具体的本质性的现象学研究最终将离不开"绝对时间"的现象学分析。

　　而人格主义所涵盖的"动态性"大致可以概括为如下几个方面:1)人格是动态的实体;2)人格本身的绝对时间性的"自身认同化";3)作为人格所贯穿的生活-亲历之总体领域的"精神"通过"本质直观功能化"而动态地"自身增殖";4)在爱之中,动态的价值开显;5)借助于"时机",人格动态地自身生成,等等。

　　舍勒现象学的质料价值伦理学的第二层次最终就"动态地"奠基于这些"动态性"之上。

---

　　① 对静态奠基和动态奠基以及静态现象学和动态现象学的区分,笔者最早是从伽贝尔教授那里得到的启发,这得益于笔者与他多次极有助益的学术谈话。他也将这一对区分诉诸胡塞尔对静态现象学和发生现象学的区分,可参看 M. Gabel, *Intentionalität des Geistes. Der phänomenologische Denkansatz bei Max Scheler*, a. a. O., 166ff., 240ff.; M. Gabel, „Phänomenologische Rekonstruktion personale Akte", in: Chr. Bermes, W. Henckmann, & H. Leonardy, (hrsg.), *Person und Wert. Schelers »Formalismus «-Perspektiven und Wirkungen*, Freiburg/ München 2000, S. 47-72; 以及 M. Gabel, „Personale Identität als Ereignis", 至今未发表。

8.总结:舍勒现象学的
质料价值伦理学的总体规定

"规定着这里所提出的伦理学的精神是一种严格的伦理学绝对主义和客观主义的精神。在另一个方向上,笔者的立场可以被称作'情感直觉主义'和'质料先天主义'"(II,14)。

"'人格价值要高于一切实事－组织－共同体价值',……这甚至就是本书想要尽可能完整地论证和传布的最本质的和最重要的命题"(II,16)。

在本书的上、下篇,我们已经依次讨论了舍勒对于本书导论中引出的三个伦理学的基本问题,即伦理学的建基问题、"什么是善?"的问题以及苏格拉底问题的回答。舍勒现象学的质料价值伦理学的基本形态就主要展现为两个层次:现象学的元伦理学和现象学的规范伦理学。这里需要补充说明的一点是,与舍勒本人一样,本书的主要目的也仅在于:"为哲学的伦理学进行严格科学的和实证的奠基,这种奠基涉及所有那些与这门伦理学本质相关的基本问题,然而也始终限制在这些问题的最基本起点上"(II,9),换言之,我们这里的工作仅仅还在于跟随着舍勒,为其现象学的伦理学奠基,"而不是在具体生活的广度中扩展它",那些"更为仔细的探讨是实用伦理学的事情"(II,9,509)。

事实上,伦理学(或者至少哲学伦理学)从来就不是也从来就不会是"生活指南",遑论"行动指南"。舍勒也从来没有提供过此类"好的生活"之指南,他甚至说:"没有人通过伦理学而成为'善'的"(II, 88)。最悲观地说,伦理学不过是些智性的思维游戏罢了,在这一点上,它和逻辑学或者认识论等等没什么两样。唯一不同的恐怕只是在于,伦理学这类智性游戏终究还是可能给我们提供一点"建议",一点"**'我'现在'应当'**如何在这个社会的和历史的联系中**存在和生活**"的建议,当然只是建议,绝非"指南"。或者更保守地说,伦理学这类智性游戏最终只是可以促使你我停下匆匆的脚步、回返"自身"来反思一下这类问题,或者说可以促使你我去一同进行这类智性的游戏,至于是不是能终有所得,大概已经不是任何一门"伦理学"所能保证得了的了。

我们这里所想展现的也无非只是舍勒的思维游戏而已,或者说我们也仅是在与舍勒"一同进行"这个思维游戏。至于为何要选择和他一起进行这个游戏,无非是因为在笔者看来,他的这个游戏玩得漂亮些、精彩些。

当然照例,我们这里还得为这场智性游戏画个句号。还需阐明、或者总结、或者补充说明的有如下几点:

1)舍勒的质料价值伦理学被我们冠以"现象学"的名号,它的两个层次又分别被称作"现象学"的元伦理学和"现象学"的规范伦理学,因此,还有必要简要总结一下舍勒"现象学"的基本意涵(8.1)。

2)如本书以上、下篇的形式所展示的,舍勒的现象学的质料价值伦理学大致可以分为两个层次。笔者这么做的目的当然一方面是为了行文和理解的方便以及系统结构的醒目,但是另一方面,也确是由笔者所处理的"材料"本身所决定的。有关舍勒思想中价值现象学和人格现象学的关系问题历来是舍勒研究中的难点之一。由此,进一步讨论一下本书上、下篇两部分之间的关系,或者说舍勒现象学的质料价值伦理学的内在统一性问题是很有必要的(8.2)。

3)最终，舍勒的现象学的质料价值伦理学究竟秉持着哪些基本的或核心的立场？基于这些立场，舍勒的伦理学在伦理学思想史的位置如何？我们将通过对舍勒自己为其伦理学贴上的几个基本"标签"（质料先天主义、绝对主义和客观主义、价值人格主义）的分析来思考这样的问题(8.3)。

8.1　舍勒现象学的基本原则

舍勒常常被看作是现象学运动中的第二号人物，而且在早期现象学运动中甚至是领军性的人物，敏锐的洞察力、饱含激情的讲演以及大批作品的问世使他的声望很快盖过了"现象学之父"胡塞尔。[①]但是这未必就是舍勒本人所追求的结果，早在《哲学与现象学研究年刊》刚刚创刊之际，舍勒就表达了自己对于所谓的"现象学运动"或者"现象学学派"的意见。在他看来，并不存在一个可以提供公认命题的现象学"学派"，而只是存在着一个研究者的圈子，在这个圈子中，大家一致抱有一种"对待哲学问题的共同立场和态度"，但是他们对所有那些在此"现象学态度"下所发现的东西或者甚至对此"态度"之本性本身的规定都是各自自身负责的(X, 379)。[②] 这里的意思很明确，舍勒既不会认为他自己的发现要由别人（比如胡塞尔）来负起责任，也不会认为他应该去为别人的发现来承担责任，因此，他显然无意去担当什么"领军人物"的责任。

---

① 阿维－拉勒蒙说，在舍勒去世之前的 10 年，他甚至可能是整个"现象学运动"中最有影响力的人物，就像之前的胡塞尔和之后的海德格尔一样，参阅 Eberhard Avé-Lallemant, „Die Phänomenologische Reduktion in der Philosophie Max Schelers", a. a. O., S. 162。

② 舍勒在 1917 年的一封信中再次表达了这样的看法，见 Scheler, „Brief an Adolf Grimme vom 4. Mai 1917", 参阅 W. Mader, *Max Scheler in Selbstzeugnissen und Bilddokumenten dargestellt*, a. a. O., S. 65；也可参看倪梁康：《现象学及其效应》，北京：生活·读书·新知三联书店，1994 年，第 316 页。

　　然而,或许也正是基于这样的看法,舍勒几乎从来没有对"现象学"这个概念本身做出明确的说明,它究竟应该包括或者可以包括哪些内涵。我们曾在第 2.2、2.3、6.2.2 节散论过舍勒对于"现象学"本身的一些基本理解,这里分三个方面作一补充和基本概括:

1)舍勒现象学的"态度"和"现象学还原"

　　所谓现象学,在舍勒看来,首先就是一些"立场"或"态度",在这些立场或态度之下,那些"事实"本身才能在一种现象学的经验或现象学的直观中得以显现。尽管舍勒并不承认现象学是一种"方法",但实际上这只是源于他本人对"方法"这个词所做的过于**窄义**的限定,在他那里,方法总是作为一种目标确定的关于事实的思维方式,如归纳、演绎等,甚至是一种确定的带有或不带有实验手段的观察和研究的方式(X,380),说白了,"方法"更多关乎一种自然、实证科学的研究方式,在此意义上,现象学当然不会是这样的一种方法。但另一方面,就如同在胡塞尔那里,现象学显然也不会是一种实证科学意义上的"方法",但是现象学无疑也还可以是一种"操作方式",在此操作方式中,那些原本隐而不显的"事实"或"实事"向我们显现出来,或者用舍勒自己后来常用的术语,现象学是一种"技艺"(*Techne*),一种新的、不同于以往哲学研究方式的"看的意识的技艺"(VII,309;VIII,362)。而这种新的"技艺"无非就是他所谈论的"现象学经验"或"现象学直观"。①

---

　　①　参阅 G. Cusinato,„ Methode oder Techne? Ethik und Realität in der » phänomenologischen « Reduktion Max Schelers",in:Chr. Bermes,W. Henckmann & H. Leonardy(Hrsg.),*Denken des Ursprungs-Ursprung des Denkens. Schelers Philosophie und ihre Anfänge in Jena*,Würzburg 1998,S. 83 - 97。库斯纳托在这里还借用柏拉图的概念"Katharsis"将舍勒后期的"升华"(Sublimierung)、"绽出"(Ekstase)、"禁欲"(Askese)等哲学人类学的范畴称作"净化的还原"(kathartische Reduktion)。

无论是这种"现象学的态度"或者"看的意识的技艺"都需要以一种所谓的"现象学还原"的施行为前提。但究竟什么是"现象学还原"？这个来自于胡塞尔的概念在舍勒这里与在它的初创者那里究竟有什么关系？

姑且不去谈论舍勒后期对"还原"这个概念所做的三重区分，即实证科学的还原、狄奥尼索斯式的还原和现象学的还原（XI，251f.）①，单就他在"现象学"方面所谈论的"现象学还原"而言，它实际上基本只具有"否定"的功能，即为了获得世界事物的"本质"（*essentia*），而对世界事物的偶然的"此在系数"的"抹除"（Durchstreichung）和"加括号"（Einklammerung）（IX，42）。在这里，舍勒还坦言，尽管他对于胡塞尔的这个"现象学还原"理论的某些具体方面不能苟同，但是这个理论还是相当真实地阐明了人类的精神。换言之，舍勒既坦承了胡塞尔的影响，也与之保持了距离。那么我们要搞清楚的就是，他所接受的影响是什么，持保留意见的又是什么？

据笔者的有限阅读经验，胡塞尔本人在《逻辑研究》第一版②和"逻各斯文"中都没有使用过"现象学还原"（Phänomenologische Reduktion）这个概念，尽管这个概念在 1905 年的西费尔德手稿中就已经出现，但是在胡塞尔公开发表的文本中要到 1913 年的《观念

---

① 有关舍勒后期对这几个还原之区分的最为清晰的讨论，可参见 Eberhard Avé-Lallemant，„Die Phänomenologische Reduktion in der Philosophie Max Schelers"，a. a. O。阿维－拉勒蒙的一个最突出的观点还在于，他弃了通常所认为的舍勒割裂了胡塞尔的"本质还原"和"超越论的还原"，仅仅限制在"本质还原"维度上的这一基本看法，但是他没有详细地论证这一点，而是试图通过展示舍勒后期的"现象学还原"理论表明通常看法的错误。本节的工作可以看作是一个补充，我们试图首先集中在舍勒"现象学时期"的相关思想中去论证阿维－拉勒蒙的这一结论。

② 尽管在那时，胡塞尔也常常使用"还原"这个概念，但是还没有"现象学还原"这个概念，为数不多的将"现象学"与"还原"连在一起使用的地方，也只是两个修饰词（phänomenologisch 和 reduziert）的连用，它大体上就是在说"在现象学上被还原了的"某物（比如"自我"），例如可参阅 Hua XIX/1，A 332。

I》以后才出现。而舍勒对"现象学还原"这个概念实际上也使用得很少，最明确的一段表述来自于 1913/14 年写作的"现象学与认识论"一文："通过对所谓的'现象学还原'（胡塞尔）的进行，我们在任何一个真正的现象学研究那里都可以将两个事物排斥不论：一方面是**实在的行为进行**和它的所有不包含在行为本身的意义和意向朝向中的伴随现象，以及它的**载者**的所有属性（动物、人、上帝）。另一方面是**所有对实在性系数之特殊性的设定**（信仰与不信仰），这些系数的内涵是随着这个系数一同而在自然直观和科学中**被给予的**（现实、假象、臆想、错觉）"（X，394）。这段文字后来也稍作修改地被舍勒 1922 年用在他对当时德国哲学研究状况的评论中（VII，309）。这段话中的关节点在于"排斥不论"（Absehen von）这个表达，这实际上差不多被舍勒看作是"现象学还原"的另一种表述。而这个表达或者借这个表达而展示出来的相关思想，在早前的"三种事实的学说"和《形式主义》中就都出现过。在此意义上，我们甚至很难说，舍勒是从《观念 I》接受了"现象学还原"这个概念，然后来使用它；毋宁说，他实际上在此前已经有了相关的想法，而现在只是将"现象学还原"这个名称安放到这些想法上去。一个可能的论据在于，舍勒并没有真正去阐释《观念 I》中的"现象学还原"概念，甚至在其现象学时期也几乎从未提及过胡塞尔在《观念 I》中所讨论的"悬搁"（*epoché*），要知道，舍勒所说的"排斥不论"无非就意味着胡塞尔意义上的"悬搁"。①

---

① 这个判断来自于亨克曼，参阅 W. Henckmann, „Schelers Lehre vom Apriori", a. a. O., S. 123f.; 相关讨论也可参阅 Hans Rainer Sepp, „Max Scheler: die phänomenologische Reduktion", a. a. O., S. 243 - 248。但是我们无法说舍勒从未谈到过"悬搁"，因为至少他曾在晚期的遗稿中提及过，而且在那里也提到了胡塞尔，参看 Scheler, *BSB Ana* 315 *CB II* 38（参阅 G. Cusinato, „Methode oder Techne? Ethik und Realität in der » phänomenologischen « Reduktion Max Schelers", a. a. O., S. 86）。按

那么，笔者的结论当然并不在于，舍勒独立于胡塞尔发现了"现象学还原"的实事性的思想，[①]而是在于，舍勒对于胡塞尔"现象学还原"的了解、理解和接受实际上并非直接承自于胡塞尔的《观念 I》，这决定了他将这个概念和"本质直观"（直接承自胡塞尔的"逻各斯文"）的概念进行了奇特的结合（所谓"奇特"，是因为这种结合并没有以胡塞尔的方式来进行，甚至还对胡塞尔的方式持保留意见）。我们之所以称作"结合"，是因为"现象学还原"和"本质直观"在舍勒这里并不等同，而是两步，这在我们上面所引那段文字紧接着的表述中可以看得很清楚："只有那些在此之后[即在'排斥不论'之后——引者]还能直接发现的东西，即在**对这个本质的体验中**直接发现的这个

照阿维－拉勒蒙的说法，舍勒实际上是在 1921－1922 年才对胡塞尔的"现象学还原"思想作了详尽的讨论和分析（参见 E. Avé-Lallemant, „Die Phänomenologische Reduktion in der Philosophie Max Schelers", a. a. O., S. 162）。而在这时，基于他自己的"形而上学和认识论"的立场，舍勒对胡塞尔的这一思想进行了激烈的批评（舍勒措辞激烈地宣称：胡塞尔的方案是完全失败的[völlig misslingen]），与其早期的态度相比，甚至可以说判若两人（VIII, 282）。笔者以为，这很可能是他后来直接阅读《观念 I》，进而较为系统地了解了胡塞尔这一思想的结果。

① 在笔者与弗林斯先生的通信中，笔者曾就此问题请教过他，他在生前给笔者的最后一封回信中，还提醒笔者要注意，不要过高估计胡塞尔在舍勒思想发展中的作用，因为舍勒很多思想在遇到胡塞尔之前就已经出现。在这里笔者的立场和他不完全一样，笔者可以完全接受舍勒曾经独立于胡塞尔发展了相当多的想法，这些想法与胡塞尔的现象学有相当大的类似性，但是我们仍需注意到的是，尽管可以在舍勒的早期著作中读到很多他"现象学时期"思想的萌芽，但是一方面这些萌芽本身未必都已得到系统展开，另一方面他"现象学时期"的许多概念和术语乃至于问题意识都不得不说是受到了胡塞尔以及其他现象学家的"激荡"。或许可以这么说，之所以舍勒能够很快地理解和接受乃至发扬"现象学"的基本精神，主要源于他本人思想所具有的与"现象学"基本精神的"亲和性"，就此而言，舍勒并不是胡塞尔的一个学生或者追随者，他具有自身思想的独立性；但是同样的，我们也完全不能忽视来自胡塞尔那方面的"激荡"，事实上，没有这种"激荡"，舍勒的整个"现象学"几乎都是不可能的。但愿我们这里的不同意见不会被看作是对弗林斯先生的不敬，笔者更愿意相信，就如同他生前一再对笔者的鼓励那样，努力尝试去澄清舍勒思想实事本身，这才是对弗林斯——这位毕生以舍勒研究为"志业"的"全世界舍勒研究者的父亲"——最好的缅怀和感念！

本质的内涵，才是现象学研究的实事"（Ⅹ，394）。在后来他给别人的著作写的序言中，这个两步也被清楚地表达出来。在那里，该书作者是在谈论宗教哲学的现象学基础，或者说探讨如何在宗教哲学的研究领域使用现象学的"方法"，舍勒再一次指明，首先是"对所处理对象的此在设定的排斥不论"，其后才可获得对"本质内涵"的观看（ⅩⅣ，405f.）。我们知道，在胡塞尔那里，"超越论的还原"所带来的未必是"超越论的本质科学"，而完全也可能是"超越论的事实科学"，这是"超越论的还原"需要和"本质还原"结合在一起的原因。在舍勒这里我们同样可以看到这两步，因此我们不能同意那种流行的意见，即舍勒仅仅是接受了胡塞尔的本质还原或本质直观的概念，而将"现象学还原"等同于本质直观的方法。①

我们想说的是，舍勒实际上**间接接受**了胡塞尔"现象学还原"的第一步，即"消极性的悬搁"，并以此作为"本质直观"或"现象学经验"的前提，而这个"消极性的悬搁"仍然是属于"现象学还原"或者"超越论的还原"的，尽管他没有接受胡塞尔"超越论还原"的积极性方面，或者说他从一开始就并不一定很了解这些方面。基于此，在我们后面第三点讨论"具体本质性"的现象学时还会看到，这种奇特的结合实际上使得舍勒的人格现象学同样具有了"超越论的"维度，但是要注意，是现象学意义的"超越论的"，而非康德意义上的"先验的"。换言之，我们甚至可以在舍勒这里谈论一种**"超越论的具体的主体性"**，当然它既不是胡塞尔意义上的"超越论的主体性"，更不会是康德意

---

①　这种看法长期以来基本上已经成为一种定见。比较典型的可以参看著名现象学家 U. 克拉格斯（U. Claesges）为权威的《哲学历史辞典》所写的"现象学还原"（phänomenologische Reduktion），该词条中译可参见倪梁康：《胡塞尔现象学概念通释》。在那里克拉格斯正确地注意到舍勒所谈论的"现象学还原"与"现象学悬搁"的相似性，但是他不恰当地进一步将舍勒那里的"现象学还原"等同于"本质直观"。

义上的"先验自我"，显然，这个"超越论的具体的主体性"决不是单单通过"本质直观"就可以达及的。这个厘定之所以重要，还在于它可以用来反驳来自布罗瑟——他依据了所谓现象学的"美因茨学派"——在现象学奠基问题上对舍勒的隐含的责难，我们将会在第8.3.2节讨论这个问题。

而我们所说的这个"间接接受"当然也可以找到史实的支撑。"慕尼黑现象学小组"的重要成员之一康拉德（Theodor Conrad）曾于1907年夏季学期在哥廷根参加了胡塞尔著名的、代表着他"超越论的转向"的讲座"现象学的观念"，随后他返回慕尼黑，在他们所谓的"慕尼黑现象学小组"中**第一次**展示了胡塞尔有关"现象学还原"的思想，[①] 而当时，舍勒刚从耶拿转到慕尼黑，正成为"慕尼黑小组"的积极分子，并与小组的其他成员"相互激荡"。[②] 因此，完全有可能，舍勒对于胡塞尔"现象学还原"的了解和理解基本上基于康拉德的"转手"介绍，舍勒在直到《形式主义》所谈论的"排斥不论"这个想法大致也来自于这些间接得来的胡塞尔的思想，这也是胡塞尔《观念I》一发表，舍勒就以一种积极的态度"应和"胡塞尔的"现象学还原"这个说法的一个原因。而且很可能，在他"应和"的时候，他并没有真正去了解胡塞尔的"现象学还原"要走向哪里，这一真正的了解是在1920年代以后，也正是那以后，他开始激烈地批判胡塞尔的这一思想，或者更确切地说，激烈地批评胡塞尔借此"现象学还原"所要走向的道路，但是由始至终，舍勒都对这个还原的"消极性方面"——悬搁或排斥不论——给予了肯定的评价。[③] 就此而言，舍勒和胡塞尔的

---

① 参阅 E. Avé-Lallemant & K. Schuhmann，„Ein Zeitzeuge über die Anfänge der phänomenologischen Bewegung：Theodor Conrads Bericht aus dem Jahre 1954"，in：*Husserl Studies* 9（1992），S. 82f.。

② 参阅 Moritz Geiger，„Zur Max Schelers Tode"，in：*Vossische Zeitung*，1. 6. 1928。

③ 当然，晚期舍勒将胡塞尔的"悬搁"归为认识论的维度，因而它并不是最基本的。

区别就不在于有没有"超越论的还原",而毋宁说,是在于这个"超越论的还原"之剩余物,或者借此"超越论的还原"所要通达的领域。有关这一点,我们在下面第三点再讨论,这里先来看一下舍勒现象学的几个总体性的原则。

2) 舍勒现象学的"原则"和"最高原理"

亨克曼曾经对舍勒的现象学研究领域和现象学哲学的基本概念作过一个精当的概括,以至于在笔者看来已经没有可能做得比他更为清楚,所以这里只能将他的概括总结如下①:

A. 把握行为与对象的相关性法则,并据此法则来建立行为现象学、实事现象学和相关性现象学。②

B. 确定各个具有意向能力的行为种类之间的差异,而且不完全赞同布伦塔诺和胡塞尔,在舍勒这里,这些行为种类包括爱、恨、对本质性的直观、思维、意愿、感受、信仰等等。

C. 探讨在意向行为中被意指的对象的内在性法则,同时也不排斥对对象的超越性的研究。

D. 将意向对象规定为本质性,这种本质性相对于此在的领域而具有"先天"的地位,由此一切认识都是以对此先天的本质性之"本质直观"为依托的,相对于经验性的方法,它的有效性完全不依赖于归

---

① 参阅 W. Henckmann, „Das Intentionalitätsproblem bei Scheler", a. a. O., S. 206;对此概括的总结,也可参阅倪梁康:《现象学及其效应》,第332-333页。

② 令人诧异的是,亨克曼在对这一点的注释中提到,胡塞尔"仅仅"区分了行为现象学和对象现象学,而因此没有能够将"相关性"论题化(参阅 W. Henckmann, „Das Intentionalitätsproblem bei Scheler", a. a. O., S. 226, Anm. 15),我们在第4.1.2节已经指出,胡塞尔曾说自1898年以后,他毕生的事业都受到系统阐明这种"相关性先天"的任务的支配。

纳和观察。

E.探讨那些合法则性的关系,这些关系将各类本质性和行为种类与"奠基和被给予性秩序"置入一个系统的本质关联之中。

F.确立"自身被给予性"为最高的现象学的认识标准,这个标准意味着,若某物是作为先天的本质性被认识的,那么,它只能通过无前设的、实事－直接的、"去象征化"的现象学认识被"指明"。

G.把握现象学分析的方法,并用它来明见地"本质直观"意向对象。

可以说,亨克曼的这个概括几乎囊括了舍勒现象学的大部分要点,但仍有遗珠之憾,第一个缺漏在于亨克曼没有强调在舍勒现象学中极为重要的"本质明察功能化"的法则,另一个他几乎没有注意到的问题就是我们下面要讨论的"具体本质性现象学和抽象本质性现象学"的区分。结合亨克曼的这个总体概括,我们只想强调指出三点,这三点对于理解舍勒的现象学以及本书的思路是至关重要的。

第一点是所谓的**"最高的现象学的认识标准"**,即"自身被给予性"(X,398,406,413,458f.)。如我们在第7.1节所讨论过的那样,这一现象学的最高认识标准或者直观、认识行为中的"认识值"(Erkenntniswert)(III,217)问题和舍勒对于"自身欺罔"的批判紧紧联系在一起,我们也已经强调过,后面这一批判在舍勒的"现象学时期"究竟有多重要。这个"自身被给予性"也被舍勒等同于"绝对明见性"(II,87)。①

第二点是所谓的**"现象学的最高原理"**,即"相关性原理"(II,

① 有关舍勒"自身被给予性"问题的专题研究,还可参看 M. Gabel, „Hingegebener Blick und Selbstgegebenheit", in: M. Gabel & Hans Joas (Hrsg.), *Von der Ursprünglichkeit der Gabe. Jean-Luc Marions Phänomenologie in der Diskussion*, Freiburg/ München 2007, 192–209.

270）。我们也已经一再强调过这一"相关性原理"的重要性，在某种意义上甚至可以说，现象学的突破性功绩恰恰就在于此。如果我们接受海德格尔对胡塞尔现象学之三大发现的概括，即"意向性"、"范畴直观"和"先天的本真意义"，而且如我们所说，"意向性"这个概念更多承自"现象学的祖父"布伦塔诺，而"先天的本真意义"这一方面则更多关联于"现象学的外祖父"波尔扎诺，那么"现象学之父"胡塞尔的最根本的功绩就在于以"范畴直观"改造了"意向性"和"先天"，并终而将这三个概念"相关性"地串联在一起，在此意义上甚至可以说，现象学只有坚持"相关性先天"才成其为现象学。对于舍勒而言，"相关性原理"的重要意义同样如是。没有"相关性的先天"，他的质料先天主义在根本上就无法与康德以及康德的对立面彻底决裂，恰恰是"相关性先天"保证了他既拒绝了康德的"哥白尼式的革命"，又没有陷于"托勒密式的反革命"。现象学的革命性意义盖源于此。

　　第三点是**所有本质认识的重要属性**，即"本质明察的功能化"。这一理论在根本上强调两点，首先是说所有在本质直观中作为"质料先天"自身被给予之物都可以被"化"为一种"功能"，一种"形式先天"；其次，通过这种本质直观的功能化，理性或者精神自身就不会是持恒不变的，而是处在不停的自身生成和增殖之中。这一理论之所以重要，一方面是因为它构成了舍勒对于现象学本质直观理论的一个重要发展，也构成理解他本人现象学根本立场的一个基础；另一方面还在于，这一理论实际上构成了舍勒后期诸多理论或观点的现象学的基础。

3）具体本质性现象学和抽象本质性现象学

　　迄今为止，舍勒现象学中，有关"具体本质性现象学"和"抽象本质性现象学"的区分没有得到足够的重视，这一区分的根本性意义更是没有得到清晰的阐扬。[①]

如我们在第 6.2.2 节已经讨论过的那样，舍勒在"具体的本质性"（konkrete Wesenheiten）和"抽象的本质性"（abstrakten Wesenheiten）之间做了一个重要的区分，在他看来，"具体的本质性"和"抽象的本质性"都属于"真正的、直观的本质性"，因此不同于所谓的"经验性的抽象"（empirische Abstraktion），这两种本质性都是现象学研究的相关项。因此，"抽象的本质性"并不是由经验性的抽象所"抽象出来的"，而毋宁说，对这些"抽象的本质性"的在先"看到"标划出了所有经验性抽象的可能活动空间（II，383）。在这里我们依稀可见胡塞尔在《逻辑研究》"第二研究"对近代经验论"抽象学说"之批判的影子。

然而，尽管这种"抽象的本质性"也是质料先天，也是在现象学直观中自身被给予的，它却仅仅是"在具体人格行为上的抽象特征"（II，385），与它相对立的是"作为第二种真正的、直观的本质性的**具体的本质性**"，所谓具体的本质性根本上说的是一种"无分异的本质性"。而在"抽象本质性"和"具体本质性"之间的这种区分与"观念性"和"现实性"之间的区分无关，因此并不会一个"具体的本质性"就要被看作"现实的"。以舍勒举的例子来看，数字 3 本身，只要它既不作为

----

① 　伽贝尔先生在他的一系列著述中，对此一区分的阐释用力最勤，笔者也深受其启发。但如后文将要讨论的那样，笔者对他将"具体本质性"现象学和"抽象本质性"现象学对置起来，并通过前者来阐释舍勒那里的情感生活现象学并最终导向宗教生活现象学持保留意见。笔者的基本看法在于，这一对区分在舍勒这里是"相对性"的区分，而非"绝对性"的区分。伽贝尔先生的相关著述可参阅 M. Gabel, *Intentionalität des Geistes. Der phänomenologische Denkansatz bei Max Scheler*, a. a. O. , 第 2 章；M. Gabel, „Phänomenologische Rekonstruktion personale Akte", a. a. O. ; „ Religion als personales Verhältnis. Max Schelers religionsphilosophischer Entwurf", in: Thomas Brose (Hg.), *Religionsphilosophie. Europäische Denker zwischen philosophischer Theologie und Religionskritik*, Würzburg 1998, S. 257 - 280; M. Gabel, „Personale Identität als Ereignis", 至今未发表；以及 M. Gabel, „Transzendenz und Leiblichkeit", in: Ralf Becker, Ernst W. Orth(Hg.), *Religion und Metaphysik als Dimensionen der Kultur*, Würzburg 2011, S. 109 - 122。

数目,也不作为序数起作用,例如,不是在填充这类形式的可能等式中的"诸3"(Dreis):$4-1=?,2+1=?$,或$2+1=+?$ 和$4-7=-?$等等,那这个"3"就是一个唯独是具体的本质性的"3",但同时它也是观念性的,而非现实性的,那些填充诸等式中的"诸3"则仅仅展示着这个具体的3的抽象(II,383)。

从这个例子我们可以看出,与通常对"抽象-具体"的经验性理解不同,在舍勒这里,这两种本质性当然都是非经验性的,都是现象学的本质性,但是在那些我们通常所说的"具体"的例子中,比如诸等式中存在的"诸3"恰恰是"抽象的本质性",而在通常理解的"抽象"的情况中的那个3本身则刚好是"具体的本质性"。这里的意思是说,只要人们把事情放到某个"具体"的例子中,实际上已经发生了一种"抽象"的行为进行,而真正的行为进行本身是流动的,本身并不是诸多个"横切面"组成的,而对"横切面"的截取乃至现象学的直观,只能是一种"抽象的本质性"的行为进行。就此而言,"具体的本质性"恰恰就是在无"横切面"的、"无分异的"、根本统一的行为进行中自身被给予的。3本身和"诸3"的区别就在于后者是在横切面中被分异了的,而前者则是直接的、完整的和统一的,因而是"具体的"。

如几乎所有研究者所指出的那样,舍勒的现象学无疑是一种"本质现象学",因为在其著作中随处可见他对本质或本质性的现象学式的"渴求"。然而,如果在舍勒这里具有两种本质性的区分,那么我们显然可以说,舍勒**扩大**了"本质现象学"的研究疆域,使其不仅可以包含"抽象本质性"的现象学,同样也可以包含"具体本质性"的现象学。但在"具体的本质性"和"抽象的本质性"之间的区分也不能绝对化,相反,这一区分是相对性的,如舍勒所言,行为可以"通过它们对这个或那个个体人格之本质的所属性……从抽象的本质性**具体化**为具体的本质性"(II,383. 着重为笔者所加)。这里我们可以看得很清楚,一方面，如若没有人格本身的存在，所有抽象都不可能，就此而言，人格本身之存在为所有不同的行为本质奠基；而另一方面，一个人格行为的"具体的本质性"就是指，它先于各个不同的、由静态现象学所抽象出来的行为本质之分异而被真正地直观到，因此只要一个抽象的行为本质性被一个人格所贯穿，那么我们的目光就会直接转向具体的本质性，抽象的本质性就可以具体化为具体的本质性，我们的目光就不会停留在"诸3"上，而是由"诸3"具体化为"3本身"。一言以蔽之，人格本身生活在它的每一个行为进行之中，并用其特性"完全贯穿着"每一个行为进行，因而是"一个个体的、具体的、具有自身价值的行为中心"或一个"具体的统一"或一个"具体的主体性"（II，559；X，63）。

然而，舍勒对"本质现象学"疆域的这个"扩大"意味着什么？或者说可以意味着什么？我们还是得从胡塞尔说起。

胡塞尔曾在《观念 II》一个著名的章节中讨论了"自然主义态度"（naturalistische Einstellung）和"人格主义态度"（personalistische Einstellung）的关系，[①]在他看来，相比于"自然主义态度"这种自然科学的研究态度，"人格主义态度"是一种更为"自然的"（natürlich）态度，而"自然主义态度"反倒是"人为的"（künstlich）态度，在此意义上我们甚至愿意将后者译作"媚然的"。意思很显豁，在这种"媚然的""自然主义态度"下我们所把握到的不是真正的实事世界本身，这种态度说得极端点就是向自然科学或实证科学的"献媚"；与之相比，这种"自然的""人格主义态度"就显然更为"自然而然些"，在此态度下，我们例如不会首先去关注眼前这个杯子的物理性的材质性的事物，而是会直接关注一个整体的关联性。而"自然主义态

---

①　参阅 Hua IV, S. 173f., 180ff.。

度"下所关心的更多是那些在整体关联性中被"抽象"出来的东西。显然,我们在胡塞尔这里可以看到来自狄尔泰方面的强烈影响,就"自然与精神"①之分别而言,胡塞尔无疑是支持狄尔泰的。这大概是"自然的态度"这个概念的褒义的方面,因为它不是"媚然的"。

但是,"自然的"态度在胡塞尔这里还不足够,或者说还不够根本,因此根本上以此"自然的"态度建构起来的"人格主义"心理学最终还只是一门现象学的心理学,它始终还只是一门"第二哲学",始终只是"超越论的现象学"的前阶段。问题的关键就在于,它还处在"自然的态度"下,还没有进入到"超越论的"(transzendental)态度之中,在我们的语境下,笔者更愿意将之译为"超然的"。当然在某种意义上,"超然的"态度也是一种"人为的"(künstlich)、而非"自然而然的"态度,但这种"人为的"态度绝然不同于那种"献媚于实证自然"的"人为的"态度,而毋宁说是一种"超脱于自然"的态度。正是在这种"超然的"态度下,"超然的"主体性以其"超然的"目光看待一切,甚至包括"媚然"和"自然"之区分。

从这里我们很好理解胡塞尔后来在其"现象学与人类学"的讲演中,将狄尔泰、舍勒(当然还有海德格尔)一并归入到"人类学"之中而

---

① 事实上,胡塞尔曾集中作过四次以"自然与精神"为题的讲座,分别是 1913 年夏季学期(主要文本收入 Hua IV)、1919 年夏季学期(现编为 Hua Mat. IV)、1921/22 冬季学期(并无相关文稿存留,很可能是对 1919 年夏季学期讲座课的重复)以及 1927 年夏季学期(现编为 Hua XXXII)。另外在 Hua XXVIII(1909 年讲座稿)、Hua XIII、Hua XXX(1910/11 年讲演稿)、Hua XXV(1919 年讲演稿)、Hua XXXVII(1920/24 讲座稿)、Hua VIII(1921 年文稿)、Hua IX(1925 年讲座稿)、Hua VI(约 1928 年文稿)等还可以读到相关文字。在笔者看来,胡塞尔对这个题目所作的研究时间跨度之大、问题展开之深,唯有其"时间问题"研究和"交互主体性"研究可以与之相媲美。这个主题特别重要的意义还在于,一方面它可以接续胡塞尔晚期的"生活世界"研究,以及所谓的"存在论"式的超越论还原的道路;另一方面,胡塞尔也正是借此主题"穿梭于"他同时代的诸哲学倾向之中(比如实证哲学、精神科学、心理学、人类学等等)。就这后一方面而言,深入展开对此主题的研究,无疑将有助于我们在现代哲学的总体视域中勘清现象学的独特位置。

与之划清界限的原因，①这个原因胡塞尔自己在为《观念 I》的英译本所写的后记中也表达得很清楚。说白了，就是他们依然陷在"自然的态度"中，他们没有能够理解"现象学还原"的真正意义，没有能够打开"超然"之眼，他们还是无可救药地坚持一种"世间的主体性"，而没有上升到"超越论的（或超然的）主体性"。②

　　正是在这里，我们在第一点对于舍勒"现象学还原"的厘定的重要性开始显现出来。并非如胡塞尔所说，舍勒还在坚持一种"世间的主体性"，实际上，这样一种世间的主体性同样为舍勒所排斥。我们在第 6.1.1 节引出舍勒人格概念的时候就已经谈过，舍勒的关键一步恰恰在于：通过"现象学还原"而将行为进行者连同他的实在属性排除，换言之，这里首先就是对一个"世间的主体性"的排除。现象学还原（"消极性的悬搁"或者"排斥不论"），对于舍勒来说，恰恰是从"自然的事实"迈入"现象学的事实"的必然步骤。而在这一"消极性的悬搁"或者"排斥不论"以后，作为现象学的剩余而留存下来就只是行为的本质。恰恰在这里，舍勒对本质现象学疆域之"扩大"的意义开始展现。这个作为现象学之剩余物的"行为的本质"，其总体领域就是"精神"（Geist），与"精神"相对应的，或者说将这些所有可能不同种类的行为本质最终统合为一的那个根本无分异的行为之"进行者"就是：具体的人格（II, 380; I, 300ff.）。人格就是"精神的本质必然的和唯一的实存形式"（II, 389）。舍勒对胡塞尔"意识"概念的两个基本批评就在于：1）过于狭窄；2）不是基本的。与此批评相应，充任胡塞尔"意识"之替代的无非就是"精神"，继而充任胡塞尔的"超

---

① 参阅 Hua XXVII, S. 164f.。
② 参阅 Hua V, S. 138ff.。

越论的自我"之替代的无非就是"具体的人格"。^① 无论舍勒对于胡塞尔的批评是否合理，但是他本人的意图却是很明确的。

在此意义上，我们可以说，舍勒的这个具体的人格或者说具体的主体性就是他在进行"现象学还原"以后，从"世间的主体性"超升出来的"超越论的（或超然的）具体的主体性"。几乎不消再强调，这个"超然的具体的主体性"当然也完全有别于康德的"先验自我"。对康德意义上的"先验"，舍勒已经以"相关性原理"予以驳斥，对于康德意义上的"自我"，舍勒则以"不可对象化性"予以回绝。^②

无论如何，舍勒以自己的方式将"现象学还原"与"本质直观"进行了奇特的结合，再通过"具体本质性"和"抽象本质性"的区分而扩大了"本质现象学"的疆域，最终走出了别样的"超然的具体主体性"现象学的形态，它给我们带来的理论成果就体现为一种全新的价值人格主义或者全新的现象学的质料价值伦理学。抽象的本质性和具体的本质性分别对应着静态的抽象本质现象学和动态的具体人格现象学，而这两个层次的现象学则分别构成了本书上、下篇的方法论基础。

一个有待进一步思考的问题当然是，这种"超然的具体的主体性"与胡塞尔的"超越论的主体性"之间的关系问题，究竟一门"超然

---

① 也可参看倪梁康：《现象学及其效应》，第 24 节。我们这里也不能将舍勒现象学时期谈论的"精神"概念与其后期"精神－生命"之概念对子中的"精神"完全等同，可以参看拙文„Geist und Leben in Bezug auf die Phänomenologie des Leibs beim späten Scheler"，a. a. O.

② 当然，我们这里对舍勒和胡塞尔相互争执的讨论只是一种事态的分析讨论，而非哲学史本身的分析，事实上，在舍勒从对康德"先验自我"的批评引出其"人格"概念时，对胡塞尔未置一词，一个可能的理由就在于，即便是在这个于 1916 年发表在《哲学与现象学研究年刊》第二卷上的《形式主义》第二部分中，舍勒也没有过多关注与其《形式主义》第一卷一同发表在《年刊》第一卷上的《观念 I》，舍勒此时对胡塞尔的理解，很可能还是"逻各斯文"中的胡塞尔，即在"自我"问题上犹豫挣扎的胡塞尔。另外一个可能是如弗林斯所说，《形式主义》第二部分尽管在 1916 年才发表，实际上在一战前即已完成，因此我们在此读到的还是 1913 年时期的舍勒。

的"人格主义有没有可能？这里带来的更广阔的问题则是狄尔泰、胡塞尔和舍勒三人之间的相互关系问题。其实，早年的海德格尔又何尝不是在这三人之间、在所谓的"媚然的态度"和"自然的态度"之夹缝中寻求突进的道路？[①]

8.2　舍勒的质料价值伦理学的内在统一性

通过抽象的本质性和具体的本质性、静态的抽象本质现象学和动态的具体人格现象学之间的区分，价值现象学和人格现象学本身得到说明，进而现象学的元伦理学和现象学的规范伦理学两个层次得到清晰的划分，同时也得到现象学方法论上的奠基。然而，这样一种区分当然不是绝对的，事实上，很多研究者都追问过舍勒的价值现象学和人格现象学，或者说价值伦理学和人格主义伦理学之间的关系。这个问题算得上是舍勒伦理学研究中的一个难点。

但是十分奇怪的是，对于这样一个重要的难点问题的专题研究在舍勒研究界却少得可怜，就笔者目力所及，最为专门和系统的讨论距今差不多已经半个世纪了。而休里曼（K. Hürlimann）在这差不多半个世纪以前的专题讨论中所作出的评论用在我们这里仍然有效：舍勒的现象学伦理学的基础看起来有双重面貌，一方面是"质料的价值伦理学"，另一方面是"人格主义"，然而这一点至今没有得到阐释者和批评者的重视，或者至少是仍未受到足够的重视。[②]

---

① 参阅 M. Heidegger, *Prolegomena zur Geschichte des Zeitbegriffs*；海德格尔：《时间概念史导论》，第十三节。

② 参阅 Kaspar Hürlimann, „Person und Wert. Eine Untersuchung über den Sinn von Max Schelers Doppeldevise：Materiale Wertethik und Ethischer Personalismus", a. a. O., S. 273。

　　本书的努力算是在这个方向上的一个尝试,为此我们还尝试着引入了伦理学上的三个基本问题来贯穿这两部分,同时也尝试着给这两个部分分别提供了不同的背景视域,以期更好地理解这两个部分本身以及它们之间的联系。概括而言,这两个部分当然仅只是从属于舍勒现象学的质料价值伦理学的两个不同的层次,它们有着不尽相同的问题意识,但最终都统一于现象学的质料价值伦理学本身,最终还是为了回答"苏格拉底问题",这个问题在舍勒这里就是"'我''应当'如何存在和生活?"的问题。价值现象学这一部分提供了对在苏格拉底问题中隐含着的"什么是好(或善)"这一问题的回答,也提供了何谓"应当"的回答;而人格现象学或现象学的人格主义这一部分首先提供的则是对"什么是'我'?"的理解,以及"如何存在和生活"的回答。因此,舍勒伦理学的这两个部分绝不是割裂的,而是有机统一在一起的。这里将从如下三点再简单地概述一下这一有机的"统一性"。

　　1)作为价值载体的"人格"　舍勒明确地将伦常价值"善"或"恶",就载体那方面而言归为人格价值,也就是说,善和恶的观念在舍勒这里原初地附着在人格上面,而非一个合法则的或者违法则的行动上面,因此他的伦理学最终关注的就是什么是一个善的人格,如何成为一个善的人格这样的问题。善和恶这样的伦常价值本身根本无法清晰地去定义,不论它究竟是什么,也不能将之归结于某些具体的条目,根本而言,善与恶就是附着在人格之上的"二阶性"的价值。这一点可以看作是价值方面对人格方面的依赖。

　　2)作为"价值人格主义"的伦理学人格主义　所谓的伦理学人格主义的根本命题可以归结为两条:第一,"人格价值要高于一切实事-组织-共同体价值",人格之所以可以具有这样的超出其他一切的最高的本己地位,根本上源于它是价值的载体,而且正是依据价值的形式的先天法则，人格价值本身才能高于一切实事价值和事物价值；第二，人格生成就是朝向观念的爱的秩序、人格的观念的价值本质去-存在。这是伦理学人格主义的最终旨趣之所在，它在根本上无疑仍然是依托了人格的价值本质，而且恰恰是观念的价值本质之"存在应然"，才使得伦理学人格主义之"应当"成其为"应当"。从这两个基本命题，我们可以看出人格这方面对价值方面的依赖。

3）在"爱"之中的"价值"与"人格"　无论是价值，还是人格，最终都统一在"爱"之中。就价值这方面而言，爱承担了"发现"的作用，正是在此运动中，各个新的、更高的价值向我们昭示出来，爱虽然没有"获得对自在存在的价值一般而言的'**创造性的**'成就，但却获得了对各个可为一个生物所感受和所偏好的价值而言的'**创造性的**'成就"（II, 267），因此，爱是提升价值的运动；就人格这方面而言，正是在爱之中，或者是"自身之爱"或者是"陌己之爱"中，人格的对于本己人格的观念的价值本质或者观念的爱的秩序得以完整地理解，人格才得以朝向观念的爱的秩序去生成，因此，我们也可以说，爱是人格生成的运动。价值或人格最终都统一在爱之中，而且最终是一种动态的统一。

舍勒在一个脚注中很清楚地表明了这里的相互关系："我尤其相信可以表明：1. 一个客体的所有此在都是以它的价值存在为奠基的，2. 对一个客体的所有认识以及对一个设想的所有愿欲都共同地是以对这个客体和这个设想的共同质料的爱为基础的，3. 各种世界观（所意指）的世界所具有的随历史和随[民族]国家的不同而变更着的结构跟随着流行的'道德'的结构，而被给予性的选择形式则跟随着各个爱的方向的所谓范畴，4. 所有可能的世界之爱都是以神之爱为基础的，而世界之爱的所有变更着的方向都是以独立变更的神之爱的方向为基础的"（II, 538）。

这里的统一性已经说得很清楚，笔者也无需赘言。唯一需要点出来的是，舍勒最终将一切世界之爱，无论是自身之爱或是陌己之爱的基础都归结为"神之爱"，不得不说是他这个时期的基督教背景或前见在隐秘地起作用，但是舍勒不会认为这是一种宗教哲学的或者神学的解释，而如我们已经强调过的那样，他会认为这是现象学的价值论本身决定的，基督教或者他当时所推崇的基督教之爱的运动的转向（VI，88ff.）只能是价值本质现象学的一个"例示"或一个"特殊的事例"而已。人们也大可不必将这种基督教的前见或者生存经验看得多恶劣，仿佛套上这样一个标签就可以将舍勒或者其他的某个思想家一劳永逸地批驳掉："你的根子就是基督教，还有什么好说的？"事实上，基督教的前见或者生存经验并不比一个比如儒家的生存经验或者科学的生存经验更坏更糟糕，现象学对它们是一视同仁的，所要考量的只是在于，这些前见或者生存经验有没有在现象学的研究中预先被"排斥不论"，现象学研究所得出来的结论究竟是由这些前见或生存经验"实证性"推导出来的，还是说这些生存经验只是被拿来为现象学明察到的本质性提供一个"例示"、一个佐证。就这一点而言，日渐兴旺的"心智现象学"或"神经元现象学"乃至"生物现象学"、"生态现象学"等所谓的交叉性现象学或者现象学的"应用科学"面临的或者说需要面临的其实都是些同样的考验。

8.3 舍勒现象学的
质料价值伦理学的根本特征

总的说来，本章第一节对于舍勒现象学部分的总结说明为的是揭显舍勒现象学的两个层面以及相关的总体原则。通过这两个现象学层次的揭显，奠基于其上的舍勒现象学伦理学的两个层次也就得以显明；本章第 2 节通过厘定了舍勒现象学伦理学两个层次之间关系，其现象学的整体统一性也在一定程度上得到了保证。

本节的主要任务在于，将这样一个已经得以重构的、整体统一的舍勒的现象学质料价值伦理学放到整个伦理学思想史的大背景中去，来检视一下舍勒的伦理学究竟可以占有一个什么样的位子。当然这里不可能也无法展开对整个伦理学思想史细节的讨论，笔者所尝试的，是借助于舍勒自己对其伦理学的几个基本规定或者说"标签"来为舍勒在伦理学思想史上摆放一个位子，只是位子，绝非座次。

8.3.1　舍勒伦理学的质料先天主义

舍勒代表作的正标题为《伦理学中的形式主义与质料的价值伦理学》，单从这个标题就可以看出，对"伦理学中的形式主义"的厘定和拒绝实为其伦理学的第一要务，只有在对"伦理学中的形式主义"的彻底拒绝中，他自身的"质料的价值伦理学"的面貌才能得以完整展现。但是究竟何谓"伦理学中的形式主义"？

也很明显，这里所说的"伦理学中的形式主义"主要针对的是康德的伦理学。看样子，舍勒是在对康德伦理学中的形式主义的批判和拒绝中展开其自身的质料的价值伦理学的。但是首先要避免一种误解，即舍勒自身伦理学的展开必得以对康德的批判和拒绝为基础。如同我们一再指出的那样，舍勒对康德的批判无论如何只是一个"次要目的"，他始终只是在对其自身理路的铺展中"顺带着"把康德拉过来当"靶子"。因此，我们首先要做个保守的说明，即便舍勒这些随手拈出的对康德的批评可能误解甚至冤枉了康德，但这丝毫不会影响其自身理论的真确性，换言之，检验舍勒现象学的质料价值伦理学理论是否恰当的标准在于现象学的明察，而非在于评判其对康德理解的正确或错误。

放到"形式主义"问题上来,尤为如此。在舍勒《形式主义》一书出版以后,康德学界毫不示弱,而是"前仆后继"地对舍勒的批评展开了讨论,这当中有踏实的学理讨论、有深刻的对康德本身的反思、当然也有一些"卫护"康德的情绪表达,这里自然不可能展开来讨论这些研究。① 我们这里所关心的问题毋宁是,在这些讨论中所展现出来的对康德伦理学的"形式主义"的理解。实际上,在这些讨论中,对"形式主义"这一概念的理解本身就是不统一的,只有厘清楚这些不同的理解方向,我们才有可能从整体上评估舍勒对康德的批评究竟要说的是什么? 也才可以看清楚,那些来自康德学界的反批评究竟有没有切中舍勒。

就笔者所接触过的相关文献来看,在历来的康德伦理学形式主义的评论中主要包含着对"形式主义"概念的三种类型的理解,换言之,我们甚至可以称作三种不同的形式主义:其一是黑格尔式的,其二是舍勒式的,其三是席尔普(Paul A. Schilpp)式的。

其中以席尔普式的理解影响最小,也最不容易被混淆。所谓"席尔普式的形式主义理解",主要是指一种"方法论的形式主义"。在席尔普看来,为了反对以往的以及他自己前批判时期的伦理学,康德"非常清楚地构思并阐述了更为批判的'形式'概念",这个"形式"概念过去一直被大多数康德学者误解了,因为他们总是以康德理论哲

---

① 系统梳理一下从各个立场出发的关于康德伦理学中的形式主义的相关讨论,这当然是个有意思也有意义的课题,笔者将对此另撰专文。汉语学界对于康德伦理学形式主义问题或"形式伦理学"问题的讨论,李明辉先生用力最勤、成果最丰,比较集中的讨论可参见李明辉:"存心伦理学、形式伦理学与自律伦理学",载其《儒家视野下的政治思想》,北京大学出版社,2005 年,第 98—100 页;以及李明辉:《四端与七情:关于道德情感的比较哲学探讨》,上海:华东师范大学出版社,2008 年,第 40—45 页。这里也特别感谢李明辉先生惠赠《四端与七情》的台湾首版,笔者也正是借助于这本书以及他的其他系列著述才打开了在这一问题、伦理学中的情感和理性之争问题以及康德伦理学的其他相关问题上的视野,只是因该书台版不在手边,这里才引用了大陆版本。

学来诠释伦理学,在伦理学中的这个"形式"概念并不意味着将内容注入其中的一个"模子"(mould),而是指一种理性的反思方法,一个不是由经验性材料或因素确定的方法。这个方法论上的"形式"的观念构成康德对伦理学理论的独特贡献。这是一个理性反思、创造性构造和过渡的过程,通过它,当每个对下一个反思地被选择的步骤的新需要出现时,反思的理性能够创造一个"纯粹"的新对象,也就是说,以一种非经验性的方法得以确定的新对象。基于此,康德伦理学中的"形式主义"非但不是一种需要克服或批评的对象,相反是康德对伦理学的最大贡献。① 简单而言,在席尔普看来,所谓的"形式"指的是一种"形式的方法"。尽管席尔普宣称这个伦理学中的形式主义中的"形式"概念不同于康德理论哲学中的"形式"概念,但是我们可以看到,他实际上还是坚持了"形式"与"经验性"的区分,所谓"形式的方法"无非意味着不借助于经验性的那些方法。就此而言,他的这个转换能有多少说服力是存疑的。不过,这种类型的理解在近年来的诠释文献中有日益得到"应和"的趋向,尽管他们未必了解席尔普的说明,但是总体趋向上是一致的。②

　　影响最大的当然是"黑格尔式的形式主义理解",这种理解我们可以称之为"空洞的形式主义"。黑格尔在其著作的多处都提到了这种"空洞的形式主义",而比较经典的表述是在其《法哲学原理》的第135 节中做出的。在黑格尔看来,康德的"空洞的形式主义"将道德科学贬抑为一种"为义务而义务"的空话,因而实际上以此观点出发,

---

　　①　参阅 Paul A. Schilpp, "[Art.] Ethical Formalism (Kantian)", in: Dagobert D. Runes (ed.), *The Dictionary of Philosophy*, New York ⁴1942, p. 98。

　　②　例如可以参看 Christian Krijnen, „Der » Formalismus « in der materialen Wertethik Max Schelers", in: Chr. Bermes, W. Henckmann & H. Leonardy (hrsg.), *Person und Wert. Schelers » Formalismus « -Perspektiven und Wirkungen*, Freiburg/München 2000, S. 120 – 138。

也就不可能达到什么真正内在的义务学说。绝对命令式最终只是"无矛盾的"、"形式上一致的"抽象的无任何具体规定的一种"套套逻辑"（Tautologie）。① 因此这种黑格尔式的"空洞的形式主义"主要针对的就是康德的绝对命令式，并将康德所讲的"形式原则"混同为逻辑学的"形式规则"（如矛盾律等等），也正是据此，黑格尔将康德判为"形式主义"。② 黑格尔式的理解实际上在整个对康德伦理学形式主义的讨论中占据着统治地位。所谓统治地位，说的是这种"黑格尔式的形式主义理解"实际上几乎成了"伦理学形式主义"这一概念的主流的甚至是唯一的理解，无论是在赞成黑格尔之批判的人那里，或者在强烈拒绝黑格尔之批判而维护康德的人这里，他们都是以黑格尔式的理解来看待"形式主义"本身的。这样一种统治性的理解也在那些对舍勒的康德批评的讨论和反驳中充当了主流的角色。换言之，人们大多是以"黑格尔式的形式主义理解"或者说"空洞的形式主义"这种理解来看待、评判舍勒对康德伦理学中的形式主义批评，在他们看来，舍勒无非是跟随着黑格尔而已。

这种论断很难说是全错的，因为，在舍勒对康德的伦理学形式主义的批评中的确含有"黑格尔式"的成分，比如他在《形式主义》一书的多处提到"空洞的和不结果实的形式主义"（II，15）、"空洞而又巨大无比的命令式"（II，30）、"空洞的建构"（II，66）等等，显然舍勒在很大程度上也接受了黑格尔对康德的批判。然而问题却不仅如此，在舍勒这里还存在着不同于黑格尔式的理解的地方。我们将之称作

---

① 参阅黑格尔：《法哲学原理》，范扬、张企泰译，北京：商务印书馆，1979 年，第 137 - 138 页。

② 参阅李明辉："存心伦理学、形式伦理学与自律伦理学"，载《儒家视野下的政治思想》，第 99 页。

"舍勒式的形式主义理解"，即一种"非质料的形式主义"。① 正如我们在第 3.2 节已经提示过的那样，这种对康德的"非质料的形式主义"的批判指向的是伦理学的建基问题，也就是说在舍勒看来，康德在伦理学的建基上依据于理性先天和形式先天，进而将情感性的因素、将质料价值因素排除，根本上是为伦理学提供了一种"非质料"的或者"形式"的建基，而这样一种建基乃至其最后的论证（理性的事实）是"无根基的"。在某种意义上，我们甚至可以将舍勒的这一批评概括为对康德伦理学的"形式至上主义"的批评，因为舍勒并不是要彻底排除掉康德那里的形式之物或理性之物，而毋宁说，他想强调的是，这些形式之物或理性之物本不具有康德所赋予的根本性地位，康德强调"形式"未必有错，错的是他强调了"形式至上"，即以"形式之物"来为伦理学建基。而在舍勒看来，现象学无疑论证了一种"新的先天主义"，这种新的先天主义要比康德的"形式的"先天主义更为"丰富"(reicher)(VII，309)。

舍勒容易让人误解的地方恰恰在于，在他对康德的批评中兼有"空洞的"和"非质料的"形式主义这两个部分，但在他那里，后者无疑是更重要的。"空洞的"和"形式的"（或"非质料的"）本身不能被等同，② 前者说的是绝对命令式本身的"空洞性"，而后者强调的则是以这种"内容空洞的"绝对命令式本身或者"形式之物"来为伦理学本身

---

① 李明辉先生已经十分敏锐地注意到这一点，他一方面就舍勒跟随黑格尔强调康德伦理学中的"空洞的形式主义"而批评了舍勒，同时也指出舍勒的批评另有深意，而这后一方面确实指出了康德伦理学的一项弱点，参阅李明辉："存心伦理学、形式伦理学与自律伦理学"，载《儒家视野下的政治思想》，第 98—100 页。

② 香港学者罗秉祥在其论述康德伦理学的文章中强调了这一点，参看 Ping-cheung Lo(罗秉祥)，"A Critical Reevaluation of the Alleged 'Empty Formalism' of Kantian Ethics"，in：*Ethics* 91/2 (1981)，pp. 181–201。

提供基础,这一做法是"形式的"或"非质料的"。很显然,舍勒的最终目的当然在于这后一方面的批判,因为在他看来,康德之所以这么做,乃是因为康德无疑正确地想要坚持伦理学的"先天性",但又因为他完全误识了"先天"的本质,即犯下了将"先天之物"等同于"形式之物"这一基本谬误,所以康德才会陷入伦理学的形式主义,这一基本谬误是伦理学"形式主义"的基础,甚至是整个"形式的观念论"的基础(II,73),而舍勒本人则引入了"充满内容的先天"(inhaltsvolles Apriori)这一概念(I,253ff.),[①]并将之发展成"质料先天",最终借助于现象学的"质料先天主义"为伦理学提供了一种完全别样的"质料的"同时"先天的"基础。

但人们往往没有注意到"空洞的"和"非质料的"形式主义这二者之间的区别,进而也就忽视了舍勒提出的问题本身。简单而言,那些仅仅以对康德伦理学中的情感性因素、质料性因素、目的性因素等等的强调来反驳舍勒自身对康德的"非质料的形式主义"的批判都是没有力度的。无论康德伦理学中可以容纳多少情感性因素、质料性因素或目的性因素,只要它们远离了伦理学的建基原则,只要它们无法充任康德伦理学的"判断原则",那么它们就始终无法在舍勒的批判面前为康德扳回一些什么。我们这里的意图当然未必是想说舍勒对康德的批判就是对的,而毋宁是要澄清,他对康德的批判是如此这样

---

① 参阅 Giuliana Mancuso, „Der junge Scheler und der Neukantianismus", in: *Phänomenologische Forschungen* 2008, S. 137f.。斯佩德也曾强调要更好地理解舍勒对康德形式主义的批判,最好的办法就是回到舍勒的"教授资格论文"中去找源头,参阅 Peter H. Spader, "Scheler's Criticism of the Emptiness of Kant's formal Ethics", in: Chr. Bermes, W. Henckmann & H. Leonardy (Hrsg.), *Denken des Ursprungs-Ursprung des Denkens. Schelers Philosophie und ihre Anfänge in Jena*, Würzburg 1998, p. 122。

一回事。① 这也是我们在第 3.1.2 节将胡塞尔对康德伦理学的"不合情理的"（widersinning）无内容的形式性的批评和他对康德伦理学的"空洞的"（leer）形式主义的批评区分开来的原因，简单说，前者是"舍勒式的"，后者则是"黑格尔式的"。

　　如我们已经提到过的，尽管舍勒对康德展开了激烈的批评，但是他还是对康德表示了最大的敬重，因为在他看来，康德的伦理学拥有这门学科自古以来"最完善的东西"，是形式伦理学"最伟大和最深刻的代表"，因为正是康德，所有**一般质料**伦理学（比如亚里士多德的"善业伦理学"和"客观目的伦理学"）的根基才被彻底摧毁，而他自己的**质料的价值**伦理学则是以康德对一般质料伦理学形式的摧毁为前提，所以根本上他并不希望成为"反康德的"或回归到康德之前，而是希望超出康德。或者我们也可以这么说，舍勒最终的意图是找寻一种既不同于"一般质料"伦理学，也不同于康德伟大而深刻的"形式"伦理学的"第三条道路"，这个"第三条道路"就是现象学的质料的价值伦理学。以"质料先天主义"（包含三个先天：实事先天、行为先天和相关性先天）为奠基，这个"第三条道路"最终在伦理学建基问题

---

　　① 　限于篇幅，我们这里放弃了进一步讨论舍勒与康德有关伦理学形式主义的细节，可以展开的方向比如还有，进一步对康德《道德形而上学的建基》和《道德形而上学》之中的"目的论"思想进行讨论，在我们看来，在前引的罗秉祥的值得感谢的论文中没有清晰地区分两种不同的"目的论"，等等。在笔者看来，除了我们这里已经提到的，有关舍勒和康德伦理学中形式主义问题比较有参考价值的文献主要还有：Ph. Blosser, *Scheler's Critique of Kant's Ethics*, loc. cit., pp. 62 – 74；E. Kelly, "Revisiting Max Scheler's formalism in ethics: virtue-based ethics and moral rules in the non-formal ethics of value", in: *The Journal of Value Inquiry* 31 (1997), pp. 381 – 397；Susanne Weiper, *Triebfeder und höchstes Gut. Untersuchungen zum Problem der sittlichen Motivation bei Kant, Schopenhauer und Scheler*, Würzburg 2000；Günter Fröhlich, *Form und Wert. Die Einheitlichkeit der ethischen Begründungen bei I. Kant, M. Scheler und E. Husserl*, Habilitationsschrift der Uni. Regensburg 2005（特别感谢 Hans Rainer Sepp 先生提供了这一著作）。这里无法继续展开。

上找到了"质料的"同时"先天的"基础：情感先天和价值先天以及它们之间的相关性先天。由此，现象学的质料价值伦理学就既不是一般的善业的、目的论的，也不是形式的。

8.3.2　舍勒伦理学的绝对主义与客观主义

舍勒曾经说，胡塞尔的《逻辑研究》第一卷以无往不胜的论证向迄今为止的逻辑学中的"心理学主义"和"人类学主义"发难，而他自己则以严谨的科学形式批判了迄今为止的伦理学中的"心理学主义"（Psychologismus）和"人类学主义"（Anthropologismus）的错误（III，173f.；II，271）。无论是在胡塞尔那里，还是在舍勒这里，心理学主义和人类学主义最终都会导致一种"相对主义"。按照舍勒自己的这一判断，显然他和胡塞尔在反对"相对主义"这一点上立场是一致的。

然而，如我们已经提到过的，胡塞尔在后来的"现象学与人类学"讲演和为《观念 I》英译本写的前言中都将舍勒本人的理论归为一种"人类学主义"，而且主要的原因在于，在他看来，舍勒没有真正看到"现象学还原"的本质意义，因此实际上舍勒的思想最终还是陷入了"相对主义"，但是我们在第 8.1 节已经讨论过，胡塞尔的这一判断对于舍勒来说未必公平，与其说，舍勒没有摆脱"相对主义"，还不如说，舍勒没有迈入胡塞尔式的"超越论的"绝对主义；与其说，在舍勒与胡塞尔之间是相对主义和绝对主义的争论，还不如说是两种不尽相同的绝对主义之争。因为舍勒从一开始就旗帜鲜明地反对任何形式的"相对主义"，他也明确将其自身的立场规定为"绝对主义"，那么我们如何来理解舍勒这里的"绝对主义"呢？如我们已经讨论过的那样，在其著作的许多处，舍勒都提到了"相对性"或者"相对的维度"，舍勒从来也没有否认过"相对性"本身的重要意义。这是不是一种自相矛盾？

　　据笔者的阅读经验，我们可以在舍勒有关"价值"的论述中概括出以下六种对"相对性"的强调：1)价值的第一序的相对性和善业的第二序的相对性；2)价值被给予性的此在相对性；3)价值本身作为"行为相对性"的存在；4)价值对于人所具有的相对性；5)价值对于生命所具有的相对性；6)伦理学的价值评价及其维度的历史相对性，等等。我们分别在第 4.4 和 4.1.2 节讨论过前三点，这里主要关注后面的三点，基于此，我们将可以理解舍勒最终所秉持的根本立场。

　　所谓价值对于人所具有的相对性所指的并不是，人类是价值把握的"必然主体"，就像一门"人的伦理学"（humane Ethik）所强调的一样。因为尽管人们的确是通过感受行为，而且的确是"在人身上"（an Menschen）发生的感受中来把握价值的本质性，甚至来把握感受行为以及爱和恨等等情感行为本身的行为法则，但是这原则上并不有别于我们同样也是"在人身上"发生的认识行为中去发现算术、力学、物理学等等的定理和法则，乃至于这些认识行为本身的行为法则。但是就像我们在那里并不会因此而谈论一种算术中的"人类学主义"一样，我们在价值方面同样并不能因此就去谈论价值上的"人类学主义"。根本上而言，无论是算术定律或者价值本质性本身都不会因此而依赖于特殊的种类组织和这个种类的实存，"只要它们在此并且一旦它们在此，它们和它们的对象就服从一个合法则性"（II，276）。我们可以看得很清楚，在这一点上，胡塞尔和舍勒并不存在本质性的区别，只是他们谈论的是不同领域的本质性而已。但是舍勒还是继续谈论了"价值对于人所具有的相对性"，这指的是，价值（或者其他本质性）很可能会仅在某个人或某个人类的种族中显露出来，这会与某个人或某族人的"禀赋"（Anlagen）相关。但是很显然，价值本身的本质性与这些可能存在差异的"禀赋"根本无关，价值本质性的绝对性与有效性的范围也毫不相干。

价值对于生命所具有的相对性，当然也不能理解为所有价值存在一般都是相对于生命的，对于一个纯粹精神来说，即对于一个并不活动在某个可能的生命组织以内的纯粹精神来说根本就不存在价值（II，280），在此意义上，舍勒对这一点的强调实际上与对前一点的强调是一致的，即价值本质性本身的存在并不束缚在某个特定的生命组织之上，这样一种理解只能是"相对主义"的。但是舍勒同样也强调了价值对于生命所具有的相对性，这一方面是指的确存在着一种束缚在生命本身的本质上并且不可还原的价值种类，即生命价值；另一方面它也是指，应当恰如其分地赋予与这种生命价值紧紧相关的生命组织（特别是人）以恰当的位置。在此意义上，我们也可以追问：人在宇宙中的位置是什么？也正是与此相关，舍勒提出了他的那个流传甚广但也充斥着误解的著名命题：人按其本质来说恰恰只是一个寻找着的活的 X（II，296）。这个命题所要表达的是，生命价值只是价值样式之一种，而且是处在价值级序之中间的价值样式，既存在着更低的感性价值样式，也存在着更高的精神价值和神圣价值的样式。就此而言，人，就其作为生命组织来说，他就必定处在一个"中间"的位置上，即处在纯粹的精神生物和更低的生命体（比如动物）之间，因此他的本质也就必定是一个超越自身以及超越他的生命和所有生命的事物的存在者（II，293），就此而言，人根本上就是一个"趋向的载者，这个趋向超越所有可能的生物，并且它的方向朝向'神明者'"，或者说，人本质上就是一个神的寻找者，一个寻找着的活的 X（II，296）。这一点是价值本质性本身、先天的价值级序本身以及"价值对于生命所具有的相对性"本身共同决定的。之所以要特别强调这一点，是因为我们想再一次表明，舍勒现象学时期的人类学，根本上是价值论的，根本上是现象学的，而非"神学的"。舍勒自己也提醒那些试图误解他的人们注意："这里随之而被预设的并不是在一个实存的实证规定了的意义上的神的观念,毋宁说它只是神的**质性**或圣者的**质性**,在一个无限的存在充盈中被给予",人们既不应该将之归为某个历史的实证宗教中的神,当然更不能从某些不同的实证的宗教的神中"经验地"抽象出这个"神的观念",在根本上,这种神的观念无非是"在各个价值的等级秩序中的最终的(并且也是最高的)**价值质性**",它本身是在现象学的明察中自身被给予的(II, 296f.)。

就我们的论题而言,最为重要的"相对性"是最后一点,即伦理学的价值评价及其维度的历史相对性。因为在这一点中,舍勒有关"相对性"和"绝对主义"之间的相互关系将十分清晰地展现出来。即便是一个宣扬"绝对主义"的伦理学家也不能对于那些价值评价方面的历史相对性视而不见,因为它们的确存在着,在人类历史中这样的事例比比皆是。对同样一个事件本身,在不同的历史阶段或者在不同的族群中往往会有不一样的伦常评价,这一点如何与所谓的价值或伦理绝对主义相容?为了说明这些类似的问题,舍勒区分出五个主要的层次(II, 303ff.):

1)"伦理"(Ethos):对价值本身之感受或价值认识、对价值的偏好与爱和恨以及伦常认识的结构。其核心是"爱的秩序"。

2)"伦理学"(Ethik):"从判断上和语言上对那些在情感意向本身之中的价值和价值等级关系以及奠基于它们之上的评判原则和规范化原则的表述"(II, 311)。

3)"道德"(Moral):各种制度统一类型、善业统一类型以及行动统一类型,即各种本质的道德"规范"类型之总和。这种类型本身不是某个实证的、依据伦常或成文法而"定义"出来的,毋宁说它构成了这些定义之所以有效的基础,比如作为这种"类型"意义上的"谋杀"指的并不是某个特定的法律条文中对于谋杀的定义,而根本上是一种与价值本身有关的本质性的规定,这种本质性的规定恰恰是使得某个成文法中的"定义"得以可能或不可能的基础。

4)"实践道德性"（praktische Moralität）：它涉及到人的实际行为举止的价值，而且受到他们所承认的、与他们的偏好结构相符的价值等级关系的规定。它在根本上是相对于一个"时代的"伦理或者一个"民族的"伦理的。比如我们完全无法简单地将判处苏格拉底死刑的那些雅典人斥为"不道德的"，实际上他们当时恰恰是依据他们时代的伦理在做一件符合"实践道德性"的事情，我们之所以可能也会说他们是不对的或不道德的，但这已经是在依据我们时代的伦理了。

5)"伦常、习俗"（Sitte，Brauch）：那些效用和运用仅仅植根于某些特定传统中的行为形式与表达形式。

在舍勒看来，这五个层次都可以发生"变更"，换言之，都具有一定的历史相对性。对于"实践道德性"和"伦常或习俗"方面的历史相对性问题几乎不用拿出来说，对它们的界定本身就决定了它们是历史相对的。对于"伦理学"和"道德"的历史相对性问题尽管不是那么一目了然，但是它们根本上也算不得什么不可接受的事情，因为它们根本上都基于价值以及对价值之把握结构的"伦理"，如果"伦理"本身都是可变更的，那么"伦理学"和"道德"的可变更性就不会是什么新鲜事了。因此最根本的问题还是在于如何理解"伦理"的变更或变化，舍勒也将这一变化称作"第一秩序的变化"（II，307）。

所谓的"伦理"本身的变更更恰当地应该被称作"伦理的更新和成长"，它的"最彻底形式是在**爱**的运动中并借助于**爱**的运动而完成的对'更高的'（相对于被给予的）价值的发现和开启"，随着这种新的更高价值的开启，较旧的价值王国总体上就被相对化了。如果人们还去偏好旧价值甚于新开启的价值，这便是伦常的盲目和欺罔，如果还继续将旧价值视为最高价值并按照它们来生活，这在实践中就必定是"恶"的。换言之，恰恰是在爱的提升价值的运动中，在爱的仰瞻中,伦理本身发生了变化。但是这里所说的变化,或者更确切地说,在偏好法则上的变化只是涉及旧价值和新开启的更高价值之间的关系,而并不触及旧价值本身之间的偏好法则,就此而言,伦理的变化就更意味着一种"更新和成长",它本身并不会摧毁旧的价值偏好法则,因此伦理本身就具有其内在的历史,而这一历史又是"在所有历史中最中心的历史"(II,309)。伦理本身的历史相对性根本上就意味着一种不断成长性和更新性。

在此意义上,舍勒一方面批评了历史上形形色色的伦理学相对主义,因为伦理学相对主义自身的根源就在于:"它把价值本身当作是对那些正好在其文化圈中流行的对特定善业和行动的价值评估而言的单纯**符号**,并且整个历史现在便将自身随意地构造为行动对如此实际绝对地被设定的它的时代价值的单纯增长着的适应,并且因此而将自身随意地构造为朝向这些价值的'进步'"(II,308)。简单说就是把本质上绝对的价值本身相对化了;另一方面,他也将"形式的绝对伦理学"指责为另一种形式的谬误,因为它根本上不了解伦理本身的变换和成长,而试图去设定一个始终同类的和持恒的伦理,并据此而规定一个"绝对的道德原则"或律令。换言之,它将本质上是"相对性"的伦理本身绝对化了。这样,我们也就不难理解舍勒自己的立场了,简单说就是,该绝对的让它绝对,该相对的就让它相对,因此他所秉持的当然首先不会是伦理学相对主义,但也不是形式的伦理学绝对主义,而是一种可承纳相对性的、质料的伦理学绝对主义。具体到"伦理学"这个层次而言,舍勒甚至开放了当代政治中所谈论的"价值的冲突"的原初可能性;"恰恰是得到恰当理解的**绝对伦理学**才以一种近乎诫令的方式在**要求**这种差异性,要求那种时代单位和民族单位的情感价值-视角主义,那种伦理本身的教育阶段的原则上的未完结性"(II,307f.)。

这样一种伦理学绝对主义最终坚持的是价值本质性和价值等级秩序本身的绝对性，以及我们对价值本质性和价值等级秩序本身之把握结构的相对性。而理解这种绝对性和相对性之间本质联系的钥匙就是我们讨论过的"本质直观的功能化"法则，根本而言，伦理本身作为价值认识和伦常认识的结构或者说一种"形式先天"本质上是经由对价值本质性和价值等级秩序本身这些"质料先天"的本质直观的"功能化"而来的，由此我们不难理解，为何这种伦理本身是成长着、自身增殖着的；我们当然也不难理解绝对性和相对性之间的相容本质了，因为本质直观功能化理论早已论证了一门"理性的、客观性的相对主义"的可能性。①

与"绝对性－相对性"或"绝对主义－相对主义"问题紧紧相连的是"客观性－主观性"或"客观主义－主观主义"的问题。这一点我们在第 4.1.2 节已经专题讨论过，实际上是本不该成为问题的问题，即价值乃至一切作为观念存在的先天本身都是作为"行为相对性的存在"，因此可以说价值或先天既是客观的，又是相关于主观的客观。我们这里绝不是在绕口令，也不是在宣扬某种"辩证法"，而只是为了面对一个对舍勒先天理论以及价值理论的指责。

布罗瑟曾经在他的出色研究《舍勒对康德伦理学的批判》中提到，胡塞尔"超越论现象学"的追随者们，比如所谓的"现象学的美因茨（Mainz）学派"——其代表人物是 G. 冯克（Gerhard Funke）和泽波姆（Thomas Seebohm）——以及其他现象学家比如莫汉蒂（J. N. Mohanty）等人要求为现象学提供一种先验的或超越论的主体性的

---

① 也可参看 Hans Rainer Sepp, „Werte und Variabilität. Denkt Scheler über den Gegensatz von Relativismus und Universalismus hinaus？ ", in: R. A. Mall/N. Schneider（hrsg.）: *Ethik und Politik aus interkultureller Sicht*（*Studien zur interkulturellen Philosophie*, Bd. 5）, Amsterdam 1996, S. 95－104。

奠基。依此而言,舍勒批判了康德的先验主义和主体主义,那么他的批判还能否具有一个坚实的先验基础?这个问题也会关联到"先天"以及作为质料先天的价值本质性,即"先天"究竟是奠基在主体性上,还是客体性上?布罗瑟实际上并没有给出明确的回答,看上去更像是对舍勒的一个隐含的批评,即舍勒对康德的批判的确缺乏坚实的先验基础,以至于人们似乎要去谈论所谓的"先验的客观性"了。[①]

我们这里首先得面对一个在汉语语境中一下子就显示出来的术语困难,即像德文或英文中的"Subjekt-Objekt"究竟是指汉语中的"主观－客观"还是"主体－客体"?简单而言,这里的争执本身显然不会指向汉语语境中的"主观(随意性)－客观(有效性)"这种意义上的对立,因为无论康德或是舍勒所坚持的立场当然都不会是"主观(随意性)"的,而是"客观(有效性)"的,因此这里的讨论所指向的就应该是汉语语境中的"主体－客体",当然这里的"客体"也不必理解为所谓的可被主体加以改造的自然界,在我们的语境下,可以更清晰地将此对立表述为"主项－客项"。

我们回过头来看这里的争执。的确,舍勒在《形式主义》中明确地批判了康德对于"先天"的先验主义和主体主义的理解,我们在第2.2节已经讨论过。我们这里只需简要概括一下舍勒对康德批评的两个基本要点:第一,当舍勒批评康德将先天进行了一种"主观主义"或"主体主义"阐释时,他实际上是把康德的先验自我视为这种"主体",换言之,他最终批评的是对先天的"先验自我主义"的阐释(II,94ff.);第二,当舍勒批评康德对先天的"先验"的或者"先验主义"的理解时,舍勒所指向的矛头是,康德仅仅强调了现象学的三种本质性

---

① 参阅 Ph. Blosser, *Scheler's Critique of Kant's Ethics*, loc. cit., pp. 17f., 43ff.。

（实事本质性、行为本质性和实事－行为相关性本质性）中最后一个
方面，而且还是一个谬误的单方面的强调，即康德强调了"对象的先
天规律必须依据行为的规律"，或者说要依据于"知性"或"理性"，这
恰恰是康德"哥白尼式的革命"的主要理论后果（II，90f.）。由此我
们可以清楚地来谈论舍勒自己的立场，相关于第一点，或者说取代先
验自我之功能的是作为"超然的具体主体性"的人格；相关于第二点，
如我们反复强调的，舍勒坚持的是包含着三种本质先天联系的"质料
先天主义"。据此，如果我们非要在舍勒这里给"先天"提供一个基
础，那么，我们既不能说它奠基在一般意义上的主体性之中，也不能
说是奠基在一般意义上的客体性之中。根本而言，一方面可以说，先
天或者价值是奠基在"超然的具体主体性"的人格之上的，因为"人格
的存在为所有本质不同的行为'奠基'"（II，383），这种奠基实际上
是从"被给予性"角度来说的；从另一个角度，即从先天或价值的"存
在论"角度而言，我们也可以说先天本身就是一个观念性的存在，就
是一个"行为相对性的存在"，本身就是一个不依赖于任何实证的"主
观"组织的绝对性的存在，如果非要给它也安一个什么"客体奠基"的
名头，那无非就是一种"存在的奠基"。实际上，正如塞普（Hans Rai-
ner Sepp）曾正确指出的那样，"从哲学史上来看，以如下的理解舍勒
触及了新大陆：对先天内涵的客体化和对先天内涵的主体化——以
及依据于此的实在论和意识观念论的立场——被以同样的方式予以
拒绝"。[1] 现象学的先天论以及价值本质论在根本上就既非单纯主
体性的，也非单纯客体性的，而毋宁说是开启了一个"居间"的"新大
陆"，即"行为相对性的存在"领域，行为（主项）－实事（客项）相关性

---

[1]　Hans Rainer Sepp, „Max Scheler: die phänomenologische Reduktion", a. a.
O., S. 247.

的先天领域。

可以看出来，布罗瑟以及美因茨学派在这个问题的导入上是极其含混的，他们根本上没有清晰地界定他们所说的"奠基"究竟指什么，甚至于连"客体性"和"客观性"这两层含义都混杂在一起，当他们说价值或先天是客观的，强调的是"客观性"；而当他们据此认为在舍勒这里可以谈论一种价值或先天的"客体奠基"（相对于"主体奠基"）时，实际上得到强调的则是"客体性"。因此很难说，他们的责难具有多少实质性的意义。但是无论如何，在我们这里的辨析中，舍勒自身的立场还是可以更为清晰地展现出来：舍勒最终坚持了一种伦理学的客观主义，但这样一种伦理学"客观主义"根本上与伦理学"客体主义"无关，根本而言，这种客观主义中的"客观性"本身源于现象学的绝对明见性和自身被给予性。

概而言之，舍勒为其伦理学标识的第二个"标签"就是：伦理学的绝对主义和客观主义（II，14）。无疑这种绝对主义和客观主义最终都指向了伦常价值善和恶，价值本质性本身以及价值等级秩序本身是绝对的、客观的，同时它们又都是"行为相对性的"，在一定意义上含有"相对性"和"主体性"的因素，而伦常价值善和恶本身首先是一种价值，同时又是借由先天的价值等级秩序本身得到规定的，因此无疑，伦常价值善和恶本身也是绝对的、客观的，但同时也在一定意义上含有"相对性"和"主体性"的因素。存在着绝对的善和恶，但是这并非是指"人在所有地方并且在所有时代都是同样地'知道，什么是善和恶'"（II，308）。舍勒所走的无非是一条既有别于"伦理学相对主义"又有别于"形式的伦理学绝对主义"的"第三条道路"：即可承纳相对性的、客观的、质料的伦理学绝对主义。

8.3.3　舍勒伦理学的价值人格主义与凝聚主义

关于这一"标签",我们在第 7.3 节已经专题讨论过,这里想要指出的主要有两点:

第一,人格本身从来不是单独地存在着的,但它本质上又是孤独的存在。说它不是单独地存在着的,是说它原初就作为一个总体人格之成员而存在,但这绝不意味着"普遍主义",因为它同时根本上也是作为一个个别人格而存在,舍勒还以"孤独"这样的字眼强调了人格的"绝然个体性",但这同样不意味着一种"个体主义",因为它根本上同样原初地"自身负责"和"共同负责"。因此舍勒根本上阐扬的就是一种既不同于"个体主义"也不同于"普遍主义"的第三条道路:凝聚主义。

第二,舍勒伦理学的归宿最终既非康德式的"义务伦理学",也非亚里士多德式的"德性伦理学",而根本上是一种在他自己看来更为根本的"第三条道路":"人格伦理学"。①

我们在第 7.5 节已经讨论过"义务伦理学"和"人格伦理学"之间的关系,这里补充说明一下有关"德性伦理学"的问题。这得从舍勒对于伦常价值善与恶的载体说起。在舍勒看来,"**原初唯一可以称为'善'与'恶'的东西**,即在所有个别行为之前并独立于这些行为而承载着质料价值的东西,乃是'**人格**'、人格本身的存在"(II,49),就此而言,舍勒的伦理学人格主义或者现象学的价值人格主义,根本上就是在追问,人们如何能生成一个善的人格。"唯有**人格**才能在伦常上是善的和恶的,所有其他东西的善恶都只能是**就人格而言**,无论这种

---

① 有关亚里士多德、康德和舍勒伦理学方面的比较研究,也可参看倪梁康:"舍勒现象学伦理学中的'伦常明察'",载《现象学与伦理》,《中国现象学与哲学评论》(第七辑),上海:上海译文出版社,2005 年。

'就……而言'是多么间接"(II, 103)。

在所有那些"就……而言"的东西中，需要特别提到的首先是人格的属性，即德性和恶习。所谓"德性"或"恶习"根本上是指一种伦常"能然"(Können)的方向，而这种"能然"是指"那些在价值质性上得到最终区分的观念应然领域之实现的能力"(II, 50)，这种"能然"与所谓"禀赋"(Anlagen)无关，它本身与价值或者特别地与伦常价值相关。所谓的"德性"根本上就意味着一种直接被体验到的"强力性"(Mächtigkeit)：去做一件所应之事。因此根本上可以说，它是在一个观念的所应被给予之物也直接作为一个"所能之物"而被给予这样一个事实状况中才产生出来的(II, 213)，或者也可以说是在观念的应然与"能然"相结合时，人格才在其自身的持续的行为进行之"现行性"的"能然"样式中体验着"德性"(II, 103)。但是"德性"本质上也不同于"能干"或者做某事或成就某事的禀性或者才能，在"德性"的现象学本质中必定地包含两个同样原初、同样直接被给予的体验或本质事实：即对一个内容的观念应然的体验和对此内容的"所能状态"的体验(II, 244f.)。一言以蔽之，"德性"作为人格的属性，本身是与价值联系在一起的，是一种对一个观念的应然的能然性。例如"恭顺"这样的德性，在它当中就同样原初地含有两个直接的体验：比如我要朝向本己的观念的价值本质去生成（观念的应然之体验），以及我在"恭顺"这种人格的精神感受或自身价值感受中"能够"去如此这般地存在（能然的体验）。

而在这些"就……而言"的东西中，再次而言才会是人格的行为，其中也包括意欲与行动的行为，例如宽恕、命令、听从、允诺等等行为之所以常常被人们视为"善"的，根本上乃是因为它们的"人格"的行为(II, 50)。义务或者规范恰恰都是和人格的行为本身相关的。

与这三种可能的伦常价值的载体（人格是直接的，德性和行为都是间接的)相对应,也存在着三种可能的伦理学,即人格伦理学、德性伦理学、义务伦理学。显然,在舍勒看来这三门伦理学也有"高下之分"。"康德的一个特征在于,他缺少一门真正的德性学说。对他来说,'德性'只是个别的尽义务行为的**表现**,唯有这些行为才是原初'善的'行为。事实上德性(或恶习)对于**所有**个别行为的伦常价值来说都是奠基性的。德性学说先行于义务学说"(II,50)。就此而言,与义务伦理学相比,德性伦理学的确要更加靠近舍勒最终的立场。

尽管如此,我们却完全不能追随布罗瑟,将舍勒的最终立场视为一种"德性伦理学",尽管他也有所保留地说,德性伦理学并非舍勒最强烈的诉求。① 事实上,就如布罗瑟在行文论证中总是借助于舍勒"人格"本身以及伦常明察的理论来论证这种他所说的"德性伦理学"相对于"义务伦理学"的优先性那样,舍勒的最终立场恰恰是关于"人格"本身的"人格伦理学",德性作为价值的载体根本上是归属于"人格价值"的(II,117),作为人格之属性(Beschaffenheit)的德性方面的诉求根本而言只能是人格伦理学内部的一个要素(II,103)。尽管德性伦理学的确要先行于义务伦理学,但根本上,人格伦理学要先行于这二者。

因此,舍勒最终所走出的,就是在他自己看来最为根本的,既不同于通常的"义务伦理学"又不同于通常的"德性伦理学",但实际上又可以包含"规范的伦理学"和"德性伦理学"的"第三条道路":人格伦理学,一种人格自身朝向本己的观念的价值本质或观念的爱的秩序去－存在或自身生成的伦理学。

一个在伦常上有价值的人格最终就并不是"一个'孤立的'人格,

---

① 参阅 Philip Blosser, *Scheler's Critique of Kant's Ethics*, loc. cit., pp. 179-188。

而仅仅是那个原初与神相连而**知晓**着的、朝向爱中的世界并与精神世界和人类之整体凝聚一致地**感受**着的人格"（II，15. 着重号为笔者所加）。这里的"知晓"指的无非是"存在论式的反思的知晓"，这里的"感受"说的就是"人格的精神感受"或"自身价值感受"，因此，人格最终就是那"自身感受着"的、"凝聚着"的、"超然的"具体的主体性。

我们在本节中所概括的舍勒对其自身现象学的质料价值伦理学贴上的三个标签实际上恰恰分别相关于我们在导论中引出的伦理学的三个基本问题，只是我们这里的次序刚好相反。具体而言，伦理学的"质料先天主义"回答的是伦理学的建基问题，伦理学的"绝对主义与客观主义"最终指向的是"什么是善？"的问题，而伦理学的"价值人格主义与凝聚主义"所涉及的则是"人应该如何生活？"的问题。

在此意义上可以说，苏格拉底问题既可以是一切伦理学的起点，同时也该是一切伦理学的终点。或者说根本上只有永恒的起点，终点根本上又是一个起点，因为毫无疑问，对"人应该如何生活？"的追问是永恒的，恐怕永远都不会有一劳永逸的回答。

本书实际上就是从一个"问号？"（人应该如何生活？）开始，经过了长长的"省略号……"，无论以多么间接的方式，走了多么遥远的道路直至今时和此地，最终我们行进到这里，但是依然无法去画上一个"句号。"，毋宁说，我们最终给出的只能是一个"呼号！"（最终，还是**要**去学会如何生活！）。这个"呼号"不会意味着一个问题的解决或者一场智性游戏的最终结束，而毋宁说，它意味着的只是一种"呼唤"，一种"吁求"，一种"祈使"：暂且停下你我匆匆的脚步，反诸自身，去追问"人应该如何生活"吧！从久远古代的苏格拉底的"追问"，到眼下后现代的德里达的"祈使",①是不是恰恰就昭示了有限的存在者的这种"终点终究还只是起点"的永恒的宿命？

---

① 参阅 J. Derrida, *Marx' Gespenster：Der verschuldete Staat，die Trauerarbeit und die neue Internationale*，Deutsche Übersetzung von Susanne Lüdemann，Frankfurt am Main 1995，S. 9。笔者对于德里达的阅读有限，初读该书中文本时，开场白中的这段话并未多少"醒目"，笔者是在朱刚的《本原与延异：德里达对本原形而上学的解构》(上海：上海人民出版社，2006 年)的"跋"中才真正地被这段话"碰撞"了，特此感谢！

附录 1 　舍勒思想发展中的"谜"

　　舍勒在现代哲学史上占有一个特殊地位。他本人也常常被看作是一个"谜"一般的人物。这乃是因为，这位被称为德国哲学界自谢林以来的又一位神童，在其并不算长的三十年学术生涯中几乎涉猎了现象学、伦理学、宗教哲学、知识社会学、哲学人类学、形而上学、社会批判和政治思想等现代精神科学的各个领域。纵观舍勒的一生，命运多舛，思想也发生过重大的转变，以致美国的舍勒研究专家斯佩德(P. Spader)曾细数其思想发展中的"谜"，诸如⑴舍勒并未为他所有的基本主张提出相应的证明，这对要求一门"作为严格科学的哲学"的现象学家们来说尤为严重；⑵舍勒一再承诺将会相继面世的系统伦理学著作却一直没有公开，而有关宗教、形而上学问题的研究亦似与其伦理学研究计划无关，他所宣告的"伦理学人格主义"尚有待补充；⑶由于过早地逝世，他并没有向人们清楚地解释其从一神论立场向泛神论立场的突然转变，等等。① 要想把握舍勒思想的统一性，似乎成为一个不可能的任务，以至于"国际舍勒学会"现任主席、著名的舍勒研究专家伽贝尔(M. Gabel)曾相当保留地说，相对于对人类精神的抽象地精神冥想或超越论现象学的解释，舍勒提供了对人类精神具体进行的深入探讨，他的著作的统一性就恰恰体现在这一意

---

① 　P. Spader，*Max Scheler's Ethical Personalism*. *Its Logic*，*Development and Promise*，New York 2002，pp. 8 – 11.

图上。①

　　另一方面，追寻舍勒思想连贯性的努力也从未被放弃。马德
（W. Mader）指出，贯穿舍勒体系的线索只有两条：一是他对人的理
解，二是他的现象学立场。②"国际舍勒学会"前任主席，著名的舍勒
研究专家亨克曼（W. Henckmann）强调，舍勒在不同时期对哲学的
本质和任务的理解不同，要更多地理解舍勒就必须同时重视"哲学学
科的确定系统"的观察视角和"时间上的发展"的观察视角，并应任这
两种观察视角在一个动态的"开放的系统"中任意相互关联。③ 而斯
佩德的著作《马克斯·舍勒的伦理学人格主义：其逻辑、发展与允诺》
是这个方向上的最晚近，也最富有成效的努力。他强调，要理解舍
勒，我们就必须尽可能清楚地理解舍勒在其思想发展的每一阶段所
仔细斟酌的哲学问题。而且我们必须理解这些问题及其尝试的解决
是如何通过设置新的挑战来为未来的发展创造框架的。④ 只有这
样，我们才能从舍勒各个看似不相干的研究中整理出一个"逻辑"，以
解开上述的三个"谜"。本附录将结合斯佩德的论述来分析这三个
"谜"及其解决，并检讨之或补充之。

一、第一个谜：为什么舍勒没有为他
关于价值和人格的明察提供现象学的基础？

　　在斯佩德看来，这第一个谜甚至对于那些最同情舍勒的读者都

---

　　① M. Gabel, *Intentionalität des Geistes：der phänomenologische Denkansatz bei Max Scheler*, Leipzig 1991, S. 17.

　　② W. Mader, *Max Scheler*, Hamburg 1980, S. 50.

　　③ W. Henckmann, *Max Scheler*, München 1998, S. 12.

　　④ P. Spader, *Max Scheler's Ethical Personalism. Its Logic, Development and Promise*, loc. cit., p. 15.

是个困惑。因为,舍勒在他的《伦理学中的形式主义与质料的价值伦理学》(以下简作《形式主义》)中为"感受"提供了细致的现象学的描述,这表明他完全有能力为他关于价值和人格的明察提供现象学的基础,但他却没有这么做,而且他甚至不试图承担这个任务。也许更令人惊奇的是,他没有为质料的价值领域提供详细的描述,而人们完全有理由对一个宣称要发展一门质料的价值伦理学的人有这样的期待。斯佩德提供了他对这第一个谜的解决。他认为答案在于舍勒在《形式主义》一书中为自己设置的任务的广度(breadth)——舍勒从未想在《形式主义》中发展一门完善了的伦理学,而仅仅是为一门伦理学人格主义提供奠基的"新尝试"。因此,舍勒在该书中所做的和所没有做的,都显然是合乎逻辑的,舍勒不必为他所有的主张提供详细的证明。寻求他不必提供的东西或者不想提供的东西是不合逻辑的。[①]

仅就舍勒自己对《形式主义》的定位而言,斯佩德的解决方案是有一定合理性的。舍勒在《形式主义》的一开始就明确地表明了自己的立场:为哲学的伦理学进行严格科学的和实证的奠基。因此,他的目的首先在于为伦理学的学科奠基,而不是在具体生活的广度中扩展它(II, 9)。然而,斯佩德对第一个谜的解决方案并不能使人完全信服,在我们看来,那更多是一个保护性的策略。它可以在某种程度上解释舍勒为什么没有在《形式主义》中为他关于价值和人格的明察提供现象学的基础,但却不能成为对第一个谜的实质性的解决。斯佩德依然没有理由希冀人们放弃"舍勒应该为他关于价值和人格的明察提供现象学的基础"这一要求。

---

① 参阅 P. Spader, *Max Scheler's Ethical Personalism. Its Logic, Development and Promise*, loc. cit., pp. 115 – 117。

在我们看来,所谓的"第一个谜"实际上隐含着三个要求:1)舍勒应该展示他自己对"现象学"的理解;2)在此基础上,舍勒应该提供更多的关于价值和人格的"现象学的"描述;3)更进一步的,舍勒应该提供他的质料的价值伦理学的框架。因此对第一个谜的一种可能的解决尝试至少应该包含对这三个方面的阐明。在《形式主义》以及舍勒在《形式主义》写作前后的著作与手稿中,以上的三个方面都有涉及。在此意义上,本书恰恰可以看作是对这"第一个谜"解决的尝试。

根本而言,本书试图借助于"康德、胡塞尔背景下的质料先天主义"和"自身意识理论视域中的价值人格主义"这两个背景视域,对舍勒现象学时期相关思想进行"还原－筹划－批评性拆解",进而"重构"舍勒的现象学的质料价值伦理学,在本书的"总结"中,"第一个谜"的三个方面的要求都在一定程度上得到了回应。

当然,无论是《形式主义》,或是本书,其主要任务都还是在为哲学的伦理学提供奠基,并非构建一个完整的伦理学体系。在舍勒所构想中的那样一门完整的伦理学,必须包含两个层次:首先是处于第一性的一门纯粹的哲学伦理学或理论伦理学;其次是一门适用于社会规范层面上的践行伦理学。那么舍勒的伦理学人格主义就必须包括他的情感生活现象学的研究,因为情感生活现象学的研究不仅使一门哲学的伦理学得以可能,而且还在追寻一条践行伦理学(德性的复苏)的可能道路。

在1921年夏季学期关于"伦理学"的讲座课上,舍勒的基本思想并没有离开《形式主义》一书的基本规定,但他着重强调了两点:一为德性学说;二为宗教与伦理的关系。① 前者表明了德性情感生活的

---

① Scheler, *Ana 375, B III 23*, S. 11 - 15, 转引自 W. Henckmann, *Max Scheler*, a. a. O., S. 116f.。

现象学研究对于其伦理学的重要性,后者则已经涉及到"第二个谜"了。

二、第二个谜:为什么舍勒在《形式主义》之后转向宗教、形而上学的研究,而未完成其伦理学?

我们可以解释为什么舍勒没有在《形式主义》中提供一个完整的伦理学体系,但我们却仍没有解释为什么舍勒在《形式主义》之后依然没有按照他自己的预告或承诺完成他的伦理学,而是转向了看似与伦理学研究并不相干的宗教本质现象学的研究,并且在此之后依然没有回到完成伦理学的研究计划上去。这恰恰构成了舍勒思想的发展在批评家们面前展现出来的"第二个谜"。实际上,对"第二个谜"的解决需要回答两个问题:1)舍勒在《形式主义》之后所进行的宗教本质现象学的研究与其伦理学是否有关联(乃至于有何关联)?2)为什么在宗教现象学的研究之后,舍勒依然没有回到原先的主题,而是展开了新的研究领域?

斯佩德认为,在《形式主义》中,舍勒并没有提供一个完整发展了的伦理学,他对伦理学人格主义的概述产生的新问题和他解决的问题一样多。而正是这个事实可以解决"第二个谜"。"为什么在《形式主义》之后,舍勒进行了似乎与其伦理学关系甚微的宗教、形而上学研究呢?答案是这种研究对他的伦理学是至关重要的。"① 因为,尽管舍勒宣称他的伦理学本身并不依赖于所有宗教学说而本身自足且

---

① P. Spader, *Max Scheler's Ethical Personalism*. *Its Logic*, *Development and Promise*, loc. cit., p. 146.

有效,但在《形式主义》一书的最后,他还是提出了一个对于其伦理学人格主义之证成来说不可回避的问题:所有有限人格存在的本质悲剧以及它的(本质的)伦常不完善性。

在舍勒那里,人格既非一种可看见或可想象的事物或实体(Substanz),亦非一种对象,而毋宁说是那个直接地一同被体验到的生活－亲历(Er-leben)的统一。人格存在于行为的进行中并使得本质各异的行为得以统一。人格唯一地是一个"具体的统一性",完全在其每一个行为中生活和存在,并且合乎本质规律地包含着一个无限的行为系列。因此,人格便是一种动态的存在,一种恒定的实现流。人格之道德本质体现出一种不完全性。人格从未完美过,人格向来在道德上亏欠于自身,这正是人格之存在方式,正由于亏欠,才产生一种不断上求的实现冲力,也正由于此人格才得以存在,才成为实现流。① 因此,道德引导的最佳源头可能并非受限的有限人格,而是作为无限人格的神。所以对神的本质连同对神的本质性在其中被给予的那些行为种类的探讨就成为必须,而且这甚至对舍勒伦理学的"明确完成"是首要的。舍勒在 20 年代初多次强调的宗教与道德(以及伦理)的关系也应该在这个意义上得到阐明(II, 14; V, 9)。

更进一步的问题是,为什么在宗教现象学的研究之后,舍勒依然没有按照其承诺回到原先的主题,而是展开了新的研究领域? 舍勒在 1921 年的《形式主义》的"第二版前言"中表示,在《形式主义》结尾处他曾承诺,将就宗教之本质和"价值人格类型"学说进一步加以展开,而在《论人之中的永恒》的第一卷中的以"宗教问题"为题的文章试图提供一种"对神性之物的本质经验"理论,这实现了这个承诺的

---

① 参阅 Manfred S. Frings, "Introduction", in: Max Scheler, *Person and Self-Value. Three Essays*, Ed., partially tr., and Introduction by Manfred S. Frings, Dordrecht 1987, pp. XX - XXV。

第一部分。而该书第二卷中关于"榜样与引领者"的文章应当兑现这个承诺的第二部分。在《论人之中的永恒》的"第一版前言"中，舍勒则再次承诺，《论人之中的永恒》的第二、第三卷的研究正稳步前进，有望不久后出版，第二卷的主要部分将用于对他的伦理学的明确完成。然而直到舍勒逝世，《论人之中的永恒》仅只出版过一卷。舍勒并没有兑现他的承诺，他并没有在生前出版可以宣告其伦理学明确完成的著作，而是在 20 年代以后转向了新的研究。斯佩德的解释是，舍勒为了完成其伦理学而转向有关神明者（或上帝）的研究，这导致了前所未有的新问题，而为解决这些新问题，舍勒耗尽了余生。

在舍勒的宗教经验现象学中，作为宗教经验之对象的神明者——神或诸神——首先便是在人的意识之内原初被给予的，它绝对的存在着并且是神圣的。它总是作为一种绝对的存在者而存在且被给予人，即它总是作为所有其他存在者（包括思考着它的我自身）存在的根据，因而具有相对于一切其他存在者的优越性（V, 159）。也就是说，神明者的本质之一在于它是相对于一切有限存在者的绝对的无限存在者。

同时，神明者是神圣的。这一点在舍勒这里有着非常重要的意义。神圣的价值位于舍勒描述出来的价值等级秩序的顶端。神明者是神圣的，就意味着神明者应当是神圣价值的载体，因而将成为在时间中存在的人格的实现之最终朝向，有限人格之不完善性将可以在神之爱和"自身之爱"或"陌己之爱"中获得更为完整的自身理解，而不断地仰瞻到更高的新价值，因而有限人格才有可能变得越来越完善。这也就意味着，神明者为人格的不断完善提供了最终的价值类型范本，而包括人在内的一切相对存在者在神明者之前感受到自身的渺小与无力，体验到自身从属于作为绝对存在的神明者，从而依凭着爱（爱神并在神的爱中爱一切存在者），可以逐渐走出价值的欺罔与爱的秩序的迷乱,一切道德的完善便由此开端。

但是,在对神明者(或上帝)之本质的研究中,舍勒也为他的伦理学创造了新的严重的问题或困境,斯佩德甚至认为这对舍勒思想立场的转变是根本性的。[①]

这个困境在于:在舍勒看来,作为道德价值的善、恶只是附着在对非道德价值的偏好与感受中而出现,然而作为善本身以及善的创造者的上帝如何会允许一种对"较低的价值"的偏好,并由此而允许一个"恶"出现? 同时,作为全知、全能且全善的上帝如何能坐视爱的秩序的失序与价值的颠覆,又如何坐视这个丑恶的世界?

舍勒以一种全新的方式将传统的恶的问题如此沉重地提了出来,他也尝试着传统的解决方案,比如他尝试了传统的善、恶二元论的解释以及人类堕落说的解释(V,225f.)。但是,他最终也未能完全说服自己。由于他不认为需要改变甚或根本不愿意改变他的价值-感受现象学与伦理学人格主义的立场,因此,他就只能寻求一种形而上学立场的改变。这最终导致了他从一神论走向泛神论,也最终导致他并没有在他有生之年完成他的伦理学。

三、第三个谜:为什么舍勒会从一神论的立场突然转向泛神论的立场?

实际上,要为"第三个谜"给出解释并不难。如前所述,舍勒在其宗教现象学的研究中,产生出新的问题,但他并没有抛弃或改变他的伦理学人格主义,而是采取了新的宗教和形而上学的立场,抛弃了一

---

① 参阅 P. Spader, *Max Scheler's Ethical Personalism. Its Logic, Development and Promise*, loc. cit., pp. 165 – 175。

神论并开始发展一种更适合他的伦理学人格主义的泛神论。无论人们是否赞同他的转变,这一根本立场的变化本身却有着深层的内在思想动因,因而是可理解的。[①] 但由于舍勒的突然逝世,计划中的《形而上学》(*Metaphysik*)与《哲学人类学》(*Philosophische Anthropologie*)并没有能够完成,仅仅留下一些"碎片"。而他也曾将他晚年发表的知识社会学著作视作《形而上学》与《哲学人类学》的"导论"。因此我们要做的,并非仅仅是为"第三个谜"提供解释,而更多地是要依据"导论"和残留的"碎片"简单地勾勒出舍勒的作为现象学与形而上学之统一的新哲学立场,并考量它是否最终有助于解决那些产生出来的新问题。

看起来,这一根本立场的转变的发生是突然的,尽管它的发生却又是必然的。在写于 1923 年 10 月的《基督教与社会》(*Christentum und Gesellschaft*)的"前言"中,舍勒表示当他写作该书时,已经没有了与教会的亲近感,但他仍在尝试宗教观念和宗教力量在社会此在的塑形中加以利用的可能性(VI, 223ff.)。在 1924 年 1 月 24 日写给梅丽特·舍勒的信中,他说:"我正花费大量精力在我的形而上学上并已取得根本性进展,依据于此,我的宗教生活将慢慢改变,这带给我深深的满足。"[②]而他新立场的首次公开的明确陈述则是在 1924 年为他自己所编辑的《知识社会学的尝试》文集所撰的长文"知识社会学问题"中。在"宗教社会学"的标题下,他明确地反对了罗马天主教会,反对其与任何一种独立的形而上学研究以及自由的宗教思考相冲突的独断要求。

---

① 参阅 P. Spader, *Max Scheler's Ethical Personalism. Its Logic, Development and Promise*, loc. cit., p. 220。

② 转引自 John H. Nota S. J., *Max Scheler: The man and his work*, trans. T. Plantinga & John H. Nota S. J., Chicago 1983, p. 148。

在一篇大约写于1923/24年的手稿中,舍勒清楚地表明了他对上帝的态度:上帝肯定是在他的精神的一瞥中"看到"存在和发生的一切。但对他所看到的东西,他既爱又恨。如果他是全能的精神,他或许应当避免坏的和恶的东西。但他却不是一个创造者,他并没有承担这个世界的存在和生成(Werden)的责任。他是一个"陌生者",一个完全的"他者",他"眷顾"了世界但却没有对世界的绝对统治权。只有到一切时间的终点他才会成为全能的"主",也就是说首先应当罢黜耶和华、"创造者"和"立法者"。"主"是上帝的第二属性,第一属性是他的"无力的"(ohnmächtig)爱(XV,182f.)。上帝不再作为一个在先的创造者,而只是可能处在不断生成的终点。

不仅如此,舍勒对人的本质以及人在宇宙中的地位也有了新的理解。从舍勒思想的发端起,精神便是一个核心的主题概念。希腊人以理性(Vernunft)来显示人之独特性,但却将人的一切活生生的情感如爱、恨、敬畏等等摒弃在外,因而实际上并不能体现人之为人的本质。而舍勒的"精神"则包含着理性、直观以及情感,精神处身于一切行动的中心即人格之中。因而精神是唯一不能自身对象化的存在,只有在精神行为的自由施行中才有精神的存在。而且精神性生物还全然不同于那种仅限于在生命冲动领域存在的生物,他的存在拥有摆脱环境限制的自由。相对于动物不得不受限于其所处环境而言,作为精神性生物的人是向世界敞开的,因而拥有一个世界。"人乃是一个 X,他能在没有限制尺度的'世界敞开'(weltoffen)中行动"(IX,33)。

而作为人之精神的最根本的特征就是它拥有把本质(Wesen)与此在(Dasein)分离开的能力。人能够不受其环境的限制,能够从其周遭环境中"转身"出来,而对他周遭的此在或现实回敬一个强有力的"不"(Nein),而且是一个持续的一而再的"不",人是一个"能说不的存在者"。之所以能如此,恰恰是因为人是精神性生物,人拥有一种作为精神之技艺的"现象学还原"能力。借助于此,人可以从作为抗阻而被给予我们的实在或此在中超拔出来,站在"较远"的地方进而将之对象化,并在直观中把握其本质或如在(Sosein)。而动物从根本上说是没有"对象"的,从而根本不可能有"世界"。作为世界抗阻的体验的那种原初的现实性(Wirklichkeit)体验,先行于一切被-知道(Be-wußtsein)、前-设定(Vor-stellung)和真之认定(Wahr-neh-mung)。^① 人将本质或如在与现实或此在的分离实际上就是对周遭环境的"去现实化"(entwirklichen),把单纯的现实性"观念化"(ideieren)为"世界",因而能对现实或此在说"不"的人,就是"生命的禁欲者"(Asket des lebens)。

人与动物的本质区别就在于人是精神性生物,尽管人也同样具有一切生命冲动。而且舍勒还强调,"原初低等的是有力的,而最高的则是无力的"(IX,52)。精神原初是没有任何力量和现实性的,尽管它决定着世界形态的本质及其范围,但它仅是一个"决定的因素",而非一个"实现的因素",它必须通过同样原本的"冲动"才能获得力量,而变为现实。因此,精神与生命冲动,作为存在的两个属性是统一于人之中的,人的本质既非精神,亦非生命冲动,而是处在不断生成之中,即精神的生命冲动化和生命冲动的精神化之中。

将实在本身看作是通过抗阻而被给予我们的,以及对精神与冲动的区分并将人的本质规定与之相关联,可以说是理解舍勒后期整个思想立场的入口。按照舍勒的新立场,那些新产生的问题可以得到解决。

---

① 这是舍勒对"意识"(Bewußtsein)、"表象"(Vorstellung)、"感知"(Wahrnehmung)这三个词的刻意改用。

在 1926 年的《伦理学中的形式主义与质料的价值伦理学》第三版前言中，舍勒声称他自己在"某些最高的宗教哲学和形而上学问题中不仅对他的立场做了显著的继续发展，而且也在一个类似于这个唯一绝对的存在（笔者一如既往地坚持这个存在）的形而上学的本质问题上有了如此深刻的改变，以至于他不能再把自己称作一个（在习惯词义上的）'有神论者'"（II，17）。对于这段自白，我们必须要强调两点：第一，舍勒一如既往地坚持一个唯一的绝对存在；第二，他不再自认是通常意义上的"有神论"者。

在《论人之中的永恒》中，舍勒曾认为这个绝对存在与神可以是同一的，因为二者都出自于人类精神的统一性，他同时强调了所谓宗教与形而上学的一致性体系（Konformitätssystem）。在那里尽管神是在人的宗教行为中被给予的，但人的一切知识却都源于神的启示和"自身通告"，神是在先的（V，124－142）。

但是现在，舍勒放弃了这一主张，在他的新立场中，神并不是与"自在存在"（ens a se，舍勒也将之规定为"事物的根据［Grund］"）同一的。自在存在有着精神和冲动两种属性，神则不再是一个实存、一个实在的人格，而是冲动和精神相互作用、相互渗透的一个可能的终点，而且神也只可能在作为精神和冲动之交集点的人类人格中成为存在。"神性"（deitas，舍勒将之作为一切有限存在的最高根据的纯粹精神属性）的实现表现为精神的不断生命冲动化和生命冲动的不断精神化，这永远不会成为一个状态，而永远保持为一个持续的过程。同时，这个实现过程的中心是在人类之中并且只能是通过人类的（XV，187）。人不是自在存在的、或早在创世纪之前神就已经完成了的作品，而是处于世界的进程中，并与世界进程一起生成着的共同塑造者、共同发起者和共同完成者。人是一个小宇宙（Mikrokosmos），是一个小神（Mikrotheos）（IX，55，83）。

所以,一神论的全知、全善和全能的神便只是可能地处于"神性"生成的终结处,而非世界进程的开端。"人之中的永恒"在此转变为"人之中的永恒的生成"。关键的是,"神性"的最终实现也仅仅是一种可能性。这样,传统的恶的问题对舍勒来说就不存在了。世界最初是由已实现的存在的较低样式和价值类型构成的,因为存在的形式越"低",就越拥有力量,最高的精神是无力的。同时无机界的力量以及有机界的生命冲动又都是盲目的,因而世界便是"恶"的(准确地说是因为较低价值的实现而共-实现了恶),所以对于我们来说现实的起点便是已实现的较低价值,①只有借助于作为精神之技艺的现象学还原,我们才能从其中"转身"出来,而不断地生成我们的"世界",在精神和生命冲动的相互渗透中实现最高的"神性"(*deitas*)。

可以说,舍勒思想的每一步发展总是包含着内在的思想动机和哲学意义。对舍勒思想发展中的三个"谜"的解决有助于我们看到舍勒那看似博杂的思想诸部分之间内在的关联,也有助于我们更好地把握舍勒在其思想发展的各个时期的关注重点、所面对的问题以及在此过程中产生出的新问题。

我们可以看到,在舍勒那里,伦理学人格主义最终都是一项未竟的事业。当然,本附录的目的并不在于也不可能在于完成舍勒的事业,本附录的目的首先只能在于结合斯佩德的论述来追踪舍勒思想统一性与连贯性。就此而言,即便是抛开诸多细节问题不论,斯佩德的著作以及这里的论述仍然需要一个大的补充。

我们知道,舍勒的思想大致可以分为三个阶段:1)从博士论文开

---

① P. Spader, *Max Scheler's Ethical Personalism. Its Logic, Development and Promise*, loc. cit., pp. 194f..

始，舍勒就一直深受新康德主义和生命哲学的影响，尽管 1901/02 年与胡塞尔的结识给他思想的发展带来了契机，但并没有立刻产生出效应，直到 1905－1906 年间他才将一部已经送出版社排印的带有旧的立场的《逻辑学》（*Logik I*）著作抽回停印。在 1908/09 年的"生物学讲座稿"中我们也可以看到舍勒早期对现象学的探索；2）与现象学"慕尼黑小组"、"哥廷根小组"的广泛接触，使舍勒思想迅速成熟，在此期间，他运用其现象学直观能力不断拓展现象学的研究领域；3）1922 年以后，舍勒公开退出教会，思想的根本立场发生着剧烈动荡，1923/24 年间正式从一神论过渡到泛神论，其后展开了一系列在新的领域的研究。

斯佩德（以及本附录）实际上只处理了舍勒思想发展第二、第三阶段的统一性与连贯性问题，而并没有涉及舍勒从其第一阶段向第二阶段的发展和转变，这个转变同样值得认真地关注，但那已经是另一篇专论的主题了。

附录 2　舍勒的质料价值伦理学如何是现象学的？[*]

舍勒在整个早期现象学运动中扮演着极为重要的角色。其现象学思考首先是与其对伦理学的探究紧紧联系在一起的。在此意义上，舍勒首先是个现象学的伦理学家。针对亚里士多德的一般的质料伦理学和康德的形式伦理学，舍勒发展了自己的质料的价值伦理学，但这样一门质料的价值伦理学如何是现象学的？笔者曾在拙著《质料先天与人格生成：对舍勒现象学的质料价值伦理的重构》（台北：2013 年；北京：2014 年）中做过尝试性回答。本文是在该书的基础上，对三个相关问题的补充性讨论。这三个问题是：1）何为"先天"、"质料先天"以及它们与普遍性的关系；2）舍勒的伦理学对现象学方法的依赖程度；以及 3）舍勒伦理学与康德伦理学的根本差异。

一、"先天"、"质料先天"与普遍性

无论对德国古典哲学还是现象学而言，*a priori* / Apriori 都是一个十分重要的概念，而在中文语境中，这个词的翻译却呈现出颇为

　　* 本文原载《理论月刊》，2019 年第 8 期。文稿部分源自笔者于 2013 年 6 月 21 日在徐长福教授主持的"逸仙实践哲学研习会"上所做报告的录音整理稿，录音整理由王大帅完成，特此致谢。笔者对部分的录音整理文字稿进行了整合和修订。讲座与讨论的全文原稿请参阅张任之：《情感的语法：舍勒思想引论》，北京：中国社会科学出版社，2019 年，第 124－172 页。

混乱的境况。"先天"是现在比较常用的对 *a priori* / Apriori 的翻译，当然也有其他译法，如"验前""先在"，甚至也有人翻译成"先验"（像王炳文先生翻译胡塞尔著作时的译法）。从义理上来讲，当然需要进一步思考，"验前""先验"或者"先在"到底意味着什么。在笔者看来，不管在康德那里还是在现象学家这里，"先天"跟我们一般意义上的"天生"不一样。而之所以有人认为"先天"这个概念翻译得不好、有很大问题，一个很主要的理由是，它很容易和"天生"与"天赋"混淆起来——像王炳文先生所提出的。"先天"这种翻译的的确确会有这样的问题，而且在目前翻译过来的著作中，也的确有人在"天生"的意义上用"先天"这个概念。但是这个概念的改动、改译和"先验"（transzendental）这个概念的改动和改译其实是一样的，它是牵一发而动全身的，需要做很多很细致的论证。有鉴于此，笔者仍采用"先天"的译法。

由"先天"衍生出的"质料先天"这个概念是舍勒自己的一个核心概念，其实它在胡塞尔那里就已经存在了。而对"先天""先天现象学"的讨论与重审，自胡塞尔之后就有很多，整个早期第一代现象学家都在关注这个问题，包括在义理方面跟"先天"紧紧相关的"先验"问题——在早期现象学运动中，大家对胡塞尔的"先验转向"（"先验观念论转向"）一直持排斥态度，哥廷根学派、慕尼黑学派都是跟胡塞尔背道而驰的。舍勒作为现象学运动的一分子，在胡塞尔有关工作的基础上，他对先天问题做出了进一步的思考。舍勒的代表作《伦理学中的形式主义与质料的价值伦理学》的书名就表明，他主要还是在批评以康德为代表的伦理学形式主义，或者说批评形式主义本身。舍勒对形式主义本身的批评最终是回到哪里呢？或者说舍勒最终是借助于什么来批评形式主义的呢？当然是与之相对的"质料主义"。而其核心与突破还是在"先天"这个概念上，即"形式"和"先天"的关系、"质料"和"先天"的关系。

　　那么,这个"质料先天"到底相对于什么？是不是还有个"质料后天"？"质料后天"当然会有,但是在舍勒这里,"质料先天"主要还是与"形式先天"对立,首要的还是跟康德的"形式先天"对立。在认识论方面,康德实际上是把感性的形式和知性的形式和"先天"相等同。对此,舍勒最核心的一个评论是,康德把"形式"和"质料"的关系同"先天"和"后天"的关系统一在一起,将形式等同于先天,质料等同于后天。这在伦理学上就体现为"形式"和"质料"、"理性"和"感性"这两对概念的一一对应的关系。这是舍勒要批评的最根本之处。舍勒认为,这两对概念是相切的,即可以画对角线,但不是完全一致的、相合的。

　　在对康德处理先天问题的方式进行批判之后,舍勒从现象学出发,对"质料先天"进行了思考。而其思考模式,在一定意义上就是胡塞尔在《逻辑研究》当中所展开的"立义内容—立义"模式。胡塞尔在《逻辑研究》当中就谈到这对模式,而且这对模式是用来抵抗康德的建构模式的①。借助这个模式,舍勒以"本质直观的功能化"为切入点,对有关问题进行了思考。

　　舍勒强调,"本质直观的功能化"是本质直观的一个非常重要的属性,而同时又是最被人所忽视、没有被人揭示出来的属性。"本质直观的功能化"具有两个重要的理论价值。一方面是在是谈论"形式先天"和"质料先天"的关系上,即在本质直观中,作为"质料"而被把握到的"先天"可以被"化"为一个"形式",这就是所谓的"功能化"——化作一个"形式""图式""范畴"等。另一方面,"本质直观的

---

①　当然这对模式后来在胡塞尔自己的反思当中也在不停的变化,最终他在"时间现象学"中放弃了这对模式。

功能化"张扬了舍勒自己所强调的一种含有相对性的绝对主义,即舍勒自己所称的理性的、客观的但又带有相对性的这样一种绝对主义。就是说,舍勒一方面反对康德把"形式"和"先天"紧紧等同起来的做法,同时他也反对康德的下列想法,即理性的这种形式是固定的——比如,康德的"范畴"为什么一定是十二个的,等等。而在舍勒看来,范畴实际上也是"生成"的。在这个意义上,借助于本质直观的功能化,舍勒实际上也是把"形式"和"质料"之间的关系相对化。简单来讲,所谓的"质料先天"就是作为"本质直观"的"质料"被把握到的那个"先天",在这个意义上,这个"先天"就是"质料",但它并不是哪一个固定不变的东西。当然,舍勒也会赞同康德所说的先天形式,比如"时间""空间""范畴"等,但是舍勒指出,在本质直观中它们就是作为质料的,同时它们是先天的,即在现象学的直观中被把握到的"质料先天"。

但是"现象学的直观"和非现象学的那些经验、事实相比较,比如康德所讲的这些"范畴"相对于我们一般的认识或科学认识,的确具有它的形式性,实际上也就是具有它的功能性、范畴性、普适性。在此意义上,"质料先天"和"形式先天"是相对性的——这种思想的源头可以追溯到波尔扎诺那里。波尔扎诺是一个重要的数学家和逻辑学家,胡塞尔在《逻辑研究》当中重新发现了他,他跟洛采在思想上的关系也比较密切。波尔扎诺对胡塞尔的核心推动是在以下两个方面上:一个是把"先天"理解为名词,即理解为"对象";第二是在"形式先天"和"质料先天"的区别上,波尔扎诺提出了"表象自身""句子自身"等概念。我们任何一个表达,比方说,"我在这里",都存在着"句子自身",而这是一个本质性的东西。此外,还有"表象自身",比方说,"我在这里"中的"我"就是一个表象。核心之处在于,我们如何可以把"句子自身"中的"表象自身"不断的形式化,即可以形式化到什么程度,而这个句子的真值保持不变。波尔扎诺在这个意义上来讲"形式先天"和"质料先天"的关系,他说"先天综合命题"最终其实是靠形式化、替换来谈论的。在《逻辑研究》的"第三研究"中,胡塞尔在一定意义上就是跟随波尔扎诺做这样一个工作。

而从波尔扎诺到胡塞尔再到舍勒,他们其实都是把"形式先天"和"质料先天"相对化的,也就是说,"质料先天"不是固定不变的,即并非是形而上学中的一个固定不变的东西,而是,实际上,它可以处在生成当中。借助于本质直观的功能化,"质料先天"是可以变化的。这是对"质料先天"和"形式先天"的一个基本解释。舍勒主要的目的当然是反对伦理学中的形式主义,而且这个形式主义的核心实际是康德伦理学。

舍勒一再地说,"先天"不等同于"普遍性",这是他跟康德不一样的地方。完全可能会存在只被一个人把握到的"先天",而且也有可能存在到现在为止还没有被人把握到的"先天"。那么,由之而来的问题是,舍勒所理解的"先天"和"普遍性"的关系问题,如果剥离了"普遍性","先天"的意义又是什么呢?

舍勒说的"先天"不跟"普遍性"紧紧联系在一起,但这并不意味着"先天"一定不是普遍的,而是意味着,先天是"可普遍的"。举个最简单的例子,比如几何学的三角形,在康德意义上或者在胡塞尔意义上,三角形都可以被称为一个"本质""先天",而舍勒则可以说,在三角形尚未被谈及之前,这个"先天"也是在的,然后第一个人提出三角形而别人不接受的时候,它也是先天的,即它不会因为被接受还是不被接受就影响到它是本质的、先天的。正因为它是先天的,所以它一定是"可普遍的",但这个"可普遍"也不是意味着放之四海而皆准。舍勒的立场其实没有那么强,比如在他讲的"均衡时代的人"中,他持开放的、多元性的立场。虽然他的确是想要在多元性中间找到一个确定的或者本质的、先天的东西,但并不是说我们找到了一个东西,然后这个东西就一定要推而广之。在舍勒看来,这个本质可能会被承认,但是承认它的人却不一定会照着这个本质去做。

再比如舍勒自己举的"红"的例子:当我说出"它是红","红"本身不会因为一个红绿色盲或者一个盲人而影响"红"本身作为本质而存在。哪怕除了我以外,这个房间里坐的其余人都是红绿色盲,只有我说我直观到"红",它也不会因为大家都说这不是红而改变"红"的先天性和本质性。在这个意义上,这就是"真理"和"多数"的问题了。"本质"不意味着"多数",而是"可普遍的"。

二、现象学,或神学?

一般而言,研究者不会否认舍勒的价值伦理学有其独到的见地,但是人们也常常会追问这样的问题:舍勒的这些分析及其在伦理学上的建树,它对现象学方法的依赖程度到底怎么样? 相较于其他哲学传统,现象学的方法的优势何在? 这些追问所指向的已经不是,舍勒的讨论到底是不是现象学的,而是想问那些讨论即便是现象学的,它到底有没有优越性,也就是说,现象学到底有没有可推荐性。

对这个问题,我们可以分两个层次来回答。第一个层次是,舍勒的讨论是不是现象学的,或者他用的现象学方式体现在哪些方面。在舍勒的"价值现象学"与"人格现象学"这两大部分中,现象学的色彩都比较浓厚。在"价值现象学"这部分,它符合胡塞尔所概括出来的现象学的一些基本特征。比如,我对一个对象的"把握",这个对象可能是一个"本质",然后我对这个对象的把握方式,它如何被给予我,最后在这种给予的方式和给予的对象之间具有一种相关性。

现象学的方法在"价值伦理学"和"情感伦理学"的部分也体现得

非常明显，舍勒在这里诉诸了胡塞尔在《逻辑研究》"第五研究"中所做的工作，即价值感受是意向性感受，这个价值情感行为是具有"意向性"的——"意向性"包括 Noesis（"意向行为"）和 Noema（"意向对象"）两个成分，"感受"当然是 Noesis，这个 Noema 就是"价值"，在 Noesis 和 Noema 之间具有一种相关性。而且这种相关性恰恰使"价值"既不同于"实实在在的存在"，同时也不同于柏拉图意义上的"理念"。这一点也是波尔扎诺对胡塞尔的一个影响，而波尔扎诺是一个非常激烈的康德批判者。所以在这个意义上，胡塞尔和舍勒是一致的，舍勒在 1904 年——《逻辑研究》刚刚发表之后两三年——就发现了胡塞尔和波尔扎诺之间的内在联系。

　　根本上，如果这个源头可以回溯到波尔扎诺的话，胡塞尔与舍勒共同的地方实际上最终就在于他们对康德的反叛上。他们强调以这种现象学的方式或者借助于现象学的方法来谈论比如"价值"这方面，首先就要关注现象学研究对象的三个方面：第一个方面是所谓的"行为现象学"，就是 Noesis 的现象学；第二个方面是"对象的现象学"，舍勒也称之为"现象学的事实"或者"实事的现象学"，面对"实事本身"，这个实事（Sache）就是在"行为"当中揭示 Noema 的现象学；第三个方面是 Noesis 和 Noema 之间的相关性的现象学。舍勒在这个意义上批评康德只强调了行为对实事的建构，而忽略了其他方面，所以他认为，康德缩窄了哲学探讨的方式。这是舍勒的现象学特征在质料先天方面的体现。

　　在人格方面，舍勒的现象学特征体现在哪里呢？主要跟谈论"自身意识"的背景有关系。最关键的是，舍勒对人格自身的认识论方式的谈论，实际上是现象学式的。当然也有人可以反对他，比方说海德堡学派也以这种方式进行谈论。但归根结底，海德堡学派——无论是亨利希还是弗兰克——都受到胡塞尔的影响。在这个意义上，这种现象学的方式对于讨论人格自身被给予的方式是决定性的。

　　现象学揭示出来的我们这种意识给予方式里面的机制给出了人格的被给予性的方式，而且可以使得自身意识和自身认识之间的内在冲突更为清晰化。这还不是最关键的，最根本的还在于现象学在人格的维度中所涉及的"时间现象学"这个维度。这个维度主要体现在自胡塞尔以来对"时间意识现象学"的分析，这是现象学的一个非常重要的特色，而且也是现象学研究领域中最后且最难的地方。

　　此外，人们常常也会质疑舍勒的基督徒身份，甚至诟病舍勒思想中的基督教学说的背景。而这就涉及第二个层次，即究竟该如何来看待舍勒自己的经验与他宣称的现象学所把握到的东西之间的联系？或者在这个意义上到底这些描述有没有"明见性"？

　　在笔者看来，任何一个思想家的思考不可能回避掉他自己背后的文化。说舍勒伦理学是现象学的而不是神学的，这个区别在什么地方呢？或许有人会说正是因为舍勒有这样的生活经验，舍勒才会说绝对的价值是最高阶的，但关键在于，他不会把这个最高阶等同于耶稣、上帝、穆罕默德或其他，只要是神圣的价值都可以。在这个意义上，这个价值的位阶、等级是一种现象学的观念的存在，而耶稣、上帝、穆罕默德等只是观念对象的实在化。

　　神学的和现象学的区别就在于，它们可能说的是同样的事情，但是它们最开始的出发点和最终所诉诸的根据都是不一样的。以神学面貌出现的伦理学不会像舍勒的伦理学这样，而是一开始就会是一个"宣称"：人须得信仰上帝。在那里，信是第一位的，所有其他东西都要以此为基础。

　　我们现在看到的很多问题都认为可以在其中找到基督教的精神或根子，但实际上有很多问题我们可以回溯到更早的传统。比如"义务"（Pflicht）这个概念，越来越多研究者都认为康德的义务概念源自基督教的传统，但实际上这个概念可以继续向前追溯。康德可能是因为基督教传统而达到了这一点，但康德也可以完全不借助这一点而从古希腊思想里面获得它：“义务”这个概念在斯多亚学派的创始人芝诺那里就有了。而西塞罗之所以能够把“伦理学”翻译成“道德哲学”，关键就在于在芝诺那里早就有了“义务”这个概念。

舍勒伦理学所关涉的“人格”（Person）这个问题也是这样。在最开始，“人格”就其本意而言意味着“面具”，而“面具”导致“关系性”的存在，甚至影响了这个词后来一系列的发展——它的一个引申意就是“声穿”，即声音穿过这个面具出来。“声穿”就意味着后来的语言学中的第一、二、三人称。在舞台上演戏，就表明要扮演一个角色。所谓的 Person，从根本上讲就是指位子、角色。在这个意义上，西塞罗讲，人自己要来理解你自己，理解你自己的位子或角色，这个问题就跟后来舍勒对人格的理解有关。西塞罗还进一步指出，这个位子或角色的理解还可以扩展，扩展到人在人生的编剧中占有一个什么样的位置、扮演一种什么样的角色。这个“关系”问题更复杂，它不单单涉及个人与社会、共同体或总体人格之间的关系。这就彰显出对 Person 这个词翻译的困难之处，它不仅仅指一个人，它也可以指“总体人格”——比方说国家、社会，类似于黑格尔意义上的 Sittlich-keit（伦理性）里的三个成分。所以，不见得一定要从基督教哲学当中寻找舍勒伦理学的根据，其实从西塞罗或斯多亚学派这里也可以看得到。

在舍勒这里，除了上面所说的“关系”外，实际上还有一个很原初的“关系”，即个人跟他自己的关系。从 Person 这个词的来源上就可以看到，你在舞台上演戏，比方说你一直在扮演安提戈涅，但是当这个演戏结束了之后，你还得作为自己真实地生活。这个“Person”“面具”“声穿”在最开始的意义上就涵盖了一个内在的不同一性，“人格同一性"是个悖谬的说法。所谓的"人格同一性"指的是,恰恰就是在不断克服原初的不同一性中,才获得了同一性。比如你演安提戈涅,在剧中你始终是作为安提戈涅出现的,但是演完戏后你在现实生活中是另外一个角色。因此,在古希腊哲学中我们已经可以发现"人格"思想的诸多方面,而不是说这些思想的源头就只是在基督教的"位格"(Person)或"三位一体"的学说中。

从现象学来看,人格最终跟"时间"的问题有关。舍勒以其现象学的方式给出了对"人格"的整全的晕圈描画。如果说绝对的"时间流"一直在流的话,那么在这个绝对的流上面我们画出来的可能是一个一个点,但这任何的一个点都是有厚度的,都是一个晕圈,都有各个层面的维度在里面。在这方面,"时间意识的现象学"能够让我们更丰厚一点。

三、舍勒 vs 康德

舍勒以康德为对手,通过对康德伦理学的批判建立起了自己的伦理学,那么,如何理解舍勒对于康德伦理学的批评?这个问题涉及舍勒对康德的批评或理解,还涉及这种理解所带来的效应。

关于舍勒对康德的批评在康德学界造成的影响,有几个代表性的系统研究者。第一个是胡塞尔的学生阿尔弗斯(K. Alphéus),他是一个新康德主义者,他在 20 世纪 30 年代就完全站在康德的立场上系统地反驳舍勒。第二个人是海德曼(I. Heidemann),1955 年他在波恩大学写了一本非常经典的讨论舍勒与康德关系的博士论文。第三个人是生于四川的美国学者布罗瑟(Ph. Blosser),他在 20 世纪90 年代写了《舍勒对康德伦理学的批判》。在这三个代表性的研究者中,第一个学者是站在康德立场上,第二个、第三个学者是站在相对比较客观中立的立场上的。目前英美的康德学界基本上是按照分析哲学的进路在从事研究，康德学界的学者基本上不会认可舍勒对康德的批评。这里面的理由当然是各种各样的。

涉及舍勒对康德伦理学的批评，主要有如下两个具体的问题。

首先是关于康德伦理学中的"形式主义"这个问题。据笔者的有限阅读经验，对康德伦理学形式主义的解释有三种方式：一种是席尔普（Paul A. Schilpp）式的，一种是黑格尔式的，一种是舍勒式的。关于舍勒对康德的批评，通常的看法都将黑格尔式的理解和舍勒式的理解混同为一，所以康德学界对舍勒的这种反批评不是很有力度，尽管是他们不愿意去接受或者去深究舍勒究竟说了什么。

而了解舍勒对康德批评的人，以及了解黑格尔对康德形式主义批评的人，乃至了解从德国的特洛尔奇以后对康德批评的那些人，反过来来维护康德的一个很重要的理由就在于：康德的《道德形而上学》这部书很晚才被翻译成英文，之前的学者知之不详，所以康德原来呈现的面貌是有问题的、不全面的。在他们看来，康德的面貌应该更丰满，也可以回应上述这些批评。这个说法有一定的道理，但是这个说法并不能够批驳掉舍勒对康德的批评。

康德在 1770 年曾做出过一个非常重要的区分，即约束性（Verbindlichkeit）的"执行原则"和"判断原则"的区分。在"判断原则"上，康德讨论的问题是"意志"（Wille），在"执行原则"上康德用的是 Willkür。这个词其实与奥古斯丁关系密切，李明辉先生用刘宗周的概念译成"意念"，现在也有译成"抉意"的。康德在《道德形而上学》中讨论了很多 Willkür 问题，Willkür 的形式根据是法权论的，Willkür 的质料根据是德性论的。从舍勒所征引的文献来看，舍勒主要针对的还是康德的《道德形而上学基础》和《实践理性批判》，也涉及一点《单纯理性限度内的宗教》。根本上，舍勒对康德的批评集中在 Wille 的问题上,集中在 Wille 的约束性的判断原则和 Wille 的形式和质料的关系问题上。在此意义上,以康德有"德性论"和以康德有"道德形而上学"这一套理论为理由反驳舍勒对康德的批评是错误的,这本身就是要被质疑的。

康德伦理学不意味着一定是义务伦理学,它也有德性、法权等,它是一整套系统的,但康德伦理学究竟主要是"行动伦理学"还是"行动者伦理学",这是一个可以讨论的问题。由于德性伦理学的复苏,英美学界未来可能还会继续借助于在康德那里能够发掘出来的德性的维度,并回过头来维护康德,以此来对抗亚里士多德主义。但是,就目前的研究来看,舍勒对康德的批评和康德学界对康德的维护,其实是在两个不同层面上的。

其次是关于"自律伦理学"和"他律伦理学"的问题。舍勒伦理学奠基在作为对象的价值之上,它如何不是一种"他律伦理学",而是对康德"自律伦理学"的一个发展?

康德区分了"自律"和"他律",舍勒认为他接受了康德的工作,他跟随康德把亚里士多德主义归为"他律"之后,他在"自律"的大框架下开展工作,他自己认为他做的工作是比康德更加"自律"的。舍勒在《伦理学中的形式主义与质料的价值伦理学》第六篇最开始的地方认为,康德讲的"自律"(即"理性为自身立法")最终是一种"法则的律",即"理律",康德的"自律"其实还是一种"他律"。

舍勒所讲的"价值"在康德那里的确是有一个区别,在康德那里"价值"只有两种:一种是 Preis,用日常语言可以翻译成"价格",即"市场价值";另一种是"人格尊严"。康德认可的是后面这种价值,而任何建基于前面那种意义上的价值都是他律。在这个意义上,舍勒所强调的价值可能不会被康德所批判,这可能是两个层面的。但是舍勒意义上的人格自律究竟在何种意义上是自律的?是不是康德所说的"理性为自身立法"? 当然舍勒不会认可,他甚至强调,康德是一种极端的"去人格化"(这种说法实际上是从尼采那里来的)。舍勒所谓的"人格伦理学"最终是一种人格的"生成""救赎",是朝向"爱的秩序"的"救赎"。那么,这种"救赎"是不是也要依从于一个其他的、外在的东西? 它是自律的还是他律的?

在舍勒看来,"自律"(Auto - nomie)之中的"自"(Auto -)在根本上强调的是一种"自立性"(Selbstständigkeit),因此,自律作为谓词,其主词或主项就并不是像在康德那里那样是"理性"或"某个作为分有着理性法则性的 X 的人格",而毋宁说就是"人格"本身。舍勒强调,在这里必须区分"双重的自律":

> 对自身之为善和恶的人格性明察的自律以及对以某种方式作为善和恶而被给予之物的人格性意欲的自律。与前者相对立的是无明察的或盲目的意欲的他律,与后者相对立的是被迫的意欲的他律,它最清楚地包含在所有的意愿感染和暗示中(II, 486f.)。①

这里所说的双重自律,实际上是从"人格"的两种不同但却相互关联的意向性活动来区分的:一种是人格性的"道德明察"活动,其意向相关项是"自身之为善和恶"这类道德价值;另一种则是人格性的"道德意欲"活动,与之相关联的是那些善的或恶的事情。这两种人格活动之自律最终无疑都是统摄在"人格自律"之下的。这也是舍勒强调自律首先是人格本身之谓词的原因所在。所谓人格性道德明察

---

① Max Scheler, *Der Formalismus in der Ethik und die materiale Wertethik*, GW II, Bern/ München: Francke - Verlag, 1980(中译对照原文引自舍勒:《伦理学中的形式主义与质料的价值伦理学》,倪梁康译,北京:商务印书馆,2011 年。后同,不再说明)。

之自律意味着对道德价值的"自律地"有明察,而非无明察或盲目,其对立面就是这种无明察的或盲目的意欲之他律;而人格性道德意欲之自律指的则是对那些善的或恶的事情的"自律地"意欲,其对立面是那种被迫的意欲。显然,在舍勒这里,"自律"更多是在"自立性"的意义上被使用,它强调一种直接性和自主性。在一定意义上可以说,康德的那个偏重"动词"意味的自律在舍勒这里更多可被游移为偏重"副词"意味的词汇。

在康德那里,善与行为的"道德性"(Moralität)而非"合法性"(Legalität)相关,进而与意志自律相关。比如,康德所举的那个"童叟无欺"的例子,精明的商贩出于对利润的"禀好"(Neigung)而做到公平诚实,他既没有对公平诚实的直接的禀好,更不是出于义务(aus Pflicht)来行事,所以这一行为是无道德价值可言的。只有意志服从其自身所立的法,继而由此意志(或意念,Willkür)决定的行为才是有道德价值的。舍勒不会同意这一点。根据他对自律的诠释,康德所说的这个"童叟无欺"的行为,可以被视为一个无明察地和被迫地意欲之行为,也就是既非(人格性)道德明察之自律的行为亦非(人格性)道德意欲之自律的行为,但这些并不会影响这个行为本身是善的,具有道德价值,而只是因为它是双重的他律之行为,故不能将这个本身即善的行为之道德价值"善"归派给这个作为"人格"的某人(如精明的商贩)。换言之,借助于这双重自律的区分,我们可以更好地厘清所谓的"行为之善"与"人格之善"。

在依照"人格"的"道德明察"和"道德意欲"这两种不同的意向性活动(舍勒也曾批评康德忽视对此二者的区分)区分双重自律(以及双重他律)之后,舍勒进而明确了自律的"明察"与"意欲"的关系:

完全相即的、自律而直接的对什么是善的明察,必然也设定了对那个作为善的而被把握到的东西的自律意欲；但反过来自律的意欲却并不也共同设定了在它之中作为"善的"而被意指的东西的完全直接的明晰性（II，490）。

简言之，舍勒这里所强调的是，若我（作为人格）绝然直接地知道什么是善，那也就必定设定我直接自主地意欲这个善的事情，但我直接自主地意欲某个善的事情，却不必然设定我对什么是善有完全直接的明见把握。

舍勒接下去要关注的恰恰就是那种"我直接自主地意欲某个善的事情，却对什么是善没有完全直接把握"的情况，即一种有着"自律的意欲，但并不同时有完全自律的明察"的状况。而这一点正是舍勒与康德争议之所在。

舍勒借对"顺从"（Gehorsam）这种情况的分析，引出了他的根本关切。所谓"顺从"首先包含有一个"自律的意欲"，我完全直接自主地去意欲"顺从"什么，此处的意欲不是"被迫的"，所以不是"盲从"。但是，也正因为是"顺从"，我其实对我所顺从的这个（异于我的）"什么"之道德价值并无完全明晰的把握，也就是说，"顺从"并不同时包含有一个完全相即的"自律的明察"。在舍勒看来，因为康德没有区分"道德明察"和"道德意欲"，也没有区分这双重的自律，所以康德会将对这个（异于我的）"什么"之"顺从"视为他律，视为一种被迫的意欲。这导致的直接后果就在于：康德意义上的"自律"概念"不仅将会排斥任何道德的教育和指导，而且也已经排斥一种'道德顺从'的观念，甚而排斥道德的异己规定的更高形式，即那种通过对由一个明晰的善的人格所给出的纯粹的、善的例子的追随而完成的异己规定"。简单来说就是，在舍勒看来，因无视双重的自律的区分，康德会因担心堕入"他律"，而将排斥一切的道德教育、道德顺从乃至于那种对作为价值人格之典范的"榜样"的跟随。而这些道德教育、道德顺从以及所谓的"榜样跟随",对于舍勒来说,恰恰是其"人格教化"或"人格生成"学说的重要部分。而且,它们无疑都可被纳入其"人格自律"说的总体框架之内。[①]

　　总的来看,舍勒总体的倾向是离亚里士多德比离康德更近。但是他对整个伦理学的思考、反思,恰恰又是更为康德式的,即他对整个伦理学的思考是更为现代的,他更多的是基于康德的工作。舍勒所关怀的是:"什么是质料价值伦理学?"正因为是"质料的伦理学",所以它就要跟一切意义上的"形式伦理学"作斗争,当然包括康德意义上的"形式伦理学";同时,也因为是"质料的价值伦理学",所以他又要跟一切意义上其他的一般的质料伦理学作斗争,当然包括他所理解的亚里士多德意义上的"幸福伦理学"(或"德性伦理学")。所以,在这个意义上,"质料的价值伦理学"主要的敌人,在他自己看来,既是亚里士多德,又是康德。在他看来,他的"质料的价值伦理学"("人格伦理学")最终是"自律"的,他是跟随着康德把亚里士多德判为"他律伦理学",之后又在"自律的伦理学"内部跟康德进行竞争,并提出他自己的"人格自律的伦理学"。

结　　语

　　通过对三个问题的回答,舍勒伦理学的一些基本问题得到了展示,由此可以对舍勒的伦理学进行一种重构。在笔者的重构下,舍勒的"现象学的质料价值伦理学"可以分成两个部分(层次):一个是"元

----

① 更详细的讨论,参见拙著:《心性与体知——从现象学到儒家》,北京:商务印书馆,2019 年,第 253 - 280 页。

伦理学"，一个是"规范伦理学"。"元伦理学"是基础，对"规范伦理学"或者对"人格伦理学"的讨论最终要回溯到"价值的质料先天主义"上去，而"规范伦理学"则是最终的归宿。在归宿的意义上，在舍勒回答"人应该如何生活？"（苏格拉底问题）这样一个最核心问题上，舍勒的伦理学既非康德式的"义务伦理学"，也非亚里士多德式的"德性伦理学"，而根本上是一种在他自己看来更为根本的"第三条道路"，即"人格伦理学"。

参 考 文 献 *

Allison，H. E.（阿利森），*Kant's theory of freedom*，Cambridge University Press 1990（中译本：《康德的自由理论》，陈虎平译，沈阳：辽宁教育出版社，2001 年）。

Alphéus，K.，*Kant und Scheler*，Hrsg. von Barbara Wolandt，Bonn 1981.

Aristoteles（亚里士多德），*Ethica Nicomachea*（zitiert nach der deutschen Übersetzung von Olof Gigon，in：*Die Nikomachische Ethik*，*Griechisch-deutsch*，neu hrsg. von Rainer Nickel，Düsseldorf/ Zürich 2001；中译本：《尼各马可伦理学》，廖申白译注，北京：商务印书馆，2003 年；《尼各马科伦理学》，载《亚里士多德全集》[第八卷]，苗力田译，北京：中国人民大学出版社，1992 年；《尼各马可伦理学[注释导读本]》，邓安庆译，北京：人民出版社，2010 年）。

——，*Magna Moralia*（zitiert nach der deutschen Übersetzung von Franz Dirlmeier，in：*Aristoteles Werke in deutscher Übersetzung*，Bd. 8，hrsg. von Ernst Grumach，Darmstadt：Wissenschaftliche Buchgesellschaft 1958；中译本："大伦理学"，载《亚里士多德全集》[第八卷]，徐开来译，北京：中国人民大学出版社，1992 年）。

——，*Eudemische Ethik*（zitiert nach der deutschen Übersetzung von Franz Dirlmeier，in：*Aristoteles Werke in deutscher Übersetzung*，Bd. 7，hrsg. von Ernst Grumach，Darmstadt：Wissenschaftliche Buchgesellschaft 1962；中译本："优台谟伦理学"，载《亚里士多德全集》[第八卷]，徐开来译，北京：中国人民大学出版社，1992 年）。

Avé-Lallemant，E.，„Die Phänomenologische Reduktion in der Philosophie Max Schelers"，in：Good，P.（Hg.），*Max Scheler im Gegenwartsgeschehen der Philosophie*，Bern & München 1975，S. 159 - 178.

---

* 凡有汉译的西文著作和文章，笔者参考相关汉译并对照原文进行征引，凡有改动处，由笔者负责。

——, „Schelers Phänomenbegriff und die Idee der phänomenologischen Er-
fahrung", in: *Phänomenologische Forschungen* 9 (1980), S. 90 – 123.

——, „Die Lebenswerte in der Rangordnung der Werte", in: Pfafferott, G.
(Hg.), *Vom Umsturz der Werte in der modernen Gesellschaft*, Bonn 1997,
S. 81 – 99.

Avé-Lallemant, E., & Schuhmann, K., „Ein Zeitzeuge über die Anfänge der
phänomenologischen Bewegung: Theodor Conrads Bericht aus dem Jahre
1954", in: *Husserl Studies* 9 (1992).

Augustinus(奥古斯丁):《忏悔录》,周士良译,北京:商务印书馆,1996 年。

——,《论三位一体》,周伟驰译,上海:上海人民出版社,2005 年。

Beck, L. W., *A Commentary on Kant's Critique of Practical Reason*, Chicago
1960 (Ins Deutsche Übersetzt von Karl-Heinz Ilting: Kants „Kritik der
praktischen Vernunft". *Ein Kommentar*, München: Wilhelm Fink Verlag
1995).

——, „Das Faktum der Vernunft. Zur Rechtfertigungsproblematik in der
Ethik", in: *Kant-Studien*, 52 (1960/1961), S. 271 – 282.

——, *Essays on Kant and Hume*, New Haven and London 1978.

Benoist, J., *L'a priori conceptuel: Bolzano, Husserl, Schlick*, Paris 1999.

——, "Husserl and Bolzano", in: Anna-Teresa Tymieniecka (ed.), *Phenome-
nology World-Wide*, Dordrecht: Kluwer 2003, pp. 98 – 100.

——, "The Question of Grammar in *Logical Investigations*, With Special Ref-
erence to Brentano, Marty, Bolzano and Later Developments in Logic",
in: Anna-Teresa Tymieniecka (ed.), *Phenomenology World-Wide*, loc.
cit., pp. 94 – 97.

——, "Book Review: *Edmund Husserl, Logik. Vorlesung* 1896 (hg. von Elis-
abeth Schuhmann, Dordrecht/ Boston/ London 2001, Husserliana
Materialenbände, Bd. I)", in: *Husserl Studies* 19, 2003, pp. 237 – 242.

——, „Grammatik und Intentionalität (IV. Logische Untersuchung)", in:
Verena Mayer (hrsg.), *Edmund Husserl, Logische Untersuchungen,
Klassiker Auslegen, Bd. 35*, Berlin: Akademie-Verlag 2008, S. 123 –
138.

Berg J., „B. Bolzano: Die Überwindung des Skeptizismus", in: Josef Speck
(Hrsg.), *Grundprobleme der großen Philosophen: Philosophie der Neuzeit*

III，Göttingen 1983，S. 46 – 97.

Bermes，Chr.，„Perspektive und Wert. Dasein und Relativität der Werte bei Scheler"，in：*Phänomenologische Forschungen*，*Jahrgang* 2002，Hamburg：Felix Meiner 2002，S. 147 – 161.

Bermes，Chr./ Henckmann，W./ Leonardy，H.（hrsg.），*Denken des Ursprungs-Ursprung des Denkens*. *Schelers Philosophie und ihre Anfänge in Jena*，Würzburg：Verlag Königshausen & Neumann GmbH 1998.

——，*Person und Wert*. *Schelers* » *Formalismus* « *-Perspektiven und Wirkungen*，Freiburg/München 2000.

——，*Vernunft und Gefühl*. *Schelers Phänomenologie des emotionalen Lebens*，Würzburg：Verlag Königshausen & Neumann GmbH 2003.

Bernet，R./ Kern，I./ Marbach，E.，*Edmund Husserl*. *Darstellung seines Denkens*，Hamburg：Felix Meiner Verlag ²1996（中译本：《胡塞尔思想概论》，李幼蒸译，北京：中国人民大学出版社，2011 年）.

Beyer，Ch.，*Von Bolzano zu Husserl*. *Eine Untersuchung über den Ursprung der phänomenologischen Bedeutungslehre*，*Phaenomenologica* 139，Dordrecht/ Boston/ London 1996.

Blosser，Ph.，"Moral and Nonmoral Values：A Problem in Scheler's Ethics"，in：*Philosophy and Phenomenological Research* 47/ 1（1987），pp. 139 – 143.

——，"The A Priori in Phenomenology and the Legacy of Logical Empiricism"，in：*Philosophy Today*，34：3（1990），pp. 195 – 205.

——，*Scheler's Critique of Kant's Ethics*，Athens：Ohio University Press 1995.

——，"Scheler's Ordo Amoris. Insights and Oversights"，in：Bermes，Chr./ Henckmann，W./ Leonardy，H.（hrsg.），*Denken des Ursprungs-Ursprung des Denkens*. *Schelers Philosophie und ihre Anfänge in Jena*，Würzburg：Verlag Königshausen & Neumann GmbH 1998，S. 160 – 171（中译文："舍勒的爱的秩序：洞见与失察"，钟汉川译，李国山校，载《现代哲学》，2008 年第 1 期）.

——，"Six Questions Concerning Scheler's Ethics"，in：*The Journal of Value Inquiry* 33，1999，pp. 211 – 225.

——，"Scheler's Concept of the Person against its Kantian Background"，in：

Stephen Schneck (ed.), *Max Scheler's Acting Persons. New Perspectives*, Amsterdam/ New York 2002.

Bobzien, S., „Die Kategorien der Freiheit bei Kant", in: Hariolf Oberer & Gerhard Seel (Hrsg.), *Kant. Analysen-Probleme-Kritik*, Würzburg 1988, S. 193 – 220.

Bohlken, E., „Wertethik", in: M. Düwell, Chr. Hübenthal & M. H. Werner (Hrsg.), *Handbuch Ethik*, Stuttgart/ Weimar 2002.

伯克富:《基督教教义史》,赵中辉译,北京:宗教文化出版社,2000 年。

Bolzano, B., *Wissenschaftslehre: Versuch einer ausführlichen und grösstentheils neuen Darstellung der Logik, mit steter Rücksicht auf deren bisherige Bearbeiter*, Sulzbach 1837. Die neue kritische Ausgabe in: *Bernard Bolzano-Gesamtausgabe*, Bd. I, 11 – 14, Hrsg. von Jan Berg, Stuttgart: 1985 – 2000.

——, *Grundlegung der Logik: Ausgewählte Paragraphen aus der Wissenschaftslehre*, Band I und II, (*Philosophische Bibliothek Bd. 259*), Mit ergänzenden Textzusammenfassungen einer Einleitung und Registern herausgegeben von Friedrich Kambartel, 2. Durchgesehene Auflage, Hamburg: Meiner 1978.

Bort, K., *Personalität und Selbstbewusstsein. Grundlagen einer Phänomenologie der Bezogenheit*, Tübingen 1993.

Brandt, R./ Klemme, H., *David Hume in Deutschland*, Marburg 1989.

Brasser, M. (Hrsg.), *Person. Philosophische Texte von der Antike bis zur Gegenwart*, Stuttgart 1999.

Brecht, F. J., *Bewusstsein und Existenz. Wesen und Weg der Phänomenologie*, Bremen 1948.

Brentano, F., *Vom Ursprung sittlicher Erkenntnis*, hrsg. Oskar Kraus, Hamburg: Felix Meiner [4]1955.

——, *Grundlegung und Aufbau der Ethik*, hrsg. Franziska Mayer-Hillebrand, Hamburg: Felix Meiner [3]1978.

Bube, T., *Zwischen Kultur-und Sozialphilosophie, Wirkungsgeschichtliche Studien zu Wilhelm Dilthey*, Würzburg 2007.

Buchheim, Th., „Ähnlichkeit und ihre Bedeutung für die Identität der Person in Max Schelers Wertethik", in: *Phänomenologische Forschungen*, Neue Folge 2/ 2 (1997), S. 245 – 258.

Cicero(西塞罗):《论义务》(拉汉对照本),王焕生译,北京:中国政法大学出版社,1999 年。

——,《论老年 论友谊 论责任》,徐奕春译,北京:商务印书馆,2003 年。

Cobet, Th., *Husserl, Kant und die praktische Philosophie. Analysen zu Moralität und Freiheit*, Würzburg: Königshausen & Neumann 2003.

Cramer, K., „» Erlebnis «. Thesen zu Hegels Theorie des Selbstbewußtseins mit Rücksicht auf die Aporien eines Grundbegriffs nach hegelscher Philosophie" in: H.-G. Gadamer (Hg.), *Stuttgarter Hegel-Tage* 1970, Bonn 1974, S. 537 – 603.

Crowell, S. G., "Kantianism and Phenomenology", in: J. J. Drummond & L. Embree (eds.), *Phenomenological Approaches to Moral Philosophy*, Dordrecht/ Boston/ London: Kluwer Academic Publisher 2002, pp. 47 – 67.

——, "Phenomenology, Value, Theory, and Nihilism", in: *Edmund Husserl. Critical Assessments of Leading Philosophers*. Vol. V, ed. by Bernet, R./ Welton, D./ Zavota, G., London/ New York: Routledge 2005, pp. 99 – 118.

Cusinato, G., „Absolute Rangordnung und Relativität der Werte im Denken Max Schelers", in: Pfafferott, G. (Hg.), *Vom Umsturz der Werte in der modernen Gesellschaft*, Bonn 1997, S. 62 – 80.

——, „Methode oder Techne? Ethik und Realität in der » phänomenologischen « Reduktion Max Schelers", in: Chr. Bermes, W. Henckmann & H. Leonardy (Hrsg.), *Denken des Ursprungs-Ursprung des Denkens. Schelers Philosophie und ihre Anfänge in Jena*, Würzburg 1998, S. 83 – 97.

Dahlstrom, D. O., "Scheler's Critique of Heidegger's Fundamental Ontology", in: Schneck, S. (ed.), *Max Scheler's Ethical Personalism*, Rodopi Press 2001, pp. 67 – 92.

De Boer, Th.(德布尔):《从现象学到解释学》,李河、赵汀阳译,北京:中国社会科学出版社,1994 年。

Deeken, A., *Process and Permanence in Ethics: Max Scheler's Moral Philosophy*, New York 1974.

Denninger, E., *Rechtsperson und Solidarität. Ein Beitrag zur Phänomenologie des Rechtsstaates unter besonderer Berücksichtigung der Sozialtheorie Max Schelers*, Frankfurt am Main/ Berlin 1967.

Derrida, J.(德里达), *Marx' Gespenster: Der verschuldete Staat, die Trauer-arbeit und die neue Internationale*, Deutsch Übersetzung von Susanne Lüdemann, Frankfurt am Main 1995(中译本:《马克思的幽灵》,何一译,北京:中国人民大学出版社,1999 年)。

邓晓芒:《康德哲学诸问题》,北京:生活・读书・新知三联书店,2006 年。

Dilthey, W.(狄尔泰), *Grundlegung der Wissenschaften vom Menschen, der Gesellschaft und der Geschichte, Gesammelte Schriften* Bd. XIX, hrsg. von Helmut Johach & Frithjof Rodi, Göttingen 1982.

——, *Einleitung in die Geisteswissenschaften. Versuch einer Grundlegung für das Studium der Gesellschaft und der Geschichte*, GS I, hrsg. von K. Gründer & F. Rodi, Göttingen ^{9}1990.

——,《体验与诗》,胡其鼎译,北京:生活・读书・新知三联书店,2003 年。

Donohoe, J., *Husserl on Ethics and Intersubjectivity: From Static to Genetic Phenomenology*, New York 2004.

Drüe, H., „Die Entwicklung des Begriffs Selbstgefühl in Philosophie und Psychologie", in: *Archiv für Begriffsgeschichte* 37 (1994), S. 285 – 305.

——, „[Art.] Selbstgefühl", in: Joachim Ritter & Karlfried Gründer (Hrsg.), *Historisches Wörterbuch der Philosophie*, Bd. 9, Basel 1995, S. 444 – 453.

Drummond, J. J., "Personalism and the Metaphysical: Comments on *Max Scheler's Acting Persons*", in: *American Catholic Philosophical Quarterly* 79/ 1 (2005).

Dufrenne, M., *The Notion of the A Priori*, Trans. & Intr. by Edward S. Casey, Preface by Paul Ricoeur, Northwestern University Press 1966.

Dummett, M.(达米特), *Origins of Analytic Philosophy*, London 1993(中译本:《分析哲学的起源》,王路译,上海:上海译文出版社,2005 年)。

——,"Preface", in: Husserl, *The Shorter Logical Investigations*, trans. by J. N. Findlay, edited and abridged with a new Introduction by Dermot Moran, Routledge 2001.

Düsing, K., „Selbstbewußtseinsmodelle. Apperzeption und Zeitbewußtsein in Heideggers Auseinandersetzung mit Kant", in: *Zeiterfahrung und Personalität*, Frankfurt am Main 1992, S. 89 – 122.

——, „Typen der Selbstbeziehung. Erörterungen im Ausgang von Heideggers

Auseinandersetzung mit Kant", in: Hans-Dieter Klein (Hg.), *Systeme im Denken der Gegenwart*, Bonn 1993, S. 107 - 122.

——, *Selbstbewußtseinsmodelle*. *Moderne Kritiken und systematische Entwürfe zur konkreten Subjektivität*, München 1997.

——, „Gibt es einen Zirkel des Selbstbewußtseins? Ein Aufriß von paradigmatischen Positionen und Selbstbewußtseinsmodellen von Kant bis Heidegger", in: ders. *Subjektivität und Freiheit*. *Untersuchungen zum Idealismus von Kant bis Hegel*, Stuttgart-Bad Cannstatt 2002, S. 111 - 140.

——, *Fundamente der Ethik*. *Unzeitgemäße typologische und subjektivitätstheoretische Untersuchungen*, Holzboog 2005.

——, „Geschichte des Selbstbewusstseins und Selbstbewusstseinsmodelle", in: Markus Pfeifer & Smail Rapic (Hg.), *Das Selbst und sein Anderes*. *Festschrift für Klaus Erich Kaehler*, München/ Freiburg 2009, S. 259 - 274.

Ebeling, H., *Selbsterhaltung und Selbstbewußtsein*. *Zur Analytik von Freiheit und Tod*, Freiburg/ München 1979.

——, „Einleitung: Das neuere Prinzip der Selbsterhaltung und seine Bedeutung für die Theorie der Subjektivität", in: ders. (Hg.), *Subjektivität und Selbsterhaltung*. *Beiträge zur Diagnose der Moderne*, Frankfurt am Main 1996.

Ehrl, G., „Zum Charakter von Schelers Wertphilosophie", in: *Phänomenologische Forschungen*. *Neue Folge* 5, 2000, 1. Halbband, S. 90 - 115.

——, *Schelers Wertphilosophie im Kontext seines offenen Systems*, Neuried: Ars Una 2001.

Eisler, R., *Kant-Lexikon*. *Nachschlagwerk zu Kants sämtlichen Schriften, Briefen und handschriftlichen Nachlass*, Berlin [1]1930, Unveränderter Neudruck Hildesheim/ Zürich/ New York 1984.

Eklund, H., *Evangelisches und Katholisches in Max Schelers Ethik*, Diss. Uni. Uppsala 1932.

Emad, P., *Heidegger and the Phenomenology of Values*. *His Critique of Intentionality*, Glen Ellyn 1981.

Ferrer, U., „ Identität und Relation im Begriff der Person ", in: Chr. Bermes, W. Henckmann & H. Leonardy (hrsg.), *Person und Wert*. *Schelers » Formalismus « -Perspektiven und Wirkungen*, Freiburg/

München 2000，S. 73－88.

Fichte，J. G.（费希特），„Zweite Einleitung in die Wissenschaftslehre", in：
Johann G. Fichtes sämmtliche Werk，Bd. I，hrsg. von J. H. Fichte，
Berlin 1845（中译文："知识学新说"，沈真译，载梁志学主编：《费希特著作
选集》[第二卷]，北京：商务印书馆，1994 年）。

Føllesdal，D.，"Husserl's Notion of Noema"，In：Dreyfus，H. L.（ed.），
Husserl，Intentionality and Cognitive Science，in collaboration with Har-
rison Hall. Cambridge，Massachusetts：MIT Press 1982（Reprinted from
The Journal of Philosophy，1969）.

Forschner，M.，„Der Begriff der Person in der Stoa"，in：Dieter Sturma
（Hrsg.），*Person. Philosophiegeschichte-Theoretische Philosophie-Prak-
tische Philosophie*，Paderborn 2001.

Frank，M.（弗兰克），*Die Unhintergehbarkeit von Individualität*，Frankfurt
am Main 1986（中译本：《个体的不可消逝性》，先刚译，北京：华夏出版社，
2001 年）。

——，„Selbstsein und Dankbarkeit. Den Philosophen Dieter Henrich"，in：
Merkur. Deutsche Zeitschrift für europäisches Denken，42. Jahrgang 1988.

——，„Subjekt，Person，Individuum"，in：M. Frank，G. Raulet & W. van
Reijen（Hg.），*Die Frage nach dem Subjekt*，Frankfurt am Main 1988.

——，*Einführung in die frühromantische Ästhetik*，Frankfurt a. M.：Suhrka-
mp 1989.

——，„Fragmente einer Geschichte der Selbstbewußtseins-Theorie von Kant
bis Sartre"，in：ders.（Hg.），*Selbstbewußtseinstheorien von Fichte bis Sar-
tre*，Frankfurt am Main 1991.

——，*Selbstbewußtsein und Selbsterkenntnis. Essays zur analytischen Philoso-
phie der Subjektivität*，Stuttgart 1991.

——，（Hrsg.），*Analytische Theorien des Selbstbewußtseins*，Frankfurt am
Main ²1996.

——，„Selbstbewusstsein und Selbsterkenntnis. Über einige Schwierigkeiten
bei der Reduktion von Subjektivität"，in：Klaus Günter & Lutz Wingert
（Hg.），*Die Öffentlichkeit der Vernunft und die Vernunft der Öffentlichkeit.
Festschrift für Habermas*，Frankfurt am Main 2001，S. 217－242.

——，„» Selbstgefühl «. Vorstufen einer präreflexivistischen Auffassung von

Selbstbewusstsein im 18. Jahrhundert", in: *Athenäum*. *Jahrbuch für Romantik* 2002, S. 9 – 32.

——, *Selbstgefühl*. *Eine historisch-systematische Erkundung*, Frankfurt am Main 2002.

——, *Auswege aus dem Deutschen Idealismus*, Frankfurt am Main 2007.

Frege & Husserl,"弗雷格与胡塞尔学术通信集",唐杰译,载郝兆宽主编:《逻辑与形而上学——思想史研究(第五辑)》,上海:上海人民出版社,2008 年。

Frings, M. F.(弗林斯), *Max Scheler*. *A Concise Introduction into the World of a Great Thinker*, Milwaukee: Marquette University [1]1965, [2]1996(中译本:《舍勒思想评述》,王芃译,北京:华夏出版社,2003 年)。

——, „Der Ordo Amoris bei Max Scheler. Seine Beziehungen zur materialen Wertethik und zum Ressentimentbegriff ", in: *Zeitschrift für philosophische Forschung*, 20:1, 1966, S. 57 – 76.

——, *Person und Dasein*. *Zur Frage der Ontologie des Wertseins*, *Phaenomenologica* 32, Den Haag 1969.

——, „Max Scheler. Drang und Geist", in: Speck, J. (Hg.), *Grundprobleme der großen Philosophen*. *Philosophie der Gegenwart*, Bd. 2, Göttingen 1973, S. 9 – 42.

——, "Husserl and Scheler: Two Views on Intersubjectivity", in: *Journal of the British Society for Phenomenology* 9/3 (1978), pp. 143 – 149.

——, "Max Scheler and Kant, Two Paths Toward the Same: the Moral Good", in: Seebohm, T. M. / Kockelmans, J. J. (ed.), *Kant and Phenomenology*, Washington D. C 1984, pp. 101 – 114(中译文:"舍勒与康德,殊途同归:道德的善",张任之、邱鹤飞译,载《现代哲学》,2009 年第 4 期)。

——, "Introduction", in: Max Scheler, *Person and Self-Value*. *Three Essays*. Ed. , partially tr. , and Introduction by Manfred S. Frings, Dordrecht 1987.

——, "The Background of Max Schelers 1927 Reading of *Being and Time*. A Critique of a Critique Through Ethics", in: *Philosophy Today* (1992), pp. 99 – 113(中译文:"1927 年马克斯·舍勒阅读《存在与时间》的背景——通过伦理学对一个批判进行批判",张任之译,载《舍勒的心灵》,上海:上海三联书店,2006 年)。

——, *The Mind of Max Scheler*. *The first Comprehensive Guide Based on the Complete Works*, Marquette University Press 1997(中译本:《舍勒的心灵》,张志平、张任之译,上海:上海三联书店,2006 年)。

——, *Lifetime*. *Max Scheler's Philosophy of Time*. *A First Inquiry and Presentation*, *Phaenomenologica* 169, Dordrecht/ Boston/ London 2003.

Fröhlich, G. , *Form und Wert*. *Die Einheitlichkeit der ethischen Begründungen bei I. Kant*, *M. Scheler und E. Husserl*, Habilitationsschrift der Uni. Regensburg 2005.

Fuhrmann, M. , „*Persona*, Ein römischer Rollenbegriff", in: Odo Marquard & Karlheinz Stierle (Hg.), *Identität*, München 1979.

——, „[Art.] Person. I. Von der Antike bis zum Mittelalter", in: Joachim Ritter & Karlfried Gründer (Hrsg.), *Historisches Wörterbuch der Philosophie*, Bd. 7, Basel 1989.

Funke, G. , „Kritik der Vernunft und ethisches Phänomen", in: *Neuere Entwicklungen des Phänomenbegriffs*, *Phänomenologische Forschungen*, Bd. 9, Freiburg/ München 1980, S. 33 – 89.

Gabel, M. , *Intentionalität des Geistes*. *Der phänomenologische Denkansatz bei Max Scheler*. *Untersuchungen zum Verständnis der Intentionalität in Max Scheler „Der Formalismus in der Ethik und die materiale Wertethik"*, Leipzig: St. Benno 1991.

——, „Das Heilige in Schelers Systematik der Wertrangordnung", in: Pfafferott, G. (Hg.), *Vom Umsturz der Werte in der modernen Gesellschaft*, Bonn 1997, S. 113 – 128.

——, „Religion als personales Verhältnis. Max Schelers religionsphilosophischer Entwurf", in: Thomas Brose (Hg.), *Religionsphilosophie*. *Europäische Denker zwischen philosophischer Theologie und Religionskritik*, Würzburg 1998, S. 257 – 280.

——, „ Phänomenologische Rekonstruktion personale Akte ", in: Chr. Bermes, W. Henckmann, & H. Leonardy, (hrsg.), *Person und Wert*. *Schelers » Formalismus « -Perspektiven und Wirkungen*, Freiburg/ München 2000, S. 47 – 72.

——, „Hingegebener Blick und Selbstgegebenheit", in: M. Gabel & Hans Joas (Hrsg.), *Von der Ursprünglichkeit der Gabe*. *Jean-Luc Marions*

Phänomenologie in der Diskussion，Freiburg/ München 2007，S. 192 - 209.

——，„Transzendenz und Leiblichkeit"，in：Ralf Becker，Ernst W. Orth（Hg.），Religion und Metaphysik als Dimensionen der Kultur，Würzburg 2011，S. 109 - 122.

——，„Personale Identität als Ereignis"，至今未发表。

Gadamer，H.-G.（伽达默尔），„Das ontologische Problem des Wertes"，in：ders.，*Gesammelte Werke*，Bd. 4，*Neuere Philosophie II . Problem . Gestalten*，Tübingen 1987，S. 189 - 202.

——，„Wertethik und praktische Philosophie"，in：ders.，*Gesammelte Werke*，Bd. 4，*Neuere Philosophie II . Problem . Gestalten*，a. a. O.，S. 202 - 215.

——，《伽达默尔集》，严平编选，上海：上海远东出版社，2003 年。

Gehlhaar，S. S.，„Zur Intersubjektivitätstheorie Schelers und Husserls"，in：*Prima Philosophia* 1（1988），S. 82 - 92，192 - 202，369 - 380.

Geiger，M.，„Zu Max Schelers Tode"，in：*Vossische Zeitung*，Juni 1，1928.

Gerhardt，G.，*Kritik des Moralverständnisses. Entwickelt am Leitfaden einer Rekonstruktion von „ Selbstverwirklichung " und „ Vollkommenheit "*，Bonn：Bouvier Verlag 1989.

Gerhardt，V.，*Selbstbestimmung. Das Prinzip der Individualität*，Stuttgart 2007.

Gigon，O.，*Sokrates，Sein Bild in Dichtung und Geschichte*，Bern：A. Francke AG. Verlag 1947.

——，„Studien zu Platons *Protagoras*"，in：ders.，*Studien zur antiken Philosophie*，Berlin：Walter de Gruyter 1972.

Gloy，K.，„ Selbstbewußtsein als Prinzip des neuzeitlichen Selbstverständnisses. Seine Grundstruktur und seine Schwierigkeiten"，in：*Fichte-Studien*，Bd. I（1990）.

——，*Bewußtseinstheorien. Zur Problematik und Problemgeschichte des Bewußtseins und Selbstbewußtseins*，Freiburg/ München 1998.

Good，P.（Hg.），*Max Scheler im Gegenwartsgeschehen der Philosophie*，Bern & München 1975.

——，„Anschauung und Sprache. Vom Anspruch der Phänomenologie auf asymbolische Erkenntnis", in: ders. (Hg.), *Max Scheler im Gegenwarts-geschehen der Philosophie*, Bern & München 1975, S. 111 - 126.

——, *Max Scheler. Eine Einführung*, Düsseldorf & Bonn 1998.

——, „Vorwort: Max Scheler lesen heisst, den Sinn für Werte wecken", in: Max Scheler, *Grammatik der Gefühle. Das Emotionale als Grundlage der Ethik*, Ausgewählt und mit einem Vorwort hrsg. von Paul Good, München 2000.

Graeser, A., *Die Philosophie der Antike* (Hrsg. von Röd, W.), Bd. 2, *Sophistik und Sokratik, Platon und Aristoteles*, München: Verlag C. H. Beck ²1993.

Guggenberger, A., „[Art.] Person", in: Heinrich Freis (Hrsg.), *Handbuch theologischer Grundbegriffe*, Bd. 2, München 1963

Haardt, A., „Vom Selbstbewußtsein zum Leben. Diltheys Auseinanderset-zung mit Fichtes Prinzip des Selbstbewußtseins in der zweiten Hälfte der » Einleitung in die Geisteswissenschaften « ", in: *Dilthey-Jahrbuch für Philosophie und Geschichte der Geisteswissenschaften, Bd. 6/ 1989.*

Habermas, J. (哈贝马斯), *Nachmetaphysisches Denken. Philosophische Aufsätze*, Frankfurt am Main ³1989(中译本:《后形而上学思想》,曹卫东、付德根译,南京:译林出版社,2001 年)。

——,《现代性的哲学话语》,曹卫东等译,南京:译林出版社,2001 年。

Hammer, F., *Theonome Anthropologie? Max Schelers Menschenbild und seine Grenzen*, Phaenomenologica 45, Den Haag 1972.

韩水法:《康德传》,石家庄,河北人民出版社,1997 年。

Hart, J. G., *The Person and the Common Life. Studies in a Husserlian Social Ethics*, Phaenomenologica 126, Dordrecht 1992.

Haskamp, R. J., *Spekulativer und Phänomenologischer Personalismus. Einflüsse J. G. Fichtes und Rudolf Euckens auf Max Schelers Philosophie der Person*, Freiburg/ München 1966.

Hartmann, E. von(爱德华·封·哈特曼), *Phänomenologie des sittlichen Bewußtseins. Prolegomena zu jeder künftigen Ethik*, Berlin 1879, ³1922.

——, *Die Gefühlsmoral*, Mit einer Einleitung hrsg. von Jean-Claude Wolf, Hamburg: Felix Meiner 2006(中译本:《道德意识现象学·情感道德篇》,倪梁康译,北京:商务印书馆,2012 年)。

Hartmann，N.，*Ethik*，Berlin 1926，⁴1962.

Hartmann，Nobert，„Ordo amoris. Zur augustinischen Wesensbestimmung des Sittlichen"，in：*Wissenschaft und Weisheit* 18（1955）.

Hartmann，W.，*Die Philosophie Max Schelers in ihren Beziehung zu Eduard von Hartmann*，Düsseldorf 1956.

——，„Das Wesen der Person. Sunstantialität-Aktualität"，in：*Salzburger Jahrbuch für Philosophie* X/ XI（1966/ 67）.

Hegel（黑格尔）：《法哲学原理》，范扬、张企泰译，北京：商务印书馆，1979 年。

Heidegger，M.（海德格尔），*Sein und Zeit*，GA 2，Frankfurt am Main：Vittorio Klostermann GmbH 1976（中译本：《存在与时间》[修订译本]，陈嘉映、王庆节译，熊伟校，陈嘉映修订，北京：生活·读书·新知三联书店，2006 年第 3 版）.

——，*Wegmarken*，GA 9，Frankfurt am Main 1976（中译本：《路标》，孙周兴译，北京：商务印书馆，2000 年）.

——，*Ontologie. Hermeneutik der Faktizität*，*Frühe Freiburger Marburger Vorlesung Sommersemester* 1923，GA 63，Frankfurt am Main 1988（中译本：《存在论：实际性的解释学》，何卫平译，北京：人民出版社，2009 年）.

——，*Prolegomena zur Geschichte des Zeitbegriffs. Marburger Vorlesung Sommersemester* 1925，GA 20，Frankfurt am Main：Vittorio Klostermann GmbH ³1994（中译本：《时间概念史导论》，欧东明译，北京：商务印书馆，2009 年）.

——，*Die Grundprobleme der Phänomenologie. Marburger Vorlesung Sommersemester* 1927，GA 24，Frankfurt am Main：Vittorio Klostermann GmbH ³1997（中译本：《现象学之基本问题》，丁耘译，上海：上海译文出版社，2008 年）.

Heidemann，I.，*Untersuchungen zur Kantkritik Max Schelers*，（Diss.）Köln 1955.

Heinrichs，J.，*Das Problem der Zeit in der Praktischen Philosophie Kants*，Bonn：Bouvier 1968.

Heinrichs，J.，„［Art.］Person. I. Philosophisch"，in：Gerhard Müller（Hrsg.），*Theologische Realenzyklopädie*，Bd. 26（TRE 26），Berlin/ New York 1996.

Held，K.（黑尔德），„Intentionalität und Existenzerfüllung"，in：*Person und*

Sinnerfahrung：*Philosophische Grundlagen und Interdisziplinäre Perspektiven*．*Festschrift für Georg Scherer zum* 65．*Geburtstag*，hrsg．von Gethmann，C．F．，Darmstadt 1993，S．101－116(中译文："意向性与充实"，倪梁康译，载黑尔德，《世界现象学》，孙周兴编，北京：生活·读书·新知三联书店，2003 年)。

——，„Zur phänomenologischen Rehabilitierung des Ethos"，in：*Phainomena* 16（2007）60－61，7－22，Ljubljana(中译文："对伦理的现象学复原"，倪梁康译，载《中国现象学与哲学评论》[第七辑·现象学与伦理]，上海：上海译文出版社，2005 年，第 1－17 页)。

Henckmann，W．，„Schelers Lehre vom Apriori"，in：*Gewißheit und Gewissen*：*Festschrift für Franz Wiedmann zum* 60．*Geburtstag*，Hrsg．von Baumgartner，W．，Würzburg 1987，S．117－140.

——，„Max Scheler. Phänomenologie der Werte"，in：*Philosophen des* 20．*Jahrhunderts*．*Eine Einführung*，hrsg．von Fleischer，M．，Darmstadt 1990，S．94－116.

——，„ Das Intentionalitätsproblem bei Scheler "，in：*Brentano-Studien* 3 （1990/91），S．203－228.

——，„Materiale Wertethik"，in：Piper，A．（Hrsg.），*Geschichte der neuen Ethik*．Bd．II，Tübingen 1992，S．82－102.

——，*Max Scheler*，München：C．H．Beck Verlag 1998.

——，„Person und Wert. Zur Genesis einer Problemstellung"，in：Bermes，Chr./Henckmann，W./Leonardy，H.（hrsg.），*Person und Wert*．*Schelers* »*Formalismus* «*-Perspektiven und Wirkungen*，Freiburg/München 2000，S．11－28.

——，„Über Vernunft und Gefühl"，in：Bermes，Chr./Henckmann，W./Leonardy，H.（hrsg.），*Vernunft und Gefühl*．*Schelers Phänomenologie des emotionalen Lebens*，Würzburg：Verlag Königshausen & Neumann GmbH 2003，S．9－24.

——，„Bemerkungen zur Entwicklung des Solidaritätsproblems bei Max Scheler "，in：Chr．Bermes，W．Henckmann & H．Leonardy（hrsg.），*Solidarität*．*Person & Soziale Welt*，Würzburg 2006.

Henrich，D.(亨利希)，„Hutcheson und Kant"，in：*Kant-Studien* 49（1957/1958）。

——, „Der Begriff der Sittlichen Einsicht und Kants Lehre vom Faktum der Vernunft", in: *Die Gegenwart der Griechen im neueren Denken. Festschrift für Hans-Georg Gadamer zum 60. Geburtstag*, hrsg. von Henrich, D./Walter Schulz, W./Volkmann-Schluck, K.-H., Tübingen 1960, S. 77 – 115.

——, „Über Kantsfrüheste Ethik", in: *Kant-Studien* 54 (1963).

——, „Fichtes Ursprüngliche Einsicht", in: ders. (Hg.), *Subjektivität und Metaphysik. Festschrift für Wolfgang Cramer*, Frankfurt am Main 1966, S. 188 – 232.

——, „Selbstbewußtsein: Kritische Einleitung in eine Theorie", in: R. Bubner, K. Cramer, R. Wiehl und J. C. B. Mohr (Hg.), *Hermeneutik und Dialektik, Festschrift für H.-G. Gadamer*, Tübingen 1970.

——, „Die Deduktion des Sittengesetzes. Über die Gründe der Dunkelheit des letzten Abschnittes von Kant Grundlegung zur Metaphysik der Sitten", in: *Denken im Schatten des Nihilismus. Festschrift für Wilhelm Weischedel zum 70. Geburtstag*, hrsg. von Schwan, A., Darmstadt: Wissenschaftliche Buchgesellschaft 1975, S. 55 – 112.

——, „Die Trinität Gottes und der Begriff der Person", in: O. Marquard & K. Stierle (Hg.), *Identität*, München 1979.

——, *Selbstverhältnisse. Gedanken und Auslegungen zu den Grundlagen der klassischen deutschen Philosophie*, Stuttgart 1982.

——, „Selbstbewußtsein-ein Problemfeld mit offenen Grenzen", in: *Berichte aus der Forschung*, Nr. 68, Ludwig-Maximilian-Universität, April 1986.

——, „Noch einmal in Zirkeln. Eine Kritik von Ernst Tugendhat semantischer Erklärung von Selbstbewußtsein", in: Clemens Bellut & Ulrich Müller-Schöll (Hg.), *Mensch und Moderne: Beiträge zur philosophischen Anthropologie und Gesellschaftskritik. Festschrift für H. Fahrenbach*, Würzburg 1989, S. 93 – 132.

——, „Selbsterhaltung und Geschichtlichkeit", in: Hans Ebeling (Hg.), *Subjektivität und Selbsterhaltung. Beiträge zur Diagnose der Moderne*, Frankfurt am Main 1996.

——, *Bewußtes Leben. Untersuchungen zum Verhältnis von Subjektivität und Metaphysik*, Stuttgart 1999.

——, *Between Kant and Hegel*. *Lectures on German Idealism*, edited by David
　　S. Pacini, Massachusetts/ London 2003(中译本:《康德与黑格尔之间:德
　　国观念论讲演录》,彭文本译,台北:商周出版,2006 年;《在康德与黑格尔之
　　间:德国观念论讲座》,乐小军译,北京:商务印书馆,2013 年)。

——, *Die Philosophie im Prozeß der Kultur*, Frankfurt am Main 2006.

——, *Denken und Selbstsein*. *Vorlesungen über Subjektivität*, Frankfurt am
　　Main 2007(中译本:《思想与自身存在》,郑辟瑞译,杭州:浙江大学出版社,
　　2013 年)。

Hildebrand, D. v. , „Die Idee der sittlichen Handlung", in: *Jahrbuch für Phi-*
　　losophie und Phänomenologische Forschung, Bd. III, Halle 1916, S. 126 -
　　251.

Höffe, O. (赫费), *Immanuel Kant*, München: Verlag C. H. Beck oHG
　　[7]2007(中译本:《康德:生平、著作与影响》,郑伊倩译,北京:人民出版社,
　　2007 年)。

Hoffmann, G. , *Heideggers Phänomenologie*. *Bewußtsein-Reflexion-Selbst*
　　(*Ich*) *und Zeit im Frühwerk*, Würzburg 2005.

Hofmann, P. , „Analogie und Person. Zur Trinitätsspekulation Richards von
　　St.-Victor", in: *Theologie und Philosophie* 59 (1984).

Holenstein, E. , *Von der Hintergehbarkeit der Sprache*. *Kognitive Unterlagen*
　　der Sprache, Frankfurt am Main 1980.

Honnefelder, L. , „Die Streit um die Person in der Ethik", in: *Philosophisches*
　　Jahrbuch 100 (1993), S. 246 - 265.

Hopkins, B. C. , "Phenomenological Cognition of the A Priori: Husserl's
　　Method of » Seeing Essences « (Wesenserschauung)", in: *Husserl in Con-*
　　temporary Context. *Prospects and Projects for Phenomenology*, ed. by
　　Hopkins, B. C. , Dordrecht/ Boston/ London 1997, pp. 151 - 178.

Hover, W. , *Der Begriff des Herzens bei Blaise Pascal*. *Gestalt*, *Elemente der*
　　Vorgeschichte und der Rezeption im 20. *Jahrhundert*, Fridingen a. D.
　　1993.

黄振华:"论康德哲学中'理性'一词之涵义",载其著,《论康德哲学》,李明辉编,
　　台北:时英出版社,2005 年,第 349 - 381 页。

Hufnagel, A. , „Die Wesensbestimmung der Person bei Alexander von Hales",
　　in: *Freiburger Zeitschrift für Philosophie und Theologie* 4 (1957).

Hume, D.(休谟), *A Treatise of Human Nature*, ed. by L. A. Selby-Bigge, Oxford, 北京:中国社会科学出版社(翻印本),1999 年(中译本:《人性论》, 关文运译,北京:商务印书馆,1997 年)。

——, *The Philosophical Works*, vol II, ed. by T. H. Green & T. H. Grose, London 1882, 1964.

——,《人类理解研究》,关文运译,北京:商务印书馆,1957 年;《人类理智研究》, 吕大吉译,北京:商务印书馆,1999 年;周晓亮译,沈阳:沈阳出版社,2001 年。

——, "An Abstract of A Book lately Published, Entitled, *A Treatise of Human Nature*", in: D. Hume, *An Enquiry Concerning Human Understanding*, *A Letter from a Gentleman to His Friend in Edinburgh*, *An Abstract of A Treatise of Human Nature*, ed. with intr. by Eric Steinberg, Cambridge 1993(中译文:"最近出版的题为《人性论》一书的概要",周晓亮译,载周晓 亮:《休谟哲学研究》,北京:人民出版社,1999 年)。

Hürlimann, K., „Person und Wert. Eine Untersuchung über den Sinn von Max Schelers Doppeldevise: Materiale Wertethik und Ethischer Personal-ismus", in: *Divus Thomas. Jahrbuch für Philosophie und spekulative Theologie* 30 (1952).

Ingarden, R., *Schriften zur frühen Phänomenologie*, *Roman Ingarden Gesammelte Werke*, Bd. 3, Hrsg. von Wlodzimierz Galewicz, Tübingen 1999.

Irrlitz, G. (hrsg.), *Kant-Handbuch. Leben und Werk*, Stuttgart/Weimar: Metzler 2002.

Jaitner, A., *Zwischen Metaphysik und Empire: Zum Verhältnis von Transzendentalphilosophie und Psychoanalyse bei Max Scheler*, *Theodor W. Adorno und Odo Marquard*, Würzburg 1999.

Jeong-OK Cho, „*Liebe*" *bei Max Scheler unter besonderer Berücksichtigung des Begriffs „Eros". Eine kritische Interpretation insbesondere an Hand seines Werkes „Wesen und Formen der Sympathie*", (Diss.), Uni. München 1990.

Kaehler, K. E., „Selbsterkenntnis, Selbsttäuschung und das Subjektive der Werte", in: Pfafferott, G. (Hg.), *Vom Umsturz der Werte in der modernen Gesellschaft*, Bonn 1997, S. 314 – 321.

Kambartel, F., „Einleitung des Herausgebers", in: B. Bolzano, *Grundlegung der Logik：Ausgewählte Paragraphen aus der Wissenschaftslehre*，Band I und II，*Philosophische Bibliothek* Bd. 259，Mit ergänzenden Textzusammenfassungen einer Einleitung und Registern herausgegeben von Friedrich Kambartel，2. Durchgesehene Auflage，Hamburg：Meiner 1978，S. VII‒LXII.

Kaufmann，P.，*Gemüt und Gefühl als Komplement der Vernunft. Eine Auseinandersetzung mit der Tradition und der phänomenologischen Ethik，besonders Max Schelers*，Frankfurt am Main/ Bern/ New York/ Paris：Peter Lang 1992.

Kelkel，A. L.，„ L' ethique phénoménologique d' Edmund Husserl à Max Scheler. De l'éthique comme » logique des valeurs « à une éthique personnaliste"，in：Tymieniecka，A. T. (ed.)，*Analecta Husserliana LXXIX*，Kluwer 2004，pp. 515‒536.

Keller，Th.，„Liebesordnungen"，in：G. Raulet (Hrsg.)，*Max Scheler. L'anthropologie philosophique en Allemagne dans l'entre-deux-guerres. Philosophische Anthropologie in der Zwischenkriegszeit*，Paris 2002.

Kelly，E.，"Ordo Amoris：The Moral Vision of Max Scheler"，in：*Listening：Journal of Religion and Culture*，Vol. 21，No. 3，1986，pp. 226‒242.

——，*Structure and Diversity. Studies in the Phenomenological Philosophy of Max Scheler*，*Phaenomenologica* 141，Dordrecht/ Boston/ London 1997.

——，"Revisiting Max Scheler's Formalism in Ethics：Virtue-based Ethics and Moral Rules in the Non-formal Ethics of Value"，in：*The Journal of Value Inquiry* 31 (1997).

——，"Ethical Personalism and the Unity of the Person"，in：Schneck，S. (ed.)，*Max Scheler's Acting Persons. New Perspectives*，Amsterdam/ New York 2002，pp. 93‒110.

——，"Material Value-Ethics：Max Scheler and Nicolai Hartmann"，in：*Philosophy Compass* 3/1 (2008)，pp. 1‒16.

Kerferd，G. B.(柯费尔德)，*The Sophistic Movement*，Cambridge University Press 1981，reprint ⁶2001(中译本：《智者运动》，刘开会、徐名驹译，兰州：兰州大学出版社，1996 年)。

Kerferd，G. B./ Flashar，H.，„Die Sophistik"，in：*Grundriss der Geschichte der Philosophie*，(begründet von F. Ueberweg)，*Die Philosophie der An-*

tike，Bd. 2/1，hrsg. von H. Flashar，Basel：Schwar & CO AG Verlag 1998.

Kern，I.（耿宁），*Husserl und Kant. Eine Untersuchung über Husserls Verhältnis zu Kant und zum Neukantianismus*，*Phaenomenologica* 16，Den Haag 1964.

——，„Einleitung"，in：Hua XV，1973.

——，„Selbstbewußtsein und Ich bei Husserl"，in：G. Funke（Hrsg.）：*Husserl-Symposion Mainz* 1988，Stuttgart 1988，S. 51－63（中译文："胡塞尔哲学中的自身意识与自我"，张任之译，载耿宁：《心的现象——耿宁心性现象学研究文集》，倪梁康编，倪梁康等译，北京：商务印书馆，2012 年）。

——，"欧洲哲学中的良心概念"，孙和平译，孙周兴校，载于：《浙江大学学报》，1997 年，第 4 期。

——，*Das Wichtigste im Leben. Wang Yangming（1472－1529）und seine Nachfolger über die » Verwirklichung des Ursprünglichen Wissens «*，Basel 2010（中译本：《人生第一等事——王阳明及其后学论"致良知"》，倪梁康译，北京：商务印书馆，2014 年）。

——，《心的现象——耿宁心性现象学研究文集》，倪梁康编，倪梁康等译，北京：商务印书馆，2012 年。

Kieble，B. Th.，„[Art.] Person. II. Hoch-und Spätscholastik"，in：J. Ritter & K. Gründer（Hrsg.），*Historisches Wörterbuch der Philosophie*，Bd. 7，Basel 1989.

Kisiel，Th.，*The Genesis of Heidegger's Being and Time*，Berkeley/ Los Angeles/ London 1995.

Kiss，E.，„Max Schelers Kritik an den Idolen der Selbsterkenntnis"，in：*Prima Philosophia* 8（2005），S. 267－280.

Klumpp，E.，*Der Begriff der Person und das Problem des Personalismus bei Max Scheler*，（Diss.），Tübingen 1951.

Kobusch，Th.，*Die Entdeckung der Person. Metaphysik der Freiheit und modernes Menschenbild*，Darmstadt [2]1997.

Koeman，J.，*Die Grimmelshausen-Rezeption in der fiktionalen Literatur der deutschen Romantik*，Amsterdam 1993.

Konersmann，R.，„Person. Ein bedeutungsgeschichtliches Panorama"，in：*Internationale Zeitschrift für Philosophie*（2/1993）.

Kraft, J., *Von Husserl zu Heidegger*. *Kritik der phänomenologischen Philosophie*, Frankfurt am Main ²1957.

Krämer, H., *Integrative Ethik*, Frankfurt am Main: Suhrkamp 1995.

Krebs, A., „» Vater und Mutter stehen an der Leiche eines geliebten Kindes «. Max Scheler über das Miteinanderfühlen", in: *Allgemeine Zeitschrift für Philosophie* 35/ 1 (2010), S. 9 - 43.

Kreuzer, J., „Der Begriff der Person in der Philosophie des Mittelalters", in: Dieter Sturma (Hrsg.), *Person*. *Philosophiegeschichte-Theoretische Philosophie-Praktische Philosophie*, Paderborn 2001, S. 59 - 77.

Krijnen, Chr., „Der » Formalismus « in der materialen Wertethik Max Schelers", in: Chr. Bermes, W. Henckmann & H. Leonardy (hrsg.), *Person und Wert*. *Schelers » Formalismus « -Perspektiven und Wirkungen*, Freiburg/ München 2000, S. 120 - 138.

Kripke, S.(克里普克):"同一性与必然性",朱新民译,江天骥校,载涂纪亮主编:《语言哲学名著选辑·英美部分》,北京:生活·读书·新知三联书店,1988 年。

——,《命名与必然性》,梅文译,涂纪亮、朱水林校,上海:上海译文出版社,2001 年。

Krüger, G., „Die Herkunft des philosophischen Selbstbewusstseins", in: ders., *Freiheit und Weltverwaltung*. *Aufsätze zur Philosophie der Geschichte*, Freiburg/ München 1958.

Krüger, P., *Selbstbewußtsein im Spiegel der analytischen Philosophie*, Aachen 2000.

Küenburg, M., *Der Begriff der Pflicht in Kants vorkritischen Schriften*, Innsbruck 1927.

Kuhn, H., „Max Scheler im Rückblick", in: *Hochland* 1959.

——, „Liebe": *Geschichte eines Begriffs*, München 1975.

Kühn, M.(库恩):"康德的'休谟难题'概念",岳长岭译,丁冬红校,载周贵莲、丁冬红编:《国外康德哲学新论》,北京:求实出版社,1990 年。

——, *Kant*, *eine Biographie*, München 2003(中译本:《康德传》,黄添盛译,上海:上海人民出版社,2007 年)。

Landgrebe, L., „Geschichtsphilosophische Perspektiven bei Scheler und Husserl", in: Good, P. (Hg.), *Max Scheler im Gegenwartsgeschehen der Phi-*

losophie, Bern & München 1975, S. 79 – 90.

Lee, Ming-huei(李明辉), *Das Problem des moralischen Gefühls in der Entwicklung der Kantischen Ethik*, Taipeh 1994.

——,《康德伦理学与孟子道德思考之重建》,台北:"中央研究院"文哲研究所 2004 年修订第一版。

——,"存心伦理学、形式伦理学与自律伦理学",载其著,《儒家视野下的政治思想》,北京:北京大学出版社,2005 年。

——,《四端与七情:关于道德情感的比较哲学探讨》,上海:华东师范大学出版社,2008 年。

Lee, Nam-In(李南麟), "Active and Passive Genesis: Genetic Phenomenology and Transcendental Subjectivity", in: *The Reach of Reflection. Issues for Phenomenology's Second Century*, Vol. 3, edited by S. Crowell/ L. Embree/ S. J. Julian, West Harford: Electron Press 2001, pp. 517 – 549(中译文:"主动发生与被动发生——发生现象学与先验主体性",李云飞译,载《发生现象学研究》,《中国现象学与哲学评论·第八辑》,上海:上海译文出版社,2006 年)。

Lehner, M., *Das Substanzproblem im Personalismus Max Schelers*, (Diss.) Freiburg in der Schweiz 1926.

Leibniz, G. W.(莱布尼茨), *Discours de métaphysique*, in: *Die Philosophischen Schriften von G. W. Leibniz*, Bd. 4, Hildesheim/ New York 1978 (中译本:《形而上学序论》,陈德荣译,上海:商务印书馆,1935 年)。

——,《人类理智新论》,陈修斋译,北京:商务印书馆,1982 年。

Leonardy, H., *Liebe und Person. Max Schelers Versuch eines „phänomenologischen" Personalismus*, Den Haag 1976.

Lichtblau, K., „Einleitung", in: Max Scheler, *Ethik und Kapitalismus. Zum Problem des kapitalistischen Geistes*, hrsg. und eingeleitet von Klaus Lichtblau, Berlin 1999, S. 7 – 31.

Litz, R., „... *und verstehe die Schuld"*. *Zu einer Grunddimension menschlichen Lebens im Anschluß an Dieter Henrichs Philosophie der Subjektivität*, Regensburg 2002.

Liu, X.-F.(刘小枫), *Personwerdung. Eine theologische Untersuchung zu Max Schelers Phänomenologie der „Person-Gefühle" mit besonderer Berücksichtigung seiner Kritik an der Moderne*, Bern/Berlin/Frankfurt a. M./New York/

Paris/ Wien 1996.

——，"舍勒论在体、身体、负罪之在和信仰之在"，载刘小枫，《个体信仰与文化理论》，成都：四川人民出版社，1997年。

Lo，P.-ch.（罗秉祥），"A Critical Reevaluation of the Alleged 'Empty Formalism' of Kantian Ethics"，in：*Ethics* 91/2 (1981)，pp. 181–201.

Locke，J.（洛克），*An Essay concerning Human Understanding*，in：*The Works of John Locke in Ten Volemes*，Vol. 1 & 2，London 1823（中译本：《人类理解论》[下卷]，关文运译，北京：商务印书馆，1997年）。

Loheide，B.，*Fichte und Novalis. Transzendentalphilosophisches Denken im romantisierenden Diskurs*，Amsterdam 2000.

Lohmann，P.，*Der Begriff des Gefühls in der Philosophie Johann Gottlieb Fichtes*，Amsterdam/ New York 2004.

Lohmar，D.，*Erfahrung und kategoriales Denken. Hume，Kant und Husserl über vorprädikative Erfahrung und prädikative Erkenntnis*，Phaenomenologica 147，Dordrecht/Boston/London 1998.

——，"Husserl's concept of categorical intuition"，in：*Edmund Husserl. Critical Assessments of Leading Philosophers*. Vol. III，ed. by Bernet，R./ Welton，D./ Zavota，G.，London & New York：Routledge 2005，pp. 61–83.

——，„ Die phänomenologische Methode der Wesensschau und ihre Präzisierung als eidetische Variation"，In：*Phänomenologische Forschungen* 2005，S. 65–91.

——，*Phänomenologie der schwachen Phantasie. Untersuchungen der Psychologie，Cognitive Science，Neurologie und Phänomenologie zur Funktion der Phantasie in der Wahrnehmung*，Phaenomenologica 185，Dordrecht：Springer 2008.

Lorscheid，B.，*Das Leibphänomen. Eine Systematische Darbietung der Schelerschen Wesensschau des Leiblichen in Gegenüberstellung zu Leibontologischen Auffassungen der Gegenwartsphilosophie*，Bonn 1962.

Lotz，Ch.，„Husserl Genuss über den Zusammenhang von Leib，Affektion，Fühlen und Werthaftigkeit"，in：*Husserl Studies* 18，Kluwer Academic Publishers 2002.

Ludwig，P.，„Max Schelers Versuch einer neuen Begründung der Ethik"，in：*Philosophisches Jahrbuch* 31 (1918)，S. 219–225.

Luther, A. R. , *Persons in Love. A Study of Max Scheler's „Wesen und Formen der Sympathie"*, The Hague 1972.

Lutz-Bachmann, M. , „» Natur « und » Person « in den » *Opuscula Sacra* « des A. M. S. Boethius", in: *Theologie und Philosophie* 58 (1983).

MacIntyre, A.(麦金太尔), *A Short History of Ethics*, Routledge ²1998(中译本:《伦理学简史》,龚群译,北京:商务印书馆,2003 年)。

Mader, W. , *Max Scheler in Selbstzeugnissen und Bilddokumenten dargestellt*, Hamburg 1980.

Majolino, C. , "Book Review: *Jocelyn Benoist, L'a priori conceptuel. Bolzano, Husserl, Schlick* (Paris: Vrin 1999)", in: *Husserl Studies* 18 (2002), pp. 223 - 232.

Makkreel, R. A.(马克瑞尔), *Dilthey, Philosoph der Geisteswissenschaften*, übers. von Barbara M. Kehm, Frankfurt a. M. : Suhrkamp 1991(中译本:《狄尔泰传》,李超杰译,北京:商务印书馆,2003 年[该译本所据底本为英文本,作者本人对德文译本进行了较大幅度的补充])。

Malik, J. , „Wesen und Bedeutung der Liebe im Personalismus Max Schelers", in: *Philosophisches Jahrbuch* 71 (1963/ 64), S. 102 - 131.

Mancuso, G. , „ Der junge Scheler und der Neukantianismus ", in: *Phänomenologische Forschungen* 2008.

Martin-Izquierdo, H. , *Das religiöse Apriori bei Max Scheler*, (Diss.) Bonn 1964.

Mauersberg, B. , *Der lange Abschied von der Bewußtseinsphilosophie: Theorie der Subjektivität bei Habermas und Tugendhat nach dem Paradigmenwechsel zur Sprache*, Frankfurt am Main/ Berlin/ Bern/ Bruxelles/ New York/ Oxford/ Wien 2000.

Mauss, M.(马塞尔·莫斯), *Sociologie et anthropologie*, Paris 2003(德译本: *Soziologie und Anthropologie*, Bd. 2, Übers. von E. Moldenhauer, H. Ritter & A. Schmalfuß, Frankfurt am Main 1989;中译本:《社会学与人类学》,佘碧平译,上海:上海译文出版社,2003 年)。

Mead, G. H.(米德), *Geist, Identität und Gesellschaft. Aus der Sicht des Sozialbehaviorismus*, Übers. von Ulf Pacher, Frankfurt am Main 1973(中译本:《心灵、自我与社会》,赵月瑟译,上海:上海译文出版社,2008 年;霍桂桓译,北京:华夏出版社,1999 年)。

Melle，U.（梅勒），„Zu Brentanos und Husserls Ethikansatz. Die Analogie zwischen den Vernunftarten", in: *Brentano-Studien* 1（1988），S. 109 – 120.

——，„Einleitung des Herausgebers", in: Hua XXVIII，1988.

——，„Objektivierende und nicht-objektivierende Akte", in: *Edmund Husserl*. *Critical Assessments of Leading Philosophers*. Vol. III，ed. by Bernet，R./Welton，D./Zavota，G.，London & New York: Routledge 2005，S. 108 – 122.（Der Artikel war ursprünglich publiziert in: S. Ijsseling（hrsg.），*Husserl-Ausgabe und Husserl-Forschung*，*Phaenomenologica* 115，Dordrecht 1990，S. 35 – 49）.

——，"The Development of Husserl's Ethics", in: *Études phénoménologiques* N. 13 – 14（1991），pp. 115 – 135（中译文："胡塞尔伦理学的发展"，方向红译，载《世界哲学》，2002 年第 1 期）。

——，„Schelersche Motive in Husserls Freiburger Ethik", in: Pfafferott，G. （Hg.），*Vom Umsturz der Werte in der modernen Gesellschaft*，Bonn 1997，S. 202 – 219.

Menzer，P.，„Der Entwicklungsgang der Kantischen Ethik in den Jahren 1760 bis 1785. Erster Abschnitt", in: *Kant-Studien* 2（1898）.

苗力田（主编）:《古希腊哲学》，北京:中国人民大学出版社，1989 年。

Michalski，M.，*Fremdwahrnehmung und Mitsein*. *Zur Grundlegung der Sozialphilosophie im Denken Max Schelers und Martin Heideggers*，Bonn 1997.

Mohanty，J. N.，"Husserl and Frege: A New Look at Their Relationship", in: Mohanty，J. N.（ed.），*Readings on Edmund Husserl's Logical Investigations*. The Hague 1977.

——，"» Life-world « and » a priori « in Husserl's later thought", in: Mohanty，J. N.，*The Possibility of Transzendental Philosophy*，*Phaenomenologica* 98，Dordrecht/ Boston/ Lancaster 1985，pp. 101 – 119.

——，*The Philosophy of Edmund Husserl*: *a Historical Development*，New Haven & Londen: Yale University Press 2008.

Mohr，G.，„Der Begriff der Person bei Kant，Fichte und Hegel", in: Dieter Sturma（Hrsg.），*Person*. *Philosophiegeschichte-Theoretische Philosophie-Praktische Philosophie*，Paderborn 2001.

——，*Kants Grundlegung der kritischen Philosophie*. *Werkkommentar und*

Stellenkommentar zur Kritik der reinern Vernunft，*zu den Prolegomena und zu den Fortschritten der Metaphysik*，in：I. Kant，*Theoretische Philosophie*，Bd. 3，Frankfurt am Main：Suhrkamp 2004.

Moore，G. E.（乔治·摩尔）：《伦理学原理》，蔡坤鸿译，台北：联经出版事业公司，1992 年；长河译，上海：上海人民出版社，2005 年。

Müller，M.，& Halder，A.，„[Art.] Person"，in：Karl Rahner（Hg.），*Herders Theologisches Taschenlexikon*，Bd. 5，Freiburg/ Basel/ Wien 1973.

Mulligan，K.，„Scheler：Die Anatomie des Herzens oder was man alles fühlen kann"，in：Hilge Landweer & Ursula Renz（Hrsg.），*Klassische Emotionstheorien*，Berlin/ New York 2008.

Mulligan，Th. M.，*Max Scheler and G. E. Moore：A Critical Comparison of Their Axiological Ethical Systems*，Ph. D. diss.，Northwestern University 1976.

Murphy，R. T.，*Hume and Husserl. Towards Radical Subjectivism*，*Phaenomenologica* 79，The Hague/ Boston/ London 1980.

Nenon，Th.，"Two Models of Foundation in the *Logical Investigations*"，in：*Husserl in Contemporary Context. Prospects and Projects for Phenomenology*，ed. by B. C. Hopkins，Dordrecht/Boston/London 1997，pp. 97 - 114.

Ni，L.-K.（倪梁康）：《现象学及其效应》，北京：生活·读书·新知三联书店，1994 年。

——，„Urbewußtsein und Reflexion bei Husserl"，in：*Husserl Studies* 15（1998），S. 77 - 99.

——，*Seinsglaube in der Phänomenologie Edmund Husserls*，*Phaenomenologica* 153，Dordrecht/Boston/London 1999.

——，"良知：在'自知'与'共知'之间——欧洲哲学中'良知'概念的结构内涵与历史发展"，载《中国学术》第一辑，刘东主编，北京：商务印书馆，2000 年。

——，《自识与反思——近现代西方哲学的基本问题》，北京：商务印书馆，2002 年。

——，《现象学的始基——对胡塞尔〈逻辑研究〉的理解与思考》，广州：广东人民出版社，2004 年。

——，"舍勒现象学伦理学中的'伦常明察'"，载《现象学与伦理》，《中国现象学与哲学评论》（第七辑），上海：上海译文出版社，2005 年。

——,"The Problem of the Phenomenology of Feeling in Husserl and Scheler", in: K.-Y. Lau and J. J. Drummond (eds.), *Husserl's Logical Investigations in the New Century: Western and Chinese Perspectives*, Springer 2007, pp. 67 – 82.

——,《意识的向度:以胡塞尔为轴心的现象学问题研究》,北京:北京大学出版社,2007 年。

——,《胡塞尔现象学概念通释》,北京:生活・读书・新知三联书店,2007 年修订版。

——, *Zur Sache des Bewussteseins. Phänomenologie-Buddhismus-Konfuzianismus*, Würzburg: Königshausen & Neumann 2010.

——,《胡塞尔与舍勒——人格现象学的两种可能性》,北京:商务印书馆,2018 年。

Nietzsche(尼采), *Nachgelassene Fragmente* 1887 – 89, *KSA* 13, Hrsg. von G. Colli & M. Montinari, München 1999(中译本:《权力意志》[下卷],孙周兴译,北京:商务印书馆,2007 年)。

Nosbüsch, J., „Das Personproblem in der gegenwärtigen Philosophie", in: Berthold Gerner (Hrsg.), *Personale Erziehung Beiträge zur Pädagogik der Gegenwart*, Darmstadt 1965.

Nota S. J., Jan H., *Max Scheler: The man and his work*, trans. T. Plantinga & John H. Nota S. J., Chicago 1983.

——, *Max Scheler. Der Mensch und seine Philosophie*, übers. von Melanie Adamczewska & Jan H. Nota S. J., Börsig 1995.

Novalis, *Das philosophische Werk I*, *Schriften* Bd. II, hrsg. von Richard Samuel in Zusammenarbeit mit Hans-Joachim Mähl und Gerhard Schulz, Stuttgart 1965.

Owens, Th. J., *Phenomenology and Intersubjectivity. Contemporary interpretation of the interpersonal situation*, The Hague 1970.

彭文本:"关于《第二批判》的理性事实学说之两种解读方式",载《国立政治大学哲学学报》,第十四期(July 2005),第 37 – 70 页。

Perrin, R., *Max Scheler's Concept of the Person: an Ethics of Humanism*, New York 1991.

Peucker, H., „Einleitung des Herausgebers", in: Hua XXXVII, 2004.

——, „Husserl's Critique of Kant's Ethics", in: *Journal of the History of Phi-

losophy, vol. 45, no. 2 (2007), pp. 309 – 319.

Pfafferott, G. (Hg.), *Vom Umsturz der Werte in der modernen Gesellschaft*, Bonn 1997.

Platon(柏拉图), *Republic* (zitiert nach der deutschen Übersetzung von Otto Apelt, in: *Platon sämtliche Dialoge*, Bd. 5, *Der Staat*, Hamburg: Felix Meiner ⁶1998;中译本:《理想国》,郭斌和、张竹明译,北京:商务印书馆,1986 年;"国家篇",载《柏拉图全集》[第二卷],王晓朝译,北京:人民出版社,2003 年;《理想国》,王扬译,北京:华夏出版社,2012 年)。

——, *Protagoras* (zitiert nach: *Platon Werke-Übersetzung und Kommentar*, *Band VI 2*, *Protagoras*, Übersetzung und Kommentar von Bernd Manuwald, Göttingen: Vandenhoeck und Ruprecht 1999;中译本:"普罗泰戈拉篇",载《柏拉图全集》[第一卷],王晓朝译,北京:人民出版社,2002 年;"普罗塔歌拉",载《柏拉图〈对话〉七篇》,戴子钦译,沈阳:辽宁教育出版社,1998 年)。

——, *Menon* (zitiert nach der deutschen Übersetzung von Otto Apelt, in: *Platon sämtliche Dialoge*, Bd. 2, Hamburg: Felix Meiner ⁶1998;中译本:"美诺篇",载《柏拉图全集》[第一卷],王晓朝译,北京:人民出版社,2002 年)。

——, *Gorgias* (zitiert nach der deutschen Übersetzung von Otto Apelt, in: *Platon sämtliche Dialoge*, Bd. 1, Hamburg: Felix Meiner ⁶1998;中译本:"高尔吉亚篇",载《柏拉图全集》[第一卷],王晓朝译,北京:人民出版社,2002 年)。

——, *Theätet* (zitiert nach der deutschen Übersetzung von Otto Apelt, in: *Platon sämtliche Dialoge*, Bd. 4, Hamburg: Felix Meiner ⁶1998;中译本:"泰阿泰德篇",载《柏拉图全集》[第二卷],王晓朝译,北京:人民出版社,2003 年)。

Platz, H., „Scheler und Pascal", in: ders., *Pascal in Deutschland*, Hrsg. und mit einem Nachwort von Heinz Robert Schlette, Salzburg 1990.

Plessner, H., *Husserl in Göttingen*, Göttingen 1959.

Pöggeler, O., „Selbstbewußtsein und Identität", in: ders., *Schritte zu einer hermeneutischen Philosophie*, Freiburg/ München 1994.

Pothast, U., *Über einige Fragen der Selbstbeziehung*, Frankfurt am Main 1971.

——, „In assertorischen Sätzen wahrnehmen und in praktischen Sätzen überlegen, wie zu reagieren ist ", in: *Philosophische Rundschau*, （28）1981, S. 26 - 43.

Rapic, S. , „Die versteckte Subjektivität in Tugendhats formaler Semantik ", in: Markus Pfeifer & Smail Rapic（Hg.）, *Das Selbst und sein Anderes. Festschrift für Klaus Erich Kaehler*, München/ Freiburg 2009, S. 275 - 306.

Ratke, H. , *Systematisches Handlexikon zu Kants Kritik der reinen Vernunft*, Hamburg: Verlag von Felix Meiner 1929.

Ratzinger, J. ,（约瑟夫·拉辛格）:《基督教导论》,静也译、雷立柏校,上海:上海三联书店,2002 年。

Rawls, J.（罗尔斯）, *Theory of Justice*, Harvard University Press 1971（中译本:《正义论》,何怀宏、何包钢、廖申白译,北京:中国社会科学出版社,1988 年;《正义论[修订版]》,何怀宏、何包钢、廖申白译,北京:中国社会科学出版社,2009 年）。

——, *Lectures on the History of moral Philosophy*, edited by Barbara Herman, Harvard University Press 2000（中译本:《道德哲学史讲义》,张国清译,上海:上海三联书店,2003 年;《道德哲学史讲义》,顾肃、刘雪梅译,北京:中国社会科学出版社,2012 年）。

Rehbock, Th. , „Zur gegenwärtigen Renaissance und Krise der Personbegriffs in der Ethik-ein kritischer Literaturbericht ", in: *Allgemeine Zeitschrift für Philosophie* 23（1998）, S. 61 - 86.

Reiner, H. , *Die Grundlagen der Sittlichkeit*, Zweite, durchgesehene und stark erweiterte Auflage von *Pflicht und Neigung*, Meisenheim am Glan [1]1951, [2]1974.

Ritter, J. （hrsg.）, *Historisches Wörterbuch der Philosophie*, Band 1, Basel/ Stuttgart: Schwabe & Co Verlag 1971.

Rombach, H. , „Die Erfahrung der Freiheit. Phänomenologie und Metaphysik in Widerstreit und Versöhnung ", in: Paul Good（Hrsg.）, *Max Scheler im Gegenwartsgeschehen der Philosophie*, Bern/ München 1975, S. 57 - 78.

Rosefeldt, T. , „Sich setzen oder Was ist eigentlich das Besondere an Selbstbewusstsein? John Perry hilft, eine Debatte zwischen Henrich und Tugendhat zu klären ", in: *Zeitschrift für philosophische Forschung* 54, 2000, S. 425 - 444.

Rutishauser，B.，*Max Schelers Phänomenologie des Fühlens*. *Eine kritische Untersuchung seiner Analyse von Scham und Schamgefühl*，Bern 1969.

Sala，G. B.，*Kants „ Kritik der praktischen Vernunft "*. *Ein Kommentar*，Darmstadt：Wissenschaftliche Buchgesellschaft 2004.

Sánchez-Migallón，S.，„ Die zweideutige Stellungnahme Max Schelers gegenüber der Ethik Franz Brentanos"，in：*Brentano-Studien* 11（2004/2005），S. 163－197.

Sander，A.，*Mensch-Subjekt-Person*，*Die Dezentrierung des Subjekts in der Philosophie Max Schelers*，Bonn 1996.

——，*Max Scheler zur Einführung*，Hamburg：Junius 2001.

——，„Normative und deskriptive Bedeutung des *ordo amoris*"，in：Bermes，Chr./Henckmann，W./ Leonardy，H.（hrsg.），*Vernunft und Gefühl*. *Schelers Phänomenologie des emotionalen Lebens*，Würzburg：Verlag Königshausen & Neumann GmbH 2003，S. 63－79.

Sartre，Jean-Paul(萨特)，*Bewußtsein und Selbsterkenntnis*. *Die Seinsdimension des Subjekts*，Übers. von M. Fleischer & H. Schöneberg，Hamburg 1973.

——，《存在与虚无》(修订译本)，陈宣良等译，杜小真校，北京：生活·读书·新知三联书店，2007 年第 3 版。

——，《自我的超越性——一种现象学描述初探》，杜小真译，北京：商务印书馆，2010 年。

——，"自身意识与自身认识"，宁晓萌译，载《沙特：存在与辩证思维》，刘国英、张灿辉主编：《现象学与人文科学》第四辑，台北：漫游者文化，2011 年，第 1－41 页。

Scarano，N.，„ Metaethik-ein systematischer Überblick "，in：M. Düwell，Chr. Hübenthal & M. H. Werner（Hrsg.），*Handbuch Ethik*，Stuttgart/Weimar 2002.

Schäfer，M.，*Zur Kritik von Schelers Idolenlehre*. *Ansätze einer Phänomenologie der Wahrnehmungstäuschungen*，Bonn 1978.

Scherer，G.，„ [Art.] Person. II. Neuzeit "，in：J. Ritter & K. Gründer（Hrsg.），*Historisches Wörterbuch der Philosophie*，Bd. 7，Basel 1989.

Schilpp，P. A.，" [Art.] Ethical Formalism（Kantian）"，in：Dagobert D. Runes（ed.），*The Dictionary of Philosophy*，New York [4]1942.

Schirren T./ Zinsmaier，Th.（Hrsg. und Übers.），*Die Sophisten*，

Ausgewählte Texte，*Griechisch / Deutsch*，Stuttgart：Reclam 2003.

Schleiermacher，F.（施莱尔马赫），*Über die Religion*．*Reden an die Gebilde-ten unter ihren Verächtern*，Berlin 1799（中译本：《论宗教》，邓安庆译，北京：人民出版社，2011 年）。

——，*Über die Religion*．*Schriften*，*Predigten*，*Briefe*，Hrsg. von Christian Albrecht，Frankfurt am Main/ Leibzig 2008.

Schleißheimer，B.，*Ethik heute*，*Eine Antwort auf die Frage nach dem guten Leben*，Würzburg：Verlag Königshausen & Neumann GmbH 2003.

Schlick，M.（石里克），„Erleben，Erkennen，Metaphysik"（1926），in：M. Stöltzner/T. Uebel（hrsg.），*Wiener Kreis*，Hamburg 2006，S. 169－186.

——，„Gibt es ein materiales Apriori？"，in：Schlick，*Gesammelte Aufsätze* 1926－1936，Wien 1938，Nachdruck：Hildesheim 1969，S. 20－30.（Zu-erst erschienen in：*Wissenschaftlicher Jahresbricht der Philosophischen Ge-sellschaft an der Uni．zu Wien für das Vereinsjahr 1930/31*）.

——，„Positivismus und Realismus"（1932），in：M. Stöltzner/T. Uebel（Hrsg.），*Wiener Kreis*，Hamburg 2006.

——，*Allgemeine Erkenntnislehre*，in：*Moritz Schlick Gesamtausgabe*，*Abtei-lung I：Veröffentlichte Schriften*，Band 1，Hrsg. und eingeleitet von Hans Jürgen Wendel und Fynn Ole Engler，Wien/ New York 2009（中译本：《普通认识论》，李步楼译，北京：商务印书馆，2005 年［该书据英文本译出，英译本的底本是 1925 年该著作的第二版］）。

Schloßberger，M.，*Die Erfahrung des Anderen*．*Gefühle im menschlichen Miteinander*，Berlin 2005.

Schmitz，H.，*System der Philosophie*．*I Die Gegenwart*，Bonn 1964.

——，„Zwei Subjektbegriffe．Bemerkungen zu dem Buch von Ernst Tu-gendhat：*Selbstbewußtsein und Selbstbestimmung*"，in：*Philosophisches Jahrbuch* 89. Jahrgang，1982.

Schmucker，J.，*Die Ursprünge der Ethik Kants in seinen vorkritischen Schriften und Reflektionen*，Meisenheim am Glan：Verlag Anton Hain KG 1961.

Schnädelbach，H.，*Philosophie in Deutschland* 1831－1933，Frankfurt am Main：Suhrkamp 1983.

Schneck，S. F.，*Person and Polis：Max Scheler's Personalism as Political The-ory*，Albany 1987.

——，(ed.)，*Max Scheler's Ethical Personalism*，Rodopi Press 2001.

Schönecker，D.，*Kant: Grundlegung III. Die Deduktion des kategorischen Imperativs*，Freiburg/ München 1999.

Schuhmann，K.，„Intentionalität und intentionaler Gegenstand beim frühen Husserl"，in: ders.，*Selected papers on phenomenology*，edited by Cees Leijenhorst & Piet Steenbakkers，Dordrecht: Kluwer Academic Publishers 2004（Der Artikel war ursprünglich publiziert in *Phänomenologische Forschungen 24/25: Perspektiven und Probleme der Husserlschen Phänomenologie*，Freiburg/ München: Karl Alber 1991，S. 46 – 75）.

——，„Probleme der Husserlschen Wertlehre"，in: *Philosophisches Jahrbuch* 98（1991），S. 106 – 113.

Schütz，A.(许茨)，"Max Scheler's Epistemology and Ethics"，in: A. Schütz，*Collected Papers III. Studies in Phenomenological Philosophy*，*Phaenomenologica* 22，ed. by I. Schutz，The Hague 1975，pp. 145 – 178（Zitiert nach der deutschen Übersetzung: „Max Schelers Erkenntnistheorie und Ethik "，in: *Philosophisch-Phänomenologische Schriften 2. Studien zu Scheler，James und Sartre. Alfred Schütz Werkausgabe Band III.2*，Hrsg. von H. Kellner/ J. Renn，Konstanz: UVK Verlagsgesellschaft mbH 2005，SS. 179 – 221）.

——，《马克斯·谢勒[舍勒]三论》，江日新译，台北：东大图书出版公司，1990年。

Schwaiger，C.，*Kategorische und andere Imperative，Zur Entwicklung von Kants praktischer Philosophie bis 1785*，Stuttgart-Bad Cannstatt: frommann-holzboog 1999.

Sebestik，J.，"Husserl Reader of Bolzano"，in: Denis Fisette(ed.)，*Husserl's Logical Investigations Reconsidered*，Kluwer 2003，pp. 59 – 81.

Seebohm，Th.，*Die Bedingungen der Möglichkeit der Transzendental-Philosophie. Edmund Husserls Transzendental-Phänomenologischer Ansatz，Dargestellt im Anschluss an seine Kant-Kritik*，Bonn: H. Bouvier u. CO. Verlag 1962.

Seidl，H.，„Metaphysische Erörterung zu Boethius' Person-definition und ihrer Auslegung bei Thomas von Aquin"，in: *Salzburger Jahrbuch für Philosophie* 30（1985），S. 7 – 27.

Sepp，H. R.，„Werte und Variabilität. Denkt Scheler über den Gegensatz von Relativismus und Universalismus hinaus? ", in：R. A. Mall/ N. Schneider（hrsg.）：*Ethik und Politik aus interkultureller Sicht*（*Studien zur interkulturellen Philosophie*，*Bd*. 5），Amsterdam 1996，S. 95 – 104.

——，*Praxis und Theoria*. *Husserls transzendentalphilosophische Rekonstruktion des Lebens*，Freiburg/ München 1997.

——，„Max Schelers Begriff des Ethos", in：Bermes，Chr./ Henckmann，W./ Leonardy，H.（hrsg.），*Person und Wert*. *Schelers* »*Formalismus*« *-Perspektiven und Wirkungen*，Freiburg/ München 2000，S. 89 – 99.

——，„Max Scheler：die phänomenologische Reduktion", in：R. Kühn & M. Staudigl（hrsg.），*Epoché und Reduktion*. *Formen und Praxis der Reduktion in der Phänomenologie*. Würzburg：Verlag Königshausen & Neumann GmbH 2003，S. 243 – 248.

——，„Ego und Welt. Der Illusionscharakter der natürlichen Weltanschauung bei Max Scheler", in：Chr. Bermes，W. Henckmann u. H. Leonardy（Hg.），*Vernunft und Gefühl*. *Schelers Phänomenologie des emotionalen Lebens*，Würzburg 2003，81 – 91.

——，„Widerstand und Sorge. Schelers Antwort auf Heidegger und die Möglichkeit einer neuen Phänomenologie des Daseins", in：G. Cusinato（Hg.），*Max Scheler*. *Esistenza della persona e radicalizzazione della fenomenologia*，Milano：Franco Angeli 2007，S. 313 – 328.

——，„Widerstandserlebnis. Schelers Anknüpfung an Dilthey", in：A. Neschke und H. R. Sepp（Hg.），*Philosophische Anthropologie*. *Ursprünge und Aufgaben*，*Philosophische Anthropologie*. *Themen und Positionen*. *Band I*，Nordhausen：Traugott Bautz 2008.

Shimomissé，E.，*Die Phänomenologie und das Problem der Grundlegung der Ethik*. *An Hand des Versuchs von Max Scheler*，Den Haag 1971.

Sidgwick，H.（西季威克），*Outlines of the History of Ethics*，London 1918（中译本：《伦理学史纲》，熊敏译，陈虎平校，南京：江苏人民出版社，2008 年）。

Siep，L.，*Praktische Philosophie im Deutschen Idealismus*，Frankfurt am Main 1992.

Sinha，D.，„Der Begriff der Person in der Phänomenologie Husserls", in：*Zeitschrift für philosophische Forschung* 18/ 4（1964），S. 597 – 613.

Smith，N. K.（诺曼·康蒲·斯密），*A Commentary to Kant's "Critique of Pure Reason"*，London 1918（中译本：《康德〈纯粹理性批判〉解义》，韦卓民译，武汉：华中师范大学出版社，2000 年）。

Smith，Q.，"Max Scheler and the Classification of Feelings"，in：*Journal of Phenomenological Psychology*，9：1/2，1978，pp. 114-138.

Sokolowski，R.，*The formation of Husserl's concept of constitution. Phaenomenologica* 18，The Hague 1970.

Soldati，G.，„Selbstbewußtsein und unmittelbares Wissen bei Tugendhat"，in：M. Frank，G. Raulet & W. van Reijen（Hg.），*Die Frage nach dem Subjekt*，Frankfurt am Main 1988.

Spader，P. H.，"Person，Acts and Meaning：Max Scheler's insight"，in：*New Scholasticism* 59/ 2（1985）.

——，"Scheler's Criticism of the Emptiness of Kant's Formal Ethics"，in：Chr. Bermes，W. Henckmann & H. Leonardy（Hrsg.），*Denken des Ursprungs-Ursprung des Denkens. Schelers Philosophie und ihre Anfänge in Jena*，Würzburg 1998.

——，*Scheler's Ethical Personalism. Its Logic，Development，and Promise*，New York 2002.

Spaemann，R.，„Der Personbegriff im Spannungsfeld von Anthropologie und Ethik-Sind alle Menschen Personen？"，in：Andreas Frewer & Claus Rödel（Hrsg.），*Person und Ethik. Historische und systematische Aspekte zwischen medizinische Anthropologie und Ethik*，Erlangen/ Jena 1993.

——，*Personen. Versuche über den Unterschied zwischen „etwas" und „jemand"*，Stuttgart 1996.

Spahn，Ch.，*Phänomenologische Handlungstheorie. Edmund Husserls Untersuchungen zur Ethik*，Würzburg：Königshausen & Neumann 1996.

Spiegelberg，H.，（施皮格伯格），*The Phenomenological Movement，A Historical Introduction，Phaenomenologica* 5/6，The Hague ³1981（中译本：《现象学运动》，王炳文、张金言译，北京：商务印书馆，1995 年）。

Stegmüller，W.（施太格缪勒）：《当代哲学主流》（上卷），王炳文、燕宏远、张金言等译，北京：商务印书馆，1986 年。

Steinbock，A. J.，"Personal Givenness and Cultural a prioris"，in：David Carr & Chan - Fai Cheung（ed.），*Time，Space，and Culture*，Dordrecht：

Kluwer Academic Publishers 2004，pp. 159－176.

Steinbüchel, Th. , *Die philosophische Grundlegung der katholischen Sittenlehre*, 1. Halbband, Düsseldorf ⁴1951.

Stikkers, K. W. , "Value as Ontological Difference", in: J. G. Hart & L. Embree (ed.), *Phenomenology of Values and Valuing*, Dordrecht/ Boston/ London: Kluwer Academic Publisher 1997, pp. 137－154.

Strawson, P. F.（彼得·F.斯特劳森）:《个体:论描述的形而上学》,江怡译,北京:中国人民大学出版社,2004 年。

Ströker, E. , *Husserls transzendentale Phänomenologie*, Frankfurt am Main 1987.

Sturma, D. , „［Art.］Person ", in: Hans Jörg Sandkühler (Hg.), *Enzyklopädie Philosophie*, Bd. 2, Hamburg 1999.

——, „Person und Philosophie der Person", in: ders. (Hrsg.), *Person. Philosophiegeschichte-Theoretische Philosophie-Praktische Philosophie*, Paderborn 2001, S. 11－22.

Stüttgen, A. , *Der Gegenstandscharakter der Werte bei Scheler im Hinblick auf Husserl*, Universität Bonn, Diss. 1957.

索利:《英国哲学史》,段德智译,陈修斋校,济南:山东人民出版社,1996 年。

Temuralp, T. , *Über die Grenzen der Erkennbarkeit bei Husserl und Scheler*, Berlin 1937.

Textor, M. , *Bolzanos Propositionalismus*, Berlin: de Gruyter 1996.

Thiel, U. , "Varieties of Inner Sense. Two Pre-Kantian Theories", in: *Archiv für Geschichte der Philosophie* 79 (1997), pp. 58－79.

——, „Person und persönliche Identität in der Philosophie des 17. und 18. Jahrhunderts", in: Dieter Sturma (Hrsg.), *Person. Philosophiegeschichte-Theoretische Philosophie-Praktische Philosophie*, Paderborn 2001.

Trendelenburg, F. A. , „Zur Geschichte des Wortes Person", in: *Kant-Studien* XIII (1908).

——, „Zur Geschichte des Worts und Begriffs a priori (Quellentext) ", in: *Deutsche Zeitschrift für Philosophie*, 40:1/2 (1992), S. 80－90.

Tugendhat, E.（图根特哈特）, *Der Wahrheitsbegriff bei Husserl und Heidegger*, Berlin: Walter de Gruyter & Co. ²1970.

——, *Selbstbewußtsein und Selbstbestimmung, Sprachanalytische Interpreta-*

tionen, Frankfurt a. M.: Suhrkamp 1979.

——, *Vorlesungen über Ethik*, Frankfurt am Main: Suhrkamp 1993.

——, „Wie sollen wir Moral verstehen? ", in: ders., *Aufsätze 1992 - 2000*, Frankfurt am Main 2001, S. 163 - 184.

——, *Egozentrizität und Mystik*, *Eine anthropologische Studie*, München: Verlag C. H. Beck oHG 2004(中译本:《自我中心性与神秘主义——一项人类学研究》,郑辟瑞译,上海:上海译文出版社,2007 年)。

——, "Phenomenology and Linguistic Analysis", in: *Edmund Husserl. Critical Assessments of Leading Philosophers*. Vol. IV, ed. by Bernet, R. / Welton, D. / Zavota, G., London & New York: Routledge 2005, pp. 49 - 70.

——, „Über Selbstbewusstsein: Einige Missverständnisse", in: Th. Grundmann, F. Hofmann, C. Misselhorn, V. L. Waibel & V. Zanetti (Hrsg.), *Anatomie der Subjektivität*. *Bewusstsein*, *Selbstbewusstsein und Selbstgefühl*, Frankfurt am Main 2005, S. 247 - 254.

——, "论道德的概念与论证",辛启义译,倪梁康校,载《南京大学学报》(哲学·人文科学·社会科学版),2007 年,第 3 期。

Vongehr, Th., „Husserl über Gemüt und Gefühl in den *Studien zur Struktur des Bewußtseins*", in: *Fenomenologia della ragion pratica*. *L'etica di E. Husserl*, a cura di B. Centi e G. Gigliotti, Quaderni di Filosofia 2, Bibliopolis, Napoli 2004, S. 227 - 254.

Vorlaufer, J., „Aktzentrum und Person-Sein. Zu Martin Heideggers Ablehnung eines Personalismus", in: *Wissenschaft und Weisheit* 49 (1986).

Waldenfels, B., *Schattenrisse der Moral*, Frankfurt am Main: Suhrkamp 2006.

Weber, G., *Novalis und Valéry*. *Ver-Dichtung des Ich* 1800/ 1900, Bonn 1992.

Weiper, S., *Triebfeder und höchstes Gut*. *Untersuchungen zum Problem der sittlichen Motivation bei Kant*, *Schopenhauer und Scheler*, Würzburg 2000.

Weischedel, W., „ Nachwort des Herausgebers ", in: Kant, *Vorkritische Schriften bis 1768*, *I. Kant Werkausgabe in zwölf Bänden*, hrsg. von W. Weischedel, Bd. II, Frankfurt am Main: Suhrkamp [8]1996.

Weymann-Weyhe, W., *Das Problem der Personeinheit in der ersten Periode der Philosophie Max Schelers*, (Diss. an der Uni. Münster), Emsdetten 1940.

Willaschek, M., *Praktische Vernunft*: *Handlungstheorie und Moralbegründung bei Kant*，Stuttgart：Metzler 1992.

Willer，J.，„Der Bezug auf Husserl im Frühwerk Schelers"，in：*Kant-Studien*，72，1981，S. 175－185.

Williams，B.，*Ethics and the Limits of Philosophy*，First published by Fontana Press 1985，With a commentary on the text by A. W. Moore，Routledge 2006（Aus dem Englischen übersetzt von Michael Haupt，*Ethik und die Grenzen der Philosophie*，Hamburg：Rotbuch Verlag 1999）.

Windelband，W.（文德尔班），*Lehrbuch der Geschichte der Philosophie*，hrsg. von Heinz Heimsoeth，Tübingen 1935（中译本：《哲学史教程》[上卷]，罗达仁译，北京：商务印书馆，1997 年）.

Wittgenstein，L.（维特根斯坦），*Wittgenstein und der Wiener Kreis*，Hrsg. von F. Waismann，in：*Wittgenstein Schriften*，Bd. 3，Frankfurt am Main 1967（中译本：《维特根斯坦与维也纳小组》，《维特根斯坦全集》[第二卷]，黄裕生、郭大为译，石家庄：河北人民出版社，2003 年）.

Wittmann，M.，*Die moderne Wertethik. Historisch untersucht und kritisch geprüft：Ein Beitrag zur Geschichte und zur Würdigung der deutschen Philosophie seit Kant*，Münster 1940.

Wolf，U.，*Die Suche nach dem guten Leben*，*Platons Frühdialoge*，Hamburg：Rowohlt Taschenbuch Verlag 1996.

——，*Die Philosophie und die Frage nach dem guten Leben*，Hamburg：Rowohlt Taschenbuch Verlag 1999.

——，*Aristoteles' » Nikomachische Ethik «*，Darmstadt：Wissenschaftliche Buchgesellschaft 2002.

Wolff，Chr.，*Vernünfftige Gedancken Von der Menschen Thun und Lassen，Zu Beförderung ihrer Glückseligkeit*，Frankfurt und Leipzig ⁴1733.

Wright，G. H. von，*The varieties of Goodness*，London/ New York 1963.

Wust，P.，„Max Schelers Lehre vom Menschen"，in：ders.，*Aufsätze und Briefe*，*Gesammelte Werke* Bd. 7，hrsg. von Wilhelm Vernekohl，Münster 1966.

Xenophon（色诺芬），*Erinnerungen an Sokrates*，ins Deutsche übertragen von J. Irmscher，Berlin：Akademie Verlag 1955（中译本：《回忆苏格拉底》，吴永泉译，北京：商务印书馆，1986 年）.

Yu，X.，（郁欣），" Edith Stein and Max Scheler on *Einfühlung* and

Einsfühlung"，in：Hanna-Barbara Gerl-Falkovitz, René Kaufmann & Hans Rainer Sepp（Hg.），*Europa und seine Anderen*. *Emmanuel Levinas*，*Edith Stein*，*Józef Tischner*，Dresden 2010，pp. 155－167.

Zahavi，D.（扎哈维），"Self-Awareness and Affection"，in：N. Depraz & D. Zahavi（eds.），*Alterity and Facticity*，Dordrecht 1998.

——，*Self-Awareness and Alterity*：*A Phenomenological Investigation*，Evanston，IL 1999.

——，"Metaphysical Neutrality in *Logical Investigations*"，in：D. Zahavi & F. Stjernfelt（eds.），*One Hundred Years of Phenomenology*. *Husserl's Logical Investigations revisited*. *Phaenomenologica* 164，Dordrecht 2002，pp. 93－108（中译文："《逻辑研究》中的形而上学中立性"，段丽真译，倪梁康校，载《现象学在中国》，《中国现象学与哲学评论·特辑》，上海：上海译文出版社，2003 年）。

——，„Husserl und das Problem des vor-reflexiven Selbstbewußtsein"，Übers. von Holger Maaß，in：Heinrich Hüni & Peter Trawny（Hg.），*Die erscheinende Welt*. *Festschrift für Klaus Held*，Berlin 2002，S. 697－724.

——，"Inner Time-Consciousness and Pre-reflective Self-Awareness"，in：D. Welton（ed.），*The New Husserl*：*A Critical Reader*，Bloomington 2003，pp. 157－180.

——，*Subjectivity and Selfhood*. *Investigating the First-Person Perspective*，Massachusetts 2005（中译本：《主体性与自身性：对第一人称视角的探究》，蔡文菁译，上海：上海译文出版社，2008 年）。

——，"The Heidelberg School and the Limits of Reflection"，in：S. Heinämaa，V. Lähteenmäki & P. Remes（eds.），*Consciousness*：*From Perception to Reflection in the History of Philosophy*，Dordrecht 2007.

Zehnpfennig，B.，*Platon zur Einführung*，Hamburg：Junius 1997.

Zhang，W.（张任之）："爱与同情感——舍勒思想中的奠基关系"，载《浙江学刊》，2003 年第 3 期。

——，"舍勒"，载谢地坤主编：《现代大陆欧洲哲学》（上），（《西方哲学史·学术版》第七卷，叶秀山、王树人总主编），南京：江苏人民出版社，2006 年，第 388－433 页。

——，"舍勒的羞感现象学"，载《南京大学学报·哲社版》，2007 年第 3 期。

——，"观念的关系，或先天的形式——论胡塞尔对休谟与康德'先天'概念的反省",载《现代哲学》,2007 年第 6 期。

——, „Geist und Leben in Bezug auf die Phänomenologie des Leibs beim späten Scheler", in：*Internationale Tagung „ Leiblichkeit und Affektivität：Michel Henry und Philosophien der Leiblichkeit "*, 4. – 6. November 2010, Institute of philosophy, Academy of Science of the Czech Republic in Prague.

——, *Prolegomena zu einer materialen Wertethik. Schelers Bestimmung des Apriori in Abgrenzung zu Kant und Husserl*, Nordhausen：Traugott Bautz 2011.

——, „*Gibt es ein materiales Apriori*? Mit Schlicks Kritik an der Phänomenologie über das Verhältnis zwischen Sprache und Vernunft nachzudenken anfangen", in：A-T. Tymieniecka（ed.）, *Logos and Life：Phenomenology/ Ontopoiesis Reviving Antiquity：Logos and Life*, *Analecta Husserliana CX*, Springer 2011, S. 123 – 138.

——, „ Person und Selbstgefühl im phänomenologischen Personalismus Max Schelers", in：*Studia Phaenomenologica XI*（2011）, S. 265 – 284.

——, „Scham und Bildung mit Bezug auf Menzius und Scheler", in：Hanna-Barbara Gerl-Falkovitz, René Kaufmann & Hans Rainer Sepp（Hg.）, *Die Bildung Europas. Eine Topographie des Möglichen im Horizont der Freiheit*, Dresden 2012, S. 131 – 142.

——,《情感的语法——舍勒思想引论》,北京：中国社会科学出版社,2019 年。

——,《心性与体知：从现象学到儒家》,北京：商务印书馆,2019 年。

——, *Schelers Personalismus im Spiegel von Anderen*, Würzburg：Königshausen & Neumann 2019.

——,"'爱的秩序'与'心的逻辑'：从奥古斯丁、帕斯卡尔到舍勒的'西方心学'疏论",载《中国现象学与哲学评论（第二十九辑）》,上海：上海译文出版社,2021 年 12 月。

张雪珠:《道德原理的探讨：康德伦理学至 1785 年的发展》,台北：哲学与文化月刊杂志社,2005 年。

赵敦华:《基督教哲学 1500 年》,北京：人民出版社,1994 年。

钟汉川:"论胡塞尔和舍勒的'质料'概念",载《哲学研究》,2007 年第 1 期。

朱刚:《本原与延异：德里达对本原形而上学的解构》,上海：上海人民出版社,2006 年。

名 词 索 引

人名索引

后 记 与 致 谢

本书稿是笔者 2010 年 12 月提交给中山大学哲学系的博士论文。除去部分文字的修饰和调整以外,文稿在整体构局上没有大的改动。这当然并不意味着这里的文字已经尽善尽美。事实上,文稿中可以展开或者值得展开的地方还有很多。只是考虑到所有的研究都得有个限制,笔者最终还是将行文限制在与眼下这个主题最为相关的方面,相关的展开将留待他文。

刚刚过去的这一年,对于笔者而言,尤为地别样。生活赋予了我对它全新的感受和理解。除了眼下的这部书稿,在我的"生命共同体"中还多了新的成员,他和本书初稿差不多是同时"诞生"的。两者的一同到来使得生活的一切都变得完全的别样,也终究会使得我对"好的生活"的理解变得更为丰满!

现在,对于我来说,生活其实就是感恩或答谢(Dankbarkeit)!"人应该如何生活"? 人,或者至少我,应该去感恩或答谢,感谢那赋予我如此这般生命‐亲历的生活本身!

尽管哲学的思虑看起来总是已经远离了生活本身,然而无论如何,它依然是生命‐亲历的一部分,因而哲思在根本意义上也还是在感恩或答谢,只不过,它最终要感恩或答谢的是那不可见的"绝对存在"和"自身存在"。而这里,所能答谢的只是指引我如此这般去生命‐亲历、如此这般去哲思的那些人和事,因为正是他们和它们,才使得本源意义上的"答谢"得以可能。

　　差不多在十多年前,正是倪梁康"师父"在南京大学浦口校区的那个"究虚理、求自识"的讲座,向我开启了哲思的大门,使我从"胡适之式"的大学生活的泥潭中拔出脚来,而在哲学追问的道路上蹒跚前行。一路走来,恍惚十多年,眼下的这本书,大概只能算是这些年来读书思考的一个不算完备的小结,也是我对"师父"这么多年来引我入门、授我课业、助我学步、教我为人的感恩和答谢!"师父"的指导和帮助贯穿本书准备和写作的始终!

　　本书上篇的主体部分曾经以德文撰写并作为 Erasmus Mundus 项目的最终成果于 2009 年 6 月在"德法哲学在欧洲"项目框架内提交给捷克布拉格查理大学人文科学系并答辩通过,作为该论文最终的指导教授 Hans Rainer Sepp 先生精心指导了该部分文稿的写作,并给予我无数极富助益的学术引导,还为该文稿提供了出版上的帮助。我当然要感(恩)-(答)谢他为我所做的一切! 同样要感谢的还有该论文答辩委员会的其他委员:捷克布拉格查理大学的 Jan Sokol 教授、Karel Novotny 博士、Kristina S. Montagova 博士和日本京都大学的 Toru Tani 教授,感谢他们提出了诸多有益的建议和意见。

　　本书下篇的写作主要是在 KAAD(天主教学术交流中心)的资助下,在德国 Erfurt(爱尔福特)大学天主教神学系学习期间完成的。为此,我要向该项目的合作导师 Michael Gabel 教授表达我的感激之情。他在舍勒现象学方面的精湛研究使得笔者收获良多。本书下篇的主干部分(舍勒人格主义中的人格与自身感受),笔者也曾分别于 2010 年 5 月和 6 月在 Hans Rainer Sepp 教授在查理大学、Michael Gabel 教授在爱尔福特大学主持的研讨班上宣讲,笔者要感谢两位教授以及其他所有参与者的提问和讨论。

　　在笔者开始舍勒研究以来,美国 Manfred S. Frings(1925-2008)教授、Eugene Kelly 教授给予我多方面的友好的帮助和引导,并且对本书提出过诸多具体细微的指导意见。笔者要衷心地感谢他们多年来在舍勒研究方面给笔者所提供的支持。当然还要借此一角，表达笔者对 Manfred S. Frings 教授的缅怀和感念！

本书还从 Christian Bermes 教授（Koblenz-Landau）、Guido Cusinato 教授（Verona）、Gerhard Ehrl 博士（München）那里获得很多重要的启发和促动，特此致谢！

笔者遭遇哲学、现象学近十年来，得到了诸多师友的扶携、帮助和"激荡"，这里要向他们致以诚挚的谢意：南京大学的王恒教授，华中科技大学的张廷国教授，同济大学的孙周兴教授，广州中山大学的张宪教授、陈立胜教授、翟振明教授、梅谦立教授、张贤勇副教授，南京大学的方向红教授，广州中山大学的朱刚副教授，上海社会科学院的韦海波博士，上海师范大学的张志平教授，南开大学的钟汉川博士，广州中山大学的郝亿春副教授，河南大学的曾云博士、Wuppertal 大学的卢冠霖，Erfurt 大学的 Thomas Abicht 等（以笔者在求学与哲思道路上有幸结识他们的时间先后为序）。

笔者还要感谢广州中山大学的刘小枫教授，感谢他在汉语学界对舍勒的引介，使我的精神生活得以丰富，感谢他曾赠予多册重要的研究文献和深富启发的学术谈话。笔者也要感谢台湾"中央研究院"文哲研究所的李明辉教授，感谢他惠赠大作，这些出色的研究使笔者在相关问题上打开了学术视野。作为本人博士论文答辩委员会的主席，李明辉教授仔细批读了论文，并在诸多细节问题上提出了切中肯綮的修改意见和建议！同样要感谢的是北京大学的张祥龙教授、广州中山大学的钱捷教授以及孙周兴教授、王恒教授、张宪教授、陈立胜教授、翟振明教授等在论文评阅和答辩过程中给笔者提供的指导、批评、意见和鼓励！

这里还要向 Erasmus Mundus 项目、KAAD 项目致以谢意，它们资助了笔者在欧洲三年半的学习和生活。笔者要感谢 Jean-Christophe Goddard 教授（Toulouse）、Alexander Schnell 教授（Paris）、Robert Theis 教授（Luxemburg）、László Tengelyi 教授（Wuppertal）、Karel Novotny 博士（Prag）、Helga Blaschek-Hahn 博士（Prag）、Kristina S. Montagova 博士（Prag）、Tobias Nikolaus Klass 教授（Wuppertal）、Matthias Wunsch 博士（Wuppertal）、Heinrich Geiger 博士（Bonn）等，笔者在卢森堡、乌泊塔尔、布拉格、爱尔福特学习期间，他们在学习和生活的方方面面给笔者提供了很大的帮助。

李云飞、高松、肖德生、马迎辉、王鸿赫、夏宏、陈志远、任军、鲍克伟、雷良、单斌、陈伟等同门师兄弟的情谊深重，是尤为需要感念的！

这里还要特别感谢华南师范大学的林伟教授，感谢她给予我、我们一家特别的关心和帮助！

我还要感谢多年的好友邱鹤飞女士的珍贵友谊。

都说哲学是高贵而奢侈的事业，没有父母家人的默默支撑，所有这一切将不会可能。我的妻子郁欣在与笔者日常同思中为笔者所付出的，已经远远超出谢辞所能表达的限度！谨以此文献给她和我们共同的、全新的"生命共同体"，它是所有一切之根！

2011 年 1 月

补记

拙作曾于 2011 年获得台湾政治大学组织的首届两岸四地"思源人文社会科学博士论文奖"哲学学门的首奖。笔者深深感谢该奖评审委员会三位匿名评审专家的宝贵意见，这使得笔者有机会带着这些意见再次通读并仔细修正了全书稿!

在笔者修订本书稿的过程中,中山大学哲学系的李萍教授、陈少明教授、鞠实儿教授、李兰芬教授、徐长福教授等诸位师长也以各种方式给予笔者诸多的鼓励和帮助,这里要向他们致以诚挚的感谢!

2011 年至今,笔者有机会在大陆、香港和台湾的各类学术期刊、论坛和会议上发表本书稿中的部分内容,笔者要感谢相关的编辑者、匿名审稿者和评论者所给予的种种珍贵意见,这些意见大多被吸纳在此次的修订之中。这里还要特别感谢香港中文大学哲学系的王庆节教授、北京大学哲学系的靳希平教授、中国人民大学哲学院的张志伟教授、浙江大学哲学系的庞学铨教授和杨大春教授、复旦大学哲学系的邓安庆教授和莫伟民教授、华南师范大学哲学研究所的于奇智教授、湖南师范大学哲学系的舒远招教授、台湾辅仁大学哲学系的潘小慧教授、台湾政治大学哲学系的罗丽君教授等对笔者相关研究工作的支持和激励!

自笔者论文答辩以来,作为笔者的"座师"台湾"中央研究院"文哲研究所的李明辉教授一直关心和指导着笔者的后续研究。本书稿修订完成之际,又蒙李老师赐序,拙书稿由之而增色!

河南大学的陈联营博士以及某位未具名的网友曾分别寄来多条修改意见和建议,在此诚表谢意!

另外,本书稿的修改、增补和定稿工作还得到了教育部人文社会科学研究青年基金项目(编号:12YJC720058)的资助,特此致谢!

还要特别感谢商务印书馆的陈小文先生和关群德先生在本书稿的编辑和出版方面给予的支持和帮助!

自笔者至广州求学以后,中山大学哲学系的张宪教授在学习和生活的方方面面给笔者以无法尽述的帮助与关怀。笔者在撰写本书稿期间,也曾有机会在德国的哈勒(Halle)向来德访学的张教授当面请教。在哈勒大学友人漫轲所居宿舍顶楼的活动室里，我们畅谈德国浪漫派思想中的宗教精神以及它们对当代哲学，特别是现象学的影响，这一幕一幕总是如此地鲜活！一直以来都无法相信张教授真的已经永离我们而去，这里只能借此寥寥数笔表达笔者对他的怀念！还好，怀念是持久的，总不会迟晚。

张任之

2012 年 12 月初记

2014 年 4 月修订

修订版后记

近十年之后可以再版本书，于作者自然是倍感欣慰和荣幸的。因各种机缘，本书上、下篇的主要内容和基本想法，也分别以 *Prolegomena zu einer materialen Wertethik. Schelers Bestimmung des Apriori in Abgrenzung zu Kant und Husserl*（Nordhausen：Traugott Bautz 2011；zweite verbesserte und vermehrte Auflage，*Ad Fontes. Studien zur frühen Phänomenologie*，Nordhausen：Traugott Bautz 2019）和 *Scheler's Socratism. The New Perspective of His Phenomenological Ethics*（*Orbis Phaenomenologicus*，Würzburg：Königshausen & Neumann 2021）为题以德文和英文在欧洲出版，供国际舍勒研究界批评。不过，在出版或修订两部外文书稿的过程中所产生的新的理解，并未在此次中文版修订中予以吸纳。本次修订主要是新增了"附录2 舍勒的质料价值伦理学如何是现象学的？"，该文是笔者在本书完成之后对相关问题的补充思考和讨论。

此外，贵州大学哲学学院的李明阳博士、中山大学哲学系博士生杨铮以及《哲学动态》编辑部的袁恬博士曾分别列出本书初版的上百个或大或小的问题，这次也得到修正。商务印书馆的陈小文先生、关群德先生、李婷婷女士长期关心和帮助笔者的学术研究工作，也支持本书的修订再版。这里一并申谢！

本书的修订和出版得到了 2017 年度国家社科基金重大项目（项

目号:17ZDA033)和"中山大学禾田哲学发展基金"的资助。特此致谢!

张任之

2022 年 12 月 31 日

《现象学研究丛书》书目